国家出版基金項目
NATIONAL PUBLICATION FOUNDATION

陝西出版資金資助項目

「十二五」國家重點圖書出版規劃項目

關學文庫·關學文獻整理系列

總主編 劉學智 方光華

韓邦奇集（下册）

[明]韓邦奇 著 魏冬 點校整理

西北大學出版社

苑洛集

苑洛集　卷一

洪範圖解序

昔者上天式教，出書於洛，大禹因書以第疇，箕子因疇以衍義，九以綱之，五十以紀之，治天下之大經大法，燦然明備，古今所謂洪範者也。有宋蔡九峰氏，因律呂之變，悟洛書之旨，乃推數而贊之辭，由占以致其用，洩大禹之神藏，發箕子之妙用，而範之爲範，總於稽疑矣。

大哉範乎！上配周易，洪纖吻合，無毫髮爽。其爲占也，蓍皆五十，用皆四十有九。洛書體方而用圓，圓者用三，故揲以三；河圖體圓而用方，方者用四，故揲以四。奇以三乘，三三爲九，九九八十一，而六千五百六十一之數具矣；偶以四乘，二四爲八，八八六十四，而四千九十六之數具矣。至於分卦揲歸，終始皆同自然配合，若天地陰陽，不可少其一。雖康節之經世，亦別爲機軸；太玄、潛虛之屬，安能涉其波流乎！夫羲、文之學見於易，禹、箕之學見於範，孔子作十翼而易以傳，箕子既沒，不得而傳焉。九峰生於二千餘年之後，始紹其絕，理由心得，業不師傳，其功懋矣！當宋時，五星聚奎，實範成之兆。其他諸儒，明道立德，注釋經書，固漢唐以來儒者之常，不得與於斯也。數辭未備而蔡子卒，乃又絕矣。龍峰氏補其缺辭而訓釋之，其義復明。然棋有陰陽，蓍惟奇偶，而考占未備焉。至於今，其殆將又絕矣乎？洪範傳曰：「象以偶爲用者也，有應則吉；範以奇爲用者也，有對則凶。」又曰：「正數者，天地之正氣也，其吉凶也確；間數者，天地之間氣也，其吉凶也雜。」此範學傳燈之秘也。著之篇末，以示讀範之士云。

正蒙拾遺序

學不足以一天人、合萬物，不足以言學。吾讀正蒙，知天人萬物本一體也。

混沌之初也，一元之氣，渣滓融盡，湛然清寧，而萬象皆具一極中，易所謂「太極」，天之性也。及其動靜繼成之後，氣化形生，並育並行，是天率天之性而行，是之謂「天道」，夫子所謂「一陰一陽之謂道」，中庸所謂「道並行而不相悖」者也。人生之初也，天賦之理，無偏不倚，凝然靜一，而萬行皆備於其中，書所謂「降衷」，人之性也。及其感通幾微之際，形生神發，隨接隨應，是人率人之性而行，是之謂「人道」，子思所謂「率性之謂道」，夫子所謂「天下之達道」者也。「鳶飛戾天，魚躍於淵」，流行上下之昭著者，至於蛙鳴蟬噪，蟻走蠅飛，皆天道也；親親仁民，忠君敬長，明體適用之大者，至於一言一動之發，一事一物之處，皆人道也。君子之自強不息，即化育之川逝如斯夫，道一而已矣。

道也者，蓋皆指其發見流行、顯仁之用、踐履製作彰施之功夫，豈論於無聲無臭、不睹不聞之際哉！不有卵乎？黃白耳，雛未之見也，羽、血、骨、肉、心、肝、腸、腎，缺一而雛不完，卵則雛之極也。不有核乎？仁種耳，木未之見也，花、葉、枝、榦、根、株、果、實，缺一而木不完，核則木之極也。卵、核者，即雛、木之本體，不雜乎雛、木，不離乎雛、木而爲言耳。

夫天地者，萬物之父母；萬物，天地之子也。子有不肖父母者乎！天地萬物，其始也，先有生，後有成；其終也，先消成，後消生。生而少，少而壯矣，壯而衰，衰而滅矣。天之開也，斯昭昭之多，積一萬八百年而天始成；地之闢也，一撮土之多，積一萬八百年而地始成，山以漸而高矣，海以漸而大矣。若一開闢焉，天地山海即若是之高且大也，則是人一出乎胎也，即發委地而須拂膺，堂堂七尺之軀，經營幹理通達萬變矣；木一出乎核，即合抱參天，果實俱完矣。有是理乎？其消也，天吾知其日削其圓，地吾知其日損其方，山吾知其日卑矣，海吾知其日小矣。但其化幾微，人不之覺焉。如今目前之世，萬民萬物，濟濟林立，忽一日而盡皆沒滅，亦可傷也。

是故造化之運，消長之機，方混沌即漸開闢，方開闢即漸混沌，如圜無端，無一息之停。長於子漸至於巳，開闢極矣；消於午漸至於亥，復混沌矣。自子至寅，歷三時而形象備，自酉至亥，歷三時而渣滓盡。然則一元十二辰，混沌者六辰，開闢者六辰，一歲之候，晝夜之道也。唐、虞、三代，當午之正時，雍風動之，化其盛極矣。前此以來，渾厚敦龐，日進于文明，後此以往，澆漓乖賊，日趨於澌盡。嗟夫！今午日昃，一代降於一代，造化老矣，孰能挽回唐、虞、三代之治乎？創業之君，守成之賢主，不過服藥節食，使少病康強爾，固不能紅顔黑髮，如少壯之年也。張子曰：「太虛無形，其聚其散，變化之客形爾。」又曰：「知虛空即氣則無無。」察乎此，則先儒所謂「道爲太極，其理則謂之道」，老氏所謂「無」，佛氏所謂「空」，不辨而自白。孟子曰：「經正則庶民興。」君子反經而已矣。凡此皆正蒙之本旨，諸注之所遺也，謹爲之拾。

樂休園詩序

雄山仇子既家食，乃作園，園名「樂休」。既而詠以詩，既而賢士大夫遊于園者和之，既而和之者衆，合爲集。而仇子沒矣，仇子之弟儀賓君森刋諸木。

夫樂者，情之一也，無往而不在；樂休者，休之樂，樂之一也。夫樂者，情之正，動以天，自足於己，而不累於物者也，何假於園與詩哉！夫園與詩，適以寄此樂，言此情而已，樂固不在乎是也。嗟夫！情既熾而物是役，世之人知樂之真者鮮矣！夫苟得是樂之真也，則雖無是園與是詩，亦樂也；夫苟不得是樂之真也，則是園與是詩，喪志而逐物，憂之媒也。夫樂，無往而不在者也；憂，不出其位者也。時行則行，所以儆戒盡瘁者，皆樂也；時止則止，所以省身勤家者，皆樂也。徜古之賢聖，所以憂勤惕勵，無時豫怠者，防此樂之或喪耳。夫苟既休矣，謂榮名利達之所不繫，遂乃軒然自得，快然自娛，徜徉於山水花木詞翰之間，置生事世故於不聞，此衆人之所謂「樂」，而君子之所甚憂者也。其如真樂，何哉？如吾仇子，則知樂之真而不役於物者也。何以言之？觀仇子之家範可知矣。觀仇子之家範，則其所以憂勤惕勵者，可考也；而所以處乎休者，可考也。然則仇子之樂，豈真在於園與詩哉？

啟蒙意見序

夫易，理、數、辭、象而已矣。理者，主乎此者也；數者，計乎此者也；辭者，述乎此者也；象者，狀乎此者也。圖書者，理之興也，辭之方也，數之備也，象之顯也。是故聖人觀象以畫卦，因數以命爻，修辭以達義，極深以窮理，易以立焉。自夫子稱相蕩，而先天之義微。微之者，後儒失之也。夫相蕩者，自八而六十四者也；先天者，加一倍者也。其本同，其末異；其生異，其成同。而漢以下，莫能一焉。宋邵康節氏自八而十六，自十六而三十二，自三十二而六十四；朱晦菴氏爲之本圖書，爲之原卦畫，爲之明蓍策，爲之考占變。於是乎易之先後，始有其序，而理、數、辭、象之功懋矣。奇也，魯而善忘，誦而習之，有所得焉，則識之於册，將以備溫故焉。奇也，愚而少達，思而辨之，有弗悟焉，則自爲之說，將以就有道焉。是故爲之備其象，盡其數，增釋其辭矣，理則吾未如之何也。

刻關西奏議序

奏議，少師大學士邃菴楊公，先後涖關西經略疏也。弘治中，孝皇用廷臣議，敕公以御史中丞督馬政，嗣改撫全陝。未幾，授鉞總制三邊。正德中，以大學士謝事歸。今上以大司馬兼御史大夫，起復總制。奏議事類三：茶馬、巡撫、總制。卷十八，凡一百九十四章，大抵皆籌邊策也。先已板行，然各爲一帙，侍御劉公裒而爲一，復刊之。蓋期遡流遐布，風斯世也，以序屬奇。

夫國之大事在兵，而邊兵爲尤大。邊務者，在今時尤當急，爲處畫而不可頃刻忘者也。昔漢、唐、宋之興也，當北敵之盛，冒頓、突厥皆一時雄桀，遼、金則儼然強大鄰國矣。當其時，君臣上下，日夕講求，惟和親、征戰、歲幣之務，是故備邊之法爲甚詳。我國家隆興，當北敵之弱，元自太祖以來據有淮北，世祖奄有中華，承平百年，諸寇皆化，而與中國之人等。前代當承平之時，武備雖弛，尚有備邊之兵，元則華夷一統，雖邊備亦廢，矧其人驕佚怠惰，服役惟漢南之民，豈惟與中國之人等？且中國之不若矣，我高皇遣將北定中原，元順奉首漠竄，而大命革矣。又值我文皇之英武，乘百戰之威，提兵北狩，窮追遠討，彼以素昔屋居粟食之人，一旦而處露宿茹血之地，身不勝甲冑，手不習干戈，駿奔脱生之不暇，又安敢向南發一矢哉？當其弱也，是故備邊之法較先代略焉。距今幾二百年，彼之生養教訓，復其故性，而内地雍熙日久，人不知兵，往歲敵入上谷則犯我畿甸，入雲中則掠我太原，入上郡則環慶以北所過無遺民，幾已可虞，漸不可長也。漢儒有言：「識時務者，呼爲俊傑」。公之文章，著在關陝，侍御公獨取是編而表章之，揚先烈作國兵先，真知時務之要者哉！自時國内豪傑如霍、衛者，振奮而起，宣我國家之素威，挫彼屢勝之強敵，爲中夏千萬年之計，孰非公之遺教，孰非侍御公表章之功哉！是編也，燦若景星，人所快睹，奇也安能贊一辭！

梁園寓稿序

山林多隱逸之士，田野多廢閑之才，下僚多宏碩之器，此世亂之徵也。載覩往古有道之時，圜數千里之遠，農商工賈之外無餘人。間有一二，則懸車之老，或罪戾之夫也。予讀夏臺王先生梁園寓稿，夷論其世，深有感焉。先生晉之夏人，所著有敝帚集、山林樵唱、克復自驗録及斯稿。敝帚集弘治中已刻之木，中憲先君爲之序。茲夏尹高君又將刻是稿，先生曾孫繼善，從予遊，請序之稿首。

先生問學該博，義理淵微，文章典雅，詩律清新。生衰元之季，不屑苟禄，隱居中條山。講學稽德，若將終身焉。洪武中，徵拜翰林編修，晉之產先生同時同德杜公，徵拜爲尚書，壺關四賢，共惟登庸焉。

昔箕子有言：「五事曰聖，俊民用章，國乃平康；五事曰狂，俊民用微，國乃不寧。」元至正間，非無鷹揚豹變之人，以供壯猷熙績之用。當其時，上恣下慢，疇敗倫斁，晝夜額額，敷同罔功。志功名者，播棄而不録；志道德者，珍修以自藏。於是主勢日孤，國脈日絶，群雄並起，而天下大亂矣。我太祖高皇帝，以聖武之德，承神天之運，光復華夏，垂創緒業，成湯、武吊伐之功，致堯、舜平協之治，凡資以爲耳目股肱之用者，彬彬濟濟，景附雲從，多先元之遺賢也。夫天下之治忽，係乎賢；賢才之出處，觀乎德。古之善謀國者，乾乾翼翼，自周圖終，崇玉鉉金鼎之愛，保護而重惜之，孰肯爲淵以驅魚，爲叢以驅雀哉！是故漢有三傑焉。蕭何者，秦之邑吏也；韓信者，楚之亡將也。

順天府鄉試録序

仰惟皇上，中興起運，聖學緝熙，明德峻極，剗先朝之弊，弘祖宗之舊，而于人材一事，尤加意焉。嘉靖戊子，當鄉試之期，順天府府尹臣黎奭以考試官請，上命右庶子臣韓邦奇、臣方鵬主其事，而同考試官則署員外郎臣鄧尚義，主事臣方一桂、臣吳麟，行人臣楊春芳，助教臣薛僑，教諭臣李憲、臣李粹然，訓導臣張善。臣，何器也？祖宗之初，司文衡者，不惟其官，惟其人耳。其後乃一切皆用儒官，取人之途既狹，而欲收得人之效，顧不難哉！邇者皇上用廷臣議，畿内擇京官，進士出身文學著聲名者，每經各一人，而其餘儒官遴選之，視昔亦加嚴矣。比入院監試，則監察御史臣丘道隆、臣吳鎧先期經理，而臣奭實任提調之責。維時士之就試者，三千五百一十七人，三試之中，式者百三十有五人。制也事竣，乃録其姓氏及文之尤者，爲録以獻，臣當序諸首。

臣惟我皇上，以非常之主，龍飛特起，而于文衡之司，今特用以非常之選者，此無他，冀得夫非常之才耳。責望之深，付託之重，凡我諸執事，其不自懼以求自副乎？此無他，其道惟公與明耳。公則取之有其本，而不才者不得以亂真；明則照之有其具，而不才者不能以亂真。明，非臣等所敢知也，是惟孜孜於公，以求自盡而免折覆之咎焉。由是而求之，非常之才，其庶可得乎！　夫聖天子垂情如此，諸職事戒慎如此，凡以爲諸士子也。諸士子其亦知所自懼，求以自副乎！　此無他，以非常之事業自期待耳。今觀諸士子之所陳，鬱鬱乎，慥慥乎，非道莫言也。究義理皆斯道之精微，條事物皆斯道之殊散，論政治皆斯道之顯發。即是而觀之，諸士子其能建非常之事業，以自奮者乎！　此無他，行是言也，勿庸違焉耳。惟時諸執事不負其職，而有以答聖天子之休，諸士子不負其言，而有以慰諸職事之望矣。此無他，惟我聖天子非常之德，覆冒如天地，浸漬如江河，如臣等一草一木之微，孰不自盡其生生之化乎！　經曰：「元首起哉，股肱喜哉。」又曰：「帝光天之下，萬邦黎獻，共惟帝臣。」其惟今休與！　諸職事、諸士子其非常之遭際何如也，其非常之榮幸何如也！　凡我諸職事，其勗之！　凡我諸士子，其勗之！

歷官表奏序

少師大學士介溪嚴公之左史，録公歷官表奏，彙爲巨帙，而分類有七：　曰論建、曰題奏、曰辭免、曰稱賀、曰陳謝、曰題請、曰避言，十卷，一百六十二通。奇習見公荷聖天子之倚眷，晝日三接，益錫十朋，言則都俞，位則元輔矣。且見公德望勳庸，天下尊而仰之，肅而將之矣。及得是編而讀之，乃知聖天子所以倚眷公，及公之大作獲知遇之隆，有所自也。

惟古昔名臣碩輔，際聖王、遭明時也，登名鼎彝，垂光汗簡，其發之也宏，必其蓄之也富。然考其大要，惟二焉：　有高天下之才曰「相才」，有高天下之度曰「相度」。夫大臣之責，萬幾攸代，天下之重，一身任之，非才高天下，何以能勝？　非度高天下，何以能容？　然度在人情，尤爲所難。辛甘燥濕，欲其調劑；　黯闇汙濁，欲其茹納，非包荒之量，忍巽之堅，其何以濟！　昔有宋之命相也，非才俯一世，名冠一時者不得預其選。自今觀之，有高下之不同者，非其才之不足，蓋度之未恢也。

是編也，其經綸惠亮之宏猷，通權達變之妙用，鳳翔豹變之文章，無不畢見，中間曲折調護，則又見其心勞力瘁。牖巷之納遇，因事以就忠，將順以成志，有非尋常者所能測。至於不知公者，屢加詆誣，公豈惟不之較，有疏而論救者，夫何？古今以爲難者，而公獨處之易哉？聞公方六歲，書過目即弗忘，即曉解義理。在庠序時，人即以公輔期之，然則公之才與度，蓋得之天而養之素者也。書曰「旨哉！乃言惟服」，聖天子之納善也。又曰「敢對揚天子之休命」，公之報稱也。嗚呼，盛矣哉！

北畿鄉試同年敘齒録序

戊子，余及矯亭方公，被命主考順天鄉試。明年，中式諸君子以其齒録而刻之時，余已里居。壬辰，余復至京師，諸君子請余序。

夫鄉試，有録矣。復録此者，存厚也。宋儒有言：「士以忠厚爲本。」厚者，萬善之基，百行之首也。是故厚於國者，臣之忠者也；厚於家者，子之孝者也。是録也，諸君子朋友之厚者也。朋友且厚矣，而況於國乎，況於家乎！然則諸君子爲忠爲孝，即是録而盡之矣。忠與孝，萬善百行盡之矣。茲録之刻也，其益博矣乎！故事余當序諸首，而矯亭序諸後。矯亭，余戊辰同年也，齒則先余五年。是故進矯亭於首，而余後焉，亦以厚也。余又以厚，而爲諸君子倡也。諸君子其勿忘厚乎！夫峭焉而訐，非厚也；比焉而同，亦非厚也。諸君子其察厚之道乎！

易林推用序

五星連珠，日月合璧，所謂「七曜」齊元之法，數之始也。三百六十五日四分日之一，一歲，天運之全數也。微秘不盡，餘數也。三百四十八，一歲，月運之數也；三百六十者，六甲相乘，六甲之全數也。月甲之數，非造化之正，而聖人兼取之者，乾坤之大用也。今夫端陽之日，非五氣之五日也，諸家之術，用之必驗。六甲非氣之全，自古紀數必用者，乾坤之用不可遺也。數雖萬變不齊，然實不過於三元，再倍而六，得全日三百六十六。雖曰日之所餘，曆不能齊，於全日無損焉。聖人倚數於此矣。是數也，以天運爲體，以月運紀年，以甲子紀日，歲餘三時，四餘益一，支干起於兩，上元之首，三百六十年，一運之始，推自坎中焉。直日之爻，千歲可坐而致矣。爲京氏之學者，此其階也。

澤州志序

予友友山王子仲和之守澤也，有邦亮采，文典是敦，爰命儒學正郭君撰州志。志成將刊之，屬予序。夫志，紀也，紀其實也，是故志貴實而已矣。天下類有作焉，實則鮮矣。其何以徵乎？是故采風者憾焉。自吾朝邑言之，副都御史李公以鄉舉，興方一統志之作也。諸生華以進士之稱，纂修者弗能正也。北洛大川冒漆沮之名，相去遠矣。申、屠、思、恭四賢之大節，遺而不録。懷丙之瑣細，胡取乎？夫進士登科，録可考也。川源，地理之顯著者也。四賢之事，唐史所載甚明也，一統志，舘閣名臣所述也。如斯而已矣，他何望焉？故實者鮮矣。是集也，其足以徵乎？王子，論篤博雅君子也。其必有以考實矣，是故可以託諸木矣。

王公行實序

王公既沒，於是丹徒靳宗伯爲王公墓表，杜鄠王選部爲王公志銘，高陵呂太史爲王公傳，秦安胡太史爲王公狀。而王公歷履，始末詳矣。王公亢爽不羈，所爲皆大度，事喜直言，故立朝多所論列。王公能面可否人，人或有過枉輒被詰，人以是謹避王公，王公以是重得罪於人，而王公蓋囂囂不戚也。今觀四家之所稱述，大率皆類此，可爲王公行實矣。

北司獄中聯句序

余既爲守臣狀論，徵詣京師，下錦衣北司獄。越二十餘日，東巖以言禮並繫。又二十餘日，於是各出所懷，相得甚歡，或物感必爲詩，詩必聯，聯止盡意，不求工也。故雖拷掠禁錮，不覺有愁苦狀。余與東巖相聞已久，今日則動靜飲食，須臾不違，語所謂造次顛沛之時，於是相知始真矣。東巖曰：「斯及也，又何幸也。乃得東北之朋，可以世講矣。」顧余夷坦踈逸，雖弗若東巖之沉毅淵默，然昔則同年也，平生則同心也。今又同守坎血之需，而不違明夷之道，以達其變也。況余之得罪，不在於守臣之狀；東巖之得罪，不專於言禮之章，天下容有詳之者，其事復偶有相同矣。君子以同道爲朋，誠若東巖之云哉！夫古之人不輕於定交，亦不輕於絶交，惟其終之，不可以輕絶，故其始不輕定交於可絶之人。若其本同而末異，違忠孝之節，觸貪殘之禁，懷譏諂之奸。「友」，以義合者也，請終絶之，何恤朱穆之貞孤！其一言一行，出入小德之中，將由涓涓以成江海，雖在千里，勿忘箴規，亦不得爲蘇章之矯激，「友」之時義大矣哉！昔管、華並學，齊名國内，夫何未幾，一則秉服道德，爲天下高士；一則躬親惡逆，爲千古罪人，一念之萌遠矣。又嘗見古今豪傑之士，一爲時所棄斥，遂荒唐曠達，寄情于神仙曲蘖之間，自以爲迴出風塵之外，而不知已落風塵之下矣，此尤今日責善之切務也。余與東巖，其懋敕之別矣，各録其詩一通以志意，而復爲前說云。

陝西奏議序

侍御張公欽承天子明德，巡於西嶽。既年餘，奏議積成巨帙，吾陝藩臬諸公，請刻以傳。公按陝也，風采凝肅，威動河華，群司百執事，竦息屏懾，奔命趨職，罔敢或後，一時咸稱明作，賢士大夫往往誦說，今復獲見奏議焉。

夫言不切於時務，不關於經世，則雖富如相如，奇如子雲，徒爲君子嗤。吾病夫建議者，泛言蔓說，虛談迂論，檄牒紛紛，罔裨實用，遂使胥史目爲通行，諸司揮而弗視，謄録者執筆稱苦，依准者惜紙浩歎。滑稽之士，摘其浮謬之甚者以爲話柄，則亦何貴於言哉！今觀公疏，累累幾萬言，中間昭功敕罰，矜眚刑故，佑善懲奸，防微剔蠹，結久滯之獄，發積弊之隱，是皆可示戒、可用勸、可底行，是故延綏撫鎮之論，天子爲之收回成命，特賜嘉納。自餘諸章部院，復逆僉同，亦多允俞。昔漢人以識時務爲俊傑，宋人以彈文爲經世，然則群司百執事震服於公而收明作之效者，有由矣。是故藩臬刻而傳之。奏議凡若干卷，計若干通。

南渠存稿序

「南渠大中丞」，黄巖王公號也；「稿」，録公所著也；「存稿」，録其存者也。録其存，亡者多矣，奚其亡？公遭天蕩之變，盡沉之江也。公子南臺經歷君，得之家笥，訪之朋舊，索之公署及故吏有潛録之者，詩九卷、文五卷、疏二卷，蓋十之四五耳。然已富矣。

昔歲，公舟覆于江，流數十里，幾至金山，舟尚不拆，公扶樓柱而立，水沒胸，時同溺者書生。公曰：「吾平生無逆理事，今若此，命也。」書生姑慰解之，曰：「尚未可知。」公曰：「已若此，知爲江耶？海耶？何謂未可知？」舟子溺者抱鼓楹浮于江，漁舟拯之。舟子言：「公溺。」乃集數舟追公。適潮逆湧，覆舟上流，衆環視援，策無所出，乃載薪舟下。衆曰：「採薪者，必有斧斤。」呼薪舟至，共鑿舟底，出公及書生。公曰：「水深，吾兒幼，必死矣。」衆人鑿兒艙並出之。衆請公登岸，公曰：「尚有隸數人，豈可吾父子獨生？」而遽往，乃命鑿隸艙，皆出之。

嗚呼！長江天蕩之險，大風舟覆，漂流數十里，鑿舟而出，無一溺死者，異矣哉！聞之傳紀，古之人有蒙大難而不死者，必天地鬼神有以相之。天地鬼神，夫豈有私於人哉？必其人有大德行，足以感天地、動鬼神，而後獲其應然。必使之遭此者，蓋將顯君子之善，申祐命之公，以爲下士勸也。嘗稽公之履，察公之安，清操峻節，忠言惠政，行己立朝，足以式士類而範官常。是變也，當死生大故之時，乃能從容就命，不忘拯同難之細人。即此亦可以徵其所養，可謂盛德君子矣。豈可謂「適而遭、幸而脫」哉！

若斯稿之風調，則李、陸諸公評品已詳，而讀斯稿者，亦能自得焉。故獨取公之出坎陷而亨貞者，詳著稿存之由，且以昭德感示天應云。

介一集序

雷生洵、溥刻其父介一集，來問序。介一起家名進士，拜官行人。性介直，罔諧於時。早就里居，因以「介一」自號，里居者二十餘年，故得從容于詩文。今卒矣，洵、溥二生刻之。

夫人子于其親之手澤，雖物玩之微，且珍藏之，弗忍遺也。况詩文乃前人精神心術之所運，所以詔來裔而示後進者。仁人孝子，忍弗傳乎？且二生者亦敏秀，能詩文，是又能以身傳其親之善者，豈徒託之木而已哉？若其詩調文格，讀其集者能自得之，固不俟吾言也。

志樂序

昔子華有志於樂，孔子扣之。曰：「非曰能之，願學焉。」奇，何人也？議及於斯，竊有志而未能也，故曰「志樂」云。

夫樂，生於心者也，有是心而無所寄，宣其意於言，言成章爲詩，而猶未足以盡其意也，而被之聲容，是謂之樂。樂無詩，非樂也，亦無樂也。

古樂之亡久矣！周禮失其真，樂記遺其制，去籍于諸侯之僭，殘壞于秦火之焚，漢儒附會於其前，諸家紛紜於其後，上誣天文，下誣地理，中誣人事，配五行、四時、八卦、四隅、十二辰，此通彼滯，小就大遺，零星破碎，補湊牽合，取其一庶或可用，會其同則見難行。卒皆人爲之私夫？豈天然之妙，于人心固已戾矣。又何暇論雅與淫、古與今哉？

是編也，一以質實爲體，敷施爲用，諧聲爲止，中律爲的，凡宫商之相應，正變之相接，全半之相濟，陰陽之適宜，如星之麗天，如風之行水，如織貝之經緯乎文綺，雖萬象錯列，而各有條理。皆取諸造化之自然，而不敢附之以己意，期於宣人情而承詩歌耳。雖不必屑屑乎考天文，察地理，稽人事，配五行、四時、八卦、四隅、十二辰，自有所符契焉。考之古人製作之極，用之圜丘而天神降，用之方澤而地示出，用之宗廟而祖考格，用之朝廷而庶尹諧，用之房中而宫闈睦，此無他，順其自然，發乎人心，宫商、正變、全半、陰陽中節而已矣。顧兹薄藝，亦惟可以措之行事，美其觀聽，不失乎樂之情焉耳！若夫究其功用，極感通之妙，探其本原，繼夔倫之志，以承古人之絕學，以備一時之製作，則有子有言：「以俟君子」云。

永和孝行圖序

嘉靖乙酉，苑洛子守冀南，聞王仁而克愛也。入汾謁王，見王恭而有禮也。丙申，苑洛子撫晉陽，再入汾謁王，則王愛益博，禮亦至矣。王之言曰：「貴不期驕，爲善最樂。我宗室禄位既崇高矣，乃復剥民以益，依勢以陵，豈所以光祖訓而保邦家哉！」苑洛子心善之，意王行既有所成，德必有所本也。既而世子出王孝行圖册假觀焉，苑洛子曰：「嗟夫！此王所以恭而愛也。」有子曰：「孝弟也者，其爲仁之本歟！」王克孝焉，則仁不期愛而禮不期恭矣。經有之：「愛親者，不敢惡於人；敬親者，不敢慢於人。」夫王孝，則自能愛而恭焉。觀王之愛且恭，則不必考圖披册，而王之孝固可徵矣。昔武王誥康叔曰：「率由典常，慎乃服命，弘乃烈祖，世世享德。」則王能光祖訓而保邦家也必矣。王曰：「善哉言矣！寡人將進之。」苑洛子曰：「孟軻氏有言：『人皆有所不忍，達之則仁；人皆有所不爲，達之則義。』在王擴而充之矣。」王曰：

「寡人願安承教。」

論式序

「論」，文之一體也，自春秋迄於今代有作焉。春秋、秦、漢之文，富而麗，雄而健，淵宏而博大，波瀾轉折，變化無端，入口膾炙，擲地金聲，莫之尚矣。魏晉之文，介乎漢唐之間。至唐，則去春秋、秦、漢固十倍矣，而況于宋乎，而況于宋之衰乎？國家中場，以論取士。士之文優者，刻之以式士子，而士子式焉曰『程文』。成化以前，類春秋、秦、漢體也；弘治間，則傚唐而專于韓、柳，或傚宋則亦專於歐、蘇。嘉靖初年以來，一二文衡之士，傚衰宋之體，刻之錄。同考之士，見其非時舊格也，而未見秦漢之大，妄以古文批註之，窮鄉僻邑之士，以爲真古文也而效之。夫衰宋之文，枯澀萎弱，已不足觀，而傚之爲程文者，已不及矣。而士子又未見衰宋之文也，止模程文而傚之，又不及矣。文之衰亦至此乎！

夫論，議也，辯也。譬之人焉，秦漢之文若儀、秦在六國之堂，指譬曉告，縱橫馳騁，言切利害，事析毫釐，聽者拱聳，人莫得而難之。衰宋之文，正如吃人獻說於項籍、張飛之前，叱吒顧盼之下，惴惴焉。略達乎己意，而氣已索然銷沮矣。其爲高下可知也。因取自春秋以及唐宋論之平正體裁，類今舉業者十數篇，爲吾家子弟式。夫取法乎上，僅得其中，諸子弟其知所從事云。

正蒙會稿序

正德中，吾友何子仲默以近山劉先生正蒙會稿見遺。初，弘治中，余嘗爲正蒙解結，大抵先其難者。繼見蘭江張子廷式正蒙發微，詳盡及于易者。顧於予之解略焉，嘗欲合二書而刻之。今見會稿，則難易兼備矣。乃取解結焚之，使廷式見之，亦將焚其發微乎？

先生爲郡守，權瑾慕其名而超遷之，官至大司徒，先生不樂居其位。時權瑾方以勵精嚴肅責廷臣，先生每朝故布素，至部則痛飲而臥，不治事，以冀不合於瑾而去。瑾果怒，欲罷先生。後竟中策士之料，弗獲。遂及瑾敗，内閣諸大臣議也，使瑾果成其逆，劉近山雖萬剉其屍，亦不從也，然亦竟致仕。

先生有大受之才，有休休之量，有堅貞不可奪之操，乃一蹶而不起，其皆不知先生耶？其亦知之而不敢言耶？語云「負大任者難釋，抱大屈者難伸」，其亦先生之屈事自大耶？故因序是稿而著此，使讀先生之書者得以論其世焉。

律呂直解序

解數學者，類以演算法乘之，古文訓之。讀者益難，律學尤其難者。直解者不文，欲易讀也。

戰國嬴秦之間，律學幾絕矣。兩漢諸儒著論頗多，馬遷、班固爲之宗，而固尤得其正。至晉荀勗號爲知音，能以牛鐸爲全半子，二十三聲莫不中律。勗樂既成，奏之，阮咸以爲高中聲一黍，勗以爲妄。及撅得周玉尺，較己所造樂器，皆高一黍，勗始服咸精。隋萬寶常擊食器，聲若咸、韶。當時律學諸君子以寶常優伶之子，恥與同列。咸、常二子，庶神契乎中聲者矣！而咸位下僚，常生賤品，是天不欲古樂之興也。

唐宋以來，製作紛紛，殊無一定。蔡西山氏上宗班固，斟酌馬遷以下諸儒論議，著爲律呂新書。亦略明備矣。然理雖顯而文隱，數雖著而意深。弘治間，余爲舉子時，爲之直解。正德己巳，僉憲西蜀王公刻之濮州；尚書昆山周公爲御史時，刻之平陽；都憲蒲田方公爲布政時，刻之杭州；州幕洪洞岳君溥刻之同州，至今四十餘年。

律學諸君子或謂：「黄鐘用九，不用十。無體數，新書不當分體用」。夫謂「作樂用九不用十」，可也。黄鐘無十，權衡度量，何自而生？天下之務廢矣。此論蓋讀直解而得者，新書何嘗分體用？直解始分之耳。論者徒見直解附於新書之下，而不知實非新書之說。故云：「以是知爲讀直解而得者也。」或謂：「必求中聲，不當從事於器數。」夫聖人之道，有下學，有上達，惟聖人則一以貫之，學者必由下學然後可以上達。求中聲而不由器數，正猶孟子所謂「不由善信而欲至於聖神」也。天下之事，學則熟，熟則精，精則妙，妙則神矣。且聖人不能以一身周天下之用，故制爲法度，以教萬世。孔子在齊聞韶，當時戛擊而搏拊者，非皆夔倫也。其美如此者，器數存故也。若謂「聖人既往，法不可恃」，則五經可焚矣。或謂：「太玄無形，太陰無聲，苟得其妙，一弦可也，無弦亦可也。」荀勗、竇常，安用八音哉？夫聖人之禮，有本有文，建中道於一身，被中聲於八音，是以爲金爲石，爲絲爲竹，爲歌爲舞，爲玄爲黄，有文有武，有羽有干，有繁有簡，有踈有數，不一而足。今試以祭奠之時、宴享之際，盡去八音，使荀勗搖牛鐸，竇常擊食器，可乎？不可乎？故君子不爲荒唐之虛言，究心製作之實用，黄鐘之用宏矣。豈獨樂哉？制事立法，度物軌則，大而天地日月，小而衣服盤盂，皆其用也。其體物而不遺者乎！

賀封考功郎中思竹錢公七十序

嘉靖丁未，公壽七十，視聽聰明，精神凝固，顏色清潤，鬚髮始斑，言動若強仕人。公子銀臺大夫景山公迎養南都。初，景山官天官勳部，公封承德郎署員外郎。景山官考功，封奉政大夫郎中。十月十二日初辰也，群公畢賀，賀皆以文，景山復以文屬余。

夫人固貴于壽矣。壽而匪福者，累福矣。福而匪德者，辱。故人有年壽、有福壽、有德壽。惟德則尚壽也。箕子演疇，用昭福極，首之以壽，而曰「貧極」、曰「疾極」、曰「憂極」，斯不亦累矣乎！累，奚以壽？申之以「富」「康」「寧」，而曰「惡極」、曰「弱極」，斯不亦辱矣乎！辱，奚以壽？故以攸好德終焉。夫苟好德，則其壽千萬世未已也。公今七十猶健，期頤未艾，兩膺封典，敕誥焜煌，厚蓄好禮，榮享祿養。景山孝竭無方，百順迎和，可謂壽而福矣。公之初封也，皇帝敕曰：「行履端方，操持謙慎，事親惟孝，教子惟忠，丕誕鍾仁之本，大開積善之基。」其再封也，皇帝制曰：「厚善在躬，隱於世緒，榮及壽康，斯作德之報。」使非公好德之篤輝光，何以上聞若是耶？箕子又曰：「遵王之道，是訓是行。」公其有之。昔伏生九十傳經於漢，張萬福八十振直于唐，文彥博八十有五平章于宋，自漢以來千七百年間，九十若八十不知幾千萬人，而三公獨以壽，名謂雖至今，存可也，是尚壽也。公自是而往，上感聖褒，下衍素履，善與年進，老而不回，重以景山之賢，崇階峻封，必極顯揚。仰追古人，永辭後世，蓋無量也，豈止爲百年之身而已哉？公世官陰陽正術，以父號竹隱，故取思竹自號云。

送王侯東歸序

丙戌，部使者分行天下，督邊稅。王侯告最，部使者旌焉，陳牲加幣，益以庶品，侯考檄而納之。民曰：「此盛舉也。」盍大其烹，乃盛爲供，張於廳事，士大夫銘功于旌常賀焉。明年丁亥，院使者代天子西巡華嶽，謂侯爲侈，將按之。侯曰：「知縣誠有罪焉，耳時之通禮，知縣不能違也。」院使者曰：「禁酤充閭，發者當之，何謂通禮哉！」乃告之刺史方伯。刺史方伯曰：「人情也，請原之。」院使者曰：「吾法官也，安用情爲？請如法。」於是刺史方伯下之郡守。郡守曰：「此非太甚。」復請于院使者。而院使者復以法辭，遂罷侯官。侯行矣，吾邑人曰：「侯以功獲罪，惜也。」夫禍福相爲倚伏，造化弗可先知，得馬而折肱，折肱而免戍。侯之被旌也，謂升騰有日矣。抑孰知其爲戾階乎？侯之歸也，又安知無隱福哉！侯亦可以自慰矣。昔朱浮下河東，解印綬去者三十人，三賢者誤入焉。士之升沉有命，從古皆然，侯亦可以自慰矣。

一田贈公卻金序

贈公，西川柱史方君父也。「一田」，公號也。「卻金」，公卻負公者金也。古之人出則人食其力，居則自食其力，惟田爲本。商若賈，君子以爲貨殖云。夫厥土黃壤，田之上也，歲取十千，田之獲也。若乃廣斥之田，雖耕耨耰播，人力無以施其工，風雲雨露，天澤難以神其化，其能厚獲矣乎？故農者務上田云。公既以「一田」自號，復自贊曰：「天包無外，而斂之一掬；地載無餘，而量則不足。義守而疆畎修，仁涵而穀種熟。」然則公所耕者，方寸之地乎？存仁思義，黃壤之心自修，天敵百善基之矣。

仁若義也，于公卻金事見之。有逸馬入公廄，公言之官，秣以待主。踰年，有男子云：「馬主也。」遇馬於閑，毆牧僕，奪馬去。居數日，而僕死。男子大懼，懷金求免，公卻之。男子愈益懼，益百金叩首求納。公款誠譬慰，固卻之。男子始信公，感謝去，出而頌曰：「使公子孫世世顯貴也。」夫秣馬待主，而男子毆僕奪馬，負公多矣。數日僕死，以報無道，我匪彼阱，當之人命，夫復何辭？此誠死生危急之際也。百金至重，饋以贖辜，必無後虞，人情所易動也。公不加怒而辭卻之。夫仁者不乘人之危，義者不利人之有，公得不謂之仁且義耶？疆畎修而穀種熟，殆不愧於自贊者耶？是故恩愛溥於家庭，行誼達於鄉國，九族化焉，四境式焉。有本者如是爾然，則公所務者，田之上上，真黄壤者也。西川杜史負豸乘驄，異時而卿而相，潤身潤國以潤民，推公所獲以食天下。其顯揚於公者，無既也，是豈十千之富，徒潤其屋者耶！所獲厚矣，人力天澤，蓋兼得之。故爲之序，且贊曰：「務廣田之田者荒，務廣心之田者昌，男子者頌，於茲而證。」

壽特進少師大學士嚴公七十序

嘉靖己酉，春正月二十有二日，少師大學士介谿嚴公壽登七十，百僚群辟，罔不忻慶，皆爲文以賀，而南都諸君子共圖爲公祝。

奇曰：惟上天篤壽名臣，惟名臣克享天心，惟聖主篤任名臣，惟名臣克堪主德。惟天最難諶，非至平通徹三極而無間，天曾不私壽之。周公，人臣之極也，尚曰：「天休滋至，惟時二人弗堪。」天心豈易享耶？惟聖主最難遇。聖主者，不世出也，而又備高天下之德，縱高天下之才，富高天下之學，人臣者非其器冠朝臣而紹百工，何以克堪其任使哉！自昔繼世之主，莫盛于成、康，非召公永篤棐三朝之壽，何以成刑措不用之化？非畢公永弼亮四世之壽，何以成道洽政治之休？有周八百年之祚，自此基焉。天壽之，主任之，臣成之也。然則名臣之壽，將以壽國家，壽萬民，豈一身之慶，一人之祥哉！公躋七旬，精神内固，氣血循軌，耳目聰明，步履輕健，顔色清和，其晉接也，天威嚴重。公叅侍移日，比出殿庭，諸侍者皆困乏疲躓，公獨從容舒泰，若無所事事者。驗今徵後，百歲即今日也。非天所以篤壽乎，公者能若是哉？今天子聖神，應運中興，才兼勳華，德極廣運，學貫精微，群臣少當其意者，每歎真才之難得，而獨於公特加懋眷，蓋公自拜大宗伯，即蒙異數，入侍西禁，預叅機密。及簡貳輔，每蒙獨召顧，首輔有莫得預聞者。暨首輔恒虛，貳輔不設，以專其任。運籌帷幄，都俞籲咈，和若鹽梅，親猶父子，密劄下問，日至數四，或字而不名，位特進禄一品。幾十年來，恩禮日隆。聖天子萬壽無疆，公蓋與咸休矣。然天豈私篤壽於公，聖天子豈私篤任於公哉？

公之所以奉答而對揚，蓋有高出於群僚之外者。公幼爲江右奇童，自布衣時，學已成名，即抱臺輔之望。既而登進士，入翰院讀，中秘書乞木石居，進修涵養，則益淵懿宏肆矣。公才浚明敏達，冠絕時髦。每召對，或面授筆劄，裁答隨應，造膝詰問，應對如響，無不中事，幾可上心者。定大事，決大疑，從容數語。當事之邦，轉危爲安，幾否而泰矣。聖天子勵精率作，責效臣下，明無不照，莫遺於纖，悉法無不施，無間於崇卑。一不克宅，即加詰究，中或有甚難處者，公潛默之轉移，牖巷之遇納，曲折調劑，鎮定解紓，蓋有人不及知者。昔人謂：「夏忠靖惟天與祖宗知之，公之隱惠，惟天與聖天子知之。」至於公樂與之量，受人之虛，不倦之勤，勞謙之恭，真得元輔之體。是故天壽之，聖天子任之。今聖天子至治大化，恭已南面，於以壽國家於億萬載之長。今天下之民，用協式見，安亨太平，咸登於仁壽之域，抑誰之力歟？是公一身之壽，其衍而爲國家天下萬民之壽。其所以酬聖主者，皆所以答天休也。古人謂：「通於天下之謂達。」然則公之壽，不謂之達壽已乎？

送大司徒松泉夏公之南都序

古之大臣負康濟之才者，必於其難而見之。書曰：「若遊大川，會其難也。」易曰：「利艱貞，濟難之道也。」稽之古昔，事有所窮則經畫之難，時有所扼則展布之難，人習於縱則振起之難。非名德君子，曷以濟之！戶部司天下錢穀，而南戶部則總南都之錢穀，前南司徒疏陳部政之難，備極其狀。蓋天時告災，歲有所逋，而年支有常，額必取盈，經畫難也。窮則變，變則通，力不能以自專，而勢有所不行，展布難也。仕南都者，咸以清暇自居，安於無爲。上之人一或督率之嚴，則目爲多事，怨議横生，振起之難也。

今歲春，南司徒告員缺，大宰疏名上請，天子簡公畀之。命下之日，廷臣共喜，以得人慶。吏部司大夫高君諸僚，以公及予皆故部屬也，將贈公，以文屬予。

嘗觀古之人，當其窮也，坐視浩歎，不能自溢于常法之外。既制於時，又叅之已，則吾之所司，十已去其四五矣。忿積習之頹，而無巽入之漸，人孰能堪，不幾於用罔耶！此難之益難也已。惟公揚歷中外幾四十年，自部屬歷藩臬，總制運儲，副貳兩京司徒卿，宦跡遍宇内，聞望滿士林。茲行也，運弘濟之才，竭大作之忠，鎮以素昔之重望，窮弗能困，時弗能扼，人固徯志以趨命，當書之「難而行易」以濟之。昔之難者，今則易。然南都之儲，無足虞矣。經有之：「公其成周，建無窮之基」，亦有「無窮之聞」，此正留都之業，端有望於公焉。是則聖天子簡畀之意也，諸大臣明揚之意也，諸君子贈言之意也。

賀太守吴公初辰序

十一月十日，公初辰，郃陽尹李君豸介書請文賀。且曰：「我公之撫助我也，情同造化，豸心感之，非文莫宣。今適其誕日也，謹圖之我苑洛先生焉。」苑洛子曰：「施之厚則感之深，感之深則形於言，言不足以盡其情也，則宣之于文。自夫群分類聚之情，見人之所施者異，而其所感者亦不同。故德同道合、彈冠結綬，則謂之『朋』，是爲君子之施感。淫比曲附，二天三窟，則謂之『黨』，是爲小人之施感。朋進而邦則榮懷，黨進而邦則杌陧。泰之初九曰：『拔茅茹，以其彙』，初九方進，而二九即隨之，世之所以泰也。否之初六亦曰：『拔茅茹，以其彙』，初六方進，而二六即隨之，世之所以否也。始而一人之公私，終而一國一世之隆替，感施時義亦大矣！自李尹之治郃陽，公之治吾西安也，甫三載，藩臬之旌奬，撫按之薦剡，交上遞下，殆十餘章。謂『李尹治行爲諸邑最』，謂『公治行爲諸郡最』，是故公以李尹爲賢而好之，李尹蒙公之澤而感之，則可見公非作好，李尹非阿私，善善者同是公而已矣。昔周公以『寅畏天命』爲壽之基，夫與賢之公，畏天之大者也。

天下之泰可以致之，況一身之泰乎！公壽耋期可徵也。」

贈孫子子魚謫南川序

孫子子魚謫南川，將行。苑洛子攜樊子恕夫、孟子汝熙、趙子子春、趙子汝完、弟汝度子、汝聰子、汝翼子往餞焉。主賓既洽，樽俎畢陳，汝聰子曰：「清商初發，星河在天，征車不可留矣。」苑洛子曰：「時哉！觴之。」汝翼子曰：「臨長河而出涕，望霸陵而銷魂。悲莫悲於生離者矣。」苑洛子曰：「情哉！觴之。」汝度子曰：「遼海之車既駕，而子安之雅麗斯陳；衡州之役既行，而嘉州之清新繼出。吾有詩以壯子魚之行矣。」苑洛子曰：「文哉！觴之。」汝完子曰：「感牛山而起舞，臨陽關而三疊。吾將歌以侑觴矣。」苑洛子曰：「壯哉！觴之。」子魚避席而言曰：「金罍已過，玉山將頹，鯨也不勝德，酌矣！鯨也不佞，弗若於時，弗徇於人，志遠而程阻，心勞而寡與，情發於既醉，感生於長別。悲夫！」於是樊子振袂而言曰：「吾聞子魚之治洪洞也，夙興而夜寐，可謂勤矣；薄斂而節用，可謂廉矣；澤施而仁博，可謂惠矣。茲行也，何以昭黜陟而示懲勸哉？孟子曰：『有是哉？千章之木風不停，自潔之士毀常至』，孟軻見沮于臧倉，子路見訴于伯寮，勢也，命也，烏足異哉！」趙子曰：「有是哉！好惡，情也；邪正，類也。吾聞憲官之按山西也，龍湫子、端溪子、白閣子，世之所謂賢人君子也，而憲官皆論劾之；王叅政、李僉事，舉世之所共棄者也，而憲官皆薦揚之。情也，類也。子魚之劾，其如情類，何哉？」子魚捧觴再拜曰：「諸君子之愛我，各盡其情矣，至矣，極矣。其將何以命我哉？」於是樊子師錫苑洛子曰：「是惟苑洛先生哉！」苑洛子曰：「聰明生於疢疾，生全出於憂患。困窮拂欝，玉汝于成。南川雖小，有民人焉，有社稷焉。冉求之足民，言遊之禮樂，孰非可師者？詩曰：『他山之石，可以攻玉』，子魚之謂乎？」於是子魚翻然喜，惕然警，充然若有所得，曰：「謹受教矣。」在坐者執友郭君景華，請書之於卷。苑洛子曰：「可。」子魚名鯨，同進士出身。

賀魯府典寶封徵仕郎刑科給事中王公八十序

公，給舍復軒君父也，今年壽且八十矣。公經明行飾，早負廣譽，以博士諸生，拜魯王典寶，才豐而位儉，道亨而程阻，人多惜公，而公顧泊如也。王沖年豪飲，於群臣時加狎戲，或怒而呵之。公輒以禮強諫，王察其忠實，不怒，錫禄米文幣焉。後益多導諛王者，王益驕。公曰：「是豈特醴酒不設哉！」即去魯。會國僚皆被逮，公獨超然不累，既歸，絶跡城市，獨與鄉耆賢者，樂其日用，後學儀式焉。

二月九日，公初辰也，越五月有二日，太廟工成禮備，皇上推恩臣下，封徵仕郎刑科給事中，復軒君僚傅巖王君、石峰李君、練溪胡君、松溪李君、近山羅君，以公受封之慶適八十之期，咸以爲榮，稱賀焉，以文命余。

夫壽者，天人相待者也。基於天，成於人。天者一而人者二，是故天篤者壽，德格者壽，和迎者壽。夫或弗既其天者，人伐之也；或自勝其天者，人致之也。二者未盡矣。是故古人原諸天，謂「命稟于初，非人所移」，蓋清純鍾其氣，凝定毓其質，則沴戾弗侵，壽自享矣。然強德篤義，天乃自成，千人共指，真懿必晰。蓋嚴恭寅畏，堅實精明，則血氣循軌，精神内固，上可以奪神功，改天定，下可以保命原，奉初有，孔子所謂「大德者，壽也」。語有之：「和樂丕應，導迎善氣者壽。」蓋受之天者完，履之德者盛矣。苟拂逆日困于心，憂虞時衡諸志，所謂大者，或爲之搖焉。是故往無弗利，動無所忤，優遊豫悦，歲月自供。蓋人之迎者，又所以爲天之助也。斯三者，一係之天，一係之己，一係之遇。是故兼有之，難矣。

公今八十，康強若壯，固天錫以難老也。爲士而修，爲臣而忠，見幾用哲，安恒秉義，其德不亦成乎！給舍君弘器遠到，陟要登榮，賁勳名于盛世，先諧孝於庭闈，服養固已無方矣。自給舍君而下，四子、十五孫者，桂芳蘭茂，又皆休昭堂構，志紹箕裘，克類而弗墜焉。一曾孫者，雖孩提在繈，然已玉粹珠輝，可玩而樂也。然則公舉目咸順適怡悦之境，無違厄干犯之戚，所謂導迎善氣者，公且膺之，是故壽矣。傳曰：「聖人在位，而王道得，人多壽。」今公生際明時，躬逢大典，龍章焜耀，章服輝煌，華階美銜，一時均錫，其所以慰適其心者，又導迎之至也。公之壽自是蓋無量矣。余聞之：「西極之山有玄鶴焉，雲身而朱頂，千年而羽始齊，蓋得義氣之精者也。東極之山有靈木焉，赤章而翠葉，三千年而實始成，蓋得仁氣之精者也。」然皆生於煙霞之外，長於雲霄之中，畢羅彈射所不驚，斧斤樵採之不及，其得於培養者，亦沃矣。是故觀諸物理云。故曰：「壽者，天人相待者也。」因書以爲序。

送邃谷子詩序

邃谷子謫嶺南，與余遇於越海之上。萍會他鄉，相看若夢。締歡言於促膝，掩離涕於交頤，悲喜可知矣。昔送邃谷子赴北山之役，謂：「歸期當三月也。」比邃谷子還，余已得罪，出判平陽。白樓滄海，動隔關河。又三年，余來按兩浙，邃谷子則蕭蕭江上，身爲逐客矣。於時潮平江闊，日白天青，傷歲序之易流，慨升沉之靡定，舉目山河之異，回首故里之思，感時追昔，悵然興懷，且悲余生事茫茫，後會知何地耶？詩以送之。

贈龍湖張公簡命禮部尚書兼文淵閣大學士序

天下之重，天子主之，輔弼之臣佐理之。輔弼者，經綸寅亮，式百僚，熙帝載，懷萬國，鎮四夷，旁逬賓士，弘濟艱難，百責攸萃，任至大也，古今皆崇重之，而我國家尤極其選，非才猷超衆，品聞望振一時，莫得與焉。

歲戊申，元輔以員缺聞，且請簡賢以自副上報，曰「少待」。蓋皇上嚴惟圖治，其難其慎，不與他官例也。今年春，元輔再請上報，曰：「俞。命冢宰合文武臺諫，集議北闕下。」疏名上請。上親首簡公，俾與元輔協恭。命下之日，朝野歡騰，謂「皇上之明，克宅克俊」，謂「公之簡賢于夢卜」，而南都諸縉紳尤習公。而儀式者也，爲文賀焉。非賀公也，爲天下賀也。

夫輔弼之任，誠重矣，然上有三接之寵，則下必有十朋之益，而位極百僚之首，則必才極天下之全。古之人固有戡定削平、勳蓋一世者，顧有悔於乾；又其有清修峻節，名高千古者，乃括囊於坤。此一偏之長，而非全德之器。惟乾之九二，普施於利，見其德文明也；惟坤之六二，不習無不利，其德直方大也。迓衡於乾，弘濟於坤，乾坤大用，非全才君子，孰能與於斯哉！乾，易爲也而悔；坤，難爲也而利，才之全與不全故耳。輔弼重任，非全才君子，孰能與於斯哉！公蚤歲大魁天下，固已俯視一世矣。繼覽中秘書，爲天子門生，涵養極研，浩乎大成，周遊館閣，揚歷中外，幾三十年作日，大望日隆，士林快睹，奇受知於公最久。備衆公論，其治身行己之道，撫世酬物之宜，因中求正，即事授理，虛盈伸縮，天下之事，在其消息之中。且留心世務，近自都邑，遠至邊陲，於凡錢穀、戎馬、鹽法、水利、地理、星曆，莫不考究，盡其精詳，細大不遺，非所謂全才者乎！畢命曰：「惟公懋德，克勤細物，迓衡弘濟，以副經綸寅亮之位，以成奮庸富有之業。」非公，孰能與於斯哉！夫難致者位，難有者才，難際者時。載觀今古，雖大聖大賢，終身不遇，位不能以必得也；賢人鍾間氣而生，如麟鳳之不常出，才非可以常有也。雖宅俊之賢，居可效之位，克由繹之，以盡其能，而後可成，用協丕式之治，時不易逢也。公際乾道大明之盛時，受知聖主，簡擢元輔，以康濟之全才，居輔弼之重位，可謂古今極難得者矣。其將明揚天下之士，翕受敷施，使小大各得其位，共效用於明時，永保賓士之休，而無艱難之虞，上以酬聖主之知遇，下以答天下之仰望，固公之責也。書曰：「四海之内，咸仰朕德，時乃風。」又曰：「敢對揚天子之休命。」答：「其師。」以是爲公望，且以爲公賀。故曰：「非爲公也，爲天下賀也。」

送判府歐公北歸序

公，吾邑侯之父，戒日將北歸矣。吾邑諸君子以公茲來也，實裨化理，匪直空行，爰動念懷之情，載興詩歌之頌，而眇末贈言之旨，亦如斯矣。

越惟辛卯之春，吾侯敷政，甫及六月，庶事浚明，兆民忻戴，既竭在公之忠，思展庭闈之孝。於是迎公於梓里，就養于花封。維公子雖貴顯，不忘庭訓，吾見其慈也；維侯承歡朝夕，養以大邦，吾見其孝也。由是基履之貞，標準斯建，紹聞是衣，敷錫無疆。吾邑之民盡懿，則於天衷儀典，刑於神會。孰不爲父，咸興慈焉；孰不爲子，咸興孝焉。夫豈但一人之慶、一家之榮而已哉？是不必考聲教於弦歌，求阜厚於倉積，而侯之治亦有徵矣。昔昭明之化，原於家庭，鳴鳩之教，本之父子，則吾邑之民，不言而化，不令而行者，是蓋風火之機，動於威孚之下；和平之休，速於山澤之感，自弗能已矣。傳曰：「不出家而成教於國」，公及侯之謂歟！載惟諸君子于公齒毛遐隔，非芝蘭之交，勢分相懸，無瓜葛之附，而瞻戀之懷油然不忍者，豈非沐侯之德深，感侯之德至而然歟？古之人飲泉思脈，見玉懷山，凡吾人四境晏然，五品不斁者，孰非侯之澤、公之教哉？故公之來也，吾人仰之；公之去也，吾人思之。

贈大方伯松崖方公致仕序

人臣以進言爲忠，士以勇退爲義。忠者，臣之大節；義者，士之美行。言矣，無補於當時，退矣，不關於世教，斯亦泛言苟退耳，復何足以爲忠爲義哉！

歲乙亥冬，浙江守臣假和賣以媚貴近，公爲大方伯。方伯掌一方財賦，出納無不由焉。守臣召公語之：「故且侈言，貴臣之能生殺予奪人。」以挾公。公固執不可，守臣強之益急。公歎曰：「吾受一方之寄，乃不能爲國永圖，爲民敷錫，則亦已矣。顧欲聚斂以奉人容身爲邪？」即上疏乞歸，避居私室。於是郡邑竟不能違，集數萬金于藩司別藏。已而朝廷以公素有時望，弗即允俞。公乃復起視事，守臣將取所集金獻之，公故弗即給，密具疏。上聞辭旨甚激切，留中不出。公以諫不行，義不可留，復乞歸。朝廷乃出公疏行之，特旨命公起，公三疏竟辭去。於是朝廷從諫之聖、遇臣之禮，公事君之誠、致身之道，兩盡其美而無負矣。

嗟夫！朝廷之德，浩乎乾坤之大；公之節，巍乎泰華之高。斯民熙熙然獲萬金之賜，又有如霖雨膏澤之潤，而海内達而臣、文而士，莫不頑聞之廉，懦聞之立，足以書之史冊，風乎當時，傳諸後世，爲一代之榮也。豈公一身之忠、一人之義耶？雖然，忠不忘君，義不絕物，以時考之，方將大有所爲，其誰能遐棄於公哉？公今歸矣，其思所以酬時以答天休者乎？若曰「茲行也，可以茹芝而避穀矣」，則非予之所敢知。

贈南考功正郎沱村史子考績序

南部考功郎中史子，三年考績入覲。史子先爲監察御史，巡按湖廣，正法度，忤權貴，外調者幾年，今稍遷至郎中。史子爲人直而不激，廉而不耀，正而不諒，外和内剛，樂易而能執，宦遊所至，風裁昭聞，秉德治行，表表在人耳目。官箴士修，無弗與也，又焉用考哉！經言：「考績，其爲中人而立乎！」必率作而後舉，必稽察而後見，中人也。夫其無待而興聲實見於世，上下信之，遠邇揚之，若史子儔者，焉用考哉？聖人不得已而立此考法，激中人也。古之人，立德立言，光垂於百世，士且然矣，而況於有位者乎？後世且然矣，而況於當時者乎？使虞廷當時皆如五臣，焉用考哉！於如伯鯀孱功，如共工巽若，孱不足憑也。而考法立焉，俾人畏而警，慕而勉，成中人也。我國家辨官論材，上稽唐、虞、三代之制，損益裁度用集大成，三年初考，六年再考，九年察其繁簡，咨其高下，視其身言，進陟有差，亦以待中人也。若夫茂才異等，則又不俟再考，迪簡而超遷焉。如吾史子又焉用考哉？

初，嘉靖丙午，史子爲主事時，大冢宰奏薦主事，可吏部；近大冢宰又薦郎中，可行省叅知政事。然則史子果無用考也。此行也，史子其晉陞矣。序以贈之。

贈邑侯王君獎勵序

我國家稽古率作，黜陟幽明，内則冢宰，外則憲臣。憲臣舉，冢宰酌而陟之；憲臣刺，冢宰酌而黜之。舉刺者，激勤怠、闢進退，最重典也。嘉靖己亥，監察何公督鹽已一載，吾邑王侯治朝邑將三載，監察雖開院山西，然陝之西安、河南之河南諸郡縣，盡屬按治。監察一載得代，將入覲舉刺群屬，舉憲二旌與獎也。吾侯獲獎焉。陳牲兼幣，肆筵張樂，明揚於衆，示異等也。且曰：「侯之賢，宜聞於朝。」綸詔有限，則監察舉止山西，而陝西、河南弗得舉也。先是監察唐公、李公皆嘗列牘薦侯，於是二尹張君、三尹王君、蓮幕劉君曰：「侯自此陞矣，請文以贈。」

夫勸而後有爲，非君子之志也。非勸而有爲，亦非君子之志也。君子者，正誼不謀利，明道不計功。是故觀其所由，而君子之情見。賞罰無章，是非不明，儀物不備，是故君子不可以虛拘。故慶賞者，鼓豪傑之心，納天下於善，二帝、三王之所以不廢者也。是故車服庸，功懋賞，勤者勵而怠者興矣。夫侯，才乂士也，非見利而進、必勸而始趨於善者也。夫侯，才乂士也，沮之而强顔就列，斥之而忍心弗去。侯能不思所以高蹈哉！故曰「非君子之志也」。由是而志得伸，行有孚，令聞益達，將以施於一邑者，大施焉。故曰「侯自此陞矣」。

贈大司寇貞菴周公考績歸南都序

南京大司寇貞菴周公考績至京師，既竣事陛辭將歸。朝卿大夫因公西臺和韻之章，賡而贈之。奇也，公門下士，乃爲之文。

惟有虞氏三載考績，成周氏六服大明，當其世作百工，於惟時倡九牧，而其喜古今稱治，莫盛于虞、周。惟我國家稽古建官，遠宗其道，近通其變，百七十年以來，上下交修，中外勵翼，雍熙太和之治，虞、周而降，孰有盛於我國家哉！惟公弼亮三世，夷險一節，所以輔成我國家之盛者。茲考也，其大略也。然公之已考者六，而其未考者三。公始尹新安也，修廢墮，剔蠹弊，發政愛民，揆文振德，養道浮於天災，聲教浹於士類，稱循良焉。繼爲御史也，止中宮之佛事，上閫外之便宜，薦直泰於廢閉，劾奸興於幸寵，又其大者。恥屈身於權璫之門，始罷其官。繼中以禍，介然而弗移，稱風節焉。嘗丞大理矣，稱平恕焉；又嘗兩拜都御史矣，稱貞肅焉；又嘗兩拜部侍郎矣，稱浚明焉。今爲大司寇，揚歷兩京，聲望益隆，於是天官卿引公於奉天門下，北面稽首，對百僚以揚休，面九重而奏最。天子曰：「都。」往即乃司於是。春官卿奏言：「公功棐篤，既賁及于先人，宜慶延於後嗣。」天子曰：「俞。勿替舊典。」於是公自孫碩膚引年謝事。天子曰：「咈。爾精爾力，爾尚康強，其勿困哉。」此公之已考者，天下之所共知者也。其未考者，奇則獨知之。公，宰相器也。奇昔嘗事公而察其所安，公有容無我，斂多能而若無他技，相度也。棟隆井洌，可大受而克勤細物，相才也。厚重如山，弗可激之怒，弗可媚之喜，相節也。當今明天子寤寐元老，公方懋厥德，異時朝廷下白麻之詔，置之黃閣之地，公竭十朋之益，以酬三接之寵，相與保國家熙和之治於千萬年者，諸君子之所望也，朝廷簡賢圖治之意也。是爲序。

贈掌教王君九載考績序

士風之不振也久矣！夫司政者，治官也；司教者，儒官也，是風化之由也。官義則士習從之，官利則士習亦從之。官者，又士之由也，今歷數十年以來，環數千里之地，吾未見夫言義之官。言且不聞，而況有爲之者乎！治官、教官之弊也久矣！而司教者爲尤甚。始則官壞其士，終則士壞其官，官士相尋，風化益壞。昔余德輝以爲弊端謬種，不可不亟拯而力救之。朝議爲之太息，識者以爲名言。作而振之，弗在貞一君子乎？君，燕產也。少事經義，壯試文闈，晚謁天部，繼教海豐，教華陰。教華陰亦既二載矣，將赴冢宰考績。華之諸生介、郝生誥來問序。贈君誥曰：「君之教華陰也，義以爲尚，利弗之急。貧者、富者、敏者、魯者、沈潛者、高明者，同仁視之。二年間終始惟一，故士懷之，上與之。士懷之，故群聚而保留之；上與之，故獎書屢下焉。」

夫信，君倡之義也。其亦時之僅見者乎？華之士他日當有感動而興起者矣。昔成化中，吾邑師有榆次翟方氏，吾邑侯有南陽蘇盤氏。翟師以義教，蘇侯以義治，吾邑式化厥訓，人才輩出，若雷大名之剛毅，若周廣平之醇懿，若郭盧氏之介直，是皆聞義勇爲、見利而恥者也。是皆翟師、蘇侯之啟教也。然則華之士不有興起者乎？君茲行也，陟而爲治官，則將尹一邑焉；陟而爲教官，則將教一郡焉。蘇侯治之則也，翟師教之則也。則夫一邑一郡之士，又將有興起者矣。奚獨華之士乎？詒，余門牆友也，其言足徵，乃爲之序。

贈張乾溝序

世固有不言而能行，無名而抱實，外樸而中華者，不可忽也。醫士張乾溝者，其近似乎！世亦有高談奇論，以炫其能，陽秘陰露，以神其術，使病家視之如造化有生覆之功，考其用則殺人者非挺與刃也，又張之罪人矣。

予年十四學醫，十年來未得其要。蒲多醫，楊某者，其著聞者也。予堂弟病，迎楊至。予素慕之，陳樽俎，列管弦，舟于縣南之蓮池，賞花釣魚，以樂楊。從容問曰：「予聞醫之道，其要在究病源、察脈理、識藥性、審天時，然乎？」楊曰：「此其綱耳。病源莫要於究虛實，虛虛實實者死，補瀉得宜，可生也；脈理莫要於察生克，生生克克者死，子母相乘，可生也；君臣佐使，藥性之要也。君以主之，臣以輔之，使以行之，而反佐之功不至，則驕溢横出者死。或一君而四佐，或三佐而二君，察其受病之淺深，可也。五運六氣，天時之要也。氣運涼，病雖溫加溫藥；氣運溫，病雖涼加涼藥。涼一於溫，溫一於涼，死矣。詳是四者，而醫道備矣。」予曰：「然」。楊又曰：「病有三百六十目，脈有三百六十度，藥有三百六十種，時有三百六十變。」予頗厭其太拘。楊曰：「使君知醫之經傳乎？內經、本草，其經也。秦越人、淳於意、華陀、孫思邈、劉河問、李東垣諸家所著，其傳也。且誦其書甚悉。」予人心服其博記。再思，曰：「凡楊之言，皆予所知者。予之治病，無起死回生之功，楊其能度越人乎？」心復疑之。堂弟勿藥恙耳，疾愈，而楊去。楊自高其術，非隆禮厚資不能致。正德丁卯，予病甚。百計迎楊來，並蒲之名醫數人，環視嗟歎，弗能治。有張乾溝者，自言能愈疾。張形容樸野，衆皆笑之。楊問曰：「汝能究病源、察脈理乎？」曰：「不能。」「汝能識藥性、審天時乎？」曰：「不能。」楊曰：「汝皆不能，來何爲者？」張曰：「但能愈疾耳。」乃出藥十餘丸。楊曰：「此丸之後，更何藥乎？」張曰：「無。」楊曰：「此疾愈後，調理尚須百貼。」張不答。諸醫知予疾難治也，託張而散。予弟五泉大夫計無所出，持藥告諸天，曰：「吾兄之病篤矣，而命醫者又山人也。惟神其佑之。」藥進而予蘇。明日，煩懣不能寐。張以竹葉糯米麥門冬煎湯，與之而安。問餘藥，曰：「米粥少加白煮肉耳。」遂辭去。又二十年，予撫晉陽，感秘結疾，藩臬諸君子召楊至，且爲之先容曰：「博聞廣記，群醫不能及也。」乃誦其所謂究病源、察脈理、識藥性、審天時之槪，藥兩劑弗即功。予卻藥，三日事急矣，晉王遣典膳送雜牲數品。典膳自言能醫，出開結枳實丸三十枚。楊笑曰：「我用防風通聖散、大黃、樸硝，尚不能行，枳實豈推陳致新者哉？」予以其藥品雖無益，亦無損，試服之，明日而通。予呼典膳而問之。典膳顧楊曰：「君不思防風通聖散之名乎？傷寒用防風以發表，防風善結，中用硝黃佐之耳。非推蕩之劑也。」楊默然去。二事相去二十年，如合符節。漢人曰：「爲治不在多言，顧力行如何耳。」又曰：「萬石君家，不言而躬行，此之謂也。」然後知天下之事自有真，豈惟醫哉！豈惟醫哉！予自晉陽謝事歸，張老矣。因書以贈之。

賀沈母太宜人八十序

太宜人，鳳崗廷尉沈公母。鳳崗貴，封太宜人。今年二月七日，年八十矣。夫七十稱古稀，矧八十乎？是可賀也。太宜人貞靜恒一，老執内則，是固凡知德者所樂道。矧鳳崗爲人子，而又篤孝者乎！初，鳳崗爲給舍時，歲在戊戌，太宜人壽七十。然其時太宜人先以太慶覃恩，封太孺人矣。鳳崗有友二人焉，趙太史氏、尹太史氏撰沈太孺人壽文賀焉。故今八十以文屬苑洛子。苑洛子者，亦鳳崗友也。爲之序曰：

山藴粹而玉生，玉既孕而山潤。前人之善，慶必垂於後；後人之善，福亦延於前。斯物理之自然，天道之必至。吾於是徵之沈氏世德云。故有太宜人之德，則有以篤鳳崗之賢；有鳳崗之賢，則有以衍太宜人之壽。人孰無母，母有壽者，孰有太宜人之德？人孰無子，子有貴者，孰有鳳崗之賢？惟太宜人閑閒靜女，實兼士行，絲枲不停其機，卷冊恒在其側。義撫伯氏之孤，順緩贈君之怫。奉先祠之獻享而盡其誠，隨中饋之豐儉而致其潔。蚤修婦德，孝竭翁姑，中罹大變，獨持家政，晚收母教，訓子大成。是以振沈氏之中衰，膺褒封之盛典。壽高八十，不杖不扶，自是耄而康，期而健，蓋無量也。惟鳳崗幼有至性，夙承世訓，學以充英毅之資，才以運碩膚之用，富群業于翰苑，益十朋於諫垣，得金矢于廷尉。一時聲望，雅重士林，異日爲名卿，爲賢相，所必至也。

古之孝子，有一念誠懇，能延親年、起親疾者，矧鳳崗之賢，謂無介於太宜人之壽，不可也。趙太史曰：「樹德明道以光壽。」於太孺人千萬世者，仲子之責也，其斯之謂歟！古之賢母，有斷機模灰而子以大顯者，則鳳崗之賢，固皆太宜人之餘慶也。尹太史曰：「不知仲子之賢，盍觀太宜人身教之全？」其斯之謂歟！

太宜人姓張氏，泰州名族，父兄皆舉進士，爲時名人。沈氏雖中衰，然故名族也，故進士公以太宜人歸贈公，贈公亦以鳳崗貴贈給事中，厚蓄未暉，強仕而歿，所謂中罹大變者也。仲子，鳳崗之行次。

贈大參喻君之雲南序

君，余巡浙時屬友也。以河間守參知滇南政事。初，我國家内置中書省，設參政以貳平章；外置十三行省，設官如中書參政，以藩臣重且要之官舉職者爲難。君茲行也，其能舉是職而無負哉？

夫人固有未行而知其能，事固有未爲而知其成，非億中也，驗其已然而決其將然耳。孔子曰：「吾之於人也，誰毁誰譽。如有所譽者，其有所試矣。」余其有以試君而驗之也哉？君昔尹臨海也，以循良稱；而余時巡浙東，是故嘗與之矣。君昔按關内也，以清肅稱，而余時伏里舍，是故嘗被之矣；君昔守真定也，真定爲畿輔大郡，當天下要衝，守是郡者，鮮無失墜。君剔弊蠹，興廢蠱，平理政訟，應酬賔旅，不期年而真定治。被其澤者懷，出其途者悦。言：「天下郡守者，必以君爲最。」而余適自關内趨京師，道真定焉，是故嘗見之矣。其治河間也，猶夫真定也，而益宏以領。是故嘗聞之矣。語有之：「善規者必能圓，善矩者必能方。」天下之理一也。滇之民，固臨海、關内、真定、河間之事。以尹臨海者治滇，則惠施矣；以按關内者治滇，則威行矣；以守真定、河間者治滇，則庶政浚明矣，是故可以舉職而無負也。夫宦成而怠心生，治成而易心生，名成而驕心生，古之人鮮克有終者，多矣。君慎之，敬之，讓之，如臨海時、關内時，真定、河間時，胡怠、胡易、胡驕焉。以已然而驗將然，以已然而保將然，皆自夫君也。君將行矣，君之僚某某修故事，當以文贈河間侯徐子銘，余門牆友也，且以君爲予舊屬友來請序。君諱茂堅，號月楔。

贈衛侯獎勵序

我國家統馭群工，大明之典，總之一人。越在外服，惟茲憲臣，獲專揚刺。故一檄之下，榮比十朋而超階允陞，於茲邁跡，能者膺之，廣譽歸焉。我朝邑行鹽，解池爾然。東臨大慶，防於西擄，太平窯子鹽利天成，取之靡盡。轉販之徒，群趨若市。奸日以滋，訟日以繁，私日以蕃，公日以削。衛侯曰：「吁！其咎在民，其責在我。我既在茲，蠢茲麗，罰茲義，罔赦。」乃嚴其禁，多其邏，有獲者笞縶之，輸徒之，獄成而讞，於是人鮮冒法。解商四達，昭聞於上，巡鹽院使曰：「都！孰如令賢，承我者鮮，憲綱明明，有典有冊，懋爾能選，爾勞罔勸，厥勸諸屬，罔勸署之休詞，備以盛物，匪幣帛之榮，實顯爾之能。匪牲卣之馨，實勞爾之成，爾令休享。」侯既奉檄吾邑，諸獻將紀之旌常焉。予惟唐虞，明庶以功，車服以庸，我祖宗稽古圖治，不偺不濫。今天子綜核勵精，嚬笑是重，憲臣業業奉法，莫敢爽侮。侯茲承茲，厥惟光哉！匪侯匪教，侯亦有造，匪侯匪澤，侯亦邁種，厥德院使之錫，各修其職而已矣。易有之：「益，用大作命。」自上宣或得之而勵，或得之而肆，侯其勵哉！書有之：「乃汝教工，下承其命，宜德則興勸，爽德則興怠。」侯宜德哉！諸獻曰：「可以爲侯贈矣。」遂書之。侯名傑，山西夏縣人。

贈太守鄧君獎勵序

初，君未下車也，同人問焉。予曰：「是能舉職者乎！」同人曰：「何以知之？」夫江漢始流，人知其必致海者，其源大也；干將莫邪在匣，人知其必利者，嘗試故也。君昔教榆次，而化行晉之兩院，使奏書旌之。甫三年，而擢清水尹。清水治最，秦之兩院使亦奏書旌之，擢守吾同。天下之道一而已，安有善於教而不善於治，良于治清水而不良於治同哉？君既涖政，未期年，繡衣使者以爲賢，下檄獎之冠花襲幣、生牲庶品、秬鬯二卣。且曰：「顯示於衆，咸俾見聞，風百闢也。」兵初，兵司集諸侯兵，大閱朝邑，君遣僚貳率其鄉兵至，士氣精明，器械整肅，諸侯兵莫不望而稱服。曰：「此同州兵也。」兵司大悅，報最於繡衣，君之獎者，本兵司推薦之力也。君，余戊子主考京畿鄉試所取士也，往賀焉。君避席問政，蓋感知遇圖報稱也。告之曰：「爲政之道，中而已矣。嚴以立法，而寬以行之；惠以澤民，而義以裁之；廉以持己，而約以助之；才以集事，而敬以將之；恭以接士，而誠以率之。詞訟不以聽斷爲察，而務清簡，可也；催科不以速辦爲能，而期完足，可也；興革不以無益病衆，而急先務，可也。由是數者而無倦，政有不立者乎！」同諸士曰：「吾鄧侯克邁先訓，請銘之旌常，爲侯賀且爲侯望焉。」

贈馬母許孺人八十序

母孺人，副憲馬公元配，翰林起士君母。以副憲公官諫垣，封孺人云。歲丁未，予入賀，起士在告中，圖歸養焉。予就省之，謂：「實授歸，未晚也。」起士辭謝，予曰：「一日之養勝三公，起士是也。」得命歸。今年，母孺人壽八十，六月十八日初辰。起士，予戊子主考京闈文場友，爲文兼幣賀焉。初，副憲公自諫垣左遷揭陽丞，稍遷至滇南副憲，滇南者，世云萬里雲南也。母孺人皆從副憲公，又詿誣圜土，數年比得釋歸，而上天降割矣。母孺人方中年，當大變，獨持家政，辛勞萬狀，然猶勤節致積，延師於塾訓起士。學既成而起士病。正德丁丑、嘉靖丁亥，病皆危甚護床。越歲乃興悟，當病時，凡起臥藥食，母孺人日夜護持若嬰兒，乃又辛勞萬狀。起士曰：「非母則一朝泯滅，母實再生也。」夫母，以慈爲道者也。母孺人中遭家變，竭力訓子，猶母德之恒也。至於起士兩遭危疾，得母以平，母孺人實再劬勞矣！蓋慈之慈者也。子以孝爲道者也，起士色養志養，甘旨之奉，顯揚之道，猶子職之恒也。至於棄官就養，若將終身，其人情所難乎！蓋孝之孝者也。即是二者，母孺人壽百年，可期也。稽之載籍，植德篤祜，自我聰明，天道也。裒多益寡，稱物平施，天道也。古有富人，術者謂其不壽，富人侈費享年，始中身而資盡，壽延九十。母孺人婦德式内，固宜偕老齊眉矣，而中道煢煢，無天誰恃？起士竭孝抱德，固宜平格壽母矣，而又辭不貲之富貴，以奉朝夕，凡爲母孺人也。母慈子孝，持此二不盡之積，則知母孺人壽百年可期也。

賀汪母太宜人七十序

太宜人四子：長春谷君，南京太常寺卿；次宗凱君，戶部員外郎；宗伊君，兵部主事；宗召君，中式舉人。主事君今爲叔氏中丞公嗣。太宜人丙申歲，以春谷君南京給事中時，封太孺人。戊戌歲，以戶部君工部員外郎時，封太宜人。今年壽七十，十二月十八日初辰也。

人子於親所深願者，惟壽爲重。人必壽而後能享多福，子之孝於親者，惟顯揚爲大，是非以其富貴榮之也。因其子之賢且貴，而親之善以彰。況婦德之貞，隱在閨壼，尤不能不賴於子。古之賢母隨業京師，丸熊佐讀，非其子爲名賢，爲名卿，孰爲鏤之方冊，傳諸後世哉！太宜人四子皆賢貴，則太宜人之德可徵，而其壽之無涯者，亦可徵矣。

夫壽者得之于天，全之於人。傳曰：「命稟於有生之初，非今所能移。」言天道也。又曰：「敬，則堅實精明者壽；和，則怡悅豫樂者壽。」言人道也。天陰陽剛柔，雜糅絪緼，固有修短之不齊，率其固有，完其本真，不自絕於天者，寧幾人哉！

太宜人年及七旬，康強若壯，步履輕健，不杖不扶，望者不知其爲老人，其得於天者，固已厚矣。方其從父在室，女德幽閒；及其釐裝於歸，婦道飭謹。中柄内政，母儀孔式，針絲烹飪，不學而能，孝經女訓，授卷即通，翁姑悅其孝，妯娌讓其恭，鄉閭範焉。茲不以敬乎！春谷君，員外郎君，主事君，舉人君，伯仲四難，金玉交輝，聯翩科甲，照耀省寺，禄養色養，孝竭無方。夫一子之貴，人所難得，況四子皆貴乎！一子之賢，人所難得，況四子皆賢乎！賢者未必貴，貴者未必賢，況貴而且賢乎！太宜人善獲其祥，子迎其志，處達順之地，怡悅豫樂可知矣。春谷君已陟崇階，柄用指日；員外郎諸君駸駸晉顯，歷階可待。異時樹勳業於明時，垂芳華於簡冊，太宜人名因之而顯，豈特隱於閨壼而已哉！太宜人，四川彭縣尹汪公元配，憲長楊素菴之孫，教授楊桂溪之女。

贈戶部副郎李君之南都序

嘉靖丁未，君來守吾同。同，古馮翊也。先漢之遺風猶存，又益之君，有弗治者乎！明年而報政，又明年，行省諸平章行臺、諸刺史郡太守皆稱其能，薦之都院使。監察院使亦皆素聞君，薦之於朝下之冢宰。冢宰亦素聞君。明年，遷南京戶部員外郎。君僚二守董君、節判常君、州幕喬君，述其舊治之良，欲文乎新政之道焉，請文於予。

夫古之君子，所遇有尊卑，爲治無二道。治身、治人、治家、治國，一而已矣。而況於舊與新乎！可以治同者，弗可以治部乎？君之治同也，儒以飾吏，庶務彬彬，有藝道焉。剖決酬答，案無停積，得果義焉。臨民發政，上交下接，緩急適宜，圓通無窒，識達理焉。夫藝而流則文，果而流則忽，達而流則隨，實以濟文曰「藝」，詳以濟忽曰「果」，介以濟隨曰「達」。昔孔子論門弟子曰：「由也果，賜也達，求也藝，於從政乎何有？」君能酌而用之，同之治也何難乎！今夫驥未馳而知其致千里者，惟伯樂爲然，已致千里，雖常人亦知其爲驥也。驗舊徵新，可以治同，弗可以治部乎？且州守之職，百責所萃，崇五教，典三禮，若百工，作人才，理錢穀，詰刑名，治甲兵，諸曹之政，無不總之。但所治廣狹之不同。戶屬之任，錢穀一事耳。可以治同，弗可以治部乎？雖然，治道雖同，而規模條貫或異，其用故不一也。龍泉之利不可施之以鑿石，百斤之杵不可用之以剥雀，所司不同也。守有君道焉。伸縮予奪，抑揚高下，隨接而應，皆由乎已。宏大闊略，皆其用也。部屬之分，有臣道焉，上有司徒，亞有左右大夫，輕重若毫釐，長短若分寸，多寡若合勺，皆取裁於堂官，無得而專焉。以君之才，無施不可也。是爲序。

苑洛集　卷三

河中書院記

苑洛韓子河中書院記曰：

河中書院者，故東嶽祠也。世人言：「五嶽皆有神，獨泰山神主地下死人。人之死者，皆隸泰山，不與他嶽比。」故其祠遍天下。蒲有祠，在州東三里所，州人率以歲六月歌舞爲會，以樂神，云：「爲其死者之父母親戚解脱；即弗樂神，神且苦其死者之父母親戚」云。九川呂子云：「禮教不興而惟鬼之務，有司者之過也。今夫泰山，非蒲人所可私事也。古者禮德則祀，食功則祀，然制無僭神，而饗無淫鬼也。」夫擊鐘鼓、釃牲醴，群巫在前，三老在後，使其婦人女子群集而奔走焉，此天下之弊俗也。夫魯有杏壇弦歌之聲，至漢不輟，何則？教化行而禮讓之俗可作也。語曰：「弗琢弗光，弗闡弗明。」言教化之行，自上倡之也。故導則易流，嘘則易爇，勢使之然也。孟子曰：「經正則庶民興，庶民興斯無邪慝矣，吾將正其經焉。」呂子毁其祠以爲河中書院，生徒入院而習業者幾百餘人。呂子曰：「今夫學者，群居而相議也，窮志而竭思，月月而程之，卒歲而計功，凡以爲道也。」舜之告禹曰：「人心惟危，道心惟微，惟精惟一，允執厥中。」道之至也。夫蒲，舜之居也。故度德而較功，莫舜若也。清如殷伯夷、叔齊，大如文中子王通，正如文清公薛瑄，善人如黄霸諸子，皆于德莫可貶少，而功及于蒲者也。呂子遂即書院爲祠，以祀舜以下。呂子者，嘗爲吏科都給事中，舉劾無所避忌，而留中不出，人所不及知者尚多。至於甲戌之疏，指陳時事略盡，尤非人所敢言。

丙子冬，中者出爲蒲州，同知呂子毁東嶽祠爲書院也，乃在明年五月云。得屋殿寢廊廡凡若干間，以其中殿爲重華殿。

「重華」者，即以祀舜。配食者，即伯夷、叔齊、王通、薛瑄，凡四人；以東堂爲名宦祠，名宦者，凡四十三人，漢黃霸、周堪、田延年、杜詩、劉祐、史弼、杜畿，晉王浚、路述、薛善、元淑，隋楊尚希、楊弘、丘和、党君素，唐杜楚客、蔣儼、陸象先、顔真卿、徐弘敏、姜師度、郭子儀、韋陟，宋晁補之、范仲淹、范純仁、趙尚寬、朱壽昌、錢晦、孫載、游師雄、郝仲連，金張萬公、巴圖嚕、完顔策丹額克，元劉天孚、拜珠哈雅、靳克忠，國朝康茂才、徐政、張廉、邵童、曹端。西堂爲鄉賢祠，鄉賢者凡四十七人，周段干木，漢姚平、司馬遷、暴勝之、胡建，晉張華，魏皇甫遐、敬珍，隋薛浚、陳孝意、趙綽、敬肅、張文詡，唐呂子藏、敬播、羅道、宗楙、范柳澤、呂諲、裴晃、柳芳、薛珏、盧操、楊巨源、樊宗師、馬存亮、胡證、薛逢、趙匡、司空圖，宋柳開、李興、姚宗明、侯仲良，金強伸、王廷筠、龐整、侯小叔、田世英、李獻甫、陳元凱、裴居敬，國朝薛魯、張福、馮祥、衛述、楊瑩。以旁殿爲講堂五所，以露臺爲尊經閣，以餘屋居生徒。已而，太守又盡取其舊屋而葺之，爲坊牌四，爲磚門一，有扁，爲井二，有亭。檢閒田二百有八畝，爲祀養。作新屋若干間。又與同知爲文告以諭意，爲條約以勸生徒。

太守者，甲戌進士王君，治蒲有聲，民悦而安之。先是時，太守適巡下邑，不視州事，故同知得自治書院事，然卒成之者，太守也。於是太守與善之美，翊正之功，又可尚已。昔者河水爲患，父老乃爲河伯娶婦，西門豹令鄴，乃不爲河伯娶婦，而穿三渠以濟民，民獲其利，至漢時乃毁，令所穿渠爲馳道。夫賢者作法，不肖者疑焉；君子所爲，衆人固不識也。故曰：「善作者不必善成，善始者不必善終。」言繼之者之難也。二君之爲書院也，誠美矣。予懼其他日之爲鄴令之三渠也，後之人可不念哉，可不念哉！

劉烈女祠堂記

烈女既歿三十年，苑洛子爲之傳。有二十年，郜侯始建祠，考而祠焉，既而伐石構亭，將請文撰述本末，而郜侯以卓異徵矣。既而紀侯敷奏至京，受郜侯之託，歸而言之王侯、陳侯，永終是圖。

夫自光嶽氣分，人無全節，雖芹宮碩士類，朝燕闕而暮秦庭，矧蘭室麗人？能卻魯金而完趙璧，斯亦不足崇之廟貌，薦之牲牷，勒之簪瑁，銘之彝鼎者乎？此郜侯所以興思仰止，表樹于前；而王侯、紀侯、陳侯所以濟美協心，緝成于後也。烈女者，朝邑龍門村人也。幼有至性，長不踰閑，從德度人，針絲絕類。雖目不知書，而心涵大道；足不履外，而情見大觀。若夫色雲護翠竹于階，異樂擁仙娥入寢，此又其母誕烈女之祥，而兆之夢寐者也。天人之際，靈秀之鍾，亦豈尋常也哉！烈女幼，字里舍兒，未往之家，而里舍兒死。烈女聞之，易服不食，涕泣請徇，乃復自謂：「死得其所，重於丘山，義或未譜，自同溝瀆。」往就諸卞偉而質焉。偉曰：「異哉斯女也！夫歸妹，天地之大義。從夫倫理之宏綱，顧恒一之風，久而不作，而大過之行，俗之所駭，雖子之甚善，如眾之所笑何？」烈女曰：「天下之理是而已矣。苟即乎此心之安，又何恤于萬口之騰哉？」乃改女飾，修婦容，縊而死焉。

嗟夫！西周之跡熄而鄭衛之風行。麀聚之羞，閭閻相望；雞鳴之想，風雨猶存。故再醮之婦，耋裝以自悅；五姤之女，冶容以媚人。烈女雖綠藿之傾，惟陽是尚。而芳梅之隕於春，未知乃能捨生取義，殺身成仁，抑又何所爲歟！且其就死之際，詳擇所託，雖化聖大賢之從容，無以加此。彼烈夫志士之感慨者，未足論也。非所謂得死非難、處死爲難者乎！昔五泉大夫將採拾烈女之事入於縣志，執其傳而泣曰：「斯人也，所謂建諸天地而不悖，質諸鬼神而無疑，百世以俟聖人而不惑者也。」嗚呼斯言也！盡之矣夫！其高標峻節、絕操清風，使君子興悲；方之至理，則千百世而下可徵矣。夫仲尼臨河傷類而悲，燕士適越見似而喜，烈女之行尚矣。郜侯、王侯、紀侯、陳侯，秉彝好德之心，興賢翊正之志，亦不足稱歟！

祠堂正堂三間，門房一座。偉，監察御史。識高而行正，故烈女質焉。郜侯名相，澤州人。王侯名思賢，欒平人，俱大尹。紀侯名年，曹縣人，二尹。陳侯名廷桂，五臺人，三尹。五泉大夫，里人韓邦靖。苑洛子者，韓邦奇，作是記者也。

高先生祠堂記

先生姓高，諱翔，洪武中，以明經拜監察御史。靖難之師至江上，先生遂革除之義云。邦奇自爲兒童時，往往聞父老稱説先生事，感慕咨嗟，輒泣下數行。顧以文典未徵，徒識於心，未敢稱述。會見侍御張君芹備遺録，載先生姓名官稱，適五泉大夫韓邦靖爲朝邑志，爰命次序先生事于書，而先生之事始白于人人矣。

當洪武時，高皇帝甚眷注先生，先生所奏事，無不關國家幾事當上心者。及革除，文皇帝素聞先生，乃召先生，欲用之。先生以衰服見語，又乏膚敏，左右遂兵之。嘉靖元年冬，部侯來尹吾邑，樂節慕古，諮詢文獻，惟日孜孜。邦奇乃以先生語侯。侯曰：「嗟乎！世俗之敝也久矣。計利者忘義，謀家者負國，孰有殺身成仁如先生者哉！夫當革除時，變通之士比之，惟初受他吉者多矣。而過涉滅頂，先生乃蹈之。夫褒死者所以勸生者，起頑懦而激民風，相之責也。」乃建祠肖像於五衢之地，俾過者居者咸有式焉。事竣，乃屬邦奇爲文勒之石。

夫先生之沒，至今百五十餘年。而表樹之典始興於今日者，豈前人好德之心或有間歟？徒以先生爲主之忠，發於吠堯之節，故論者往往以爲非時之宜耳。昔者武王孟津之會，順天應人，夷、齊乃叩馬而諫，使當時非太公之言，則夷、齊亦刃下人也。其後亦竟餓死于首陽之阿。千百世之下，武王不失爲聖，夷、齊不失爲賢。然則祠先生者，又何過焉。練子寧、方孝孺、張鶡菴與先生，同事者也。子寧祠於江西，孝孺祠於台州，鶡菴祠于富平。又，永樂時有朝貴變姓名爲子寧諱者，文皇聞之曰：「使子寧在，朕固當用之。」於是乎見聖人之本心矣！然則祠先生者，又何過焉。

大理左寺題名記

余大理左寺諸君子，伐石礱之，爲題名碑，以文屬余。夫石以題名，文以述旨，將以彰往昔，昭後世，示勸戒也。夫「名」者，名也，名之題也，名斯立焉。孔子曰：「君子疾沒世而名不稱焉，君子弗求名亦甚惜名也。」然名不貴苟得，故君子篤實而輝光，請以名實爲諸君子告。

大理，古廷尉刑官也。昔周書訓刑，大要有五：曰清、曰公、曰明、曰勤、曰仁。此五者，刑之則而名由以成者也。是故奉禄而訖富，清也，則有清名；循法而弗撓，公也，則有公名；微曖情僞之必燭，明也，則有明名；剖斷無滯以由慰，勤也，則有勤名；匪削以入弗縱以出，仁也，則有仁名。否則獲貪名焉，否則獲私名焉，否則獲昏名焉，否則獲怠名焉，否則獲慘刻之名焉。善哉名之題乎！懼哉名之題乎！諸君子于名也，宜無所苟矣。是故忘名而名者，名之上者也；爲名而名者，名之次者也；僞於中而飾名於外焉，名亦末如之何已。諸君子于名也，宜有所擇矣。經曰：「人無水監，當于民監。」張釋之、于定國賢名至今焉，張湯、杜周厲名至今焉。誠如是也。千百世之久，史爲之碑，而人心之公爲之記。雖無是石若文焉，可也。諸君子其圖名於碑之外乎？建是碑者，寺正孫裕、寺副陳京、吳瑞、評事馮惠、潘高、李文鳳。而爲之文者，余也。余與諸君子又興事題名之首，尤人所指者，其於名也，可不慎諸！是爲記。

郃陽張侯救荒之記

歲辛卯，當陽九之餘，占之維旱。雖多方受之，而郃陽惟甚。郃陽爲北山之阪，去大河北洛五六十里，或七八十里，地高而土堅。地高則恒風，雲氣弗能交，故恒陽。土堅則不能受澤，微雨則滋而隨焦，大雨則奔流趨下，地斥爲溝，直抵兩河之濵而後已，獨潤雨而久禾乃生，故他邑皆旱，而郃陽之旱爲甚。侯有憂之，稽之民，謀之士，籌度於心，得救荒之策四焉。惠而不費，簡而不擾，本之人情而無所拂，請之撫臣，撫臣佳賞令推行之。侯乃停不急之訟，罷泛常之役，節浮冗之費，循行周察，專意撫安。於是亡者復，餓者興。郃陽之旱雖甚於他邑，郃陽之民則安於他邑。夫災厄，天數也，救災，人事也。天弗可逃，人定則勝。傳稱：「大猷之世無災。」非無災也，雖有災弗能害，如無災，郃陽之旱焉，能爲侯之災乎。經曰：「鮮以不浮于天時。」于侯有徵焉。侯名道，山西洪洞人，嚴而不虐，敏而果足，以推行其仁愛之心云。郃陽之士若民爲之立石，乃請記。侯，余門牆友也。素知其賢，因以是書之。

同州重修州廨記

吾同郡侯唐公既新郡廨，於是二守劉君漢倫、節判張君朝宗、贊郡岳君溥，共立石以記其事，請予爲記。是役也，自經始及告成，閱再歲。正堂五間、東西夾室各一間、東西幕各三間、東西廊各十五楹、後堂六楹、退思堂六楹，皆極敝而更新之，若創建也。正德初，予謁州大夫，見廨宇傾圮，適大雨，州火夫傘于廳，執事者棚席于廊。余出而問諸民，民曰：「太守貪，不暇爲也。」正德末，余再謁州大夫，其傾圮視昔加甚，則風日弗能蔽矣。余出而問諸民，民曰：「太守廉，不肯爲也。」夫君子之治國也如治家，使其家之敝壞若此，克家之子寧肯坐視哉？夫貪則已矣，幸而廉，顧乃避勞傷之嫌，慮侵克之誣，使公居廢頓，至不可息，何其愛身者甚重，而愛國者甚輕也。君子之心固如是乎？皆非也。嘉靖三年，予復詣州謁侯，見其煥然更新，翼然壯麗矣。予出而問諸民，民曰：「太守賢，百廢興焉。」然則侯斯舉也，非所謂治國如治家者哉？乃復問其費。曰：「以千百計。」問其工，亦曰：「以千百計。」夫費以千百，其用侈，民將怨。曰：「太守之取民也有道，奚其怨！」「工以千百，其役繁，民將怨。」曰：「太守之役民也有節，奚其怨！」夫用民之財而民不以爲貪，役民之力而民不以爲勞，侯胡以得此？治國如治家，公也！惟公也，故民服；民服，故忘其勞且費也固宜，民以侯爲賢也亦宜。夫如是，則亦何害于廉哉！侯姓唐氏，名相，字舜夫，大寧都司營州中屯衛軍籍，順天府薊州平谷縣人。侯之善政多矣，此指其振廢之一節云。

澄城縣重修文廟記

余生華嶽之下，長而遊齊魯，陟泰嶽；遊晉代，陟恒嶽；遊梁豫，陟嵩嶽；遊荊楚，陟衡嶽；歷吳越，觀於甌閩，足跡將遍天下。凡梵宇琳宮，巍然壯麗，有上擬廷闕者，類皆其徒爲之。乃閱孔廟、視學宫，頽敝剥落甚者，不庇風雨。今官於郡縣者，獨非孔氏之徒與？且琳梵之修，建國有禁，例若廟學，又孰從而禁之哉？侍御鄭公謫尹是邑，未期年，政通民和，乃撤文廟學宫而重新之，神有依而士有業，群情大悦。於是學教諭訓導率諸生來問記。若公者，其真孔氏之徒歟？余讀宋史至循吏傳，意其人必吁吁煦煦，無所動於民也。及觀其治行，乃肅紀綱，正法度，闢田野，實倉庫，捕盜賊，浚水渠，繕城池，抑兼併，修武備，謹置郵，禮百神，興學校，於是歎史臣之有識也。若公者，得不謂之循吏也哉？公之素善，余已備識于樵樓記。其行己立政，皆孔氏之徒也，豈特廟學之修而已哉？使琳梵之徒見之，亦將歎曰：「吾輩方行天下，獨見鄭公耳。」公諱光溥，山東益都人，起家進士。

重修城隍廟記

我太祖高皇帝誕膺天命，爲百神主。洪武元年，詔天下郡縣建城隍廟，封爵有差，以帝、以王、以公、以侯、以伯五等，以爵不應經意，改稱本號，司官民善惡。凡吏於其土者，始至必齋宿廟舍，先與神誓，而後視事。祀孤魂則以神主其祭，蓋寄以幽明之責，誠要神也。古不載祀典，唐李陽冰一爲縉雲城隍廟碑，其文不過三數行，然亦非制也。我高皇帝始著之，令典遍祀於天下，聖謨幽潛，神道設教之心，度越百王矣。吾邑城隍廟，成化中，祥符李公英增拓之；弘治中，南陽蘇公盤重新之；嘉靖初，澤州郜公相再新之。二十年來，朽蠹剥落，日就頹圮，今劉公始加修復。夫有司之職，治民、事神二者而已。然惟賢者則敬神，否則自絕于神，何敬之有？故賢者惟恐神之不靈，不肖者惟恐其靈也。賢者潔己愛民，弗得於人，將求之神，是故惟恐神之弗靈，無以鑒己之誠；不肖者黷貨虐民，外欺乎人，必忌乎神，是惟恐神之靈，以燭彼之隱，然神之靈不可昧也。自廟之建，垂百七十年，而中間長於斯，佐于斯，幕於斯不知其幾，而修之者四公，蓋皆循良令也，故於神崇焉。是役也，不取之民，不取之官，於有罪者，從惟輕之典以示罰，故用而不費，成之速而民弗知勞。劉公諱尚義，晉之汾州人，以名進士拜監察御史，謫判秦州，稍遷至今職。其先大父諱志，嘗丞朝邑，亦以廉著云。

思萱堂記

情有所感弗能已，則有思；思之甚而無所洩，則必有所寄。古今之人，或爲之碑，或爲之臺，或爲之觀，皆所以寄其情而洩其思也。然情之真，思之篤，有弗可以物釋，弗可以理慰，弗可以命喻，則惟親耳。此仁人孝子，窮天終地而罔有所極者也。王母任孺人卒，其子生瓔、生璿、生珙，既盡其哀矣，殯矣，葬矣，爲之志、爲之表矣，思之不置，乃爲之堂，且爲之扁，乃又請余爲之記。

夫王生之思，是蓋出於天衷之弗能自已者也，乃若思其居處，思其笑語，思其所樂，思其所嗜，念念而思，哀哀而慕，朝夕如見焉，此人子之常耳。王生其知所以慎思乎！夫父母之于子，無所不用其情；則子于父母，當無不致其思。節飲食，謹動息，履薄圖全，思其疾之憂也；澄心志，勵操行，博施於禮愛，思不虧體以遺辱也；勤儉立其本，輯睦達其用，思以用宏家賁也；樹功名，闡經濟，用光佑啟，思所以顯揚也。慎此四者，可以爲子矣。否則雖嘔心而出，子道何加焉？孟子有曰：「大孝終身慕父母。」王生其勿遷乎！瓔、璿、珙皆學生。瓔、璿，余門牆友也，乃爲之記。

仇氏安貞堂記

易坤傳曰：「安貞之吉，應地無疆。」「安」，順也；「貞」，正也。順而正，婦之道也，地道也，坤道也。仇氏名堂之義，蓋取諸此。仇氏爲潞大族，爰及高祖給事君始範於家，内外是正，子孫嗣守之五世矣。今惟宿州吏目君楫、沈府儀賓君森，又撝張其緒。於是作堂以申教，曰有序，曰同心，曰安貞。登堂各有訓言。每旦會集，以禮長而誨幼，則於有序堂。男之會食，則於同心堂。而安貞堂，則女之會食之所也。有序、同心訓語載仇氏家傳安貞之訓，曰：「昔我高祖，勞于作家，詔我後之人，凡我内人，勿竊勿妒，勿不順勿迷；夫子勿多言以幻是非而二我骨肉。有一於此，庸壞我高祖之訓，將舉禮議法以行。」夫仇氏之家，既已正矣。吏目君、儀賓君思皇思武，篤敘弗已者，以懼夫極而變，久而湮，將永終之難圖也。夫貞又固也，固者，所以永終者也。考之于易：漸之「女歸」，則正始之貞。家人之「無攸遂」，則從夫之貞。恒之「從一」，則終身之貞。察夫是三者，而女德備矣。又家人上九曰：「有孚威如，終吉。」朱子曰：「正家，久遠之道也。」然則家之正固，在於女之貞，而所以爲之則者，主家者也。仇氏之訓諸家也而並庸，是以告之而後之人克嗣服之，又何患乎終之不可圖哉！仇氏取易之義名夫堂，吾故始終以易告焉。吾邑侯王公數言仇氏之家訓也，吾以是詳于仇氏，而爲之記。

朝邑縣大慶關創建成城記

大慶關新城既成，周圍一千二百步，高二丈五尺，厚下三丈，頂二丈。關士耆老介、國子生趙子璀來問記。

夫集事非難，得才爲難，才得而事舉矣。負才者多，知要者鮮。才而不知其要，則事僨矣。故曰：「人存則政舉。」言得才也，所惡于智者，爲其鑿言，不知要也。廣陵之盜，人莫能治，天下以爲難，張綱一至而平之；鯀之才，雖虞廷諸臣，亦皆推讓，而卒汨陳其五行，是豈才之不足哉！易曰：「易簡，而天下之理得矣。」然則治平之道，易簡而已矣。易簡者，才而知要之謂也。

甲辰，歸正人數言：「北敵欲擁衆下平陽，掠蒲阪，渡河西入關内。」人情洶洶，大中丞北村路公相山川，察形勢，謂夏陽以北兩崖，山險敵不能渡，南至潼關，曠然平地，而朝邑大慶關其衝也，謀築城以戍之。且慮工大難舉，非得人不足以圖成，察庶僚，惟吾郡二守朱公也，委重焉。公至甫一月，西北二工告成，余問諸民，曰：「功大而速，民其苦矣。」民曰：「無苦也。朱使君平易近人，不作刑威，順衆情，布公道，與士庶父老圖謀議擬，用人若己，惟善之從，疏食之餘，躬親勸閲。故民忘其勞焉。」若公者，可謂達易簡之理矣。彼悻悻呶呶者，舞機變，眩智能，中藏私慝，毒痛生民，何益哉！余家食來，既病且懶，未嘗出里門，聞公善而私往觀之。公聞之，邀余入坐，曰：「淳哉，朝邑之民！數千人一呼而至，無脱役，無惰工，官不勞而功速成。」余駭然而驚，愴然而歎，曰：「吾入仕來幾四十年，凡莅乎民者，皆苦民之難治而怨忿之。而公獨歸德於民焉，異哉！」斯言鬼神聽之，予出而問諸士，何朱公之不尤民也。士曰：「先儒有言：『無求取於人則不尤人。』宜公之歸德於民也。」公其達易簡矣乎！既而工皆告成，士民又曰：「料丁。」夫公僉派先後，勞來以播民和，則二尹王君相成之力也終始。給事則本關巡檢黄鑾，高陵典史耿臣。余曰：「皆實録也。」遂書以爲記。朱公諱光霽，句容人，王君諱戟，觀城人。

木軒墨蹟記　弘治甲寅

木軒，余友也。其締交也，志合陳雷，情投膠漆之好。墨蹟者，木軒漫筆也。及其别也，白樓滄海，不勝雲樹之思。偶檢篋笥，中得墨蹟焉。展而玩之，明珠拱璧，猶照顔色。乃裝潢成軸而懸之，且爲之記。

木軒，浙東天台人也，秀稱人傑，粹稟清資。余，關内長春人也，志在四方，情篤友誼。乃於弘治中，歲維壬子，月應黄鐘，相遇于福州南臺之上。夫兩浙三秦，相違萬里，非西北東南之極乎？矧夫郘水圜瘴江之滸，三山俯煙海之洋，南臺之區，又千餘里矣。於是乎異國萍逢，同心蘭契，盍簪修伐木之情，傾蓋結斷金之友，夫豈偶然而已哉！

余常聞天台山水之盛，佳麗瓌奇，甲於天下，心切慕之而身未之登臨也。與吾木軒交，如入芝蘭之室，倚瓊玉之屏，則固神暢於建標之霞，心沃於界道之水。冰雪逼人，清涼透骨矣。夫申毓嶽降，眉濯蘇生，地靈則人傑，吾不知赤城之爲木軒，而木軒之爲赤城也。斯時也，余與木軒年各二七，髫未纓冠，問道登蕭、朱之門，論文分王、楊之席，晝倚芸窗，夜燒薰篝，未嘗頃刻之相違也。而梅亭風雨之宵，時酬麗句；芋原鶯花之候，每倒芳樽。蓋五年於兹焉。一旦碧簫吹月，聲斷陽關，錦瑟華年，歌殘南浦。煙帆畫舫，木軒之北下也，夢繞荊門；雨蓋雕鞍，眇末之西歸也，魂銷灞水。物存人遠，睹物思人，愛其人而亦愛其物，見其物而如見其人。墨蹟之記也如此。

王氏世德記

善必積而後大，澤必衍而後長，古今世家名族類則然矣。今讀王氏乘而知吾友友山子之所以大也。王氏自善以來稱善世，自聚以來占仕籍，而友山子興，玉季金昆，桂枝寶樹，聯翩科甲，光耀士林，可謂盛矣，孰非友山子之餘乎！王氏乘者，友山子子潼谷府伯，自述其家世之典，因以問記云：

王氏之先本大梁人，自善始，避亂居朝邑之伯子村。善以下無可考，幾世而生佐，佐生聚，以材選，歷永濟、奉新驛丞，調全州局大使，性仁信，寧受人欺不疑人也。聚生斌，以邑掾授中牟典史，居守官廉，中牟人頌之，以子貴，贈戶部主事。斌生晉，字汝器，成化辛卯中式，入太學。司成丘公試其文佳，甚器重異諸生。弘治庚戌，登進士，歷官戶部郎中。屢上封事，謫阿迷州同知，遷和州知州，調亳州，稍遷至蘇州府同知，免官歸。太史王渼陂稱其：「負志挾氣，吞吐風雲，排擊山嶽，謂卿相可立致也。」所著有養浩論、綱目兵法。子六：朝璽，字國重，監生，有氣岸，不苟屈用世之志，老而不衰，故號益壯。

齋母歿，廬墓三年。朝雍，字仲和，即友山子也，初名朝壅。丁卯秋試，夢甕去底，榜出爲今名，蓋監臨易之也，别號友山子。授嚴州府推官，歷澤州知州、懷慶府同知，陞南京户部員外郎郎中，山西按察司僉事。疾作，潼谷君迎養府邸，卒。友山子擇言而發，慎行其餘，資性英懿，才識宏達，富有淑乎生徒，敦睦刑于家室，蓋儒者之行，非以文學論也。其治嚴及澤也，法嚴行恕，政平訟理，上信其賢，下懷其惠，莅而畏且愛之，去而思且頌之。蓋循良之治，非以功名論也。所著有燕石稿，板行之。朝流，字仲冕，丁丑進士，授三河知縣，調鹿邑，陞宿州知州，未任，卒。三河，權鋭故里也，時鋭貴震天下，生殺予奪，出於造次。仲冕守法不阿，屢忤其意，故調史官。韓苑洛稱：「其當正德時，群閹擅權，疇敗倫斁，天下靡靡，而歲寒顯後雕之資，風急見獨摇之操，仲冕其人也。」朝望，字德輝，縣學生，早卒。朝璽，字季良，乙酉鄉進士，授獲鹿知縣，調永清。朝璋。國重二子：三策，生員；三獻。友山子五子：三省字誠甫，所謂潼谷府伯也。癸未進士，歷官保定府知府，年甫四十餘，以疾懇乞歸。歸來誦讀述作，亹亹不倦如書生。三知、三益、三畏俱生員，三至、三恕。仲冕子二：三俊，生員；三傑。德輝子三讓。季良子一：三復。朝璋二子，三聘、三友。潼谷君子傳鄉進士登第時，年甫弱冠也。王氏自善翁著姓，朝邑世有聞人，時稱顯族，而諸生粹美敏秀，皆可大成。潼谷君時雖養晦，然徵諸今昔文學政跡，山川其舍，異時膺薦而興，名位建立，豈有量哉！至如友山子，即其所至。使生春秋時，可預速肖七十子之列。當先漢時雖與龔黄同傳，可也，可謂淳且大矣。嗚呼！王氏其盛矣乎！自佐翁而下，世次刻之碑陰，自德輝而上，行業載之志表。兹不詳書云。

郃陽增修城學記

郃陽王侯增修城學，既即工，侯僚屬暨郃士大夫介司訓楊君琳，茂才褚子鐣，來請記。

夫城垣固地方重務，在今日尤所當先。學校固六事首政，在郃陽尤所當急。初，自庚子以來，北敵入雲中，掠至太原；入上谷，掠至完縣；入上郡，掠至鄜延。辛亥春，歸正人傳言：「敵欲犯三原，撫臣檄下郡縣戒嚴。」郃陽故城，女牆土歲修歲損，民苦其役，閲視使者至，飾以灰，而使者又不時至，或妨稼穡。侯易以磚城，故有損薄，增築之。郃陽，古形勝地也。被山帶河，環以深塹，得人以守，雖數萬之敵環攻，歲月亦末如之何也。書曰：「申畫郊圻，慎固封守，以康四海。」是豈泛然興作而已乎！郃陽自乙酉以來，脱鄉榜幾三十年，吏於士者每下視之，神宫學宇傾頹，至不蔽風雨，侯徹而新之，且爲通道。己酉，中式者一人。郃陽，古人材區也。自周卜子夏，漢司馬遷之下，代不乏人。

廬州府同知贈通議大夫都察院右副都御史顧公暨配周太淑人合葬墓誌銘

晉顧榮之後有裔孫廬州府同知，曰「似翁」，士則孝廉，治則循良，號「似齋」。鄉學士仰而尊之也，稱「似翁」。以子南京刑部右侍郎秋山公巡撫時，贈通議大夫都察院右副都御史云。太淑人女稱曰「淑」，婦稱曰「順」，克述君子，亦以秋山獲封云。翁生於成化乙酉七月初八日，卒於嘉靖壬辰正月初九日，享年六十有八。太淑人生於成化戊子十二月二十有六日申時，卒于嘉靖丁未十一月二十日丑時，享年八十。秋山及兄弟將以戊申年（闕）月（闕）日合葬于姚之烏戎湖山之陽，以端溪少司空王公、瓶山大卿項公狀問志銘云。

翁諱蘭，字斯馨，浙之紹興府餘姚縣人也。其先本會稽人，八世祖曰華，甫以明經，膺元世祖聘，授安慶知府，左遷餘姚鹽司副使，始附籍餘姚。高祖考諱斯道，字汝立，號一齋，以鄉貢爲樂平府經歷，妣陸氏。曾祖考諱善敬，字克恭，妣丁氏。祖考諱敏義，字邦直，妣汪氏。父諱駿，字天馴，號滄菴，贈都察院右副都御史。母應氏，贈淑人。皆以秋山貴也。太淑人姓周氏，亦姚之大族也。父諱瑞，母徐太君，門第相若，故結好云。

翁幼而穎敏，從伯父驌學禮經，又從邵公文盛。邵博學敦德名儒也，自是翁所造益宏矣。弘治甲子，月湖楊公典鄉試，得先生卷，動容稱羨，遂登名魁。亞明年乙丑，南宮弗偶，入太學，監期將滿，聞滄菴公疾，告歸養。大司成楓山章公留行，俟附選。翁固辭，章公大加器重。踰二年，滄菴公卒，翁居喪，葬祔虞祥，一循古禮。正德辛巳，授大名府判，職專捕盜。翁多爲間諜，所在擒捕無遺，地方以寧。壬午，河南大盜，上堂擁眾，犯山東、河北，中外以爲憂。翁躬率驍勇，扼其北渡，無隻馬犯境者。恒、滑諸郡縣，瀕河善崩，築塞之費，歲以萬計，柝聲不息，旋即沖決。少司空章樸菴公檄翁治其事，河政大修，用省而功倍矣。浚、滑民饑，翁煮粥多所存活，又以米價騰貴，緣鼠孽潛熾，商旅弗通也。乃分遣義兵四出巡邏，舟車始無阻，趨利者盈道，價折若有年。甲申入賀，至保定，有盜將犯翁，問知翁也，曰：「是大名慈惠顧使君，兒郎輩豈得相犯！」竟引去。翁佐郡七年，撫巡當路，薦者七，獎勞者四十餘。銓部上翁最，贈澹菴公如其官，應淑人封太安人，太淑人亦封安人。己丑，擢廬州府同知，甫三月，聞應太淑人訃，歸葬，一如澹菴公禮，踰三年卒。鄉之大夫士識與不識，咸悼惜之。

太淑人幼警慧，織紝烹調，不習而能。在閨時，遇父母疾，即憂不自安，太君曰：「吾女以事父母者，他日事舅姑，當婦德矣。」及笄歸翁，事汪祖姑、澹菴公、應淑人，備極孝養。澹菴公喜曰：「得佳婦矣。」翁遘疾，幾三年，太淑人湯藥省伺，朝夕忘瘁。及翁官大名、廬州，每當行縣，太淑人必扃鑰門戶，戒僮僕無私出。每家宴，輒語翁曰：「民，猶子也；財，民命也。撫其子而忍夷之命，將誰與我？」人謂：「翁之賢，太淑人內助居多。」

翁歿，諸孫皆幼，太淑人躬自訓飭，務令讀書知禮節，俾罔墜於家聲。又督諸婦務勤儉，去奢靡，皆身先之。性好施予恤貧，至解衣脫簪珥。翁好學不倦，士多從之遊，其最知名，則桂林工部侍郎蔣公淦、屠公楷、兵部郎中鄭琬、同郡廬江尹吳迪、進士俞大有、南康判沈有年。沒後十餘年，提學徐少湖舉入鄉賢祠，大名守張鄖西舉入名宦祠，兩血食焉。

太淑人雖未學文，然曉識大義，當封時，齋戒焚香，拜闕受恩。既而泫然流涕，曰：「我先大夫勤苦沒世，獨不見此，傷哉！」秋山每迎養，輒不往，曰：「我冢婦也，當奉先祠。」秋山轉刑部，以太淑人年高，延緩圖終養。太淑人不悅，曰：「汝但盡心王事，勿以吾爲念。汝不行，吾不食矣。」秋山始之官，嘗聽諸孫讀「舜完廩事」，曰：「吾家免此矣。」又聞讀小學「失節事大餓死事小」，曰：「諸婦聽之，但不願見此也。」子男四：達，同安訓導。遂，所謂秋山者也，正德中諫上巡遊，杖之闕下。遠，早卒。逵，國子生。孫男八：廉，大理評事；袞，國子生；庶、序、爕，俱學生。廌、爕、褒。曾孫男四，女二。銘曰：

難諶者天，可諶者仁。維仁之先，克孝於親。維仁之實，施德於民。允迪君子，似翁其人。

嗟嗟乎似翁，道遠而位邇，畜亨而施屯，乃蕃衍於嗣世，奚必於其身。端溪之狀，所謂「不可欺者天，足以上格鬼神者邪」。

維太淑人，閑閑內行。維此顧氏，一門之盛，溯其源，咸太淑人中弼之；余慶也，於衍猗衍姚山之野。外列四獸，中容萬馬。鬱鬱佳城，以待仁者，永福永譽，千百世之下。

一峰屈先生墓誌銘

太華之陰，渭水之南，有斐然君子屈先生，卒年八十矣。先生溫乎其恭，肅乎其矩，坦坦而易，侃侃而直。廣顙美髯，神健骨聳，風格峻偉，望者生敬焉。奇自童子時，即識先生。今奇已班白矣，而先生卒。嗚呼傷哉！先生孫生員作奉都御史華峰先生狀，來問銘。華峰先生爲先生侄，鄉之名德，時之貞臣也，其言固足徵云。

先生諱弘智，字鑒之，號一峰，姓屈氏。其先楚之公族，漢高帝徙齊、楚豪傑于關中，始爲華陰屈氏。曾祖唐，始宏厥家。祖文通，以才行著聞。洪武中，高皇帝欲官之，文通不欲仕，附軍籍免。守令辟修西嶽廟，禮遇之，且令一子爲生員。父韶，字九成，弱冠充縣學生，以文章顯名關輔，入國學祭酒，司馬公器重之，試陞上舍，後授山西隰州同知。有遺愛，見三原王端毅先生墓碑。母李安人，勤儉治內，以婦道稱族里。

先生生而穎秀，七歲入縣學，三髻能文，遇試援筆立就，每出奇語。既長，博通子史，前後提學憲使多器重之，或録其文傳示諸生。故關內士多願交先生，而先生亦好納識豪傑，由是先生名益著。然厄於天，凡十一應鄉試竟不第。初，成化乙未，創建白河縣，臨川伍憲使徵先生充白河生。先生曰：「俊乂之士，便當魁名天下。乃不能自立於鄉邑，而欲就僻邑之廩哉！且吾父母老，非人子遠遊時也。」至正德辛未，創建紫陽縣，寶應朱憲使以先生年幾六十弗第，徵應紫陽貢，亦不就。庚辰，先生年七十矣，乃歎曰：「古者七十致仕，吾尚可爲諸生也哉？士之弗遇，古今亦不獨弘智也。」棄其廩，就閑信陽。何憲使亦素重先生，與之諸生服終其身。自是杜門謝事，當世顯貴人，雖素交厚，亦不與面。惟理先壟、修祭奠、教子孫耕讀而已。暇偕華峰先生講說今古，辨析聖賢微旨，每至分夜。或燕服便巾，徜徉于華麓、渭濱之間，忻然自得，曰：「此皆樂地也。」先生情靜識遠，畏義好德，恒以天理人心、陰隲感報勸示家人，因人之行而預占其禍福皆中云。配李孺人，亦以內則聞。子男二：長鈍，娶張氏，繼馮氏。次介，娶牛氏。女二：長適聽選官李松，次字縣學生牛文騂。卒。孫男七：奮，聘丁氏。企，聘丁氏。作，娶馮氏。喬，娶府檢校李世芳女。倬、偉、常，童俱幼。孫女四：長適都司吏萬泰，次字丁受，餘未字。曾孫男一：天赦。鈍等卜是年十一月十日，將葬先生于臨渭祖塋之次，銘曰：

彬彬先生，有斐其儀，經明行修，乃厄于時。
嗚呼先生！如圭如璋，如瑚如璉，君子之章。
白河弗屑，紫陽是棄，鵬摶之志，鴻漸之翼。
天不可道，實命不同，其羽可飾，匪塞匪窮。
匪塞匪窮，令名不已，而耕而讀，爾孫爾子。
維渭之南，維華之陰，馬鬣崇崇，欝草茂林。
匪地之祥，維德之吉，先生康哉，過者是式。

岢嵐州判官周公墓誌銘

公諱文盛，字時中，別號中立。其先陝西富平人。洪武初，調潼關，遂爲潼關人。高祖清，曾祖璟，祖鏞，父廣，陰陽學正術。母，洪孺人。

公天性剛敏，儀度魁梧，弱冠爲衛庠生，鄉試累不第。弘治癸亥，歲貢入國學。正德丙子，授鳳陽壽州管馬判官，適郡大旱，數月不雨，尋復大水漫城，公竭誠致禱，皆有奇應。撫院檄監正陽鈔關，關者，利府也。當是任者多自敗，公獨無所染，商人稱便焉。關有江西豪商汪強，專關利，往往局負諸商，商人苦之。然素險健，善持官府，陰私人，莫之誰何。公既監關，民吳淮者訟強，負其貼舡金。強初傲然不服，公以計出其所負金以示之，強語塞。嚴刑以徇，關人畏服。庚辰，武皇南征時，權彬用事，諸將依憑寵靈，威福生於造次。公兌馬淮、揚間，軍務又重，馬芻茭且萬計，公處之裕如也。壽之額馬，歲征私斂，不勝其擾，公奏言：「馬每匹宜征銀十八兩。」而民困始蘇，至今以爲例。後以公事誣，罷。巡按任君辯，復之。然代者已至矣，公即浩然西歸。家居及三年，有以出處之跡不白激公者，公復就仕，補山西嵐州。州久缺長貳，事弛民玩，公至不一月，政法大修。後署興縣，適歲大饑，流民集至，興人欲逐之。公曰：「彼民即吾民也。」給米僧寺，爲粥以賑。偏頭等處賊衆數百人，據寨爲亂，劫寨民，令不敢動。及賊敗，言民皆盜。民亦洶洶自爲備。上司疑之，以屬公。公單騎詣寨，民爭出自辯，所活甚衆。或曰：「民與賊同處，今辯之，或當公以故縱，其何以辭？」公曰：「辯冤得罪，所甘心也。」戊子，致仕歸。

公生於天順甲申八月十有四日未時，卒于嘉靖辛卯正月十有八日巳時，享年六十有八。配余孺人。子男二：長鳳來，例授散官，娶宋氏。次鳳翔，太學生，娶宋氏。孫男五，女二。鳳來等將以今年（闕）月（闕）日葬公于金盆城祖塋之次，鳳翔奉孫生承賓狀來問銘。銘曰：

賢哉公也！世之沾沾立名者，寧殺人以自潔，萃冤積枉，上干天和，越至於今矣。偏頭之伸理，何其廣也；淮陽之役，顧不難哉！憲臣太僕，其凡幾也，馬之擾乃遏於公，夫非有才度者乎？若夫退漫城之水，回彌時之旱，稽之庶徵，亦不可謂之適然也。嗚呼賢哉！

嘉議大夫都察院右副都御史西野曹公墓誌銘

正德己巳五月二十一日未時，公卒。初，丙寅以來，八黨擅權，而瑾尤肆毒，中外稱爲内相。凡藩郡入爲京官，必重賄方免禍，曰「方」、曰「千」。「方」者，萬金也；「千」者，千金也。見則長跪稽首，内相不爲禮。丁卯，公自巡撫延綏都察御史回院。公，弘治中所造士也，不習諛阿禮，又不知賄事。適朝廷，十日不御門。或曰：「盍先謁内相？」公曰：「未見天子而先謁權宦邪？」不見。瑾固含怒。後見瑾，又長揖不拜，瑾佯問：「入京幾日？」示見遲意。公曰：「十日。」瑾又言：「都御史知回院故邪？」公曰：「聖恩也。」瑾復問：「何以報稱？」公曰：「都御史風憲官，振肅紀綱，激揚淑慝耳。」瑾怒目揖公出。公歸，即上疏乞休，不報。旬日再疏，亦不報。時瑾嚴勘天下錢穀，以中士夫禍勘使者希瑾意言：「延綏布糧浥爛過緣主者。」公適丁外艱，所司奏公當守制。瑾乃罷公官，聽勘竟誣公。償布五百、粟千石，立限繫家屬，緩則將籍公家。公亟盡鬻世產完報，然瑾怒未解也。公隱憂發憤端坐，不疾而卒。明年庚午，瑾誅。朝廷遣官諭祭，且給金營葬。及今，葬事且不能如制，而墓銘尚缺。即此葬志，亦足以徵公長者云：

公姓曹，諱鳳，字鳴岐，別號西野。河南汝甯之新蔡人也。高祖諱世隆，曾祖諱恭，祖諱英，考諱端，以公御史時封如。公官性度夷爽，廉信不苟。妣劉，亦以公貴，封孺人，貞靜慈淑，爲中饋式。天順丁丑十二月初九日午時生公。前一日，孺人出春於外，歸見火光如車輪當其前，明日公乃生。公生而靈異，比就外傅，略加訓說，即了大義。甫三髫，舉子業，精粹度越諸生，尤以檢身斂心爲務。天台陳公選，大儒也，督學中州，甚器重之。曰：「曹生非他生儔也。」成化丁酉，以詩經鄉試中式。辛丑登進士，除徽州府祁門知縣。少年初試，或爲公難之，曰：「祁土浮俗僞，且健訟，當思以處之。」公曰：「若使我先逆民耶？逆必設機械，不得則重刑，將有誤罹法網者。」卒不以僞逆。祁民凡訟，至分下都長，虛心考其成隱奸巧詆，莫遁其情，然亦不深疾也。祁民愛之，於是祁門治行爲最，而當時徽之諸邑，莫不推先祁門者。三原王端毅公爲冢宰，雅知公。弘治己酉，公考績謁部，奏薦陝西道監察御史。陝西，王公鄉也。當孝廟熙治之世，公獨持風裁，崇論正議多所嘉納。嘗奏事失儀，鴻臚糾上，上特宥之，謂左右曰：「此曹御史也，好官。當略其細過。」辛亥，御史奏績，於是封公，及劉孺人皆獲封焉。巡按江北，潁僉事某敖虐不戢，公將論之。然僉事素善持人短長，且嘗忤公，而潁新蔡又甚邇。或謂公曰：「此易興謗，階宜寬之。」公曰：「身爲風憲而避嫌，不激濁，必將挾私而傾善矣。」竟劾罷之，一路肅然。御史七年，陞蘇州府知府。蘇州富饒甲天下，俗迺奢靡，且崇祀非鬼，親死則多火之。公下車，首置義塚，以畀貧者，而禁火葬，訂婚喪，禮不得過制。凡餞迎時序，一切務從儉素，違者刑之。毀淫祠，政平訟理，而當時各郡又莫不推先蘇州者。弘治壬戌，述職入覲時，宰臣奏宴天下賢有司於廷，公與焉，蓋異數也。尋陞山西左參政，湖廣右布政，擢都察院右副都御史。巡撫延綏地方孝廟時，寇久不入，疆埸無警，武備稍弛。公涖鎮則嚴部伍，實倉廩，謹操練，明賞罰，推誠馭下，將士感悅，各思效力，終公之任，寇至數止邊外，無内掠焉。回院而遭瑾禍，卒。享年五十三歲云。

公性清介，孝友誠，謹私居，終身不御紈綺，不畜婢妾，不問貨殖。父母兄弟無間言，與人和易，不爲矯激之行。處鄉黨恂恂煦煦，若無廟廊貴者。宦跡所至，遺愛在民，祁門則豎碑立祠，蘇州則志列名宦，延綏則將士戴服，至今猶有過其宅墓而問且拜者。至其不屈身于權瑾，危行大節，稱重于天下。余總河道時，公孫亨守兗，以循良聞，上交下交，無抗行，無過禮。余心異之，及詳公狀，乃知公家法源流。公豈真屈而莫伸邪？配劉，封孺人，繼郭氏。子男一：大夏，以亨貴，封承德郎刑部山西司主事，娶張氏，封安人。女三：長殤。次適邑庠生員吳一中，早孀守志。季適生員張葵，俱劉出。孫男三：長立，生員，娶孔氏，繼張氏。仲亨，即守兗而著治者也，今陞湖廣按察司副使，娶王氏，繼孫氏，俱封安人。季亶，崇王府典膳，娶李氏。曾孫守訓、守純、守約，俱幼。劉、郭今悉合葬於公域，主事封君以翰林吳公狀來問銘。銘曰：

仰維古之君子，居常奉職而不求異於人。及其臨大利害，則皎然屹然而不淄不磷。吁嗟乎！末世於凡沾沾之節儀，人莫如我何者而攘臂爲之。至於一關大利害，則退然遠避，索然消沮而心膽墮地矣。休哉懋哉！夷考公行。古之君子，公與之並。維汝之陽，有蘆其崗，隱隱隆隆，公之幽堂。視此銘章，非公一人之慶，乃邦家之光。

中順大夫四川等處提刑按察司整飭松潘兵備副使前山邵公墓誌銘

公諱鏞，字伯倫，别號前山。邵氏之先，太平府當塗縣延福鄉人。高祖諱興，從高皇帝渡江，功陞羽林右衛右所正千戶。後文皇帝北征，改長陵衛，仍籍羽林。曾祖諱貴，祖諱偉。父諱瑛，以公貴，封承德郎南京戶部四川司主事。母徐，封安人，生子三：長欽、仲鉞，皆先卒。公，季也，幼聰敏端重，大異群兒，年甫十九，弘治辛酉鄉試中式。正德戊辰，登呂柟榜進士。以親老懇乞，南部授戶部四川司主事。三載考績，封公，徐安人皆獲封。

大司徒悉公廉慎，數委征商稅，公皆辭不奉檄，懼利所也。尋陞郎中，司有羨餘數千金，悉藉之官。人皆推重郎中，而郎中聲稱籍甚。

鄰舍郎公出，妻數毆其妾，妾苦甚，自垣缺奔入公舍。公適宿風，徐安人轉送一同官郎家，而公乃以形跡疑，竟出知雲南府。公身蒙重謗，略不自沮，益自砥礪，雲南郡乃稱治，巡撫何公尤深賞識。何公征十八寨，擒捕者衆，公殫心推鞫，少疑似即開釋乃務，好已者顧譏其太自信，弗恤也。前軍亦俘數百，臨刑稱冤，雖言語侏㒎難曉，而情狀慘切可矜。公以身蔽之，爲求死語，核果無得，俱放歸。復諷紀功，風憲多方辯驗，從事者多斬玀婦冒功，公驗以水法，即仰伏異狀，莫掩其僞，自是玀婦無橫死者，捷奏有白金文綺之賜。前守下車，慮要囚越獄，輒重箠之，多死。公食饑療病，矜恤周至，然獄亦無虞也。後公去日，哭聲振戶外，貧民逋負者多錮死。公令他有罪者代完，而免其當人，兩蒙惠。城門閉，其中兩司以上至始啟。郡守即不得由公白啟之。銅課掌於中官，公取以隸府。其他善政，隨事施澤。滇人戴頌，撫按交章，論薦知府。

嘉靖癸未，陞四川按察司副使，備松潘。松潘去成都千里，山險途隘，轉輸甚難。公設法遞運，人不告勞，邊餉充溢。軍儲折色收發，副使道主之火耗，羨餘留之道。公止，收批文銀之出納付之，衛有克減，即罪主者。護衛軍守南路者，谿澗僅容一騎，諸軍魚貫，而度賊偵護軍來，乃多阻險，計殺之。兵司無可奈何，賂以茶銀始免。公設謀掩捕，夷其巢，立一堡三墩於上，絶松邉一巨害，撫巡聞于朝。倉大使田文秀爲土番強酋所殺，虜其妻女，公勒兵捕獲，斬二十三人，被虜妻女，官送還鄉。邉地人不知學，公拔秀延師，躬臨考閱，及今士彬彬若内郡。風洞關山，高入雲表，四時積雪不消，北風一作，六月如冬。戍士畏寒多亡去。公厚給衣糧，節其代期，申嚴號令，恩威並施，士無亡者。遇寇發，主帥惟遣將校，公乃撤蓋乘馬，身先士卒，主帥自是亦被執出。叅將某不法，公按治之，軍中畏服。解之西築運籌亭，日居其中，左右立二碑，左圖山川險易及土番出沒之處，右刻其豫儲選將之法，攻戰器械之詳。撫按復交章論，薦副使而副使以親老乞休，章三上，皆不報。

初，雲南一知州私土官後母，欲爵其子，且受重賄而誣殺土官，事覺贓露，公當知州抵罪法。及公入蜀，知州姻家者同寅深恨公，會其弟御史雲南，清軍云：「知州枉，釋之，犯罪者通判。贓多弗能完。」清軍謂：「通判引公，實分贓，否則禁死矣。」通判從之。適公遣僕至雲南，領未支薪金，清軍偵獲之，曰：「此乃公贓。」然有字可辯，則滅其鑿，因劾公。公累疏具，悉事白，薪金給公。丙戌入覲，竟以鄰舍郎及此事疑，罷公官。公長嘯拂衣而歸，既而喜曰：「得遂吾養親願矣。」自是，事二親竭孝無方。初，南宮不第，歸，益勵志讀書，每焚香告天，願減壽一紀，得早遂禄養孝，實天性也，後封公。徐安人次第卒，葬祭以禮。事兄嫂，撫諸侄，恩禮篤切，親友貧無棺者，賻之；女不能嫁者，賙之。家食二十餘年，一字不入公門，絶口不談時事。惟二三知友，飲酒奕棋而已。己酉夏，疾作，每誦淵明自祭文曰：「陶子將辭逆旅之館，永歸於本宅。」且曰：「吾足矣，吾足矣。」至秋，將屬纊，謂其子恒吉曰：「顧七知我，託爲我狀，能白我受誣二事，吾瞑目地下矣。」二事，鄰舍郎妾奔，雲南府分金也。又曰：「必苑洛子志我墓。」遂卒。恒吉奉狀請，苑洛子按狀而申之。

夫自昔賢人君子，蒙誣負毀者多矣，然未有不卒白也。歐陽文忠有帷簿不根之謗，馬援有薏苡明珠之疑，然千載之下，豈以二公爲貪墨淫媟人哉！實，安能掩也。公生於成化壬寅十二月二十七日酉時，卒於嘉靖己酉七月十六日丑時，享年六十有八。配金安人，子男一，即恒吉，生員，娶某氏。女一，球姜，適錦衣百戶林岱，早卒。孫男一，曰如阜，尚幼。恒吉將以　年　月　日葬公於大店坊喬家山之新阡，銘曰：

司農利所，飭爾簠簋。滇南訟獄，實得金矢。

赫赫憲使，松潘底平。爾鎖爾鑰，斯干斯城。
孰塞爾晉，孰蹶爾行。載鬼一車，貝錦乃成。
歐陽文忠，帷簿不根。明珠薏苡，嗟嗟馬援。
不理於人，不獲于天。嗟嗟君子，自禱心田。
矧有顧七，我勒銘章。靈神洋洋，瞑目玄堂。

河南府通判王公墓誌銘

公諱道，字純甫，世居澤之陵川，故曰「陵川王氏」。公遜其懿，故號曰「倥侗氏」。陵有六泉，故又號「六泉氏」。鄉試中式，授朝邑令。陟臨洮府判，起復河南府。故人稱爲「王判氏」。高祖曰九成，志操孤潔，不樂進取。曾祖曰玘。祖曰景祥，經明行飭，爲儒學生。父曰璋，七品散官。母曰韓孺人，著家範，故又稱爲「世德王氏」。潘大夫登其堂題之曰：「世德王氏之堂。」有記。公生六歲，而韓孺人卒，大母張孺人保育焉。時其寒燠飢飽而衣哺之，節其出入起居而提攜之，防陵損而護衛之，擇師友而教誨之。是故公獲成立焉。其行也修，其養也孝，其士也名。鄉人禮之，邑宰奇之，諸生推之，是故朝邑之政舉焉。

正德丁丑，公至於朝邑，嚴捕緝故盜賊息，明聽斷故詞訟簡，清荒稅故貧困蘇，崇文獻故典籍具。服上禮下故聲稱洽，是故天官推擢焉。嘉靖丙戌，公至於河南，河南多盜，設判捕之。公知盜故弊，令曰：「里人弗發覺者，有常刑；受命弗戮力者，有常刑；以賂故縱者，有大刑；怙勢藏匿者，有大刑。」是故四境寧焉。廉以督運而軍餉充，信以撫嵩而礦徒服，智以徵稅而逋欠完，是故刺史稱能焉。藩臬交徵，公奉臬司檄，藩司怒之，是故服公官刑焉。公既著賢聲於嵩、洛，未懋賞而蒙逸罰，心不平之。遂棄官歸陵，是故飲恨而沒焉。配妻孺人，克相夫子，實儀中饋，是故稱內德焉。子男三：充耕，儒學生，歲試魁多士，大科可期，是故明公之遺慶焉，娶婁氏。充耘，娶仇氏。充耔，未娶。女二，長適壺關郭廉，次適高平申去疾。成化丙申十二月二十六日，公生；嘉靖己丑正月初七日，公卒，享年五十有四。四月二十日葬孕秀坐，是故爲之銘焉。銘曰：

於維公河渭之間，其名揚伊洛之間。思不忘公，匪禄之將而善之爲光，匪壽之祥而惠之爲昌。孰奪爾年，孰蹶爾行。天道明明，貽穀爾嗣終有慶。太行之陽，公即幽堂。匪時月之良，支壟之康。公澤荒哉，永無疆哉。

劉太孺人墓誌銘

太孺人卒，子僉憲公介書捧狀來告曰：

孤義不蒙於覆載，母太孺人奄忽捐背。嗟！母太孺人當我劉氏家運衰微，辛勞萬狀，比孤義稍致通顯，而孤義不省，不能俯仰于時，旋即遷謫。幾年來，東西南北數萬里，母太孺人皆隨孤義以驅馳，涉河渭，陟隴阪，渡大江，越太行，經山海，竄塞垣，勞悴極矣。茲棲於遼西，將籍升斗之禄，稍供子職，乃遽及此！天下之人多矣，悠悠蒼天，何其專降割於我家也。孤義吁號莫追，所望仁人君子，摘母太孺人之實，志而銘之。庶孤義少伸情事于萬一，而母太孺人亦庶永慰於冥漠矣。

按狀，太孺人姓朱氏，汾州衛人。膚施縣丞贈文林郎監察御史劉公之配，山東按察司僉事公母也。父諱某，母某媼。太孺人生而性閑慧，貞謹柔嘉，針絲纂組，精巧絕人。劉翁聞其淑女也，聘爲贈公配。劉翁者，贈公父也。以貢士授朝邑縣丞，廉介有聲。太孺人既歸贈公，務盡婦道，事翁姑竭力孝敬，處贈公弟妹和順無間言，内外賓至中饋雖不豐腆，然亦甚整潔。翁姑自慶得賢婦焉。事贈公恭敬如賓，贈公讀書至夜分，太孺人女工亦至夜分。雞鳴燃燈，促贈公起誦，以是贈公學業有成，提學歲試輒高選。比家衆析居時，贈公既屢窘於科目，止有廩一石、田六畝，而僉事公兄弟皆幼弱，日用饔飧或告乏。太孺人日事針剪杼機易粟以資用，又無婢僕可倚，翁姑而下衣服飲食，凡刀尺舂爨，太孺人皆親操之。艱難困苦，安心處之，略無戚容。故劉氏雖貧而不至凍餒者，本太孺人内助之力也。僉事公兄弟既知學，贈公立教頗嚴，而太孺人嚴又甚，二子畏太孺人過贈公。一日，僉事公與人奕，太孺人撻其背數之曰：「爾父艱難，育爾成立，乃爲此破落事，豈書生之所宜爲者哉？」嘉靖庚寅，贈公以貢士授陝西膚施縣丞。壬辰，贈公卒於官。太孺人扶柩歸葬，痛贈公志有未酬，每召二子語曰：「爾父平生篤學，期登大科，竟不如願。汝輩宜奮勵讀書，以成父志，庶少慰鬱鬱之魂於地下也。」因泣下，二子亦感泣。

甲午，僉事公鄉試中式。乙未，登進士，拜監察御史，推恩贈公，太孺人獲封贈焉。尋堂官不好僉事公，乃謫僉事公秦州判，今稍遷至按察司僉事，分巡遼陽。次子尚禮，庚子鄉試中式，授陝西富平縣知縣。人謂：「太孺人之教，至是有成，而贈公之志，亦可慰矣。」庚戌冬十月，太孺人疾作，僉事公遠近迎名醫，藥皆不即功。十一月初三日，卒於正寢。溯太孺人生於成化辛卯十一月二十一日，至卒享年八十歲。

太孺人雖女子，不事詩書，然質美暗合，有若丈夫學士者。歲時享薦祖考，粢盛醯醢之屬，割烹炊爨，手自爲之，一果蔬未祭，不得先嘗。僉事公間以遷謫事告訴，笑曰：「當時順從亦無害，既任直取禍，何恨！然亦命也。」崇素儉，不事奢靡。僉事公既有禄，制羅綺請時服之，曰：「華服必他出方可著。」不從。每見僉事公羅牲割雞，輒戒曰：「爾俸幾何？而欲日具甘旨也。」僉事公雖一錢尺布，必致之太孺人，而太孺人亦不以絲毫私與人。遼陽之行，僉事公以邊塞遠險，非所以奉老親，欲具疏終養。請命太孺人，曰：「不可。恐人以汝爲避難也。」子男二：長即僉事公，諱尚義，先爲吾朝邑令，治行循良，建築新城起重樓，曲處得宜，數月工成，規模巨集遠，然無分毫科取於民士，民至今稱之。娶宋氏，封孺人。次即尚禮，娶閻氏。女二，長適朱濟，次適靳朝用。孫男四：繼龍、繼光、繼益、繼皋。女四，長適監生呂構，次適常安，次字王某，次字安某。僉事公等以今年某月某日啟贈公之壙，奉太孺人之柩而葬焉。銘曰：

屈之久者終必伸，錫之天者感于人，
龍蛇之蟄以存身，嚴冬之後生陽春。

女工易粟資家貧，孺人早歲何邅迍，
模灰畫荻接孟鄰，慈萱立教過嚴椿。
二子文章鬱彬彬，鵬飛鯤化摶蒼旻，
僉事昔爲西臺臣，孺人寵封龍章新。
晚年眉壽福洊臻，朝夕禄養牲鼎陳，
子孫濟濟列鳳麟，堂前彩服舞簪紳。
考終仙逝正八旬，華表百尺磋貞珸，
巍巍馬鬣高嶙峋，佳氣鬱葱永窀穸。

馮翊眭公墓誌銘

眭氏世居馮翊之寺前鎮，今馮翊蓋萬室之郡，莫與眭氏並焉。公子祥、瑞、琦，皆倜儻有智略，雖未究於詩書，即其作止，有士君子風。眭氏之興，三子之力也。

公諱敖，字大有，少習舉子業，未就。乃純藝黍稷，遠服賈家，遂饒裕。成化中，攜祥行貨，過臨清小灘，有盜詭爲傭，任輸于杭。既成券，忽有翁杖而告曰：「彼傭實盜也，將殺汝父子矣。」翁忽不見。公大驚，故以少值構盜毁券。公好施，樂成人之美，里之貧弗能婚喪者，每資給之。戚里或大會，則以孝弟勤勉誨之。治家尚嚴，諸子侄雖甚愛也，然稍涉非道，即痛懲之，必改過乃與顔色。公生於永樂二十年六月十五日亥時，卒於弘治三年十二月初九日，享年六十有五。初，眭氏未甚豐也，公父浩永樂間商於汴，拾客百金，客泣尋金欲死。公究客實亡金者，與客金。故人謂公：「三子之才，及公不死於盜者，浩與客亡金所致也。」配張孺人，子男三：長即祥，次瑞，次琦。女三。瑞男禄，次楠。琦男帥。祥等將以嘉靖四年閏十二月十九日葬公於鎮西洛山原先塋之次，來問銘。銘曰：

楊氏放雀，宋氏渡蟻，一念之仁，福祉與之。
矧浩捐金，以活汴客。予匪望報，天實鑒德。
乃篤生敖，以及於祥。暨瑞暨琦，家乃用昌。

太行逸人墓誌銘

丁丑冬，苑洛子里居，婁君西以書通謁，曰：「西固願見，惟先生是與之。」苑洛子見焉，西辭去。苑洛子曰：「美哉西也，雅而恭，敏而識者也。足以興乎？」越明年戊寅冬，西又介書持哀來告。曰：「孤西不穀，天乃弗殛，罰及於先君，先君歿焉。孤西昔得見先生，于心不忘也。顧先君之行，泯然無傳，孤西所弗忍也，惟先生是與之，是孤西之志而先君之光也，孤西斬然衰絰之中奠哭焉。事而弗能來也，而又非儀也。其將若之何？」苑洛子受之而爲之銘。

「太行逸人」者，山西澤之陵川人也。性篤於孝，母病護床，逸人時爲縣學生，曰：「夫士也，誦習之謂。何顧因以分養，吾安能忍之朝夕？從子職，即簡策也。」數年廢業。婁氏既大，家父老且治事，逸人曰：「力田爲秋也，生子爲老也。夫孝者，不勞親以立名；用情者，不遺近而務遠。功名于我何有哉！謝儒冠而就養焉。」逸人善占步，有司薦而官之，命以事，逸人請辭。有司再命之，逸人幡然曰：「斯不可以自見矣乎？不然人將等我以匏瓜也。捕盜而盜緝，督運而運先，里之訟者，多就而求直，既而曰：『吾已試矣。』夫豈吾真哉？夫仇奸，非智也；司利，非義也。無命於上而聽於下，非法也。又將安用之？」乃徜徉于太行山水之中，飄飄乎若雲外之鶴，浩浩乎若海濵之鯨，閒適脫落，物莫得而羈焉。自號曰「太行逸人」。

逸人姓婁氏，諱瓚，字廷器。自六世祖裕，以明經爲鴻臚序班，遷通判河中府，復遷知青州府。裕生斌，陽信縣丞。斌生彥威，彥威生確，確娶崔氏，繼娶李氏。實生逸人，配武氏。子男三：長東，娶李氏。次南，先逸人卒。次即西，縣學生，娶徐氏。女六，長適郭惟精，次適朝邑縣知縣王道，次適都永思，次適蘇朝臣，次適王良臣，次適趙相。惟精、永思皆縣學生。孫男二，曰淩雲，生員。曰淩漢。女五。曾孫一，曰承基。逸人生於某年月日時，卒於正德戊寅十月二十一日申時，享年六十有七，東等將以明年己卯正月十一日，附葬于李家掌先塋之次。銘曰：

太行之巔，巖巖其石。君子樂之，田之宅之。

太行之麓，草木蕃蕃。君子封之，如振如軒。

生與之遊，沒與之休。彼太行兮，仁者之儔。

贈昭勇將軍潼關衛指揮使姚公暨配封太淑人劉氏遷葬墓誌銘

公諱鎮，字公鼎，號玉崗。姚氏之先，古河中府六管村人。村今隸蒲州，相傳系出舜。公族今其村有舜祠，族人歲時享祀幾世。祖魁中，元至正戊子鄉試，官淮安府桃源縣學教諭。既謝事，聞河中大荒，卜築揚州府興化縣，遂爲興化人。桃源公與里沙善人交好，里人仰重桃源善人，名其地爲桃沙莊云。桃源子庸，至正辛丑進士，歷官永平知府，進階右叅議。永平公子五，庚一、庚二、庚三、庚四、庚五。

我太祖高皇帝龍飛，「五庚」仗劍從，屢立戰功。庚一公陞雲南瀾滄衛指揮同知，庚二公遼東鐵嶺衛指揮使，庚三公直隸潁上守禦千戶所正千戶。庚四公以小旗從文皇至北平護衛，寔公啟建祖也。庚五公韓府護衛小旗。庚四公生倫，爲公高祖，補小旗，陞總旗。總旗生厚升，薊州衛百戶，從文皇征北敵，因留北平。洪武三十二年，文皇靖内難，百戶領兵克雄縣、景州、真定，陞副千戶。策應永平攻夾溝大甯戰鄭村埧，勝之。三十三年，戰白溝河，攻濟南，陞正千戶；克滄州，陞薊州衛指揮僉事。大戰東昌下之扈蹕，還北平。三十四年二月，文皇自將南下，僉事爲前鋒，戰夾河槁城，大捷，進懷遠將軍指揮同知。三十五年，克東阿，戰肥河、大店、靈璧，克泗州渡淮。文皇入，正大統，論功蒙彩段襲衣白金之賜，進昭勇將軍指揮使。初，文皇既舉兵，平都司力抗，王師不能進。然天下素畏文皇英武，乃選貌若己者十人，金甲名馬各帥兵突出，平軍望見大驚，潰。十人者，昭勇其一也。永樂改元之明年，上以潼關中原要地，調掌衛事，命每歲正旦入朝，而以衛直隸宣府。賜襲衣文幣，且以符驗授之，許乘傳往來。是年冬，秦王入朝，夜至關，左右呼門甚急。昭勇曰：「朝廷禁門，深夜不得啟也。」王怒止關外，至京面上，垂泣曰：「潼關姚指揮慢朝廷甚，夜不容臣入關。」上但微笑。旬日正旦，昭勇來朝，上問秦王不得入關事，奏曰：「潼關，國家重地也。臣止知陛下，非知秦王。」上顧左右曰：「如姚指揮，真鎖鑰之臣，賜寶鈔。」明年，上將北幸，值昭勇來朝，敕還鎮奸細撒伏臘假僧過關，緝獲斬之。後聞言官交論：「不當先誅奸細者。」上曰：「言官論是。但即斬奸細，則指揮軍威大振，指揮處亦是也。」會按西鄙事得當，上甚悅。十八年四月卒，上悼惜之，遣官祭昭勇。生深，襲指揮使，功陞都指揮同知。宣德中，鎮守寧夏，北敵大舉入寇，鎮守負流矢大戰，斬獲甚衆，捷聞賜錦衣白金名馬，奏建潼關衛學。鎮守生琮，襲指揮使掌衛事，配李淑人，生公。貌偉氣清，讀書好古，太保劉公見而愛之，妻以仲女，是所稱「劉太淑人」也。新都楊公椿督學湖、廣，過關，公謁楊旅邸。楊謂其子廷和曰：「是兒英年美質，他日佳士也，可與交游。」廷和者，世所稱「石齋先生」也。少師大學士自是金蘭縉紳，聲譽日洽云。會送姑適陝西，左布政孫公得奇疾，卒于長安。先一日，見緋衣白馬使者曰：「使君有請，不可久稽也。」明日，雷雨大作，公歸矣。後以子諫，官贈昭勇將軍指揮使。太淑人既出自名族，幼閑女則。公沒時，始年二十七，誓欲死殉，翁姑以禮制開諭，從之。自是奉翁姑、撫子女，以孝慈聞。既而翁姑前後繼卒，皆葬祭如禮。遇婢僕以恩，常曉諸子曰：「若輩亦人子也，勿以奴名之。」姚氏内範，至今井井，皆太淑人遺澤云。亦以子諫官封。

嘉靖庚子，兵備副使何君以太淑人貞節事言諸巡按御史樊君，已核實，上聞矣。公生於正統戊辰七月二十二日，卒于成化戊戌六月二十九日，得年三十有一。太淑人生於景泰壬申十月初八日，卒於正德甲戌十月十一日，享年六十有三。子男二：長即諫，先淑人卒，娶曹氏太子太保豊潤伯之女。次詢，散官，娶渭南張同知之女。女三，長適光禄少卿孫大經，次適潼關衛指揮使黎諄，次適百戶鄭簡。孫男二，勝祖，諫之子，襲指揮使掌衛事，娶靈寶楊布政女。次同祖，詢之子，儒學生員，卒。太淑人卒時，勝祖合葬公于祖塋之側，宗伯周公洪謨，嘗銘諸墓矣。茲以祖塋道修，艱于時享，乃卜關東七里玉中之金盆，將以嘉靖壬寅八月二十九日遷葬焉，來問銘。銘曰：

姚氏閥閱，世顯以武，彬彬玉崗，力學好古。

我思蓬麻，英髦是媚，方仰大成，緋衣已至。

貞貞淑人，恒一其德，母儀婦道，式我内則。

孝孫虔虔，欲便時享，遷于玉山，金盆之崗。

趙太淑人墓誌銘

太淑人，贈中大夫太僕卿直菴趙公之配，總督宣大山西偏保諸鎮軍餉户部右侍郎兼都察院右僉都御史公之母也。既卒，兼公訃聞於上，曰：「臣母荷國厚恩，封太淑人，今殁矣。文階三品，國有常經，臣今泣血以請。」上稽兼公資勞，報以全制，遣官諭祭，錫襚調庸，以營葬事。開壙之期，郡守身至，陳牲奠桂，詔相秉册，儀采彬彬。於是吊者、賵者、四方來觀者，萬夫塞道，四田成蹊。識士耆父，嘖嘖稱嘆，謂：「太淑人賢。」謂：「兼公名德。」上非濫錫下，宜榮有也。

初，兼公近侍遠鎮，揚歷兩京，太淑人皆從禄養。歲壬寅，北寇蹂我晉陽，欲窺畿甸。天子震怒，命將薄伐簡，兼公督軍餉。時太淑人偶感風疾，然兵革也，義弗得辭，冒險又不可，恐震驚，乃奉歸開，屬弟侄侍湯藥。甫歷夏秋，而太淑人已報辭堂矣。兼公追念二十年來，婉愉莊栗，朝夕夔夔，忽焉及此，悲傷痛恨，志不懷生。及恩命洊渥，光賁泉壤，乃知忠孝兼得，揚顯爲終，其情始少慰云。

太淑人姓張氏，其先河南項城人。曾祖均博通經史，鄉試中式，訓導開州，遂籍於開。今開之士，盛於甲科者，本訓導敷教之力也。訓導公二子，晰，進士，監察御史。著，舉人，郟縣令。郟縣，太淑人祖也。父勲，一鄉善士。母，陳孺人，以内德稱。惟生太淑人，性穎慧温貞，精女工，通列女傳大義。父母愛甚，冰氏踵門，不輕許。曰：「是兒非有福人弗能偶也。」乃擇字直菴公。蓋時，直菴公父中大夫贈公，崇尚義氣，鄉閭敬憚，故善士結二姓之好云。比太淑人歸趙氏，贈公及配張淑人皆謝世，太淑人恒以不獲事舅姑爲歉。繼姑樊孺人，四子俱幼。太淑人委曲承順，凡饋紉悉出其手，樊大安悦。直菴公性嚴急，又好賓客，倉卒治具，豐腆潔備。直菴公每督兼公兄弟讀書至分夜，太淑人亦不寢。直菴公綜理家務，日夕勞瘁，太淑人譬之曰：「家頗裕，諸子中必有穎拔者興，何自苦爾？」直菴公曰：「吾豈憧憧不卬自恤哉？凡所以爲諸弟也。然汝言亦大是。」待婢僕以寬，雖大失誤，未嘗惡聲叱罵；禮答姻黨宗戚，每及儀物。故内外愛敬之。

甲申，朝廷上兩宫徽號，以兼公給事中封孺人。後兼公進位通政，迎養京邸。直菴公病，太淑人躬進湯藥，敬事若年少時。直菴公歿，痛哭輒弗止。兼公兄弟泣勸，則曰：「我未亡人，何能自顧也。」丙申，大慶覃恩，以兼公太僕卿，封太淑人。兼公撫陝，每當出視事，太淑人輒戒之曰：「汝勿乘怒過，鞭撻吏民，吾甚懼此。」久之，秦人皆知兼公之仁出自内教。初，兼公迎養，每歲時稱觴爲壽，太淑人必曰：「汝其盡心所事，吾母子蒙恩已足矣。」及兼公晉陽之别，倥偬疾病間，猶以忠勤勉之，且令勿以己爲念。但云：「邊事寧，當速回耳。」太淑人既丁，趙氏富有，顧内政益嚴，朝夕弗怠，簪珥服用，靡事華耀。及兩膺大典，龍章迭賁，命服輝亮，而勤懇儉素，終始不渝云。

夫富而無驕，賢者所難，知足不辱，古今誦説。太淑人富且貴矣，而不忘勤儉；至以忠勤勉兼公，自謂已足。是豈尋常女德哉！世以男子弗能自拔者目爲「婦人」，然則太淑人得不謂之「女中丈夫」哉！太淑人生於成化癸巳五月十五日，卒於嘉靖癸卯九月十八日，享年七十一歲。子男三：長即兼公，諱廷瑞，正德辛巳進士，七命歷今官，内治外攘，功在國史，兹不附書。配孫氏，屢封淑人。次廷璋，官生。兼公以其蔭讓，娶郭氏。次廷瓚，陰陽典術，娶李氏。孫男四：長栗，國子生。次果、次木、次葉。孫女四：一適王三命，一適王三重，一字孫庚，一幼未字。曾孫女一，幼未字。以嘉靖二十四年正月八日，啓直菴公龍河新阡之兆合葬焉。前給事中今某官主事傅君學禮，兼公舊僚也，以狀來問銘。銘曰：

於太淑人，維閨之秀，静女閑閑，君子是姤。
治爾宫事，柔嘉有儀，廟祀斯嚴，百福來兹。
於太淑人，維女之英，豈曰婦德，君子之行。
孰富而儉，孰貴而勤，惟我知足，誨子忠仁。

子德孔那，撫我秦中，內修外攘，既奏膚功。子德令昭，萬夫之望，維國楨幹，太淑人慶。穹碑峨峨，蟠螭走鼉，煌煌宸翰，玉鑿畬磨。昔也不遑，其苦如芩，今兹恩榮，始慰子心。惟開有支，坦坦而來，其平如掌，中藏乳胎。吉匪四獸，祥豈萬馬，元吉百祥，惟有德者。温温淑德，鬱鬱佳城，我勒斯銘，斯銘稱情。

間太安人墓誌銘

太安人，崞陽隱君子解公之女，贈主事間公滋之配，户部主事仲宇之母也。嘉靖十一年十一月二十三日以疾卒，狀云：太安人生於某年某月某日，距卒享年七十九。仲宇將啓贈公之壙而合葬焉，奉狀問銘。

夫女德之治，尚矣！間氏，代之大家也。間世中衰矣，及贈公之身，其興也勃然，太安人修內之勞也。惟太安人靜一其德，婉娩其質，少而歸焉。狀云：年十四歸間氏。宜其家人，承贈公之嚴也而委順之，終其身無輻脱也必敬，無攸遂也以貞示從也。其於翁姑也，狀云：翁榮壽公，姑楊太孺人。曲養無方焉，事生也；致哀以禮焉，事死也。故諸婦式焉，靈神佑焉。狀云：太安人得奇疾，遇异人而愈，人以爲孝感所致。昭孝也，濟濟乎！三男之成器，而命之愛，而教之寬也，農春也，賈宇也，學得其養而膺其榮。狀云：庚寅，圜丘成，以主事君貴，推恩封太安人。致慈也，難乎！二女同居而志不同行也。睽次於家人，恕其非意而先其勞，妯娌懷之，分其績刺而體其情。小姑愛之，怡怡乎以讓，以親敦睦也；察鷄豚而孕字之，料核蔬而樹藝之，納酒漿而儲備之，賓客之供足矣。翁夫之好得矣。狀云：翁及贈公俱好賓客、嗜飲，太安人精於製造，善於存蓄蔬果酒肴，皆預處之。著理也，若夫析而合焉，狀云：翁姑以家口衆大，命异産，太安人親睦既久，不忍析也。族黨之婚喪而資給焉，鄉閭之灾患而賑恤焉，浴而發治命，死而安焉。狀云：太安人病起沐浴更衣，乃就簀。斯丈夫之鮮能，而君子之所尚也。其賢矣乎！

夫男女，天地之大義也，成於交愛而毁於晨鳴。狀稱：閆氏之興，太安人之勞也，不其然乎？信女德之治，尚矣。太安人子男三：長仲寬，娶康氏，繼李氏；次仲春，娶劉氏，繼樊氏；次仲宇，娶丁氏，繼冀氏、方氏；俱封安人。女四：長適霍子秀，次適汪鰲，次適謝治，次適知州董槐。孫男七：鎧娶黄氏，銅娶張氏，鈞娶王氏，固娶趙氏，邦娶趙氏，立娶蔣氏，位娶馬氏。孫女四：一適生員宋國卿，一適趙汝翼，一適李基，一適李三省。曾孫五：繼先、紹先、繼元、喜兒、保兒。曾孫女三。葬之期，嘉靖十二年十月初十日也。銘曰：

維代之陽，有崇其崗，蜿蜒俯馴，鬱鬱蒼蒼。
横形止生，太安人之藏，子孫繩繩，保此無疆。

通議大夫兵部左侍郎贈都察院右都御史潘公墓誌銘

嘉靖戊申七月初五日，公卒。己酉，大宗伯以祭葬請上，曰：「如制大冢宰，以贈官請。」上曰：「潘珍准贈都察院右都御史。」時朝廷方嚴恤典，三品官兼得者鮮，以公名德，祭葬、贈官均錫云。

公姓潘氏，諱珍，字玉卿，蘊玉之華也。初號曰「樸菴氏」。山有峨峰也，故又曰「峨峰氏」；以峰之碧也，歸田後故又曰「碧峰氏」；峰有兩也，故又曰「兩峰氏」。晚而退以卑牧，曰「益以拙叟」云。潘氏之先，姬姓，周畢公之子、季孫食采於潘，因爲氏。後服租傭閩之三山。唐廣明間，逢辰公者，憫時之亂，上書闕下，亟言時事，不報。隱於歙之黄墩，遷於婺源之桃溪，是爲桃溪潘氏，四世至初。

公七歲不言，一日，母携之登樓，忽朗吟一絶，家人驚異。及長，識趣異常，大度好施，人呼爲「謫仙」云。初，公生汝翼公，宋紹興進士，官至秘校。秘校生松年公，登第，官洪州録事參軍。參軍生宣議公汶，汶生奉議公執禮，執禮生涇公，紹定間，選郡馬。郡馬生崇龍公，崇龍公生廷璧公，淮西安撫計議。值宋亡元興，誓不仕，守東陵之節，教子孫耕讀。廷璧公生克勉公，無子，以兄子侑公嗣。侑公生虎公，虎公生勤才公，配張氏，生坦公，字循理，號閑菴。敦尚仁厚，鄉稱長者，配張氏。勤才公及閑菴公皆以公貴，贈通議大夫兵部左侍郎，二張皆贈淑人。張妣淑人夢五色鳥投於懷，公生。七歲就外傅，勤勉敦樸，不類群兒。閑菴封公甚愛之，爲廣延名師，躬督課業。甫弱冠，充縣附學生，提學歲試，愛其文，取魁縣士。戊午中式，壬戌登康海榜進士，授浙江紹興府諸暨縣知縣。政務循良，不事苛矯，創建預備倉，扁其門曰「養惠」，更拓養濟院，名其巷曰「先斯」。新孔子廟，程力計工，民不知勞，以治行徵拜大理寺左評事。初，公尹諸暨迎養，閑菴封公不肯行。報書曰：「吾豈能以朝夕盤飧，遂捨山林之趣哉！汝當務顯揚，亦勿若曾元屑屑於口體也。」又曰：「民命至重，汝勿誤於庶獄。」故諸暨之治，膏澤爲多云。陞左寺副考滿廷尉。西臺政府，咸以明敏允，克署其實，於是閑菴封公封如公官，張妣封孺人。陞左寺正，尋陞山東按察司僉事。時劇寇劉六等流劫東郡，公分巡東兗，駐兗州，整搠民兵護衛親藩，賊猝至城下攻東門不得入，乃去，大掠曲阜。公奏白徙縣築城，而曲阜始寧。明年，更巡海右，都司某多内援，怙勢侵削，軍士怨苦。公廉訪獲狀，按治抵法，一道肅然。更巡東兗，再更遼東東寧。陞本司副使，巡察海道，而遼東撫按，以公巡東寧稱也。奏以副使仍巡東寧，吏部報曰：「有成命矣。」時，沿海衛倉官攢滿待勘，吏緣爲姦。查駁至四五年，典衣鬻子，有隕身者。公爲立法，不再勘死者，厚恤之。會丁閑菴封公憂，服闋，起巡福建海道，捕擒劇寇三百餘，有白金紵絲之賜。括民間私造大船可浮海者，買給水寨，禁弗得再造，而姦源塞矣。陞山東按察使。公凡三任山東，施澤既久，人心信愛，稱爲「潘青天」云。陞湖、廣右布政使，尋轉左。時巨璫差修承天皇陵，供費甚侈，公量司帑所蓄，既汰其三之二，復分派鄰省，及取九江料銀協濟，而湖民之困以舒。湖賦王禄爲重，近富之屬，率賂脱。顧派取遠貧下邑，既劑量不平又多逋欠，公隨地所宜而賦之，民皆稱便。陞右副都御史，巡撫遼東贊理軍務。公築邊墻，繕城堡，浚壕塹，清屯田，廣積蓄，利器械，内修大備。明年乞休，不許。丁張淑人憂服闋，改南京右副都御史，提督操江，乃教造蜈蚣船及八槳船，皆迅速如飛。追賊無弗及者，擒斬番賊徐勳等，獲其番物，輸之官。尋陞南京兵部右侍郎，召入兵部，改左適安南，請討莫登庸，廷議遣將提兵問罪，公抗疏，言：「北寇陸梁，邊烽屢警，宜備北寇以急，不可懷之。强寇安南遠裔，又本陳氏故土，黎氏篡之，今莫氏復篡之，禍亂相仍，夷方常事，宜先遣使諭以禍福，如其款服，則順而撫之，降封受職，以奠南荒。未可遽勤王師。」廷議以成命既下，不宜撓阻，罷公閑住。後師至南中，凡處一如公言，而安南平。於是南臺合章，乞還公官，不報。會遇恩詔，公獲致仕。是後大臣撫按多薦起公，將大用公，而公卒矣。

公生於成化丁酉五月二十六日，距卒享年七十有二。公居常恂恂，不事奇峻，及臨大利害，則英發堅定，確乎不可奪。學務自得，不爲口耳動止迂怪之習，才抱浚明，而遇事栗栗勤勉，不敢自暇自忽，可謂「亂而敬，擾而毅，願而恭」矣。家食十年餘，優遊自適，即星溪之北，建四美亭；即柳溪之南，建休休亭。約邑老爲壽朋會，歡娱笑語，脱略城府，若無廟廊之貴者，鄉後生仰而式之。公自筮仕至里居，大臣撫按科道，連篇累牘薦者，三十餘章。或見其才，或見其節，或見其學政，或見其文章，皆極華褒。夫當官而薦，是其常也。若里居，非清德重望冠士倫者，不得與然。則公身雖未得大行，而道則亨矣。公所著，舉業有珍珠集，奏稿有愚衷省愆録，詩文有兩峰存稿、年紀録、榮樂集、三錫録、世業録。凡若干卷，藏於家。配張淑人，柔嘉閑淑，且明知若學士。自公歷官中外，裨助者多，非特爲内式也，先三歲卒，内行備載慈德録中，公已自爲志，納之壙矣。子男二：長即鏊，鄉貢進士，母病則刲股，歿則廬墓，娶汪氏。次曰鑾，補蔭國子生，娶王氏。女一：京玉，適戴緋。孫男：榮，未聘。女二：桂英、元英，未字。鏊等將以是年冬十月啓張淑人之壙合葬焉，捧讓溪游公之狀來問銘。銘曰：

維嘉靖己酉，公窆於桃溪之新阡，有山負扆，有水之玄，騰萬馬於後，懷萬寶於前。

鎸穹碑兮干雲，蟠雙龍兮天章。郡侯承命兮駿奔，陳犧牷牲兮明堂。賵玄纁兮璣組，奠桂酒兮椒漿。

於維休哉！公之勳績，銘弗克殫，著其赫奕。

有莫篡黎，廷議詰兵，公獨抗疏，謂不宜征。

乃奪公官，道則愈亨，終用公言，安南乃平。
公謂北寇，勢漸桀强，宜急爲備，以振邊疆。
使遠猷之見售，無太原之殘傷。
於維那哉，公言之昌，用之有效，違則弗祥。
赫赫明明，皇祖大訓，邊戍戰争，備之宜慎。
安南限隔，僻在一方，彼不爲患，無倚富强。
至哉皇言，公敢對揚，公之忠誠，實昭國是。
我勒斯銘，用告太史，豈告太史，以式臣子。

鄉進士趙子春墓誌銘

嗚呼傷哉！吾子春乃遽至是邪？子春將屬纊，屬其友張省試子靜曰：「芳也受學于苑洛先生，佩訓兹終身焉。必先生銘我墓，芳也將服勤於地下矣。」子靜以狀來告銘。

噫！吾尚忍銘吾子春邪？吾忍不銘之邪？銘之乎，吾心割矣；然吾不銘，欲將孰銘也？嗚呼傷哉！吾子春倜儻豪邁而敕禮教，明達聰碩而正節概，剛侃強毅而服忍讓，文章彬彬然，蔚如也。使乎南征之志遂，而其浚明之績又可量乎？而乃遽至是耶？卒之時，母且八十而子垂髫，此子春惓惓不盡之痛恨也，萬人皆涕淚矣。嗚呼傷哉！

子春姓趙氏，諱芳，字子春，别號左輔。陝西西安同之朝邑箔子村人也。趙氏之先本長安人，高祖益避元亂，始來箔子村。曾祖讓業農弗仕。祖謹以國子生歷利津、丘縣簿，五十致仕，百歲乃卒，封兵馬指揮。鄉士大夫大崇敬之，曰「趙老先生」。祖妣陳，封孺人。老先生豁達有遠識，治利、丘，聲稱卓然。父璜，兵馬指揮，封文林郎。母陳，封孺人，有内德。京畿多豪右，正德中爲尤甚。文林明敏執法，人甚憚之。方以治行進官，而文林卒矣。

子春始學于渭北趙知郡，渭北一見，稱之曰：「之子也，眉間數寸，瞳子精明，質豐而氣清，君子之流歟！」親愛之有異聞焉。正德丙子，苑洛子之家食也，子春執羲經而問焉。苑洛子授以否、泰二卦，子春曰：「乾與坤消長之間，欲整頓耶？芳也，何德以堪之？」問坎、離，而苑洛子弗答。子春曰：「未濟、既濟之相交其後乎？非芳也之急。」苑洛子奇之曰：「是可以言進退存亡之道矣。」遂手著本義詳説二十六卷以授之，俾誦習焉。嘉靖乙酉，領省薦，累試春官弗第。戊戌，又弗第，過晉陽謁苑洛子。苑洛子曰：「子今強仕。文如子，學如子，大科弗第，天也。」子春曰：「寬以居之，悠久成物，春官之首命也。先生嘗特授芳也，弗習人也，天曷故焉。歸將詳服先生之教，期驗於來春矣。」歸之五月而病，又二月而篤，乃顧其兄苣曰：「死生，常理也。母老而弗能事，子幼而弗能教，死不瞑目也。」既而曰：「母老兄能事之，子幼兄能教之。」遂卒。

子春性孝弟，事文林、陳孺人終身不違顏色，事兄蘭及苣甚恭。貧時嘗脱内子之簪珥，醫蘭之目，而目以明。族人有死無棺槨者，於我殯。配楊氏。一子：世瞻，娶許氏。二女：長安順，字謝氏。次安貞，字徐氏。子春生於弘治己未十月十八日，卒於嘉靖十八年十一月二十四日，得年四十。嗚呼子春！吾見其生也，吾見其成也，乃吾又見其死也。傷哉！蘭、苣將於己亥二月七日葬子春於先塋之次，銘曰：

維沙之苑，維渭之陽，中有美人，如圭如璋。
有郁其文，有成其行，嗟嗟子春，士林之望。
孰富爾有，孰促爾亡，天不可問，冥冥蒼蒼。
嗚呼傷哉，嗚呼傷哉！

中順大夫四川夔州府知府劉公德征墓誌銘

德征，余友也，别且十三年矣。今歲再過定州，而德征已臥病。執余手曰：「堪兒爲我教之，兹與君永訣焉。」余心知其不起也，姑寬慰之，出而泣下。比余至京師，而堪持狀來問墓銘矣。嗚呼傷哉！

德征姓劉氏，諱文煥，别號蘭村。德征，其字也，亦字子緯。劉氏之先，蓋世爲山西懷仁人。祖忠應戍大同中護衛，永樂初調定州衛，遂爲定州衛人。父傑，嫡母黄氏，生母王氏。以德征貴，傑贈承德郎兵部主事，黄氏、王氏贈太安人云。

德征生而哲靈，蓋六七歲，善爲奇對，諸奇字輒善省識之。里中有李溥，進士者蓋稱精鑒。一見器異之曰：「是非尋常兒也。」以女字之。弱冠進學官弟子，提學陳公試其文，大賞之曰：「劉生天下士也。」於是劉生聲稱籍甚，畿内士無不推先劉生者，蓋提學陳公延譽之力也。正德丁卯，鄉試中式，明年登進士第，授駕部主事，蓋隸大司馬。大司馬乃數數對衆稱説主事。時朝邑韓邦奇爲選部員外郎，長安劉公璣爲大司徒，蓋皆善大冢宰。相與推薦之曰：「主事當吏部。」德征聞知，亟抵員外郎曰：「天下豈少才？文煥何以得此？」員外郎曰：「主事賢。」德征曰：「員外郎以主事賢，竊恐天下以爲員外郎私也。員外郎，文煥友；大司徒，文煥戚。主事苟賢，奈何天下無知者，獨其友與戚知之何也？」乃推他主事。其後，又有辭御史事。蓋天子用大冢宰，議選内外諸司明習國家事著聲名者充御史。冢宰獨責之員外郎。蓋薦四十人皆時俊，德征預焉。員外郎意德征且來辭，避不見。德征窘甚，夜排闥入扣牖，呼曰：「文煥今日辭御史，非前日辭吏部意也。文煥生未晬而王母死，黄母育，成瘁甚矣。今老且衰，可爲御史遠巡耶？」員外郎矍然起曰：「邦奇不知其不便如此！」事遂寢。會黄太安人卒，守制去服闋，補客部，遷儀部員外郎進客部郎中，再調駕部大司馬。每條奏議下，諸部未能言，郎中盡爲之對。大司馬悦之，曰：「若郎中數十輩，天下事豈足辦哉！」蓋諸部自以能不如郎中，而郎中日益親重于大司馬，乃擢東昌府知府。時大將軍彬導天子南巡江、漢，蓋彬日侍帷幄，一切奏白盡從之，貴震天下。諸所過郡縣，賄累巨千，長跪稽首始得免。德征歎曰：「文煥守此地，乃不能邀還車駕，惠鮮困瘁，亦已矣。奈何剥下溷禮以媚權貴哉？吾不習是也。」彬大怒，繫置之至揚州。有李提督者，彬親信之，謂德征曰：「知府甯不知大將軍尊重，今天下第一人。可亟圖之，不則叵測。」德征苐張目熟視，不爲應。蓋提督心實，是之爲白遣之。彬怒且未休，曰：「知府不稱東昌。」乃調夔州。夔，蜀之僻下郡也。蓋多豪家習横，不服租庸，健訟又多無情實，前後知府，率因循待調耳。德征既至，乃下令曰：「不用命者，有常刑。知府不能行姑息之政也。然知府亦不故刻害汝。」蓋自是無有弗服，鮮有無情者矣，夔州稱治。又夔及旁郡多貴人，往往倚府爲奇貨，德征皆不禮之。有一貴人射木利，蓋木值可四五十金，過索五百金，平章司、臺憲司皆已許之，德征持不與。都御史方列牘議薦且陞晉，諸貴人盡害之。初，德征官京師時，又嘗以直忤要司官，有氣力者乘此隙曰：「知府病矣，宜罷。」然實不病。德征既家食，闔門課讀，暇則問農灌圃，與諸生商確古今，有言及時事者，輒拂衣起。宗族有不足，賙之；强弗友，教之。皆習其化，感其惠，處鄉里人以禮。然性頗豪俠，有機謀，善口辯。故人亦不敢犯。事黄太安人，終身不違顔色，以孝聞。締交皆當世名士云。乃于嘉靖丁亥九月内疾作，至戊子三月壬申卒，距其生成化壬寅三月丙戌年四十七。配李安人，即李進士女也。側室竺氏。子男堪，粹美能文，雅重士林，娶董氏。垣亦聰敏勤學，娶李氏，皆生員，李安人出。坍，尚孩提，秀異常兒，竺氏出。女二，蘭適里人韓永壽，桂適定州衛指揮使陳璣。孫男柯，堪子也。將以是年五月三日葬城南蘭家左之原。銘曰：

何仲默稱：「德征書類羲之，詩擬杜甫。其才甚美，學可達於用。雖歷舉時之俊彦，未能或過也。」使大其位，誠有可述；爲權貴所害，甚可悼惜。今觀駕部之聲，東昌之操，夔州之治，其所藴抱，亦略施行矣。德征雖不誕有天年，堪之粹、垣之敏、坍之秀，將必有嗣而興者。天匪難諶也。

通議大夫大理寺卿龍湫王公墓誌銘

公，開人也，性貞廉介直。正德初，開守不理於多口，時適大明黜陟，苑洛韓邦奇爲考功員外郎，太宰以守治狀不飾諭考功，詢之多士，皆如太宰言。然考功素知守才，疑之，聞公往問焉。公當飯客，考功故久不起。公曰：「吾當飯客，考功請同飯。」公曰：「弗堪供奉。」考功曰：「安有戶曹主事可食者，而吏曹員外郎不可食乎？」乃出一盂糲食，二豆蔬，共食之。客去，考功以開守問。公徐曰：「開之士大夫皆曰守治開無狀，民則皆謂守良守。」後得不黜。考功以公違衆持公議，草具待賓戚，獨立佳士也，遂定交云。

公諱綖，字邃伯，別號龍湫。王氏之先，本鳳陽人，始祖玉洪武初避兵於開之別駕里，遂爲開州人。玉生福榮，福榮生貴。貴生溥，陽曲縣丞，始封承德郎戶部主事，繼贈通議大夫右副都御史。配牛，始封安人，繼贈淑人，生公。公童時莊重，不群少長，即知敏學。伯右布政每見而喜曰：「昌吾宗者，此子也。」弱冠，中弘治戊午鄉試，春試不第，卒業大學。先後所交知，浚川王公、後渠崔公、蒼谷王公、無涯孟公，皆國內名士。乙丑，登進士，授戶部主事。是歲夏，推恩贈翁及牛淑人皆獲封，尋陞本部員外郎署郎中。時權璫用事，群閹倚勢請託，公皆不顧。未幾，贈翁卒於官邸。公哀毀如不欲生，扶柩還葬。服闋，陞河南衛輝知府。公振舉宿廢，屏除積奸，公移滿案，兩造盈庭。從容詳處，皆中情理。儒學諸生，季必嚴試，重行賞罰，皆始怨而終服。丙子，當鄉試監臨。東塘毛公以公有文望，辟外簾録，文多出公手。毛公喜曰：「中州之録，可以式矣。」特疏薦曰：「知府學問深邃，可學校憲職。」丁丑，當考績，時歲荒歉，撫按以公素得人心，留以撫之。又二年，遷湖廣副使。初，衛輝爲水陸南北通衢，臺省權貴過者，連車接轙，公惟庭見一揖耳。人固素知公，亦不深尤也。至湖廣，適武廟賓天，群臣奉皇太后旨，迎今上嗣統。巨閹谷大用者，八黨之一，亦在迎侍中，強公長跪。公不屈，肆行悖侮，公脫冠裂服，奔赴王府伏啟，王深慰答之，而公即棄官歸。今上登極，公上疏奏劾大用奸惡，辭甚激切，凡五上而大用斥矣。尋起復河南，礦寇王鏜橫行河朔間，公討平之。總督奏言：「副使累經戰陣，親冒矢石，故致克捷。」癸未，陞山西右叅政，時巨寇黃太寶摽掠殺戮，流毒郡邑，公擒之當道。累疏，薦叅政，顧改雁門行太僕卿。公乃乞歸，疏凡三上，始得允。銓部覆奏謂：「公有冰櫱之操。」州守朱君喜其名，乎表其閭曰：「冰櫱」。己丑，薦起四川左布政使。土蕃芒部讎殺累年，公以恩信諭平之。會牛淑人疾，即具疏乞歸，鎮巡僚友懇留弗顧，比泊廣都而淑人卒。壬辰春，起江西。甲午，陞都察院右副都御史，巡撫本省地方，以恩詔階通議大夫，贈翁、牛淑人皆獲贈，子行恕蔭人太學。公撫江西，督逋欠，清詞訟，禁侈俗，理陂塘，恤民瘼，事關藩臬符驗，頗犯衆怒，亦舉行之大者上聞。乙未，擢大理卿。大理自正德以來，避部院尊要，久失叅駁之職。公力舉行之，由是衆情不堪，私比者多不便。左遷山東叅政，蒞任疾作，乞休不允。部移慰留而疾愈甚，疏再具，未上，而公卒矣。

公入仕來凡四，里居耕田讀書，絕不干謁有司，曲加敬重。其取與進退，大節無毫髮苟，可以對越神明；日用居處，蕭蕭如寒士，平生雖好爲詩文，然多不存稿。卒後，行恕訪之親友，僅得三百餘篇。痛兄氏早亡，撫諸孤若子，先世所遺產，盡以畀之。公生於成化丁酉四月初六日，卒于嘉靖丁酉正月十一日，享年六十一歲。有司延其主祀於鄉賢祠云。配吳淑人，繼張，繼陳淑人。子男三：長行簡，先公卒；次行恕，官生，娶張氏。次行果，娶李氏，俱陳出。女四：長適生員麻秉直，次適趙玉，俱吳出。次適生員劉謙貞，四未字。陳出孫男二：長事稼，殤；次事稽，未聘。行恕等葬公于漢宣房宮祖塋之東新阡之兆，銘曰：

古之君子，寧身被窘辱，不徇人以非禮之恭；寧違衆孤立，不少移乎堅定之守；寧窮約終世，不苟於一芥之取。正德中如瑾、如永成、如大用，生殺予奪，生於呼吸，公卿而下，伏謁恐後，孰敢與之較禮哉！公獨抗而弗屈，雖蒙橫逆而道愈亨矣。其在大理也，推評叅駁，無間大小，卒之，衆議交口，屹然不搖，至謫遷而不悔也。官至金紫而卑宮室、菲飲食，苦節以沒齒焉，得不謂之古之君子哉！嗟夫！塚累累兮，名永垂兮，太史碑兮，汗青之辭。

嘉議大夫貴州按察使雲心于公墓誌銘

公，余同年友也，精敏絶人。余同年三百五十人，張榜甫三日，公皆識其字，無遺一人，故其爲士居官，聲稱異等。用不盡才，時論咸惜。雲公諱鏊，字器之，號雲心。于氏之先，本揚之儀真人。勝國末，諱彦成者徙籍於滁。洪武初，彦成伯子小乙從戎鎮江衛，卒，從高祖忠嗣之，改編滁州。曾大父和來省，樂其土，遂家於滁。和生大父椿軒，處士。能（闕）。父（闕），號南溪。母莊氏。成化六年庚寅正月八日丁亥生公。公生而靈異，少而穎悟，甫十九歲，廩於州庠。弘治壬子，應天鄉試中式。春試弗第，卒業太學。歷事刑部，留心律例。諸生或曰：「于子學養子而嫁耶？將備大人之事乎？」公曰：「書言：『典常作之師。』是祖宗創述精意，一代法程也。況今日歷事乎，非昔國學諸生也。」正德戊辰，登呂柟榜進士，授戶部主事。部送大倉銀十數萬給邊，羨餘數百，悉籍以付主者。嗣部檄主守徐州倉，以慎修聞。庚午時，太宰以風憲重要，宜博選天下知名有效士充之，且以其事密付文選主事韓邦奇。兩京部寺及府佐以下，預選者三十餘人，公爲優薦焉，改授廣西道監察御史。公有憂色，曰：「朋益之慶可榮，而鼎重之勝可懼也。」而御史之聲名乃著。通歷三載，奏最。於是南溪翁封文林郎監察御史。莊贈孺人，繼母周及室餘並封孺人。尋奉敕督長蘆鹽法，兼視河道。所至剗弊剔蠹，風裁自持。時薊賊楊虎等大掠河間諸郡縣，勢甚猖獗。公適駐滄，賊前驅，猝至城下，州守遁去，人情惶駭莫爲守，賊登城譟甚。公策賊衆多脅從非得已者，服朱衣坐臺中，臺面城邇。賊從城上望見公，相戒曰：「毋驚動欽差。」果相率詣臺門乞命。公諭以無留城中及殺人劫庫，自非首惡，並許自新。皆歡呼羅拜而去。公命吏數輩招降數百人，賊勢孤，餘凶就縛。後按巡宣大，宗屬監軍廝養，誘脅大戶包納，而率干沒公私受蠹。公廉知之，詭曰：「是多詐譎焉。」有帝胄中貴不自愛重者，掩捕十數人，治其罪，勒限令償，上下肅然，莫敢犯。逾年代還。有武臣獻其妹侍武廟，而憑籍寵靈，緣爲奸利。公率衆御史攻之，不報。抗疏再陳至曰：「不韋進美姬而潛易秦，春申惑李園而卒傾楚，明皇寵禄山而幾危唐。」亦不報。左都御史彭公慎許，可獨器。公令與張御史淮看詳諸文字，會大理寺丞缺員，銓部欲擬公。公聞之，急白彭公言：「故事官即等，當以俸差。周御史倫，實先於鼇，階弗可越。」彭公歎曰：「君可謂虞廷之吏矣。」丙子，陞浙江按察司副使。浙爲大藩，獄訟繁劇，號難理，公治之易。初，孝豐土豪湯毛九等負險拒命，積歲不服。上命都御史張公津提兵克之，公與議協，有白金文綺之賜。壬午，今天子龍飛，覃恩臣下，南溪翁得與公服色，同進金紫，既陞山東按察使。初余孺人卒，繼室宣聖裔孫及使命下公引嫌求改適，考察當路，有銜公弗徇者，爲非語中，遂調貴州。公曰：「吾捫心無怍已矣，人言詎損我哉！」欣然抵家，拜先隴，登堂稱壽，召昆季姻友，陳說平生，無幾微見顏面，乃抵貴。貴俗故龐厚，又莫有撓者，公甚安之。嘗曰：「得行其志者，其貴陽乎！」乙酉入覲，然公意亦倦遊矣，遂致仕，時年五十有五。南溪翁既八十，翁之弟率菴居士亦七十有七，皆白首康強。歲時，公率弟侄洎子若孫殆數百詣拜階下，人嘆羨以爲難得。公自筮仕至休致，一廉自持。比歸，囊無餘貲。已而，貴陽舊僚致前未支俸七十金至，付子弟，令綱紀以贍生，家始日裕。乃買田左山上泉之麓，構屋其上，雜蒔花木。義興杭公淮額之曰「上泉莊」，因自謂「泉莊老農」，且爲莊之十四景，各有標題，徜徉瞻眺，超然有舞雩之意。且曰「景外之景」，標題豈能窮哉！寺州時與公遊，未嘗輒有造請，郡公禮敬焉。南溪翁病，公侍湯藥如少兒，既卒，斂葬虞祥，一如古禮。比禫則公年亦七十矣。與鄉先生爲清平會，公自里居，雖絕不干謁，然不忘拯世之志。凡有可以便民裨治者，必告有司，傾懷無隱。問學務精，詩文不事模擬，而能道己所欲言。尤究心「六書」之學，平生精力健甚，幾八十，燭下猶能作蠅頭楷書，衆以爲雖耄未艾也。乃丁未冬病，胃痛藥不即功。以今戊申春二月二十有八日卒於正寢，享年七十有九。配余孺人，繼孔孺人，皆先公卒。子男九：長野亭，貢士，山東城武知縣。奔訃哀痛感疾，後公百日卒，娶張氏。次咸亨，先公七年卒，娶李氏。次光亨，大學生，先九年卒，娶王氏。次節亨，蚤卒。俱余出。次賁亨，孔出。次心亨，亦早卒。次復亨、中亨、永亨，俱側室沈氏出。女四：自孔出者，適滁州衛指揮同知謝承勳。自沈出者，一字指揮僉事姚應禎，二未字。孫男四，曰：世材、世延，郡學生，茂而賢，克世其家。世建、世瞻，皆幼。女十。曾孫男三，曰：居厚、居默、居易。女二。賁、亨等卜以十有一月二十五日，葬公左家山隴。世材以大參胡公狀來問銘。銘曰：

惟滁之陽，山有泉莊，山高千仞，上有鳳翔。
莊景奇絶，標題靡窮，徜徉瞻眺，有冠有童。
昔我冠豸，實抱先憂，出持風裁，入獻忠猷。
我竭勤誠，世兮我遺，時哉後樂，萬景俱宜。
不忘拯世，有拂吾膺，吾豈寒蟬，嗤彼季陵。
公年八十，黄髪童顔，謂當百齡，遽爾貞還。
公才則豐，公位靡亨，斯志斯銘，斯銘稱情。

中順大夫夔州府知府韓公墓誌銘

弘治戊午，予與公應試長安，會旅邸。蓋蒲多士冠也，見其方直樂易，心愛重之。既聞公登正德癸酉鄉試，明年登進士。嘉靖戊子，再會京師，而公已歷官至户部郎中，後拜知夔州府。壬辰，公高蹈歸，乃聞之許判言：「公善處鄉，鄉之縣尹以下無弗善公。」且言：「其康強不似老人，當獲上壽。」癸卯，則公季子綸持王舉人業狀來問墓銘，然享年已七十一矣。

公諱坤，字子厚，號上原。姓韓氏，世爲華之蒲城雙桂里人。高祖志川，曾祖林，祖鋭，父宣，贈工部主事。母李氏，封安人，皆以公貴也。公生而有殊質，穎敏絶人，八歲就學，日誦千餘言，人皆奇之。未弱冠，補縣學生，每試輒居上第。既登進士，授嘉興知縣。嘉興爲浙巨縣，民眾事劇，且當吴越、閩楚衝，號稱難治。公自行車之任，約爲章程，次第而徐理之，剗弊修利，治爲郡邑最。時宸濠稱亂，楊儀賓者，濠黨也。潛穴公境内，府守貳疑莫敢動，公毅然發吏捕之。生員金燦者，父爲糧長，折價三千餘兩。燦禁錮累歲莫能償，然力學不怠，公悲憐其意，釋之。後燦登進士，爲御史。初，燦既釋，懷金幣謝。公曰：「吾爲天下惜才，非私燦也。」卻之。嘉人爲詩，歌其廉。陞工部主事，督臨清閘章。聖皇太后自興邸駕經臨清，嘉公能，錫金牌羊酒勞之。今上登寶位，推恩宣翁，李安人獲封贈焉。既而改戶部，督催湖廣軍餉。會李安人卒，守制服闋，陞員外郎，尋陞郎中。公自主事至郎中，部尚書皆稱曰能，陞四川夔州府知府。夔爲蜀僻郡，吏治多苟且，民習久弊，樂寬縱，便姑息，紀綱弛甚。公曰：「爲政如水火，火烈易避，水弱易溺，民已慢矣，是上陷之也。」乃更約束，易置府吏，以剛克之。未期年，治效，至不拾遺。南川賊勢猖獗，兵備張公謀築堤城中。堤方五里，高三丈，人以爲必須歲月。公計丈任工，身自督之，五日而成，蜀人以爲神，有「神明伯夷」之歌。然公既方直，不隨俗，好忤當道意，乃解印歸。歸則日以讀書教子、栽花種竹爲樂。歲時，招延故人賓客，宴笑終日，人間事若弗知也。優遊林下，蓋十餘年卒。

公生於成化九年十月初五日子時，卒於嘉靖二十二年三月初八日戌時。公雅好圖書，尤邃易學，又樂與人爲善。每見里中後學有善，即極稱揚。晚年尤任真，不矯飾，人有過，必面諭之改云。配原氏，封安人。有内德二室：陸氏、劉氏。子男六：邦維，先公十七年卒，娶李氏，繼郭氏；邦紀，娶孫氏；邦績，娶屈氏；邦緒，驛丞，娶李氏，繼原氏、關氏；邦經，生員，先公七年卒，娶武氏；邦綸，監生，娶孫氏。女三：改兒，字李氏。夔兒，未字。丁兒，未字。孫男六、女九。小釧，適生員曹紳；四釧字原氏；詩娶趙氏，繼王氏；釧兒適郭資；桂兒未字；說娶孫氏，繼關氏；諒聘屈氏；三釧字郭氏；詔未聘；翠兒字孫氏；長春未字；謨、諫，俱未聘；玉佩、蟾桂，俱未字。曾孫女一：香兒，未字。邦紀等以是年九月二十九日葬公於先塋之次，銘曰：

蒲之水，水清清，思義君子，無忝爾生。
蒲之原，原如砥，方直君子，視其所履。
嘉之政，如霖之潤；夔之政，如霆之震。
公之才，如金之鏈，可革可從，因地而見。
蒲之隴，鬱乎蔥蒼，公之幽堂，龍首之藏。

通議大夫都察院右副都御史進階正奉大夫陳公墓誌銘

公卒訃聞，上命禮部遣官諭祭，工部營葬事。公甥叅知大夫郗君元洪具狀，子詩介子誨來請銘。曰：「公，治命也。」予好公，蓋十五年餘。比予督撫山西，蓋又三年餘。每公禮，公必至予室。歲時，予亦省公於第。蓋自是情款愈浹洽。然公未嘗一言及私，予乃疏薦之朝。略曰：「都御史璘歷任以來，聲名耿耿，抱籌邊馭衆之才，有謹身務實之行。及膺巡撫之任，適當多事之時，七疏求歸而未得，一被人言而即罷，可當大任者。」蓋未及柄用，而公卒矣。

公諱璘，字邦瑞，號一石，山西太原之陽曲人也。曾祖福聚，祖榮，贈知州，加贈右副都御史。配趙氏，贈宜人，加贈淑人。父智，至兩淮都轉運鹽使司同知，封右副都御史。母商氏，初封宜人，加封淑人。其世德懿行，蓋載陳氏家傳云。初，商淑人將就蓐，天大雷雨，生公。既浴而霽，蓋以是人知其遠到云。公幼聰穎度越，與群兒嬉，每曰：「我蓋官也，爾輩爲胥輿。」群兒皆用命云。當就外傅時，轉運翁命師王公槐受蔡沈尚書，盡得其精微。槐，蓋三晉明經士云。十九歲充府學生，少師楊公督學政，課諸生，見其文，奇之曰：「陳生，俊乂士也。」由是陳生聲名籍甚，三晉士無不推先。陳生者，本少師延譽之力也。少師者，世所稱邃菴者也，蓋素秉知人之鑒云。弘治己酉，中鄉試第二，刊文爲程式。癸丑，賜同進士出身第一，授太常博士，同官者蓋推博士多識典常也。乙卯，相孝廟，享南郊。見博士氣宇周旋，悅甚，面咨何官，蓋欲超遷。不果，錫寶鏹，一時縉紳稱榮云。三載考績，封商淑人爲宜人，蓋從轉運翁知州時階也。戊午，拜監察御史。勑巡居庸諸關。關者崇崗峻壁，天限華夷。惟數十里或百餘里，稍鳥道通。城守之，固若金湯。前後監察，蓋率付下吏，閱圖貼竟事耳。於是御史乃躬歷險厄，疏可城守者，立將官，增戍兵。曰：「勞一時可爲千百年之計者。」上曰：「御史言是。」蓋迄今邊腹永賴云。未幾，巡按山東。有近貴來山東取礦砂。蓋近貴素多内援，又荷上命，若御史無若我何。御史曰：「民力竭矣，豈復堪益此邪？」疏論之，礦役竟罷。蔡河淤塞，河流逆決民田，匯爲巨浸，而稅尚在民。民白之御史。御史曰：「是可導入漕河者。」蓋後蔡果入漕，粒食乃登云。先是，孔闕遭回禄，修未完，御史度工定期，尋乃奏成。上遣官立御制碑文，特嘉御史績。御史勞資既深，宰司轉遷有彝格。御史執法不阿，多忤尊貴人，尊貴人盡憎嫉之。遷浙江提刑僉事，蓋臺官以僉事爲淹滯，人多爲僉事心不平云。僉事至浙，摘發興除，不異山東時。既而又遷陝西苑馬少卿。少卿亦不以苑馬爲閒散，馬蓋蕃息焉。時少師楊公總制三邊，疏薦少卿賢，遷布政司叅政，蓋督軍餉。於是邊儲大足，而民且稱便云。遷河南按察使，蓋其時豪猾交納宗室，侵越法制。及發覺，然又依憑城社，乃罔恒獲，人皆患苦之。按察使下令曰：「自今敢匿人者連坐，捕獲悉正其罪。」境内肅然。鎮守王太監，蓋殘墨特甚，然又正德時也，民不堪命，按察使面責之，而王亦知自戢云。遷右布政，轉左布政。蓋自此經濟大略，益爲著聞，乃遷都御史，巡撫湖廣，改撫延綏。蓋北敵寇邊，警報特甚。以都御史抱籌邊才也，於是繕城堡，利器械，足倉廩，募戍兵，選將官，邊威益震。丙子，敵人寇邊，斬獲甚多，武皇降勑奬勵。定、靖、清平邊牆功成，有金幣之錫。敵復寇邊，復大斬獲捷聞，上嘉都御史能稱，賜蟒衣三襲，前此都御史未有者，蓋異數云。都御史三年，天官舉常憲，奏上，錫誥推恩，及祖且蔭嗣。入監，旋推兵侍。蓋公亞有内援者得之，既而以轉運翁及商淑人老，累疏乞歸。上曰：「璘素有才識。」又曰：「璘操守清慎。」已有旨勉留，著專心巡撫地方。」乃復起視事。時總兵柳勇、叅將李永定、把總許國、卜雲蓋交納中貴人，緣爲奸利，軍心憤怨，目爲四害。都御史曰：「凶虐若此，坐視之，是都御史縱長耶！」劾罷之，三軍稱快。會大將軍彬導天子北巡邊塞，駐蹕延綏，蓋三月。天子寬仁恭儉，惟彬黨横甚，處之難。都御史執大體，酌時宜，雖彬凶焰，竟不害。帥臣戴欽恃其權位，又彬黨也，敢肆簡傲，都御史怒甚，蓋手自擊之。有逆子既成獄，彬欲活之，亦不聽。邊人相語爲「真都御史」云。乃都御史又引疾乞歸，上亦不許。報曰：「璘素有才譽，有疾善自調理。」以副委任，亦不允。蓋未幾，而商淑人、轉運翁訃先後至矣。公自以前後乞休，心本爲親，乃弟能侍湯藥，奉治命，哀痛逾禮，幾至滅性。疏聞，上命工禮二部祭葬如例。時彬又導天子南巡江、漢，蓋廷議以上郡北邊重鎮，天子外巡，乃奪公至情，固留公候代。已而武皇上賓有不好公者，蓋疏論公謂：「都御史宜罷。」詔從之，公竟罷。去未幾，詔進公階正奉大夫云。公才既敏達，而性復剛毅茂實，敦本崇儉，不能爲閃倏媚悦之態。爲諸生時，教讀提刑司，有攘金人爲亡金者訟，攘金人蓋以二百金賄公。公嚴拒不納，同事生潛誘取之，而亡金者坐誣。後亡金者得直事發覺，同事生皆坐法，公獨不汙。登甲時，蓋有當道知公者，或謂：「通名可得起士官。」公不通名。當彬竊柄時，蓋諸司皆以賂贐彬，公不贐賂，慷慨任事，凡所爲，蓋時所深避而不肯爲者云。

公生於成化三年八月十八日申時，卒於嘉靖十七年戊戌十月初七日申時，享年七十有二。配閻氏，贈淑人；繼周氏，封淑人。生男：詩，官生，娶郭氏，繼張氏。女：長適太原指揮榮泰，次適陝西叅議郗元洪，俱封恭人。繼雷氏，先公卒。側室段氏，生男：論，監生，行二，娶張氏。張氏生男誨，府庠生，行三，娶張氏。謨，行五，聘秦氏。生女，適喬永殷，官生。王氏生男：咨，行四，聘包氏。張氏生男：讜，行六，訓，行七，俱幼。彭氏生女，字周元禕。孫男恩，女二。詩等將以嘉靖十八年（闕）月（闕）日葬於敕建新塋馬南之原，銘曰：

於惟那哉，公才浚明。濟濟晉多士，孰不推陳生！

雍雍顯相，天子咨名，侃侃監察，六郡澄清。

得金矢于廉訪，銘旌常於節鎮。

山之東，河之南，榆之北，憲憲令聞。

我既持斧，孰敢越厥行；我既秉鑒，孰敢譸且張；我既杖鉞，孰敢侵於之疆！

公奏膚公，折馘滿車，天子曰都，若汝予嘉，蟒衣煒煒，襲幣煌煌，益之以白金，錫之以龍章。

崇闕巍巍，中華賴之，蔡河湯湯，斯民戴之。吁嗟乎公哉，有庸豐哉！

勤勤七疏，懇乞投簪，天子曰咈，往盡乃心。公既歸止，恬然忘世。

戊戌孟冬，公乃長逝，有司訃聞，天子曰噫。敕葬佳城，隆以諭祭。

佳城如崗，鬱鬱蒼蒼，萬寶不足以爲固，四備不足以爲祥，於惟那哉，公之德，千百世其永昌。

通議大夫都察院右副都御史張公墓誌銘

正德戊辰，余與公同登呂柟榜進士，識公於南宮。後十餘年，同官于晉陽。撫臣當歲薦，凡藩臬皆列奏牘，而余與公獨弗與。余時致仕將歸，公憮然抵余書曰：「君茲歸矣！文魁退且未能，進則弗達，將若之何哉？」余復公曰：「或去或不去，歸潔其身而已矣。」公翻然曰：「我道無怨無尤，余將付之天也。」後余起撫晉陽，公亦撫朔方。未幾，皆乞歸。比余起總河道，方擬得再晤，而公已卒云。悲夫！

公姓張氏，諱文魁，字元甫，別號字川，河南開封府蘭陽縣人也。其先本山東單縣人，勝國之季，高祖長公者避兵蘭陽，因家焉。曾祖宗信贈通議大夫、都察院右副都御史，配某氏，贈淑人。父讓，遞運所大使，封承德郎刑部主事，贈奉政大夫按察司僉事，加贈通議大夫都察院右副都御史，配畢氏，封安人，贈宜人，加贈淑人。

初，弘治辛亥，公方垂髫，河決城，舉家舟而覆，恍有朱衣人掖公，泊于林杪以免。弱冠，補縣學生。正德丁卯，鄉試中式。戊辰，登進士，授刑部陝西司主事。時權瑾流毒，縉紳眾爭以苛刻冀自免，公獨多平反，人皆危之，弗恤也。既而連丁内外艱，服闋赴部。冢宰曰：「是權瑾時執平主事耶？」陞刑部山東司員外郎，平反如主事時。陞山西按察司僉事，巡冀北道。初，大同當權幸隨駕經過之後，地方官緣為奸利，至是巡按張侍御英檄公勘之，公按都指揮章傑、宋文克削軍資十四萬，褫其職。竄巨猾陳萬、尚甯於炎荒。既而督修沿邊險隘，身往臨巡，嘗遇伏兵於橋頭堡，公以護兵直前迫之，皆遁去。胡中丞錠薦公才，賜帑金十兩，陞布政司左參議，復守冀北。首疏宗室聰灦、長史趙寬、太監王哲、總兵楊玉數十家之橫罪，其黨二百八十餘人，權勢斂跡，核追豪商蘇沾，逋稅八萬餘金。皇店李瑀，逋課十萬餘金，充軍儲。又閉大同關王廟，以釐請罪之俗；毀沈府聖母祠，以絕結緣之妖。楊中丞志學、俞侍御集皆謂：「公宜民之仁，足餉之才，擊強之威，可方古人」云。陞陝西行太僕寺少卿，大同副總雅重公，以鞍馬金器馳賀於陝。公曰：「吾不以易地易界也。」卻之。陞苑馬寺卿，裁革豪強私買私賣之弊，馬政以清，勑有「廉靖不苟，淵塞有猷」之獎。陞山西布政司右布政使，尋轉山東左使。革堂食，裁冗費，羨餘月計千餘金，別貯以資海道備倭之用。楊太史維聰謂公：「直諒之心，剛方之氣，清苦之操，淹貫之學，經綸之略，實有人所不可及者」云。適寧夏撫臣告缺，庭議以公久歷關陜、大同，陞都察院右副都御史，建節朔方。敵三入，公指畫方略，捕斬四百餘名顆，捷聞凡三，拜白金文綺銀牌之賜，陞俸正二品。唐吏侍龍謂公：「秉度策勳，儼然爲疆埸之鎮。」夏人管黃門律亦曰：「夏州撫臣剛折而柔廢，惟公不茹不吐，得撫臣體」云。嘉靖戊戌春，虜困夏遊擊於宴官湖。公得報，自率大衆援之，虜始遁。因襲寒感疾，力求解任，不允。會大慶推恩，封通議大夫，誥有「鎮危立利，比于南仲」之詞，於是信公。某淑人讓公，畢淑人皆獲封贈，廕一子入監。乃有不悅公者，罷公節鉞，俾叅知行省政事，公力辭，以都御史致仕云。既歸，杜門謝客，鳴琴賦詩，時召親故子弟能文者，考德問業，終日不倦。偶晨興曰：「何錦衣甲馬者，充斥吾庭耶？」居數日乃卒云。

公生於成化己亥九月二十七日，卒於嘉靖二十一年七月十九日，享年六十有四。訃聞，特遣河南布政司孫左使存諭祭，有「式揚風紀，屢獲戎功，爰念往勞，良用悼惜」之文，兼賜帑金二百兩，夫匠一百名，襄葬事飾禮備物制也。

維公聰察沉毅，剛直果斷，內行修謹，雖隆夏未嘗裸體晏坐，盛怒未嘗撫案大叱。嚴於嫉惡，見吏之貪汙者如仇讎，然服善休休，若己有之。陸太史釴謂公：「氣清而貌臞，身若不勝衣，而中剛有制，至臨大事、決大疑，確不可移」云。配許氏，繼配王氏，俱贈安人、淑人；繼配郭氏，封淑人。子二：長九德，早卒，娶袁氏，以貞節顯；次三綱，官生，娶袁氏。三綱將以是年三月初十日葬公於縣西十五里之白雲山，來問銘。銘曰：

都丕休哉，大河之濱，混混淵淵，篤生偉人。
侃侃按察，爲豸爲軼，昔彼憑城，今成竄黜。
廉靖不苟，淵塞有猷，公拜稽首，對揚皇休。
羨餘是蓄，乃去堂餐，清苦之操，楊太史言。

天子命我，仗鉞西疆，首功四百，我伐用張。
惶三錫命，金幣斯承，惟公大作，益之十朋。
爰念往勞，天子悼惜，飾禮備物，用光窀穸。
傳有太史，勳有旌常，維千百年，並視銘章。

封刑部河南司主事王公墓誌銘

公蒲善士，爲養而商也。生財而有道，行貨而敦義，轉輸居積而手不離簡冊，志不忘惠澤鄉閭，愛之朋儕，宗之士大夫，崇讓之。唐儒有言：「人固有墨名而儒行者。」夷論公世，可謂商名而儒行矣，斯亦不足以有述乎！公卒，子安慶太守君奉狀問銘。太守君，予貳司寇時友也，僉推入本科。本科者，貫城弼教之間謂之「掌三法司事」，蓋司寇三士之奇選云。

公諱瑤，字文允，號素菴，姓王氏。山西蒲州宣化坊人，系出龍門，後徙滎河。元季，始祖仲文爲河中府掾，配戈孺人。洪武初，籍于蒲。仲文生彥純，彥純生秉信，公高祖也。曾祖景嚴，祖榮，壽官。父馨，號敬齋，以貢士授鄧州訓導，陞魯山教諭，贈徵仕郎中書舍人。配張氏，贈孺人，以季子中書某貴云。

公幼而純雅，不與群兒爭。稍長，贈公授以孝經、四書，即領略大旨。贈公累試不第，家業中衰，公乃肇服賈。弘治丙辰，贈公之鄧州，諸子皆從，禄薄弗給，公貿易鄧、裕、襄、陝間，而資漸豐。乙丑，贈公遷魯山，地產竹木麻漆，公取良產，治器用中度，至今士人式之。正德中，贈公致仕歸，資漸耗費，公行貨張掖、酒泉間，又嘗同諸商依酒泉兵憲陳公赴河西。忽傳兵至，急趨近堡，守者不納。眾惶懼失措，公從容安置貨物城下，團列騾馬，挽弓抽刀，倚城自保。陳公行城見之，納入堡，問曰：「敵迫近何爾整肅不亂也？」公曰：「等死耳！須竭力拒衛，安能俯首待戮！」陳公壯之，公因出布絹犒軍吏，陳公義之。隨陳公至酒泉，適哈密之變，軍將多密約寇爲內應。陳公孤危，無可與計事者，乃召公集諸商誓曰：「今我與爾輩寄命於此，即有變，俱當首禍。其爲我親軍。」公率諸商晝夜披甲冑、挾弓刀環衛，儼然一裨將矣。陳公盡收反者誅之。復貨鹽淮、浙、蘇、湖間，往返數年，資乃復豐，故贈公張孺人暮年樂享孝養。嘉靖壬午，贈公卒，公哀毁逾禮，築堂奉柩。癸未，張孺人繼卒，公哀毁如贈公。越明年，合葬新阡。家衆請析，公以見金與弟侄，獨取長蘆，引數千尋，赴長蘆。守支未獲，孫安人卒，太守君及諸女俱幼。公聞訃泣曰：「瑤三十年勤苦未嘗念妻子，今忽若此，誰爲撫顧！」急欲圖歸大名。王某，故人也，爲其戚張商者貸二百金，公盡鹽貨付之。張商不償，遂僑滯大名。有夫死子幼，翁姑將賣婦爲棺。婦泣曰：「以一棺而子母翁姑離矣。」公憐之，周以棺。婦感激，撫子養翁姑，終身不再適。忽聞中書君疾，革棄負資，奔赴至京，而中書君已卒。公日夜號泣，攜孀孤，扶櫬歸蒲。以餘資命長子服賈，供二家費。辛卯，州守請鄉飲，固辭。始就，後再不赴家。有祟，公曰：「瑤家世樹德，祟者何也？」爲文訴神，祟息。明年，太守君以進士授刑部主事，公作書，以「五刑明允，勿致枉抑」爲戒。又明年，迎養至京，廟祀禮成，推恩封承德郎主事。次日，趨朝謝恩，縉紳榮之，爲詩文以贈。居京六載，與金陵熊公、杭州馬公、會稽周公、張公、蔣公、胡公、南昌胡公、杜公、關西張公、都城賈公，爲「九老會」。命工審象繪形，各藏之家，爲子孫世講計。庚戌，太守君有安慶之命。公曰：「汝今爲六縣主，一舉動即六縣安危也。」君奉公抵家，請就養府邸。公以久離鄉土，欲且盤桓數月。君重違公意，辭行。公申戒曰：「吾不憂汝不能振耀官常，利用明作。但謂果于自信過激，或罔耳。」君抵安慶，甫百日，方圖奉迎，而公訃至矣。公素強健，日南至謁先祖，中寒，明日戌刻卒。遠近吊者幾千人，哭皆盡哀。

初，公天性孝友，侍贈公、張孺人曲養無方，兄弟衆多。公身任其勞。内則孫安人獨爲窘悴，當衆子大變，恐傷親，心不使聞知。寸絲尺帛，不入私室。每念諸兄弟無依，雖在京師，猶以鹽引經營，以資其用。與人交，忠信不疑；於故舊，竭力惓惓；雖僕廝，亦令得所云。

公生於成化甲午八月初十日未時，卒於嘉靖庚戌十一月初七日戌時，享年七十有七。配孫安人，先公卒，別有志。繼孟安人。子男三：長崇義，娶張氏；次崇祖，未娶，卒。季崇古，即太守君也，娶張氏。女五：長適沈江，二適張允齡，三適閻一鶚，四適監生甯瓊，早卒。五適庠生劉一直，早卒。皆孫出。孫男三，女四。以今年仲冬十又二日，葬公于祖塋之次。銘曰：

蒲有美人儒而商，江南塞北飛車航，
本爲養親營四方，王氏奕奕家用昌。
兵憲孤危無可將，我披甲胄事戎行，
桓桓兵憲謀孔臧，流血滿城逆屍僵。
有子負才上廟廊，西臺凜凜持刑綱，
公乃教子慎允明叶，勿令五麗含冤傷。
煌煌龍誥承恩光，衣冠俯伏覲神皇，
白身誰登天子堂，瑤函錦軸陳詩章。
九老彬彬真良朋叶，佳辰勝境時徜徉，
審像圖形各家藏，子孫世守思不忘。
惟公積善有餘慶叶，馬鬣鬱鬱氣葱蒼，
趾生横形公之崗，千祀萬祀永無疆。

苑洛集　卷六

叔祖考樸菴府君暨叔祖妣陳孺人合葬墓誌銘

惟我韓氏，世揚武烈，肇基有宋，邁跡先元。鎮于蒲關，封茲朝邑。至於髯祖，志違膚敏，守東陵之節，樂首陽之薇，始罷武階，齊於編戶。

我先祖平輔府君，不違光德，得春府君，乃構肯堂。惟我高祖府君恭，克類惟肖，不隕厥問。惟我曾祖府君整，聿將厥家，用宏茲賁。曾祖生五子，長我伯祖考府君希孟，次我祖考奉政大夫府君顯，次我叔祖考武清令府君倫，次即我叔祖考樸菴府君，次我叔祖考府君俞。

樸菴府君，靈俊越人，芝玉是粹。我曾祖曰：「都！惟家之慶，命之曰英，字以世傑，爰擇名族，卜於媒氏。」媒氏曰：「都！惟陳孺人，其德恒一。」乃召六禮，敬戒歸焉。乃弗吊，天毒降災，中遭家變。我祖考府君方逾弱冠，奄忽捐殞。我先君中憲府君紹宗，晬未及周，呱呱而泣。而我曾祖，乃復倦勤於家，集諸祖考，分授以事。曰：「希孟！汝綽而惠，其司吾出納，庶不召讎敵於鄉。倫！汝敏而秀，其勤於學，庶光吾宗。英！汝謀而紀，其行貨于商，庶將苟美。俞！汝勤而茂，其視我田疇，庶有京積。」恰如威如，庭無間言，故我先君雍容力學，臻於大成。諸祖考擁翊之功，於茲宏矣。惟我樸菴府君，玉立長身，沉毅善智，既奉我曾祖之命，遠服賈，酌財費，修宗族之恩，廣鄉閭之義，外禮賓親，交納當世貴人，而吾韓氏益以大矣。又嘗先身解厄士之難，煮穀活殍人之飢，返枉判之田，誅不義之僕，望廬息爭者之訟，迎門多長者之車。而我樸菴府君，令聞廣譽，蓋於一鄉矣。惟我陳叔祖妣，貞柔淑慧，婦道是修，妯娌說其恭，則孝可知矣。臣妾感其惠，則慈可知矣。我樸菴府君，行聞既成，則其内助可知矣。易曰：「男正乎外，女正乎内。」吾韓氏之興，不有由哉！

子男一：續宗，娶仇氏，繼孟氏。女四：長適謝誾，次適仇便，次適白儒，次適賈宗學。孫男六：邦憲，縣學生，娶許氏。邦忠，國子生，娶王氏。邦樹，承差，娶趙氏，仇所出。邦召，生員。邦望、邦本，尚幼，孟所出。曾孫：邦憲男一，仲讓，生員，聘李氏。女二，采蘋，字生員樊藻。采繁。邦忠男仲謙，聘樊氏。仲講，聘程氏。仲誦，聘孟氏。女二，采蓮，采芃。樸菴府君生於正統庚申正月二十日，卒於嘉靖二年九月二十一日，壽八十有四。陳叔祖妣生於正統己未四月二十五日，卒於嘉靖四年七月二十五日，壽八十有七。銘曰：

維嘉靖乙酉十二月有六日，我叔祖考妣往即幽堂，阡於垣中域，彼四方裁肪切玉，佳氣郁蒼，惟吾叔祖考妣之德，吾族其將永昌。

西河散人墓誌銘

「西河散人」，郭守道自號也。「散人」者，散散之人，八極之表，滐落之淵，舉萬物莫得而拘焉。乾坤不得覆載我，日月不得照燭我，雨露不得霑濡我，四時不得寒燠我，陰陽五行不得化育我，究其本真，歸諸大源，莫容莫破，莫得而名焉。又其次，爵禄不能維繫我，貨利不能引誘我，功名不能羈絆我，寵遇横逆不能感激我，若千仞之鳳，萬里之鵬，飛翔扶摇於天衢之外，人孰得而攀之？散之義大矣！守道自號也，何居？考其言論，幾於窺次「散」之意乎？守道天資異越，胸襟脱落，觀其外循循乎，若無懷氏、葛天氏之民也。叩其中，其莊南華、列玄洞之儔歟！

郭氏，關之大族，祖父以來中衰矣。守道裕然自適，若無不足者，既老猶不長尺寸。初，里人以守道之能，能大郭氏者，勸之營産業，爲妻子計。守道曰：「法聞之：斯世，羈棲之宅也。夫婦，偶合之情也。兒女，邂逅之恩也。吾身，性真之主也。夫羈棲者，至暫也；性真者，至重也；偶合之情、邂逅之恩，至輕也。夫營全於至暫之寓者，愚；戕至重以趨至輕者，惑。法弗能智，亦安敢愚？法弗能哲，亦安敢惑？法不敢愚且惑，故不敢勞勞然以傷吾真也。」

有詈守道於市者，若罔聞知。人或爲之怒，曰：「郭守道何有於豎子耶？顧爲之辱於市。」守道曰：「人之所爭者，勝也。彼詈吾，吾固勝矣。今夫人于群衆之中，曰『某，德之表也』，則將欣然而悅之矣。『某，德之棄也』，則將忿然而怒之矣。彼無故而詈吾於市，彼德之亡，衆所耳目也。彼固自詈而頌吾德矣，焉用較有司？」

兩舉鄉飲，皆不就。或謂之曰：「鄉飲，禮法之所在也。深衣幅巾，所以示成德也。斯固榮名之所在，而鄉里之所崇矣。」守道曰：「誠若此，異乎吾之撰。夫禮法者，性之縲絏也；巾服者，身之桎梏也。榮名者，人之陷阱也。若之何而被縲絏、荷桎梏，自蹈於陷阱之中歟？」

初，張居士、王伯利者，關之善士也。中興王氏公納交而崇讓之。長老或謂守道曰：「郭氏子何崇二氏之深也？無乃羨其能而見其有乎？」守道曰：「然。顧法無所利也。夫矜不能而妒勝己，避己嫌而遠善，人常情也。惟有度者能無妒，能不避也。法焉有度，心寔好之矣。」

一日，與鄉老泛舟而觴，一叟潸然泣下，守道亦泣焉。守道曰：「吾叟何悲也？」叟曰：「吾傷夫流水之無盡，吾生之易窮也。吾始成童，吾祖父攜吾舟於斯，固若是之湯湯也；吾壯而客於江湖之外，幾往而幾歸，固若是之湯湯也。古今之代謝，生死之相繼，吾如水何哉！」守道曰：「叟過矣。夫往者，過來者續。叟見水之無盡也，然過者過矣，過者未嘗續也。焉用悲！」叟曰：「子亦何悲也？」守道曰：「吾見叟之悲而悲之，又以見物我之同情矣。水與吾，固一體也，又何羨於彼乎？」

正德丁丑十二月十一日，守道疾革，呼諸子曰：「生，寄也；死，歸也。如久客於外而得返鄉園，樂莫大焉。諸子可勿深哀。」遂卒，年八十三。守道諱子法，守道，其字也。吾朝邑大慶關人，配張氏。子男二：長侃，起家幾萬金，秦府典膳。關雖幾千家，莫侃並焉，娶趙氏，繼娶張氏。次爵，克佐侃守業，娶王氏。女一，適李倫，先卒。孫男五，孫女七。侃之子希孟，娶潘氏。希閔，聘張氏。一適商人樊會，一適商人王廷祿，一適庠生韓邦達，一適商人楊鼎爵之子。希曾，娶衛氏。

希冉，聘王氏。希顔，未聘。一適秦府典膳姚本源，一適商人何騰，一幼，未字。銘曰：

守道又有言，曰：「地無撮勺之土，天無呼吸之氣，江河巍巍而高，泰華滔滔而逝。晝昏昏而夜昭昭，象兩翼而鶴兩齒，茫茫宇宙，孰生孰死！」載觀斯言，亦散之旨。

茂才趙生仲禮墓誌銘

嗚呼痛哉！吾仲禮，萬人之傑也，今遽已矣！夫死生修短，常理也，吾不傷之，吾傷夫其志也。仲禮不知余之不肖也，謂：「行己之學，治平之業，在茲矣。」篤信而深依之。探其志，蓋欲淩跨董、賈，比跡關、閩，奮乎百世之下也，乃竟不售，嗚呼痛哉！

仲禮，諱天秩，字仲禮，世爲吾朝邑泊子村人。父世榮，亦從余學。母馬孺人。仲禮生而靈異，幼而端楷，里之士夫父老每曰：「趙氏兒行不左右顧，惟以目視鼻，未嘗見與人交一言。」其族祖省試，子春謂其「天生道學，不假修習」，書一過目，記憶不忘，博通五經、子史、諸大家文章，而周易、尚書兩經能爲舉。子業尤精易占。六歲時，世榮遣其兄天敘就師，仲禮亦欲往。世榮不許，乃終日不食。世榮從遣之。每誦讀，雖暑夜世榮已起，將農獲，而燈猶未熄，每奪其燈，令寢焉。年十五，余歸自晉陽，仲禮請從遊。世榮以其幼，恐無受教之地，乃涕泣，固請來學。時于周易已精且熟。余以春秋以來論式示之。數日後課一題，即單襄公論陳亡體也，甚奇之，自是學愈勤，無故足不越閾，不妄與人談立，曰：「光陰可惜也。」庚子治尚書，才五十日，而亦精且熟。余乃言之太守兄及紫陽諸弟，召令誦說，終始不訛一字。試以義，若老于尚書者，共驚以爲神，乃謀以族孫女妻之。癸卯春，鳳泉王公歲試，即以尚書魁多士。余每語諸生：「古人建立事功，多在少年。知孫策歿時，才二十七。」他日再言之，仲禮曰：「所遭之不同也。使天秩當其際，豈肯令孫權保有江東哉！」余嘆曰：「此武侯志也。」是歲秋闈，不第，歸，途次感疾，抵家三月而卒。仲禮靜淵沉毅，人莫窺其際，余未見漢黄叔度，當亦不過是也。而竟以夭歿，嗚呼惜哉，痛哉！

仲禮生於嘉靖甲申十月十九日卯時，卒於嘉靖癸卯十一月二十九日未時，年才二十耳。事天敘友愛特重，天敘亦以奇童並名，先卒無子，仲禮奉嘗焉。初，馬孺人數夢兩紫龍入室即飛去，二子生。生而皆夭，此其徵也。配韓氏，無子。以堂兄天佑子光業嗣。銘曰：

余嘗觀關中形勝，西自昆侖發脈，落于三輔。長河自西北而南，華嶽諸山自西而東，會于潼關水口，纔丈餘耳。關鎖之密，結構之巧，天下莫並也。京兆扶風，漢、唐來名賢相望，而朝邑又氣止之地，顧少聞焉。意謂必有建功立德之賢，待時特起。及見吾仲禮，謂文武之器，將相之業，在是矣。乃又少折，豈渭、洛二水，界破天心邪？且三水皆崩走不常，故氣之聚也則賢才生，其散也則隨之而歿。如吾五泉大夫，靈陂雷子，往往皆然，可恨哉！嗟吁乎！紫龍飛兮，何日歸兮，吾無淚可揮兮。

傅太宜人墓誌銘

太宜人卒，子武庫大夫學禮，余同鄉友也，往吊焉。學禮衰麻哀泣，稽顙請銘。初，武庫居諫垣，弗能緣時俯仰，左遷當外補，以太宜人年高，將力田侍養終身焉，伏里舍已七。越歲，屬洪洋趙公撫陝，武庫舊僚也，因勸駕，而武庫有難色。太宜人覺之，曰：「吾兒之不出，以我故邪？我尚健，能隨汝養。」武庫奉命服官政，比遷武庫郎中。而太宜人日思少女，武庫急欲告歸，而系籍於公不得遂。時相知者，又以武庫資當敘遷，可便道侍歸。武庫朝夕以是慰太宜人，太宜人亦雅欲見武庫遷也。時吏部方擬武庫補方面，而選司以武庫內艱員缺告，乃相與嘆惜云。

太宜人姓王氏，陝西慶陽之真寧著姓清江提舉司。提舉公諱道之，女贈奉政大夫，兵部武庫司郎中傑公之配也。聰惠貞靜，甫八歲，授以內訓，諸篇輒領悟。提舉公特愛之，提舉公官清江時，翁諱得才以將仕階官，南都贈公隨侍，豪俊有遠志，遂合二家之好云。

贈公既大度，不事家人生業，而又廪於庠，肆力於學，太宜人濟以勤儉，故家不告匱。及贈公擯於提學，益養浩頤真，超然自得，有遺世之志。凡家政小大，咸太宜人綜理。姑李孺人，臥病十餘年，侍奉周旋，順適無方。孺人忘其苦云。將仕公、李孺人相繼歿。襄事皆倚辦太宜人。故當時人稱贈公之行，飄然若忘機者，本太宜人内助之德也。

初，武庫幼時，贈公謂太宜人曰：「是兒性格難馴，與其過懲而傷，莫若預導之教。」乃命出就外傅。入則太宜人示之以禮，夜則口授以句讀。又親劄影本以課仿書。武庫君學既通，乃脱簪珥爲束脩，以就明師。及武庫中式鄉試，登進士，入仕籍，而太宜人又善節理生事，家稍裕，即留意于周貧濟急云。女工中饋，事事精鑿，尤謹内外，非至親未嘗接面，自爲父爲母爲姑，未嘗一日或怠。贈公既捐舘舍，武庫勸其勿親家政，頤養天年。惟女工則未嘗暫衰。曰：「我有所事事，則心安而樂不以爲勞也。」

太宜人生於成化十二年八月二十二日，卒於嘉靖二十五年八月二十一日，享年七十有一。子男一，即武庫。娶黄氏，贈宜人。繼駱氏。孫男一，女四。武庫扶柩歸，將安葬於贈公之原。銘曰：

母以成子爲慈，非煦煦吁吁之謂也。太宜人於武庫也，始教之學，終命之仕，而武庫生得榮禄養，病得侍湯藥，沒得奉治命，可謂孝矣。皆太宜人成之。若其他内則懿行，固女德之恒也。維嘉靖丙午朔吉，武庫奉太宜人之柩歸於慶之陽，爰啟贈公之壙，乃窆而藏，郁草茂林，有崇其崗，玄垂朱翔，長發其祥。

南京刑科給事中首山史公墓誌銘

首山子道豐而位儉，體達而用阻，志士至今心惻。昔首山子官南都居諫垣也，竭節致忠，伸志就列，侃侃然彈射勿畏高明巧中者，指宗室傷之，而首山子罷。蓋正德中也，比及天日既朗，心跡已白，而首山子病。天下知首山子者，日望其愈而興者衆矣，乃留連二十餘年，而竟不起。天于首山子，何饒于賦而靳于施邪？嗚呼！賈生屈于長沙，仲淹老於河汾，從古則然哉！

公姓史氏，諱魯，字宗道，號「首山子」。山西平陽蒲之大族也。曾祖諱仲謙，祖諱全，義官，考諱臣，南陽府經歷封給事中，妣馮氏，封孺人。公幼聰悟，初授書，讀聲朗朗即通曉大義，顧莊雅不同群兒。好學不倦，雖暑夜且就燈火。學既成章而尤精舉子業。弘治戊午，以尚書魁鄉多士，入太學。祭酒方石謝公校六舘士，而公爲監元曰：「與監元者，性理之學也。」正德戊辰，登進士，授鎮江府推官。時群閹擅政，上下交征，吏治多苟且，公治其尤者數人，而一郡肅清，江東訟者皆願之公，曰：「史青天也。」然又決久冤之獄而人祀其惠，寢懷金之謝而衆服其廉，裂大宰之刺而人莫干以私，三年而政成，頌興當道。交章論薦之曰：「循良吏也。」乃擢給事中。比當權瑾之後，言路久塞，公乃以諫議爲己任，彈射皆當世貴人。蓋自吏部尚書而下二十餘人。既而又劾衆贊司馬及守備太監，曰：「表裏擅權，淫朋也。」寧藩宸濠逆節已萌，人皆知之。然濠權術巧中，嬰之者奇禍立至。又以離間典重，在省在廷，無敢言者。公乃首發其奸，曰：「濠必爲變，無疑也。」又上疏請省國用以節民財，蓋前後二十餘章。劉鴐部讀之曰：「此切當世之務，俊傑之見也。」會師臣不合于幸寧，寧嗾稔奸枉狀，訐師臣守備太監素善稔奸，因篡公名於狀，曰：「給事中，師臣門下士也。」遂罷歸。公素敦孝友，事封公孺人，終身仁若。孺人卒，臥地枕塊感疾，風濕痿痹，幾傷生處。其弟知縣君周，情同憂喜，人以爲難。乃又艱關脱封公之難，南都極迎養之歡。生則構堂而奉，沒則建祠而祀。嘗誨諸子曰：「孝弟者，仁之本也。」未嘗刻意爲詩文，然自典則爾雅，絕腐脱俗，所著有首山集。曰：「學務自得，文藝末也。」爲人坦夷平易，弘人之度素優。終身未嘗與人有睚眥，絕口不言人短，不較人惡。高知州淪貪狠悖德。尋常視公。及事敗，士民盡欲害之，圜圍其第。公問遺如常，淪祈曰：「知州罪則滔天矣。奈妻子何？惟仁人是望。」公允其託圖全歸之。或以爲過厚，曰：「犯而不校，學者所當師也。」與人恭，雖卑賤亦爲抗禮，曰：「均是人也。」初，公既里居，閉門掃軌，不事請謁。惟與諸生商確義理，校勘古今，爲物我進修之圖。公素不營產業，凡俸薪又不入私室。歲少歉，妻子不免飢寒，或鬻田圃具粗糲充腸而已，然未嘗有所怨。故蒲人曰：「貞菴之後，惟公一人。」貞菴者，蒲産楊少叅也。清介慎取與，蒲人重之。君子曰：「首山子可謂安貧樂道者也。」

公生於成化癸巳八月二十七日，卒於嘉靖己亥五月二十七日，享年六十七歲，配王氏，封孺人，先公卒。繼吴氏、齊氏。子男四：長資治，州學生，先卒，娶李氏。資教，鄉進士，娶馮氏，繼姬氏。次資化，州學生，娶李氏。資世，聘王氏。女六：長適王尚忠，次適王元從，次適庠生楊鏞，次適庠生傅弘烈，次適范學詰，次字許敬。孫男五，女六。曾孫女一。資教等將以庚子十二月二十五日，與王孺人合葬于東原程胡莊之兆。資教持狀來問銘。銘曰：

經有之：「天道福善禍淫。」首山給舍國士也。當其給舍時，彈射無所顧忌，可謂忠且直矣。窮其藴抱，豈歉于古之經世君子哉！乃未及五十而病，病二十年而沒。位不過郎官，福不繼於廩禄，天果不可諶與？首山之子，粹美宏碩，有首山風，殆將興乎！

經有之：「積善餘慶，天之福。」首山其慶，在嗣邪？然則首山未爲不伸也！首山之陽，青青者薇，有斐美人，終以之歸，高原膴膴，隴佳者庚，巍巍馬鬣，上有薇生。

張雲霄墓誌銘

正德己卯四月三日，雲霄以瘡卒，年五十一。卒之一日，吊者千人焉。哭皆盡哀，出皆歎息，皆謂雲霄善士也。其疾若斯，其年若斯，人又烏用爲善哉！嗚呼，其爲人可知矣！

雲霄諱鳳，字雲霄，世爲朝邑大慶關人。自祖父來，以貲雄於關，皆素食修讓，好施樂德，鄉里稱積善之家，必與張氏云。父貞齋，諱質，配郭氏，繼配辛氏、許氏，俱先貞齋卒。郭氏生雲霄。張氏至貞齋尤克光大其世。弘治乙丑，貞齋卒，張氏毁於盜，貲産幾盡焚，歿者數人。雲霄早年倜儻任放，不事家人生業。貞齋既歿，又遭家中衰，内乏兄弟，外鮮宗親，乃痛自刻厲，盡反舊好，不數年家至幾萬金。於是睦鄉黨、禮親友，交納達官貴人，張氏又大振云。

雲霄性溫雅，終身未嘗與人競，人見者皆愛重之。配褚氏，先雲霄卒，繼配劉氏。子男二：梧娶蕭氏，柏尚幼。女二：一聘韓仲祥，一聘王義，皆劉所生也。雲霄疾爲左搭肩瘡，百餘孔狀如蜂絡，治法宜託裏表外，清火散毒，乃不三日，醫顧針破之，令兩人力擁，瘡鮮血迸出，腫應手而起。瘡遂大發，勢固已危迫。又一醫連用牽牛、巴豆諸劑，利數日而血氣大憊，瘡遂内潰不可爲矣。蓋二醫者本市井遊惰，素不通方脈，偶隨方外士得一二偏方，鄉里小疾，幸得效。彼遂自以爲能而至此也。先是，三月十日，雲霄來會時，尚無恙。余告之曰：「觀雲霄之色，惘而怠，枯而鮮，華疾將作矣，歸且慎之。」雲霄謂陰上舍曰：「我尚善飯，韓公謂何？」既而復曰：「往年韓公謂郭景華，景華病月餘。今又謂我，我其殆哉？」居五日而疾作，又十餘日遂至大故。使雲霄因余言即藥於未病，既發即求良醫付之，遽至此哉？可哀也。已故，因志雲霄並書此以爲謹疾而命醫者之戒，書曰：「天降威，罔非惟酒。」究其極，莫非命也。夫梧將以是月二十二日葬雲霄於關之西原，來問銘。銘曰：

張氏，世善之家也。雲霄，善士也。而所遭若此，人所憾於天地，固如此邪？或曰：季世之天，災祥固難諶矣。非邪是邪？伯道無後，諸曹皆賢，幽遠難知，有憾也天，惟此令名，千載有傳。

處士一菴尚公暨配郭孺人王孺人合葬墓誌銘

公卒，子道，余門牆友也，捧同邑趙殿試九經狀來問銘。公諱秉彝，字天性，姓尚氏，別號一菴，山西平陽府夏縣師村里人也。曾祖考諱達，祖考諱宣，父諱釗，母孫孺人。公幼即敦樸，不爲欺誑。及長，見尚氏中衰也，嗣爾股肱，干蠱用譽，家以大饒。曰：「不理其家，非孝也。人而不孝，非子也。弗孝弗子，吾懼之矣。吾自食其力，豈望而罔之者哉！」公又以興家莫大於教子，命道習舉子業，督責之嚴，獎掖之愛，恩慈義方兩盡之。正德丁丑，謂道曰：「爾哀然儒華之中而弗能秀也，而又弗克于農也，其將若之何？吾聞苑洛子者，授生徒於河西，爾往從之。」苑洛子爲蔡沈尚書傳義二十卷，俾道誦習焉。嘉靖丙申，遇例冠帶，復其家一人，有司舉鄉飲，固辭不就。曰：「冠帶，恩詔也。以壽，吾年八十，吾安焉。鄉飲，大典也。以德，吾何以堪之？壽而靡德，古謂之『辱不亦羞』，典矣乎？」人益與其質。公年九十，殿試往候之，至其家，僮僕訢訢，子姓肅肅。公雙目炯然，辭氣雍雍，步不用杖，坐不傾欹，雅若儒，適若仙。殿試曰：「斯翁也，非中畜而外發者乎？春秋名卿賢大夫，視其國君諸侯，容貌辭氣，吉凶卒不爽。即公容止，公之福壽，命定於天者固多，而德將於人者不可誣也。」公雖敦本，不求人知，闇然日章，自莫能掩云。

公生於天順二年正月十二日，卒於嘉靖二十八年十月初七日，享年九十三歲。配郭孺人，先公卒，無出。繼配王孺人，閑閒靜女，克慎中饋，事翁姑，處妯娌，教子婦，撫僮僕，上下無間言也。生於天順八年五月初十日，卒於嘉靖二十八年十二月十八日，享年八十六歲。夫婦皆享高壽，偕老同年而卒，亦世之鮮見者也。子男一：即道，以尚書應貢入國學，娶田氏，繼娶韓氏，繼娶鄭氏。女二：長適解輔，次適韓哲。孫男三：長惟勤，業農，娶盧氏；次惟肖，業儒，娶盧氏；次惟馨。幼女三。曾孫男一，篤。女二。道將以是年十一月十三日合葬公及郭孺人、王孺人於村北新阡之兆。銘曰：

內有善，外日彰；生有善，沒則揚。
公雖闇然，有銘章；夫婦壽，同年亡。
埋玉處，鬱蔥蒼。垣栽平，取公幽堂。

監察御史楊公墓誌銘

公諱本深，字季淵，號西村，陜之延安膚施縣人也。楊氏之先，本廬州府人，曾祖順隨高伯祖武德將軍旺戍關中，爲西安官籍。後順遊延安，覽山川壯偉，愛之，徙膚施。祖春，父威，蜀府教授，贈奉政大夫、南京戶部郎中，母白氏，贈宜人，以公兄本源貴也。

公七歲入小學，弱冠充府學生，有文名。癸酉，以書經魁鄉，薦試南宮。聞贈公之變，奔喪歸。未幾，宜人繼卒，公自贈公宜人始卒，及虞祔祥禫皆以禮。每南宮不第，輒闔戶讀書。曰：「人事未盡也。」足不履市肆公門，乃竟弗第。曰：「命矣乎？」癸巳，謁選吏部，授湖廣荊州府推官。苦節砥行，淡泊無異儒生。凡訟至庭，數言即允，兩造俱服。然後平反數四，恐儒者不得盡其情也。石首奸民佐貪令肆虐，歲復饑饉，民囂然不寧。公往署邑事，撫賑之。捕奸民抵法，四境寧肅。後新令至，歸，民遮道泣留，一邑傾動。時土夷叛，兵備鄭君氣命公往撫。至則召其酋長，公佈朝廷威德，諭以順逆禍福，群夷聽命。他如釋陳顯華之枉，破王允節之奸，士民至今誦說。嘉靖戊戌，考績北上，屬官賮饋者不閱，封卻之。太守李公笑謂公曰：「楊公畏『四知』耶？故荊人數清白吏，謂鮮與公爲儷者。」己亥，擢貴州道監察御史。庚子，奉命巡視京通倉儲，去奸剔蠹，夙弊頓革。凡運領不法者，論治之。辛丑，敵大犯山西，公條陳設伏禦敵方略，乃論劾總撫大臣毀櫃之罪，上嘉納之。是歲，巡按山東，見東人勞瘁，不忍峻治，雖憲體甚嚴，每以慈惠行之，故所歷郡縣，民皆安堵不擾，若無顯貴人臨者，惟貪吏則不少假借也。壬寅，得敵諜者，云賊欲掠臨清。臨清，天下水陸之衝，財貨所聚也。乃與都御史曾公會議築羅城。是役也，有生人之道民亦子來，不日即工事，聞命銓部，候擢京寺，仍有白金文幣之錫。甲辰，再按畿輔。是秋，敵犯。紫荊公會撫鎮，請命調軍分佈關要，敵掠完縣而去。乙巳，刷卷京畿道。蓋御史之極選也，非資深望重，不得與。乃丙午四月二十四日庚戌，無疾正衣冠危坐而逝。

公友愛誠樸，季弟本潔孤弱，撫育成立。本潔又卒，遺孤甫七歲，復撫育之，愈於己子。姊適董氏，夫亡家貧，二子飄泊，迎之任奉養焉。自生員至末世，廉潔自持，取與不苟。世俗紛華亦無所好，訾笑言動，必慎矩度，宴居獨處，如對賓客。凡接人待物，退焉謙抑。居官所至，問民疾苦，不設方畛，若和樂易與者，然持法嚴肅，人不可犯云。銓部將録公功而超遷之，而公逝矣。

公生於成化丁未三月二十六日，距卒享年六十歲。配甄氏，贈孺人。繼配忽氏，太守忠之長女，封孺人。子男二：長吉，府庠生，粹美可成立，娶劉氏。次兆，府庠生，娶劉氏。女三，長字岳某，次字恩生馬某，次字艾某。孫男一，女二，尚幼。

吉奉公之柩歸里，將卜日以葬。以公友兵部郎中傅君狀來問銘。銘曰：

惟士之廉，以端百行。惟官之廉，以立百政。
抑抑監察，冰玉自持。爾吏一貪，百惡從之。
一夫橫行，萬民何罪。非故爾言，實妨我惠。
行憲之風，佐府之仁。威德時出，庶幾斯人。

大梁驛驛丞張君墓誌銘

君諱繼宗，字述之，姓張氏，華陰大員里人。祖徵，以詩經中鄉試，授山西興縣儒學訓導，封奉政大夫、工部都水司郎中。祖母陳氏，贈宜人。父壽，剛棱善執，強直不隨，以禮記中鄉試。

初，太原爲晉故地，秦郡縣天下，公子王孫皆爲編戶，而長吏顧其故民，心忿不平。其俗剛勁勇敢，好謀善傾，而三晉公族又多。至西漢時，猶訐告至二千石。太原屬邑，固皆難治，而榆次悍訐特甚。其人任俠使氣，好勝恥屈，長吏稍不平，即群聚而排之。有陷其身家者，不特罷官而已，雖銓司亦以爲憂。壽候銓京邸舍時，榆次令缺，同舍生榆人也，謂壽曰：「舍長可吾邑令。」既而，果令榆次。同舍生設酒饌候賀，壽至大怒，曰：「我爲榆次令，生爲榆次人，乃敢浸潤我！」令家人拉之地，壽手杖之。即徙居他舍，治裝令家人荷兩擔，壽杖而步至保定，榆次丞遣夫騎迎壽，壽杖卻之。至榆次，申丞不當起夫騎迎令，坐之法。既視事，獲殺人盜，贓仗既明，堂階左掘一坑，埋盜至肩，大梃碎其首死，擁土爲墳。又有不孝子，母告之。供實，令不孝子買一棺來，立杖殺之，埋堂階右，亦爲墳。左右累累相對曰：「張知縣不用大明律，其法如此，自是嚴刑峻法。有犯，痛治之，不少假借。」榆民股栗，饔飧惡草，九年一節。成化二十二年，行取，自是榆次始可治。初，榆次群俠苦壽束縛，不敢肆。百計搜羅，無所得。成化庚子鄉試，檄壽外廉，群俠于赴省必由之途設謀陷之。求貌類壽者，僞曰「知縣」，輿馬傘蓋，夫隸棨戟，皆如知縣。前驅者一人，至他縣大家，謂主人曰：「今日榆次縣主至，可得密室爲館。」主人素聞壽名，盛饌以候前驅。密曰：「縣主久清苦，今乘此差，欲假數日娛樂，可備一歌者。」既而知縣至，主人侍飲至更初，從容謂知縣曰：「某有家樂，暫令侑觴。」知縣笑曰：「勿令人知。」會一人走入，擲白金十兩於地，曰：「賞樂。」趨出。知縣追問何人，其人遠跪不前，曰：「某里長也。」急起去。知縣笑曰：「刁弟子。」明日，知縣去，主人不知其僞也。適壽受巡按檄，勘事他邑，由他途入省。久之，俠告里長科銀，里長初故不服刑，乃言官問：「科銀何用？」曰：「知縣賞樂婦耳。」按察使疑之，又以壽入省未經此途，詰得其僞狀，事乃白，俠首捶死，窮治其黨。

壽至京，授工部主事，歷員外郎郎中。工部事涉内府權貴，人多干請。有權貴人不知壽也，託壽爲攬頭地。壽對使者大罵，手裂其帖，曰：「今番且將就，再來者我早朝面奏天子。」自是無敢請託者。人以壽刑人之狀，呼爲「張扯鑽」，名聞孝皇。一日，上幸後山，壽巡視皇城，刑人大内，聲徹御座。上問之，左右以張郎中刑人對。上笑曰：「從渠扯鑽。」中使或謂壽曰：「上在後山。」壽大叫曰：「今日是何節令？幸此何爲？」中使驚走。郎中六年不調，致仕歸。母詹氏，封宜人。

君美鬚長身，喜修容儀，由承差授大梁驛丞。大梁爲天下要衝，河南行省平章且建治大梁，百司分列，行旅輻輳，前後丞往往弗稱，使任多罷去。驛丞獨無所違失，於是遠近多稱説驛丞者。汴有黠盜，流劫郡縣，主盜司弗能禁，官民以爲憂，道使者言于都院。使院使曰：「吾察群吏，獨張驛丞勇敢多智，可屬盜事。」乃有檄，檄驛丞，果捕獲之，又數數得僞印。兩院大喜，共表薦驛丞能。九年致仕歸，守臣使得乘傳，入闕寵異之。嘉靖戊子，歲大饑。君戒家人勿得征群逋，曰：「此周貧之時也。」一婦亡金釵，君之野獲之。亡釵婦覺亡，返哭於道。君呼婦，與釵。人稱惠義云。

君生於景泰乙亥十一月二十六日，卒於嘉靖己丑十月二十四日，享年七十有五。配邊氏，子男四：長璿，生員，娶陳氏。次璣，娶王氏。次玉，娶石氏。璣、玉，俱太學生。次衡，承差，娶楊氏。女六：長適敘州府知府趙儒，次適生員馮時欽，次適朝邑縣生員李聘，次適王廷新，次適生員史廷謨，次適承差潘錡。孫男八，女八。將以今年十一月二十八日葬于城東南祖塋之次，來問銘。銘曰：

人言華陰張丞，家居三十年，豈直閭里畏服，前後華陰尹崇敬之禮如顯人，不與他丞等，是必有以致之矣。人固貴自立，非以爵與位言也，亦郎中公遺澤之未斬歟？

登仕郎臨汾縣主簿幽齋雷君暨配劉氏合葬墓誌銘

君，余同舍友也。資容秀美，性質溫雅，語言進止循循然，謙抑而中節。與李明經聘相友善，同舍生皆以遠大期之，亦甚愛且重焉。君諱復亨，字自坤，號幽齋，西安同之朝邑縣西關人也。高祖昇，昇生曇，曇生時，時生霓，鄉試中式，歷官淮安通判，配聶氏，生君。年弱冠，補縣學生，歷試秋闈不第。正德中，援例入國學，國學生亦皆愛重君。嘉靖四年，授山西臨汾縣主簿，治易州廠事。廠司厚利，前後官皆罪罷。君日夜兢惕翼翼，供職三年，還治臨汾。時境内盜黃鐘等劫掠居民，聚散無常，遠近騷動，君設法捕之。藩臬知君能，檄君主盜事，盡擒獲，藩臬下牲幣獎勵。邑東有高橋，年久塌損，行旅病涉，君修復之，邑人立石紀其功。佐縣事三四年間，臨汾人甚安便之。而君不能媚上官，乃罷歸。歸之日，民哭送之。既家食，亦惟事田園，安日用之常耳。配劉氏，幽閒有婦德。繼娶徐氏，尤爲貞淑，十五年來，事君如賓，君病篤，焚香誓天，願守恆一。及君卒，喪祭大事皆其經營也。

君生於成化十四年五月二十三日，卒於嘉靖十五年正月十九日，享年五十九歲。劉孺人生於成化十八年九月二十一日，卒于嘉靖元年七月初一日，享年四十一歲。子男三：長汝生，先卒。次汝震，以侍君疾，亦得疾，君服未闋亦卒，娶魏氏。次汝化，聘劉氏，皆劉出。孫男一。子魯將以是年九月二十九日合葬於新塋，來問銘。銘曰：

君雖不究于科目，文則斐然；位雖卑，而守職則惟汝賢。追昔好而志，此期後世之有傳。

純齋處士楊公墓誌銘

楊氏之先，本華陰人。元亂，徙朝邑街子里，至處士蓋七葉矣，而徙祖名字無傳。祖耀，贈衛經歷。祖妣曹氏，封太孺人。父寅，應歲薦爲富峪衛經歷，三考署上，上授徵仕郎，陞四川嘉定州同知。母李孺人。

處士名錦，字尚絅，號純齋。性誠篤喜舒，適見顯貴人若里之惡少，謹避去，曰：「物有所弗合也，志有所弗樂也。軒然負氣之人，孰能爲之應哉！」與物無忤，自童及老，未嘗至訟庭，曰：「忤則爭，爭則訟。君子胡爭也。」鄉鄰有鬭，若將浼焉。或強質之，則爲之判白，兩爭皆允。曰：「擾擾焉，非居身之珍也；昧昧焉，非直諒之道也。如斯可也。」有某氏兄弟相惡，枉狀其侄死罪，群輩皆擠之，濟賂處士，請共證焉。處士弗許，曰：「夫子欲之而以命錦。」人急之，謂「何欲因以爲利，有如天道矣」。初徵，仕宦富峪與嘉定也，道路險遠，曹太孺人老，弗克從。處士事之謹，曰：「傷哉！吾父之志王事，靡盬不遑，將母也。」撫教二子甚嚴，少有拂經，即正色弗與言。二子謝過始解，曰：「吾懼夫嘻嘻之吝，霜凝則日烈。楊氏立于斯，楊氏毀於斯，二子其圖之事！」其兄隆友，其弟訓導。縉驛丞夔，怡怡然終身不衰，曰：「是帝之明也，鞠之哀也，敢弗敦與！」御群僕，嚴而有恩，曰：「是亦人子也。飢寒休苦，弗與人同情哉！」

處士生於天順二年七月十四日，卒於嘉靖八年十一月二十四日，享年七十有一，配劉氏。子男二：長時雍，省祭官。文而矩，容儀彬彬，搢紳之流也，娶王氏。次時禮，壬午舉人，粹而立，雅而一，經明而行舉，其將大楊氏者哉！娶孟氏，繼娶仇氏、陳氏。女一，適本村馬居全。孫男二，曰瓊、曰瑤。孫女四：一字嚴氏，一字屈氏，一字賈氏，一幼。時雍兄弟將以明年二月十一日葬處士于陽昌村祖塋左之新兆，來問銘。銘曰：

吾友程君范言：「處士天資甚美，言行多暗合。」論其世，信然！程君又言：「嘗觀華陰楊氏之族譜，謂楊氏漢太尉震之後，世次甚詳，謂渭北有十七房。」處士族，蓋其一乎！楊氏之源遠矣！

光禄寺良醖署署丞李公暨配東孺人合葬墓誌銘

公諱宗禮，字天節，姓李氏，陝西西安府同州朝邑縣嚴伯村人也。父政，以公官贈光禄寺良醖署署丞。母常氏，贈孺人。叔諱本，御用監太監，英皇時，賜蟒衣玉帶，歷憲、孝、武三朝，皆蒙眷遇，奏公爲嗣。公幼習舉子業，弱冠選充縣學生，鄉試不第，援例入國學，司禮監歷事，附選給假歸，累入鄉試，不第。謁選吏部，授鴻臚寺序班，朝儀閑習，無差尺寸。武皇登極，公充正使，捧詔之雲南。公通敏，善交人，堂官同僚多爲延譽。序班六年，余選部，將擬陞知縣。公雅不欲出，尋陞光禄寺典簿廳録事。公大家，故克慎取與，廳事又皆理。堂官薦之部，陞本寺良醖署署丞。三年考績，父母獲贈焉。御用公年八十餘，乞致仕。孝皇遣中使送歸私第，公事之甚謹。御用公喜愛之，呼爲「四哥」而不名。御用公卒，公營葬事，禮儀極其觀美。守制三年，蕭單二嫂浮丘于都城西門外，公擇地葬之。初，御用公期公必登科目，公思承其志，聞明師益友，必趨講席。每應試，偕同友行，路費飲食皆公自備。既入仕，招延賓客，卿士大夫有慶餞，禮必主之。公雖西山之遠，必輟公事往從云。

公生於成化丙戌三月十三日，卒于嘉靖甲申八月十九日，享年五十九歲。配東氏，亦以公官封孺人。東氏，故大家。孺人父俊又善經理家事，遂以貲雄。孺人生於成化己丑十二月二十一日，卒於嘉靖壬辰正月初二日，享年六十三歲。子男三：長德源，援例授府照磨，娶韓春桂，吾妹也，皆先孺人卒。側室張氏，無子，以族子守稱嗣。次德澄，錦衣冠帶總旗，娶夔州府知府劉公孫女，皆先孺人卒。繼娶王氏，側室京張氏。無子，以堂侄慶祺嗣。次德滋，先孺人卒，娶都轉鹽運司運使華州東公女。女一，適邑庠生王廷佑。孫男一，即守稱，娶東氏。慶祺娶蕭氏女，年十四，貞烈飲毒死，京張出。京張者，京師人也。夫亡年少，尚書苑洛爲之傳，曰：「將不詳書其事，烈女之心無考也。將詳書耶？甚非烈女之志也。推烈女之心，寧無書焉。庶烈女之心慰矣。古今烈女多矣，事之難處，情之難決，如烈女則古今所無也。嗚呼傷哉！吾之爲此，一字萬涕矣。」守稱將以是年十月初十日合葬公及東孺人于祖塋之右，來問銘。銘曰：

吾每思公家事，嘆惜而求其故不能得也。公，善士也。平生無作一傷害事，未嘗有傾擠心。公卒時子孫濟濟，比孺人卒，皆殞滅無存。苑洛乃拂衆情而立守稱，然後援例而立慶祺。不然，公已矣。因以銘之，庶後之君子，思而得其理焉。

處士權公暨配党孺人合葬墓誌銘

公卒。子朝卿，余門牆友也。捧吾友王殿試一治狀，請志銘。公諱景魁，字時仰，號質菴，姓權氏，世爲吾朝邑人。先居江家社，遷許村，後遷八里莊。高祖諱秉中，曾祖諱士，祖諱福，父諱祥，世皆務本食力，母王孺人。初，權氏以貲雄朝邑，後稍衰焉。公甫弱冠，祥公知公之能立也，以家政付之。公振奮而起，不數年權氏復中興。八里莊言：「富族必列權氏。」公剛棱豪宕，里人咸畏服，有不當公意者，輒示以聲色，即其人惶恐不自安，必悅公而後已。里有爭訟，必質公。既判定，無能違者。然見人有貧困患難，必思周援。公嘗曰：「有親者不可不知醫方書。」本草不離左右，親病自擇藥餌，將進必親嘗。莊雖數百家，俗競藝黍稷，遠服賈，鮮修文學。公獨教朝卿業儒，卒以成立。暮年，有司延爲鄉飲賓，一預後辭不至。曰：「吾安能以高年僕僕於樽俎之間哉！」公性勤儉，家雖完美，且自抱甕視汲，量入爲用。曰：「成之不易，保之惟艱也。」殿試又引吾友廣文、劉公羆之言謂：「公雖不試典籍，而質美暗合，若高陵大川。羆未嘗登其麓，涉其波，安能測其中之有哉！」廣文，論篤人也，其言足徵云。

公生於成化壬辰十二月初三日，卒於嘉靖庚戌十一月二十六日，享年七十九歲。孺人姓党氏，亦本邑營田莊名族。父澤，母史孺人。孺人工針刺，務績紡，納酒醬以供祀事，事烹飪以待賓客，奉翁姑孝，處妯娌和，教朝進等慈而不溺。權氏中興，孺人有力焉。殿試曰：「女德、婦道、母儀，皆無歉焉。」生於成化戊子七月十七日，卒於嘉靖庚戌二月二十四日，享年八十有三。子男三：長朝用，掾士，早卒，娶張氏。次朝進，娶麻氏。次即朝卿，廩膳生員，累應秋試，娶張氏。女三：長適周銘，次適高寸心，次適高守己。孫男四：濟經，娶王氏。寓經，聘党氏。建經，未聘。明經，未聘。女二，俱未字。朝進等將以明年辛亥二月二十四日合葬公暨孺人於先塋之次，銘曰：

權氏名族，世以貲雄。既而中衰，振起於公。
公行侃侃，剛棱豪宕。莊數百室，誰敢不讓！
謂孝在醫，從事岐黃。親當有疾，湯藥親嘗。
眾逐末利，我敦文教。彬彬朝卿，邁跡儒校。
幽閒靜女，君子是逑。母儀克盡，婦道孔修。
酒醬烹飪，針刺紡績，權氏中興，孺人有力。
歲當庚戌，同年而歸，偕老齊眉，世之所稀。

處士任君墓誌銘

余爲諸生時，君亦充華陰學生，因識君於庠舍，又十餘年而君就隱德，又三十年而君卒矣。四十年間，忽忽如昨日，嗚呼傷哉！初，君遣其子今舉人代伯來就學，且曰：「昔嘗聽朝邑韓先生說易明且盡，令人恍然有悟，我心慕之，汝往從遊焉。」至是，代伯持狀來問銘。

君諱傑，字漢臣，世爲華州人。高祖真避元亂，來遷居華山之西甕峪口，再遷於東里村，遂家焉。真生士中，士中生壽官昉，昉生耆老鎧。鎧配袁氏，生君。資性秀敏，年十一選充生員，弱冠能詩文，善楷書。三十而名弗耀。歎曰：「儒冠誤人，一至此矣。吾安能鬱鬱與人較藝終身哉！」遂告歸里舍，然誦讀書史，終身不怠。暇則于居前隙地，射鵠爲遊息。或邀里之善士，從容談飲娱樂焉。君有雅度，性惻隱。有幹事才。一男子投君就役，後盜叔氏金，誣君寄藏也。君易產償後，盜金事白，衆喜趨告，君亦卒不自明。人曰：「此今之直不疑也。」里有死不能葬者，君出貲以助，不足則請同志共襄其事。人曰：「此今之范麥舟也。」里有斂散，衆必歸，君則甚平，人曰：「此今之陳孺子也。」嘗謂代伯曰：「讀書以四書、五經、性理、子史爲要，文以典實潔暢爲美。泛博浮遈無益也。」有司知君，累請爲鄉飲賓。不就。壬寅冬，感疾。癸卯春，復起，夏疾再作，卒。

君生於成化戊戌七月初七日，卒於嘉靖癸卯六月二十一日，享年六十有六，配李孺人，先君卒，代伯自爲之銘，納之幽壙云。子男四：進忠娶王氏。進孝娶張氏，出承堂叔生員朝嗣。代伯娶牛氏，繼丁氏，甲午舉人。代倌娶袁氏，生員。女三：長適王道，次適史吉，次未笄。孫男五：簡娶楊氏，筱聘史氏，笠、筥、笥俱未聘。女七：長適承差石汝静，次字史權，餘未字。曾孫一，攘兒。進忠等將以本年十一月二十日開母壙合葬焉。銘曰：

厚其積，不獲其伸。
慶弗于其履，於其嗣人。
晦其名利，王賀之貞。
永終吉，鬱鬱佳城。

席君墓誌銘

蒲士秦子克明謁余曰：「吾蒲有百口同居者，席君銘也，克明義之。今既卒矣，敢以狀聞左右。」山夫秦晉之俗，敝也久矣！父母尚存，兄弟異產，而席君豈易得哉？可以銘矣。君諱銘，字克新，姓席氏，號玉台。西平陽府某縣東靳里人也。遠祖國初戍蒲州，守禦千戶，所有諱清者始顯名。配陳氏，生秉德；配張氏，生魁；配樊氏，生貴；配郭氏，生祥，號竹村；配賈氏，生君。君幼時學舉子業，不成；又不喜農耕，曰：「丈夫苟不能立功名於世，抑豈爲汗粒之？偶不能樹基業於家哉！」於是歷吳越，遊楚魏，泛江湖，懋遷居，積起家巨萬金。而蒲稱大家必曰「南席」云。自是崇義讓，惇宗族，睦鄰里親友，賑貧恤乏，解紛息訟，成人之美，納交當世君子。雖蒲之州大夫、所將軍，不以行伍眾庶待之，而席氏之家聲益振。孝于親，刑于室，友于兄弟，義以訓子侄，故今百口同爨，無間言，無二志，臧獲盈庭，亦無爭者。既老，以家事付子，日與一二知契杖履山水間，優遊閒雅，風度若儒士，有司乃延爲鄉飲賓。初，正德中，君蓋以竹村之命，援例冠帶云。君生於成化十七年正月二十九日午時，卒於嘉靖二十一年四月二十七日戌時，享年六十有三。配張氏。子一，遇春，國子生。娶張氏，繼史氏。女六：長適文深，次適梁志高、吳剛、王粹，俱商人；羅鳳梧、郭嵐俱州學生。孫男二：長東，聘賈氏，次上。遇春卜以是年九月，葬君于城東石莊村新阡之兆。銘曰：

昔淮陰資身無策，敵人輕之；馬援自示其能，千金散而復積。然則從事於貨殖之疇者，非特以利裕也。銘亦州閭之雄傑也哉。至於百口同居，可謂好禮矣。

外孫廩膳生南陽張士榮墓誌銘

吾尚忍銘吾孫哉！舉筆輒肝腸寸裂。然吾孫隱而未見，蓄而未洩，孰能詳哉！古人謂一字一涕，吾爲是銘，一字千涕且萬涕矣！

吾孫姓張氏，諱士榮，字仁亨，號南陽。世爲關内馮翊朝邑陽村人，後其父徙寺後社。南陽者，吾里名也。吾孫生於南陽，長於南陽，學於南陽，且置莊於南陽，將卜築焉。未卒前五十日，病亟，其母始攜之歸寺後。然朝夕猶取南陽水飲食之，蓋自落地至歸真，皆南陽也。號南陽者，不忘南陽也。不忘南陽，不忘吾也。死者有知，神其在南陽乎！此吾所以哀痛之無已也，吾豈不達死生之故哉！

高祖諱藝，配雷氏，曾祖諱軏，配王氏。祖諱瀚，配蕭氏。父騰蛟，累應秋試，充歲貢。母吾女，外祖吾，条贊機務尚書。外祖母張淑人。吾孫幼有至性，三歲時見庭前舞者，屏後側身效之。見吾拊琴，歸以兩手作勢，告其母：「爺爺如此。」吾聞之歎曰：「此孟母所以三遷也。」九歲時，讀尚書，至「璿璣玉衡」章，蔡傳引張衡渾天儀說。吾曰：「此書舉子多不讀。」吾孫曰：「安有書而不讀者乎？」吾授之，明日再授，不肯過。吾恐其幼不能悟，命姑讀過，泣三日曰：「我不知如何過。」吾試告之，吾孫即以竹篾葦筒爲一儀象以呈，吾大奇之。以是知前此所讀書皆知其義矣。十三四時，即暢達三場文字，侍吾遠宦於外，不及就秋試，嘉靖己亥年十七，提學龔笑齋取應秋試。乙巳，吾在吏部，問吾孫「致太平之道」。對曰：「今之舉子業與前代不同。五經四書傳注皆祖宗之制。律例者，國之成憲。今庠序之士，爲文不詳傳注；郡縣之吏，治獄不依律例。昔周王訓官曰：『其爾典常作之師。』祖宗制度尚違越如此，況望其學古議事者乎？欲致太平，必先正此二者。蓋致天下之治者，在郡縣之吏，而他日爲吏者，皆庠序之士也。」吾與一厚僚讚美一大臣，吾孫于屏後聽之，客去，謂吾曰：「適聞所論，兒殊未喻。大臣與言官不同。言官遇有朝廷缺失，即當言；大臣審其必能見納，然後可言。若明知其不能行，身徒殛竄，自取虛名，使朝廷添一過舉，四海加一瘡痍，非大臣忠愛之實也。」吾曰：「然則如之何？」孫曰：「以道事君，不可則止。」吾他日以二事告，契僚大驚曰：「此豈尋常舉子之見哉！」丙午，吾淑人病，孫朝夕侍湯藥，吾命應秋試，不肯行。屢促之，不從。吾怒，治裝繻嚴遣之。明日孫跪曰：「兒今陳情。」吾曰：「陳何情？」孫曰：「祖母病矣，而欲從事於功名，得失孰輕孰重哉？晉天子，異代之君；李密，逋播之臣。密尚得陳情養祖母，今爺爺不容孫子陳情，何也？」伏地痛哭，吾亦泣，姑允之。淑人病亟，孫哀號呼天，計無所出。割股肉爲羹以進，又嘗所出否。及淑人卒，孫哀毀逾禮，既殯，始應秋試。不第，回扶柩歸京師。至吾家三千里，冬寒，孫露臥柩傍。既葬，虞祔祥禫考古禮，行義服三年。初，吾自撫晉陽歸，視稽感癘疾，坐於廳。命孫召淑人。語對曰：「祖可入，祖母不可出。」吾曰：「我病不能。」孫驚仆于地，口鼻出血，左右扶起，入告淑人。淑人聞其言，見其狀亦驚仆。孫出視其祖，入視其祖母，往來號呼，不覺披髮徒跣，淚血滿膺。食頃吾蘇，眾爲束髮顏面。孫曰：「真愈邪？安我邪？」吾曰：「取粥來。」孫喜見顏面，然痛定思痛，淚下如雨。

紫陽弟曰：「今日遑遑，惟士榮耳。」預營葬地於吾墓之側，曰：「異日身後，以便服勤於地下」云。己酉，病，不終殤。庚戌，病亟。吾悲泣，孫正色曰：「死生有命。」既而曰：「天下事未可知。」借言死生尚未定，止吾悲也。至卒，井井不亂。

嗚呼！吾孫遽至是邪，痛哉！痛哉！吾孫事父母孝而有道，母不喜飲酒，終身不近壺觴，祀不飲福。歷覽群書，尤精于蔡子壁經、及朱子周易占。於凡律曆、天度、樂器、龜卜、方藥之屬，皆究其樞要。遠識宏見，出人意表。有經理之才。事無巨細，處之能當。其則沉機應變，淵深莫測，善用自牖，遇巷之謀。故行無不利而少沮逆。然動必以理，論必以正，無或拂經焉。吾意其必爲國家宣力，乃竟止於是也！惜哉！惜哉！

吾孫生於嘉靖甲申六月初八日，卒于嘉靖辛亥正月十一日。得年二十有八。配趙氏，繼李氏。男一：可賢，未聘。女一，字生員許三畏長子爾。立銘曰：

吾孫既沒渭北，趙先生以書來吊，曰：「張子士林仰重，德性閒雅，漢之黃憲，未或先焉。哀傷之過，宜有之矣。」讀斯言也，吾孫庶自慰于地下乎？悠悠蒼天，謂之何哉？胡奪爾年，胡富爾才？胡富爾才，胡奪爾年？謂之何哉，

悠悠蒼天！

王安人墓誌銘

予述提刑孫大夫王安人狀，流涕閣筆者數四，傷哉！春風不見桃李，實欲養而不逮，古人所以深悲哀歎也。

安人當王氏中衰，以閨房弱質，舉王氏一門烏獲之任，憂勤勞悴，年五十餘尚未亨利，竟殞歿焉。後十三年，而子太守君崇古登大科。又三年，太守君以刑部主事，蒙覃恩贈安人。勑曰：「以孝睦爲令婦，以愛勞爲慈母，遺澤有加而榮養不逮，良可悼也。」孫大夫曰：「綸綍煥然，足光閫德，謂非天錫之報耶？」古人謂：「天道雖悠遠而終不僭，信夫！」

安人姓孫氏，封刑部主事素菴主公元配也。蒲清白著姓。父諱某，號坦菴，時稱長者。母王孺人。安人生而閑慧柔

嘉，少與諸姊妹從孫姑馮孺人居，靜默無競，溫然自淑，馮教以女工針縷，纂組輒盡。馮巧，而又時或過之。馮甚喜愛，謂王孺人曰：「是兒幽良妙麗，必爲人家內則也。」長歸素菴公，事翁姑孝，處妯娌和，視素菴弟妹若同胞。翁敬齋公授鄧州訓導，旅資不給，安人脫簪珥充費，奉姑張孺人同至任。敬齋公遷魯山教諭，兩任歷十二年。敬齋公有士望，遠近樂於交遊。素菴公日召工匠製器用，安人既無妯娌，又乏婢僕，晝則外應賓客，樽俎工食，內供翁姑羞膳；夜則治諸子衣履，備極苦辛。張孺人每憐念之。安人久益竭力，故敬齋公得樂於冷宦，素菴公得專意貨殖，而安人疾作矣。敬齋公致仕歸，安人久違父母，暨獲見，益增悲感，然無一言述其勞。翁姑乃數數言之戚黨，以贊其賢。小姑景孺人少折，遺孤甥方在抱。姑素鍾愛小姑，哭不已。安人亦有女在抱，取孤甥同乳之，而愛護有加，以慰姑哀思。家口既眾，情性靡一，又無蓄積，素菴公經營四方，每數年始一歸，中間坎坷拂抑，人所不堪。安人順受之，雖素菴公亦不盡聞。素菴得以保和兄弟終始無間者，安人內助有力焉。敬齋公暮年多病損食，安人每饔飧，極其謹潔，惟恐不當意，聞少餟即喜動顏色。張孺人久病，痹不能舉手。安人親爲理髮。足病瘡，每痛發，安人以手砭摩。張孺人每對人言其孝勞，輒至泣下。父母相繼卒，安人雖哀痛特甚，而不廢翁姑之禮。翁姑相繼卒，安人相素菴公襄事，虞祔祥禫，祀必馨潔。安人痛姑之歿，數謂嫂氏言：「每憶從事三十年間，居家隨宜，備極窘瘁。」輒咽噎不能語。或夢姑呼其理髮，痛哭失聲。事素菴公終身順正，素菴公亦禮重如賓。性本勤儉樸素，親課諸子讀書，不令少逸，有過必聲其狀責治之。衣令蔽體，食令充腸而已。見家人溺愛者，曰：「非兒女之福也。」諸女皆命先讀孝經，曉其文義而後及女工中饋。畜子婦特慈，未嘗少令知勞。每憂長子崇義未嗣，後育一孫，疹發，安人驚悸，疾益而卒。時太守君未冠，諸女在閨，素菴公又商于外，親戚內外罔不悲歎，曰：「耕而未食，蠶而未衣，可哀也已！」

安人生於成化丁酉十二月十九日酉時，卒于嘉靖丁亥十二月二十六日未時，享年五十二歲。崇義等將以嘉靖辛亥十一月十二日啟安人之壙與素菴公合葬焉。嗣世詳具，素菴公志茲不再書。銘曰：

蒲有淑女，君子儷之，威如交愛，式昭母儀。

一身之微，當王氏衰，劬勞盡瘁，芩蘗自持。

天道明明，爾嗣穀穀，爾德孔那，受天之禄。
王氏赫赫，實爾之福，爾積爾遺，如嶽如瀆。
食不三牲，祀陳五鼎，鶴表興悲，龍章錫寵。
松楸蒼蒼，高塚累累，他年太史，爲寫宸碑。

苑洛集　卷七

長蘆都轉運鹽使司運使進階嘉議大夫劉公墓表

正德初，聞代之陽有劉鐵漢者，公也。秉猷持憲，直躬逆時，獲罪權奸，瀕死無悔。幸而人謀效義，天神協靈，得再生焉。

當是時也，群宦擅權，瑾尤肆虐，頤指爲皇制，聲動即天章，喜慍回生死，呼吸撼乾坤，干心忤意則汗瀦宮牆，希旨承顔則金紫嗣世，迫脅國内，熏煽朝廷。文章之士，牙籤錦軸頌德者盈几；介胄之夫，首功汗級呈勳者填門。比當大賀之時，適瑾有私家之慶，公卿百執事嵩呼舞蹈於丹陛者，十惟八九；而稽首崩角於瑾前者，則濟濟罔缺焉。是何時也，公何人也，而與之抗？昔東漢黨錮之禍，如爐如鑊，孔褒以投主爭死，皇甫規以無名恥生，千載壯之，皆成仁取義之志，公無愧焉！嗚呼！可以表其墓矣。

丙寅，公總理遼東糧儲兼屯種，瑾初擅權，正急於貪。或告瑾曰：「文官富有，惟邊郎耳。」瑾明言指意，而公弗從。瑾怒械至京師，枷號示衆時，枷重法嚴，晝夜監守，雖親友莫敢近。他枷者多十日餘即死，獨公枷月餘不死。時公同郡王沂菴者以死侍側，日夕不離。公曰：「我死，其職分也。如君何？」王終不去。方枷時，有黄冠者至公邸，遺家人藥一丸，曰：「日剥一分服之，盡則難脱。」是日，公夢仙人自霄而下，以一丸藥納之口，覺而口尚有藥香。監守者俱言見老人送藥，忽不見。於是喧聞九市，上達朝堂，而西麓張太宰乘此異言之瑾，得釋爲民。後太宰又言：「宜起用，以示公道。」遂授監察御史。未幾而瑾敗，朝野稱爲「鐵漢」云。若夫公幼而悟，長而文，持己之行，正家之教，範鄉之義，蒞官之政，所當書者不具書，而獨取公處死生大節彰彰於時者，爲世楷法云。

公諱繹，字以成，號門山，姓劉氏，山西太原府代州西關人也。登成化丁未費宏榜進士，初授戶部主事，歷郎中，改監察御史，陞河南衛輝府知府，陞長蘆都轉運鹽使司運使，進階嘉議大夫云。

前嘉議大夫都察院右副都御史九川呂公墓表

九川公飲恨而卒，其友朝邑韓苑洛發其隱、摭其大，及取名士潘子高之論，痛哭流涕長太息，表其墓曰：

書曰：「善降祥。」又曰：「天難諶。」公，關中即俊即宅之賢也。懷安攘之志，抱忠亮之節，蘊貞懿之學，秉廉介之操，中遭震撼，放遺終身，道遠而位促，光已輝而弗續，志士至今傷之。公之撫遼陽也，清屯田，裁冗役，嚴號令，禁奸宄，按豪雄，料丁力，將築邊墉，以遏侵軼。一二渠凶魁罪懼將必當大法，惑衆倡亂而公危矣。

初，公以左布政起復入京。故事必先補原職，而後徐遷之。先相以公國士也，不可以常調拘，陞副都御史，巡撫遼東。及變，上近貴以先相故大怨，誤以公爲先相與因欲罪之，憲使者又不爲公申，有詔收繫公。詔獄使者至遼陽，諸凶並使者詬辱之，林侍郎廷昂奉敕勘公事，諸凶閉之。憲使者出帑金大賚乃啟門，且撫慰諸凶，謂公必重坐，蓋圖悅諸凶心，隱其械詔，使窘。侍郎弗以聞，而公果重坐遠戍，憲使者以平定論功超遷矣。公平生建立如何，而枉罹橫尤，若此祥邪？非邪？天邪？果難諶邪？然公議無泯，時士林扼腕歎息。位雖褫而名弗損，身雖屈而道則亨。後公之嗣子光於科甲，顯於庠序，繩繩未艾。擠公者，今安在也？天難諶邪？非邪？公今已矣，傳於史冊，罪也？功也？是邪？非邪？嗚呼！可以徵矣。

吾友潘子高曰：「正德間，閹宦武夫相繼盜弄國柄，生殺予奪，頤指氣使。當其時，勢摧威劫，中外風靡。士大夫依阿涊淟，以保身全妻子，鮮有能自立者。公於時明目張膽，數侃侃論天下事，不置建儲保治諸疏，讀之凜凜，使人毛髮竦立。

「疾風勁草，狂瀾砥柱」，公之謂與！大同數逆而失處，諸鎮傚尤焉。爲政者往往務爲姑息，不敢下一令，伸一法，遂使狂狡之卒，哀凶鞠頑，待釁而動，養患貽戚，至於今未已也。公以身任其事務，改弦而更張之，天若厭禍，公得大行其道，豈惟遼左永清，即大同諸鎮，亦當讋懾知有朝廷矣。乃志未就而變即作，獨使公一人當之，豈非天哉？語有曰：「非常之元，黎民懼焉。」及臻厥成天下，宴如也。人徒見公受禍之慘，而未睹宴如之效，乃並大同諸鎮事置不講，藩鎮之釁，其不遠也已。有志於天下者，其無忽諸此，乃公之隱而且大者也。吾恐後世莫察其情焉，故表而出之。公之子南京刑部郎中顒再拜泣血，登之石，若公之詳，載之志銘，不具書。

公諱經，字道夫，號九川，姓呂氏，陝西慶陽府寧州人也。起家進士，授禮科給事中，歷吏科都給事，中調山西蒲州同知，詔起陞山東布政司左叅政，歷按察使、左右布政，陞都察院右副都御史。公生於成化丙申十二月初八日，卒於嘉靖甲辰十一月十五日，享年六十九歲云。

國子生西河趙子墓表

西河子諱璀，字汝完，姓趙氏，別號西河。諸友以其周于文學，呼爲「西河子」。關内馮翊之朝邑大慶關人也。未弱冠，入爲縣附學生，以朱子詩屢應秋試，補廪膳。甫五年，朝廷用輔臣議，令天下郡縣選懷才抱德之士充歲貢。西河子應例上春官，遊國學，歷部事天官，考勤籍入仕，版選期已屆，而西河子卒矣。其師尚書韓苑洛表其墓曰：

聖賢豈匏瓜哉？傅說之版築，膠鬲之魚鹽，何其屑屑也！古之人，惟求得其本心，初不拘於形跡。生民之業，無問崇卑，無必清濁，介在義利之間耳。庠序之中，誦習之際，寧無義利之分耶？市廛之上，貨殖之際，寧無義利之分耶？非法無言也，非法無行也，隱於干祿，藉以沽名，是誦習之際，利在其中矣，非其義也，非其道也。一介不以與人，一介不以取人，是貨殖之際，義在其中矣。利義之別，亦心而已矣。西河子之鄉，萬餘家皆習商賈，苦艱於息不益。西河子笑曰：「何若是之艱哉？吾聞之苑師曰：『馬援微時，人不知名，乃自表其能，千金散而復積。』世有無用之儒者哉？」不數年起家數千金，而人莫窺其所自也。西河子文章典雅，楷書深入顔室，持己莊，接人恭，信而無僞，默而寡辭，若拘迂之士，而其通敏闊略又如此，可謂達矣。孔子曰：「賜也，達於從政乎何有？」漢司馬遷氏作史記，述貨殖詳子貢事而深崇之，是非喻於利也，存魯之業，在是矣。使西河子得郡邑而治之，廉魯之業豈多讓哉？顧止於是而已矣，豈不深可惜哉！其子邃勒之石。邃雖不事典籍，居喪如禮，哀痛若弗能盡者。西河子可謂不死云。

贈中大夫光禄寺卿馬公墓表

公諱貴，字尚賓，以字行。號靖川，姓馬氏，三原丁村人也。正統癸亥，公沒。弘治甲子，冢宰端毅王公表其墓。嘉靖癸巳，以孫谿田子貴，推恩贈官。皇帝若曰：「處士貴，光禄卿理之祖父也。篤孝友于家庭，化良善於里黨，優遊不仕，人稱靖節之風。授受有徒，世仰河汾之化。」其贈中大夫光禄寺卿理者，谿田子也。谿田子思所以昭皇恩光先德也，故再表其墓，以文命予。

曾祖仕禄，服田求志。祖彦真，膂力絶人，能舉牛馬，踰垣度險，徙居王村。元亂，避兵淳化山中，卒全其家。洪武四年，天下大定，乃返王村。村人盡死於兵，廬室盡毁，乃徙丁村云。祖妣徐孺人，太原同知眭嚴先生女也。父仲良，仁讓謹飭，口不言人過失，與人交，久而敬之。處鄉里，犯而不校。嘗有野鴿群集所居廬，若忘機者。將卒，出末命一編，皆篤厚親故鄰里之説，子孫至今珍存云。妣傅孺人，生公。予讀馬氏家史，而知谿田子所以大也。夫湍不急則淵不深，畜不極則發不輝光。馬氏自仕禄以來，篤行可欲，代爲善人。及公，則日新充實，益弘世德。使當時置之廊廟之間，加之蒸民之上，其施爲建立，豈不道光富有哉？乃竟抑而莫伸，隱沒巖穴。乃今谿田子興焉，急而淵，畜而發，孰謂非公所不盡哉？請詳論公世而表其墓。

公幼而靈俊，徐孺人教之學，乃日夜誦讀，太原遺書，即能曉識大意。家貧，弗能時具紙筆，常以荻畫地學書。及長，友同邑杜知府棠、張教諭顯、石處士彥華、高處士銘切磋講輔，考尋載籍，上稽天文，下測地理，中極人事，然未有指歸也。一日，徐孺人語之曰：「吾聞之爾太原外府君：『道在中庸，不必旁求也。』公悟，遂專意中庸。師處士敏，深於中庸者也，又相與研極中庸之理。公南居丁村，處士北居，巷村間有石橋，每相過，講有遺論，送各期於橋則止。一夕，自巷村歸，論難不已，不覺其曙也。忽見行人過，始別去。鄉人因曰「分襟橋」。久之，於六籍兩間無弗見中庸，而日以自學舉以教人者，皆中庸也。起士解棲霞嘗就問，退而嘆服，贈公詩，有「公生質類顏淵」之句。一時學士大夫，皆尊信之。公於中庸，蓋手舞足蹈矣。永樂中，詔舉隱遺，有司以公應詔，不就。公能用周易、六壬、皇極諸書占事知來，皆奇驗。事親孝，父病藥不即功，乃割股肉和羹以進，疾遂愈。時杜知府、師處士皆親喪廬墓，人稱「三孝子」云。公生於洪武二十七年甲戌，卒於正統八年癸亥。年五十，預知卒期，語門人曰：「某日日入時大風，吾歸矣。」果如期卒。葬于丁村之襆頭田杜知府所相地。葉門弟子服心喪，歲時拜掃其墓。涇陽周銘者，過墓必拜，告所如還反面。公所著有語録一卷、周易雜占一卷、中庸講義一卷。配張淑人。古有恆言：「探數原者，鬼忌；洩天機者，神嫉。」由漢以來，京、翼、李、郭之流，皆能察兆知先，洞照今古，禎祥妖孽，毛髮莫逃，然卒不能自有其身。嚴君平、邵堯夫，蓋能將之以德，則鬼神之道，自我出矣。如公者，方且慶延嗣世，綿綿無窮，豈特身安而德尊也哉！御史大夫何柏齋謂：「當與君平、堯夫同傳。」信矣！予又謂：「中庸之旨，原誠明于天道，致精一于人心，其極至於位天地、育萬物，公能陞其堂而窺其大焉。雖與程朱之徒同傳，亦可也。」益見谿田子之興，源流深長矣。

奉政大夫承天府同知許公墓表

公，弘治甲子舉人，歷任承天府同知，卒於官。父拙菴翁與我先君同登成化戊戌進士，公又我省試同年，蓋世好也，乃爲之表其墓。

公諱世昌，字順德，號東崖，姓許氏，陝之澄城人。拙菴翁諱英，歷官至刑部郎中。母楊太宜人。公幼孤，鮮兄弟伯叔。既長，勵志勤學，比登鄉試，尤日孶孶。屢試南宮，竟不第。以太宜人老，謁選吏部，授太和知縣，迎母就養。知縣七年，太和大治，爲諸邑最。都院使院使奏書，旌之章凡五。上省平章，行御史臺諸司下檄奬之者，三十二。於是拙菴翁贈奉議大夫，楊太宜人亦獲封。嘉靖乙酉，轉開封府判捕盜，不期年，地方寧謐，院使又旌之。丁亥，陞順慶府同知。起程日，汴父老遮道拜送。抵順慶，適廣安賊勢猖獗，殺官吏攻城甚急。公領民兵直抵廣安，圍乃解。蜀穀不熟，而廣安饑尤甚，死散者甚衆。公夙夜圖賑救之策，賴以活者千計。民乏種及牛具，公告於當道，給種買牛，而荒蕪辟矣。府素苦水，城屢崩，民且歲苦修役，院使者召公圖之，乃開渠西山以洩水而患息。院使大加稱重，命立石紀其功。委署涪州小河一帶，盜賊蜂起，公奉檄剿平，都院使設太平宴以勞之，且上其功，賞白金二十兩。公念太宜人年高，蜀道險遠，不能迎養，懇疏陳情終養。及太宜人病，公奉湯藥，夜不解衣。及卒，哀毁逾禮，三年不越戶。限服既闋，且皇皇然如新喪。復除承天府，公益勵清操，盡心職務。車駕南巡，公適署府事，百責艱大，夙夜奔勞，至於昏斃復甦者幾。時又改修陵寢、開築城池，建立觀廟，添設司衛，皆取辦於府。兩院使方列牘共薦，而公因勞遘疾不起矣。兩院使諸司憫公廉貧，卒于王事，各給傳騎送抵家。

公生於成化戊戌三月十五日，卒於嘉靖庚子四月三十日，享年六十三歲。公姿容秀整，沉毅敏達，強學修行，衆方以大科顯仕望之，及入仕前後，旌奬幾四十章，而竟止於是！是固南宮失選銓曹論格也，而其享年亦竟止下壽，天亦不可恃與，謂之何哉！

提督操江南京後軍都督府都督僉事陳公墓表

正德甲戌，余以按察僉事巡兩浙，公正位浙閫，蓋始識公。别公二十年而公卒，又十五年，余叅贊南京機務，公孫府學生應龍來問表，蓋公治命也。

公謹重周詳，内機智而外溫醇。與人交，夷險通塞，不易其初。蓋士大夫多好公，而公亦聲稱籍甚，官至樞府，榮封三世云。公諱璠，字汝玉，號思古，浙江湖州府安吉之荊溪鄉人。高祖諱興，洪武初，實授百戶，沒於陣。曾祖諱翼，蓋白溝功，陞都督同知。祖諱文，襲金吾右衛指揮同知，改溫州衛。正統間，蓋平鄧冦功，陞浙江都司都指揮僉事。父諱綱，襲指揮同知。貌偉才達，人謂可繼白溝之爵。乃年強仕即殞歿。成化丁未，公嗣職，年甫十七也，掌衛事。蓋十八年而溫衛稱振舉。弘治甲子，以都指揮體統行事總浙江糧運。乙丑，武皇繼統推恩，授署都指揮僉事。丁卯，總理屯局。庚午，揚州等處備倭冦，衛有缺官，俸鈔及歲入餘利，向蒞事者蓋多入私家。公盡籍爲公費，又查革冒濫軍糧，歲計蓋四千八百餘石。壬申，流賊猖獗，公爲統帥。時武弁多濫，及無告者爲功，次有邏卒誤獲防守卒六人喜報，公立辯釋之。癸酉，推浙江都司軍政掌印。丁丑，實授都指揮僉事，蓋録孝豐湯毛九功。己卯，充叅將，協同漕運。尋有宸濠之變，奉敕符旗牌關防不妨運事，鎮蘇、松、常、鎮四府地方。公既受命，查革冗濫，歲省軍儲蓋萬五百餘石。復查局不事事者，當之罪。初，公領部檄，調集兵馬，聽候迎駕。及是宸濠就擒，上受賀，班師大燕，公與焉，有文幣白金牌花之賜。太倉、鎮海、嘉興三衛，軍餘四百名，貼守金山衛蔡廟港崇明所軍人五百名，防守潭子港。皆支行糧。然潭子港已坍，入江軍猶影射支糧，蔡廟港四周衛城，公皆議革罷。每歲省糧蓋三千五百四十石。嘉靖壬午，推南京大教場坐營。丁亥，改團營果敢營坐營。尋奉敕充叅將通州駐紮，驗給官銀，兼修河道，省車腳餘銀蓋二十四萬有奇。解戶部，發太倉收貯升俸一級，兼賜文幣。辛卯，陞授署都督僉事，南京後府僉書。壬辰，奉敕不妨府事，提督操江，兼理巡捕。公以江防重務，舊無符驗，關防不便行事，疏請允給。推恩，實授都督僉事，追贈祖父如其官。甲午春三月，公卒，賜葬于永嘉宋萬山之原，祭一壇云。

叔祖考武清縣知縣墓表

越惟成化之末，中幸持權，汪直、梁昉威勢傾宇內，寵貴震朝廷。公卿長跪稽首，奉命唯謹，頡頏振、瑾，雖永、鋭而下不論也。畿邑武清軍屯，皇莊遍四境，最稱難治。我叔祖美髯豐面，身長玉立，動止儼雅，器度莊偉，天官卿簡畀而尹之。時昉牧馬斯地，爲害百端。叔祖不爲應付，昉怒，縛里正，懸高杆以示之。曰：「知縣豈不見此？」叔祖乃擒昉頭目者，亦杆而懸之，曰：「釋里正則釋頭目矣。」昉不得已釋之。昉至京，言叔祖不稱武清，遂罷歸，自是杜門不出。縣尹以禮致之不能。子堂叔繼宗適應里正役，尹故苦里正，以爲叔祖必可致。乃曰：「彼縣官自苦里正，于我何預焉？」竟不見。後尹愧悔，言之分守車平章。平章曰：「尹差矣！致賢豈以威力哉？」率尹踵門，請數次，始一見示。初，我先君，兄子也，生而孤；表伯李公貞，姊子也，少失母。叔祖躬撫教之。先君登進士，貞亦中鄉試。先君諱紹宗，官至按察司副使，封中憲大夫，贈通議大夫右副都御史云。

叔祖性介直，執義蹈矩，動以禮檢。見子侄亦具大衣，庶幾可謂幽獨無愧影衾。言不妄發，色不假人，見世之多文飾者，則以爲詐云。

近世評品人物，類以膚敏爲高下。歷觀前古興衰撥亂，類非脂韋智巧之人所能堪。叔祖侃侃諤諤，終於放逸，夫豈有所不足哉！大學謂「家齊而後國治」，我叔祖藏居田里，成教於家：我先君表伯，孤哀無告者也，皆至成立。今我韓氏聯翩科甲，衣冠濟濟，皆我叔祖之餘也。使其授之以政，作人之效豈不至於大行哉？顧泯泯而沒，世莫得而述焉。漢之張綱、李膺，豈不能翊贊皇猷，澤潤生民，直方之不能行，從古皆然也。即其所至，「家人威如」之吉矣。惟晉五「允升上合」，豈不難哉？豈不難哉？叔祖諱倫，字秉彝，天順七年以蔡沈書鄉試中式云。

裕菴處士曹縣紀君墓表

紀氏之先，田不滿三百畝。及處士之身，有田三千，粟萬石，金千斤。曹稱：「大家惟紀氏。」處士曰：「吾苟富矣。夫富務施，不施則人怨；富務與，不與則力孤；富務恭，不恭則衆嫉。人怨衆嫉力孤而且富，禍之媒也，家之索也，將如富何？經曰：『富而禮，天祐之。』吾將祈天焉。」於是積義儲以資婚喪，建瓜室以待疾病，設途爨以濟行旅，而懷之者多。上交官府貴人，下結州閭豪傑，而翼之者衆。内修宗族，外禮鄉賓，而愛之者溥。懷多則譽發矣，翼衆則勢順矣，愛溥則行達矣。處士曰：「吾往利矣。」是歲也，麥兩穗，瓜兩葉，牛兩犢，馬兩駒，而財貨倍入焉。於是處士曰：「吾修之人而得之天矣。行弗可怠也，福弗可恃也。」乃修堰張河，葺青華、開元二寺，焚負券，賑窮乏，捐數百緡焉。壬申之變，流賊劉七入于曹，圍處士，不忍害，惟求名馬。處士弗與。或曰：「賊勢淫矣。郡縣且不能支也，君族危在旦夕，奈何惜馬哉？」處士曰：「賊干紀而命旺。夫助賊殺人，非仁也；資馬爲亂，非法也。旺則焉敢？」賊怒，焚其居。君子曰：「吾以處士惠人也，乃知義矣。」處士諱旺，字恭明，別號裕菴，山東曹縣人也。生於永樂十七年正月二十八日，卒於正德八年七月十二日，享年七十四歲。朝邑縣丞子年書之石，以表公墓。

文林郎四川道監察御史嚴君墓表

嘉靖己酉十一月十九日，君卒于京邸，既歸葬。越明年十二月，君弟殿試天祐請表其墓。先是，君抵予書曰：「疾勢留連，啟候緣踈。」予以爲無藥恙耳。訃聞，悲歎累日。夫造化之不齊，將安問也？以君所負，應止於是耶？嗚呼傷哉！

君諱天祥，字叔善，號雙洲，姓嚴氏，吾關内馮翊之朝邑望仙觀人也。嚴氏之先，唐嚴思善之後，世居長眷之西原。思善初諱撰，後以字行。或曰：「唐有梓人節度使嚴撰，贓私狼籍，得罪誅。」而節度從祖震又封馮翊郡王。史氏重思善厚德，避撰嫌稱以字。思善有大節，善推占。武后時，來、周峻法，思善獨尚寬平，全活者甚衆。來、周疾之，謫交趾。後稍遷至著作佐郎兼太史令，官至禮部侍郎。子向爲鳳翔尹。今西原有思善墓祠云。向曾孫諱威，遷望仙觀。父諱堯黼，母李孺人。君生而靈異，穎悟過人。八歲能熟誦大學、論語，即通大義。邑侯部君，循良吏也，素重人才。見君大加奇賞，厚遺之。十二入縣學，受學于叔父堯黻。君講習經書，至忘寢食，而堯黻君又俊乂士也，君盡得其學。堯黻君又以渭北趙永州之賢，命君從之遊。是夜，永州有奇夢焉。歲試兩魁，諸生僉憲開州劉君珂有精鑒，得君卷，曰：「嚴生，國士也。」於是遠近無不推先。嚴生者，本僉憲賞識之力也。庚子，中陝西鄉試第六，刻經義，爲多士程。甲辰，登秦鳴雷榜進士。觀政刑部，授絳縣知縣。期年而絳治，人知向化，野無盜賊，案無停積，獄幾空虛。有兇犯毆傷人股致死者，累檢傷股，人骨無他。君取二股骨，察其形色，長短新舊不同，大訊之。兇犯具服。蓋吏仵受兇犯賄，潛以他人枯骨易之。寡母告子不孝，君廉得母與僧奸狀，憐而釋之，亦不治母。曰：「子母之際難言也。」撫按有疑獄，輒以付君，惟明克允。君之治絳也，不以刑罰爲威而以廉，故不苛而豪猾畏；不以賑費爲惠而以靖，故不擾而民衆懷；不以戒令爲期而以信，故不勞而庶績熙。而君又敏達勤慎，故並其有土，厥鄰環三晉，而郡縣者七十餘，絳縣治行第一，撫按共聞於朝。戊申，徵拜四川道試監察御史。明年實授，未幾疾作，彌留卒。溯君生於正德甲戌某月某日，至卒得年三十有六。

君性孝友，五六歲時，每遇美果，食必先奉母。既長，朝夕惟以承歡父母爲念。母病，泣跪進食，呼天而禱。父落一齒，持之泣累日。嘗因事諫父，父怒，以履踏其面，笑而受之，父乃感悟。天祐多病，飲食湯藥必親嘗之。學每有所得，必以語天祐。居鄉謙謹，重法禮，鄉人愛之。及爲御史，遺書家人曰：「凡居鄉必順天理，合人情。毋挾勢淩物，利己損人。常以天字安在眉頭，行無不利矣。」初，絳平陽富邑，君三年間，俸薪外分毫無取。去絳時，僚屬士民爭以進饋，皆不受。曰：「取予，士人之大節。豈以在絳去絳而遷其守乎？」昔兩漢取士，以孝廉爲首；成周效邦君，養恬爲先。夷視君履，居身之珍，治絳之美，兩無所歉云。

清軒處士富平紀公墓表

公諱鶴，字霄鶴，號清軒，言「鶴唳清」也。世爲西安富平蓋村里人，沒已久矣。曾孫道將於嘉靖十八年十一月初三日舉二代之喪而葬焉。道，予門牆士也，請表其墓。

昔三代盛時，德藝兼用。下及兩漢，猶存一二。廉叔度以家僕存主孤，遂舉民牧，治行稱平，民安頌作，傳列青史，名垂千古，藝何有焉！近代專較文藝，是故篤行之士，泯沒遯世矣。聞公事親孝，養生送死，罔不以禮。哭母終而喪明，勤父疾而傷生。其處兄弟之間，尤爲恭友，析產自取其薄，饒沃歸於兄弟。撫育族孤，有室成業。至於捐粟以濟歲凶，煮粥以活餓殍，則又行義施於鄉黨者也。若公者，得不謂之篤行之士哉？俾寄之百里之命，即無赫奕之聲，其視世之取高科、司郡邑，貪黷肆賊，機械巧中，誘惡傾善，欺上毒下，蕩然無復廉恥者，遠矣！然竟泯沒遯世焉。

公生於正統元年三月初三日，卒于成化二十年八月初四日，得年四十有九。配趙孺人。子男一，女一。孫男四，曾孫男八，女八。玄孫男七，女四。公惠人也，身儕於齊民，壽甫過五十，人謂天道亦無知矣。今觀公狀，子子孫孫，繩繩衆多，間有聞人，孰謂天道果無知哉？

堂弟縣學生韓汝聰墓表

華木千葉者，多不實；靈駒千里者，多難牧。天地有憾，造化靡齊，人亦莫得而詰也。痛哉！吾汝聰弟！多才而位弗偶，資秀而嗣弗續，且不以中壽已矣。嗚呼痛哉！

汝聰諱邦達，字汝聰，陝之西安朝邑之南陽人也。我韓氏本慶陽府安化縣人，宋、元以來，世以武貴。至元中葉，以金牌萬戶鎮蒲關，關今隸朝邑。又數世，卜壟于邑南馬坊頭，規模巨集，碩松柏十數，種種皆百株，壟外供祭田百畝。吴彦常者，世佃其田取租。每歲清明辦牲品，餘租供族之生員。後稍稍爲田鄰侵，而吴亦陰賣之。正德中，乃計見田三十七畝，與彦常侄雄爲符書，供租如故事初。洪武初，髯祖者，始罷武階，爲齊民，亡入洛南縣。家史失其名，但相傳「髯祖」云。後念朝邑壟在焉，攜長子平輔祖歸朝邑，留餘子于洛南，今其族亦甚繁盛云。又四世，至祖顯，奉政大夫、刑部郎中，贈通議大夫、都察院右副都御史。配張淑人。初封太安人，繼封太宜人，贈淑人，旌表節婦。生伯父珏，義官。伯母白孺人生汝聰，少穎敏，美姿容。先中憲府君愛之，取爲子，以蔡沈書補縣學廪膳生。後伯父以余兄弟四人俱登名仕版，伯父八子獨汝聰，乃復取回子之。初，汝聰赴同州歲試，伯父偶得暴疾，急召汝聰，歸已易簀不能言。汝聰號哭，計無所出，跪吮伯父喉中痰出，乃張目一視，曰：「汝歸矣。」遂卒。汝聰謙讓能忍，納交時豪，門多長者車轍。然嚴毅有智略，人多畏而不敢犯。里中有爭，皆赴訴，多不之官。一判則人不敢再辭，再辭則傾財。助直者必令勝。白孺人之喪，遠近賢傑無弗弔送者，宗人以爲吾韓氏駕海之梁云。生於弘治庚戌七月十七日，卒於嘉靖甲辰八月初七日，享年五十四歲。先以嘉靖二十三年十一月二十五日葬於新阡縣南西原之上，因略摭其世系行實梗概，表其墓云。

故蒲城雷公墓表

公既卒，子介一行人既自爲志，納諸幽壙矣。嘉靖壬寅，介一卒。孫縣學生洵、溥，予門牆友也。將葬介一，請文以表公墓。

公諱太初，字本仁，姓雷氏，世爲陝之西安蒲城人。今聖天子龍飛，改元誕恩，公以壽官。公幼淳謹，以孝恭聞，讀書僅能紀家務。性狷介寡合，故異趨者頗不悅，而同道者則愛重之。慎取與，畏法義，見非分之物，必懼焉若浼。成化初，西邊用兵，官府給金購糴，寬限以召商，人爭趨之，公獨不領金。衆曰：「值高限遠，奇貨可居也，奈何弗取？」公不答。踰年徵糴，以年之稔也倍其數，且輸之邊。死從者殆百家。後部糧甘肅，衆以官値易市，冀規厚利，公獨賫本色，同行者笑其拙。抵肅而兵殷用急，部使者比杖，日且二三，四邊一時不能貿易。有司督並妻子，捶楚無完膚，至破家以償。一日昧爽，偕同里數人適野，途中偶坐者見來，疑其捕己也，不暇取所攜走，見遺金一袋。衆競分之，公獨不取。且曰：「異哉亡金！客見諸君分金而弗顧，恐有他故。且非分之物，得之不祥。」越月，監司獲盜，諸分金者皆爲盜指誣，而被劫家又皆識其爲家金也。竟無以自白，斃於獄。正德中，縣侯劉東岡大謨，以御史謫，循良尹也。以公負鄉望，辟爲鄉飲賓，不就。劉親身至其第，卒亦不赴，劉甚高之。平生凡與鄉人論談，每以力田教子守分爲先。家政外則課子讀書，泊然靜處而已。

公生於正統六年辛酉閏十一月二十六日，卒於嘉靖十三年甲午六月初四日，享年九十有四。子雨，所謂介一也。正德甲戌舉進士，爲行人司副，以縣令致仕。朱子曰：「求利未得而害已隨之。惟仁義則未嘗不利也。」公不領糴金，不貿官金，不分遺金，人皆嗤其愚也，卒之衆皆亡身破家，而公獨安樂焉。信利義之相去遠矣。因詳書以表公墓，爲世之貪利而不思害者之鑒云。

贈文林郎河津縣知縣逸恬樊公墓表

公歿且二十有六年矣！子得仁以監察御史擢四川行省叅知政事，將表其墓，以文問予。予觀樊氏世德，知樊氏之必興也。予迨交公，公精神秀爽，資性聰敏，心意豁如也。田園廬室，苟合苟完，不戚戚以求美。不妒勝，不曲徇，苟志同情適，暢飲終日，若遺棄生事者。得仁則剛毅而通達，浚明而仁厚，久要不忘，有古人風。尹河津，按直隸，民懷士頌，聲望卓然。故觀公則知今日有得仁，觀得仁則知樊氏之大，將不止今日矣。公諱勳，字功甫，號逸恬，馮翊朝邑之北石村人也。以得仁爲河津時贈文林郎、河津縣知縣。父清齋。公爲滎縣典史時，川蜀盜起，清齋公部餉松茂，病甚，公代領卒事，爲諸郡邑先。滎尹下堂迎勞，上官以詩對旌之。會清齋公入覲，至湯陰寒病不汗，公解衣溫抱，如是三日猶不汗且不食。夜夢老翁曰：「是病得艾愈。」乃迎艾醫，分痛炙，病果愈。其事母嚴、王、楊，繼母望仙楊，皆以孝聞。公雖不卒學，然曉識大義。初，成化乙巳，歲大饑。清齋公欲公以例入監。公辭曰：「一子侍養，典章也。以才自貴顯者，尚乞歸。況以粟易官爲邪？」且迎伯父義及諸從兄弟就食于滎。又樊朗者，伯父遺腹子也。清齋公撫至成立，畀之婚室田業，公亦體父志友愛之。冬月，鄉人有寒者，公解衣衣之。其人請計值後償，公曰：「動賣衣者邪？」配楊孺人，亦以得仁官封云。

四川瀘州吏目屈君墓表

君諱泰，字道隆，姓屈氏，本楚公族也。漢高帝徙齊、楚豪傑於關中，遂爲華陰人，世居義合里。祖諱韶，縣學生，入太學祭酒。司馬公詢合六舘試之，每魁多士。謁選吏部，授山西隰州同知，有仁政。祖妣李孺人。考諱弘仁，以君兄都御史西溪先生官刑部時封員外郎。天性淳雅，言行不苟。曰：「朱子，我師也。吾大者弗能，乃弗能遵小學耶？」楷書遒勁，類歐陽詢。仗義輕財，愛人謙己，鄉人式焉。妣李宜人，亦以西溪先生贈。君生八月而李宜人卒，育于李孺人。同知公既守廉，不苟取。比謝事歸，又適成化乙巳之荒，西溪先生已爲學生，君力田供養，父兄弗暇。業儒稍裕，則長矣。就吏，一考歎曰：「吾家世以儒，而吾以胥史何爲者哉？」不赴調。縣尹謁同知，公勸之進，後授河南永城縣典史。署縣事時，西溪先生督撫淮、揚，縣里正懼君依勢爲威，多斂銀麥饋之。君皆叱卻。正旦，各里循故事具白金爲節儀，弗容進。一人僞言叅稟，入於堂，擲金於地，疾馳去，君追還付之。流賊猖獗，撫司發銀千兩爲軍需。君與暢進，吏者方易其半。賊至城陷，盡焚之。吏謀曰：「既焚，無稽餘銀五百，若通纂入完案，誰則知之？」君厲色曰：「國家多艱，又因以爲利，即子孫乞於市，亦不爲此！」縣有國戚二張素横，遠近趨媚，君獨弗禮。家衆大不平，欲辱之，一人曰：「渠西人素剛，安肯甘受？則損威多事矣。」幸菴彭公總制河南，知君檄供事，軍門屢獲功賞，總制凱還論功，奏陞四川瀘州吏目，欽賞白金緞疋羊酒。瀘，蜀大郡也，憲司治焉。民俗好訟，憲司有難決事，輒下君。後巡撫大臣行瀘稅多欠，下君典徵事，民素畏君，皆完。大桀某收侵數千石，君廉實，某懼，懷二百金求免。君不聽，竟置於理。時營建宫室，採大木千餘，章巡撫及採木司空選能幹官解木，君與焉。水手解戶千餘人，往返日費總萬餘。咸君主支，無纖毫不明。瀘之分界，居民倚兩郡影射，尤習刁悍，官亦弗能禁。君嘗涖槐牙鎮，鎮分界處也。有嚚民立公側，言詞悖慢，問之曰：「富順民也。」究之實，瀘民百餘人持械器譟至。君呈兵司，治以法，自是無梗民矣。庚辰春，思封公年高致仕歸，家居十餘年，安分自律，非公事不入城郭。君居官十年餘，里居十年餘，業業謹篤如一日，可謂難得也已。

公生於成化三年十一月初四日，卒於嘉靖十二年五月二十九日，享年六十有七。瀘士吳子莫曰：「屈南衙不好士人，獨與子莫善。」因飲從容叩之。南衙曰：「泰行素爲士人，輕動曰胥史也。」泰仰之若天日。及泰遊歷四方，見官於郡縣者，貪殘巧中，教奸詆善，發財黷貨，動以萬計。民有一怨言，立亡身破家。剥民之脂膏，以媚權貴，賢人君子無如我何者？百計淩之，以張己威，類皆士人也。泰又心疑之，子莫不覺。擊几長歎，曰：「若此者視南衙，取與不苟，強禦不畏也，奚啻溷廁哉君子。」縣學生徵請以表其墓。

湖廣高簌巡檢司巡檢贈文林郎山西襄陵縣知縣尚公墓表

正德丙子六月十八日，公卒。丘淺土越，三十餘年。嘉靖辛亥二月二十六日，公子主事君薰等葬公於縣東高原祖塋之左。朝邑韓苑洛表其墓曰：

北條之水有長河，西合於昆侖，東分爲九河，九曲圜乎華夷。北之水，惟河爲大也。南條之水有長江，上連乎洞庭，下會于彭蠡，一水限乎南北。南之水，惟江爲大也。人見河之大則仰思星宿之海，人見江之大則仰思岷陽之泉。納漢沔，受蘭賔，萬流奔趨，溯流而源，汪洋潮湃可知矣。使河非星海，則行潦耳，將朝盈而夕涸；使江非岷泉，則雨集耳，將秋澤而春乾，安能其大若是乎？傳以顯揚爲孝之大者，非以其子之賢可以蓋前人之過愆，非以其子之貴可以榮前人之封號。潛德幽行，前人冥冥之仁，因是而可徵也。古之人，三公奕世、楊氏放雀之仁著矣；九卿顯名、于氏治獄之仁著矣。公雖歿矣，公之嗣子，若蘭若薫若芳，聯翩仕籍，而薫以進士爲部屬，芳以鄉舉爲縣令，二君才名濟濟，異日崇階大拜，未可量也。非公陰德之隆，何以致是？夫陰者，人不得而知也，若顯德著聞，或以名彰，或以位貴，或以禄富，身積其德，身受其報，非陰也。必蓄德盈缶，泯然無聞於終世，然後不盡之福，衍及後人，而前之善始著焉。公位不過下士，禄不過代耕，名不過見知於閭里，使非二君，亦曠野蕭然一荒塚耳。故觀公者，當觀於崑崙九河、洞庭彭蠡，以溯於星宿之海、岷陽之泉可也。若公居官而守官箴，居鄉而篤鄉誼，居家而肅家政，如狀之所列，人之所知者，特沱潛既道、灉汳支流耳，不足以盡公也。易曰：「積善之家，必有餘慶，」蓋以子孫之慶，歸前人之善焉。

公諱達，字伯通，姓尚氏。關内西安之武功人。以掾士授山東青州府永阜倉大使，改授義河馬房草廠大使，改授湖廣高竅鎮巡檢司巡檢，以薫襄陵縣知縣三年考績贈公如其官。生於正統乙丑六月初五日，卒於正德丙子七月十八日，享年七十二歲云。

大中大夫陝西布政司右參政北澗王公墓表

公道富而施不既，職舉而位不究，行修而人不知，中遭毀阻，放逸沒世，寒泉弗汲，君子心惻焉。於是尚書韓苑洛表其墓曰：

夫登山者不必至其巔，但峰巒翠抱，有花有竹，有松有柏，可息可亭，即勝地也。涉泉者不必至其源，但潴匯清深，有荷有菱，有蝦有魚，可舟可釣，即佳境也。登仕版者，位無崇卑，克宅爲賢；職無小大，就列爲稱。公始稽鈔關，繼監兑運，會計稱當，習蠱盡剔。督理邊餉，出納惟允，芻糧充足，三軍感悅。當其時，節鎮大臣至，與之商確邊機，謀議撫政，而元戎叅佐莫不稱歎，敬服其浚明亮采，溢于常職之外。又如此，此其主事員外郎中舉職于部屬者也。自郎中進參議，分守關西，開司平涼。平涼多宗室，且驕橫淩轢，官府侵虐小民。公均禄糧以治其本根，刑撥置以翦其羽翼，姻眷比附者，連坐以法，由是豪強斂跡，官民不擾。胡店有劇寇，大肆劫掠。公擒其渠魁，釋其脅從，地方以寧。撫臣上其事，天子嘉其功，金幣羊酒均錫焉。由參議進副使，振揚風紀，一道澄清，乃承祖母之重，繼接祖父之喪，哭奠殯窆，必誠必信；虞祔祥禫，一遵古禮。起復河南，尋進參政，整理驛傳，關内稱平，而公罷歸矣，此其歷藩臬而舉職於外臺者也。使其進節鎮、陟卿相，則其贊襄陳力豈不如今日哉？彼負重而棟撓，實美而鼎折，一緯之外失足，則隕百泓之中。逼視則陷，又惡用登蓮華之峰，問昆侖之西哉？夫鈔關監兊，皆貨利之所；藩參臬副，皆顯要之官，至於大同邊郎羨餘每巨萬，而開中招買之利，動輒不貲。公始終冰玉自持，無毫髮涴染。又常以「士廉女潔，一虧終玷」訓其諸弟侄，則其自處可知矣。而當道以簠簋不飾論罷公官。夫瓠巴鼓瑟，至感流魚，奏之王門，誰爲之聽？故卞氏之璧，徒抱泣於中野而已。士之見知古今爲難，人不知公，豈足異哉！雖然，方田王公之狀、南澗楊公之志，歷歷可述，漁石唐公謂之「中流砥柱」，異時觀風者采之，佈之天下，傳之後世，孰謂人果不知公哉？昔貞晦先生没世而名不稱，唐儒申之曰：「天至高而卑聽，鬼神至幽而明聽。天知之，鬼神知之，何謂名不稱哉？」嘗聞之：「水深而波易動，木高而風易摇。」方田謂公「方正自持，不習諂媚」，是故有以招之矣。然合抱之良，蛟龍之生胡損焉？

公姓王氏，諱納言，字允忠，號北澗。山東淄川人，正德丁丑進士。孤時思、時錫登之石。

文林郎長壽縣知縣贈承德郎工部虞衡清吏司主事趙先生墓表

先生卒且三十餘年矣！嘉靖壬子，子永州太守渭北公粤若稽古，撰述懿行，請吾友四川行省少平章渭野樊子爲之狀，叅贊尚書苑洛韓子童時習知先生，素履狀又實録也。於是表其墓曰：

士君子胸懷脱落而無所閉藏，資性淳懿而恥爲機械，制行坦夷而不爲隱怪。此居身昌後之道，希賢進德之基也。

今觀樊平章所述，亹亹千餘言，凡先生生而家，士而庠，出而官，處而鄉，平考無遺，大率若此，所謂脱落淳懿坦夷者，皆先生之所長；閉藏機械隱怪，皆先生之所恥也。世固有雄才宏略，談笑以揮天下之事而胸藏險陂，又其有高視闊步、問學自修、託跡于孔孟而内實荏汙，人見其飾功揚名，登榮陟顯，或者峻視于先生，而不知皆先生之罪人也。先生以是而孝於親，以是而友于兄弟，以是而尊賢取友，以是而敦本崇質。立教於延津，以是而省刑薄斂；敷治於長壽，以是而周貧濟急；敦睦於鄉閭，是故父母安之，兄弟友之，朋友與之。學日光大，教日弘敷，民日感懷，鄉閭敬而慕之矣。以先生之實，則雖有服大僚，可也。乃位不過郎官，名不過鄉士，人謂善無徵也。而渭北公通達明敏，強學飭躬，服先生之教，益弘其業。登名鄉試賜第，黄甲官部，屬終郡守。宦跡所至，卓有令聞。而先生以渭北公官工部時，贈承德郎虞衡清吏司主事，然後士君子之報始伸，而先生之心慰矣。

先生諱龍，字虞臣，己酉鄉試中式，授河南延津縣教諭，陞四川長壽縣知縣。配仇安人，渭北公諱儒，字席珍，號渭北云。

苑洛集　卷八

葉母還金傳

利者，人所同欲；金，又利之重者也。世衰道微，士多懷利。豈惟後世，昔榮夷公好利，則成周時已然矣。豈惟成周，三苗泯泯棼棼，富者以貨奪法，雖唐虞時固已然矣。豈惟唐虞，黄帝時蚩尤始倡爭端，以殘其衆，而利源以興。載觀斯世，固有高才雄辯談笑而揮天下之事，亦或博洽修文，胸富五車之書，手操班、揚之筆，至於棼泯之利，顧戀戀焉，弗能引而決之，以賈禍媒敗者，衆矣！故見利思義，古今所難也。葉母以閨房之人，能返自來無後虞之金，斯不足表而揚之，以風汙俗乎？作葉母還金傳。

葉母，新安人，今中書君彬母也，隨夫封。公僑杭時，中書君甫六歲，獲遺罐函金二兩，歸諸母。母驚曰：「無力而有獲，不祥。」環里閭求亡金子，終莫得。母曰：「函金於罐，未賈也，蓋罄其産而亡將無生矣。夫己利而殺人，大不祥。將安用是？」乃命僮傒諸閭布販者。亡金子涕泣言遺狀，審果亡金者，遂付之。亡金子以疋布謝母。又固卻之，亡金子感泣去。明日率妻孥稽首庭下，且曰：「我小子徐誠也。惟母子子孫孫永享禄。」後過門必拜母，久不便途則專謁，且以母德告諸人人，而當世長者聞母還金德，歌詠之，撰述之，集成卷册云。贊曰：

昔密康公得三女。密母曰：「女三，爲粲粲美物也。何德以堪之？必致之王。」而康公不聽，王滅密。密母、葉母其見同，而康公、中書君異也。今中書君直内廬，日與宰輔供機事，而他日晉陞無量矣。班彪有言「嬰母知廢，陵母知興。」然則密母知禍，而葉母獲福邪？

王太安人傳

嘉靖丙戌正月初七日，太安人卒。其子吾友蒼谷王子以傳問奇。顧奇也辱王子知，爰以其所聞者序次之。

初，正德壬申，王子以山西左叅棄官歸養。不習王子者，或非刺之。戊寅，薦叅四川，不起。壬午改元，奉詔起用。乙酉，薦叅陜西，起纔五月而太安人卒。王子匍匐出關，哭之慟，人以王子過禮矣。夫王子之志，可傷也。

王子學期壯行，而十五年漠然伏里舍下，夫豈忘情於斯世哉？凡爲太安人也。王子淬礪名節，如完趙璧，顧甘心謗議，浩然長往，夫豈以過行自履哉？凡爲太安人也。當王子之薦也，方固辭，太安人命之出。王子曰：「母老矣。」太安人曰：「正吾老，汝宜出。矧今吾尚徤，復幾年，即汝真弗能出矣。吾將再世見汝大行哉？」王子幡然起，自行車入陜，進退之志，尚未定也，乃遽及此，王子之志可傷也，其慟宜已！

太安人姓聶氏，郟人，平山先生之配也。平山先生姓王氏，名璿，字天器，以貢士授漢中府南鄭縣訓導，陞宜川教諭。以王子貴，贈承德郎兵部職方主事，太安人亦以獲封焉。父聶翁，倜儻慷慨，義孚於鄉閭，人咸尊之稱曰「聶翁」。母王孺人，敦厚醇慤。太安人生而異常女，靜慧婉娩，幼能服勤，針絲終日，聶翁愛之。每媒氏至，聶翁輒曰：「女須名儒也。」時平山先生秀出士林，聶翁擇而歸之。初，王氏爲郟大族，至平山先生中衰矣。太安人適遭其厄，年始十七，乃躬操井臼，事翁姑，曲逢其意。翁病久護床，妯娌事之或稍怠，太安人爲益慎，且曉譬諸怠者。姑每病，太安人晝夜扶掖，至手滌溺器。君子曰：「太安人孝姑性嚴，家政必均妯娌。」或欲獨勞太安人者，姑覺問，太安人且曲揜蔽之。伯兄父子習訟善誣，衆共訾之。太安人曰：「是誠未能感之。」他日復及太安人，人或白之。太安人曰：「誠不足也。誠苟至，奚宜至哉？」君子曰：「太安人讓。」平山先生既廩食，太安人復内政甚理，王氏中興焉。成化甲辰，歲大凶，人相食。太安人佐平山先生施穀賑饑，全活餓人。王富輩甚衆，諸餓人死且言太安人不置。平山先生在南鄭時，漢中守，長者也。爲女擇婿，因延太安人試問之。太安人曰：「吾兒已指腹，獲耦矣。」子婦董氏死南鄭，平山先生任滿，家眾欲瘞其地，太安人必載之歸。君子曰：「太安人義。」平山先生性介急酒而益厲，太安人曲爲承順，終其身敬如賓。每平山先生從外來，聞其履聲，即肅然戒容。平山先生既卒，家政悉聽王子。王子方以安貧樂道爲高人，或有所饋，辭受悉聽王子，曰：「勿奪吾兒志。」君子曰：「太安人順。」初，諸婦或中饋未修，平山先生怒，命撻之。太安人持杖入廚，惟擊槁席若撻聲。子婦雖多，女視之有過，未嘗面數。撫愛王子兄弟，備至及諸孫，亦未嘗不以義方訓之。君子曰：「太安人慈。」平山先生始一貧甚，高氏女奔歸告饑，適絕糧。平山先生無何，爲汲水綆復短，續以腰帶。女既飲，曰：「水止止渴爾。」太安人抱之泣，既貴顯，每每稱說故貧時事弗諱。寒素之士多述太安人訾其妻，妻得接聞太安人者，皆驩然歸也。正德末，諫巡遊者多杖死。太安人聞之泣曰：「吾兒薄粥，復自茲始矣。」君子曰：「太安人識。」

太安人生於正統十二年八月十三日，至卒享年八十歲。子男六：尚忠，娶董氏，繼趙氏。尚文，娶寶豐牛氏。尚志，娶劉氏。尚絅，娶周安人，即奇稱吾友蒼谷王子也。尚明，縣學生。平山先生病，明嘗刲股；太安人疾，不赴試。提學蕭公鳴鳳移文旌之。娶汪氏。尚簡，冠帶生員，娶郭氏，繼文氏。女三：長適孝子高光霽，先太安人十日而卒。次適太學生劉山青。次適里人于思瀾。孫男十二、女十七。漸，娶徐氏。津，儒士，娶郭氏。渡，聘趙氏。長適周氏，次適生員岳縉，次適劉型，次幼未字。尚忠出。湯，娶馬氏。湏，生員，娶宋氏。闌，聘趙氏。長適周迪，次適昝思鳴，次字郭上。尚文出。漸，娶梁氏。洞，娶劉氏。潺，娶仝氏。長字郝師堯，次字高抗。尚志出。同，壬午舉人，娶祥符李氏。和，生員。周安人卒，與爻廬墓三年。爻殤，又獨居三年。府幼俱未聘。長適太學生信陽何夫，次字葉縣儒士牛沈裕。尚絅出。長適高東，次字劉桐，次字生員張思，次字宋光亨，餘幼未字。尚明出。曾孫男五、女五。贊曰：

女德之貞，尚矣。即其房闥，閨壼之懿。質諸史冊，君子固以爲難也。固未聞布積穀，活餓殍，反忠致誠，安貧知常，儼乎丈夫，大賢之極致者。斯亦不足以式內乎！太安人者，蓋鮮矣。

郭宜人貞節傳

慨夫淳風既漓，季世日偷，苦節殊勞，視爲身外，蒙垢偷逸，厚誣性命。雖章縫之士，且志圖乎膚敏！矧簪珥之人，能操存於恒一，斯亦不足尚乎？作郭宜人貞節傳。

宜人姓談氏，户部江西司郎中郭君汝能母也。年十七歸贈君，贈君有二子，孟某，仲爲郎中。贈君歿，宜人未及三十而孟某繼歿。郎中甫九歲，當歲大凶，鄉人宦而富者見宜人家貧又無依倚，數凍餓幾死，謂：「其志可奪。」媒問之。宜人痛哭，曰：「凍餓死，小事耳。吾不死殉者，以遺孤在也。吾豈畏死者，即死可見吾良人於地下，媒何以至此哉？」即齧指，流血淋漓，呼贈君之靈，酹而誓之，以示不二。媒氏歎懼而退。乃力作田績撫郎中。當就外傅時，命之學。用或不及，鬻田爲資，或解衣爲郎中購書。而郎中學遂成，登名正德丙子鄉舉録矣。後郎中歷州郡，至今官濟職有聞者，本激節婦之苦心撫教也。嘉靖戊戌，有司以宜人貞節事聞，詔表其門。士大夫高宜人之節，爭爲詩及文頌揚之。乙巳，太廟工成禮備，天子推恩臣下，贈君得贈奉政大夫、户部江西司郎中。宜人亦獲贈云。贊曰：

吾友王端溪曰：「易所謂『貞夫一者』，其斯人歟？」夫古之制，莫先範女師。女師立而男女正，萬化出矣。談氏之行，可謂錫類也。

李烈女傳

他女之烈者，恥汙之辱己也死。烈女已能潔矣，而恥人之汙死焉。嗚呼烈矣！作李烈女傳。

烈女姓李氏，陝西西安府同州朝邑縣嚴伯村人，錦衣衛冠帶總旗德澄之女也。嫡母劉氏，早卒。繼母王氏，生母京張氏。烈女甫六歲而父卒，李氏名族，門第甚高，王氏恐其汙也，改事他姓。烈女獨與京張氏處。張氏者，京師人，故稱「京張氏」。夫亡年少，烈女不勝其汙也，然痛父之無後，哀母之無依，大哭三日，服毒死，年十四。贊曰：

將不詳書其事，烈女之心無考也。將詳書耶，甚非烈女之志也。推烈女之心，甯無書焉。庶烈女之心慰矣。古今烈女多矣，事之難處，情之難決，如烈女則古今所無也。嗚呼傷哉！吾之爲此，一字萬涕矣。

資善大夫都察院右都御史贈工部尚書陳公傳

公姓陳，諱鳳梧，字文鳴，號靜齋。陳氏之先，金陵人，後占閩名數家於泰和家史，始祥可。祥可生道源，道源生良佐，良佐生季榮，季榮生彬，通地理學，公曾祖也。祖震，贈通議大夫都察院右副都御史。配黃氏，贈淑人。父泰，號東菴，封承德郎刑部主事，贈通議大夫都察院右副都御史。母姚氏，封安人，贈淑人。

公幼而靈異，生五歲，東菴公即命就社師所，即能勤勉。同社生祀先聖，即取古聖賢，列名號祀之。東菴公爲模夫子石刻像，畀之里善繪者王鄘嘉公志，晝夫子及配哲像遺公。公謹事于家南樓，朝夕焚香拜，春秋上下，請於東菴公，致牲品奠祭。人有夢朝衣朝冠上下樓者，皆謂公精誠感格神像來。弘治己酉，年十四，提學敖公山考附學。敖名士慎許可，獨稱器。公乙卯二十一，鄉試中式，九月東宮千秋節，縣尹率僚屬稱賀，四相缺一，公即代缺相登降，卒禮若學生，人知其偉度云。丙辰，登朱希周榜進士，選入翰林讀中秘書。戊午，授刑部廣西司主事。清甯宮災，公應詔言時政，曰「保全外戚」，謂皇親張鶴齡寵賚過厚也。曰「追獎忠直」，謂太監何文鼎直諫死，郎中丁哲執法誣，故勘吏徐圭論救哲，編之民也。鶴齡貴震天下，文鼎孝皇惡怒甚，而哲又權幸所切齒者。曰「痛抑奔競」，曰「斥絕異端」，曰「慎重民力」。疏上，孝皇感悟，文鼎與祭葬，哲起用，圭免考，與本等除縣丞云。

辛酉，主事三年，進階承德郎。東菴公封如公官，韋淑人及配蕭淑人皆封安人。大司寇閔公、簡公，入本科典章奏。壬戌，陞浙江司員外郎。二月，上副榜舉人疏，曰「寬副榜之額」，曰「弛限年之禁」。七月，上嚴祀典以尊先師疏。癸亥，奉命江南審録，重囚多所平反。初，巡按御史誤決要囚，部擬公便勘。孝皇遣中官問内閣輔臣，曰：「員外能勘御史事？」輔臣曰：「雖員外，有風力者。」公以囚當死特失候命耳。今既遷官，宜從紀録法。上允之。公嘗曰：「仕優則學，必先審刑獄、精律例，方可及考古。」一時，主事王守仁、潘某、鄭某，皆名士也，講學論文，或至分夜。當時或稱「西翰林」云。

九月，陞湖廣按察司提學僉事。公仰體敕諭，一以崇正學、迪正道爲己任。推衍聖制爲十八條，自爲三十一條，刻行郡縣，爲諸生規品士維。公同年御史弟某、公表弟某列下第，縣學官爲請白公。曰：「顧公論在學校而提學，學校首安可私，凡以督士者，何邪？」閲卷務詳盡，一字一句，必加評品。曰：「一卷一人之功名也。吾一人可受不明，即士子屈負恨矣。」見星出見星歸五日。召諸生親爲講解，曰：「吾蓋作師勤先也。」日四生更迭在門，諸生來參者，兩生引至，當唱曰：「某處生某人某事見。」曰：「非特尊崇師道，亦示無私謁也。」

陞山西副使督學政，亦如湖廣時，撫按不得預試事制也。巡按多侵越，公曰：「是遵御史，不遵朝廷，如職守何？」初，湖廣當試期，公預白之巡按。巡按達大體者李君天賦從之，後至山西，則巡按已檄下二司矣。公自度不可以言語諍，乃具疏，兼程上聞。上報曰：「如制。」巡按乃不試。初，湖廣時湯巡撫送黜退，生且欲復廩餼。巡按送民生十數入學，公皆黜革之。

守武當者，韋太監故司禮監也。又正德時故事，二司皆坐旁席，公謁韋府，門中扃。公報曰：「開中門則入，否則投刺回。」及入，公據正席而揖韋前席。辛未，擢湖廣右參政。時流賊劫掠南贛，提督發兵勦捕，撫臣以公守郴、桂，蓋以接壤南贛也。公檄守備、提兵營於交界，以俟夾攻。復覽秀於湘江、洞庭，登眺于太嶽、石鼓，所至查理錢穀，詢問民隱，暇則召諸生論文，督武士較藝。時郡守頌曰：「詞華宋玉，號令條侯也。」

壬申，聞韋安人訃，哭幾絶，水漿三日不入口。抵家哭，又幾絶。葬虞卒哭，歛袝祥禫，一遵古禮。初，邑城新築，有喪者率入城。公曰：「制喪不入城。吾導靈輀入，非易簀意也。豈葬之以禮乎？」服闋，擢山西按察使。

丙子，廷議起都御史王公雲鳳整理鹽法，王公薦名賢七人代，而公預焉。王公篤道莊肅，少與可俯視一世者也。乃推讓公。五月，聞東菴公訃，哀痛喪儀，一如韋安人之歿。戊寅，服闋。己卯，補河南按察使。辛巳，谷閹大用迎今上入繼大統。谷，正德中八黨之梟，素擅權驕貴，視公卿如僕吏。副使王公綖出，謁人曰：「谷素尊大，當長跪。」王，守道士也。曰：「君子寧身被窘辱，不徇人以非禮之恭。」大用果怒，辱之。河南二司聞之大懼，議接見禮。公曰：「三司方面無跪人禮。在禮當留茶話。」衆皆默默。公曰：「王公見辱，勢孤耳。今吾三司俱在，彼雖恃勢，亦不能加。」至則長揖再拜，大用果答拜，茶話如禮。

皇上初登寶位，上疏言時務，一曰「正大本」，二曰「崇聖學」，三曰「勤聖政」，四曰「簡近習」，五曰「慎朝祭」，六曰「舉人才」，七曰「選邊將」，八曰「正風俗」。公性既明決，而法律又精，故無冤民。省發明速，無罪者令各自便歸，故胥史解人無以投其隙，兩省刑獄稱允克云。陞山東左布政使，案無停移，門無候人，一切銀兩付之右布政陳君奎凡，收支秤扣一任之陳，而公分毫不經手。曰：「士之清，猶女之節。豈惟身不可失，男群亦不可入也。」陞右副都御史，巡撫山東。時益都、萊蕪礦賊王堂等，聚衆流劫山東、河南、北直隸，勢甚猖獗。公相機剿撫，捷聞降敕奬勵，白金彩幣均錫焉。朝廷上章聖皇太后尊號，覃恩，公進階通議大夫，祖考妣、考妣俱獲贈。甲申三年，考績，蔭孫圻入監讀書。初，公以山東差役繁重，民流田蕪，比之他省爲甚，凡事務從節省，安靜不擾，其大者奏聞。臨清倉夫級管倉内官剥削需索，且拘留數年不得脫。應是役者，往往傾家，甚怨苦之。公奏征銀募役，年終更替，官馬之養死補備，驢馬戶至賣子鬻產，不能償。公亦因事奏，令每馬征銀二十兩，解太僕寺買補云。改南京都察院攝院事。八月，上丁祭先師，故事：五品官前一日常服至文廟，四拜禮回。公檄各官祭服陪祀，先赴監禮御史報名查考。改南吏部侍郎，遷右都御史，總理糧儲，兼巡撫應天十一府地方。時甯國府、宣寧五縣，愚民相率擾亂，淩辱官府，據守城門，内外不通。蓋高淳縣原養官馬五百匹，而淳民日困，腴田多爲宣城五縣富民買去，淳民屢奏貧困賣田狀，先撫臣議，復撥淳馬二百匹，派宣城諸縣本均平法。當時有司處之失當，故致變。報至，人心懼惑。然是時符驗、關防書吏俱未至，公從權諭撫，令各解散保身家，養馬事別議處分。五縣民即時聽命，乃會南太僕及應天巡按共議。馬匹仍淳民領養，以淳之驛傳銀。改派五縣，奏下如擬。而淳及五縣民心俱服。

蔭孫圻殤，公以疾乞休，上報曰：「卿揚歷中外，素有才望。南畿重地，宜專心撫巡以副委任，不允辭。」初，上元、江寧二縣差役繁重，人民凋耗，其稍富者往往投充内府神帛堂，以圖影射。正德十六年，詔革之後，守備中官復奏補，貧下之民將逃竄。公具疏奏，免南京各衙門非奉公差輒檄望夫隸輿馬、朱墨、紙筆、柴炭，小民怨苦。公檄下應天府力禁之，由是小民雖得息肩，而顯貴者頗不説。蘇、松等處税糧甲天下，逋欠者多大家。公下令曰：「租五十石不納者，各戶自解。」人畏自解，爭完報。於是大家率怨，主守民多侵欺轉販重坐，至破家不革。公檄府候三四起差官督解，而侵欺之弊絶。再疏乞休，上溫之，勉留男曙，補蔭。上疏祠武進兵部尚書陳洽於常州府，毁淫祠，祀土穀之神。令春秋仲月，里正率戶民致祭會飲讀法，或爲社倉儲常平，或爲社學訓蒙士。復疏乞休，上復勉留。再疏未及下。而不知公者，惑於顯貴人諸大家，多口論罷公矣。公怡然就道，既抵家，閉門掃軌，不輕接謁。進修著述，無間時日。辛丑三月中旬，疽發於背，至四月初一日酉時卒。卒之辰，尚洮頮衣冠如平時。享年六十有七。訃聞，賜祭二壇官爲營葬事，贈工部尚書云。

公容貌偉秀，儀度儼雅，望之知其爲有道人。方剛執法，人無私干，雖權貴不少假借。然謙抑恭慎，不以爵位自大，一念好賢之心，不啻自口出爲政，以人才教化爲先。歷官所至，興學校、褒節義、禮賢俊、獎恬退，黜奔競，賑貧乏，抑豪右，凡有裨風化，靡不舉行。立法雖嚴，然以惠澤爲主。故山西、河南、湖廣啟行時，士民號哭擁送，道路填塞。事親孝，處兄弟友愛，然必以禮節。奉先有祠，歲時朔望朝夕皆如儀，強學日新，老而不倦，所著有修辭録、毛詩集解、困知記、集定古易、靜齋奏議。學以聖賢爲師範，不屑屑於詞藝之末。整菴羅公欽順曰：「公手不停披，集解六經，多至百卷。旁搜約取，率有定見而不爲苟同。近世異言滿耳，離真失正，終莫自悟，後生小子，或分一席寓一榻於斯，以日聞公之緒論，以弗迷其所向，又非幸歟！」而胡公纘宗亦曰：「公之學古學云。」配蕭淑人，子男三：長時，次曙，補蔭者也。次睢。女四，孫男二。長即圻，次垣。贊曰：

爲國任怨者，臣之忠。忘一身利害者，士之節。當正德時，權宦肆虐，流毒縉紳，省閣臺垣罔不降志屈身，韋太監之正席，谷大用之正禮，不亦壯哉！今時豪傑，臨死生禍福大節輕若鴻毛，漠然無所動。顧於監察諫垣則默然退遜，莫敢與之較是非、品得失。湖湘之黜民生，晉陽之阻小試，侃侃然無所顧忌，非古之豪傑乎？至於南畿之政，孜孜爲民，而貴宦大家之怨不避焉。雖終罹多口，遺佚没齒，臣忠士節，斯無負矣。昔公之每離任而行也，士民輒號泣擁留，填塞道路，有由然哉！曾子曰：「戰戰兢兢，如臨深淵，如履薄冰。」公卒之辰，尚洮頮衣冠，危坐西廡，則平日之矜持於動止威儀可知矣。然則考西歷履，有本者如是爾。胡纘宗氏謂之「古學」也，信夫！

嘉議大夫總督漕運兼巡撫淮揚等處地方都察院左副都御史西溪屈公傳

公諱直，字道伸，姓屈氏，號西溪。其先楚公族，漢高祖徙齊、楚豪傑於關中，屈氏與焉，遂爲華陰人。曾祖亨，洪武初，書幣徵禮甚急，亨雅，不欲仕附，族人從戎者免。祖諱韶，字九成，號誠齋，經明行修，歲薦入國學祭酒，司馬公詢器重之。仕山西隰州同知，有惠政，隰人至今稱説不忘。父諱弘仁，字愛之，號樸菴，涉獵諸史小學，善楷書，秉義執禮，至老不倦。以公官刑部時封奉直大夫署郎中事員外郎。母李宜人。公甫十歲而李宜人卒，繼母劉宜人撫育之。初，公生之夕，樸菴夢日出大如輪，紅光異常，流入於懷，驚覺而公生。天性聰敏過人，六七歲時，樸菴口授以詩歌及大小學論語經文，即記憶不忘。稍長就師，慨然有志聖賢之學。手不釋卷，隆冬盛暑，或誦讀徹夜。成化乙未，充邑庠生。庚子，浮梁戴恭簡公歲試至華陰。恭簡規法：「未成材，臨時不得爲成材文。」時學官怒公貧，故以公當未成材。公既就試，兩題皆爲之，又皆甚佳。恭簡深加奬譽，而撻學官，秋遂中式。甲辰，登李旻榜進士。秋九月，劉宜人卒，公守制。適歲大饑絶糧，推官賑華陰。公謁推官乞賑，推官日三邀公會食。次日，公辭曰：「使君法官，日訊罪囚，數數見邀，恐生物議。」推官曰：「子家貧甚，賑濟能幾何？吾所訊囚二人者，將論邊戍。數數邀子來，故示知厚。彼必求援，吾釋之，必厚謝子。」公曰：「在使君高義則可。直則進身之初，當清白自勵。賑公道，可；受賂援罪人，則不可。矧又傷使君之公哉？」推官嘆服，謝。丁未，授刑部浙江司主事，執法不撓，案無滯獄，不數月，主事聲名籍甚。尚書江西何公甚禮重，故事：郎中缺員，印必他。郎中署有員外郎亦不得印。時司員外郎郎中俱出勘，何公輒命主事印，主事以故事辭。尚書曰：「主事非常主事，亦不可以常格待也。」刑部主事署印蓋自公始。故部獄卒，往往厚索要囚，稍不如意，輒縊殺之。公點獄事，卒白鑿：「縊殺一囚。」是夜，夢囚訴卒。明旦根治得狀，白于尚書。尚書曰：「要囚也，姑置之。」公執不可，卒論如法。自是卒無敢殺囚者。錦衣奸人，依憑權勢，郡縣土賦至，輒局誘解人代納，號稱「攬頭」，往往負苦解人，多令破產。有數「攬頭」發覺，公白尚書按治，尚書不許，公固請。及逮繫「攬頭」權勢人，果邀奪之。尚書聞之，且懼且怨，曰：「我初不許，今何也？縱之如法，何急之？部且多事矣。」而急詣錦衣謝。公曰：「直自有處。老先生勿慮也。」明日入朝，言於錦衣曰：「『攬頭』犯法，刑官逮之，奈何弗與？錦衣，朝廷心腹，法官乃不容刑官守法耶？」錦衣曰：「法不敢撓，畏君法外之刑耳。」公曰：「縱罪人固非法，有意加之亦非法也。直亦奚敢！」錦衣喜曰：「如是諸犯即當出矣。」明日，送「攬頭」至，征其賦直，俱抵之罪。尚書復大喜。弘治壬子，陞廣西司員外郎。甲寅，朝邑韓邦奇侍父福建按察副使蓮峰先生入覲，駐通州邸，命邦奇訊公。時邦奇來自閩七千里，又蓮峰先生與公新結男女之好也。公留食，出生韭一品，湯粟數盂，邦奇飽食之。公曰：「子飢甚也。」邦奇曰：「尊公以古人自處，亦以古人待邦奇，不敢不飽也。」明日，邦奇反命。蓮峰先生方與同覲者叅政陳公奕邦奇言：「陝西有人，屈秋官不負門牆。」蓋公，蓮峰先生授經生也，因言留食事。邦奇時年十七，陳公以手執棊，熟視邦奇，謂蓮峰先生曰：「怪哉！此子顏子之志也。若他兒，必恨其簡矣。」乙卯，陞山西司郎中、遼東巡撫。武臣交惡，朝廷命選差剛正官勘問，屬公偕給事中于君宣公。直巡撫而抵武臣以法，武臣枉狀，奏公「徒有清白之名，而無變通之才」。又謂：「公本光明正大，誤聽按察之言，而重彼罪。」朝廷知公論當，不問。公刑部歷三司幾十年，訖威訖富，權貴人憚之。丙辰，陞重慶知府，土官軍衛雜處且富庶，而謗議易生。自有知府以來，無見任陞遷者云，風水使然也。公既拜命，人或以是慮之。公曰：「試使夷、齊飲，終當不易心，貪泉之不能移也。」又曰：「士君子盡其在我，陞遷何足較？」公既視事，吏持金床簿、鋪面簿、地步簿呈公，征需七八千金。公歎曰：「小民營利爲生，何預於官，而爲此横斂耶？」取簿付之火。府有妖擲磚石毀人房屋，先民居，漸及吏舍及首領佐貳官。又有火災，或柱頭房檐、或牆頭積草有火起，或柴頭有火，或綿絮包火，落于民間房院内。公乃告於城隍，謂：「城隍與直相表裏，皆受天子寵命，以主此一方。若強暴横行及民之不得其所者，則是直失其責矣。妖怪肆行以爲民患，尊神亦安得辭其責哉！伏望宣越神威，滅此災異，毋或曠職，以作神羞。」妖火遂息。境内旱，禾稼枯槁，公將禱于真武山。是日，天甚晴明，啟行忽有白雲如蓋，往返隨之。士夫隨行者莫不見而私驚異焉。既而果大雨如注，歲則大熟。於是重士大夫有三異贈卷。守重慶凡九年，撫按剡薦者八疏，巡撫蕭君又特疏薦曰：「重慶地方，軍民雜處，民尚嚚訟，素稱難治。入其境見六事孔修，四境乂安，倉庫有餘羨之積，囹圄無留滯之囚。存心正大而有廉慎之操，處事公平而著勤能之譽，乃四川多官中之傑然者，必須不次擢用，方協輿論。」乙丑冬，陞河南參政。永城縣楊姓者爲豪族誣苦，公得狀，治豪族罪。楊氏獲伸，爲公立生祠。初，布政司二門外居民叢聚貨食，及公署印事，咸徙出外。公怪問之。咸謂：「使君衙無滯事，人無久留者，貨食不便，徙出別求生理耳。」撫按交章薦參政。正德丁卯，陞浙江按察使，公自念官以提刑爲名，以按察爲職，深懼負乘，鞫問糾治，一以至公處之。菲約自持，門無私謁，法無枉縱，一方澄清。司禮監巨璫劉籍故都，御史錢公鉞家未至。公陞河南布政，將之任。鎮守劉公謂公曰：「劉太監聲勢甚大，公去事難濟矣。」劉璫至，果怙勢作威，欲三司跪謁，公率衆不屈。劉璫怒甚，衆懼莫敢言。公從容曰：「朝廷之下，衙門最大者，内府司禮監。天子之下，内臣最尊者，蟒衣玉帶太監。我輩豈敢不敬！第不知見怒，得何罪也！」劉璫即改容曰：「憲長好人。」援公手揖衆入坐。衆謂公既不激劉怒，又不瀆禮，善處也。初，公至浙，巡按欲懲司吏。公曰：「事不集，大抵皆官也，乞寬三月。事尚爾，豈惟吏，官亦當論。」巡按罷懲，不待期皆報完。甫至河南，陞太僕卿。太僕司馬利近幸，相沿爲奇貨地。包攬代納，請託苞苴，百計求中。至郡縣，亦歲有常例，馬多不堪。公力禁革之，太僕爲之肅清，近幸不悅，乃相與共譖於權瑾。瑾令邏者偵察，盡得其情，乃謂人曰：「屈某好官。太僕官久習汙濁，今別是一衙門也。」諸譖不行。遷南京操江都御史，復改南京大理卿。多所平反，有駁稿存。未幾，復改漕運都御史。公以運船多稽遲，置方眼簿給付運官，日記所運水程及阻風守淺時，日備查考。其法至今用之。故事：都御史例坐漕運總兵左，瑾不悅。公乃託此曰：「都御史豈大於公侯伯！今屈某坐伏羌伯、毛鋭左，且云舊例。我差人拿來，看是舊例否？」公將上京議事，山陽知縣饋銀器一桌，公怒甚。知縣曰：「舊例也。」公曰：「是何憲綱所載？」責知縣，叱出。瑾既敗，某御史倡言公爲瑾鄉人，數數遷轉，宜罷，遂致仕。

初，當道與藍田南氏有故怨，公連姻南氏，當道欲傾，公雖一歲四遷，實惟布政遷都御史耳，而言者不察。又公爲按察時，某御史爲歸安知縣，民告言知縣科斂至萬金，公按治之，知縣懷白金三百兩饋公求解，公叱卻之。按治益急，而公陞河南知縣，遂得解。及知縣爲御史，起復赴京至淮安，謁公漕府，執屬官禮甚恭。公喜宴談及浙事，偶忘其爲某御史也，因言：「直平生未嘗分毫苟取，如浙屬一知縣饋金求解贓事，當時叱出，及今猶耿耿，不知其人何如也。」某御史色沮愈恭，公怪之。及罷會，諦思之，則某御史也，公大悔恨無及矣。及某御史至京而瑾敗，當時科道皆嘗伏謁瑾，惟某御史始入道，於瑾無染，故得肆意傾擠，不特公一人也。衆雖知公枉，然畏某御史莫敢言。

公直而有謀，剛而不虐，才敏而力足以行之，故宦跡所至，皆有聲稱。與人言亹亹無隱，亹亹不倦。然亦以此得罪於人。嘗曰：「造化運而不息，君子憂勤之心，無時而可逸。居官則當盡心國事，居家則當盡心家事，優遊自放，不幾於倡狂耶！」故公里居以來，二十年耕讀不倦，嘗身親農事，手披載籍，爲子弟式。雖官至大臣，非慶賀大賓客，未嘗衣錦。於人無貴賤，謙謙致禮無少慢。事樸菴孝，樸菴年九十卒。公年七十，哀毀皆如禮。公弟泰寓京，感時疾，公親視湯藥，家人以傳染諫。公曰：「兄弟至親，豈得相避忌如此哉！」時有名醫，然難致。公跪於門，醫感而至，謝禮亦不受。曰：「公爲友愛人，某獨不得爲義人耶？」嘉靖丁亥，奉詔進階。己丑，總制尚書王公疏薦起用，不果。公才足以勝重而見沮於怨者，知公者咸惜之。公年雖七十餘，而強健如少年，衆謂必有樸菴先生之壽。乃一疾竟不起，其亦命也夫！訃聞，皇上遣官諭祭營葬事。

公生於天順戊寅八月初五日子時，卒于嘉靖辛卯六月二十日戌時，享年七十有四。配石宜人，側室田氏。子男四：召，國子生，娶王氏，繼娶宜氏。登，娶榮氏。石宜人出。嘉，邑庠生，娶李氏。愚漢，幼未聘。田氏出。女五：曰士，適洪洞縣丞李鉞。曰淑，適山西布政司參議朝邑韓邦靖。曰愛，適國子生商州南溱。石宜人出。曰淮，適邑庠生靈寶許佫。曰五，字邑庠生李光祖。田氏出。孫男七，孫女五。贊曰：

廉者，士之大閑也。簠簋一汙，周公才美，不足觀也。已世之人，假借貴觀顏色以耀閭里，受賕惟來以瀆知厚者，眾矣。卓哉公乎！歲饑乞賑，顧乃辭日三之請，卻賂脫罪人之惠。至今聽其言，凜凜然令人振奮感動，肅恭生敬，起採薇簞瓢之志。孟子曰：「周之則受，賜之則不受，一於義而已矣。」當其時閉戶饑死，則于陵仲子之儔，又非公之志也。予既詳書於傳，而復論著於此，使吾黨之士，景行仰止，且知先進登大位非幸致也。

王安人傳

安人姓周氏，吾友山西參政蒼谷子王君之配也。以蒼谷貴，獲封安人云。初，母劉感異夢而生安人，育於嫡母王。幼警慧異人，父九梅君與平山居士君飲歡，因出安人。平山君詰以誰氏所生，或給以劉，或給以王。眾方圜視聳聽，安人指園南大桑樹曰：「我其生於此邪？」眾咸異之。平山君者，蒼谷父，別號平山居士云。年十四，王命學女工于蘇姆，針絲纂組，輒盡姆巧，乃又時或過之。於是姆歎曰：「周氏兒妙麗不常，我安能爲若師也。」二十歸蒼谷，隨蒼谷入國學。及歷事通政司，既竣，蒼谷將謀歸。安人曰：「事垂成而欲棄之邪？」於是蒼谷感其言，卒與龍湫、浣溪諸子相與講習於京師。安人率以女工荼果佐蒼谷夜誦，而蒼谷之學，自是有聞矣。王氏既世以樹德，不積資業，而蒼谷又操行務修潔，故蒼谷雖歷政府至方面衣金紫，比其棄官而歸也，家無餘畜。安人勤紡績，時孕字以奉姑氏、供賓客，故蒼谷再詔不起，時謂安人有助焉。

安人雖女子，然有識度。初蒼谷爲舉子時，邸巷有惡少橫逆，蒼谷不能平，安人勸止之。乃是晚，惡少以他忿縊死。蒼谷爲吏部時，同官以吏故觸怒太宰，蒼谷遂欲決去就。安人曰：「奈何以小忿而忘大功，且中人計？又太宰意未可知也。」既而竟得考上上。辛未六月晦，京師大水，比舍傾壞，衆懼謀筏，安人從容具饌，且給比鄰，竟亦無事。安人事翁姑以孝，處妯娌以讓，待童僕以恩。平山君之卒也，聞訃幾絶，脱簪珥以給葬。凡朝夕虞哭，朔祥奠祀，皆取辦于安人。然又甚精潔也，祖姑李年九十，衣服必手製，飲食居起必扶佑之，李病且不起矣，聞安人茶至則茶，饌至則饌，他人奉之則摇首不食。娌氏有毁其匙箸，出誶語者，安人笑領之。顧轉怒欲毆，則安人匿不可見矣。僕春陽得罪蒼谷，欲擿伏懲之。安人曰：「遺之足矣。」或欲拘其衣糧，安人皆與之。

安人雖不讀書，而曉識義理。自歸蒼谷，非賓客祀祭慶喜事，不施脂粉。當居平山之喪，安人去母氏既若干年，比至郟，偕蒼谷奉几筵，禫後方歸寧。一布緥歷五兒不易。嘗亡一劍，行坐思之，既得乃已。曰：「物雖微，非婦慎也。」蒼谷每集諸名士飲，安人輒於屏後識聽其語，退與蒼谷評之，皆當其理。乃於己卯十二月二十二日以疾卒，卒之前二日，家人欲問巫，安人拒之。安人生於成化己亥閏十月初十日巳時，至卒享年四十有一。子男五：同，娶何氏。合，才，府，常，安人卒後兩月而殤。女二：曰淑媛，字何某；荷媛。贊曰：

霸妻勸起，樂羊斷機，世稱蒼谷子，今之有道人也。及觀王安人譜，而知其有由矣。夫其他懿行淑言，固婦職之恒也。若其居平山之喪，禫而後歸寧，則幾於聞道矣。豈可以常女子論哉！而其所享顧若此，蒼谷曰：「蓄而未發，勞而未逸，耕而未食。」豈不信歟，嗚呼惜哉！

韓氏三世貞節傳

孟子曰：「故人樂有賢父兄也，然亦樂有賢姑嫜也。」内德之教，其感尤深也。我韓氏自先祖母張淑人，至貞恒一。先嬸雷氏繼之，弟婦許氏又繼之，一門三節，世所鮮見，豈非有所倡率儀式而然哉？嗚呼！我韓氏何不幸，三世見夭禍，又何幸三世得貞婦也。作韓氏三世貞節傳。

先祖母姓張氏，年二十七，先祖贈都御史府君卒，先君生纔數月。祖母性剛嚴，先伯父年幾五十，怒輒撻之。凡呼子婦，稍遲不唯，即以兩手自擊其股，股爲之青。我先君爲刑部郎中時，孝皇覃恩群臣，親老者許歸省。先君奉命至家時，先母亦兩封至宜人矣。祖母命先母與伯母負水，先君他出，歸見，命二隸人代負，祖母怒持杖迎出，將擊之以杖。指先君罵曰：「如有皂隸，令皂隸代，無則不吃水邪？」先君笑曰：「媳婦身強有力，豈不堪負？嫂子薄弱且有娠，以是代之。」祖母怒始解。病革已易簀，就正寢，忽張目呼予曰：「邦奇！幾乎忘卻一言。我死後無與爾祖父同穴。」予曰：「何故？」曰：「我節婦也。豈可又與男子同穴？」予對曰：「正爲我祖父守節，正當同穴。」又曰：「汝子細商量，無致人恥笑。」氣遂絶。有司上其事，聖旨建坊，旌表其門。

雷氏年二十五，夫韓繼宗卒，遭繼姑之虐，怒輒以簪刺其股肱，流血淋漓；又遭惡叔淩害百端，竹罄南山。晝理生事，夜則閉門，慟哭徹夜。有司上其事，聖旨旌表其門坊。價已領，時值饑饉，食費乏，坊牌至今未建。雷氏，大名府同知爵之妹也，爵清修苦節，老而彌篤，可謂難兄難妹矣。

許氏年二十四，夫韓邦仁卒，無子，家用不足，辛勞萬狀。巡按下所屬辟節婦，本縣以十人應命。巡按以其太多，取年最少而無子者三人，許氏其一也。奏下禮部行憲司核勘，覆奏下禮部。三人家貧無後，至今未蒙施行，可歎哉！許氏，鄉善士英之孫女也。英修行執禮若儒生，鄉人敬服。

贊曰：慷慨殺身易，從容就義難。四五十年間，春花秋月，夜雨雞鳴，非鐵石肝腸，金玉操履，其能堪乎！我祖母當易簀之時，發死不同穴之命，則五十年來兢業自持可知矣，然尚處順境也。雷氏則當其逆，然有子可依；許氏則無子矣，更何所爲乎？詩曰：「人之秉彝，好是懿德。」信矣夫！

韓邦靖傳

韓邦靖既卒，其兄邦奇墨淚而作傳，且敘曰：

昔者班固、范氏雖非理人，亦非有貫盈之惡也，及其身被淫刑，當時不以爲冤，後世且議其非，竊嘗疑之。及觀兩漢書而知其由矣。夫人之所履，可枉於生前，不可掩於後世。君子力善而蒙禍，小人肆惡而幸福，所計以伸者，非史冊乎！乃又昧焉。天災人禍，茲其至矣。今觀兩漢書，上下數百十年中間，其無因其同己而隱其惡者邪？其無因其異己而蔽其善者邪？其無稱人之惡而損其真，揚人之善而過其實者邪？其無善或遺而惡弗盡而善惡顧或背之者邪？數者有一焉，班也，范也，奚其辭，嗚呼宜矣。

亡弟病且亟，謂予曰：「我病且死，兄愛我之深，痛我之至，知我之真者也。夫惟愛我之深，痛我之至，知我之真也，我即死，兄必自爲我作傳。昔我之有生也，每聞大人君子之揚我也，惕惕然，汲汲然求以副之，懼或負焉，爲知己羞。今兄之述我也，可無盡也，弗可過也，其有過之者，我今已矣。進修者無地，即我負過情之恥於終天矣。夫愛我之深，痛我之至，知我之真也，而可使我至此也。」予泣而允之。亡弟既卒，予乃爲之傳，上懼班、范之禍，下傷亡弟之志，弗敢一字無情焉。嗚呼痛哉！

嘉靖二年春二月十日，靖歸自大同，謁孔廟，揖邑宰，拜先壟，牲見於祠堂。與諸兄弟登堂稱觴於母氏，歡宴終日。乃是月十八日，病，損食不豫。其兄邦奇爲之遠近迎名醫，皆不即功，乃愈益病。四月十日，衣冠如平生，呼邦奇曰：「吾將逝矣。十九日必大雷雨，即爲我戒衣衾。」又曰：「先君之歸，在是月二十一日。吾強待之，使兄好作忌辰也。」十九日昧爽，天色晦冥，家人恐靖覺雷雨遂逝，令二人力掩其耳。問曰：「掩耳者何也？」邦奇紿之曰：「醫謂掩耳息氣也。」已而果大雷雨，如在寢室，門牖皆震動，而靖不語矣。邦奇爲之正冠，乃摇首。邦奇泣曰：「待二十一日乎？」乃首之。二十日，邦奇問曰：「歸期明日乎？」靖不應。邦奇痛哭曰：「吾弟力不能支矣。」乃又首之，俄而遂卒。卒之一月，武功康對山來吊，曰：「往年秦山崩，吾謂三秦豪傑必有當之者，既而何仲默卒。吾謂仲默：『陝西官山之崩在是矣。』今乃知非也，乃應吾五泉子！」

靖字汝慶，別號五泉子，陝西西安府朝邑縣人也。其先爲慶陽府安化縣人。宋元以來，世以武宦，元末以金牌萬戶鎮蒲關。蒲關，即今朝邑東境也。洪武初，至髯翁始罷武階，爲齊民，遂爲朝邑人。髯翁者，韓氏朝邑始祖，多髯，家史失其名，故子孫相傳爲「髯翁」云。髯翁生平輔，平輔生得春，得春生恭，恭生整，整生顯，贈奉政大夫刑部山東司郎中。顯配張氏，封太宜人，旌表節婦。生紹宗，字裕後，號蓮峰，鄉學士以蓮峰長者，呼爲「蓮峰先生」云。蓮峰先生起家進士，累官按察副使加封中憲大夫。蓮峰先生配閻恭人。弘治元年閏正月初一日子時生靖，是夜閻恭人夢聞五色雲中奏異樂，玉女十餘人持蓋，擁一美童子入寢室，覺而生靖。靖生而靈異，三歲能哦詩百餘首，四歲蓮峰先生命之讀孝經，未終篇即能自誦，小學即了大義。五歲，蓮峰先生抱之讀文王至德篇，忽掩卷若有所思。蓮峰先生問之。對曰：「即如是，武王非矣。安得同爲聖人？」蓮峰先生大奇之。八歲通舉子業，十四舉弘治辛酉鄉試。二十一登正德戊辰進士。己巳，二十二，除工部虞衡主事，陞都水員外郎。甲戌二十七，以諫罷歸。辛巳，三十四，奉詔起用。嘉靖壬午，三十五，擢山西布政司左參議。癸未，三十六，自劾歸，歸之四月而亡云。

其在虞衡也，部檄監收十庫時，宦勢正熾，大廢舊典，部官往，下吏視之。靖至庫，群宦不爲禮，乃自取坐前席。群宦不平，紿曰：「部尚書至，因起徹坐。」靖詰之，答曰：「部官故事：無前席者，然止一飯，無預庫事也。」靖曰：「然則我當回耳。」答曰：「當署案。」靖曰：「部官無預庫事者，安得復署案？」群宦不得已，卒如舊禮。既而又檄監收黑窯廠，廠亦宦者主之，廠弊尤甚。靖至廠數日，群宦款以厚燕而不言公事。靖曰：「可臨事矣。」乃身自視秤，群宦笑曰：「部官領數耳。奈何瑣瑣如此？吾輩厚費而來，此欲何爲？」靖弗顧。群宦始動以禍福，次誘以情禮，終不移。後適靖次當浙江，抽分去矣。抽分者，司利之職也，人率避嫌，重取于商，進羨餘以自白。靖曰：「避己嫌而困民，非忘身之臣也。」乃下令非巨材若竹木成器者皆免征，比滿代，正課且不足，部科皆以法奏靖。靖亦自劾求罷。賴宰臣知其事，得原先是課，皆寄府幕官領之。靖曰：「府有司幕卑官，使司重利，部官欲之，幕無如之何？」乃建言寄布政司，又建言抽分司。有刑獄事，悉發按察司，庶法無所出入，皆至今爲例。

初，鎮守劉太監者，谷大用黨也。多權術，榮辱生於造次。浙之百司皆倚事之。故事：每抽分歲，聽囑客賂千金。靖一無所聽。劉始怒，而終信之。後幸宦來浙，將索之分司。劉曰：「某願代奉，勿求韓主事也。」壬申，南北直隸諸路盜起，朝廷命將征剿。例：工部官一人前除。時賊勢猖獗，出沒無常，至憑陵郊甸，行者多遇害，應行者數輩皆懼甚，假告圖免，有泣于尚書之側者，尚書亦莫忍，決次不當靖。尚書知靖素勇敢可使，數目靖，靖毅然請行道，數值警而未遇害，然亦危矣。已而陞員外郎，檄往直隸、陝西、山西查征歷年匠班值。既見其民貧甚，乃建言宜罷征。是時，急於用財，不許。後以乾清宮災竟罷之。而天子於是方以災異下詔求直言者。靖歸，上疏略曰：

夫民者，樂安而思治，惡危而厭亂，向背之際，甚可畏也。臣竊見陛下自即位以來，朝政不修，經筵罔御，盤遊無節，狎近群憸，摧折骨鯁之臣，閉塞諫諍之路，百度乖違，庶事叢脞，府庫空竭，閭閻流散，寇賊災異，薦至迭興。危亂之形已成，社稷之憂將大。頃者乾清宮災，陛下下詔求言，在位群臣疏論，剴切時政缺失，指陳略盡。天下之人皆以爲天心仁愛，啟佑聖衷，必將延覽聽納。革既往之愆，圖維新之化，澤潤生民，永昌社稷，在此一舉。不意陛下徒事虛文，不修實政，凡諸過舉，仍遵往轍。臣工章疏，罔有施行，而部官黃體行，乃又以言罷去。天下人心，莫不囂然沮喪，以爲陛下遭此大異，因循恬安，尚復如此，是陛下無悔悟之期，天下無治安之日，渙散支離，不可收拾。書曰：「民可近，不可下」，下尚不可，而況使之離哉？夫親離者家散，民離者國摇。故漢儒有土崩之言，先哲有摶沙之喻。臣每念及此，實懷隱憂。伏望陛下以社稷爲念，將各官章疏，採擇施行，將前後言事得罪之人，並黃體行取回録用。於以收既散之人心，迓將來之福澤，天下國家不勝慶倖。

疏上，天子震怒，繫錦衣獄。給事中李君鐸率眾論救之，乃得奪官爲民，家居八年餘。足跡不至城市，明農之暇，閉門自檢而已。初，蓮峰先生既里居，邦奇亦遺爲民，人皆以靖性敏年青，勸之專意讀書。靖曰：「已欲資見聞而以勞事遺父兄，豈其情哉？」遂躬親農畝，胼胝自甘，樂如也。九川呂子曰：「五泉子可謂孝弟力田矣。」時御史師君存智、范君輅、給事中徐君之鸞皆奏起用，不果行。今上即位，起擢山西布政司左參議，分守大同。靖起自廢黜，感恩圖報，單身之任，不挾童僕，精白展佈，知無不爲。革奸弊，恤民隱，輕徭薄斂，訟獄平允，權豪斂跡。又以邊陲之地兵糧所係，止一分守分巡，非如省下三司並置也，而分守官故事無印，弊端之起實由之。乃上疏援提學水利例，請給關防。時又以朝廷修定策功賞議，内閣外戚潛邸臣將封爵。靖以高皇帝定萬世之策，兄終弟及，今上乃天敘所宜，諸臣何功之有。亦上疏論之。皆不報。高山、陽和等衛軍人開墾草場數千餘頃，皆爲豪家占種，靖皆奪之，歸於官，招人佃種。乃上疏略曰：

公侯之家，平原負郭，膏腴極望，水陸衝要，棟樑滿市，歲入之利，蓋已饒餘。豈應復于邊方爭此微利，不過爲鼓鐘之餘緒、庖廚之厭棄耳。即今邊儲大困，軍餉不繼，荷戈之士，金玉糟糠，饔飧草樹。前項地土招人佃種，每畝征糧五升可得千石，則一月之間千人飽食，而佃人之利不與焉。其於公私不無小補矣。

疏奏，亦不報。未幾，大同歲饑，人相食。又奏議乞發内帑賑濟。事下該部，部不許，且駁之。靖憮然輟食，將再論之。或曰：「君之心盡矣。其不行者，責有所歸君？何自苦如此？」靖曰：「言而不復，自謂已責已盡而委咎於人，此詐臣之自便而釣名者之爲也。」乃復抗疏論列。其略曰：

臣因大同地方民貧歲歉，具奏蠲免停征税糧。近奉户部行臣文劄，似以臣言爲妄。臣觀本部所議，有曰：「正德十六年，大同有災，州縣衛所，已照分數，除豁無災税糧，不知緣何停征者。」臣惟大同連年饑荒，小民貧苦，去冬今春，斗米幾值銀三錢，事勢之極，言之不殫。至於先年奏報災傷欠真，乃是有司不恤民隱之罪，豈可以此遂以爲大同有無災之地，有不飢之民哉！本部所議又有曰：「大同一鎮，本部給發甚多者。夫大同，所發該部錢糧，乃是供給軍馬調度之用，固未聞該部發幾萬兩濟某縣之饑，又曾發幾萬兩寬某州之税也。」今乃以此而塞臣之請，是猶以東家之負欠而奪西鄰之契券也。本部所議又有曰：『本鎮歲征不足歲用，天地所生財貨百物，不在官則在民。收貯在官者，堪以接濟。則拖欠在民者，乃可寬征』者，臣愚不能遠舉古昔，且如成化年間，山西、陝西之饑，比時朝廷亦發太倉銀百餘萬兩，分遣大臣出賑。近時山東、直隸亦饑，朝廷亦發太倉銀數拾萬兩出賑。臣愚不知彼時發銀之時，各處地方在官者豈皆在在贏餘邪？亦爲當時在官者已竭而後發太倉之銀。又未知當時各該地方賑之而仍征稅糧與否也？大同之饑實與之同而又過之，賑濟既已不得，求免稅糧又所不允，是大同之民既不得與往日山西、陝西之民比，又不得與今日山東、直隸之民比也。夫邊民之苦，較之腹裏特爲異甚。腹裏每畝征草二束，而大同乃每畝四束，腹裏稅糧每有輕折，而大同存留之外皆供王府祿米，此其苦一也；地寒霜早，耕獲不得其時，或有虜患，人畜時亡，此其苦二也；軍儲缺乏，每有動調人馬，輒搜索民間，名雖和買，其實害不可言，此其苦三也；商販不通，無貿易之利，此其苦四也；州縣長吏，舉人者少，進士絕無，惟知科索，不知撫字，而各衛所首領官員及分守守備內臣，比肩而立，皆須供億，民少官多，此其苦五也。是以數十年來，村邑蕭條，版籍凋落，其視成化、弘治以前十去六七。此而不恤，必至無民，若苟無民，豈有大同，既無大同，豈復有京師。夫邊民者，所以捍禦腹裏朝廷，恩澤宜特加優渥。今乃有腹裏所無之苦，無腹裏所有之恩，何也？今大同北有強敵，南有礦賊，而號稱「虎頭」者，時又竊發。今州縣小民，以升斗之粟坐強盜，死者不少。中間有弟兄三四人者，又有親戚三四人者，此其事勢，豈可不慮？夫民心離向，機微隱伏，固知朝堂之上，此非所急，至於變生禍作，獨不用財乎？該部所稱「天之所生財貨百物不在官則在民」，是誠至論，臣愚不知今日之財貨果在官乎，果在民乎！若以爲今之天下家給人足，臣雖無似，斷不敢以是欺陛下也。昔者先帝臨御，號稱積財，如權奸劉瑾、宸濠、強尼、江彬、張銳之屬，皆富敵於國，今皆抄沒在官。當時內府即無人掌管，豈無文簿收記，此乃今日財賦糧源之地。司國計者，正當惟是之求，當稽其出入而盡還之於太倉。使宮闈不得佔據，貴戚內臣不得濫竊。一疏不允，再疏請之，再疏不允，三疏請之，三疏不允，則以身爲之。去就繼之者，又復如是。則聖明在上，豈有終不見從者哉？足國裕民，實在於此。若以此等財貨皆入左右近侍宮闈貴戚之手，不可必得而姑民之求，則非今日聖明之治，而亦非天下之所望於該部者也。該部所議又有曰：「若是依擬，停征盡免，作何區處？可勾放支。」臣愚以爲：區處之策，惟力請內帑之銀是也。臣聞之：古之賢聖君臣，所以足國裕民，亦自有其道。昔者漢文帝露臺惜百金之費，所幸慎夫人衣不曳地，而復今年賜民田租，明年賜民田租；衛文侯衣大布之衣始年有車五十乘，季年乃三百乘。今朝廷之上，內外官蔭，日有濫書，貴戚賞賜估據，橫不可制，司禮監之奏乞諸內臣之濫設，言者屢及之而不抑，所以糜爛其財賦者，不知其幾何！此正司國計者之憂，乃於靡有孑遺之民而屑屑取盈焉。此其道何也？臣前奏免糧，該部令臣查考區處，見今有司征停，兩無所從，臣近日又奏邊務事，亦未奉有明示。敷政優遊，固爲聖朝寬裕博大之體，然於臣等小臣，熙事圖功，承流宣化，不無延引歲月。伏乞陛下特敕該部，查臣所奏，假如妄誕，乞即加罪譴，明示天下，以爲人臣不忠之戒。如或有理，乞即施行，免賜立案，及又行查，以消時日，臣不勝戰慄顒望之至事。

復下該部，部司頗不說。靖亦不顧。於是侍郎臧公鳳、經略宣大疏薦，略曰：「臣伏見左參議邦靖穎秀夙成，早登科甲，操心平正，而素履清慎。居官奉法，而威富惟訖。問學博洽，議論淵源，任之提學，必能以身率士，薰陶德器，上可以華國，下可以有造。其於治道，必有裨補矣。」都御史楊公志學亦疏薦，略曰：「左參議邦靖操持剛正，事每法乎古人，問學優長，心每存乎澤物。乞將邦靖遇有提學員缺推補，則將來賢才日有成矣。」御史俞君集亦疏薦，略曰：「左參議邦靖有學有守，動以古人自期，有猷有爲，志以救民爲急。」上皆下之吏部。

先是，八月，靖疾作，雖已平，復慮或春深復發，遂上疏乞休。都御史張公文錦疏留曰：「臣伏見左參議邦靖學術醇正，人品清高，以方壯之年，當難爲之際，輕徭薄斂，革弊除奸，一方軍民之所仰賴。雖稱有疾，尚堪調理。乞將本官陞授兵備副使，仍留本道，以慰軍民之望。」上亦下之吏部，不允靖去。靖雖慮疾作，然感時知遇，欲扶疾視事，而心偶有所不說，乃復上疏乞休。疏拜即去矣。於是御史許君宗魯奏靖去狀，而御史朱君實昌疏薦靖及邦奇。其略曰：「參議邦奇、邦靖，學問自相師友，綽有淵源，名節交相砥礪，毫無瑕玷。乞吏部將邦靖病痊起用。」事下吏部，時朝廷方用言官議，申舊例外官不得養病。吏部上奏曰：「左參議邦靖操履學識，俱有可取。乞將本官暫令致仕，病痊之日具奏起用，不爲常例。」上報曰：「如吏部議。」初，軍民聞公去，皆跪泣遮留之。靖紿曰：「吾赴省，頃當即回。」眾曰：「吾民不敢久留使君，願將明年均徭一派而去可也。」靖撫慰而行。

靖雖一動一言之細，亦矜名節，然孝弟友恭，尤爲切至。事蓮峰先生及閻恭人終身不違顏色。己卯，蓮峰先生病，湯藥必親嘗，起居必親扶掖，晝或忘食，夜不解衣。越四月餘，蓮峰先生屬纊之際，呼而歎曰：「汝可謂純孝人矣。」及蓮峰先生卒，哀毁幾死，水漿三日不入口。未葬之三月，席草枕塊柩下，腰絰不除。時盛夏虱蟲叢積，振衣躍落，形瘁骨立，見者泣下。靖之疾實由於此，浸淫至今日及卒。閻恭人悔曰：「吾兒居喪時，少能以禮自節。豈至此哉！」蓮峰先生既葬，邦奇廬於墓。靖倚廬於中門之外以奉閻恭人，朝夕至墓與邦奇焚香哀泣，陪邦奇必分夜。事伯兄知縣邦彦及邦奇二姊，撫弟監生邦翊，情文俱盡。邦奇疾於廬幾一載，汗惡之氣，人咸不堪。靖侍側，未嘗頃刻離。飲食必親奉，湯藥必分飲之，以察其寒暖補瀉之宜；至於穢溺必諦視之，以觀其清濁燥潤之色。姊李孺人患惡疾四五年，靖事之極其盡力。撫愛諸侄，一飯之頃未嘗或忘。鄉士夫爲立孝弟碑，爲鄉閭式。邦奇曰：「當先君大故及吾病甚時，吾弟痛楚酸苦之情，憂勞悴迫之狀，吾不能言，而文不能盡也。」

初，大同積弊之餘，法度廢弛，靖曰：「紀綱不立，雖有仁恩不行焉。」下車即按權顯不法者幾人，於是號令風行。靖行政以仁民爲本，而馭吏甚嚴，吏汙貪者輒去之，曰：「民與貪吏不兩立。不嚴於彼，必不能寬於此也。」有枉囚十餘輩，靖得其情，檄原問辯之。原問曰：「事經巡按及部寺。」靖曰：「吾無問爾，第于爾索囚生也。」原問不得已，徑從開釋。後當審録，靖偶在告，囚皆泣告諸審者曰：「死無所恨，願一望見布政也。」靖才既明敏而復勤察，故訟者盈庭，皆於當日了之，兩造具服，人稱神君焉。清儉樸實，衣取蔽體而已。公服外終身布素。丙子，蓮峰先生賜一假，靖製爲衣，謂其内屈安人曰：「今日衣錦矣。」安人笑曰：「此惡草也。窮秀才自謂過之。」初往浙江，再往大同，終其任未嘗買其地尺布寸帛。初，屈安人病八九年，護床瘥痼，安人勸其置妾，爲後嗣計。曰：「汝年幼，當有好期也。」其在浙及瓜，同年趙推官者，好友也。以屈安人病，買一婢將遺之，不受。趙曰：「此婢頗有姿色，越女也。」曰：「正恐其有姿色耳。」終卻之。

靖深沉有謀略，而濟以勇果之氣，慮定而發，據理而行，排山倒海，萬夫莫禦。識見宏遠，而濟以英偉之才，故事至物來，衆方議擬未定，而靖已處分矣。平居處衆，坦夷平易，退焉如懦，至於當取予進退死生大節，確然不可奪。精思絕人，童時先輩試其能，以百餘錢擲於地，命一視即收錢。即答曰：「錢若干。」皆如其數，雖百試不差。嘗與客奕，背坐不視局，以口對奕者，始終不差一著。學有淵源，自幼即以經濟爲志，其言曰：「人之所以自重而易退者，急於進而欲濟時也。人所以重生者，欲待其死所也。不然苟生何爲？」使天假之年而大其位，其功業豈止於是而已邪？嗚呼惜哉！

配屈安人。女一，異元，無子。以族子仲譜嗣。初，靖病且亟，邦奇日慟，靖譬之曰：「死生，命也。吾兄今不解衣，不滋味者二月餘，形且甚悴。我生尚如此，我死復當如何？高堂在上，兄其勉自愛。」邦奇泣曰：「吾弟憶東坡之詩乎？來生之因，尚當同爲兄弟也。」將易簀，邦奇襲已衣著靖。靖曰：「是欲華也。」邦奇痛哭曰：「欲令吾弟九原之下，常如我在側也。吾弟其永懷之，勿忘我也。」及靖卒，邦奇廢寢食，哭絕賓客，遺生事。殯依於棺，葬依於墓。衰服疏食，祥而弗懈。皇皇焉，望望焉，常如靖之在左右也。事或有疑忘靖之卒，欲就之質；朝夕臨食忘靖之卒，欲命之共；問安於閻恭人忘靖之卒，欲約之往。蓋恍然見其生，忽然疑其死，數呼其名若告焉，若命焉。邦奇嘗謂其友樊子恕夫曰：「世安有司馬遷欲其作傳、關漢卿欲其作記之筆乎？能爲吾寫吾思吾弟、痛吾弟之情，吾當以此身終世報之！」靖自五歲知義理，所以事邦奇者三十一年，未嘗有一話言之相違，一顔色之相失。忽焉及此，宜邦奇思之、痛之，無窮已也夫！樊恕夫孝弟碑曰：「自有兄弟以來，中間道德之相高，功業之相映，亦多矣！至於相愛之深、相信之篤、所見之同，如五泉子兄弟，可謂曠世少有矣。」嗚呼！可謂知言也已。痛哉痛哉！贊曰：

太史公曰：「予自京師見五泉子七言絕句，詩類杜子美。及予罷歸，爲予誦其古詞歌，浸淫唐初，逼漢、魏矣！觀朝邑志，其文章之宏麗者乎！夷考其行，蓋曠世之英，全德之士也。」敘傳曰：「迅雷兆變，異夢呈祥。大同之民，思之不忘。秦山之崩而靖乃傾，惟天地人，弗能無情。胡於爾壽，乃獨弗豐！茫茫宇宙，恨也何窮！」拾遺曰：「甲申，邦奇守冀北，既下雁門，士民父老圜告於邦奇曰：『先使君子，治誠善矣。願使君守而勿失，即吾人幸甚！』會僕名來省，邦奇問曰：『名來自民間，大同之人謂我如何？』名曰：『名自入大同也，咸謂二叔新至者，惟三叔則雖深山窮谷，婦女小兒皆能誦説其行事。』鄠杜王九思之詳，感慕咨嗟，有泣下者。是歲仲冬之變，邦奇夜出撫衆，衆先率兵來告曰：『使君天心，我衆安忍加害來者？恐驚動使君奉衛耳。』又曰：『前使君於使君爲何人，今安在？』邦奇曰：『弟也。』衆歎曰：『使此使君在，安有今日哉！』使君者謂邦奇，前使君者，靖也。二叔者，謂邦奇，三叔者，靖也。夫靖既去矣，而大同之人追慕如此，況五堡變卒戕主帥、抗王師，玩紀律，凶悖悍戾，靡所不至，其於靖也，感思歎息於夜半搶攘之時。嗚呼於是，亦可以徵靖也已！」

烈女小桂傳

小桂姓劉氏，伶籍也。誓願從良，每伶氏問聘，輒涕泣不食。既長，復有伶氏來問，父母納其聘，擇日將歸。小桂知不能已，大哭服毒死。父母怒其不爲家長財，卷之席棄之中野，群犬啖之。贊曰：

小桂之節，顧不異哉！出自伶族，其烈如此！

秋蟬之出於蜣螂，蓮華之出於污泥，古之聖賢不係於世累，尚矣！孔子曰：「志士不忘在溝壑，勇士不忘喪其元。」小桂無有之？嗚呼烈哉！

朝邑三廉吏傳

大名府同知雷公，諱爵，字廷臣，鄉試中式，授保定府清苑知縣。清苑，當天下陸路之衝，然富庶邑也。歷九年，菲食惡衣，常禄外無分毫取。遷淮安府邳州知州。邳，當天下水路之衝，州又雕敝，近幸過者，每折千至百餘金。夫，至千餘名。公力爲裁抑，民雖少甦而貴人多不悦者。又九年，遷四川烏撒軍民府同知。三年守制，歸，起復。赴部時，少師大學士邃菴楊公爲尚書，見公名，曰：「子清苑知縣、邳州知州雷爵乎？」公曰：「是也。」楊公歎曰：「我爲外臺時，過清苑者二，過邳州者三，歷歷聞子名，今乃見之，老矣！大名，天下名郡，授子爲暮年優遊之地。」公出笑曰：「大名，養濟院耶？我七十年孀居嫠婦，今再醮乎？」至大名，每行縣，蕭然疋馬，米蔬自隨。至南樂，知縣鄉人也饋餼牲數品，公卻之。知縣曰：「此某之自辦，非取之民。」公曰：「知縣自辦，非同知自辦也。」終不受。時都御史柳泉馬公爲郡守，告予曰：「自雷先生貳大名，我雖言語亦不敢輕發，況敢妄行一事乎？數年間直得一嚴師矣。」

盧氏縣知縣郭公，諱霈，字國器，鄉試中式，授盧氏知縣，不茹不吐，威行惠施。盧氏有礦山，吏其邑者多緣以爲利。公一無所取，人畏而愛之。

鄭州知州韓公，諱邦彦，字汝哲，鄉試中式，授儀封知縣。正法度，節浮冗，均徭役，公聽斷，儀封稱治。守制歸，儀人少保浚川王公抵予書曰：「民思舊尹不置也。」起復，授高陽，以奏薦調河間。時方議行取，有不悦者尼之曰：「知縣簡傲不恭。」尚書張公爲御史時，曾按河間，曰：「韓知縣居官自有家法，應行之禮未曾缺少，但無奴顔婢膝耳。」然竟不果取。遷鄭州知州，發政皆如儀封。時公三尹大縣，一典名州，歸之日，諸兄弟問曰：「俸資若何？」公曰：「六十兩耳。」諸兄弟不信，謂公避富有之名也。安有尹三縣守一州，俸金止六十兩乎？後遭火災，諸兄弟曰：「銀經火雖銷而不耗，所積在何處？」公指之，諸兄弟于灰中得之，鎔爲一鉼，權之，果六十兩。諸兄弟皆大哭，曰：「有官如此！」竟而沈謝。當其時，司激揚而持進退之柄者，誰也？贊曰：

可欲哉！三君子之優仕也。心之馨香，上達神天，真足以範官常而振頹風！卒皆抱屈而歿焉，諒無怨悔矣！

丕休哉！我朝邑之多賢也。如寺丞楊翁圭、知府劉翁幸、僉事王君朝雍、左參議韓子邦靖，茹冰齧檗，豈在三君子之後，然皆登榮建事，衆與自全，奚待於予言？況寺丞名公，讓其儼雅，後學式其經術；知府享血食于文水，著仙跡於晉陽；僉事桂子蘭孫，照耀科甲，光前啟後，君子稱述。左參議忠節文名，著聞士林，識者謂其爲「曠世全德之英，一代詞人之冠」，固已表表矣。

盧氏縣訓導張公傳

公諱瑤，字獲珍，號席軒，姓張氏。陝西朝邑嚴王社人。本華陰王和村人，洪武初，高祖八徙居朝邑，曾祖孟真、祖順、父安、母喬孺人。公生而淳謹敏悟。八歲時，就鄉師授讀。稍長，授講即能曉解。既弱冠，入爲縣附學生。未幾，提學盧公歲試，列上第，補廩膳。時上公、甯孟公、曉及公皆名士，以文學相高，人皆期以大科，御史馬公、提學邃菴楊公、虎谷王公皆與進，六試秋場，竟不遇。公莊重，慎容儀，動必以度，言必有章，居上舍又久，後生敬憚，若師承焉。正德戊辰，應貢入國學，謁選吏部，授河南盧氏縣訓導。公以所學不酬於己，欲淑諸人，以周易、四書授諸生。諸生環聽終日，每退欣然相慶，謂聞所未聞。五年而教成化洽，諸生親之若父母，而公卒矣。所著有本義講說、中庸要義，諸生皆誦讀。公生於正統乙丑十月十一日，卒于正德丁丑正月初三日，享年七十有二，配王孺人，繼嚴孺人。子：鳳翼、鳳翱。孫：明仁，生員；明儲；明傳，生員。曾孫：彭壽。贊曰：

吾又聞：公廩膳時，遘厲虐疾。弟璣受學於公，年十八，禱於廟神，願以身代。既而公果愈，而璣忽即死，俱亦可尚也。已因並著論，亦以見公友愛之深所感云。

周氏世濟清忠傳

通政公彧，永樂中以明經徵。廉直敢言，每有論劾，必著緋衣。諸大臣每早皆使人候公長安門外，見公緋衣，各令取素衣角帶，爲待罪具。當視朝，果有論，糾糾者必得罪。如此數歲，貴近多忌公。有譖公貪者，上怒公，下獄死。命籍其家，惟米數斗，布衣數件。召公夫人問曰：「縱彧廉，無俸金耶？」夫人曰：「彧俸金寄通政司庫，而本司上彧庫金。」上悟，大怒，立誅譖公者，以金給公家。命良鄉至陝西，經過州縣，各致祭，復其官。

僉事公導，彧侄。初，鄉試中式，歸至華陰，乘傳驢，以驛童隨之。有婦人從後大呼追公，公待之。婦人曰：「我寡婦，唯守此一兒，今當渡渭，我送過河。」公曰：「塗遠野空，婦人同行不便。」子母又勞，乃下驢負任，徒步歸家。人以其中式，出迎於閭外。見公負行來，以爲未中也，皆回。公至家，良久父曰：「人皆妄言汝中。」公曰：「中矣。」父曰：「既中，如何步行？」公語之，故父稱歎。後拜監察御史，巡按雲南，陞山西按察司僉事，有惠政，卒於官。比發引，士民哭奠五日始出城。

通判公瑄，導侄。廉謹溫醇，鄉試中式，授廣平府推官，陞通判，兩任十八年，歸之日空囊耳。年八十讀書不倦，每有未達，獨乘一驢來就問予，如此數歲。周氏家至今子孫空乏。贊曰：

易稱「積善餘慶」，周氏三世清忠，而子孫家徒壁立，何也？若通政之剛毅，造物或忌之；而僉事之仁惠，通判之醇謹，又何也？或曰：君子爲善之誠，初不責報於天。斯人道也，如天道何意者？天道弗僭，遲速未必耳。然乎哉？

苑洛集　卷九

正德八年山西鄉試

問：黄鐘爲萬事根本，樂由之而作焉。古樂之亡久矣！兹欲復雲門之和，繼伶倫之妙，捨黄鐘何以哉！黄鐘定而十二律得矣。漢、唐而下，制作紛紛，卒未有得其術者。今舉其要而摘其疑，與諸士子商之。

微若聲，若之何？吹而和也。細若氣，若之何？候而應也。天地之數，十而已，黄鐘之實，何以用九？黄鐘之數，九而已，黄鐘之長，何以用十？管員而分方，何以容之？律正而有變，何以通之？子爲黄鐘之管，寅、辰、午、申、戌爲寸分釐毫絲之數，子、寅、辰爲陽是矣，午、申、戌何以屬之陽哉？亥爲黄鐘之實，酉、未、巳、卯、丑爲寸分釐毫絲之法，亥、酉、未爲陰是矣，巳、卯、丑何以屬之陰哉？十一律皆得黄鐘之數，而成者又有三分損益，何歟？十一律皆次黄鐘之序，而間者又有隔八相生，何歟？調有六十，乘五而得者也，可詳言乎？聲有八十四，乘七而得者也，可指陳乎？載觀前古，治定功成而禮樂作焉。我列聖相承，百五十年，大禮與天地同節，大樂與天地同和，諸士子於律吕之學，講之有素矣。其詳言之，毋畧。

聖人先得元聲而制器數，學者當察器數而求元聲。夫得元聲而制器數，上達之妙，聖人之神也。察器數而求元聲，下學之功，學者之事也。上達不可以頓悟，下學亦可以馴致，及其成功則一也。聖人往矣，欲求元聲而不於器數，正猶孟子之論聖神而不於善信，聖神何自而入哉？請因明問而答之。

天下之事，習則熟，熟則精，精則神，神則上達矣。雲門之音既絕捨器數，則何所持循哉？為荒唐之說者曰：「欲興古樂，必先得元聲，不必屑屑於器數之末。」是未能真積自得而窺元聲之涯者也。昔者聖人不能以一身周天下之用，故制爲器數以教萬世，使升高者之有階梯。孔子聞韶於齊，當其時戛擊而搏拊者，非皆夔倫也，而其美如此，器數存故也。律呂之學，歷代諸儒各有論著，而是非頗謬於聖人。惟漢之班固頗執其樞，而宋之蔡氏爲得其宗。即二子之見，律呂可得而言矣。

蓋嘗考之：聲有五也，必以律而和之。假令黃鐘爲宮，則太蔟爲商、姑洗爲角、林鐘爲徵、南呂爲羽；大呂爲宮，則夾鐘爲商、仲呂爲角、夷則爲徵、無射爲羽，其他律呂，亦皆以次而和也。氣有十二也，必以律而候之。假令冬至則黃鐘應氣升伍分一釐三毫，大寒則大呂應氣升三分七釐六毫，其他律呂亦皆以時而候也。天地之數十而黃鐘之實用九者，約體之十以爲九，使損益無奇零之積，乃黃鐘之用數也。黃鐘之數九而黃鐘之長用十者，分用之九以爲十，使乘積得九九之實，乃黃鐘之體數也。平置十二分，均而方之，規而員之，有餘不足各四而爲全分者一，規外四餘不用，而得方分者九，此非管員而分方之說乎？仲呂之實，以三分之不盡二筭，以變律之六，而得六三之數，因六三之積而乘仲呂之實，此非律正而有變之說乎？子一者，黃鐘之律也；其寅九，則黃鐘之寸數；辰八十一，則黃鐘之分數；午七百二十九，則黃鐘之釐數；申六千五百六十一，則黃鐘之毫數；戌五萬九千四十九，則黃鐘之絲數。此以一爲一者也。亥一十七萬七千一百四十七者，黃鐘之實也；其酉一萬九千六百八十三，爲黃鐘之寸法；未二千一百八十七，爲黃鐘之分法；巳二百四十三，爲黃鐘之釐法；卯二十七，爲黃鐘之毫法；丑三，爲黃鐘之絲法，此以三爲一者也。午、申、戌本陰辰而曰陽者，豈非以蕤賓、夷則、無射三陽律在位邪？巳、卯、丑本陽辰而曰陰者，豈非以林鐘、南呂、應鐘三陰律在位邪？黃鐘一分爲九寸，林鐘得九之六，太蔟得九之八，南呂得九之五十分寸之三，姑洗得九之七十分寸之一，應鐘、蕤賓得全釐，大呂、夷則得全毫，夾鐘、無射得全絲，而仲呂則得九之六有五分八釐三毫四絲六忽。此十一律之生，專主黃鐘而言者也。至於黃鐘損一而得林鐘，林鐘益一而得太蔟，太蔟損一而得南呂，南呂益一而得姑洗，姑洗損一而得應鐘，應鐘益一而得蕤賓，蕤賓損一而得大呂，大呂益一而得夷則，夷則損一而得夾鐘，夾鐘益一而得無射，無射損一而得仲呂，非以十二律互相生而言之者乎？黃鐘而大呂，大呂而太蔟，太蔟而夾鐘，夾鐘而姑洗，姑洗而仲呂，仲呂而蕤賓，蕤賓而林鐘，林鐘而夷則，夷則而南呂，南呂而無射，無射而應鐘，此以陰陽長短之序而言之者也。主於黄鐘，隔八下生林鐘，林鐘隔八上生太蔟，太蔟隔八下生南呂，南呂隔八上生姑洗，姑洗隔八下生應鐘，應鐘隔八上生蕤賓，蕤賓隔八下生大呂，大呂隔八上生夷則，夷則隔八下生夾鐘，夾鐘隔八上生無射，無射隔八下生仲呂，非以十二律相生之序而言之者乎？六十調者，十二律盡五聲，五聲各得十二律。以律之十二乘聲之五，共六十調，所謂乘五而得者如此。八十四聲者，十二律盡七聲，七聲各得十二律，以律之十二乘聲之七，共八十四聲，所謂乘七而得者如此。

嗚呼！樂者所以象功而昭德也，堯欽明而時雍則奏大章，舜重華而風動則作大韶，苟徒極聲容之盛而無和樂之實，則「樂云樂云，鐘鼓云乎哉」，亦聖人所不取也。我列聖相承，禮法制而教化修，三綱正而九疇敘，百姓太和，萬物咸若，八風之氣宣而天下之情平矣。猗歟盛哉！

問：論士者以年少則精敏也，而新進者多浮薄；年邁則老成也，而耄期者多倦勤。然考之於古，有中興漢室而爲雲臺之冠者，有保障江東而成赤壁之功者，有定策隆中而談笑以卻曹兵者，有決策澶淵而博謔以退遼師者。或捫虱而談當世之務，或建節而負克敵之志，或拜御史而人爲之膽落，或任招討而賊爲之膽寒，是皆年少者也，而建立乃如此，浮薄果足爲年少累乎？有起自渭濱而成伐商之功者，有膂力既愆而止伐鄭之舉者，有使秦而十數言存鄭者，有擊先零以萬三百餘人屯田者。或以狄仁傑之薦而復唐于周，或賀陽城之諫而名重天下，或以矍鑠示勇而天子稱嘆，或以相業顯名而敵使動容，是皆年邁者也。而勳名乃如此，倦勤果足爲年邁累乎？將用之於年邁者耶？一言成天書之誤者，非年少之人也；抑用之於年少者耶？附會新法之行者，非年邁之人也。二者何居而後可？其明言之，毋隱。

君子之建功也，必本於道。人主之用人也，不拘其跡。夫天下之事，未嘗不以得人而興，不得人而廢。天下之士，未嘗不以知道爲賢，不知道爲不肖。然士之於道也有淺深，而見於功業有大小，彼黯黯焉，不知道爲何物者，適足以敗天下之事，以自僨而已矣。

人主者，操天下之衡以權天下之士，亦惟舉其賢者而進之，取其不肖者而退之。使進之而拘其跡，則進賢之路不廣；退之而拘其跡，則退不肖之法不嚴。路不廣則君子或滯於不用，法不嚴則小人或幸於苟容，是故少而賢也，吾進之；少而不肖也，吾退之；老而賢也，吾進之；老而不肖也，吾退之。吾知有道而已矣。年之老少吾何計哉？

古者登崇俊良，與之共政。摧折鎮定，付之以爪牙之權，咨議論思，委之以腹心之寄。雖以武王之聖，穆公之賢，漢唐而下諸君之英武，亦必資於太公、蹇叔之流，或有以興創業中興之烈，或有以成治内捍外之功，當是時也，擇賢而用之，隨才而使之，初何嘗論其年之老少乎？且新法之行，舉天下稱其不便而始終附會之者，曾布也。人將曰：「年少者之所爲也」，是豈年少之病哉？人自病耳。今以一人而盡疑天下之年少者，不猶因噎以廢食者乎？天書之誤，舉朝廷知其不可而一言贊成之者，杜鎬也。人將曰：「年邁者之所爲也」，是豈年邁之病哉？人自病耳。今以一人而盡疑天下之年邁者，不猶因刖而廢屨者乎？

以年少者而言之，孝平不造，西漢之鼎已移於巨君之手矣。鄧仲華杖策以從光武，數言之間而天下之大計以定，其爲雲臺之冠，不亦宜哉！獻生不辰，東漢之鹿已掎於孟德之手矣。周公瑾決策以贊孫權，一炬之火而江東之大勢以張，其成赤壁之功，不亦奇哉！老瞞之下江陵也，戰檄一示而羣臣失色，張昭輩已倡迎降之議，合孫吴之勢而卻之者，亮之所以爲人龍也。契丹之寇澶淵也，邊書一告而中外震駭，欽若輩已建出幸之策，得高瓊之助而退之者，準之所以爲鎖鑰也。桓溫既入關中，王景畧留心江左，捫虱而談當世之務，可謂三秦豪傑之才矣，惜溫之不見知。金人既陷中原，岳鵬舉唾手雲燕，建節而負克敵之志，可謂南渡精忠之將矣，惜檜之不見容。溫造爲御史而劾李祐，祐爲之膽落，其風力可嘉也；韓琦任招討而鎮西夏，賊爲之膽寒，其威名可畏也。數君子者，皆年少之人也。而建立乃如此，豈奸諛皆如布者哉？

以年邁者而言之，周武怒商受之虐，爲伐商之舉，得太公以爲輔，卒成四海永清之功。牧野洋洋之頌，至今尚昭昭也。

秦穆信杞子之言，爲侵鄭之謀，忽蹇叔而不聽，卒獲三帥被囚之恥。良士番番之戒，至今尚耿耿也。趙充國以萬三百餘人而屯田，其智將之流矣。當是時，先零倡亂於先，罕幵脅從於後，漢之邊鄙，蓋擾擾也，卒之罕幵既服而先零亦降，充國之功，不亦多乎！燭之武以十數言而存鄭，其辯士之流矣，當是時，晉軍於函陵，秦軍於氾，南鄭之社稷，蓋岌岌也，卒之秦伯既悅而晉侯亦解之，武之功不亦茂乎！天后革唐之號，自立爲帝，罪莫大焉，廷誅佞幸而復唐於周者，張柬之也。陽城論列延齡，營救陸贄，罪莫測焉，廷拜言官而名重天下者，張萬福也。馬援以矍鑠示勇，而天子稱嘆，其心可謂壯矣。文彥博以相業顯名，而敵使動容，其儀可以象矣。數君子者，皆年邁之人也，而勲名乃如此，豈昏庸皆如鎬者哉？

爲今之計者，少不必拘也，少而如布之姦詖則斥之，如孔明諸人則用之；老不必拘也，老而如鎬之昏庸則去之，如太公諸人則進之。進而用之者，皆賢也；斥而去之者，皆不肖也。年之老少，吾不得而知之也。

嗟夫！天下之事功，未有不本於道者也。事功而不本於道，是功利私智而已。然求人才於三代之上，道純而功亦隆，求人才於三代之下，則亦隨其分之所得而爲功之所著耳。太公不可尚矣！孔明可興禮樂，蓋天民之未粹者，其餘諸君子或得其一偏而全體之未窺，或資之暗合而造詣之未盡，故亦能因事而有成，隨事而輒敗也。其下如布如鎬者，得免於王誅亦幸矣，何道之足云哉！

問：書曰「今惟淫舍牿牛馬」，詩曰「駟騵彭彭，肆伐大商」，征伐之資，於馬也尚矣。其制始於黃帝，備於周官；漢、唐、宋各有其法，而我國家尤爲詳悉。內有太僕寺矣，而府、州、縣設佐吏以專領之；外有行太僕矣，而苑馬寺設監苑以分領之。互市有茶馬也，分蕃有圉長也，設官何其備歟！既有見馬以給軍，又有寄馬以給民，既責之以牧養，而又責之以孳息，印烙以防之也，考課以驗之也，立法何其詳歟？若是者，宜馬之蕃盛也夫！何一遇小警，馬即告乏，出帑藏之錢，遣市馬之使，所謂見馬寄馬者，何在乎？經有之：「學古入官，議事以制。」是準今者，必酌乎古。今舉古人一二事，試與諸士子商確之。

一馬復三卒，内郡之制也。令民自畜馬，邊塞之制也。至於封君而下，以次出馬，官給牝馬，歸息什一，不有墜於先烈乎？府兵既立，給錢而市之；府兵既變，給馬而用之。至於一縑一馬，息士十萬，別色爲羣，望如雲錦，不有裨於國家乎？曰官馬，曰戶馬，曰戎馬，法亦善矣。及保馬之法行而天下之民困，當是時也，首倡其議而力稱不便者，誰歟？騏翼鑾鏘，玁狁息整居之禍；龍驪駁白，匈奴肆平城之圍，馬之關於成敗亦重矣。然則蕃育之有官，歲時之有祭，宜也。今欲使在内者有驪有黄之多，在外者有既佶且閑之盛，其道安在？將酌古法而行之歟？抑我國家法已詳備，今莫若修其廢墜歟？二者何居？

經天下之政存乎法，行天下之法存乎人。故爲治者，不患法之不修，而患人之未得。吾見法具而不得其人者，有矣，未見得其人而法有不舉者也。馬政之制，國朝之經畫已備，特承平日久，怠於吏而玩於民，法固未嘗有敝也。敝之者，人也。今能一振而作之，其所以經天下者，沛乎有餘裕焉。苟徒是古非今，役役於紛更改革之勞，而不知修復之道，其爲爲治之累，豈小小哉！孔子曰：「文武之政，布在方策。」其人存則其政舉，其人亡則其政息，不我欺也。請因明問而復之。

武王之伐商也，有「駟騵彭彭」之詩；魯侯之征淮夷也，有「淫舍牛馬」之誓，則馬之用於征伐也尚矣。玁狁整居焦穫矣，而宣王成薄伐之功者，以騏翼鑾鏘之盛；高帝威加海内矣，而匈奴肆平城之圍者，以龍驪駁白之多，則馬之係於成敗也大矣。此歷代以來所以考成分屬，有蕃育之官，祈休報賜，有歲時之祭也。以其官而言之，其廐有未央、承華、騊駼、騎馬、路軨、大廐之異，其官有三令、四令丞、五監長之殊，而掌之於太僕者，漢制也。其署有六閑、八坊、四十八監之類，其官有主簿、直司、團官、牧尉、排馬、羣頭之屬，而領之於太僕者，唐制也。至於騏驥有院，天駟有監，天廐有坊，既置羣牧司，又置羣牧使，此在内監牧之法，自河北至許州，已有十八監，兩河、陝西有都總管處，復置一監。太原、交城又復置馬監，既委羣牧司，又委守倅兼領，此在外監牧之法，又非有宋之制乎？以其祭而言之，春祭馬祖，夏則祭先牧，秋祭馬社，冬則祭馬步者，周禮也。牲用少牢，地用大澤，四祭之禮，同積柴以燔坎地，以埋四神之禮異者，隋禮也。至於筮日致齋於未祭之先，瘞㙂燎柴於既祭之後，又非開元禮乎？

肆惟我國家列聖相承，立經陳紀，參之於往昔之規，斷之以聰明之獨，其設官不爲不備矣，其立法不爲不詳矣，是宜馬之蕃盛也。邇者青、蜀之賊一興，邊關之寇少警，廐既竭乏，馬則玄黄，朝廷遣市馬之使，帑藏出市馬之錢，遂使閭閻之下，槽櫪爲之一空，價值爲之騰湧。此無他，良以我國家長治久安，百五十年以來，天下雍容於禮樂文章之化，熙皥於富壽安樂之天，官雖備也，世平則易玩；法雖詳也，歲久則易湮。其欲在内者，有有黄有驪之多，在外者，有既佶且閑之盛，不亦難哉！策曰：「準今者必酌乎古。」將酌古法而行之歟？抑我國家，法已詳備，今莫若修其廢墮歟？嗟夫！泥古者不通，遵先王者無過。今舉古人一二事而言之。

勸民養馬，有一匹者，復卒三人。蓋居閑則免三人之算，有事則當三人之卒，此内郡然也。縱民畜牧，官不爲禁，或致馬千匹，或致馬數千，此邊塞然也。是非漢制乎！當給馬者，官與其直市之，每匹錢二萬五千，刺史折斷果毅，歲周察不任戰者，鬻之以其錢，更市不足則府供之，此給錢以市也。府兵漸壞，兵貧難致，乃給以監牧之馬，此給馬以用也。是非唐制乎？至於有宋之時，有曰「官馬畜於監牧者也」，曰「民馬散於編户者也」，曰「戍馬市於邊郡者也」，此皆古人之法，執事所欲參酌以行之者，而愚生直以爲不可也。是何也？蓋彼法之善者，當今既以採而用之矣。其不宜於時者，則又不可行也。載考當時之制，内有太僕寺矣，而府州縣設佐吏以專領之；外有行太僕矣，而苑馬寺設監苑以分領之；互市有茶馬也，分蕃有圉長也，其設官也擬之漢、唐、宋，豈不爲尤密乎？今亦取其賢者而任之，取其不肖者而退之耳。既有見馬以給軍，而又有寄馬以給民，既責之以牧養，而又責之以孳息，印烙以防之也，考課以驗之也。其立法也，視之漢、唐、宋，豈不爲尤密乎？今亦摘其弊而祛之，舉其墜而興之耳。

嗚呼！祖宗之法，至精至備，行之天下而無弊，傳之萬世而可法。今馬政之未舉者，則亦講求之未明，修復之未至耳。豈可不責之人而惟法之是咎，不究乎今而惟古之是圖哉！夫以我祖宗精備之法，適我聖天子大有爲之日，碩俊簡布於朝廷，羣能分列於外服，竭蹇蹇之忠，秉明明之節，司太僕者寧無張萬歲其人耶？司苑馬者寧無王毛仲其人耶？誠一振舉於萎蘙之餘，剗剔乎奸微之弊，則一縑一馬，雲錦成羣，亦何難致之有哉？若夫孝武，上自封君，以次出馬，官給牝馬，歸息什一；至安石，信曾孝寬之言，忽文彦博之議，卒行保馬之法，而爲天下之害，則漢、宋之敝政，不敢屑屑爲執事陳也。雖然，滌腸續骨，醫者之技雖妙，不如不疾之爲愈；焦頭爛額，救者之功固多，不如不焚之爲貴。與其畜馬以爲用，不如無事而不用馬也。書曰「歸馬於華山之陽」，此又愚生言外之望也。不知執事以爲何如？

問：昔先王經國子民，必先食貨而重戎兵。肆我列聖，法古制治，以食貨言之，既有邊儲矣，復有京運存留之設，食宜無不足也，而何倉廩每至於空乏？既有歲辦矣，復有丁傭貨擁之例，貨宜無不足也，而何帑藏每至於匱竭？稽之於古，二十稅一，取民何輕也，乃有海内庶富之治；課役皆免，賦民何寬也，乃有斗米三錢之效。今自山西所急言之：邊已云儲而督併之使屢遣乎廷臣；禄已云班而告乏之疏累陳於藩室，厥咎何由乎？所以充足之者，抑有道乎？夫今有緩急而物有重輕，歲有凶穰而穀有貴賤，食所當平也；幣重則民不堪，幣輕則民亦患，貨所當權也。二者古人已有定制矣，而可行於今乎？三年耕必有一年之積，九年耕有三年之積，足食之道也。千乘之國，藏鏹百萬；萬乘之國，藏鏹千萬，足貨之道也。二者當今亦畧施行矣，其有合於古乎？以戎兵言之：内有五府也，又設衛所以分屬之，綜理周矣；外有司衛也，又設將臣以總率之，經畧備矣。稽之於古，府兵之制不爲不善，何以致藩鎮之禍？衙廂之制不爲不密，何以有金人之變？今自近日之事言之：飢民嘯聚，流刦郡縣，嘗調京軍以捕禦矣；而飄忽震蕩，過無堅城，卒賴邊軍以剿之，京軍抑不足恃耶？套衆驕縱，侵竊邊關，嘗有邊軍以屯戍矣，而憑陵斥突，陣無勇將，復調京軍以捍之，邊軍又不足恃耶？其弊安在乎？所以振揚之者，抑有道乎？夫潢池弄兵，置而不捕，較之捕盜朝歌以安民者，孰得？得是人而用之，盜可弭乎？備敵數歲，戢兵不戰，比之兩炬，疑敵一戰而取勝者，孰優？得是人而用之，邊可備乎？夫識時務者在俊傑。數者，時務之大者也。諸士子其詳言之，毋以俊傑爲嫌而自讓。

有足國之大本，有強國之大本。食貨者，足國之道也，而其本在於節用。戎兵者，強國之道也，而其本在於安民。用既節則國不期足而自足，民既安則國不期強而自強。苟務國之足而不本於節用，吾知所入者不能給其所出，雖頭會箕斂，民力愈竭而用益不足矣。務國之強而不本於安民，吾知本既先撥而戎狄乘之，良民善衆亦且化而爲大盜矣。孔子曰：「節用而愛人」，請以是並爲明問復。

蓋嘗聞之：洪範先食貨於「八政」，故知有天下者，不可無財用；周官列司馬於六卿，故知有天下者，不可無戎兵。昔者先王因地制貢則壤成賦，料丁起役而食貨興矣。我國家之制，既有邊儲矣，復有京運存留之設；既有歲辦矣，復有丁傭貨推之例，其綜理之詳，雖夏后之貢，成周之徹，何以加焉。若是者，食宜無不足也，貨宜無不充也。今自山西所急而言之：督併之使屢下於邊陲，告乏之疏累陳於藩室。噫！有由然哉？輸於邊者有常數，而客兵調集，每至若林之多；供乎祿者有定額，而天潢繁衍，乃有螽斯之盛。況夫窮民之逋欠，災傷之蠲除，豪右竊攬代之權，貪夫肆侵漁之利，其欲粟陳而不可食，貫朽而不可較，不亦難哉！爲今之計者，宜何如耶？粟之貴賤，所當平也。貴則減價以糶之，賤則增價以糴之，是亦古人備荒之一策也。幣之輕重，所當權也。幣輕則母權子而行，幣重則子權母而行，是亦古人救時之一法也。今之存積，即先王積餘之意，修其廢焉。非常之用，寧不足充乎？今之預備，即先王藏鏹之意，舉其墜焉，不時之需，寧不足給乎？夫然後時檢校以閱其實，嚴刑罰以禁其奸，其庶乎食貨之可足矣。雖然，究其本而言之，不有節用者乎？無名之賞賜有度，不急之土木不興，非時之遊觀有節，無益之冗費不設，如是而已耳。先王威諸侯、平邦國、除盜賊而戎兵興矣。

我國家之制，內有五府也，又設衛所以分屬之；外有司衛也，又設將臣以總率之。其經畧之備，雖商之赫業，周之詰揚，莫有過焉。若此者，蠻夷宜率服也，盜賊宜屏息也。今自近日之事而言之：飢民嘯聚，流刦郡縣，嘗調京軍以捕禦之，乃至飄忽震蕩，過無堅城，而勦之者卒賴邊軍焉。是郡縣之變，京軍既不足恃矣。套衆驕縱，侵竊邊關，嘗有邊軍以屯戍之，乃至斥突憑陵，陣無勇將，而禦之者又調京軍焉。是邊關之變，邊軍亦不足恃矣。噫！有由然哉？武弁以甲冑爲恥而慕文墨，軍士以工賈爲業而惡戰鬭，況夫坐作進退之未習，而卒不知兵；敵穀鍛礪之未第，而兵無完器。精鋭或隱於權門，老弱多充於部伍，其欲摧鋒陷敵，折馘執俘，不亦難哉！爲今之計者，宜何如耶？選將以主兵，閲卒以實伍，而兵之本以立；簡器以利用，演陣以教戰，而兵之用以備。治渤海如龔遂，長朝歌如虞詡，必求是人而任以捕盜之責；備北邊如李牧，守雲中如廉範，必擇是人而付以備邊之任。夫然後鼓之以慶賞，震之以刑威，庶乎戎兵可振矣。雖然，究其本而言之，不有安民者乎？生之而不傷，厚之而不困，扶之而不危，節其力而不盡，如是而已耳。

稽之於古，度官禄、量國用以征其租，出口錢、計算錢以課其丁，或至三十稅一者，漢之取民可謂寬矣，而文景乃有海内庶富之效。田有租，家有調，丁有傭，既以爲經常之制，量事宜、度災變、差老少又以爲減除之權，或至課役皆免者，唐之取民可謂輕矣，而太宗乃有斗米三錢之效，此漢、唐食貨之大畧也。府兵之制不爲不善，而卒致藩鎮之禍者，府兵之制壞而彍騎之兵興，彍騎之兵變而藩鎮之權重，至其末年，朝廷行姑息之政，強將擁不制之兵，而唐亡矣。衙廂之兵不爲不密，而卒致金人之變者，藩鎮之權釋而兵始弱，保甲之法行而民始困，至其末年，主之以非人，用之以妖術，而宋危矣。此唐、宋戎兵之大畧也。或始焉粗備而僅致小康，或終焉不戢而卒成大禍，漢、唐、宋之所以爲漢、唐、宋也。曷足以爲當時法而執事陳哉！

嘉靖七年順天府鄉試

問：數載乎理，理寓於數，數非理莫立，理非數莫彰。理之備而數之顯，莫過於圖書。昔者圖出於河，伏羲因圖以畫卦，文周因畫以繫辭。筮者，其用之一也。書出於洛，大禹因書以第疇，箕子因疇以衍義，筮者，其目之一也。易至朱子作啓蒙以盡乎蓍之變，範至蔡子作皇極以通乎蓍之用。然易之揲以四，範之揲以三，奇偶殊，其用宜若相背矣。其分卦揲歸之法，通變極數之妙，考占成業之義，乃又叅同契合者，何也？竊又疑之：易經四聖而始成，範乃成於蔡子一人之手，而其數之妙，直與大易同流，似非三代以還，儒者之所能到也，其或別有所授乎？易爻用變，今載之經，惟九六耳。朱子筮儀四爻五爻之變，乃用之卦不變之爻。易無七八之爻也，何自而占乎？不知於孔子大傳之説合乎，否乎？抑亦別有説乎？河圖、洛書，數之大者也。諸士子究心久矣，其詳言之勿隱！

對：數之爲用有不同，而聖賢之著述亦不同，其理則一而已矣。理之一，則不害其用之不同、著述之不同也。聖賢之著述，豈聖賢自爲一端、臆想之説哉？數有是理也，聖賢爲之著述，以發其藴耳。聖賢何以知之也？揆之理而已矣。聖賢之著述，一於理也。學者論聖賢之著述也，亦一於理而已矣。請因明問而答之。

道，原於一而散於萬。原者，理也；散者，數也。天下有不同之數，而無不同之理。理者，數之神宰也；數者，理之形象也。非理則數不生，非數則理不著。捨數而言理者，虛無之學也。捨理而言數者，技術之流也。故吾道者，合理與數而言之也。昔者伏羲氏繼天而王，龍馬負圖出於河，所謂一六居北、二七居南、三八居東、四九居西、五十居中者是也，卦之理寓焉。伏羲因而則之，以爲乾、兑、離、震、巽、坎、艮、坤之八卦，六十四卦既成。文王繫卦辭，周公繫爻辭，筮則用之一耳。大禹治水成功，神龜負書出於洛，所謂戴九、履一、左三、右七、二四爲肩、六八爲足者是也，範之理寓焉，禹因而陳之，以爲五行、五事、八政、五紀、皇極、三德、稽疑、庶徵、福極之九疇。九疇既列，箕子衍其義，武王傳其學，筮則目之一耳。

易筮起於前古，至朱子作啓蒙以盡乎蓍之變，其揲也以四，三變而一爻，具九變而小成。乾一、兑二、離三、震四、巽五、坎六、艮七、坤八，大抵卦至於八，圖之秘固已洩矣。由是十有八變而大成，觸類而長之，六十四卦之變而四千九十六卦於是乎備，天下之疑決焉。天動則觀其變而玩其占，乾之羣龍用九，坤之永貞用六，今朱子啟蒙考占之法四爻五爻之變，乃占之卦不變之爻，易之爻非九則六，而不變之爻非七則八也。易無七八之爻，何自而占乎？且於孔子觀變之説有不合矣。

意者，義理。則先儒之論，精詳至到，無可言者，至於名物度數，雖聖人亦有未及學而或不盡者也。夫天下古今，理而已矣。理之同也，遵之不以爲阿；理未同也，議之不以爲僭，此末學之臆見，或亦執事發問之意也。

大哉數乎！天非數不覆，地非數不載，人非數不成，彰往知來者，數也；通幽達變者，數也；藏神顯化者，數也。數豈易言哉！今執事問及愚生，則不敢然也。然未知其是否？謹對。

問：威天下在乎兵，而主兵者在於將。吳子有言：「三軍之衆，百萬之師，張設輕重，在於一人。」將固不可以不知兵矣。嘗即一二兵法而觀之：「途有所不由也」，不由崤、澠者，成七國之功；由壺頭者，致五溪之敗。「城有所不攻也」，不攻華費者，完兵而深入；攻郢郡者，衆潰而走死。「君命有所不受也」，叱吳使之説者，成霸越之功；拒長史之謀者，捨格天之業。「士卒當如愛子也」，與士卒分勞苦者，著績於河西；不恤士卒飢寒者，見殺於安陽。數，將於兵法合之則成，違之則敗，是固然矣，然有可疑者。爭北山而敗高陵，不可向也，或以蹷馬鞍山而取勝；以卒神而勝，妖術似可用也，或以用六甲而致敗。臨泜水而退舍，全軍宜矣，何退舍潤水者卒至喪師？日夜行三百里，敗走宜矣，何日夜行二百里者卒至成功？是又於兵法也，或同合而成敗頓殊，或同違而勝負特異。然則爲將者，將無事於兵法乎？其或兵法之變，有非可以常法拘乎？文事武備，皆諸士子分内事也。毋曰：「吾儒生，未學於軍旅」。

對：有用兵之常，有用兵之變。常者，固兵法也；變者，亦兵法也。自其常而觀之，合乎兵法者，知兵法者也。自其變而觀之，合乎兵法者，固知兵法者也；不合乎兵法者，亦知兵法者也。夫兵者，隨機應變，因敵制勝者也，何常形之有哉？昔趙括能讀父書，奢不能難；岳飛好野戰，不用古法，蓋飛知變而括不知變也。觀乎此則可以答明問矣。

夫威天下在於兵，而主兵者在於將。三軍之衆，百萬之師，張設輕重，在於一人，爲將者固不可不知兵。用兵之妙，存乎一心，微乎微乎，應形於無窮，而談兵者又不可不知變也。崤、澠，誠不可由也。亞夫於是竟走藍田，所謂「途有所不由者」，而馬援之困敗，蓋不知壺頭之不可由矣。華費，誠不可攻也。曹公所以深入徐州，所謂「城有所不攻者」，而沈攸之之走死，蓋不知郢郡之不可攻矣。越王許吳王之成，范蠡不從其命，乃叱王孫雄之請，而遂成霸越之功；董卓挾漢帝之命，皇甫嵩欲赴其召，乃忽梁衍之謀，而竟就匹夫之諒。「將在外，君命有所不受」，蠡則知之，而嵩不知也。吳起親裹贏糧，與士卒分勞苦，守河西而拒強秦之兵；宋義置酒大會，不恤士卒之凍餒，留安陽而致項羽之誅，「愛士卒當如愛子」，起則知之，而義不知也。數，將者其於兵法合之則成，違之則敗。所謂合之者，知兵法者也；不合者，不知兵法者也。兵法之常也，高陵不可向也，趙奢先拒北山，秦師爭山不得，秦師大敗；劉備先據馬鞍山，陸遜四面蹙之，漢師大敗。蓋遜以乘勝之兵蹙備已敗之兵，是得夫激水之疾可以漂石之意，若秦師大敗則兩軍相敵，未有勝負者也，豈可槩論乎？祥疑，所當禁也。田單令一卒爲神以破燕者，田單智勇之將，乘忿怒之軍，志復宗國，是得夫能愚士卒耳目之意；若郭京之敗，則市井無賴，原不知兵者也，豈可以同語乎？陽處父退舍於泜水，此合「令半濟而擊之」之法；苻堅駐軍於淝水，揮兵使卻，亦合此法也，退不可止而大敗者，蓋堅軍無紀律耳，是豈知「法令孰嚴」之旨哉？魏武日夜行三百里，逐先主於當陽，正犯「百里爭利則擒」之法；唐太宗日夜行二百里，追宋金剛于雀鼠谷，亦犯此法也，遂破金剛而大捷者，蓋金剛已敗沮耳，是豈非「其疾如風」之旨哉？所謂合之者，固知兵法者也；不合者，亦知兵法者也，兵法之變也。即是而觀之，則常者固常也，而變者亦常也。孫子有言：「聲不過五，五聲之變，不可勝聽也；色不過五，五色之變，不可勝視也。兵不過奇正，奇正之變，不可勝窮也。」「變」之一字，其用兵之最要者乎！

抑又有説焉。兵，兇器也，黷之則危。然昔有周當成康之時，四方無虞，九夷通道矣。召公告以張皇六師，周公告以詰爾戎兵，二公豈導君以威武者哉？蓋人主於天下無事之時，多留心於儀文制度之間，以爲藻飾太平之具；至於兵之一事，往往視爲不急之務，言之者以爲不祥，爲之者以爲多事。及天下卒然有變，則茫然無以爲應。奸人賊子得以肆其滔天之惡，而天下遂至於大亂。唐玄宗之時，何等全勝之天下也，安禄山漁陽一鼓，而諸鎮瓦解，乘輿播越矣。今天下萬國乂治，百蠻款塞，庶職奉法，文章禮樂，閭巷彬彬，而愚生之慮，以爲所因循而不振者，兵與將耳。此亦或執事未發之意也，敢僭言之。謹對。

問：天下之大勢，在外則邊陲，在内則郡邑。邊陲所以禦外侮，郡邑所以安内治也。今邊陲之上，軍士怯怠矣，紀綱陵遲矣，帑藏空虛矣，其何以禦外乎？ 郡邑之中，風俗頹敗矣，盜賊竊發矣，生民困瘁矣，安在其安內乎？ 致是者，厥咎何由也？ 今所以處之者，何道也？ 遐想古之人，教步兵於澤潞者，天下推勇；誅亂將於朔方者，諸鎮奉法；屯要害、浚溝渠而興屯田者，羌夷降敗，是皆名將也。得是人而用之，軍氣可振，帑藏可足，紀綱可伸歟？ 守蜀郡者，治崇禮義；長朝歌者，人稱神明；勸農桑、重牧養而禁奢侈者，郡有蓄積，是皆良吏也。得是人而用之，民生可蘇，盜賊可息，風俗可淳歟？ 古人未嘗借才於異代，今天下文武之士，歲進幾千人，獨無是人出於其間歟？ 抑或有之而莫之用歟？ 此天下剥膚之弊，而廟堂之所欲聞者也。諸士子其縱言之，主司者爲之達。

有致弊之源，有拯弊之道。然欲拯其弊，當先究其源，拯弊而不究其源，是猶醫者之治病，苟不究乎病源之所在，抑何以施治療之法哉？ 生也恭承明問，而有以知前日致弊之源，今日拯弊之道矣。

天下之道二，義與利之間也。天下尚義則治，尚利則亂。前日之致弊者，利也；今日拯弊之道，亦有義而已矣。仰我聖天子在上，日勤聖學，總攬乾綱，備二帝三王之德，則固宜有太和雍熙之治也。而天下之弊，如執事所言種種者，何哉？在邊陲，帥臣格之也；在郡縣，有司格之也。自正德十六年間，權奸相繼用事，政以賄成。我祖宗以來，生養安全之道，禮義廉恥之教，綱紀法度之制，掃蕩無幾。外而邊陲之將，内而郡縣之吏，陟者以利而超遷，黜者以利而倖免，而將與吏多不得其人矣。將既不得其人，則邊陲之上，軍士不得不怯怠，帑藏不得不空虛，紀綱不得不陵遲也；吏既不得其人，則郡縣之内，生民不得不困瘁，盜賊不得不竊發，風俗不得不頹敗也。是前日所以致是弊者，無他，利而已矣。

知前日所以致弊之源，則今日所以拯弊之道可得而言矣。蓋嘗聞之：「士有百善，惟廉爲最。士有百惡，惟貪爲最。」蓋廉則衆欲皆伏，而達之於政，自無不善；貪則衆欲皆起，而達之於政，自不能善。廉者，義之大也；貪者，不義之大也。是故今日之所急者，義而已矣。必也絶請託之私，重苞苴之禁，公銓選之法，明黜陟之典，則前日之私既足以驅天下於利，而今日之公獨不足以驅天下於義乎？ 誠使邊陲之將，郡縣之吏，皆忘一身之私，秉爲國之公，則前日之弊將不革而自除焉。不然則操演雖勤，徒足以爲觀聽之具；轉輸雖多，徒足以長侵漁之奸；誅戮雖嚴，徒足以激凶頑之怒矣。邊陲何自而理哉？蠲賑雖頻，徒足以資里書之欺；捕詰雖急，徒足以貽地方之擾；教戒雖切，徒足以爲文具之虛矣。郡縣何自而治哉？遐想古人，李抱真之帥澤潞也，教習步兵而天下推勇；郭子儀之至朔方也，按誅亂將而諸鎮奉法；趙充國屯要害、浚溝渠而興屯田，於是羌夷降敗，是皆名將也。得是人而布之邊陲之上，如李抱真焉，何患乎軍士之不振？如郭子儀焉，何患乎紀綱之不伸？如趙充國焉，何患乎帑藏之不足？今武舉之選，世襲之胄多矣。其中獨無是人歟？文翁之守蜀郡也，建立學校而治崇禮義；虞詡之長朝歌也，誘擒盜賊而人稱神明；龔遂勸農桑、重牧養而禁奢侈，於是郡有蓄積。是皆良吏也，得是人而布於郡縣之中，如文翁焉，何患乎風俗之不淳？如虞詡焉，何患乎盜賊之不息？如龔遂焉，何患乎民生之不安？今科目之舉，畿藩之貢多矣，其中獨無是人歟？

易曰：「蠱。先甲三日，後甲三日。」夫天下之勢，在外則邊陲，在內則郡縣。今邊陲之上，郡縣之內，其弊如此，可謂蠱之極矣。然則今日治蠱之責，能無勞於聖天子之心乎？「先甲後甲」，治蠱之道也。程子曰：「治蠱者，先究其所以然，則知救之之道；後慮其所將然，則知備之之方。」善救則前弊可革，善備則後利可久。今日拯弊之要，無踰於此者矣。雖然，竊又嘗究理亂之勢，推盛衰之跡，乃既爲今日憂，而又爲今日喜。書曰：「天閟毖我，成功所然。」則今日聖天子承先朝之大弊，雖不能不廑宵旰之憂，而其所以弘中興之業，永萬世之譽者，亦豈不在於是乎？是故商道不衰，無以成高宗之名；周道不衰，無以見宣王之績。今天下行將太平矣，明明天子，令聞不已，敢爲今日誦。謹對。

苑洛集　卷十

妾薄命

昔郎年少時，妾在蘭閨中。見郎錦城西，騄駬嘶春風。妾作郎家婦，郎行萬里舟。妾心無所願，欲作長江流。
妾不如春月，花開到郎側。郎心匪飄風，妾無傾城色。桃花紅復紅，江水深復深，花紅強似面，水深不如心。
流螢度珠簾，秋夜長無極。爲郎製羅衣，淚痕密如織。妾始嫁郎時，永言受郎恩。但得郎舟回，妾願鎖長門。
歲序不可轉，六月或清霜。郎豈無歸日，時復理紅裝。

買劍曲

千金買寶劍，百金裝赤鞘。意欲獻上方，騎馬長安道。劍拔風塵昏，囊貯血肉腥。古來遊俠兒，一擲雙丸青。
瀚海憶畚瑨，天山起鼙鼓。落日照轅門，將軍怒如虎。年少氣亦俠，常思萬戶侯。磨刀桑乾河，欲唱大刀頭。
金印大如斗，旌旗百尺高。不上燕然山，不插侍中貂。少小事戎行，生長亦朔漠。君恩重如山，鐵衣輕如葛。
朔風蕭蕭來，七月如深秋。馬騰槽邊嘶，笑取金絡頭。男兒介胄身，死葬崑崙山。卻笑班將軍，生入玉門關。

玄菴

大化運氣機，綱維不可測。至性有淵源，於人見天則。一覺明真境，西方談空色。啟關走龍虎，揮神淩八極。是非千萬載，大易重消息。

雜意

崑崙峻且崇，鑿出雙玉華。磨之勞沙石，堅好無纖瑕。製爲雙玎璫，組以雜玄黃。其價且萬鎰，以佩君子裳。貴陽長靈杉，千章百尺高。秋來動風色，雲外起天濤。負此棟樑材，生之萬山限。世無魯公輸，千載委荊萊。金門多良竹，春風生新枝。猗猗青且堅，薄言一采之。物用各各殊，感之重嗟籲。或爲虞廷簫，或爲吳姬竽。灼灼檻中花，日結紅芳友。惜此妍麗資，嚓折佳人手。幽草澗邊生，春發秋還榮。三嘆犧牛身，使我淚沾纓。

晉溪

峩峩太原山，混混晉溪水。山有合抱材，水有蛟螭起。合抱作棟樑，蛟螭興雲雨。棟樑無條枝，雲雨或愆期。造化有不能，物豈無參差。奮飛從神龍，未必乏行施。遽命許旌陽，我心實傷悲。

渭濱叟

西伯本事商，後車載老人。豈期牧之野，空有十亂臣。

我獨負鷹揚，談笑誅商辛。峩峩首陽山，其下渭之濱。

渭水至首陽山下東入河，夷、齊餓死首陽山。

周公居東

周公聖人，又王室懿親。進退之際，天下安危係之，被讒居東二年餘，召公、太公未嘗發一言援釋。及成王卜風雷之變，得周公請命之書，二公猶以爲不知。聖人舉動，未易言也。

周公王懿親，進退係安危。居東二年餘，四海皆嗟咨。

二公位阿衡，未見出一詞。王以風雷變，出郊親逆之。

各各懷忠誠，二公心始知。

成王悟二公之心白矣。

鵑聲至

洛陽鵑聲至，爾意亦何勤。宋室諸縉紳，誰爲達紫宸。

莫謂禽無知，性或靈於人。負爾數聲血，千載徒悲辛。

徐世勣

世勣與褚遂良同受太宗顧命，曰：「佳兒佳婦，皆以付卿。」後高宗欲廢皇后立武氏，遂良不可，世勣勸成之。世勣以其孫敬業有滅族相，使入林麓，縱火焚之。敬業倉卒無所逃，引佩刀剖馬腹匿腹内，火過浴血出。後敬業討武氏之罪，不克死之，遂族徐氏。

宗室殺欲盡，汙穢蒸宸扆。太宗託孤心，是誰亂唐紀。智哉浴血兒，火燒不能死。火燒兒不死，于以見天理。

敬業死，徐族不滅。

駱賓王

武氏簒唐改號周，然知任狄梁公。武氏欲以天下與武氏，梁公曰：「陛下以天下與太子則千秋萬歲，後血食於太廟。若與武氏，未聞姪爲天子祔姑於廟者也。」乃移中宗於東宮，後五王擁立中宗，勒武氏還宮。初，武氏臨朝時，駱賓王佐李敬業討武氏罪，不克死之。

狄梁回兇牝，房州還東宮。敬業伸大義，揮戈振群蒙。烈烈賓王檄，如日當天中。寧爲敬業死，不立狄梁功。

張紫巖浚

當時立主和議，浚始終不從。宋儒與之曲端以直，遂見誅。岳飛以忤觸見擠。

黄閣主和議，紫巖志恢復。聽之真可人，誰有孔明腹。
曲端既已誅，武穆見忤觸。試使當筵舞，再蒙宣和辱。

既不能令又不受命。

殷謝

浩不出，衆曰：「深源不起，當如蒼生何？」安不出，衆曰：「安石不起，當如蒼生何？」後天子徵浩，桓温辟安，皆起。

深源與安石，皆爲士望宗。天子徵浩入，於以抗桓公。
嗟嗟桓晉間，誰復識變通？智哉東山子，蒼生戲高崧。
感此殷謝事，成敗論英雄。

高崧餞安於新亭，戲曰：「昔安石當如蒼生何，今蒼生當如安石何？」

人不歸

憶我莫苦吟，苦吟傷子心。寄子莫忘歸，忘歸失我依。清清在山泉，忽爲九仞淵。流水不復返，我心日慘慘。客自河曲來，寄我雙鯉魚。長跪接鯉魚，或有尺素書。剖魚乃空腹，使我心成疽。生此女子身，不如委溝渠。

金臺送士人歸關中

朔風驚客耳，歸興難攀牽。遊韁繫長柳，帶劍登祖筵。把酒共嘆息，逼側何足憐。霜雪蔽天地，征裳獨蹁躚。衆芳滿洲渚，老鴈新飢還。君志在商嶺，浩歌出幽燕。閑雲落南浦，野鳥入青天。誰愛黄金臺，不必重凄然。

檗谷　王侍郎圖

王子自閩來，愀愀顔色枯。須臾隕雙淚，語我檗谷圖。旻天覆下土，林鴉亦哺雛。我獨失其怙，懷抱泣呱呱。哀此北堂人，青春撫遺孤。中道復棄捐，旻天降虐痡。晨鷄入省視，煢煢鮮盤壺。今也稍豐裕，肥甘逮妻孥。

敝廬多寒暑，簞裀無褐蒲。冠裳錫雙誥，安得奉桑榆。旻天覆下土，不聞予號呼。桐棺薄如墨，土淺且墳墟。茲能讀喪禮，空有龍虎區。朝露零春華，秋霜寒如鋪。牲醴亦嘉旨，安得奉庖廚。旻天覆下土，胡戾獨予誅。空山栢如金，其味苦如茶。茫茫風木恨，直與乾坤俱。聞之重感傷，爲君歌且都。努力樹名德，毋愧曾閔徒。

東郭遺叟　雷給舍翁

給舍展綃帙，示我遺叟行。讀之三嘆息，乃識虛與盈。遺叟尚玄德，位獨弗稱情。給舍珪璋器，唾手公與卿。遺叟吳臯彥，早歲負才名。持筆謁天曹，文章冠群英。今觀畿輔地，遍野甘棠生。溫溫清苑判，施澤先孤惸。挺挺松栢資，虯枝霜雪勁。嗤被鶯與燕，視我同春榮。玄鶴已千仞，刷羽雲霄鳴。郭東有梅竹，良友堪同盟。相隨詠舞雩，心與賢聖並。

富陽民謠

富陽江之魚，富陽山之茶。魚肥賣我子，茶香破我家。採茶婦，捕魚夫，官府拷掠無完膚。昊天胡不仁，此地亦何辜！魚胡不生別縣，茶胡不生別都！富陽山，何日摧？富陽江，何日枯？山摧茶亦死，江枯魚始無。山難摧，江難枯，我民不可蘇！

獄中集古 東巖同扉

天地身何往，故鄉不可思。蕭蕭北風勁，慘慘中腸悲。
多病久加飯，開懷無愧辭。眼前列杻械，報主爾何遲。
右一寄杜位，二赤谷，三江村，四送方書記，五雨，六詠懷，七草堂，八有感。

徘徊虎穴上，性命由他人。漂梗無安地，塗泥任此身。
浮生看物變，薄宦走風塵。炯炯一心在，天高難重陳。
右一寄贊上人，二懷鄭司戶，三征夫，四送陵州路使君之任，五又示兩兒，六贈別何邕，七嚴武，八奉贈鮮于京兆。

赤縣昔同遊，忽在天一方。危時暫相見，鬢髮各已蒼。
陰風千里來，歲暮有嚴霜。人間夜寥閒，落月滿屋樑。
出處同世綱，涕淚濺我裳。平生方寸心，嫉惡懷剛腸。
痛憤寄所宣，激烈思時康。皇皇太宗業，道德仰今王。
丈夫誓許國，志士懷感傷。吾道正羈束，真宰意茫茫。
右一贈蘇四徯，二成都府，三送舍弟赴齊州，四贈衞八處士，五吴侍御江上宅，六壯遊，七夜聽許十誦詩，八夢李白，九鄭公虔，十柳少府，十一舟中苦熱，十二壯遊，十三義鶻，十四夏夜歎，十五北征，十六洛城玄元皇帝廟，十七前出塞曲，十八贈李四丈，十九觀水漲，二十遣興。

樓角淩風迥，夜深露氣清。今夕復何夕，寂寞壯心驚。故國十年別，轉衰病相嬰。妻子隔絶久，萬里正含情。悯悵年半百，何得尚浮名。鵾鵬志意滿，貔虎正縱横。麟鳳在赤霄，赤驥頓長纓。志士淚如水，忠臣氣不平。挺身艱難際，萬古一死生。感恩義不小，永懷丹鳳城。

右一東樓，二玩月呈漢中王，三贈衞八處士，四歲暮，五客居，六春陵行，七述懷，八客夜，九立秋後題，十水檻遣興，十一病栢，十二久客，十三幽人，十四述懷，十五聽楊氏歌，十六嚴武，十七送韋評事，十八詠懷，十九送盧侍郎，二十送覃二判官。

右集杜。

感激平生意，此心誰見明。與君歌一曲，一半是秦聲。

右一贈易秀才，二鄴中王大勸入石門山，三將進酒，四觀胡人吹笛。

狂風吹古月，腸斷白楊聲。寒雪梅中盡，空歌懷友生。

右一司馬將軍歌，二上留田行，三宫中行樂詞其七，四九日。

燕臣昔慟哭，千載爲悲辛。聖代復元古，如君何足珍。

右一古風其三十七，二古風其四十八，三古風其一，四倣古其二。

鴈度秋色遠，林光淡碧滋。長歌盡白日，不覺鬢成絲。

右一摘蒼耳作，二與賈至舍人，三遊南陽白水，四上三峽。

鬱悒獨愁坐，煙蘿欲暝時。秦雲起嶺樹，及此有相思。

右一酬崔五郎中，二遊昌禪師山池，三登新平樓，四遊秋浦白笴歌。

獻納青雲際，狂言非至公。何由返初服，美酒沽新豐。

右一答高山人，二掛席江上待，三過盧郎中，四傚古。

歲落衆芳歇，秋來百草生。萬重關塞斷，慷慨淚沾纓。

右一太原早秋，二贈閭丘宿松，三奔亡道中，四經亂離後天恩流夜郎。

昔獻長楊賦，風雲四海生。遭逢聖明主，禮樂秀群英。

右一答杜秀才五松見贈，二讀諸葛武侯傳贈崔少府，三書情贈蔡舍人雄，四留別金陵諸公。

潛虯隱尺水，海鳥知天風。霜鬢兩邊白，出門悲路窮。

右一贈別舍人弟台卿之江南，二贈任城盧主簿，三贈友人其三，四贈從兄襄陽少府皓。

蹭蹬遭讒毀，空懷戀主情。賢人當重寄，或冀一人生。

右一贈張相鎬其二，二觀胡人吹笛，三贈昇州王使君忠臣，四繫尋陽上崔相渙。

朔雲横天高，遠海動風色。蕭颯望中來，摧殘梧桐葉。感歎發秋興，蒼然五情熱。長安如夢中，雲山萬里隔。前期浩漫漫，落日歸心絶。生事如轉蓬，一官已髮白。昨日東樓醉，緑楊正可折。今茲大火落，已屬流芳歇。壯心惜暮年，歲光屢奔迫。天地一浮雲，生死殊飄忽。李斯上蔡門，窮途方慟哭。張翰江東去，清風灑蘭雪。世路今太行，非時將安適。結心寄青松，千春臥蓬闕。且復命酒樽，浩歌待明月。

右一酬崔五郎中，二早秋贈裴十七，三玉真公主別館，四塞下曲其四，五峴山懷古，六古風其五，七送陸判官，八望夫山，九登敬山亭南望懷古，十蘇武，十一贈從兄少府，十二贈韋祕書，十三魯中東樓醉起，十四書懷寄從弟，十五將遊衡嶽過雙松亭，十六送崔十二遊天竺，十七玉壺吟，十八淮南臥病書懷，十九贈別從甥高五，二十憶崔郎中宗之遊南陽，二十一留別于十一兄逖，二十二古風其五十四，二十三送張舍人之江東，二十四別魯頌，二十五擬古其七，二十六擬古，二十七望黄鶴樓，二十八天台曉望，二十九春歸終南山松龍舊隱，三十春日醉起言志。

空名適自誤，寡識冒天刑。應念投沙客，多愧魯連生。感此三嘆息，淚滿逐臣纓。白日在青天，爲君前致辭。我本草間人，幸遭聖明時。投軀寄天下，遠爲千載期。一度浙江北，茫然使心悲。世路成奔峭，萬姓危朝霜。修蛇横洞庭，獨坐傷激揚。六駁食猛虎，剪棘樹蘭芳。獻書入金闕，著論談興亡。浮雲蔽紫闥，虹霓掩天光。黄金消衆口，青蠅遂成寃。其事竟不就，小節豈足言。松栢本孤直，虯龍盤古根。瑤草寒不死，猶懷明主恩。

右一經亂離後天恩流夜郎，二望鸚鵡洲，三贈漢陽輔録事，四聞李太尉大舉秦兵，五遊大山，六觀番人吹笛，七還山留別金門知己，八書懷贈南陵常贊府，九讀諸葛武侯傳，十酬崔郎中，十一鄴中王大勸入石門山幽居，十二尋魯城北范居士，十三贈上判官，十四送王屋山人，十五經亂將避地剡中，十六獄中上崔相，十七荊州賊平臨洞庭言懷作，十八贈從孫義興宰銘，十九送張秀才從軍，二十敘舊贈江陽宰，二十一金門答蘇秀才，二十二贈別舍人弟，二十三古風其三十七，二十四答高山人兼呈權顧二侯，二十五送薛九被讒去魯，二十六書情贈蔡舍人雄，二十七贈張相鎬，二十八贈從兄襄陽少府皓，二十九古風其十二，三十贈宣城趙太守悅，三十一送郤昂謫巴中，三十二同王昌齡旅第。

右集李。

齋居　時隸司徒卿

奉天承帝戒，東省肅齋居。竹蔭春階月，燈明夜榻書。天風傳禁漏，郊露濕鑾輿，清曉朝班事，兢兢整珮琚。暮鴉巢樹定，春望正漫漫。月夜地曹靜，風郊天仗寒。萬年周社稷，百辟漢衣冠。深愧書生腐，惟餘一寸丹。

九日邀石泉大司寇

虛館晝無事，秋光驚客心。踈籬三逕菊，斜日萬家砧。行役嗟歸鴈，幽情望遠岑。甋中有桑落，相對一豪吟。萬里荒城暮，三秋使節來。共攜杜陵酒，同上越王臺。俊逸知高興，踈狂愧菲才。過從能幾度，早晚騖車回。

春崗

崗自嵩高發，春來旺氣生。卿雲千樹合，修竹萬竿清。漢野曾龍臥，周岐有鳳鳴。地靈久融結，今日見鍾英。

送唐中丞撫蜀

聖主憂三蜀，中丞憲府開。西南全勝地，經濟出群才。節鉞辭楓陛，風霜動栢臺。鸞車應早發，聞有御中催。

送梅溪

寒江歸去晚，秋樹望中踈。霜沒金蟾影，風傳玉鴈書。青山依別浦，白髮對征車。相送萬餘里，思君入夢初。

送光禄大夫王子之南都時以九廟功成遷

聖皇崇孝理，恩命被儀臣。帝里龍蟠舊，仙槎鳳覽新。十年負才略，九廟見忠勤。暫爾留都試，行當侍紫宸。

萬給舍擢山東少參

畫舫春江渡，臺高鳳欲翔。風生青瑣闥，花靜紫薇堂。報政聞齊魯，封章動廟廊。經綸應不負，咫尺仲尼鄉。

送錢銀臺自考部之南都

考功天部客，長嘯出春明。祖席開燕閣，繁花發帝城。晚風催去舫，新月照行旌。聖主思弘化，應還召賈生。

盧秋官辭京部之南部，爲親也

帝里青春好，千家桃李開。君翻辭玉闕，誰不愛金臺。望切秋雲迥，心驚暮日催。即今承彩服，朝夕奉霞盃。

詩寄端溪一首

端溪天下士，高臥在林泉。四海蒼生望，千年道學傳。聖皇今側席，君子好彈冠。王佐明時彥，風流陋謝安。

節婦義女　爲楊侍御題

悲風起天暮，開帙感雙真。緑藿偏傾日，芳梅未識春。三秋深夜雨，百折歲寒身。誰秉如椽筆，休令漫泯淪。

西盤冢宰奏功入京

北闕趨環佩，南都報治成。百僚師揆度，四海仰均平。輕舸過天蕩，高標拂月明。此行應簡在，天子舊知名。

浙上送邃谷

無涯、白石入廣，五泉、明農今復見子，傷哉！獨爲四子耶？

知己半零落，生離幾愴神。忽逢洛下客，亦是嶺南人。時事頻相問，憂心未敢陳。京華四千里，回首一霑巾。

送劉司訓罷歸蜀

萬里川南道，秋深感慨多。漢江沖雨渡，棧道拂雲過。對月應懷友，臨盃且浩歌。到家問黄菊，三逕長青蘿。

再過霍州

此地吾嘗治，風塵幾度遊。道隨汾水折，雲擁霍山浮。昔往黄梅雨，今來白鴈秋。萍蹤倦行役，何處是滄洲。

平遥夜坐

漠漠荒城暮，飄飄旅笛哀。坐看寒燭盡，愁絶夜更催。冀北花爭發，秦西鴈不來。歲華容易改，春盡且塵埃。

同戈懷古

英俊同戈地，隋唐百戰秋。晉陽戎馬歇，瓜步錦帆收。風野平沙合，霜林落葉稠。更憐金水碧，咽咽下徐溝。

送高都御史總督南糧儲

留都根本地，國計仰臺臣。民力東南竭，天災遠近臻。傳曰：「饑饉洊臻。」聖皇思博濟，君子抱經綸。獨嘆陽城拙，空勞撫字仁。

麗水道中答慧岩

驅車下麗水，倏雨發微涼。晴樹遥偏緑，秋山晚更蒼。鬬城嚴虎豹，郡邑少豺狼。更喜薇垣使，春風滿婺陽。

聞舍弟下獄

邸報封章事，敷陳與世違。怪來明主怒，原是小臣非。事業千年遠，存亡一葉微。高堂雙白髮，如我只宜歸。

出獄至蒲

驅車下蒲阪，雲樹見吾家。覆苑堤堤栁，沿河曲曲花。生還仍故國，客去幾天涯。不寐今宵月，鷄鳴問渡槎。

詔獄　自浙至京未嘗頃刻釋三刑

五品監司貴，朝廷法不私。一封瀆明主，十口累相知。黄卷春扉静，青燈夜榻遲。舊聞胡憲使，此日慰相思。

胡先在錦衣獄。

懷慧岩

嚴江夜半之別，在於夢寐之中。覺而視之，但見孤舟摇摇，煙波浩浩，於天涯之外，回首仙舟，殆不能爲懷卻恨。當初萍聚處，只將歡會作尋常耳。小詩見意，幸賜俯和，以慰客情。

畫舫潮來别，孤帆夜不眠。寒江煙浩浩，秋野草芊芊。客病經三月，天涯又一年。薇垣新月上，今夕最堪憐。

具慶受勅繼母也

東署多勞績，褒封感聖明。錦雲宫墨淡，寶篆玉香清。雨露椿萱秀，恩波泉壤榮。高堂春酒緑，悲喜可勝情。

送焦少師閣老致仕

聖主諮元老，封章遽乞歸。黄麻心尚壯，白髮願何違。事業存青史，勳階冠紫薇。泌陽富花鳥，相對好忘機。

懷友

關西一羇旅，燕北苦孤吟。夢落沙樓月，魂消灞水心。思君無藥力，念爾獨情深。湖海孤舟夜，秋來風雨侵。

聞車駕幸北邊

聖主思弘業，揚兵出紫宸。天威淩瀚海，殺氣薄秋旻。鏖戰有邊將，奇勳多近臣。傳聞奏凱日，還欲下三秦。

獄中對棊

畫地爲棊局，相看趣亦深。推移惟信手，勝負不關心。得著知秦漢，收枰嘆古今。達人觀物變，志士惜分陰。

獄成坐獄誹謗

獄吏傳招下，文羅亦大深。青蠅聞點璧，黄口果銷金。欲傚燕人哭，應悲楚澤吟。神靈存九廟，堪獻小臣心。

孫羽士太初 關内人隱於浙江西湖之上

羽士關中産，高名遠近聞。洞賓通變化，太白富詩文。華嶽三峯月，終南萬壑雲。西湖歌舞地，簫鼓日紛紛。

雲中道

景物邊城異，多愁旅更增。風高聞畫柝，白日擊柝。日薄結秋冰。八月有冰。渡水愁沙陷，桑乾河沙忽然陷，人馬陷下俱無蹤跡。登山畏石崩。度陵山疏土嵌石，大石忽崩下，人不能避。晚來孤舘宿，燃木即爲燈。

晚至沁州書懷

昔歲蒲關度，淹留直至今。病來改蓬鬢，春到益鄉心。萬壑迷寒雨，孤城隔遠林。須臾悲角起，悵望一霑襟。

畢尹祈雨有應

夜半陰雲合，滂沱應候霖。參天萬竿玉，遍地一犂金。歌舞斯民樂，精誠大尹心。五行洪範傳，感應驗於今。

慶源堂　松皐閣老

舊趾留遺澤，新堂起慶源。河泉自星宿，山脈發崐崘。派到函關大，峯惟嵩嶽尊。精靈鍾勝地，閥閱冠中原。瑞氣通黄閣，天星照紫垣。一門三宰相，兩代八賢孫。聲實心名在，勳功汗簡存。師臣松皐老先生也。榮極品，大作答皇恩。

送介溪宗伯承天祀陵

達孝隆追王，天恩顯大倫。星槎勞使節，圭璧奏皇仁。犧酌靈神格，鑾刑至敬伸。登歌周禮樂，奔走漢儒紳。歷歲松楸古，凌空殿閣新。荊衡萬馬下，江漢九龍馴。期會隆昌運，精英毓聖人。宸碑光御翰，寵命被詞臣。問俗周郊甸，觀風駐駱駰。民情與吏治，還望達楓宸。

靈石道中

汾水環靈石，蒼山落日程。攢峯寒霧結，宿莽暮煙生。
牧笛横牛背，樵歌雜鴈聲。夕陽催去騎，緑樹遶行旌。
墜葉三秋思，飄蓬萬里情。家山漸喜近，人語似秦城。

褫亭道中

雲際千巖落照，荒村幾樹輕煙。暗水聲聞澗底，流鶯啼傍花前。
落日旌旗摇曳，晚風鼙鼓填諠。新柳滿堤春色，長楊夾道黄昏。

再過褫亭

初去煖風緑柳，重來冷雨黄花。天末數聲塞鴈，庭前滿樹寒鴉。
野戍淒淒畫角，山城處處寒砧。最是秋風羇客，不堪暮雨鄉心。

盤石道中

萬里久淹海嶠，一官又到春初。花鳥更添客思，雲山還滯鄉書。

聞說南荒溽暑，原來海國寒多。盤石桃花未（闕），長安春色如何。

苑洛集　卷十一

世芳樓襄毅少保

世芳樓下花竹稠，太華拱揖長河流。襄毅少保一代良，正宜經綸坐朝堂。當時是誰握衡鈞，卻令少保養閒身？君不見，吐魯番時逞陸梁，乃敢擄我西藩王！少保赫然揮甲兵，提戈直指哈密城。其酋膽落驚逃奔，金印付還元王孫。又不見，當時劉瑾持朝權，百僚稽首皆爭先。少保直節難磷磨，一見不肯矧肯阿！元元不幸頽朝綱，再令少保樂世芳。松臯閣老際聖明，三部尚書進阿衡。敭歷中外五十年，巍巍勳業真光前。吾皇神武御紫宸，昌期自應生名臣。我願天子益嚴師，閣老大作安邊陲。只使常懷廊廟憂，莫教獨樂世芳樓。

送南太守之保寧

燕山二月杏花開，千樹萬樹御城隈。柳條新發夾長路，祖筵卻傍黃金臺。臺下獨策征車去，東風日暮起飛埃。我思郭隗三歎息，他年還騎青驄來。

劉中鎮萃美

杭州佳麗天下強，中鎮才名動聖皇。近侍班中親簡陟，玉符金篆雙龍勑。號令一出神鬼驚，兩浙六月寒風生。叱吒指顧雷電走，智士勇夫皆俯首。我有忠勤結主知，御書時復來丹墀。我行我止誰敢戮，一或攖予天子怒。上方四時充珍鮮，長江大海飛黄船。三十二宫被龍鳳，匪我玄纁誰許貢。湖山奇處起生祠，飛碧流丹百尺危。穹碑高碣鑿瑶石，雄文大字論功績。復有錢塘百萬民，黄童白叟傳俱真。湖山高，湖水深，恩光蕩漾君王心。湖水深，湖山高，燁燁聲華中鎮勞。

劉吏部考滿

石頭城下長江流，中有美人乘仙舟。順風大帆西北去，不消一月到皇州。知君報最獻天子，旭日遥瞻五鳳樓。金臺正在鳳樓下，君好乘春一上遊。

七里灘

行路難，春風七里灘。陰崖暗，白日危石漭驚湍。挽夫力竭舵師瘠，盡日纔能進咫尺。狹塘水隘忽迸流，滿船相顧無魂魄。君不見，南來簫鼓輕帆舟，一日一夜到杭州。

長子和沈提學沁州壁間韻

長平山下多白骨，趙王墓上牛羊牧。三晉自古稱繁華，海水桑田幾翻覆。平原公子今如何，故宅蕭蕭秋草多。人生休懷千歲憂，百歲浮蹤蓬一科。塵世紛紛何足較，昔日紅顔今老貌。瀛闕開軒邀皓月，樂地從來在名教。閑雲清泉景物良，休將身跡滯他方。桃花纔落渚蓮發，回首卻已摧羣芳。高鴻渺渺入青天，安得與爾同飛翔。長歌一聲生風雨，坐對黄花金傘張。

東烏嶺

東烏嶺上愁雲停，東烏嶺下流水腥。千章夏木陰森合，一道盤旋摩青冥。鐵崖萬尺窨沉洞，俯視還恐坤軸傾。群峯爭起劍戟列，當闕拱揖擁嚴城。一夫荷戈千人廢，天險豈可階而陞。卻憶當年劉六到，如履平地任憑陵。刺史墜馬三軍走，流血如海烏嶺紅。長驅西下破竹勢，劉六豈是真英雄。君不見，監軍總制紛紛出，千金懸賞期侯封。又不見，趙城炊兒赫然怒，手提屠刀摧元兇。

炊兒年十八九歲，與妹母同居。流賊三人至其家，欲犯其妹。炊兒怒，以其不備，提刀盡殺之。

送劉尚書自日講學士下南都

北斗星移帝座前，詞臣拜命下堯天。行行郡國江湖遠，渺渺蓬瀛日月邊。漢殿十年千卷史，秦淮萬里一帆煙。黄金臺下離歌歇，駐馬停盃各愴然。

秋旅

赤葉蕭蕭下晚林，客舟暫繫轉愁深。十年宦跡雙蓬鬢，萬里浮蹤一破琴。江閣風高悲旅笛，霜城日暮急秋砧。郵亭寂寞逢村酒，獨對黄花一醉吟。

送僉憲張君按關西

西北窮邊已自荒，年來時復報災傷。但令風裁揺山嶽，便是霖膏渥稿壤。聞説豺狼盈道路，不憂鋒鏑在疆場。貪吏之害，甚於鋒鏑。定知刺史褰帷日，千里澄清六月霜。

山東參議致仕歸　時年四十三

鄉國清幽萬景奇，年來每動古人思。首陽月照夷齊墓，在吾家東三十里，一奇也。渭野風飄尚父絲。在吾家南二十里，一奇也。纔捧綸音膺帝命，奉詔起用纔兩月。卻將迂論起人疑。時差官校拏高唐州官，以供應缺失也。撫按三司皆認罪，予在省外不知，上疏諫止之。聖明不較，而同時者以爲立異。歸來家有書千卷，獨取羲經日玩辭。

下獄

余既自浙繫至南司，聞詔下，送北司，天威赫怒。故事：下錦衣獄者不過四十。乃杖之八十，且命人監視之。

丹詔驚聞下紫宸，罪多知與死爲隣。欲將忠孝酬明世，敢爲艱危惜此身。才步月華方憶越，家累在越。忽看雲影即思秦。老親在秦。寸心一夜愁千里，怪得朝來兩鬢新。

獄中有感

秋聲瑟瑟夜茫茫，此際孤臣倍感傷。四海生靈惟聖主，萬年宗社自先皇。殷憂直共條山盡，痛淚應同汨水長。卻憶秦廷十九客，茅焦終得悟君王。梧落霜清鴈已歸，可堪縲絏鎖圜扉。堦前深羨蝸知足，海上真慚鳥見幾。萬死自甘明主棄，一官多與世情違。山妻舊補牛衣在，何日重披上釣磯。

山西副使致仕

偶因衰病乞閒身，敢向明時學隱淪。十度拜官多棄斥，下獄二，爲民一，致仕二。七年竊禄半風塵。官雖十任，止歷俸七年。但能知足皆爲樂，幸得歸來豈患貧。遙憶到家正重九，黄花無數滿籬新。

雜興 癸卯九月也

面拜龍章下玉墀，虎頭關上督邊師。幾年沙漠無消息，萬里河山足護持。雪滿紅崖春寂寂，秋高紫塞草離離。即今多病成衰謝，卻學書生日課詩。

西風瑟瑟雨疎疎，木落沙寒嘆索居。無奈琴樽聊共汝，卻看花鳥轉愁予。年年九日移衾枕，處處三關報羽書。獨臥青山秋欲暮，兩河戎馬幾時除。

蕭蕭華髮已桑榆，五十年來一病軀。三度草廬天詔下，兩番圜土聖恩殊。棲遲歲月慙明世，俯仰乾坤笑腐儒。匡濟曾無纖芥力，空教三逕屢荒蕪。

四海風塵多戰伐，十年蹤跡漫林丘。尋山問水成頭白，絮柳飛花過眼愁。見說長河是天險，坐看敵騎亦安流。休將白眼輕班衛，金印空懸萬戶侯。

形勝杭州天下先，曾持憲節共群賢。江分吳越連滄海，雲擁金衢入楚天。文獻彬彬三道議，杭嚴有碑，金衢有奏詞，寧紹有記。忠邪歷歷萬人傳。他年青史誰收拾，莫使浮名負簡編。

虛名誤入蓬瀛選，侍講常依日月邊。雲拂翠華開寶扇，香飄御几展緗編。昌期景運逢千載，周誥虞謨達九天。遙憶秋來炎暑退，定開春殿御經筵。

幾上封章學治安，迂疎無補卻懸冠。秦川秋晚花仍發，晉野春深血未乾。聖主幾年勞側席，將軍何日獨登壇。病來深愧雙函劍，日日扶藜看藥闌。所務如此，可愧也。

數年戎馬滿關河，魯督提兵夜又過。塞外生俘今幾萬，雲中甲士近如何。曾聞漢將旌旗遠，謾説邊庭戰騎多。咫尺太原接畿輔，莫教戎馬渡滹沱。

入晉陽

又策征車入晉陽，青山無數晚蒼蒼。秋深畦黍經霜熟，雨後林花見日香。幾逐孤蓬淹歲月，漫看流水嘆年光。遙思故國東籬下，三逕無人蔓草長。

獄中憶五泉舍弟 時五泉先以諫下獄罷歸

豈是世間少兄弟，古今寧有此相知。思君盡日應無淚，憶我今宵定有詩。同爲逆時逢棄斥，幾因多難數分離。聖恩不久金鷄下，共醉村南麻子池。

晉陽致仕　時年四十五

封章七上許歸田，深感皇恩自九天。衰病豈緣三黜直，一謫，一爲民，兩致仕。迂庸敢謂二疏賢。山園赤棗堪釀酒，邑人以棗爲酒。家沼金鱗不用錢。更有雲霄南去鴈，相隨同到華峰前。時家兄亦致仕。

接駕

千步廊邊集珮環，寶香紅霧襲朝班。天街風煖聞韶樂，仙仗雲低識聖顔。圭璧承休來五福，黄朱昭德列千蠻。書生過計真迂腐，猶說虞廷尚克艱。

岳墳

黄閣紛紛議講和，江淮從此欲投戈。萬松宫晚笙簫迥，五國城高雨雪多。楚澤竟亡周社稷，燕京誰復漢山河。祠前弔古憂時客，暮倚南枝一慨歌。

送邃谷子

十載相思隔帝州，天涯此日復離愁。湖明返照吳山暮，楓落寒潮越海秋。流涕賈生空上策，懷鄉王粲謾登樓。茫茫水國銷魂地，萬里煙波一葉舟。

閶闔沉沉萬里遙，五雲深處擁簫韶。誰將麟史開春講，日有龍旂候早朝。黄閣雍雍周俊彦，金貂楚楚漢驃姚。如君獨上憂時策，越嶺東南見海潮。

蘭谿夜坐呈慧岩 九月十日也

秋淨星河夜色遥，江城獨坐思迢迢。燒殘小閣雙銀燭，聽盡高樓幾玉簫。桂送暗香如姤月，庭前有桂一株。竹摇疎影欲凌霄。窗外有竹一叢。昨朝畫舫逢佳節，撑到西湖第幾橋。

慰遣嚴州士民 時調江西奏免進貢章下

匪才尸素聖恩深，士庶何勞淚滿襟。明主昌言神禹度，斯民直道葛天心。還看匣有平津劍，更喜囊無暮夜金。惆悵此時不忍去，且維輕舸越江潯。

喜友見訪

多病還驚歲月過，靜看周易養天和。經春陋巷無冠蓋，此日柴門掃薜蘿。兩世交情詩卷在，十年爲別夢魂多。當時童子今華髮，且對清樽一浩歌。

送兩洲宗伯

萬樹春梅映曉晴，一川淑氣拂行旌。鳳翔北闕臺空在，龍繞長江水自清。一代風雲虛鼎席，百年禮樂屬春卿。相逢若問思歸客，衰鬢蕭蕭病已成。

送慧岩歸 舟回夜泊野渡頭

人世銷魂是祖筵，朋情別思重淒然。煙江風雨秋帆共，山舘琴樽夜榻聯。寒露自看梧樹月，重陽空負菊花天。時九月八日也。孤舟獨有餅中酒，痛飲和衣一醉眠。

桐廬舟中

海天時候乍陰晴，歲晏孤帆逐水程。兩岸蒼山寒霧合，一江溟雨暮潮生。幾年漂泊歸心切，萬里奔忙宦況輕。深夜茫茫風浪起，推蓬卻見月華明。

西盤尚書

海內耆英復幾人，此心無日不山林。謾看結綠思歸匣，慨拂絲朱自解音。竹滿西盤來鳳宿，泉流姑射聽龍吟。泉有龍祠。也知景物鄉園好，天下蒼生屬望深。

別端溪尚書

四十年前春進士，交情今見舊陳雷。青襟綠鬢遊燕閣，皓首蒼顏上鳳臺。新句每裁秋夜月，素心同看歲寒梅。衰余已上求歸疏，如子還酬濟世才。

怡椿軒椿　岢總憲侍刑部時追思尊翁大司寇有作和韻

老榦森森獨占春，芳枝還比舊精神。陰濃西部雲霄古，秀發南臺雨露新。華國共推金作鼎，傳家再見玉垂紳。高軒珍重怡神意，聖主年來眷命頻。

送世寧晉帖吳筆

風動微綃落五雲，花生吳律掃千軍。天涵華嶽雙峯碧，潮逆長河九派分。江令夢醒文思逈，張顛醉後姓名聞。寥寥末世蘇黄體，滿架珊瑚且贈君。

蘭谿九日

越水吳山久倦遊，登臨轉覺動人愁。一簑煙笛滄江暮，萬壑寒聲落葉秋。佳節莫看陶令菊，異鄉休上仲宣樓。楚臺荒草經霜白，且把茱萸對酒甌。

答無涯都御史

無涯詞伯久馳名，寄我新詩字字清。靈運池邊春草緑，滕王閣外浦雲生。九霄風雨驚龍躍，一曲簫韶聽鳳鳴。安得滄洲同結舍，盡將花鳥寫春情。

南行

兩歲天涯總客程，蕭蕭此日復南行。新砂潮接長江下，漁浦風從北海生。春色欲隨吳地盡，野花空逐越山明。當年俊逸薇垣使，千里方舟獨有情。

甲子夢中　弘治十七年

自入雲宣兩月程，風光漸異獨傷情。戍樓月落城門閉，野塞風寒戰馬行。幕府神兵傳號令，沙場鬼火乍鮮明。玉關人老真堪笑，誰息狼煙致太平。

聞舍弟至

去年送汝下杭州，吳水燕山萬里愁。青草忽驚靈運夢，白河即報李膺舟。艱危蓬役經年别，飄泊萍蹤此世浮。已辨新醅期共醉，征驂急策莫淹留。

書南關壁

四壁青山列畫圍，一川流水逐驂騑。鶯啼花落春將去，日暮天遥鳥倦飛。家遠還時看鴈字，途窮應恐負牛衣。驅馳萬里如飄絮，回首茫茫覺已非。

徐家園竹

碧闌重護小山陰，誰種淇涯緑滿林。千尺雲霄看鳳宿，五更風雨聽龍吟。寒香欲挹芳梅操，直節還通翠栢心。卻憶故園棲跡處，秋來高覆草堂深。

潞州分司大雨

忽聽千山起迅雷，送來溟雨滿霜臺。萬竿銀竹參天發，滿院琪花蔟地開。坐見乾坤成草昧，俄驚滄海走塵埃。大風不久驅雲散，還挽晴光白日回。

晚下竹竿坡趨靈石

萬壑林濤似海波，驅車晚下竹竿坡。無邊赤葉愁中見，幾度黄花客里過。蓬鬢還逢秋色改，歸心偏傍月明多。到家不用鱸魚美，半畝蔬園十畝禾。

高平懷古

路入長平日已昏，野花爭發渚禽諠。蕭蕭荒塚横殘碣，寂寂頹祠倚敗垣。澤潞已消唐將業，山河猶帶趙人寃。征途弔古三秦客，惆悵東風一斷魂。

丹坪砦

泥馬南來勢已危，東窻長舌計成時。十年功廢將軍痛，飛曰：「十年之功，廢於一旦。」五國二帝流此。山遙二帝悲。晝省三千周俊彥，羽林百萬漢旌旗。二者，高宗皆不能用。請看沁北丹坪砦，一旅還能抗敵師。土人豪傑據此砦，金人不能取，與宋聲問不通，與砦人力抗金師。

盤陀驛

青山行盡見孤村，下馬盤陀日已昏。緑樹滿庭春寂寂，東風時送鳥聲喧。

長平

悲風陣陣逐山來，日暮坑峯白骨堆。千載誰磨秦劍血，長平不及杜郵哀。

行人指點說秦軍，往事凄凉那忍聞。上黨誰更廉頗將，趙人錯怨武安君。

李將軍和嵩山長平驛韻

諸鎮還推澤潞軍，抱真勲業至今聞。秋來故砦迷深草，日暮沙寒生野雲。

自高平趨潞州和菊軒韻

昨宵風雨過高平，今日晴川柳色明。漁笛一聲漳水暮，青山寒擁潞州城。

平陽四首　時予以吏部謫判平陽

汾水春深落晚霞，沿堤十里盡桃花。畫船簫鼓遊人醉，謾説風流是杜家。

薰風緑沼碧荷香，玳宴歌兒舞袖長。一醉襄陵傾百盞，不知風景是平陽。

姑射泉邊萬竹稠，來青樓外四山秋。重陽醉後歸來晚，黄菊紛紛插滿頭。

清曉寒霜候早朝，小童羸馬禁天遙。平陽判府催征出，棨戟重羅過豫橋。

魯提督

聖皇神武降千古，提督威聲振四陲。十萬強兵皆竄伏，不須復勒燕山碑。
幾年邊騎乘秋入，今歲三關獨晏然。聞説元戎負韜畧，三軍齊唱凱歌旋。

哭雷仲華

淚灑霜天十萬行，爲君今日裂肝腸。西風吹落靈陂月，荒塚蕭蕭秋草長。

介休三首

緜山

緜山夕照墨雲馳，疑似當年縱火時。抱玉卞和雙刖足，古今不獨介之推。

潞公宅

潞公勳業古今騰，自昔人情有愛憎。千載故廬人敬仰，不聞更説錦籠燈。

郭林宗祠

四海誰扶漢室顛，桐江風節一絲傳。知君真隱真明哲，千載人稱范母賢。

得恕夫書

旅舍邊城病不休，一封書到慰鄉愁。柳青沙苑春堪折，何日同君上白樓。

宇文泰敗高歡於沙苑，植柳千株。白樂天懷友詩曰「煙入白樓沙苑暮」，柳苑白樓，吾家也。

韓信廟

養虎自遺天下患，漢高圜轉用張良。蒯生好似鴻門玦，不必登壇論項王。

權店樓

四月深山似九秋，瀟瀟寒雨長離愁。仲宣無復荊州意，日暮他鄉一倚樓。

渡桑乾

少小不知邊塞道，鴈門聞説在天涯。如今流落桑乾外，南望山陰即是家。

山陰在鴈門關外。

詔獄過慧㟧里

去年送子越江西，幾度相思夢轉迷。此日械舟雙棹急，夜深風雨過梁溪。

答浙客

憐君風雪入潼關，斯世茫茫行路難。爾是浙人應自悉，蕭蕭生事比君寒。

釣臺

江上雙臺俯白雲，子陵風節古今聞。皐夔熙績唐虞世，精一相傳在典墳。

華山長臥墮驢翁，功成海外虯鬚老。天下已屬赤符人，惟有桐江一絲好。

竹　題宗元畫軸

勁節虛心本自奇，四時常見緑猗猗。笑他江上羅浮樹，只放寒花三兩枝。

梅　答宗元

正德丙子，宗元和尚自謂通文武學，宿於村廟。請見，六日不許。會五泉弟他出過廟，宗元邀入廟講論，至夜深指天曰：「一天新星象。」五泉歸，告予。明日，宗元再請見，亦不許，宗元以畫梅一軸請詩。宗元見詩曰：「不可致矣。」明日去。

淩霜傲雪不凡才，直到嚴冬爛熳開。不爲春光便改色，鶯鶯燕燕莫相猜。

謝卻洪尹贈金

至崇德，洪尹異以白金爲贈，且曰：「此某之俸金，非取之民者。」余曰：「感君高義。但司縣之際，恐終非法也。」異曰：「患難中非平時比。」余曰：「君不讀論語乎？顛沛必於是。」異乃持去，且徧以予言告諸士民。異平素喜節好義，昔宿户部得罪，且將死，親朋不敢近。異時爲舉子，爲之侍湯藥四十日。宿得生還，固非密令比也。

洪尹高情太古音，艱危昏夜贈行金。爲仁君子存顛沛，不是當年伯起心。

魯橋神

魯橋猿仙神者，時傳其能預言人禍福。官校孫百戶等謁神且佈施，神一見，即曰：「汝輩非拿韓僉事者乎？」衆曰：「諾。」神曰：「韓公大好官，好人！浙江民以『青天』呼之。王鎮守無天理，我近日來自京，科道部寺無一人不惜其枉。世界如翻餅，時當不久，此人異日當大用，爾輩當小心待之。」衆應曰：「不敢。」神怒曰：「張某狡猾無狀，不念爾六歲鰲膊子兒乎？」張股慄叩頭。蓋張實遇余少禮，年六十餘，始得是兒，項短，故神言之。官校既回，皆詣予。賀自是待余愈恭，而張某尤謹。

尸素何曾有寸勞，虛名空使萬民謠。聖朝法度山難轉，不似仙神在魯橋。

醉翁亭

滁陽天外數峯青，暮帶雲霞似畫屏。每向離騷悲楚客，何心更上醉翁亭。

偕邃谷子登映江樓

秋風遙上越江樓，邃谷 兩岸雲山共別愁。日暮海門潮正急，苑洛 煙生沙磧樹如浮。襟期此日還看劍，邃谷 尊酒他鄉且繫舟。梅嶺 古來多瘴厲，苑洛 南行敢說是奇遊。邃谷

再過邃谷子

暮雨江頭使節來，邃谷 茅齋一醉菊花盃。連朝案牘慚吾俗，苑洛 今代文章羨子才。落木荒雲秋色遠，邃谷 孤城寒角夜聲哀。相看俱是天涯客，苑洛 此地過從更幾回。邃谷

邃谷將行話别

十年海上謾相逢，苑洛 坐對清尊聽晚松。慧岩 長路風塵悲逐客，邃谷 南荒禮樂見儒宗。苑洛 看山是處還三宿，慧岩 去國無心更萬鍾。邃谷 聖主即今思化理，苑洛 未應直道獨難容。慧岩

再會邃谷觀潮閣

萬山落木望蕭蕭，苑洛 久客殊鄉倍寂寥。慧岩 對景益增離思苦，友竹 望雲空有夢魂遥。邃谷 蒹葭淩亂江風白，慧岩 島嶼微茫海氣消。苑洛 尊酒明朝與君别，友竹 相思何處獨聞簫。邃谷

落日招提上，邃谷 西風越海邊。苑洛 浩歌聞野牧，慧岩 長笛隔離筵。邃谷 庾嶺千山瘴，苑洛 藍關萬里天。慧岩 北歸吾未卜，邃谷 相對一潸然。苑洛

會邃谷子天然閣

三吳佳麗地，苑洛 高閣一開扉。慧岩 鷲嶺開圖畫，邃谷 松關入翠微。苑洛 江潮沖雨下，慧岩 木葉帶雲飛。邃谷 海國相逢幾，苑洛 年來故舊稀。慧岩

煙雨秋江上，友竹 關河故國思。苑洛 開尊疑夢寐，邃谷 執手惜睽離。慧岩 遠道風塵惡，友竹 他鄉歲月遲。苑洛 潮陽何日見，邃谷 不愧讀韓碑。慧岩

燈火湖邊寺，邃谷 相看夜欲闌。苑洛 海雲松影暗，慧岩 風塔鐸聲殘。邃谷

飯出胡麻供，苑洛 更消金秤丸。慧岩 詩成僧入定，邃谷 山月正團團。苑洛

霜鴈驚鄉思，慧岩 星槎望海門。邃谷 欲歸還覔句，苑洛 既醉復移尊。慧岩

說法聽山鬼，邃谷 行歌答嶺猿。邃谷 明朝即城市，慧岩 此意共誰論。邃谷

月出千山白，邃谷 風高萬壑哀。慧岩 滄江連海闊，苑洛 飛閣倚雲開。邃谷

貧病秋還客，苑洛 登臨夜復杯。慧岩 天涯幾知己，邃谷 候吏莫相催。慧岩

留邃谷子

江頭忽報理行舟，苑洛 急策征驂向子留。滿眼黄花近佳節，慧岩 數聲白鴈過高秋。越王臺上可登眺，苑洛 和靖祠前多倡酬。且盡渭城一盃酒，慧岩 錢塘南去揔離愁。苑洛

九日約邃谷子飲，邃谷子遊勝果寺，余二人不能從。

昨宵風雨是重陽，苑洛 滿地黄花笑客忙。飄泊遙憐知己在，慧岩 登臨謾逐野僧狂。白衣負我東籬約，苑洛 烏帽從渠短髪蒼。湖上秋光未零落，慧岩 不妨小艇載清觴。苑洛

登保俶寺

錢越王俶入朝於宋，國人建塔祝其來。今其塔相傳爲保俶寺，因以名。

百尺浮圖上碧霄，苑洛 登臨此日憶前朝。慧岩 夕陽天外千山暮，邃谷 秋海江頭八月潮。苑洛 社稷有臣揮痛淚，慧岩 君王何事樹降標。邃谷 當年城郭分明在，苑洛 十里長塘見野橋。慧岩

封疆吳越百年傳，慧岩 一渡長江竟不還。邃谷 北望猶存蕭寺塔，苑洛 南歸曾見御函牋。慧岩 秋深宫殿迷寒草，邃谷 日落湖山起暮煙。苑洛 千古興亡回首夢，慧岩 清尊相對重悽然。邃谷

邃谷將行，餞之。

秋江兩月駐行旌，苑洛 一度相過一度情。慧岩 明日即爲南去客，邃谷 臨岐數問北歸程。苑洛 霜紅越樹重城隔，慧岩 雲黑蠻溪萬里行。邃谷 人世生離今夕是，苑洛 謾同尊酒嘆浮萍。慧岩

夜静潮鳴閣，慧岩 江空月影寒。苑洛 一尊成遠別，邃谷 萬里願加飡。慧岩 不愧三龍水，水在廣東，韓文公過此有詩。苑洛。深慙七里灘。邃谷 播遷吾道在，慧岩 共説報君難。苑洛

別梅溪

纔喜逢君又遠違，梅溪 海鄉相對思依依。風高古木猿聲急，苑洛 霜落寒江鴈影稀。共向離歌悲祖席，梅溪 不堪別淚點征衣。關河萬里滇南道，苑洛 我獨驅馳駟牡騑。梅溪

痛飲新聯興轉豪，梅溪 還驚秋色下庭皐。雨過叢菊開金苑，苑洛 風入長林動碧濤。山對小樓峯似戟，梅溪 潮生滄海水如刀。天涯零落綈袍在，苑洛 一事無成早二毛。梅溪

岳墳

武穆祠前落葉秋，慧岩 悲風長夜起松楸。精忠萬古南枝在，苑洛 遺恨無窮汴水流。鳳閣誰爲天子詔，慧岩 龍沙空抱上皇憂。輿圖竟付東窻計，苑洛 寂寞崖山一葉舟。慧岩

謁廟

古栢高秋露氣寒，慧岩 橋門初日集儒冠。萬年制作從周禮，苑洛 千仞宫牆拜漢官。自是聖朝多化雨，慧岩 還看吾道障狂瀾。迂疏愧我真無補，苑洛 山斗於今正仰韓。慧岩

松崖方都憲號　時致仕

烏石山高隔世塵，苑洛 長松鬱鬱八千春。暖雲不斷靈脂結，慧岩 晴雪初乾老榦新。萬木惟應梅作使，苑洛 孤根還許竹爲隣。山腰松下茅堂小，慧岩 中有高翁樂性真。苑洛

夜話

小坐依修竹，苑洛 新涼滌素襟。殘砧秋戍外，慧岩 長笛越江潯。一客驚蓬鬢，苑洛 孤燈共此心。相看清漏盡，慧岩 月轉碧梧陰。苑洛

閱城

東南論勝地，慧岩 吳越此名邦。天險連三省，苑洛 城高帶二江。貔貅明劒戟，慧岩 虎豹擁旌幢。萬國車書一，苑洛 寰瀛氣自降。慧岩

登天寧寺

石磴層雲出，苑洛 風林百鳥啼。秋陰花外轉，慧岩 午院竹邊低。野興逢僧發，苑洛 狂懷共客題。浮蹤今兩浙，慧岩 歸

夢自關西。苑洛

夜歸宿公署

竹光明夜露，慧岩 湖影浸秋城。月白千家靜，苑洛 霜寒九陌清。山輿歸路並，慧岩 風榻客窻横。千古陳雷意，苑洛 相從幸此生。慧岩

索户部夜話

寒雨響簷溜，索 孤燈共夜堂。鄉愁聞海柝，韓 旅況對春觴。遠别匆匆話，索 浮生處處忙。相看渾不寐，韓 江戍漏聲長。索

慧岩將賦歸小酌話别

海内論英俊，苑洛 如君復幾人。友竹 還林非倦翼，約齋 縱壑愧修鱗。慧岩 别意春江暮，苑洛 孤懷夜月新。東溪 寄聲頻託鴈，約齋 千里見情真。友竹 庭竹暝煙亂，約齋 江雲野鶴還。慧岩 山光梁水外，苑洛 鳥哢武林間。友竹 得著先收局，約齋 躭春欲問山。東溪 懸知非俗駕，友竹 世路自漫漫。苑洛

多難知交誼，友竹 離筵倍感懷。約齋 江山真得友，東溪 花鳥欲忘骸。苑洛
聖代恩波濶，慧岩 高名物理乖。苑洛 先機今勇退，友竹 塵絆媿吾儕。約齋
雲淨天光遠，慧岩 江空別意長。苑洛 驪歌聞柳外，友竹 祖席醉花旁。約齋
夜雨他年夢，東溪 巓崖此日轠。慧岩 欲歸歸便得，約齋 洛渭正滄滄。苑洛

將適雙溪

江上樓船待客歸，苑洛 山城尊酒且依依。宦途歲月他年夢，慧岩 鄉國田園昨日非。露冷槿花聞鴈度，苑洛 風牽荇帶憶鱸肥。淹留不覺秋宵永，慧岩 漏盡寒譙月滿扉。苑洛

別慧岩

滿江風雨解離舟，苑洛 病客難禁萬斛愁。欲去爲君仍水宿，慧岩 重來共我一山遊。多情衢婺詩篇在，苑洛 過眼鶯花歲月浮。脈脈尊前不成醉，慧岩 海天蒼莽是杭州。苑洛

獄中　徐東巖御史

多病親三木，東巖 虛名有四知。何能酬聖主，苑洛 深愧負明時。月落寒砧急，東巖 秋高夜漏遲。推枰聽雞唱，苑洛 故

國動相思。東巖

南省名曾並，苑洛 西臺罪有餘。身如罝裏兔，東巖 命似釜中魚。痛哭懷宣室，苑洛 佯狂問卜居。古今一生死，東巖 吾道竟何如。苑洛

窻外蕭蕭葉，苑洛 堦前唧唧蛩。夜深人寂寞，東巖 天迥月曈曨。愚直逢明世，苑洛 狂言瀆聖聰。拘幽皆自致，東巖 敢謂小臣忠。苑洛

梅溪赴滇南

吳江秋雨正瀟瀟，松皋 江上離愁黯不消。苑洛 萬里雲山初解纜，慧岩 十年京國幾聯鑣。苑洛 鄉情不盡陽關酒，慧岩 客夢還驚越海潮。松皋 萬里滇池俯金馬，慧岩 征鴻渺渺暮天遥。松皋

獄中

月華如水近中天，東巖 脈脈相看夜不眠。湖海蕭條家在越，苑洛 風塵荏苒客居燕。先幾今已慚張翰，東巖 小雅曾聞悼馬遷。此夕感時多少淚，苑洛 盡隨旅夢入雲煙。東巖

圜土無人晝掩扉，東巖 西風吹送雨霏微。愁隨落葉蕭蕭下，苑洛 心逐行雲片片歸。萬死寧嫌同草木，東巖 一官原不爲輕肥。平生點檢知無愧，苑洛 塵世何勞較是非。東巖

兩鬢蕭蕭百病攻，東巖 天涯秋盡且飄蓬。半籬殘雨催寒菊，苑洛 幾樹酸聲下晚松。愁入夢魂歸故里，東巖 身無羽翼脱樊籠。陰房寂寂人蹤少，苑洛 白日時看鬼火紅。東巖

重門深鎖一燈昏，東巖 十載交情此夜論。諫草問君焚幾度，苑洛 窮途見子謫三番。疎窻時有驚風入，東巖 晚樹猶聞宿鳥喧。咫尺堯天傳玉漏，苑洛 聖明不久佈洪恩。東巖

落葉西風過短牆，東巖 遠林踈雨遞微涼。三秋松菊鄉園在，苑洛 五夜關河客夢長。世事了知棋一局，東巖 年華空負酒盈觴。與君欲學東山臥，苑洛 十載君恩詎敢忘。東巖

贅言無補聖明時，苑洛 幾筋冰鮮萬姓脂。予以奏免進貢得罪 兩浙口碑遐邇見，東巖 百年心事鬼神知。茫茫誰識成周禮，苑洛 東巖以言禮得罪 默默惟觀易卦辭。燈下相看成一笑，東巖 鐵交窻外冷風吹。苑洛

千里寒城起暮煙，苑洛 蛩聲斷續惱人眠。披衣坐對青燈暗，東巖 步月愁看白鴈還。永夜床頭周易在，苑洛 羈懷雲外蜀山連。夏黃記取當年事，東巖 聞道應知愧昔賢。苑洛

獄中懷程以道

一别茫茫近十年，苑洛 偶來手字墨猶鮮。殷勤始見交遊誼，東巖 激切時聞諫議篇。涇野聯鑣秋色晚，苑洛 嶀山對榻雨聲連。知君此夜相思夢，東巖 定繞圜扉碧樹煙。苑洛

獄中懷吕道夫

如君鄉國最心知，苑洛 咫尺空勞兩地思。何日論文重對酒，東巖 今宵遣興且憑詩。秋深青瑣愁多少，苑洛 月落滄江夢幾時。況是艱危佳節後，東巖 黄花寒雨滿東籬。苑洛

獄中懷曾東石

少峄清瘦近如何，東巖 雲樹相思病轉多。別後詩篇今幾帙，苑洛 秋來風雨憶重過。青春已負前年約，東巖 明月應憐此夜歌。生事茫茫各萍梗，苑洛 幾回搔首嘆蹉跎。東巖

言别

京華一別七年過，苑洛 忽訝相逢在網羅。月落梧桐疑是夢，東巖 夜闌風雨不成歌。平生許國心還壯，苑洛 此日分襟恨轉多。去去相期各努力，東巖 敢將衰朽負賢科。苑洛

苑洛集　卷十二

滿江紅　廣武道中

漠漠霜天，孤城下，九秋時節。飄零處，寒燈獨照，荒山幾疊。渺渺長空哀鴈叫，凄凄野戍悲笳咽。望秦川，今夜到明朝，頭應白。

來時候，柳可折。纔回首，流芳歇。嘆玉關人老，歲光奔迫。代馬踏殘青海草，塞風吹落雲中月。愧浮沉，今已負平生，應悲切。

金菊對芙蓉　閱兵鴈門登城

樓起層城，城蟠絶岫，旌旄上拂雲天。看龍蛇陣繞，虎豹關嚴。班聲一喏桑乾沸，青霄外，震裂恒山。有英雄驍將，黄金繡鎧，白玉雕鞍。

北望殺氣騰騰。更飛霜漠漠，萬里行遙。把壯心引動，鼙鼓填然。君子聞鼙鼓之聲則思戰伐合當痛飲黄龍府，縱兵十日蒐畋好。生擒犴罕，招徠冒頓，約束樓蘭。

滿江紅　哀仲禮

四野停雲，哀猿哭，瀟瀟渭水。傷心處，青山雨歇，白楊風起。十二樓中誰是主，昔宋儒不忍倍其師，云：「主家十二樓，妾身當三千。忍妍主衣裳，爲人作春著。」三千門下空珠履。想當時，雪夜渡冰舟，成何濟！仲禮每同諸友雪夜趨講席者，三冬渡洛水，每三鼓始歸。

五經義，十九史。班馬才，關閩志。但萋萋荒塚，寒莎遍地。長夜沉沉何日曉，綿綿此恨何時已。看穹碑，歷歷寫衷腸，千行涕。

踏莎行

趙氏二子仲典、仲禮，皆以奇童稱。仲典十七秋試歸，病於途死。仲禮十九秋試歸，病於途死。二子生時，其母夢紫龍入室即飛去。人見二子奇特，謂必大成，皆夭歿，異矣！

緑柳沙迷，宇文泰所植千株在沙苑。白樓煙裊。白樂天同州懷友皆二子原所。莎青花落鵑聲杳。紫龍兩兩沒遙天，雙雙玄鶴歸華表。

子建才高，甘羅年少。論經綸那有君懷抱？竟一抔黃土掩英賢，想九原，痛恨乾坤老。

滿江紅　吳中秋

時序驚心，庭皐下，梧桐一葉。纔回首，春光幾許，早來秋色。遙憶去年燕市酒，忽看今夕吳中月。最飄零，無定似浮萍，功名客。

江千折，山萬疊。壯志寒，歸心切。算人間業帳，何時了絶。百歲奔忙愁里過，楚臺漢塚君知得。若待黄粱夢醒，始知休，真癡惑。

踏莎行　春思

夢轉紅英，愁生緑綺。小窻獨對應無語。雨餘花氣細侵簾，畫樑燕子雙飛去。

情緒千端，家山萬里，鄉心不爲功名繫。沉雲重隔華山青，長河不斷空流水。

滿江紅　客思

雪浪連天，還幾陣，陰風怒作。正此際，潮生越海，吳江楓落。萬里孤舟漁火對，滿山溟雨灘聲惡。縱缾中，有酒洌如泉，那堪酌？

愁似海，心如爍。多病體，難支閣。說海棠開了，便酬初約。七夕重陽都已過，楚臺空負朝雲合。望長安，雲樹阻歸程，成蕭索。

踏莎行　盟臺

落日荒荒，停雲脈脈。行人共指盟臺説。相如曾此挫強秦，汗青萬古稱豪傑。韓信興劉，陶朱霸越，英雄自有謀王策。當時一怒顧長刀，將軍頸上空流血。

玉樓春　客中春

檻外桃花紅似血，岸上柳條青可折。美人何處春醉眠，獨倚高樓看明月。樓上玉簫聲斷絶，江上琵琶還慘切。夜深風送海潮來，回首秦關腸欲結。

踏莎行　韓信廟

高嶺連雲，繁煙帶雨。長楊滿路悲風起。將軍墓上草蕭蕭，荒祠白日眠狐鼠。九里山前，未央宫裏。淒涼往事煩胷臆。烏江汾水兩悠悠，東流不盡英雄淚。

西江月　春思

殘雪已消往事，東風又報春愁。珠簾不卷玉香鈎，庭院遲遲清晝。

細雨繁花上院，輕煙碧草汀洲。一聲啼鳥水東流，春在小橋楊柳。

沁園春　重陽

木葉初飛，重樓鴈過，又是重陽。有餅開清洌，樽中酒緑。枝含瘦冷，籬下花黄。佳節難逢，茱萸細看，劇飲高歌總不妨。君聽取，但此身粗健，莫更思量。

古今總是亡羊。漫得失，輸贏夢一場。看龍山事往，夕陽明滅。楚臺人去，煙草荒涼。半瞬流光，百年浮世，回首西風易斷腸。對知音，且頽然一醉，山月蒼茫。

鷓鴣天　鎮虜臺宴諸將

戈戟叢中玳宴開，正同諸將捉生回。十年高臥希夷峽，此日還登鎮虜臺。

長劒舞，巨觥催，帳前金鼓震風雷。李陵碑外天驕遁，遥見旌旗報捷來。

西江月　同前

臺下縱横鐵騎，筵前錯落金巵。風煙不警太平時，正是賞心樂事。

流水落花片片，小橋垂柳絲絲。韶光那覺是邊陲，此日須拋一醉。

臨江仙　三月三十日

芍藥牡丹開已罷，明朝不是春光。鶯兒撩亂送斜陽。繁華應不盡，蜂蝶且休忙。
幾架薔薇依碧檻，新荷更滿芳塘。水晶簾外細飄香。推枰聽玉樹，移座倒金觴。

西江月　易水

西望遠山落日，南來暮柳繁煙。鳥啼花發自年年，成敗興亡幾變。
白水河邊壯士，黄金臺下英賢。到頭惟有斬燕丹，千古令人哀嘆。

祝英臺近　妾薄命

夜光闌，紗窻曉，啼鳥正當戶。春夢岑岑，遍繞天涯去。恨來還自尋思，五更風雨。應不到，東君去處。
東君處，如有這個風光，應思我難度。況又東風，早晚縈飛絮。看看太半韶華，匆匆過了。是誰把，青春孤負。

臨江仙　重陽

藍水經霜清徹底，玉山遙送青來。寒雲浮雨過庭槐。白衣攜酒至，黄菊幾枝開。

盛友還逢佳節賞，獨憐多病形骸。登臨未減昔年懷。西風齊著力，送我上高臺。

永遇樂　妾薄命

鶯舌輕調，燕泥新綴，蝶夢先醒。籬落誰家，夭桃臨水，横放一枝紅影。此時無奈，青樓音信，卻似缾沉玉井。歎青春，容易抛擲，早過二分光景。

珠簾半卷，銀屏獨倚，還把雲粧重整。檢點韶華，嬌柳夭桃，誰占東君窮。此君還似，楊花無定，點點和煙芳徑。但無言，憑欄悄悄，此心自省。

謁金門　春樓

珠簾卷，樓外春愁無限。雨過荼蘼春色減，落紅鶯滿院。

枝上燕慵鶯懶，誰與韶光爲伴。煙柳絲絲迷望眼，闌干空倚徧。

風流子　京華

京華佳麗地，風光好，難解故園思。況洛苑雲山，渭濵花柳，安排春色，日待人歸。金臺下，數聲青燕語，幾點白楊飛。喚起庾愁，驚回楚夢，不須秋到，便想鱸魚。

虚名和虚利，中何用苦苦，爲這棲遲。那黄粱易熟，白駒難羈。教旅魂無著，鄉心如碎，晝長人遠，且飲芳巵。最是不堪消遣，午醉醒時。

臨江仙　塞上

烽火戍樓明萬里，昏昏漠月蕭關。數聲羌笛夜漫漫。邊愁聽不盡，鄉淚望潸然。

逢人莫說封侯事，暮雲白骨沙寒。煖河流血幾時乾。將軍多廟算，不久凱歌還。

臨江仙　同前

月明敵騎乘秋入，兵氛處處塵煙。霜清草白曉尤寒。塞風吹黑水，天霰暗陰山。

將軍親授黃龍鉞，提兵十萬當先。不擒冒頓不回轅，怒披金縷甲，直指玉門關。

滿庭芳

九夏初長，午陰方轉，緑縈翠葆團團。芰荷風動，香度畫屏前。簾卷晝閑人靜，驚心處，時序推遷。三春裏，嬌鶯乳燕，今已老花間。

此身還卻似，亭池萍泛，飄泊自年年。歎一生湖海，兩髩闌鬖。蕭索思鄉王粲，更憔悴，多病文園。虛窻下，不堪情況，白日抱琴眠。

風入松　客春

畫樓簾卷篆煙微，煖雨霏霏。雲山極目家千里，天涯何日歸期。寂寞庾愁似海，飄蕭潘髩成絲。

鶯兒壓折海棠枝，飛上薔薇。深紅淺緑應無數，逐東風滿院芬菲。最是惜花心切，只憂花落春歸。

燭影摇紅　端午

荷緑翻風，榴紅鬬日端陽節。湖光百里碧波揺，是處華筵列。菰角玉紅銀白。泛金觴，香蒲瓊液。綵懸艾虎，錦奪龍舟，佳人豪客。

笑語聲諠，誰知此際堪悲咽。騷魂千載尚悠悠，日暮吟湘澤。幾點黄梅雨歇。欲懷古，俄成悽惻。不如醉了，還勝似醒時，免煩胷膈。

中秋月　别舍弟

同在天涯君歸也，協日暮長途，煩蒸溽暑，孤舘泊誰家？蘆溝橋下，望灞陵，一樣銷魂，塞水流沙。

月滿蒹葭飄零也，渭水川川，秦山疊疊，無奈嶺雲遮。迢迢今夜，協想池塘，客夢岑岑，還繞京華。

踏莎行　夜餞良謀進士入函谷　己巳

畫閣東頭，荼蘼架底。一輪明月天如洗。潘安年少更多才，馬卿抱病春尤劇。愁溢朱醅，情添綠綺。天涯易落驪歌淚。説明朝人渡灞陵橋，夢魂隨繞函關去。

踏莎行　送童推官

霜滿遙山，雲連荒戍。征車獨策天涯際。幾番回首望京華，風煙不斷關河樹。鄭國流風，晉陽邊地。幾年遷逐飄零處。近聞天子奏神功，紫泥不久徵君去。

醉蓬萊　七夕

正素秋新霽，玉宇澄涼，金風蕩暑。月上珠簾，卻鈎簾不起。遠岫雲生，奇峯忽出，比山峯還翠。綠蔭瑤階，紅香寶檻，碧天如水。

靈鵲橋成，銀河喜度，迢迢今夜，年年此會。灞水銷魂，有橋平如砥。人在流沙，看看已老，只經年別淚。天上人間，歡娛何處，悲愁何處。

蘇幕遮　風雨春暮

昨朝風，今夜雨。雨横風狂，偏在梁園里。斷送春光春幾許。寂寂紅芳，漫委青苔墜。詩：落花寂寂委青苔。詞：餘紅落盡青苔院。

蝶蜂忙，鶯燕語。共怨東君，不替花爲主。無計留春春欲去。多少春愁，且對殘紅醉。殘紅且愛且惜也

木蘭花慢　重陽

碧梧寒景物，呈秋象，好秋光。正玉鴈南飛，金風西動，白露含霜。缾中茱萸酒緑，東籬下，還見菊花黄。試問人間佳節，一年幾度重陽？

共知音一醉，紫霞觴，得徜徉。便短髮蕭蕭，從渠落帽，也自無妨。龍山高人已往，看龍山，依舊晚蒼蒼。樂處須開笑口，休思身在他鄉。

襄城遺曲　瑟奏

多才自累，百感攢結。天涯渴病思歸客，渭水新豐，家山在那些。南南北北奔馳，歲歲年年飄泊，悽切悽切好悽切。鴻鴈又來也，天末數聲哀。聚散梧桐葉，幾陣西風瑟瑟，玉簫聲斷秦樓月。秦樓月，星河縹緲，萬里波摇，照徹長江千折，長江東下何時歇。六代繁華都泯滅，夜半寒潮，蓼岸荒洲，石頭建業。

踏莎行　秋江

赤葉凋霜，黄花冒雨。鴈聲秋斷寒江渚。一篙新水海潮來，滿山宿莽嵐煙起。
紅蓼灘頭，白蘋岸底。小航深繫漁郎醉。笑瓜洲壩下利名人，向夜來還逐風波去。

黄粱夢　謝仕歸

見青山，猛自驚，又黄粱，一夢醒。喜高鳥，脱樊籠，寶劍空鳴，滿櫃兵書都没用。
有慶雲，天上生，看甘泉，地下湧。説風火，九邊寧，豫大豐亨，白髮書生心自醒。

漢宫春　過驪山山下有華清池溫水數泓

綉嶺溫泓，自艶妃浴後，池水難澄。至今千年粉臭，百里脂腥。想當時，帶得洗兒湯，傾入華清。秦下客，往迴過此，風來掩鼻趨行。
辱没山靈，並天鑪騰碧，地竈燒紅。不如滻河飄雪，灞水逆冰。卻教人，到與馬嵬泥，一樣看成。君聽取，漁陽鼙鼓，方知哲婦傾城。

長安月　驪山

望驪山，秦宮淩漢，周火連天。到如今，繁華埋瓦礫，恩愛褒姒付塵煙。周家長，秦家短，眼前一樣凋殘。嘆溫泉，玉娥貴妃參乘，翠輦鳴鑾。到如今，西風吹水冷，孤月照沙寒。飛霜樓，明珠殿，無人更倚朱闌。

踏莎行　劉道長生子

麟鳳呈祥，熊羆夢協。明珠掌上圓如月。萬家燈火慶長年，初辰明日元宵節。閥閱高門，箕裘世業。天公固永仁人澤。馮京原是玉皇童，釋伽親抱來銀闕。

浪淘沙　華陰諸生賀翟長教會試

師道最尊嚴，絳帳高懸。門前立雪盡英賢。況有文章堪樂與，桃李翩翩。暫且擁青氈，不日鵬摶。明年春滿杏花天。聖主臨軒親策士，身上金鑾。

踏莎行　于少保石將軍

乘勝驕兵，憑淩中夏。高才謀國于司馬。將軍一砲定江山，至今閭巷傳詞話。小說家編成石家詞話，優人唱說。

莫説南宫，見存東駕。虎符誰向襄藩下。智哉長史止王車，難將一手瞞天下。

踏莎行　客中清明

萬點紅芳，千條金絮。韶光爛漫春無際。愁人抱病在天涯，卻如赤葉霜枝墜。
舊塚笙歌，新墳涕淚。紛紛冷雨迷煙樹。杏花村，有酒縱如泉，對壺觴，反著鄉心碎。

水仙子　秋思

月娟娟，空上海棠枝。已無花風瑟瑟，催殘楊柳絲。露零零，易落梧桐淚。倚西樓，看鴈歸。
隔天涯，萬里相思。休説到夢中，是假暫歡娱。還勝醒時，夜迢迢，夢也還稀。

折桂令　金陵

上高城，嘆息金陵。望不盡，萬樹楸梧。何處是，六代宫庭？陳宋繁華，齊梁文藻，王謝流風。都做了，一場話柄。還落不得，半個虚名。只有那，江漢多情，依舊朝宗。寂寞殺，夜半石頭，潮打空城。

駐馬聽　春思

春思依依，習習和風春晝遲。看他遊春杜甫，喜見春來，又怕春歸。耽春不覺髩如絲。向海棠，還問春消息。燕語鶯啼，碧闌干外，春光有幾。

同前

春雨霏霏，緑柳絲絲春漸肥。看他萬花枝上，都是春光，蜂蝶休疑。擔頭春酒隴頭詩，風流人，是春光主。燕語鶯啼，碧闌干外，春光有幾。

滿庭芳　洛陽懷古

深秋旅程，邙山雲起，洛浦風生。風悲雲慘斜陽映，往事傷情。牛羊阪，是英雄墳塚。禾黍場，是帝王宫庭。今和古，成長夢，只丢下些虚名虚姓，模糊在，斷碑中。

綿搭絮　邊城春到遲

昏昏漠日下荒臺。望遙天極目凄凄，春盡邊山花未開。對寒盃，百感興懷。家鄉萬里，白髮還催。何處是渭水秦城？

雪滿紅崖鴈不來。

同前　邊城秋來早

邊沙慘慘逐人來。見西風，纔報新秋，赤葉蕭蕭霜已催。上高臺，百感興懷。你看那，燕關趙塞，都做了，古往今來。當不得弔古思鄉，野戍悽悽，卻又畫角哀。

駐馬聽　寄答世寧進士　壬申

別意悠悠，又是西風萬里秋。那堪雲迷白鴈，露冷黄花，月滿朱樓。柳條折斷水東流。思君一夜，把潘腰瘦。多少離愁，輕塵弱草，人非如舊。

綿搭絮　咸陽懷古

滿堤衰柳暮蟬鳴。倚西風，駐馬高崗，極目咸陽百感生。嘆英雄，霸業成空。望不盡，寒莎煙荻。尋不著漢闕秦宫。只丢下些剩水殘山。雲物淒涼落照中。

清江引　曉秋

銀箭催更天漸曉，金井梧桐落。勞協去西風小閣寒，殘月疎簾照。王仲宣此際，愁多少。

緑樹滿庭清氣生，寶鴨消銀鼎。風傳玉鴈聲，霜沒金蟬影。就不是宋玉也，愁難整。

樓上殘更鷄叫徹，銀蠟還明滅。笛飄別院風，砧急長廊月。蕭條庾信，愁難說。

河漢西傾生白露，三四寒鴉語。黄花月下殘，紅葉風前舞。張衡到此，把愁添做五。

駐馬聽　餞堯甫舉人　時在關中　弘治乙丑

夜色蒼蒼，酒滿芳樽恨轉長。那堪聲沉玉漏，香盡金鑪，燭冷銀缸。離情纔說兩三行。簷前卻早鷄三唱。休題起行裝，卻早把殘魂銷盡，不須到，灞陵橋上。

水仙子　同州道中懷古

落花不見採蓮舟，亂柳難尋沙苑樓。莎青白塚清明後，長春宮，麋鹿遊。把豪華都做了，一望荒丘。長楊阪，繁煙埋恨。夕陽亭，落日生愁。留不住，渭水東流。

滿庭芳　送宗周舉人　己巳京師

陽關柳新，玉河波煖，燕閣協稿春深。斜陽滿目增愁悶，別酒重斟。北邙阪，英雄休問。霸陵橋，芳勝休尋。越兜起，離人恨。似這等浮名絆引，只待長臥華山雲。

朱履曲　邊城夜雨

對寒燈，邊城今夜。望長安，家山在那些。鴈南歸，人沒個去時節。風瑟瑟，催殘漏，雨瀟瀟，打紅葉。多管是，替愁人，來添悶也。

駐馬聽　過北邙

落日荒荒，羸馬西風度北邙。但見寒鴉古木，衰草平原，殘柳長崗，纍纍高塚臥斜陽。知他是，何朝何代何卿相！展轉思量，榮華富貴，古爲今樣。

終歲奔忙，十度驅車過北邙。當時朱顔緑鬢，如今短髮蕭蕭，古貌蒼蒼。五十年，一枕夢黄粱。到醒來，回首堪惆悵，世路茫茫。山河如舊，人情新樣。

寄生草　晉陽懷歸

晚霜遙，玉壘寒；晚雲多，金臺迴。想尊罏，禁不得西風動；對鶯兒，彈不出南薰弄；望煙霞，丟不下東山景。急歸來，卻早是白頭人。到此時，看破了黃粱夢。

又

又不是貪山水，又不是愛神仙，人家筵席也，終須散。諕殺人，鶴唳華亭嘆。愁殺人，鳥盡淮陰怨。聰明人，須早過是非關。英雄漢，挑不起功名擔。

肯排山，山能撼。肯倒海，海可翻。只是我意兒裏不要緊，心兒裏懶。沒來頭，無限閑拘管。不中用，多少閑文案。黄石橋收了子房編，玉門關掛起班侯劍。

又

我本是釣鰲人，做不得攀龍客。協上千萬般，怕負了皇恩大。二十年，償不盡經綸債。兩三翻，空惹得青山怪。歸來一嘯海天空。醉時節，還覺得乾坤窄。協上

洛陽橋，春柳新。岳陽樓，陰風動。蔓草長，休迷了淵明逕。華峯高，還尋著希夷洞。五湖深，繫不住陶朱艇。養閒身，猿鶴伴。丹霄鑄衰顏，龍虎蟠金鼎。

你看那三傑忙，你看那四皓閑。漢家青史，都把名兒顯。白樓緑柳，是吾家苑。渭濱河曲，與漁樵伴。對知音，還取古琴彈。散幽情，細把羲經點。

朱履曲　思歸

我也曾披金甲，坐鎮玉關。我也曾步玉階，侍講金鑾。都是一場傀儡鬧喧喧。也未必山林好，也未必省臺安。得抽身，便宜了千千萬。

新水令帶過折桂令　秋思

客窗風雨，苦瀟瀟，幾番將離魂驚覺。協叫晚沙秦苑迥，秋水灞陵遥。極目迢迢，又天涯，一夜曉。短髮彫搔，病不相饒，愁不相饒。爲病多，減了酒量；爲愁多，瘦了詩腰。酒量減，劉伶潦倒；詩腰瘦，庾信蕭條。鴈下空壕，葉落庭皐。不曉事，草砌寒蛩。夜深時，絮絮叨叨。

朱履曲　子房從赤松子遊託也

廷尉司蕭何械繫，未央宫韓信誅夷，那英雄早已見先幾。赤松子，人何在？黄石公，數真奇。知情的，只有個，越范蠡。

新水令帶過折桂令　別仲華進士　辛巳

曉亭三疊奏陽關，共離情，春愁黯黯。鶯聲遙入座，花氣細侵簾。梅雨無端，把韶光，一夜換。休怪我懶上雕鞍，量這些過隙浮蹤，消幾度千里關山。柳折金絲，酒斟玉斝，詩滿雲箋。魏俊逸才高子建，晉風流年少潘安。苑草芊芊，渭水川川。二句佳景也也知到，後會多期。再來時，只怕我兩鬢斑斑。

鴈兒落聯得勝令　閩中秋邀楊喬夫飲　弘治乙卯

斫霜螯，紫蟹鮮。傾秋露，芳樽滿。小園中，緑橘垂。疎籬下，黃花綻。碧亭亭，窗外兩峯寒；卻不覺，身在瘴江邊。金陡潼關道，予家也天台玉瀑泉。喬夫家也望鄉園，萬里雲山遠。且追歡，醉如泥，錦瑟前。

苑洛集　卷十三

蘇民困以保安地方事

浙江等處提刑按察司僉事臣韓邦奇謹奏：爲蘇民困以保安地方事。

臣巡歷至嚴州府建德等縣、杭州府富陽等縣地方，據軍民人等稟稱：「本處地方雖出魚鰾茶綾等物，人民艱苦。肆府太監差人催督，擾害地方，雞犬不得安生，要行禁約。」等因到臣。爲照前項魚茶綾鰾係供用之物，未敢擅專。又訪得鎮守太監王堂、市舶太監崔瑤、織造太監晁進、督造太監張玉各差叅隨人等，在於杭、嚴二府地方催攢前項進貢，固已勒要收頭銀兩，而不才有司官吏及糧里人等倚是貢物，無敢稽察，任意科歛，地方被害，人不聊生。而肆太監伴貢之物，動以萬計。是陛下所得者壹，而太監即所得者十，叅隨人等所得者百，有司官吏所得者千，糧里人等所得者萬。利歸於私家，怨歸於朝廷。上供者一而下取者萬。況此等之物品不甚奇，味不甚美，何足以供陛下之用哉？及照建、富等縣地方，地瘠民貧，山枯乏樵獵之饒，江清鮮魚鰕之利。兼以近年以來，水旱相仍，徵科肆出，軍民困瘁已極，故前歲流民相聚爲亂，一呼千百，幾生大變，幸賴無捕而安，今尚洶洶未靖。往事在鑑，實可寒心。伏望陛下勑下該部，將前項貢物特從停止，仍行巡按御史並按察司及該道分巡官揭榜戒諭，今後敢有指稱進貢名色，在於各地方需索財物，騷擾爲害，應叅奏者奏請究治，應拏問者徑自拏問，庶民困可蘇，而地方可保無虞矣。爲此專差，謹具奏聞。正德十一年四月日。戶禮二部覆題：「准免。」後鎮守等太監奏，以阻絶進貢誹謗等事，詔獄爲民。復進貢。

愼刑獄以光新政事

山東等處承宣布政使司右叅議臣韓邦奇謹奏： 爲愼刑獄以光新政事。

臣聞：「刑者，人主治天下之大防，而天下治忽所由係。」書稱：「堯舜之治至於四方風動，其究歸於臯陶象刑之功。」故刑者，人主之所當重愼而不可忽者也。國家法古制刑，内則總之三法司，外則總之提刑按察司。後又特差監察御史審録，都御史巡撫，且皆付以糾察之寄，其法詳且盡矣。至於錦衣衛之設，蓋以待夫隱罪極惡，天子非時震怒特遣下之，非以爲常者也。然其制列聖相承，止行於畿内。至正德二年以來，權姦相繼用事，假此報復私讐，中傷善類，用張淫威，迫脅海内，官校紛紛而出，所在有如豺虎。破家亡身者，郡邑相望，天下洶洶，幾至大亂。使非聖明繼世中興，革而正之，天下未可知也。近者聖母駕過山東，高唐州同知金波供應有缺，陛下詔錦衣衛官校拏至京師，天下譁然驚疑，謂：「聖明在上，亦復有此！」夫金波小官，何足以動天下之聽聞，而錦衣官校出京拏人，則固天下聽聞之所係也。伏望陛下特宥金波之罪，自後在外府州縣官有犯，付之按察司；三司官有犯，付之撫按官；撫按官有犯，付之三法司。如此則内外相承，體統不紊，罪皆閲實，孰可逃刑哉！臣以外服之臣，乃敢塵穢聖聽，罪誠難逭。但臣山東方面官；高唐，臣山東屬州；金波，臣山東屬官。陛下差錦衣衛官校拏人自臣山東始，故敢輒肆狂瞽，以獻芹曝，惟聖明採擇焉。爲此專差，謹具奏聞。正德十六年十一月日。都察院覆題： 先是撫按三司，皆認罪。時出巡在外，不知也。奏下，撫按三司皆不悦，遂自陳致仕。

自陳不職乞賜罷黜以消天變事

大理寺左少卿臣韓邦奇謹奏： 爲自陳不職，乞賜罷黜以消天變事。

邇者彗星見於井、宿之間，陛下既躬盡克謹之誠，又命羣臣痛加修省。臣惟以人動天，惟刑爲甚速，天下典刑之官，惟大理寺爲甚要。昔之人，所以一婦銜冤遂致大旱，而廷尉稱爲天下之平也，稱斯職者，必得仁明平正之人而後可。如臣之凡庸愚昧，豈能堪此要任！曠官尸位，上干天和，彗星之變，臣有其咎。伏望皇上將臣速賜罷黜，以消天變之一端也。臣不勝戴罪，恐懼之至，爲此親齎，謹具奏聞。嘉靖十一年八月

自陳不職乞賜罷黜以公考察事

巡撫宣府等處地方都察院左僉都御史臣韓邦奇謹奏：爲自陳不職，乞賜罷黜以公考察事。

臣惟國朝舊例：「兩京官員，每遇六年一考察，四品以上皆令自陳。舉職者留之，不職者退之。」此誠黜陟幽明之盛典也。今臣待罪都御史之官，誤膺巡撫之任，受兵民之寄，假便宜之權，況宣府一鎮擁衛京師，當二敵之衝，制五路之將，使非有達機應變之才，其何以勝重而致遠也！伏念臣駑駘之品，驅策固已不前；而蒲柳之姿，衰病又加日迫。知足之念每懷於平時，而揣分之誠尤切於今日，顧惟「車非其馭則輻脫而載傾，鼎非其器則足折而餗覆」，如臣之凡庸綿薄而叨此重大之任，豈不遺地方之患，負恩遇之隆哉！伏望皇上俯賜宸斷，將臣黜罷，則大明之典協成周之公，而熙績之功邁有虞之盛矣。爲此親齎，謹具奏聞。嘉靖十二年二月

乞給馬匹以實營伍事

謹奏：爲乞給馬匹以實營伍事。

臣惟：「防邊禦敵，截殺追襲，莫要於騎兵。」今宣府一鎮，累年以來倒損馬匹數多，其無馬官軍中間，殊有驍勇善騎

射之人。若選而用之，給之以馬，皆爲精兵。則是給一馬即增一兵，故邊人有言：「出兵不如發馬。」此誠達機知實之語也。況今大敵臨境，時出輕騎欲行剽掠，而騎兵尤所當急。伏望皇上軫念宣府地方爲擁衛京畿重鎮，勅下該部於太僕寺給撥馬四五千匹，則卒然之頃，即增四五千精鋭之兵矣。爲此親齎，謹具奏聞。嘉靖十二年三月初三日給馬三千匹

預處邊儲以濟缺乏以備急用事

謹奏：爲預處邊儲，以濟缺乏，以備急用事。

臣聞：「糧多則兵自强，士飽則氣自倍。」苟糧乏而士餒，則雖孫、吳之智，無以施其謀；賁、獲之勇，不能致其力。故糧者，三軍之司命。而凡行師者，必以爲急者也。臣據宣府公差人員節次稟報：「去冬河凍之時，北敵大衆渡河而東，即今分散輕騎於各隘口潛駐，或晝或夜，窺我無備即行剽掠，必須隨處發兵按伏。」且聞走回人口報稱：「彼中約會大衆，欲要南侵。」雖兵機難測，未可全信，察其事勢，草生之時必然大舉深入。今本鎮歲額錢糧，僅足軍士月糧之支。雖有先年所買之糧，若彼果大舉而來，必當調集客兵防禦截殺，而所買之糧尚不足客兵之用，至於按伏之糧全無措備，必待臨期糴買，則米價騰踴，所費多而得糧少。若於成熟之時，預爲處置，則每銀一兩可以得二兩之用，所費少而得糧多。其月支之糧，雖名爲一石，然除本色外，其折糧之銀或七八錢或六錢，以上其實每月止得糧七八斗、五六斗。所以士多飢色，心恒怨咨。夫以饑色之人而懷怨咨之心，乃欲責其奮勇效死以赴敵者，未之聞也。伏望聖明勅下該部於大倉動支銀二十萬兩，解赴本鎮管糧郎中處交收。聽臣等乘時糴買，以爲按伏客兵之支。其軍士月糧當春夏米價太貴之時，全支本色。如此則糧多而士飽，以攻則勝，以守則固矣。爲此專差親齎，謹具奏聞。嘉靖十二年三月日發銀八萬兩

舉將才以裨邊務事

謹奏：爲舉將才以裨邊務事。

臣自到鎮以來，即以將才爲事，留心訪察，似得其真。然臣又以爲干城之將不可以二卵棄，蹄齧之馬乃能致千里。故取其所長而畧其所短，恕其既往而責其將來，則人皆有可用之才。苟以壹事而棄其平生，以壹時而擯於沒齒，斯下無全人，而臨事有才難之嘆矣。臣鎮所屬武臣，其謀勇著聞，才力通敏而罪過無累者，臣固舉之；其雖因事罷閒而謀勇足稱、才力有爲者，壹併奏聞，以候聖明採擇焉。

臣訪得萬全都司軍政都指揮僉事王鎮、坐營武舉都指揮同知梁桓，此皆可以任遊擊而統援兵，領叅將而守壹路者也；保安衛掌印指揮使郭梁、宣府右衛軍政管屯指揮使趙鏜、宣府前衛掌印指揮同知俞鎮、龍門衛掌印指揮同知信乾、懷來衛掌印指揮同知陳綱，此皆堪爲大城守備，保固疆埸者也。至於革任叅將都指揮僉事李彬，勇號萬人之敵，各路之守將皆出其下；革任守備隆慶左衛指揮僉事劉環，名擅壹時之英，各城之守備，莫之或先。二臣者，若使復其原職，建立必有可觀。此其曖昧之過、詿誤之失，在所當畧者也。如蒙勅下該部再加訪察，如果臣言不妄，將王鎮等擢用，李彬等録用，則於邊務亦可少有裨補矣。緣係舉將才，以裨邊務事理，具本專差，謹題請旨。嘉靖十二年七月十二日

分守官員兼理道事以裨地方事

謹奏：爲分守官員兼理道事，以裨地方事。

臣會同巡按直隸監察御史議照，宣府、大同，皆西北重鎮，宣府地方五路叅將，四十二城堡；大同地方三路叅將，一十

七城堡。而大同原設有布政司分守官一員，按察司分巡官一員，一府四州七縣，又設有掌印佐貳首領官員。今宣府止設僉事一員，二州一縣。况宣府兵馬之衆，錢糧之多，事務之繁，比之大同又加三之一，而所設之官無大同三之一，僉事干理，固已不周，及遇陞黜事故，缺官又復動經數月，深爲未便。再照繁簡隨乎時，因革通其變。宣府地方歲入百萬，凡各路城堡，召商糴買，殆無虚日。夫利之所在，弊緣之生。利積則爭訟日起，弊久則巧僞日滋。由今視昔，繁簡大殊，因時拯弊，幾在今日。而大同布政司分守官事亦簡少，宣、大二鎮地方相去不遠，分守官可以兼理二鎮事務。如蒙勅下該部再加議處，如果臣言可採行，令大同布政司分守官兼理宣府事務，照例依期交代；或添設叅議一員，於山西布政司列銜，如本鎮僉事事例，僉事行分巡事，分守官行分守事，各官如或有缺，更相帶管。如此則上下相承，體統有等，政務可以振舉，而地方亦有少裨矣。緣係分守官員兼理道事，以裨地方事理，具本專差，謹題請旨。嘉靖十二年七月二十七日

墩軍大缺盔甲器械不便瞭報防守事

謹題：爲墩軍大缺盔甲器械，不便瞭報防守事。節該欽奉勅：「諭命爾巡撫宣府等處地方，整飭邊備，訓練軍馬，俱要衣甲整齊，器械鋒利，欽此。」已經通行各路分守叅將，欽遵。督同守備等官，即將軍士衣甲器械一一點視，其有損壞者修補製造，應自備者責其自備，應官給者在官給。與其旗幟金鼓，有損舊者，悉與更換，務要鮮明響喨。仍將查勘修補製造更換過數目開報通行去，後日久未據回報，又經節次催查。近准分守東、北、中、西、南五路左右叅將馮勲、李懋、都勲、郝鎮、劉江手本，各稱：「查得所屬墩臺隘口守墩軍士原關盔甲什物，委因年久破爛不堪並節年被敵疎失，各路通共缺少盔六千六百八十頂、甲七千二百二十二副、腰刀三千六百一十八把。」等因到臣。爲照各路守墩軍人共八千五百二十九名，今缺盔者至六千六百八十名，缺甲者七千二百二十二名，缺腰刀者三千六百一十八名，是數千人者，皆赤身空手之人也。臣爲之驚謖慨嘆，不意邊備之廢弛一至於此！

臣惟宣府一鎮，擁衛京師，去敵人駐牧之地甚近，視各邊最爲要緊。而墩軍日與敵人相臨，所恃以典司砲火，傳報聲息，把截隘口，助揚軍威，使敵人不敢以深入者，較諸軍尤爲要緊者也。顧可使之赤身空手以當之哉？臣嘗因各管墩官申報：「墩軍下墩取水及走報聲息，往往爲三五零敵即行擒去，或在墩上爲敵射傷。」臣竊疑之：本鎮墩臺甚密，相去不過二三里，舉旗發砲，鄰近各墩及設伏之兵二三十人卒然可具，遇三五零敵來擒，墩軍縱不能斬獲追逐，而應援救護，力亦所能，何至爲之擒去？且敵在墩下，軍在墩上，身披堅甲，墩上又有女墻遮蔽，自下而上仰而發矢，何至射傷？孰知其盔甲器械之不備如此夫！盔甲，所以衛身；器械，所以攻人。今皆無之，以赤身空手之人而遇強敵，雖百不能以當一，其擒去射傷，固其宜矣。古云：「器械不利，是以其卒與敵也。」況皆無乎？言之可爲痛哭，思之可爲寒心，不可不亟爲之處也。

再照西路城堡極邊衝要，敵人不時出沒，已經量給過盔甲腰刀各八百件。隨查得萬全都司見在貯庫盔三百六十六頂、甲三百五十七副、腰刀五百四把，並收先年京操官軍帶回堪中盔八百九十九頂、甲四十六副、腰刀五千三百五十三把，及京營兌調軍器盔一千九百一十七頂、甲一千九百四十七副、腰刀二千一百四十八把。除腰刀可勾支用，惟盔甲在庫，數少不敷。如蒙乞敕兵部查議，合無准令將前各項軍器支給，其欠少之數於該部見收盔甲內扣算，照數發運前來，聽臣分給各路墩軍收領，其各路損壞不堪盔甲腰刀收送都司，堪修補者修補，查候腹裏軍人有缺者給付，庶守墩軍人衛身攻人，各有其具，而瞭報防守兩便矣。緣係墩軍大缺盔甲器械，不便瞭報防守事理，未敢擅便，爲此專差，謹題請旨。嘉靖十二年八月二十六日

鄰境官軍殺死總兵官員事

謹題：爲鄰境官軍殺死總兵官員事。

嘉靖十二年十月初九日辰時分，據大同巡撫都御史差來夜不收劉名報稱：「十月初六日三更時分，本城官軍聚衆放

砲吶喊，將總兵官李瑾殺死，及將本官公廨燒燬」等因得此，會同總兵官都督僉事議得：大同官軍聚衆殺死總兵官，燒燬公廨，地方大變。除行各路參守等官，申嚴號令，整搠人馬，嚴爲隄備，盤詰姦細外，緣係鄰境官軍殺死總兵官員事理，爲此專差，謹題請旨。嘉靖十二年十月初九日

怯懦將官燒荒遇敵奔敗事

謹題：爲怯懦將官燒荒遇敵奔敗事。

據宣府在城坐營管操都指揮僉事朱彬呈：「據把總千戶孫鎮等呈，稱：本年十月初一日，蒙鎮守總兵官劉淵、統領坐營都指揮朱彬等官軍三千餘員名，前往中路青邊口堡燒荒。至本月初二日卯時分，與同本路叅將都勳、守備操守官楊鉞、王勳、靳尚武、張輔等人馬俱從本堡大變、新臺西空出境，都勳領兵前哨，朱彬等後哨相繼行走。至未時分，哨至地名紅崖兒等處，與張家口堡燒荒宣府遊擊王鎮、南路叅將劉江人馬會合，仍分兵各從原路回還。朱彬等當先，都勳等人馬繼後，各責令夜不收四散燃火，至地名大莊窩，被南山溝内潛伏北敵約有二十餘騎，乘隙風煙前敵突出，拍馬喊叫衝來。各官軍並叅將都勳，帶領有馬官軍往東混亂跑走，遺下步軍被敵邀追射破。當蒙總兵官劉淵、坐營官朱彬督率職等官軍齊力奮勇，與敵兵刃相接，射中三敵，拖拉去訖，將步軍馬匹救入營内，復督官軍追至紅崖兒，其敵敗遯山林趨避。欲再窮追，山河艱險，樹林深密，時值天晚，恐墮敵計，收兵回還。查得本管並無疎虞，若不具呈，又思官軍怯懦跑走，儻將本管人馬驚亂，致失大事，恐難分辯，呈乞轉達。」等因備呈前來。

行間隨准分守中路左參將都指揮使都勳手本：「嘉靖十二年十月初二日卯時，蒙鎮守總兵官劉淵統領宣府並本路官軍，從青邊口、新臺西空出境燒荒，分佈本職等前哨行至地名紅崖兒等處，離邊約遠七十餘里。各下營紮，立傳令官軍發火焚燒。至未時分，起營回還，總兵官劉淵前行，本職收兵，後行至地名大莊窩迤西，比時煙霧蔽天，忽被南溝林内突出北敵

二十餘騎，拍馬喊吽來衝。本職督令官軍下馬，各用神鎗弓矢射打。當有總兵官劉淵急來救援，復督官軍齊力奮勇射打，傷中數敵。各賊見我兵勢衆大，慌張奔走，往西北去訖。欲要追趕，山險林密，河道阻隔，恐墮敵計，收兵入境。」續據葛峪堡守備指揮楊鉞呈稱：「查得被敵射傷旗軍三名：劉剛、崔恕、武三；射死軍人李小大，下馬一匹。」操守常峪口堡指揮靳尚武呈稱：「查得被敵射傷軍人二名：田仲禮、周小柴。」操守羊房堡指揮王勳呈稱：「查得被敵射死軍人一名：潘永倉。擄去本軍下馬一匹、神鎗一把，再無別項疎虞。」又據操守青邊口堡指揮張輔呈「查得本堡並無損傷官軍馬匹」等因各呈到職。恐有漏報，取具各官，不致隱漏，結狀在官等因，備具手本到臣。

會同巡按直隸監察御史，衆照左衆將某，當燒荒之際，爲殿後之軍，提數千之精兵，遇二十騎之零敵，兵刃未交，望風退縮，致諸軍之大敗而四散奔逃，使羣敵之長驅而縱横出沒，重爲邊境之羞，益驕敵人之志。良以本官才本凡庸，性復怯懦，惟平昔之威名欠振，故臨陣之紀律不嚴；及至開報緣由又多隱匿情實，圖脱重罪，肆捏虚文；再照守備操守等官某各提一堡之兵，同爲奔北之將。使當時有一人負勇而自立，則諸軍必不至相視而大潰，通屬有違，法當衆究。如蒙勑下法司，將某等依律從重究治，庶邊臣知警而軍威可振矣。緣係怯懦將官燒荒遇賊奔敗事理，未敢擅便，爲此專差，謹題請旨。嘉靖十二年十月十一日

親王至鎮欲要赴闕事

謹題：爲親王至鎮欲要赴闕事。

嘉靖十二年十月十一日午時，有代府承奉吳聰賫王令帖到臣，内開：「爲叛逆軍人兇惡逼迫，私出禁城，親詣赴闕事。嘉靖十二年十月初六日晚三更時分，本爵在宫聞知城中放砲吶喊，差人門首打探，言説軍士燒燬總兵官都察院門。及至天明，將總兵官李瑾殺死，將總兵官及都察院衣服等件盡行搶去，又將各店客貨亦行搶去。有經過府門者，言説要本爵與他

做主。於初七日申時分，將各處修邊按伏軍馬調入城中。本爵慌懼，引領承奉㒰總，褻衣小帽，就混入於衆人之中，從北門而出，前至金穀莊潛伏。一更時分，將管莊人王宣帶領跟隨前至四家莊，將管莊人宋景春亦隨前來，至順聖川西城，劉叅將容暫一宿。初九日起身，有總旗張文錦、楊達因在東井村催糧，亦隨前來。」等因到臣。

至本日未時，臣謹迎王入至鎮城，臣慰安及整備一切供用外，會同總兵官都督僉事，看得：大同軍變，王因出至臣等鎮城實不得已，但要親詣赴闕，未奉明旨。臣等啓王留住鎮城，候明旨以爲進止。緣係親王至鎮，欲要赴闕事理，臣等未敢擅便，爲此專差，謹題請旨。嘉靖十二年十月日

實邊鎮以振兵威以防敵患事

謹題：爲實邊鎮，以振兵威以防敵患事。

據萬全都司坐營管操都指揮僉事朱彬呈，稱：「照得宣府在城前後營，並奇兵、新舊遊兵營，原設馬隊官軍一萬四千餘員名，聽征馬一萬二百餘匹。近因大同軍變，蒙將奇兵營、舊遊兵營、新遊兵營，並將前後營及南路叅將兵馬盡數調去，及北、中、西各路精壯官軍，亦摘選通行征勦，大同止遺前營走報夜不收，並存留傳報，各處城堡擺撥等項官軍一千餘員名。日逐差遣不暇，馬匹節漸疲憊。況今敵中走回人口傳說大舉兵馬，要來搶掠，及邊報聲息，絡繹不絶。倘遇警急，動調追勦，深爲未便。如蒙准呈，乞早裁處，庶克濟事。」等因到臣。

爲照去歲冬間，大敵渡河而東，特命文武大臣總制提督軍務，且調遼東、延綏之兵以爲應援，蓋爲宣、大二鎮預防敵患而設。今總制提督既專意西征大同，臣鎮奇兵、舊遊兵、新遊兵、南路叅將兵、遼東、延綏兵既盡數調去，而前營、後營及中、北、西各路精鋭之兵、謀勇之將，亦各抽選而去，本鎮止留奇兵一千餘名。又，近日使者交馳，錢糧解發，往來護送，日見疲損，操演且不能以成陣，況遇警禦敵而可責其成功也哉？倘北敵乘虛而來，雖孫、㒰不能支，而況臣輩凡庸者乎？兵法

曰：「勿恃其不來，恃吾有以待之。」今待之者無具矣，豈可不爲之預處耶？

臣查得本鎮步軍倒死馬軍及壯餘人等絶有驍勇之人，若授以什物，給以馬匹，數千精兵，旬日可具。所缺者，馬耳。如蒙勑下兵部議處，將太僕寺馬匹給發二三千匹，聽臣抽選前項步馬壯餘人等給授之，編成司隊，作爲一營。又，臣本鎮嘉靖十一年、十二年馬價共該四萬兩，不曾解發。再乞勑下戶部，將前年例銀兩照數差官解送臣鎮，收買馬匹，置辦什物，亦給抽選前項步馬壯餘給授之，編成司隊，作爲一營。但馬數甚多，恐一時收買不及，合無將前項銀兩内取三萬轉發兵部，每銀十五兩折馬一匹，給發前來。一萬兩徑解臣鎮，爲置買什物及本鎮買馬之用。臣仍於本鎮空閑枀守都司等官中，推選謀勇著聞之人二員統領之。待事寧之日，分撥前奇新舊遊兵諸營，補其逃亡之數，如此則不惟可以爲本鎮防敵之備，亦可以遙爲進征大同諸軍之聲援，此亦救時之一策也。臣叨承撫寄，事在剥膚，故敢昧死上陳，惟聖明鑑察焉。緣係實邊鎮，以振兵威，以防敵患事理，未敢擅便，爲此專差，謹題請旨。嘉靖十二年十一月日

選軍給馬暫團營伍以實邊鎮事

謹題：爲選軍給馬，暫團營伍以實邊鎮事。

會同總兵官都督僉事議照，本鎮近因大同事變，兵馬多調西征，本鎮實爲空虚。臣等謹便宜會選得無馬軍人及步軍一千四百三十四名，從公推選得空閑都司李淮，才力有爲，謀勇可取，暫委爲千總職事，試驗得指揮千百戶、旗舍六十六員名，俱各年力精壯，弓馬熟嫻。指揮等官范紹宗等六員，爲把總職事。千百戶旗舍李昇等六十員名，爲管隊貼隊職事。及置買旗招響器駄鼓長鎗柞木等項，俱已完備。每把總四員、旗軍一千名，作爲一營，就令李淮統領，以聽征調。其餘官軍亦令李淮暫管，候足千人之數，別選謀勇官員，委爲千總職事統領，另行具題。事寧之後，仍令各歸本伍。緣係選軍給馬，暫團營伍，以實邊鎮事理，未敢擅便，爲此專差，謹題請旨。嘉靖十三年正月二十二日

逆軍引誘北敵大舉入侵鄰境預防邊患事

謹題：爲逆軍引誘，北敵大舉入侵鄰境，預防邊患事。

本月二十日，據遊擊將軍夏杲差夜不收孫良報稱：「大同逆軍引誘北敵五萬有餘至大同城下，將遊擊將軍王鎮等殺敗，即今賊尚未退。」二十二日，又據巡撫大同樊都御史差來賫本百戶鄭鎮稟稱：「即今北敵大衆，尚在大同城下。分遣精鋭三千餘名，南搶應州等處，自聚落堡至大同城下，道路不通。」二十三日，又據擺撥軍人任福玉傳提督軍門號令：「運糧之車且不必來。」本日，又據夜不收劉章報稱：「東關宣府叅將李彬兵、北關宣府副總兵張鎮兵、叅將劉江兵俱被圍困，六日未支糧料。」

先據宣府分守東路右叅將馮勳稟帖開報：「十六日，大舉敵兵從永寧邊方擁衆入境，本職統領官軍林錦等急出迎敵，不料敵衆兵寡，混砍一處。倡令我兵捨命對敵，佔據山梁，傷中敵人、敵馬數多，俱被鈎馱。内敵漢語叫說：『不要放箭，與你答話。你們人馬去關大同，我大納延也來了，先使三個頭兒，領衆兵卒搶殺。』等語。據此切詳所言，中間顯有姦細。復來之舉，旦夕難測，除對敵緣由另行呈報。」等因各到臣。

會同總兵官都督僉事議照，大同逆軍引誘北敵大舉入侵，直抵城下，敗我官軍，駐兵不退，且分兵搶掠，圍困諸將，阻絶餉道，似與尋常入侵不同。臣恐大同既已得利，必侵宣府。縱或暫回其勢，草生凍解，必然大舉分侵宣、大兩鎮，而東敵亦有「大納延引兵也」來之説。及照近因西征大同，臣鎮奇兵、舊遊擊兵、新遊擊兵、南路參將兵盡行調去，而前後營及各路精鋭之兵、謀勇之將亦行摘調，臣鎮實爲空虚。夫以大同城下京營及各路兵馬林立雲集，尚且敗挫不支，而況空虚之宣府哉？且敵中既有逆軍爲之畫謀鄉導，則我各邊之虚實夷險彼皆詳知，其大舉入侵，必然之理也。夫以一北敵，大同城下數路之兵不能支，若東敵入自東路，北敵入自西路，一宣府豈能支哉？夫宣府者，大同之根本，京師之隄防也，大同雖已失利，苟宣府無事，則猶可據此以圖再舉，而京師亦不至於震驚。儻宣府亦復失利，譬之「根本既枯，枝葉無從而生；隄防既決，下流必受其害」，則大同不可圖，而京師之勢孤且危矣。況大同城下衝鋒處，險被圍被殺，張鎮、劉江、李彬、王鎮部下，皆宣府調去之軍，則宣府之虛，豈但目前而已哉！臣等叨承重寄，鎮撫一方，事在剥膚，心誠危懼，故敢昧死上陳，伏望皇上軫念邊方重鎮，勅下該部，會集多官從長計處，將新調延綏、遼東之兵發與臣鎮，聽臣等調遣節制；仍再調別鎮兵馬防禦及多給馬匹，聽臣等選軍給授，如此庶乎有備無患，而邊境可保無虞矣。緣係逆軍引誘，北敵大舉入侵鄰境，預防邊患事理，未敢擅便，爲此專差，謹題請旨。嘉靖十三年正月二十四日

久缺極邊要路參將官員事

謹題：爲久缺極邊要路參將官員事。

臣會同總兵官都督僉事議照，南路參將劉江、中路參將李彬，因大同軍變調去西征，及照前項二路係極邊要地，當勁敵之衝，而參將官員，外以防禦勁敵，内以聯絡諸城，一時所不可缺者。今既逾時改歲矣，況今鄰境軍變，大敵壓境，又非平時之比也。臣等雖委官暫管，然止可於平居無事之時奉行文移、干理政務而已，若夫遇警臨陣，諸委官固不能致身於他人之職，而諸軍士亦豈能效死於暫委之官哉？此固理勢之必然也。臣等嘗見：雖諸司卑微之職，一遇暫委，政務輒廢，況參將受朝廷之勅，當一方之寄，掌握兵權，攘外安内，豈可久以權假之官居之哉？況劉江、李彬，素有謀勇，既去西征，他日功成報捷，當膺賞擢，亦必不復居舊職矣。如蒙勅下該部再加議處，推選素有謀勇之人領勅，前來管領二路兵馬，惟復聖明，別有裁度。緣係久缺極邊要路參將官員事理，具本專差，謹題請旨。嘉靖十三年二月日

選軍給馬暫團營伍以實邊鎮事

謹題：爲選軍給馬，暫團營伍，以實邊鎮事。

會同總兵官都督僉事議照，本鎮先因大同事變，兵馬多調西征，已經會選得無馬軍人及步軍一千四百三十四名，推選得空閑都指揮李淮爲千總指揮等官，范紹宗等六員爲把總千百户旗舍，李昇等六十員名爲管隊貼隊，及置買旗招響器馱鼓長鎗杴木等項，俱已完備。每把總四員旗軍，一千名作爲一營，就令李淮統領，以聽徵調。其餘官軍亦令李淮暫管，緣由先已具題訖。臣等今復會選過官軍五百六十二員名，並前餘剩軍士四百三十四名，把總管貼隊官旗二十二員名，共湊一千之數。從公推選得空門指揮同知路鏜，久歷邊方，熟知邊務，暫委爲千總職事；試驗得指揮千百户旗舍二十四員名，俱各年力精壯，弓馬熟嫺；指揮等官王清等二員，爲把總職事官旗舍；孫清等二十二員名爲管隊貼隊職事。一體置買旗招響器馱鼓長鎗杴木等項，就令路鏜統領，以聽徵調，事寧之日，各歸本伍。緣係選軍給馬，暫團營伍，以實邊鎮事理，開坐具本，專差謹題請旨。嘉靖十三年閏二月日

地方疲憊乞處稅糧以蘇民困事

謹題：爲地方疲憊，乞處稅糧，以蘇民困事。

臣會同巡按直隸監察御史議照，本鎮地方懷來衛、隆慶右衛、隆慶州永寧縣保安衛、美峪所、宣府鎮城衛所、萬全左衛、懷安衛、保安右衛東城西城深井等處，近因大同事變，徵需調發百倍往時，凡軍需火器糧料草束及一切攻戰之具，皆係本鎮運送，兼以使者交馳，大軍經過，宗室流寓，車牛夫馬，動以萬計。家無閑丁，役及婦女，日無寧時，繼之以夜，差役固已繁

重。况其時天寒地凍，雪深冰滑，損傷者不計其數，又以極邊之地人無多蓄，數月之間，閭閻困瘁。

前項地方嘉靖十三年稅糧已蒙聖恩蠲免五分，其該徵五分委的辦納不前。再照地方，固所當卹國儲，亦所當惜。臣等查得萬全都司庫內所貯歷年椿朋年例及近日兵部二次發下馬價銀兩，以往年歲驗馬匹計之，可足嘉靖十三年、十四年、十五年三年之支，况各年又各有朋合年例銀兩，雖四年之支亦且有餘。去年戶部解到十一年年例銀二萬兩見在。如蒙勑下該部再加議處，將前項地方五分稅糧蠲免，將前項戶部年例銀二萬兩發管糧郎中，爲接濟軍儲之用，如此則地方既得蘇息，而國儲亦可以少補矣。萬民幸甚，臣等幸甚！緣係地方疲憊，乞處稅糧，以蘇民困事理，未敢擅便，爲此具本，專差謹題請旨。嘉靖十三年四月日

議處年久浥爛預備倉糧以濟時艱事

謹題：爲議處年久浥爛預備倉糧，以濟時艱事。

據宣府前衛申：「據本衛預備倉委官見監鎮撫劉鎮等各呈告：『自嘉靖二年起至嘉靖十三年四月終止，除放支外，見在倉麤細糧五萬五千三百八十三石三升四勺八抄六撮九圭，在廒盛放年久。節蒙查盤，踏躧虧折坐問侵盜，經收人員晝夜思慕，性命攸關，錢糧爲重，地氣濕浥，米粒日漸蟲瀋。經年看守有損無增，愈加致累，不得聊生。』等情具申定奪。」等因到臣。

行間續據宣府左衛申開：「預備倉委官見監千戶楊欽、見任千戶竺雄等名下，見在麤細糧一萬八千五百二十九石九合八勺。」宣府右衛申開：「預備倉委官見監千戶尹鸞、見任千戶李政等名下，見在麤細糧八千四百八十二石八升七合五勺五抄二撮。」興和守禦千戶所申開：「預備倉委官百戶李雄等名下，見在麤細糧三千五十石七斗八升三合四勺四抄三撮。」亦各稱年久日有壞爛，無支放之期。

又據千戶王鎮開稱：「在城時，估每絲銀一兩糴粟米八斗。」又據軍人郭驢兒等亦稟稱：「米價甚貴，正當青黃不接之期，折色糴米，養贍不足，乞要放支本色。」等情。通據得此，臣會同總理糧儲戶部郎中議照，前項倉糧委因年久浥爛，經收人員問罪追陪，往往至於破家亡身，其見在倉糧，臣等取而視之，委將浥爛。目下青黃不接時，值委爲太高，軍士糧價月止陸錢五分，糴糧不過五斗，委於養贍，有所不足。又召商糴買銀一兩三四錢，方可得糧一石。而米價愈至於騰踴，若不因時議處，何以克濟時艱？

合無將前項倉糧借支給與本城軍士作爲月糧，候秋成之時將萬億庫所貯軍儲銀兩糴買，抵斗還倉。如此則一轉移之間有五便焉。以陳朽而得新好，國儲不至於有虧，一便也；軍士得受其實惠而不至於怨咨，二便也；富商不得專大利而時估可平，三便也；所費之銀少而得米多，四便也；經收人員不至啣寃負枉破家而亡身，五便也。再照倉糧之浥爛，米價之高貴，軍士之缺食，不特鎮城一處爲然，在各邊亦多。如此而米價之貴，又有甚於鎮城者，亦合通行，從宜酌處。如蒙勑下該部再加議處，如果臣等所言可採，乞俯賜施行，則臣等幸甚，地方幸甚！緣係議處年久浥爛，預備倉糧，以濟時艱事理，未敢擅便，爲此具本，專差謹題請旨。嘉靖十三年四月二十九日

安設兵馬防禦敵騎以明烽堠以固地方事

謹題：爲安設兵馬，防禦敵騎，以明烽堠以固地方事。

案照：「先據萬全都司呈，將估計過，懷安城李信屯新築土堡一座，設蓋公廨倉場營房等項，該用木鐵等料共銀一千三十七兩一錢七分一釐等因，備細造册，繳報前來。」據此案照，先據守備懷安城指揮同知周鎧呈稱：「本城西北地名李信屯與隔鎮大同所轄天城，邊界相去五十餘里，地方平漫，各年敵人往往乘隙由彼邊方入侵，我境多被殘害。合無修築土堡一座，設立墩臺，撥軍防守。」等情已經行。據守備官周鎧將各項該用物料銀兩數目估計呈報，又經案行該司估計明白，

臣會同巡按直隸監察御史議照，前項李信屯地方係兩鎮交界之衝，兩山俱盡之所，實敵人由大同地方入侵宣府咽喉之地，若於本屯地方設堡立墩，斬崖築牆，屯兵戍守，則敵人必不敢長驅而下以侵西南二路地方，而意外隱憂亦可爲備。誠有如守備周鎧之所言者，既經該本官與都司估計停當，相應依擬除行文都司將修築土堡設蓋倉場公廨等項，通共用銀一千三十七兩一錢七分一釐，於官庫見收。節年農民銀內動支一千兩，贓罰銀內支領三十七兩一錢七分一釐，選委的當官員買辦木鐵等料如法造作，匠役於預備倉每名驗日支給口糧一升五合，起撥無馬軍士借倩屯田空閑舍餘，輪班修築其築堡，佔用屯田地畝有糧地土，於別項無礙。地内照畝易換，撥給該用，防守軍士三百名，查照先准兵部，咨該南京、浙江道監察御史喬英奏本部議，擬題准移。咨各邊巡撫都御史轉行所屬衛鎮守巡等官，但有額缺，正軍清勾補伍，其舍餘軍餘果有年力精壯，通曉武藝，情願竭忠報效之人，查照各邊軍丁收操事例，量給月糧，隨宜選用，操守有功，一體陞賞事例，委官前去該城。公同守備官如數召募，舍餘軍餘候築堡蓋房完日，安挿居住，收支月糧缺少盔甲什物，官庫查給，該用把總管貼隊官旗另行推選，管理約束，操守防禦，騎操馬匹，照常估買給發外。緣係安設兵馬，防禦外患，以明烽堠，以固地方事理，開坐具本，專差謹具題知。嘉靖十三年十月十七日

議處通敵要堡以遏敵患以衛地方事

欽差提督鴈門等關兼巡撫山西地方都察院右副都御史臣韓邦奇謹題：　爲議處通敵要堡，以遏敵患，以衛地方事。

臣會同鎮守山西副總兵閱視邊關，至八角堡地方，看得本堡東去寧武關九十里，南至鎮西衛一百四十里，西至偏頭關九十里，北至老營堡九十里，乃適中用兵之地，正衝大同西路平朔、奶河堡、莜麥川一帶敵人入來之路，又兼地方不甚險隘，敵騎可以長驅。

昔年大敵南犯，屢由本堡出沒。於嘉靖四年設立守禦千戶所，改撥並召募官軍共計額數一千四百員名，添設守禦指揮一員，操練兵馬，修理城池，保障居民。緣自立所以來，其守禦官員未經奏請，止是暫委空閒指揮署管，彼因責重任輕又且更調無常，以此兵將不識，威令不行，事務掣肘，人心懈怠，軍伍日漸消耗，邊備每見廢弛。況本邊武職官員甚少，管隊等職皆係旗軍，雖百戶亦無。其守禦指揮，皆是腹裏衛分坐委。是以戰陣不諳，怯懦無用，徒擁虚器寄空名而已。

臣等議照，宣府地方如新河、新開等堡，官軍不過三四百員名，又無衛所，亦設守備一員，管理今本堡官軍一千四百員名，又有守禦千戶所在内，似應比照新河等堡設立守備一員專管。如蒙勑下該部再加議處，如果臣等所言可采，於邊衛推選堪任守備二員，奏請簡用，前來管理。庶乎職專任重，人心畏服，而敵患可遏，地方亦可少賴矣。緣係議處通敵要堡，以遏敵患，以衛地方事理，未敢擅便，爲此具本，專差謹題請旨。嘉靖十五年正月十一日

添擇緊要縣分官員以備地方事

謹題：爲添擇緊要縣分官員，以備地方事。

據山西布、按二司守巡冀寧等道左參政等官高叔嗣等呈稱：「照得山西地迫北境，連盡三關，屯兵儲糧，防據要害。所屬繁峙縣附近鴈門，敵人游騎往年常牧城下，縣人尚能言其處，實係緊切地方。謹查：『諸司職掌各縣若不及二十里長者，裁減縣丞主簿。』繁峙縣一十九里，設知縣、典史各一員，固國家定制。但該縣比與他裁減地方不同。各道會議得前事，相應奏處，該縣可添設縣丞或主簿一員，管理一應糧草，以備缺官掌印，及別項調遣警急應用爲便利。如蒙軫念地方，乞爲奏請定奪施行。」具呈到臣。

議照繁峙縣當鴈門迤東一帶，山隘周圜數百里，其東北境內爲關者一，曰平刑，寔乃山西之咽喉，中國之樞紐。若敵人異謀大舉，圖入中國，必由此途。苟得人以守之，不惟可以爲山西一省之保障，亦可以爲天下之藩籬矣。其北爲隘口者四：曰北樓口，曰大石口，曰小石口，曰茹越口，山皆壁立，石多崇竦，所謂「一夫當關，千人莫敵」者是也。又爲巡檢司者三：曰北樓巡檢司、曰平刑巡檢司、曰茹越巡檢司。各設官吏弓兵，以備非常。且有各處民壯輪流上班常川防守。又爲驛者一，曰沙澗。其偏頭、寧武、鴈門及陝西延綏等處公差人役，往來經由，絡繹不絕。況本縣境內地有遺利，民有餘力，田多膏腴，人復純實。故太原府言：「上等縣分，必以繁峙。」雖止設有一十九里，然其險則爲阨塞之處，其地則爲富庶之區，其途亦爲衝要之所，若得豪傑之士掌而治之，則巍然雄鎮，豈特爲大縣而已哉？顧以里長限制，止設知縣、典史各一員，中間一遇各官丁憂、陞調、革職、緣事等項事故，則政皆委之吏胥。

再照：該縣知縣又往往多以監生及各處才力不及人員除調，舉人出身者甚少，進士出身者絕無。是以平居無事則錢糧之徵解欠明，詞訟之枉抑蝟集，境內之地利未興，行旅之支應告乏，而兵壯人等往往逃避脫役，若遇一旦警急，其不足以爲禦外捍内之倚仗，可知矣。誠有如左參政等官高叔嗣等所呈，如蒙勑下該部，如果臣等所言可采，合無將該縣添設縣丞或主簿一員，分理縣事及備缺官署印，仍選擇進士中強幹有才力者一人，選爲知縣。如此則數年之間，整理教養，足食足兵，禦外捍内之備修而卒然之變可保無虞矣。緣係添擇緊要縣分官員，以備地方事理，臣等未敢擅便，爲此具本，專差謹題請旨。嘉靖十五年三月日

惡逆攢害尊長搆賊殺死多命賄官枉法故勘肆獄淹禁生靈乞恩差官急救以伸大寃以決久訟等事

謹題：爲惡逆攢害尊長，搆賊殺死多命，賄官枉法，故勘肆獄，淹禁生靈，乞恩差官急救，以伸大寃，以決久訟等事。

據山西按察司等衙門署印副使等官呈：「會問得犯人李儒招年云云」等因，具招連人，參呈到臣。簿查先節，該前巡撫山西右僉都御史案驗「爲查理告人下落」事，又據慶成王府校尉金漢告「爲因姦毆死人命久禁屍親不得伸寃」事，又據該府儀賓李儒具狀「令家人李保兒抱告，爲勢惡攻圍住宅，射死人命，買使投充刀徒，揑詞裝陷苦主」事，又據李儒具狀「令李保兒抱告，爲勢惡謀領羣賊射死人命，買通讐豪家丁，扶同攢害姦謀將軍，違例出郭，囑誣苦主」等事，俱經批行。山西按察司究問明的，具招詳奪，間續准都察院，咨該慶成王府革爵鎮國將軍奇瀶，同男輔國將軍表櫶、表柁奏「爲惡逆攢害尊長，搆賊殺死多命，賄官枉法，故勘肆獄，淹滯生靈，乞恩差官急救，以伸大寃、以決久訟」事，又據該府鎮國將軍奇澣「令家人王保兒抱告爲極惡庶人，累犯不悛，招賊刼截，坐守分贓，刃傷親兄，刼出獄囚，嚇打民財違法」等事，又據奇瀶訴「爲姦豪賄囑主文，改易供詞，故陷無辜寃抑」等事，又據陝西咸寧縣人任山西太原府同知郭鏗男郭芹訴「爲素惡讐誣職官」事，又據巡按山西監察御史會稿奉都察院巡按山西八千四百八十一號勘合，亦該奇瀶奏：「爲懇乞天恩，哀憐孤苦，稔惡讐陷，願隨祖居，避毒害，全恩義，以免大難」事，又奉都察院巡按山西八千六百二十六號勘合，該慶成王府荔蒲郡君儀

賓李儒具本令姪李廷賓抱奏：「爲讐惡將軍糾領賊黨，擅用弓箭射死人命，反揑虛詞，攢害苦主，乞恩以伸寃抑」事，又奉都察院巡按山西八千六百三十二號勘合，該奇瀶同男輔國將軍表櫢、表棎前奏「爲惡逆攢害尊長，搆賊殺死多命，賄官枉法，故勘肆獄，淹禁生靈，乞恩差官急救，以伸大寃、以決久訟」等事，又奉都察院巡按山西八千六百四十二號勘合，該已故慶成王奇須妃侯氏奏「爲膡録敗倫，庶人朦朧，奏討冠帶，紊亂成憲」事，又該奇瀶同男表櫢、表棎奏「爲肆惡逆搆強賊，殺死人命，賄貪官、害尊長，乞天恩彰大法、殄元兇，雪寃抑以息久訟，以免釀成大變」事，行間又准都察院咨，又該奇瀶奏「爲賊姪殺死多命，攢謀屈陷尊長，屢奏未得公勘，死生抱負大寃，懇乞天恩，比例差官，急救焚溺，以明大獄」等事，又准都察院咨該慶成王府鎮國將軍奇瀞具本「令家人王保兒抱奏爲大肆黨惡，招聚強寇，刼掠殺人，坐守分贓，刃傷親兄，謀刼獄囚，貽害地方」等事，俱經會行該司併勘。

從公虛心鞫問明實，干礙應參人員一併招，參以憑覈實會，奏施行間。又該前巡撫山西左僉都御史批，據太原府同知郭鏗呈「爲懇乞致任，暫准回籍，仍候聽結久案，以便下情」事，又據郭鏗呈「爲挾讐詿奏，已經勘明，牽滯不結，先乞摘發，以便下情」事，又據汾州申，蒙本院批，據奇瀶具狀，令家人小計兒抱訴「爲乞明訪察善惡，查究先後供詞，辯雪讐寃誣枉」等事，又據山西按察司分巡冀南道呈繳，前巡撫山西右副都御史批，據汾州衛申「爲鎗扎親兄，乞驗傷，捕羣賊，以安地方」事，及奇瀞令家人張汾州抱告亦爲前事，及前巡撫山西右僉都御史批，據汾州衛申稱奇瀶令家人小周兒抱告「爲豪姪挾讐，打死嬸母，措謀父傷，遮飾罪犯」事，奇瀞令家人王保兒抱告「爲惡弟率賊，持鎗扎傷親兄」事，奇瀶又令家人小周兒抱告「爲黨惡糾賊，謀害親叔，殺死二命，激變地方」事，李儒令家人李廷住抱告「爲讐兇聚賊搶剥」事，又據汾州民任長壽告「爲勢豪將軍，挾讐裝，誣良善，賊情屈禁親隣家口，急救生命」事，各該告詞繳報前來。

又該奇瀞夫人宋氏具狀，令家人金保兒告「爲擅放屢卷強賊故陷人命氣死親兄淹滯寃抑」等事，奇瀶告「爲惡逆不孝，烝姦庶母，爭分家財，氣死親父，聽信儀賓，宿娼酗酒，率領羣賊，欺毆尊長，乞究以免患害」等事，續又准都察院，咨該慶成王府已故鎮國將軍奇瀞夫人宋氏具本，令汾州兒抱奏「爲蓋世逆弟，挾讐扎死兄長，勢致強賊脫獄，嚇陷人命，乞恩辯明寃苦，急救生靈」等事，內稱：　臣夫不甘，奏行一本爲「敗倫傷化，革職庶人，不改前非，故違祖訓，招集兇徒，刼財放火，謀殘骨肉，虜掠強淫，逼死人命，罪惡滔天，乞除寃害」事，一本「敗倫庶人，冒封子禄，挾讐刃傷親兄，窩賊刼財，謀死數命，激變地方，懇乞天旨，差官徵首惡，掃餘黨，以正祖宗成法」事，行間又准都察院咨，又該慶成王府革爵鎮國將軍奇瀶具本，令家人小郭兒抱奏「爲兇梟惡逆，不孝不義，不道不睦，烝淫庶母，多分家財，氣死親父，鴆弟姦妹，殺人害叔，懇乞天恩，明正誅戮，以警風化，以除大患」事，又准都察院咨，亦又該奇瀶奏「爲酷虐貪官，受財枉法，故禁平人致死，故入宗室贓罪，事發脱逃，冒任京職，乞恩袪究，以警欺誑」等事，又准都察院，咨該戶部廣西清吏司員外郎郭鏗下義男郭芹奏「爲讐害問官，嚇詐未遂，不遵勘明成案，添捏前詞，覆行奏擾，乞賜矜察，以警稔惡，以息刁風」事，俱該本院覆題。

查得：「奇瀶等節次奏詞已行撫按，會勘未報。本院欲候命下，仍咨巡撫都御史會同巡按御史，查提先今奏內人犯逐一作急勘究明白。如果干礙，郭鏗一併參奏，議擬施行」等因，題奉聖旨：「是，欽此。」欽遵。備咨前來，節經會案，並批行該司掌印官，會同都、布二司掌印官，逐節從公鞫問明實，連人招叅詳審。續據該司「看得各項奏告，頭緒多端，事體頗大，議呈欲委太原府知府張承祚、平陽府知府李檟，親詣汾州勘問。」緣由到臣。又經批仰該司，依擬委用期在完結去後，今據招叅解繳前來，會同巡按山西監察御史公同三司各掌印官一一細加研審，俱無異詞。除批行各官將犯人李儒監候明文至日施行，小周兒、劉釗等定衛發遣，王達等依擬發落，金漢、冀璠等各奏告人命撥置等情，仍聽守巡道歸結，未獲強賊，晏倫等行州衛巡捕官緝拏未到，俞賢等並本省故關巡檢司官吏嚴提問結，其鎮撫等官李棠等行令聽叅外，看得慶成王府革爵庶人奇瀶心比蛇虺，更多機變之智，性如狼虎，尤有奸巧之能。招羣小爲爪牙，任從撥置，捐一身爲城杜，大肆兇殘，以嚇詐爲奇謀，逞鬬訟爲美事，逼財害命，窩盜殺人，淩問官，刼罪囚，恃勢難以枚舉；包樂婦，侵官地，違法不止一端。扎傷親兄，更何有於倫理；捏誣親姪，實無異於仇讐。摭拾勘官，肆爲虛誕，蓦越赴奏，實犯條章。昔罪已懲，前非不改，今不重治，後豈能悛？輔國將軍表檬、表桐、表楠，健訟好鬬，全無禮讓之風，聽誘爲非，罔知法律之禁，包樂婦而姦占，自比娼優；收棍徒以刼財，何殊盜賊？表楠平民被其打嚇，尚延調於追贓；表檬告叔亦有虛誣，且買屍以圖賴，又與表楠服中挾妓，作樂忘哀；輔國將軍表櫞敢肆兇暴，毆打公差，與奇瀶、表檬等節次乖違，俱不遵乎祖訓，親屬搆害，實有玷于宗藩。

參照：山西都司汾州衛把門鎮撫李棠門禁，是司稽察不謹，以致宗室擅出封城；該衛巡捕指揮王壽，敢受賊盜之財而公然賣放，又與掌印指揮張文愷均有地方之責，而全欠關防。慶成王府武陽郡君儀賓郭經本因恐嚇，頭畜添誣，刼奪重情；該府署教授事典仗衛玘明知捏誣，不行啓復，及至檢舉，又增虛詞，俱屬違法，律合提問。再照奇瀶奏稱：「表檬與高要郡君通姦，又將父妾王氏、薛氏，表櫓將春梅，表槽將來喜各烝淫。」奇瀚奏稱：「奇瀶與六合縣君通姦，儀賓葉繼重氣身死，俱干宮闈。呂氏、王氏二屍，亦在奇瀶府内，外人難以進入。」必須内臣體勘，方得明白。

合候命下，行晉府長史司備由啓王特差承奉一員，親詣汾州，會同該道守巡官勘問，庶事可結絶，不致後詞。緣奇瀶、表檬、表桐、表櫓、表櫞，俱宗室，郭經係儀賓，張文愷、王壽、李棠俱軍職，衛玘係王府官，李儒係行止有虧儀賓，例應奏請發落。及係惡逆攢害尊長，搆賊殺死多命，賄官枉法，故勘肆獄淹禁生靈，乞恩差官急救，以伸大寃，以決久訟等事，並節奉欽依事理，臣等未敢擅便，爲此具本，專差謹題請旨。嘉靖十五年三月日

下情激切懇乞天恩願辭料價早賜夫匠修理府第以全母子居處事

謹題：爲下情激切，懇乞天恩，願辭料價，早賜夫匠，修理府第，以全母子居處事。

據山西布政使司呈：「原議合用夫二千五百名、匠七百二十名，分派澤、沁二州並本府各屬縣分，共計一千三百一十餘里，每里夫、匠二名半，每日工食銀夫三分、匠五分，該州縣拘點齊備，差委合屬官一員管領。赴工中間，若有願出銀雇覔者，聽令交收在官，給付委官領解工所雇人替當。」等因，已經申報。

今蒙行勘，但原議夫匠若使解人，則夫匠之更番不便，官司之撥遣亦煩，且工久人怠不無逃竄之虞。若使免差，則將夫匠之雜差盡歸貧難之下戶，且日久差繁，不無靠損之累。是解人不如解銀，免差不如不免之爲便也。

其原議夫匠每里各出二名半，雖若相應，但里分有大小，人戶有貧富，若概令照里出派，亦似未均。合無行令各州縣掌印官查照賦役文冊，酌量三等九則分派前項工食銀兩，中間里大而富戶多者，量爲加增，里小而貧戶多者，量爲減少。每年通融均派，陸續徵完，解赴本府貯庫，就近雇倩夫匠，解發管工官處。著役仍委本府佐貳官一員不時查點，不許管工官作弊賣放。如此，庶重輕易舉而民無偏累，事有稽查而工可就矣。

及照府第宮殿廂房門樓，並燒造瑠璃甎瓦、築砌牆垣等項工程浩大，若以五年或恐過多而民力不堪，若以三年似乎太少而工難就緒，今定擬四年爲期，庶民不甚勞而工得早完。

通呈照詳，蒙巡撫山西右副都御史批，據本司呈，前事蒙批。以三千之夫匠共四年之工役，是三千壯丁四年失業，中間逃亡事故，勢所必有。議擬徵解工銀，足見爲民爲事之意。但本省地方近年以來屢遭災傷，兼以徵科繁重，今又益以是銀，不惟民力不堪，抑且追徵難完，則民有實勞，工無實濟。抑再議處，別有良便之法，呈來具奏繳。蒙此案照已經該道勘議，前來通呈，詳奪去後。

今蒙前因議照，修理府第料價夫匠皆不可缺，已經守巡等官估計，合用料價銀五萬四千餘兩，夫二千五百名，匠七百二十名，瀋王乃灼見時艱，深恤民隱，辭免料價，止用夫匠。今該守巡道會議，前來欲將潞安、澤、沁府州縣分，概里均派工食銀兩，雇倩夫匠，以四年爲期。夫三千夫匠不爲不多，四年爲期不爲不遠，倘處置失宜，則王府無落成之期，有司吏胥恣別項之弊。況前項地方累經災傷，近頗豐稔，而禄糧邊餉自十年以來逋欠數多，一時併徵，急於星火，小民破產賣兒，以應官司，殊不聊生。今再加以此役，則一府二州之民無一里而不應役，無一人而不應役，其爲負累尤爲繁重。雖議徵銀比之應役頗爲便利，但州縣之吏胥緣以爲奸，嗣歲之豐凶難以預料，倘致小民逃竄，徵解不前，不惟有誤工程，抑且貽憂地方。誠有如本院之所慮者相應議處，合無將本司並所屬各庫無礙銀兩通行查出，務湊十萬兩之數。本年先解四萬兩，以後十六年、十七年、十八年，每年二萬兩，差官徑送本府長史司交割，責令雇倩夫匠，與本府旗校人等相兼做工，等因備呈到臣。

簿查，先據山西布政使司呈，前事已經批議去後，今據前因，會同巡按山西監察御史看得布政司呈，稱要將本司並所屬各庫無礙銀兩通行查出，務湊十萬兩之數。本年先解四萬兩，以後十六年、十七年、十八年，每年二萬兩，差官徑送本府長史司交割。責令雇倩夫匠一節，無非期大工之早成，寬里甲之出辦，謹作事之流弊，體皇上親卹之義，擴賢王愛民之仁，不爲無見。既經該司勘議，前來相應奏請，如蒙勑下該部再加查議，合無將布政司並所屬各庫無礙銀兩通行查出，務湊十萬兩之數，本年先解四萬兩，以後十六年、十七年、十八年，每年二萬兩，差官徑送本府長史司交割，責令雇倩夫匠與本府旗校人等相兼做工，事完之日，通將做過工程、用過銀兩、買過物料各數目造册奏繳查考。如此庶工料得以有濟，而府第早見其成，小人亦免偏累之苦矣。惟復別賜定奪，緣係下情激切，懇乞天恩，願辭料價，早賜夫匠，修理府第，以全母子居處事理，臣等未敢擅便，爲此具本，專差謹題請旨。嘉靖十五年四月十六日

地方災異自陳不職嚴糾庶官以圖消弭事

謹題：爲地方災異，自陳不職，嚴糾庶官，以圖消弭事。

嘉靖十五年六月二十九日起至本年七月二十四日止，節據平陽府稷山縣、臨晉縣，太原府五臺縣、祁縣、河曲縣，石州靜樂縣、清源縣，沁州武鄉縣，汾州介休縣、孝義縣，鎮西衛寧化、八角、寧武守禦千戶所各申稱：「本年五六等月日不等，猛風大作，驟雨連綿，山水泛漲，致將地方軍民所種夏秋田苗俱被淹沒無存。」稷山縣及稱：「各家房屋倒塌，民人樊月等淹死，衣服、器皿、頭畜、豬羊等物，被水漂沒。」臨晉縣及稱：「峨嵋坡水泛漲，將北門並城牆沖開五百餘丈，擁入城内，水高約有丈餘。致將居民周輕等房舍一千五百餘間、穀麥家活等器並鄉村衝倒房牆，壓死婦女馬氏等馬贏牛羊鷄犬無數。」河曲縣及布、按分司府治六房，牢獄、儒學、兩廡、官宅、齋號等房庫，樓倉牆、養濟院盡行倒塌。各房文卷泥壓破壞。」介休縣及稱：「蝗蟲從西北飛來，遮隱天日，喫毁田苗。」石州及稱：「將民郭永陳等房屋一百三十五間被水推沒。」寧化守禦千戶所及稱：「將民住房多有淹塌。」鎮西衛及稱：「蝗蟲從西空飛，約長數十餘里，從東北梁家坪等屯飛去。」

「天池、汾河狂水泛漲，沿北關城牆，埧口頽傾五十餘丈。水流不及城門，塞滿垛口，進入關廂、南平等屯，漂去人口軍餘，賈伏、胡興、王政等房屋衣糧漂毀數多。」八角守禦千戶所及稱：「溝渠平地淤漫，田禾孳畜無存。蝗蟲從本所地方北甘河等處，寬約三十餘里，長約四十餘里，遮天隱日，喫田十無一二。」寧武守禦千戶所及稱：「蝗蝻將太原前衛虎北屯、太原左衛麻峪等屯並本所三岔溝屯田苗喫毀。」又據嵐縣申稱：「本年七月十三日，蝗飛遮天，落食田稼一空。」興縣申稱：「蝗蟲經過，苗稼俱被喫傷，不得秀實。」各等情緣由陸續具申到臣。

看得前項災傷係干民瘼重事，除行山西布政司委官分投踏勘明實，另行具奏。續據平陽府蒲州申稱：「將南北二鄉欠糧十圖人戶拘集東馬房立大比較間，於本年六月二十三日午時分，忽有暴雨如注，將馬道高牆淋漓，牆根浮動，房屋一齊傾倒。當即搬救，內有打傷者一十五名，打壓身死者二十六名。」等緣由亦申到臣。看係變異，仍批行該州，死者賞給埋葬，傷者亦給醫藥。經該官吏另行外卷查：「本年六月內，先爲天鼓鳴響事，續爲災異事。將天鼓鳴響、冰雹打傷禾稼，大水淹沒，死傷人畜。」等情已經二次具題訖。

今據前因，爲照山西一省數月以來天鼓鳴、冰雹降、霖雨作、蝗蟲生，其災異可謂重且數矣。除行都布按三司並府州縣衛所等衙門大小官員痛自修省以圖消弭外，臣聞之：「天人之際，相爲流通。感應之機，有如桴鼓。故和氣致祥，乖氣致異，人事所召，天道弗僭。」此固必然之理也。臣又聞之：「洪範庶徵，隨分省驗。」職任有崇卑，休咎有大小，日月有久近，地方有廣狹，各有所屬，理不容紊。臣爲山西巡撫官，今山西地方災變累見，感召之由，其咎在臣。緣臣才本凡庸，加之衰病，雖葵藿之心徒勞效竭，而駑駘之質驅策不前。待罪巡撫年餘以來，尸素日深，負乘無補，人事有缺，災變斯應，臣不任其咎而委之誰哉？伏望皇上將臣特賜罷黜，別選賢能以充任使。再照山西地方有司官員，其庸劣貪懦，職業不修之人，比之他處特甚，一事之小，動經歲時。一訟之微，動費十百。理斷不公，寃抑不理，強淩衆暴者益肆，姦傾術擠者日滋，兼以撫字失道，徵派無方，貧難之人無以自伸，弱者舉家逃亡，強者草竊行刼，鬱結之氣，積而爲災。合無勑下該部再加議處，行巡按御史比常嚴加考覈，將各官不職實跡具奏，一體罷黜，庶幾災變可弭，而地方有賴矣。緣係地方災異，自陳不職，嚴糾庶官，

以圖消弭事理，爲此具本，專差謹題請旨。嘉靖十五年七月二十九日

倉糧事

謹題：爲倉糧事。

據山西布政司等衙門左布政使等官呈稱，據太原府申：「據本府大盈倉手本開稱：本倉宇宙廒不堪穀二千二百四十石，玄黄廒不堪穀一千一百八十一石三升七合八勺二抄，信字廒不堪穀一千五百五十八石五斗，寒字廒不堪穀三千九百七十石，閏餘廒不堪雜糧穀一千四十三石五斗、小麥一十石、黑豆四十一石五斗。」緣由到府轉申到司，案查，先抄蒙巡撫山西地方都察院右副都御史案驗，據太原府知府揭稱親詣大盈倉，將廒内收貯各年積穀上而去皮，下而至底，於中取出一斗，當面舂簸，止得米一升，一合累舂皆然。令人作飯食驗，味苦難食。備由案仰本司即便會行糧儲道並都按二司掌印官，將前項倉穀逐一從長計議，作何處分，期爲良便，通將議處過緣由呈報，等因會此。已經行查去後，今據前因，會同本司掌印左布政使、右布政使、糧儲道右參政、按察司副使、都司都指揮僉事議照，前項倉糧積貯年深，兼以地氣上升，雨澤下濕，鋪墊無法，曬晾非時，以致陳朽不堪，一至於此。所據經手人員本當追賠，但年遠事故，無憑提究，失今不處，後將益甚。今知府舉以爲言，相應亟處，合無候詳允日，仍行太原府管糧官吊取該倉節年廒經卷簿到官，逐一通查明白。除近年堆積堪用外，其餘前項陳朽不堪者，盡行搬出，曬晾扇簸潔淨，盤驗見數。要見陳朽若干，堪用若干，另廒鋪墊如法收貯。每遇支放軍糧之日，搭配放支，及將巡撫衙門並司府衛縣等衙門官吏月糧通行搭配，庶不至於薰蒸概壞。但倉穀數多，事體重大，必須奏請，庶可施行。緣蒙案仰從長計議，作何處分，事理各職，未敢擅專，擬合會議通呈，爲此今將前項緣由，呈乞照詳施行。等因會呈到臣。卷查先據太原府知府揭帖前事已經案行，山西布政司會同糧儲道並都按二司掌印官從長計議處分，呈報去後，今據前因，會同巡按山西監察御史議照，所呈前項倉糧，委因積貯年深，兼以地氣上升、雨澤下濕，鋪墊無法、曬

晾非時，以致陳朽不堪，一斗舂簸止得一升一合，失今不處，將來陳朽日甚一日，皆至通爲灰塵，是以有用之物盡致之無用之地矣。再照該倉經手人員，法當追賠，委皆年遠事故，無憑查究。如蒙勑下該部再加查處，合無行令太原府管糧官弔取該倉，節年厫經卷簿到官，逐一通查明白，除近年堆積堪用外，其餘前項陳朽不堪者，盡行搬出曬晾，扇簸潔淨，盤驗見數，陳朽若干，堪用若干。陳朽者開除，堪用者另厫鋪墊，如法收貯，每遇支放軍糧之日，酌量搭配放支，及將巡撫衙門並司府衛縣等衙門官吏月糧通行搭配如此，雖於原數不無有虧，尚可存十分之一二，不至薰蒸槪壞盡爲灰塵矣。緣係倉糧事理，臣等未敢擅便，爲此具本，專差謹題請旨。嘉靖十五年七月二十九日

傳報大擧聲息事

謹題：爲傳報大擧聲息事。

嘉靖十五年九月二十一日，據山西按察司分巡冀寧道帶管鴈門兵備僉事稟帖報稱：「偏頭關副總兵差夜不收報稱：『十七日，敵人約有二萬餘騎，從青㟁子溝等處進邊，到於老營堡地方巖頭寺下營，離堡十五里。副總兵盡率偏關馬軍十八日到八柳樹堡下營，離敵營二十里。』本道十八日二更時分，奉到本院明文即夜發行三關，並八角守備等官嚴加防守外」等因據此，本月二十三日，又據太原右衛巡捕指揮稟帖報稱：「本月二十三日酉時，蒙偏頭關副總兵差夜不收李欽等報稱：『敵人約有四萬餘騎，三股分行，本月十七日虎頭墩放砲一個。』總兵官守備領人馬前到地名高家莊，迎見東山墩夜不收報說：『敵人約有二萬餘騎，往南行至巖頭寺方城下營。』有老營堡坐營指揮王言本日卯時分領人馬至營盤梁下營。敵人約有三千餘騎，與王言對敵，間續到敵人約有一萬，將王言人馬圍定，總兵官差夜不收傳與王言，每軍一名牽馬三匹，步軍後排各拏鎗砲。又傳與老營堡管新軍指揮領步軍策應王言，總兵官又差夜不收三十名各拏火砲至黃家營，放砲吶喊策應王言，馬盡入堡。步軍與敵人對敵，奪下敵馬二匹。總兵官八柳樹堡領兵前往老營堡策應，後添平虜衛參將、右衛參將共

領官軍九百員名合兵一處，敵人哨見，盡往西南去訖，與岢嵐州相鄰。其賊未回。」等因，隨據太原左等衛把總指揮稟報，蒙委本職統領人馬二十一日卯時到代州守備，十九日未時起程，有寧武關守備差夜不收傳報：「總兵官分付調取本城兵馬，本日起程前赴偏頭關合營平敵，衛、朔州等處俱有大舉敵人，傳放砲火不絕。」等情稟報前來。

又據代州守備稟帖報稱：「今有大舉敵人，深入頭哨馬。」俱是先年叛軍引領，深知地道墩堡下，聲言要米段布疋，適今在邊駐牧，要來深入南搶，鴈門十八隘口委的缺人守把，其見在操軍不足，行伍秋班遊兵上班，實難支持」等因，又准鎮守山西副總兵差夜不收齎執大同總兵官手本內開：「九月十四日，據東路叅將差夜不收楊義口報，十二日午時瞭報，邊外西北來精兵鋭卒約有二萬餘騎，往東行走，離邊約遠三十里。」據報得此，會同巡撫大同都御史會議，得北敵隊長小王子前次大舉入境搶掠，被我兵馬敵退出邊。今又舉衆復來南侵，勢甚難禦。本鎮兵力寡少，必須請兵聯合，遏截歸路，共圖成功等情，手本前來調取本鎮遊兵前去接援等因，亦報前來。

本日據寧武關守備差夜不收報稱：「九月二十日，敵人約有一萬往馬邑縣灰泉子、朔州等處去訖。二十一日，敵人約有三萬餘騎，往朔州馬邑縣圪老瓘去訖。」二十五日，又據鎮西衛指揮稟帖報稱：「九月十七日，敵人由朔州邊入。十九日前，敵兵八騎至本衛，離城六十里地名後子窪等處，大營在於太原前衛小辛莊等處。其餘黨漫散於本衛右所大寨等處。偶值天雨通宵不止，未嘗大肆攻搶，附近地方多無疎虞。」等因稟報前來。二十七日，又據太原左衛指揮稟帖報稱：「蒙委本職於九月二十三日到天門關，二十四日帶領官軍前到地名鐵漏窪溝，離關一十五里。溝微窄處垛石牆一處，山頂上臨邊集石塊二十堆，秤搭溝山上垛石牆一處，隨石牆下挑壕一處，集石塊三十堆，柞山岔小路四處天門關至淩井驛三十里，俱石山溝通，無斬削去處。二十七日帶領各軍前去垛壘夾驢石口等因，陸續稟報到臣。

卷查：本年八月二十八日，先准鎮守山西副總兵手本爲傳報，鄰境重大聲息事。八月二十四日該鎮守大同總兵官差夜不收楊雄傳報，「敵兵二萬餘騎，拆邊進入紅寺兒灣下營。本鎮遊兵調去朔州住紮。但恐敵兵侵越三關，地方兵力委的不支」等情前來，已經差人齎文前去巡撫延綏都御史處，「煩照兵部題奏欽依內事理，將聽調官兵督發前來偏頭關防禦，隨准巡撫延綏都御史，咨稱准鎮守延綏總兵官手本，查得本鎮奇遊兵二枝，兵馬俱蒙總制三邊軍務兵部左侍郎，調往西路哨守定邊等營堡一帶地方，所徵官軍無從督發」等緣由前來，臣恐大敵一時侵犯，兵馬寡弱，何以支持，隨即移文副總兵，如遇有警，暫將御冬黄河把總指揮所統兵馬調去防禦間。本月十二日，准鎮守山西副總兵手本，及據三關遊擊呈，各開稱：「本年八月二十四日巳時，准大同總兵官手本，將本鎮遊兵調去朔州應援，後與大同人馬合營分哨，行至地名金家莊被敵將，遊擊祝雄左小指、右腿肚、左肩甲俱砍，傷重不能領兵。況今大敵尚在，鄰封乞要委官暫代遊擊祝雄領兵防禦。」各等情俱各稟報到臣。

看得本省三關，山西所屬東路，與大同、渾源、應州西路，與大同、朔州、馬邑等處地方相爲掎角，山南兵力寡弱，全恃渾應、朔州、馬邑地方以爲遮罩。近日前項地方不可倚恃，而本省山南地方承平無備，恐大敵深入，未免地方受害。一面案行鴈門兵備道，三關、八角守備官及岢嵐、保德、河曲、代州、繁峙等州縣各所屬地方，俱要歸併堡舍，預備器械銃砲，多積甎石灰瓶等物防禦，一遇有警，各就收歛人畜，堅壁清野。一面行委都指揮使前赴老營堡代統遊擊兵馬，委都指揮僉事帶領官軍前去鎮西衛等處地方，把總指揮帶領官軍前去代州等處地方，指揮帶領官軍前去天門關等處地方。各防守去後，據前因，爲照前項人自今年正月以來屢犯我邊，或逐趕出境，或斬獲首級。今乃於九月十七日大舉至邊，深入我境，東至繁峙縣地方，西至鎮西衛五所大寨地方，目今雖已出境，而大營尚在朔州邊地住紮，察其形勢及各官所報，較之往年侵邊情狀頗異。一枝入洪州地方以綴大同東路之兵，一枝既入老營堡地方，旋入復出，以綴大同西路之兵，使兩路之兵各自爲救，不能應援鄰封之師，而大營則深入，徑下五所大寨，可以肆然出境而無邀截之患，其爲機謀亦深矣。且調延綏應援之兵又卻不至，再照本鎮極臨邊境，兵孤將寡而外援不至，況今敵計深密異常，即今正係馬肥弓勁敵騎馳突之時，彼敵人之性未必遽厭，若再大舉深入，其何以支哉！伏望皇上軫念三關地方爲中外分界重地，勅下該部早加議處，及行大同、延綏援兵，如遇敵人大舉深入，三關地方隨即應援，勿得自分彼此，致誤邊事。庶敵人入無搶掠之利，出有邀截之患，則我地得安，彼勢亦挫，不敢復爲深入之舉矣。邊方幸甚，微臣幸甚！緣係傳報大舉聲息事理，未敢擅便，爲此具本，專差謹題請旨。嘉靖十

五年十月初一日

來降人口傳報聲息事

謹題：爲來降人口傳報聲息事。

嘉靖十五年十月初六日，據守備寧武關地方以都指揮體統行事指揮使稟帖報稱：「本年十月初四日巳時，據朔州南窑子長哨夜不收傳説，平虜衛來降敵人説：『大舉敵人在大邊黑石崖駐牧，各殺牛羊，整理鍬钁熟食，要搶南邊地方』等因」，稟報到臣，看得所報前項強敵先次大舉擁衆深入我境，仰仗皇上神威遠布，敵退出邊。今又復謀入邊，雖敵情難測，聲東擊西，未必即來。然敵人之意，在乎併吞，況先次累入，未經敗挫，其氣頗驕，復來之舉，難保必無。且各殺牛羊整理鍬钁熟食，似有攻窆城堡之意。況先次延綏援兵預調不來，而大同援兵亦復未至，倘若一時深入而三關兵力寡弱，其何以支？如蒙勅下該部再加議處，合無行文大同、延綏撫鎮官員，敵果大舉入邊，三關本鎮調取兵馬，各督發聽調奇遊等兵，星夜兼程前來偏關住紥，隨敵聲勢，應援截殺。若或敵勢衆大，深入久住，聽臣亦調宣府遊兵應援，庶邊鎮有賴而地方無虞矣。緣係來降人口傳報聲息事理，未敢擅便，爲此具本，專差謹題請旨。嘉靖十五年十月初七日

請官專管庫藏以便收放防革奸弊事

謹題：爲請官專管庫藏以便收放防革奸弊事。

據山西太原府代州知州申照，得本省先年稅糧，徵派本色本州原設監收同知一員，經收邊儲等倉場糧草。正德十年間，奉布政司明文會議，得平陽、太原二府澤、潞等州縣稅糧馬草，坐派三關各營堡折收價銀，解司差官類解兵備道，案發本

州，因缺監收，去任知州代收，出給通關銷繳銀兩，聽候三關並振武衛官軍月糧料草之用。嘉靖元年以後，監收同知管理收放，中間多有吏員出身，往往因事問革被盜，皆因職微官卑，人心不服。及查得每年解到糧草價銀三十餘萬兩，每月三關支放一萬七八千兩有之，二萬兩有之。見今該積銀三十一萬餘兩，況本州相離偏頭關並各營堡路途四百餘里、寧武關一百八十餘里、鴈門關四十餘里，每月差委官旗赴州支領錢糧，甚是不便。況係邊餉重務，爲照大同庫藏設有部官，今本州監收同知官小，力難支持，錢糧重大，亦與大同事體相同。查得寧武關先年設有官庫，專一貯放糧價。合無將本州原收三關錢糧，乞改本關適中地方，比照大同事例，奏請部官一員，職專管理，防革奸弊，庶使官軍支給兩便，錢糧不致疎虞。緣係邊儲重大事理，卑州未敢擅專，擬合就行，爲此今將前項緣由理合具申，伏乞照詳施行等因，俱申到臣。看得代州知州申稱：「本州設有監收同知，專管收放三關各倉場糧草，價銀每年三十餘萬兩。節年監收同知任內，往往被盜問革，皆因職微官卑，人心不服。及要改設寧武關適中地方，比照大同事例，奏請部官一員，職專管理，防革奸弊」一節，不爲無見。但事干改設監收軍餉重務會案行，據山西布政司等衙門左布政使副使都指揮僉事會議呈報，與前相同。議照將勇兵強而後邊疆可寧，士飽馬騰而後兵威可振，故足食足兵，王政之要，而不可有所偏重也。昔有漢之興，蕭何不絶餉道，至與韓信並稱爲傑。而我國家防邊禦敵，凡有大兵重鎮，如宣府等處，皆有郎中總督軍餉，親自收支。時有大警，往往又以大臣督餉。如近年大同之變，總制軍務則兵部侍郎，總督糧餉則戶部侍郎，司糧儲之官，顧不重哉！今山西三關之地，偏頭關有副總兵，老營堡有遊擊將軍守備，而下衛所關城營堡並黃河禦冬官軍三十餘處，及二府五十餘州縣修守民壯又數千餘名，歲辦糧銀三十餘萬兩。而總司之者，一代州同知耳，又往往多吏員出身及年老之人，前項糧銀皆其自收自放，是其司兵柄者，則比之宣府等處亦甚重，而司糧儲者，比之宣府等處爲太輕矣。夫以卑官下品之人而司重利，彼其日暮途阻，中間虛出高收，被挾聽囑自守，且不能矣。況夫重利所在，大弊從之。其豪強勢要之包攬，衛所司隊之扣尅，積年奸書之侵索，肆溢百出，彼又何以能禁之哉！故其官往往多不能以自全，或既罷官，猶守支數年，新官無肯接管者，知其利重弊多，先已扣尅其餘矣。況偏頭關、老營堡在本省極西北之隅，而代州在本省極東北之隅，相去數百餘里。而寧武關則在適中之地，城中舊有庫藏，其公館數處亦頗宏大，比之他州縣不同。若於此處住紮收放，則各官關領銀人員甚爲利便。誠有如代州知州所言，及山西布政司等衙門左布政使等官所議者。如蒙勑下，該部再加議處，合無比照宣府等處事例，稍加低昂，差主事一員奉勑管理，親自收受各府州縣解到價銀，並勘酌本折，坐放各衛所司隊官軍俸糧草料，及因時因地酌量主客兵馬羅買糧料草束，稽察姦弊。或給批前來，三年改選，其代州同知查照偏頭、寧武二關同知事體，遇有部官坐到本處倉場糧料草束，收放如此，則姦弊可革，豪強可禁，錢糧不至缺乏，而邊兵有賴矣。緣係請官專管庫藏以便收放防革姦弊事理，臣等未敢擅便，爲此具本，專差謹題請旨。嘉靖十五年十月初十日

大舉聲息事

謹題：爲大舉聲息事。

嘉靖十五年十月十九日酉時，准鎮守山西副總兵差夜不收報稱：「本月十五日，敵人二萬餘騎從平虜井坪至朔州前後寨紮營。十六日，開營，由滬嶺、灰泉、梁水溝三股頭兒，過神池、土棚，至義井坪下營。十七日，早起營，由大辛莊等處撞營徑往西南去訖。偏關、老營堡兵馬十六日午時到八角堡，合營不滿四千員名。支糧料襲敵尾，當差火牌夜不收調大同兵馬，未至。待敵兵分散開營搶擄，再報在野人畜已二日前收斂，盡入堅固堡寨」等因具報到臣。卷查：本年八月二十九日，先爲傳報鄰境重大聲息事，已經差人齎文前去延綏巡撫衙門請調兵馬間。本年九月初十日，續爲哨探聲息議調鄰兵預防寇患事，將敵人近邊兵馬不敷議調援兵等情具題，並差人齎文延綏、大同各巡撫衙門請兵，俱未督發前來。本年十月初一日，又爲傳報大舉聲息事，將敵人入境，援兵不至等情備本具題。本月初六日，又爲來降人口傳報聲息事，已將來降敵人傳說：「大舉敵人在大邊黑石崖駐牧，各殺牛羊，整理鍬钁熟食，要搶南邊地方，攻乞城堡」等緣由具題，及又調取兵馬間。本月十八日止，准巡撫大同右副都御史咨稱：「遊擊將軍統領本部兵馬前去朔州，聽候應援」等因，回咨到臣，兵馬

亦未到鎮。臣會同副總兵案行鴈門兵備僉事、轉行三關守備等官，將沿邊一帶地方緊要城堡，修築城垣隘牆，挑乞壕，塹坑窖，並分佈步軍民壯，各嚴謹防守，及預爲收斂人畜，堅壁清野其腹裏地方。臣會同巡按山西監察御史備行司府州縣，修城池，築堡寨，操民壯，嚴保甲，操舍餘，防隘口，謹烽堠，修戎器，發火器，動錢糧，嚴號令，明賞罰防禦外，今准前因，臣已會行副總兵與遊擊所統兵馬合營，隨敵向往追襲，行令各城堡守備各守疆域防禦截殺。其腹裏要害去處，行委都指揮張源統領寧武關下班官軍，前去靜樂等處按伏截殺，指揮于信統領太原三衛隨操餘丁，前去天門關防守，指揮李承祖統領馬步官軍前去忻口等處按伏遏殺，以備不虞。切緣北敵近日以來累次大舉深入，形勢異常。臣嘗三次具題上徹宸覽，兩次告急調兵鄰封，荷蒙聖恩累次勅下該部查議，亦蒙本部酌量緩急處置周詳，其鄰封援兵今竟不至。即今敵人率其徒衆，直至大辛莊等處，據營南下，與靜樂縣地方相近。倘乘虛深入，腹裏地方承平日久，人不知兵，爲患非輕。而本鎮兵孤將寡，委難支抵。伏望皇上軫念邊方重地，勅下該部再加議處，合無行文大同、延綏鎮撫官員，作急督發奇遊等兵星夜兼程前來，隨敵聲勢應援截殺。如或敵人深入久駐，查照臣先次具題，許臣亦調宣府遊兵應援。庶敵人少挫，不敢肆然而入，邊鎮有賴，而地方可保無虞矣。緣係大舉聲息事理，爲此具本，專差親齎謹題請旨。嘉靖十五年十月二十日

十分緊急重大敵人累次深入攻圍城堡事

謹題：爲十分緊急重大，敵人累次深入，攻圍城堡事。

嘉靖十五年十月二十一日卯時，據寧化守禦千戶所署印千戶丘山稟帖報稱：「本月十七等日，敵人不知其數，從寧武關支鍋石口等處，進入搶掠。十八日寅時分，約有三千餘騎到於本所城北，一股四散各屯村搶掠殺人放火，一股東北攻圍城池墩臺。本所署印千戶丘山隨即督率官軍舍餘並鄰城居住靜樂縣民人，上城分撥四面，各用弓矢器械火砲石頭砍打。至本日申時分，方纔退回離城八里石佛屯。大舉敵人住紮，放火燒房搶擄人畜等情。」本日戌時，又據偏頭關守備楊璲稟帖

報稱：「本月十七日午時分，據原差平寇衛傳事夜不收段三稟稱：『十六日，本城走回人口來説，邊外還有六萬敵兵，十七八要搶山西。』」本月二十二日，又准副總兵差夜不收武剪兒口報：「大舉敵兵不知其數，前後聯絡三十餘里，深入鎮西衛地方，往西南去訖」各等情，稟報到臣。

看得前項，敵人近來糾集徒衆，累次大舉深入。本年八月二十五日，越過大同鎮渾源、應州、廣昌等州縣，及過界山直入繁峙縣地方。九月十八日，越過老營堡、偏頭關、八角所等處，直入鎮西衛伍所大寨地方。十月十七日，又從平虜、井坪、朔州，由溫嶺、灰泉、梁水溝，過神池、土棚、義井，至大辛莊，直至靜樂縣界，至寧化所攻圍城堡。今又糾合大衆，前後聯絡三十餘里，深入鎮西衛地方西南去訖。

爲照前項，敵人先年固有深入之時，然皆數年一至，旋入即出，未有如近日前後不三月間四次深入，而每入動則數萬。至於今次之入，敵營聯絡三十餘里，勢甚浩大，而攻城放火大異尋常。且敵既入鎮西衛地方，則長驅南下，無復武備，腹裏地方，承平日久，人不知兵，孰能爲之支抵？正使敵無他志得利即回，又安知既去不即復來？而本鎮兵孤將寡，副總兵及遊擊將軍合兵不過四千餘員名，累調鄰兵匹馬不至，而敵勢浩大如此，雖使豪傑之士遇之，寡固不能以敵衆，一固不能以當百，而況臣等凡庸之輩哉！臣事在剥膚，心誠危懼，伏望皇上軫念民命至重，地方可虞，十分急迫，勅下該部早加議處，查照嘉靖十二年宣大重大聲息事例，調發遼東、延綏遊兵各一枝，前來聽臣及副總兵調用，事寧各歸本鎮。或照臣近日節次具題，調大同、延綏遊兵應援，及敵久住深入，亦調宣府遊兵。庶敵人少挫，不敢再爲深入之舉矣。邊方幸甚，微臣幸甚！緣係十分緊急重大敵人累次深入攻圍城堡事理，爲此具本，專差親齎謹題請旨。嘉靖十五年十月二十三日

風憲官員患病危迫事

謹題：爲風憲官員患病危迫事。

據山西按察司分巡河東道兼理兵備僉事王世隆呈：「據河東運司經歷司承准使司照會，切照巡按山西等處監察御史沈鐸，自巡按河東，徧歷蒲、解二州猗氏等十二縣，清審鹽丁，除革奸弊，因風土不宜，飲食不節，遂起痰嗽寒熱之疾。藥石罔效，近來前疾愈甚，況舊有怔忡腸風痔漏等症，不思飲食，日見本官，病勢狼狽，不敢隱默。況鹾政係干邊儲，事關三省，不可一日缺官。合行照會本司，即便轉呈施行」等因到道爲照，本院自接臨河東，本道亦嘗巡歷相隨親見，本官委有前疾，且今復作愈重，誠難料理鹽法，擬合呈報爲此，今將前項緣由，理合呈乞，照詳奏報施行。」等因具呈到臣。

看得所呈，惟恐尚堪調理，復差醫官李九思前去胗看。得本官委有前疾，亦報到臣。據此切照，巡按山西等處監察御史沈鐸，自受命以來，徧歷州縣，清審鹽丁，大小鹽政，理處得宜，風力丕著，憲度克修。人心畏懷，地方仰賴，正宜始終其事，以答羣望。但委因風土不宜，致成前疾。況本官夙有怔忡腸風痔漏等症，新舊之疾一時交作，藥不即功，體日以弱，不能經理一切政務，必須久於靜養，方可望其生全。如蒙伏望皇上軫念，鹽政重務，事關三省，不可一日缺人，合無勅下該部查例行，令本官回籍調理，病痊赴部聽用。仍別差御史一員，前來接管鹽政。如此則不惟本官得以荷皇上曲成再造之恩，而鹽政亦不至於廢弛矣。緣係風憲官員患病危迫事理，未敢擅便，爲此具本，專差親齎謹題請旨。嘉靖十五年十一月初六日

苑洛集　卷十五

薦舉地方賢才事

謹題：爲薦舉地方賢才事。

臣惟人才之生也固有數，其習養而成也尤難得。大抵人之材質，不甚相遠，惟習與養耳。習養則達，習養之久則成。夫習養於數十年之久，而廢之於一旦，誠爲可惜。此古人所以有「人惟求舊」之説也。臣於所屬地方得三人焉，是皆習之於歷任而養之於累年，大可以康濟一時，次可以浚明庶政，而不可久棄者也。原任都察院右副都御史張潤，才猷宏遠而譽望素隆，持守堅定而涵養已久；原任巡撫遼東都察院右副都御史成文，秉公持正，再蹶而氣不衰，氣碩才優，一誠而人皆與；原任通政使司右通政党承志，獨立不阿而無攀附之私，斂華自韜而有在中之美。臣又訪得：各官家食以來，杜門讀書，不事干謁，造詣益深，習養益進，鄉評攸重，士論咸惜焉。如蒙勅下該部再加訪察，如果臣言不妄，將張潤等特賜起用，則人材不至於輕棄，而於治道不無少補矣。緣係薦舉地方賢才事理，未敢擅便，爲此具本，專差親齎謹題請旨。嘉靖十五年十一月二十五日

北敵大舉深入官軍奮勇追殺斬獲隊長徒衆首級奪獲戰馬軍器等事

謹題：爲北敵大舉深入，官軍奮勇追殺，斬獲隊長徒衆首級，奪獲戰馬軍器等事。

據守備偏頭關指揮使楊璲呈：「嘉靖十五年十月十四日戌時，據平寇城傳事夜不收走報：『本日卯時，大舉敵人約有二萬餘騎，進入大邊磨兒山往南行走，後有灰塵不斷。』十六日丑時，據原差夜不收走報：『哨至平寇衛，哨得前敵十四日至地名團城子下營，離平寇城十里。十五日起營，由擔子山往南去訖』等因，得此即時馳報。蒙巡撫山西右副都御史韓某會同鎮守山西副總兵傅鐸，調統遊擊將軍祝雄營有馬遊兵官軍二千餘員名，並本職偏關有馬官軍一千二百餘員名，十六日申時至八角堡。哨得前敵十六日辰時分從朔州前後寨起營，由溫嶺、灰泉梁等處，越過本鎮疆界，本日申時至寧武關地方義井坪下營。復蒙副總兵傅鐸料得北敵衆舉深入，必侵鎮西岢嵐等處爲害。差人掣調寧武關守備蔡希倫帶領有馬官軍一千餘員名，八角守備萬山帶領有馬官軍四百餘員名，合營起行間，十七日午時，哨得前敵由羊房紫塞入山，越過支鍋石隘口，徑往寧武關地方三馬營等處去訖。蒙副總兵傅鐸發號統領本職並遊擊祝雄等各家兵馬，本日酉時由八角起行，至十八日黎明，到於寧武關。當蒙副總兵傅鐸與遊擊祝雄分哨兩路並進，本日未時至地名分水嶺，迎據夜不收走報，哨見大舉敵人在於地名三馬營等處下營，分遣敵人四散搶掠。得此，蒙副總兵傅鐸申嚴號令，會合遊擊祝雄，身先士卒，督率官軍急進。本日申時至三馬營地方，其衆遙見人馬披戴盔甲，擺列營陣，衝突前來。蒙副總兵傅鐸督令本職等，鼓舞官軍各用鎗砲、弓箭、骨朶，奮勇爭先射打。內一人身長六尺，披戴明盔堅甲，即若鐵人當先，指示衆兵與官軍交戰良久，當被本職部下小旗薛資才撲入敵陣，將隊長砍重落馬，餘敵棄營潰散。我軍乘勝追殺，就陣斬獲首級，掣奪旗號、戰馬、軍器等件，及將敵人營巢躧奪。彼欲窮追，天晚恐墮敵計，收兵就彼下營，將其行道路堵截。十九日黎明，其衆披戴盔甲，張打旗號，復來衝突，塵土蔽天，矢注如雨。蒙副總兵傅鐸督率本職等，當先迎敵衝戰數十餘陣。敵見兵馬強勁，內一人勒馬答話：『我是大同人，你是那里人？』馬令通事回答：『是偏關並老營堡人馬。』其人說：『不曾搶了你地方，你將我大頭兒父子都殺了，又殺了我許多兵卒，衆人號泣討路，放過去罷！』我軍佈置營壘周密，無隙可逃，輒由地名酒務溝登山沿梁，從黃土坡直抵樓子山，徑奔黃花嶺遁去。當將收獲被擄牛羊驢畜，就彼召主認領訖。二十日卯時，據寧武關陽方堡坐月夜不收走報：『十九日申時，復進敵人三萬餘騎，到於朔州前後寨，直抵陽方二墩紅崖兒止。營長三十餘里。』備報得此，蒙副總兵傅鐸揆度此敵動靜，接踵前來，必有深入之謀。故意緩我兵馬東援，決定西侵，移兵寧化城，探敵嚮往。二十一日，報到前敵仍由溫嶺過界，至義井大、小辛莊下營。探知五所寨按伏步兵有備，二十二日起營，分爲三股，不敢四散擄營，徑往西走。蒙副總兵傅鐸統領本職等各枝兵馬，急由支鍋石口，從鞦韆溝黃花梁到於五所寨。二十三日，跟襲敵蹤，追逐其衆。遥見兵馬，灰塵大起。本日夜起營，由木奎溝、蒿溝、梁石豁子等處，往北去訖。二十四日未時分，馳至地名鄧家山。被收後，精騎敵人約有一千餘騎，披帶盔甲，衝突前來。蒙副總兵傅鐸並遊擊祝雄身先士卒，督令官軍齊力射砍，連衝數陣，敵人敗遁，就陣斬獲首級戰馬軍器等件。其衆見得本鎮兵馬連日鏖戰，又見大同遊擊趙綱、尹堂領兵繼後，聲勢聯絡不斷，往北且行且戰。我軍追逐不捨，本日酉時，其衆由巖頭寺等處出於三邊外下營，蒙副總兵傅鐸統兵於南溝梁下營，與之對壘。其衆本日夜三更時起營，由馬頭山遁出邊外。二十五日，將其拆邊垛口砌完，固收兵於老營堡。二十六日，領兵全勝回關。爲此，今將斬獲首級有功官軍，分別衛所職役並奪獲戰馬軍器，理合具呈，伏乞施行」等因。續據鴈門等三關遊擊將軍祝雄手本爲傳報：「鄰封大敵深入侵越，地方官軍奮勇殺敗其衆，斬獲隊首，奪獲戰馬軍器」等事，開據坐營都指揮僉事王言呈開：「本營斬獲首級有功官軍，分別首從備開衛所職役，並奪獲戰馬軍器等件，及重傷旗軍追殺」緣由前來等因，節據寧武守備蔡希倫、八角守備萬山各呈開，前項月日與大敵交戰，各部下斬獲首級、戰馬、軍器等件數目到臣。

據此，案照「先爲傳報，鄰境大敵侵越，地方官軍迎敵，斬獲首級戰馬軍器事」；據偏頭、寧武、八角守備指揮楊璲、蔡希倫、萬山各呈開「本年九月十七日，大舉敵人由巖頭寺等處進入。至二十三日，統兵追殺，斬獲首級、戰馬，及奪獲被擄牛羊」緣由；並遊兵坐營都指揮僉事王言呈開「本月十七日至十八日，本官領兵與大敵對敵攻戰，奪獲戰馬，重傷陣亡官軍數目」到臣。除將前項奪獲被擄牛羊召主認領取領附卷，及通行各官從公查勘敵人經過地方搶擄頭畜、損折官軍數目有無隱匿，仍取各官不致扶隱甘結呈報以憑會議參究去後，及照節該臣遵照兵部題奉欽依隄備事宜，又經會發各關步兵，續該臣會帖行鎮守山西副總兵傅鐸，將偏關春班官軍仍留預先分佈各該關隘營堡按伏備行，各關守備等官各將沿邊一帶地方緊要城堡修築城垣隘牆、挑穵壕塹坑窖，及將所部兵馬嚴加整搠，鋒利戰具分佈要害地方按伏堵截。又該臣會同鎮守山西副總兵傅鐸，行令遊擊祝雄所統兵馬合營，隨其嚮往追襲截殺，及調發寧武關下班官軍及選操餘丁、新置馬軍，前去靜樂、天門關、忻口等要害之處按伏遏殺，中外佈置嚴密外，今據前因，會同鎮守山西副總兵傅鐸議照，敵人糾集各部落羣類，屢次大舉侵犯地方，形勢比往甚有不同。頃復進逼深入腹裏，全無顧忌。臣等仰仗皇上神威遠布，及該臣等預先設伏兵馬，收斂人畜，堅壁清野，烽火嚴明，督調遊擊守總等官，提孤兵臨大敵，日夜奔馳鏖戰，出奇邀擊，追殺斬獲隊長並徒衆首級二十九顆，掣奪旗幟四桿，戰馬六十九匹，軍器三千四百一十二件支，躧奪敵人營巢，除將首級送巡按山西監察御史紀驗，馬匹給軍騎操，軍器發山西都司貯庫，節次敵人出沒地方，有無被擄人畜並損折官軍，通候查勘明實另行具題外，爲照：殺敵有功官軍臨陣奮勇，斬獲首級，奪獲戰馬軍器，功雖不多，然敵風大挫，士氣少振；再照：副總兵傅鐸，平昔之謀勇素優，臨陣之機宜咸當，故能提一旅之孤軍，挫數萬之強敵；遊擊將軍祝雄，先因應援大同，主兵皆潰，身被數傷而鏖戰不衰，今以合兵本鎮，裹瘡奮出，挺身先鋒，而遂致斬獲。伏望皇上軫念邊兵効勞，以寡敵衆，勑下兵部將有功官軍照例奏請陞賞；傅鐸、祝雄量加賞勞，以示激勸，則官軍奮勵，將來大功可期，敵患可彌矣。緣係北敵大舉深入，官軍奮勇追殺，斬獲隊長徒衆首級，奪獲戰馬軍器等事理，臣等未敢擅便，爲此開坐具本，專差親齎謹題請旨。嘉靖十五年十一月二十七日

自劾不職乞恩罷黜舉劾將官不能遏敵以致殘傷地方事

謹題：爲自劾不職，乞恩罷黜，舉劾將官不能遏敵，以致殘傷地方事。

照得：臣提督所屬地方，本年八月二十五日，敵人深入繁峙縣地方搶掠；九月十八日，深入鎮西衛五所大寨地方搶掠；十月十七日，至靜樂縣界，又入寧化所等處搶掠；十月二十二日，又該鎮守山西副總兵傅鐸差夜不收口報，「大舉敵人不知其數，前後聯絡三十餘里，又入鎮西衛地方搶掠」；又准鎮守山西副總兵傅鐸手本，開稱「遊擊祝雄部下斬首七顆，守備楊璲部下斬首一十五顆，守備蔡希倫部下斬首四顆，守備萬山部下斬首三顆，共二十九顆」，臣俱先後具題訖。其

各地方失事緣由，除繁峙縣地方臣先行分守冀寧道查報未明，駁行復勘，五所大寨、寧化、靜樂、鎮西等處，臣行山西按察司僉事查勘，至日另行具題外，糸照鎮守山西副總兵傅鐸，既受三關之重寄，不能卻深入之敵鋒，遊擊將軍祝雄、偏頭關守備楊璲、寧武關守備蔡希倫、八角堡守備萬山、代州守備王臣，均有提兵之責，各有失事之罪。緣各官雖稱衆寡不敵及有斬獲微勞，然功罪自不相掩。再照臣以一介迂腐之書生，叨居提督之重任，乏禦侮之長策，致地方之殘傷，功則出於他人，失則由於自致。鰥曠之辜，宜坐典守之責，難辭法所不容，罪當萬死。伏望皇上憫臣愚昧，將臣先行薄賜罷黜，將各官仍行巡按御史查勘明白具奏，勑下該部酌量功罪，另行議處。臣不勝待罪恐懼之至！緣係「自劾不職，乞恩罷黜，舉劾將官不能遏敵，以致殘傷地方」事理，未敢擅便，爲此具本專差親賫，謹題請旨。嘉靖十五年十二月初二日

大慶事

謹奏：　爲大慶事。

仰惟皇上，聖德格於皇天，乾坤鍾乎秀氣。於本年十月初六日，荷帝之休，恊時之吉，皇子篤生焉。惟達孝顯於昌後，肆元嗣誕於光前，益增九廟之輝榮，大衍萬年之胤祚，寰瀛忻忭，臣庶懽騰。況臣昔侍經筵之時，曾忝春官之職，下情喜躍，萬倍尋常。臣謹吉服，望闕叩頭，拜疏稱賀。緣係大慶事理，爲此具本專差親賫，謹具奏聞。嘉靖十五年十二月二十五日

擒斬賊徒地方已寧事

謹題：　爲擒斬賊徒，地方已寧事。

據山西按察司分巡冀南道兼理潞安兵備僉事方日乾呈：「問得犯人賈得鳳等招由」並糸呈到臣。卷查，嘉靖十五年

八月初五日，該山西按察司分巡河東道兼理兵備僉事王世隆呈，「爲宗室謀害父叔、放火殺人」事，臣會同前巡按山西監察御史趙元夫具題前事，隨委山西都司都指揮使紀振統兵前去相機勦捕，及行山西守巡冀寧等道嚴督府衛州縣隄備，並陽曲等王府教授查各宗室因何事故興此逆謀，又恐賊勢窮促，奔逸鄰省，隨即會行陝西、河南、北直隸撫按衙門，遇有侵犯，一體勦捕，並明立賞格曉示，催督該道等官追勦。間本年八月十六日，僉事王世隆呈，稱「賊徒張世朝等擒斬，地方已安」。仍該臣會同巡按山西監察御史趙元夫、巡按山西等處監察御史沈鐸各具本題知，及坐委山西按察司整飭石隰、兵備僉事朱旒，親詣地方，查勘有功失事人員，未報。本年九月初三日，又准兵部，咨職方清吏司案呈奉本部送兵科抄出臣等題前事，「奉聖旨，該部知道，欽此。」欽遵。該本部看得山西撫按等官、都御史韓某等題稱：「山西陽曲王府鎮國中尉知烒等，因與父叔有讐，要行謀害，潛養強盜逯得儒等，糾同西河王府奉國將軍表寨並指揮張世朝等四十餘人，進入伊父府內，打開軍器房，搶出盔甲，放火燒毀官民房屋，殺傷軍民人等。府衛軍兵隨即追捕，已獲知燋及擒獲逯得儒等拘繫監候。內有宗室及指揮張世朝等，奪門而出」一節，爲照前事干係宗室及地方重情，除巡按官查勘明白，徑自具奏定奪，但內稱各賊奪門而出，況平陽地方連年荒歉，若勢迫利誘，則人心易搖。訪得指揮張世朝極其兇惡無賴，不早捕滅，未免貽患地方。

所據前奏，相應議處，合候命下之日，本部差人馬上齎文，與巡撫都御史會同巡按御史，督同該道守巡等官，並都司紀振整率軍兵民快，隨賊嚮往，設法勦捕，務在目下盡絶，以靖地方。恐宗室在內，衆賊假借位號，官軍畏法不敢擒勦，必須先降明旨，處分庶爲便益等因，覆題：「奉聖旨，是便差人馬上齎文，與撫按等官，著整搠兵快，隨賊嚮往，設法勦捕，務在目下盡絶，以靖地方。宗室在內的，一體擒拏，不許畏避誤事。欽此。」欽遵。又經會行委官僉事朱旒與該道僉事王世隆查勘。間十月二十日，據委官僉事朱旒與該道僉事王世隆各將查過前項事情，招參前來。臣恐事情未悉，併行僉事方日乾覆勘。間今據前因，會同巡按山西監察御史覆詳明白，除首惡宗室知烒、知燋，指揮張世朝，生前猖亂俱各死斬再難別議外，參照強盜犯人見在賈得鳳等三十六名，俱以狠惡之性，陰助亂逆之謀，聚衆殺人，肆行無忌，焚倉刼庫，極其兇殘，俱問斬罪，照例梟首。但李景堂等，雖各監故，若不嚴伸乎國法，何以警戒於將來？合將各犯斬首，與張世朝、周名、馬亢兒首級一體梟掛，情法相應，人心稱快。及照充軍犯人劉江等一十四名，擅入王府，教誘爲非，設局開場，騙財賭博，揆於見行條例，俱當邊衛充軍。看得西河王府奉國將軍表寨，叨居宗室，罔知祖訓之遵，陽曲王府信都鄉君儀賓鄭志海，濫厠王賓，甘作逆儔之黨，且各助成虐燄，拒敵乎官兵，鼓舞羣兇，殺傷乎民快，情犯深重，人心怨憤。但表寨於被執之後，揚言投首，原非悔悞之本心；鄭志海於事敗之餘，棄馬奔逃，特爲苟免之私計，宜坐。惟均之典，難同末減之條。相應叅奏，查照重典施行。再照巡按山西監察御史趙元夫，警報一聞，會發官軍以剿捕而兼出招安之策，巡按山西等處監察御史沈鐸，賊衆猝至，督發官快以應援，而遂致斬獲之功。二臣者，風紀振揚，法令清肅，分佈於關山津渡而把截之甚周，傳報於本省鄰封而防禦之極密，以是各賊戰則不能，奔則無地。原賊之就擒，則二臣之功賞宜從厚者也。先任山西布政司左參政，今陞湖廣按察司按察使高叔嗣，親臨戢理，反側以安；山西都司都指揮使紀振，直抵摎除，亂蘖俱盡；平陽府知府李檟，督率官兵以應敵，併力防禦而成功；本府通判陳實，冒鋒嚮往，而義不辭艱；運司副使張雲鵬，發兵應援，而勢因振舉；臨汾縣知縣趙統，以義倡民，市人爲之樂戰，以身應敵，餘賊因之克平；平陽衛指揮僉事崔憲、戚銘，身當士卒之先，斬獲兇魁之首；本衛指揮使王鉞，閑住指揮；同知孫廷，相並奮敵愾之勇，均收野戰之功；曲沃縣主簿劉廷瑚、安邑縣縣丞郭守中、臨汾縣典史黃誥，臨事不避艱危，捕賊俱多得獲。以上各官，勞績可嘉，亦當重賞，以勸有功者也。太原左等衛指揮同知等官劉勝、陳彬、李承祖、陳價、頓登、竹勳，平陽衛指揮同知崔崇，引兵赴調，而摎捕未盡之奸；平陽衛右所正千戶李滄、王廷，臣副千戶王鈺、前所副千戶楊遇先、盧桂，後所正千戶李賢，百戶李俊，因事効勤而阻遏方張之勢。以上各官，亦應量賞，以酬有事者也。又照巡捕平陽衛指揮同知錢鍾，平陽府檢校李大綸、臨汾主簿高桂，職膺巡捕，事欠防閑，既蹈興戎之變，難辭失事之愆；陽曲王府教授見任田鳳，去任劉沄，登牒不審，冒亂宗枝，又與西河王府今丁憂教授安睿，署印典膳楊杲，輔導無方，深負職業；平陽衛守門鎮撫丁鸞，後所百戶何大寧，右所百戶孫富，專司啟閉之責，全乏譏察之嚴，賊入而不知防，賊出而不能拒，俱屬有違律，合提問。但錢鍾、李大綸、高桂，陣前各有微勞，限内舉見捕獲，以功論罪，似應准贖。又與田鳳等俱犯革前，及劉沄、安睿在任犯罪，去任事發；緣表寨係宗室，鄭志海係儀賓，高叔嗣等俱有功官員，田鳳等俱王府官，錢鍾等俱軍職，均乞聖裁；　强賊賈得鳳等俱重刑，牢固監候，待報施行；　已斬獲强賊張世朝、周名、馬亢兒首級並監故李景堂等，俱梟首示衆；　已解散未獲李良等，行令各該府衛州縣，嚴限巡捕官兵緝拏外，緣係節「奉欽，依是便差人馬上賫文，與撫按等官，差整捌兵快，隨賊嚮往，設法剿捕，務在目下盡絶，以靖地方」及並擒斬賊徒，地方已寧事理，臣等未敢擅便，爲此具本專差親賫，謹題請旨。　嘉靖十五年閏十二月二十五日

教職親老懇乞調任以全禄養事

謹題：　爲教職親老，懇乞調任，以全禄養事。

據山西平陽府蒲州猗氏縣儒學申：「准本學教諭宋剛關等因，備關學司，擬合就行。爲此今將孤身遠任，不能禄養，事干切己緣由，理合申乞裁照轉奏，調任施行」等因，具申到臣。看得所申教諭宋剛關稱：「母年八十，相離原籍二千餘里，家貧不能顧養，乞要調任附近，以便養親」一節，爲照本官家貧親老，爲禄而仕，今親年八十，原籍去任所二千餘里，辭禄而歸養則貧無以資，就禄以迎養則力不能致，心實可哀，情非得已。況我國家設官以來，司教之職亦有除授本省者，改選附近法亦相應。仰惟皇上躬行大孝以化天下，天下臣民歸其有極，所謂堯舜帥天下以仁而民從之者，宜乎！　本官於此不能自已也，伏望皇上憫其孝思之心，體其不得已之情，勅下該部將本官改選附近地方，如此則不惟本官仰荷皇上曲成之德，圖報之誠益加効竭，而凡爲人子者，亦將益興其孝矣。　緣係教職親老，懇乞調任，以全禄養事理，未敢擅便，爲此具本專差親賫，謹題請旨。　嘉靖十五年閏十二月二十五日

乞恩迴避事

謹奏：爲乞恩迴避事。

照得臣因所屬三關地方，大敵深入殺掠人畜，見該科部官員查勘。臣以一介書生，叨居重任，不能運安攘之策，以致地方殘傷，雖萬死不足以塞責。荷蒙聖明，不即加斧鉞之誅，命官查勘。臣雖粉骨碎身，不能仰答洪恩於萬一，然於法於義，臣當迴避。蓋臣之所當迴避者有二也。一則科部官查勘，必須委官必取地方人等結狀，臣既在任行事，則委官地方人等，脫有分毫欠實，難免顧忌之疑，其咎皆在於臣也。一則臣與他邊都御史不同，他邊都御史所管止是邊境地方事務，臣乃兼管山西腹裏一省三府一十六州七十縣，以十分爲率計之，邊事不過十之二而腹裏之事則有十之八。臣既被勘，則人心玩易，法令難行，臣雖竭力趨事，終難展布，雖靦顔就列，心實欠安。臣恐日久職隳，臣之一身名節罪戾不足惜，遺患地方所係非輕也。伏望皇上軫念邊腹地方，容臣迴避，不候交代，回還原籍聽勘，則臣不勝感戴天恩，隕越待罪之至！緣係乞恩迴避事理，爲此具本專差親齎，謹具奏聞。嘉靖十六年正月初三日

恤災固本事

謹題：爲恤災固本事。

案照先該兵部奏：「奉欽依内事理，行令各處鎮守總兵、巡撫、内外官員，嚴督所屬守備等官，查勘所守地方。但有緊關要害城堡墩臺等項坍塌者，量撥官軍修理。堅完之日，將修過工程數目開報查考」等因，已經通行偏頭、寧武、代州三關，並八角守備指揮使楊璲等，各將所守地方邊牆墩堡關隘，但係緊關要害去處，應修應補等項工程，務要修理堅完回報，以憑

會奏去後。今據各官呈開，嘉靖十五年正月起至本年閏十二月終止，各將修補並創立過各項工程數目到臣，會同鎮守山西副總兵傅鐸查勘相同外，爲此開坐具本專差親賫，謹具題知。嘉靖十六年二月二十日

公薦舉以備任用事

謹題：爲公薦舉以備任用事。

准吏部咨，該本部題文選清吏司案呈：「奉本部送吏科抄出太師兼太子太師武定侯臣郭某奏：嘉靖十五年十一月二十五日，臣郭某、臣李某、臣夏某，欽蒙皇上召見於文華殿西室，荷蒙聖明，品題文武官員，每以人才不足任用爲嘆。臣惟天生一世之才，自足一世之用。除見任外，即今文武大小官員，充軍爲民、冠帶閒住及致仕去任者，有所犯或情輕律重者，有誤犯罪遣者，有因考察所司誤聽人言，或平生鯁介不能奉承致人左道者，原所劾者，後雖自覺其非，亦無可奈何矣。況又有吏部題：『准嚴例，不許奏辯。』所以考察黜退，有才者不得復用，虧枉者不敢辯理，至於大禮大獄，被黜之人大赦，在所不原。仰見皇上惡惡之嚴，垂戒之遠，但其中有專主者，有附和者，有佐貳及屬官不得已而隨從者，譴謫日久，自新無路。情重者固難輕宥，若果出不得已，才識可用者，亦許從公推舉。如蒙聖明開天地再造之恩，將臣所奏前項事情乞勅府部九卿科道等官及南京各衙門並各處巡撫巡按，各舉所知，備開來歷，不拘名數，或奏聞於上，或咨送該部類總，奏請簡用。皇上求賢之心庶不負矣」等因，奏奉聖旨：「吏、兵二部看了來說。欽此。」欽遵。該本部議處，合候命下，通行兩京府部九卿科道及在外撫按官，查照本官奏内事理，從實舉奏等因，覆題：「奉聖旨，是。欽此。」欽遵。備咨到臣，除原任都察院右副都御史張潤、成文，通政司使右通政党承志，臣先已舉薦外，臣訪得：臣所屬地方原任南京兵部尚書劉龍，久侍經筵，繼膺參贊，才猷茂著，學行素聞，特以用一人之非買一魚之細見論而罷，豈非所謂以二卵棄干城之將者哉？原任都察院右副都御史陳璘，歷任以來聲名耿耿，抱籌邊馭衆之才，有謹身務實之行，及膺巡撫之任，適當難處之時，七疏求歸而未能，一

被人言而遂罷； 先任南京福建道監察御史今閒住江西按察司僉事賈世祥，歷官未久，失德未聞，直以互相糾劾之時，遂致吹毛求疵之舉，年富才清，未可遽棄。況三臣者，家食以來讀書力田，不事干謁，鄉評攸重，士論咸惜。縱有微愆，悔悟已深矣。伏望皇上俯念人才難得，勑下該部再加訪察，果如臣言，將劉龍等起用，庶人才不至於輕棄，而三臣之心跡亦得自明矣。緣係公薦舉以備任用及奉欽依内事理，未敢擅便，爲此具本專差親齎，謹題請旨。嘉靖十六年六月初八日

軍情敵中走回男子傳報軍情乞討火器以防侵掠事

謹題： 爲敵中走回男子傳報軍情，乞討火器，以防侵掠事。

據守備寧武關地方以都指揮體統行事指揮同知雷澤呈稱：「蒙臣發下偏頭關守備程九疇解到來降敵人周禄哥子等三名到職，依蒙隨拘。本關通事段子倉等番語審得，周禄哥子等俱係陝西寧夏鹽池人，自幼搶去，在敵牧放馬匹，聽得衆敵人們説：『有小王子因北敵烏梁海無子，小王子要將他兒子與烏梁海做子承襲。他説要合兵一處，馬肥草茂時，入南朝來搶』」等因具由呈報到臣。

據此，卷查「先爲敵中走回男子事」。據偏頭關守備程九疇呈稱：「嘉靖十六年五月十六日申時，據大邊永安墩坐月夜不收馬士友等，伴送敵中走回男子周禄哥子等到職。審得俱係陝西鹽池人，於嘉靖元年正月内被敵人搶去，今夏在於河東邊，放孳牧大小母子馬匹。見得衆敵人醉了，偷趕馬四十五匹，乘空得脱，騎趕前來。在敵營時聽得彼中每説：『到馬壯時候，來要報讐搶殺』等情，」前來除會行三關遊擊守備守堡等官修堡練兵，比常十分加謹隄備外，會同鎮守山西三關副總兵右軍都督府都督僉事，看得寧武關守備雷澤呈稱：「審得周禄哥子等説，稱自幼搶去，在敵牧放馬匹。聽得衆敵人們説：『有小王子因北敵烏梁海無子，小王子要將他兒子與烏梁海做子承襲。他説要合兵一處，馬肥草茂時入南朝來搶報讐』一節，議照雖係傳聞之言，未必可信。要之敵中有此深謀，故走回人口得以聽知。雖彼未必決來，然防之不可不預。」

臣聞：烏梁海者，所謂黃毛敵人是也。勇悍倍於北敵，世居北敵之北，先屬北敵，後乃背叛。彼此互相讐殺，數十年來，殆無虛歲。每當北敵深入我地，則烏梁海必率領精鋭襲其巢穴，北敵憚之。今乃議要連和，合兵來搶。必有奸人爲之謀畫，其爲秘計亦異矣。古云：「外國相攻，中國之福也。」果如人口之言，則外國連和，豈非中國之憂哉？況敵性本自勁勇，又挾報復之忿，且欲連和羣類，合勢而來，是必簡聚精強，以圖深入，以快慘殺，爲邊疆之害不淺矣。再照中國長技，火器爲上，北敵所畏，亦火器爲最。而火器之中，佛郎機銃尤爲便利，邊關之地所以自衛攻敵者，惟此是恃也。伏望皇上軫念邊方，勅下該部，將見貯佛郎機銃發送一千付，聽臣等分給各城堡以防敵，至如此，庶幾有備無患而邊境有賴矣。地方幸甚，臣等幸甚！緣係敵中走回男子傳報軍情，乞討火器，以防侵掠事理，臣等未敢擅便，爲此具本專差親賫，謹題請旨。嘉靖十六年六月初八日

苑洛集　卷十六

大舉聲息事

謹題：爲大舉聲息事。

嘉靖十六年八月十七日辰時，據鴈門等三關遊擊署都指揮僉事祝雄差夜不收口報：「敵人約有三萬餘騎，從渾水並青糜子二溝出，到八柳樹地方，至林家坪下營二十里長，約有三里寬，後有灰塵，十里不斷。」本日申時，又該鎮守山西三關副總兵右軍都督府都督僉事周尚文差夜不收口報：「八月十四日，平敵衛傳報夜不收報說：『平敵衛大邊墩石垛山敵人分作六股，頭行約有四萬，往南行走。』十五日，周總兵領人馬，要去八角截殺。」十九日，又該大同副總兵郝鏜差夜不收口報：「副總兵帶領本部人馬，於本月十八日於大同起行。本日又據鴈門兵備副使稟帖報稱：據寧武關守備雷澤差夜不收報稱：『十六日未時分，有敵人四萬餘騎，自八角地方西窪村擡營，行至鎮西衛地名五所大寨，往西南不住徐徐行走。』總兵官周尚文督率遊擊祝雄、守備雷澤等合兵一處，隨敵嚮往跟襲截殺。」本月二十日，又據大同叅將李彬差夜不收口報：「李叅將帶領本部人馬已到，與周總兵人馬合營應援」等因，節報到臣。

卷查：先於本年六月十一等日，節據鴈門兵備副使節次報爲火砲聲息事，已經會本具題，及嚴行三關遊守等官，嚴加隄備，並行文宣大等鎮，遇有警報，各查照兵部題，奉欽依内事理，各帶領本部人馬，前來應援去後。今據前因，除選委太原左等衛指揮宮勳等，各帶領馬步官軍，於寧化等處臨邊要害地方，按伏截殺。寧化所宮勳、岢嵐州張文愷、靜樂縣李承祖、嵐縣竹勳興縣頓登及選委原任守備指揮張文總，領五處官軍，相機調度；又選委指揮袁漢、呂調陽，各帶領人馬前去，袁漢天門關、呂調陽忻口各按伏截殺；並給各官輕便火器，及嚴督三關遊守等官，各嚴明號令，相機戰守。仍行兵備副使，分佈軍壯於十八隘口設伏。其各地方官員，有無失事，及有無斬獲功次，候敵退之日，另行具題外。緣係大舉聲息事理，爲此具本專差親賫，謹具題知。嘉靖十六年八月二十一日

大舉敵人出邊事

謹題：爲大舉敵人出邊事。

嘉靖十六年八月二十四日，據太原左衛中軍指揮同知劉勝稟帖，審得周總兵原差夜不收報説：「本月二十日，敵人在鎮西衛地方三井下營，二十一日三井起營行至狼窩山下營，二十二日狼窩山起營行至鄧家山見陣。本日從巖頭寺往西北行走。」

本月二十五日，又據鴈門兵備副使稟帖報稱：「本年八月二十三日未時，據本道原差夜不收前去八角等處哨探回還報稱：『敵人於本月二十日在於鎮西衛地名三井村開營，二十二日仍從舊路北去，人馬追趕』」等情。

本日又據中軍指揮同知劉勝稟帖報稱：「本月二十五日，祝遊擊差總旗朱友貴報稱：『本月二十二日，敵人從巖頭寺、青糜子溝、鴿子窯、東山、馬頭山等墩紅門迤東出口去訖』等因」，節報到臣。

卷查，先爲大舉聲息事，節據鴈門等三關遊擊署都指揮僉事祝雄等差夜不收報稱：「有四萬餘騎擡營行至鎮西衛等處地方。」臣選委太原左等衛指揮宮勳等，各帶領馬步官軍於寧化等處臨邊要害地方按伏截殺，及嚴行三關遊守等官各嚴明號令，相機戰守，仍行兵備副使分佈軍壯於十八隘口設伏。備由於本年八月二十一日具題訖。今據前因，除地方有無搶戰人畜及各官有無斬獲功次，候查明另行具題外，爲照敵人大舉深入，臣已先行具本題知。今敵人既已出境，若待查明具

奏，臣恐上厪皇上西顧之憂。緣係大舉敵人出邊事理，爲此具本專差親齎，謹具題知。嘉靖十六年八月二十五日

大勢敵人擁衆深入急調隣兵會合迎敵官軍奮勇斬獲首級奪獲戰馬軍器人口等事

謹題：爲大勢敵人擁衆深入，急調隣兵會合迎敵，官軍奮勇斬獲首級、奪獲戰馬軍器人口等事。

據守備偏頭關署都指揮僉事程九疇等各呈，前事備報到臣。會同鎮守山西副總兵周某議得，敵人陰蓄機謀，糾集套衆吉囊等部落慣戰羣類，侵越三關，犯我晉省。投來人言：「意搶綾緞人畜，久不露形。偶爾舉衆，陽從大同邊界墳嶺等處，倉卒入我境界；暗由夾道西來，意在攻我無備。」幸得差哨早報信砲分傳，臣等差人分投省諭隄備。敵從偏關、平涼泉等墩進邊，烽火通明，柴堆並焚，四野早知，人畜趨避，無虞，前敵深入。

臣等查照，總督軍務都察院右都御史兼兵部左侍郎周某節行諮文，及兵部題：「奉明旨，但遇警急，徵調隣兵，互相應援」事宜，分投差人，即調隣兵，繼後協力日夜逐追。據報：「前敵散去搶掠，嵓嵐等處止留一半守營。」將士乘彼分勢，奮不顧身，向前齊力用命，射砍三日，鏖戰五次，仰仗皇上神威聖武，傷死敵人甚多。但交鋒之際，不及斬首，多被鈎駝去訖。鋒前斬獲首級、奪獲戰馬軍器等件，功雖不多，士氣少振。敵人深入，由貳邊至於老營堡、八角、三岔、五所大寨，一路往還五百六七十里，兵衆相挾，俱未得搶。追逼計窮，擡營前到鎮西嵓嵐刼搶人畜。止是半日，因兵後擊，前敵各山旋馬，當日掣回，擡營遁去，搶掠人數，因兵追戰，大半丟棄，自回鄉土。緣敵營部落數多，別糾來侵，事計難測。除行各關守備遊擊各整兵馬，仍行沿邊各路墩臺守瞭人員比常十分加謹隄備，及申明催督前項敵經衛所州縣，各令鄉屯急添堡寨，各編堡頭設置柴堆，輪撥夫守，遇砲傳，燒柴堆，人畜早知收堡堅壁四野外，查得沿邊州縣衛所，惟靖樂、興縣申報，前敵未到地方。其各衆經行鎮西嵓嵐、寧化、嵐縣，行令鴈門兵備副使行查未報，欲候查到，慮恐遲誤，除將斬獲隊首奪獲戰馬軍器開送巡按山西監察御史紀驗明實，及各敵經地方有無搶掠人畜另行具奏外，臣等先將敵來日期並官舍旗軍通事人等衝鋒殺敵、奮勇

當先、三日鏖戰、五次殺傷前敵，鋒前斬獲首級、奪獲戰馬軍器等項有功官軍緣由具奏，伏望皇上軫念邊兵以寡敵衆苦中得生，乞勑下部仍行查勘明白，照例奏請陞賞，以勵人心，以激將來。再照當鏖戰之時，彼衆我寡，敵人旋繞綴擊，我軍不解甲者五日，不飲食者三日，人心危懼，幸得副總兵周尚文隨機應變，申近來未行之軍法，斬退縮違令之軍人，揭竿懸首，然後衆心始堅，殊死効力。敵衆望見懸首，以口咬指，是以我軍得以保全，敵人終於退遁。緣係大勢敵人擁衆深入，急調隣兵會合迎敵，官軍奮勇斬獲首級、奪獲戰馬軍器人口等事理，臣等未敢擅便，爲此具本專差親賫，謹題請旨。嘉靖十六年九月初六日

欽遵勑諭因時察勢益兵據險以防敵患以衛中華事

謹題：爲欽遵勑諭，因時察勢，益兵據險，以防敵患，以衛中華事。

嘉靖十六年五月二十七日，欽奉勑巡撫山西都御史韓某、副總兵都指揮僉事傅鐸：「近該監察御史徐九皐奏稱，『各邊武備廢弛，請命大臣行邊逐一經畧修舉』等因，朕以爾等久膺邊方重寄，特茲勑諭爾等親歷各處，嚴督所屬，逐一點視，何處軍馬缺乏所當選補，何處兵甲損壞所當修葺，墻垣壕塹有無高深，墩臺城堡有無完固，器械有無齊備，糧草有無充足，或修或補，督令有司著實用工，或增或益，不許虛應故事。其軍職官員，如有貪懦無爲，役占軍士，以致操守不嚴備禦無法者，爾等条奏拏問。凡利有可興弊有可革者，聽爾便宜處置。應奏請者，具實奏聞。爾等須悉心整理，務使邊備修舉，地方寧謐。庶副委任，如或照前。因循廢弛以致臨期誤事，責有所歸。年終通將整理修舉過事蹟，造冊奏繳，以憑查考。爾等勉之，慎之！故勑，欽此。」欽遵。

臣遵奉勑諭，除選軍行鴈門兵備副使呂阼見今召選馬匹，行令山西都司都指揮鄔祐、兵備副使呂阼、行太僕寺卿郭五常，陸續買補馬二千七百餘匹、兵甲並器械。臣會同鎮守山西副總兵右軍都督府都督僉事周尚文，動支官銀修葺過三關、

八角等處，軍士什物盔甲弓箭旗鼓響器等項器械，完備墻垣壕塹。臣行令兵備副使呂阼將坍塌邊墻壕塹賺馬品字坑窖並通人小路逐一包砌補修，剷削截斷挑空各深濶陡峻墩臺城堡。臣會同鎮守山西副總兵右軍都督府都督僉事周尚文，將沿邊一帶添築墩臺一十八座、堡寨五十一處、崖窨百十餘座。臣又以老營堡舊城狹薄不堪容衆，固守軍皆分番，終非土著。臣謹以召募新軍一千餘名，常備將輪班官軍改回本處防守。臣親歷本堡，督同先任兵備副使賈啓沿山履野，逐一驗看經畫，於堡東展築城垣一座，週圍三面，共長三百六十八丈六尺，底濶二丈八尺，收頂一丈八尺，高二丈，垛口小墻高六尺，敵臺三座，上蓋舖舍各一間。堡內起蓋營房一千五百間，編立千文字號，分給新軍居住。官廳一所，大小房二十五間，石砌水口一處，磚券東南門二座，幫修過舊城北面連敵臺三座，東西共長一百五十八丈九尺，西南二面並東北角一處共長二百八十八丈九尺，各底濶一丈，收頂六尺，高二丈，垛口小墻高五尺，里面攔馬小墻高二尺七寸，俱已完固。

糧草。臣行令管糧主事許登瀛見今督催糴買，其軍職官員貪懦無爲役占軍士以致操守不嚴備禦無法者，查訪明白之日，另行指實糸奏。照得山西三關一帶沿邊地方，寧武以東隘口及山岡平漫之處，雖敵騎可通，然有隘可據。若得人以守，敵終不能長驅而入。寧武以西與敵切近爲隣，則漫然平曠，敵騎可以長驅無阻，而原設兵將比之他邊甚少，城堡亦甚稀疎，然前此敵人顧少侵襲者，何也？以大同重兵爲之遮罩也。且由老營堡至八角所等處，土曠人稀，無所擄掠，必深入至鎮西衛地方，人畜保寨始繁，縱有所得，及其返也，又有大同、平朔等處之兵截於前，老營、偏頭等處之兵乘其後，往返必須數日，則大同、鎮城重兵，亦皆會集，據險邀擊，往往失利而去。彼雖意欲奪險，然亦有所畏憚，不敢輕入。故三關之地兵雖寡弱，老營堡等處雖極臨邊境，地方平曠，而敵之侵襲比之他邊爲少也。臣等又查得：山西汾州、潞州、平陽等衛所官軍撥去大同防禦者七千餘名，官軍月糧仍在山西支給，夫以山西官軍戍守大同，山西糧儲供給大同者，正以其遮罩山西也。且敵之侵襲三關，必由大同邊境而入，今者大同之境時被侵襲，切於自顧，勢難他及。而世平時久，事失其初。大同三關又各自分彼此，如此則三關之地已爲大邊極塞，而老營堡一路平曠。若此兵馬之寡弱，若此將官城堡之稀少，若此敵騎擁衆南下，其何能支哉！兵法曰：「勿恃其不來，恃吾有以待之。」今待之者，無其具也，惟恃其不來耳。此在我者如此也。臣等載觀近日敵之入來，深謀秘計，與昔不同。向也無甲冑，今則明盔明甲，勢甚剽疾矣；向也短於下馬，不敢攻空城堡，今則整備鍬钁，攻空城堡矣；向也不知我之虛實夷險，雖或深入不敢久留，今則從容久掠，按轡而歸矣；向也羣聚而入，羣聚而出，忽若飄風，今則大舉，決於一處，分掠各邊，使不暇應援矣；向也兵無紀律，烏合而來，星散而去，今則部伍嚴整，旗幟號令分明矣；向也不焚廬舍，今則放火焚燒矣。其故何哉？有中國之人爲之謀畫，有中國之人爲之鄉導，有中國之人爲之姦細，有中國之人遺易之以鐵器。況事變之時，投入敵中者，又皆慣戰有勇之人也。此在敵者如此也。度我度彼，勝負從可知矣。臣等聞之：「萌芽不剪，滋蔓必長；履霜不戒，堅冰斯至。」今大同之兵既不能爲三關遮罩也，而三關之兵馬不增，將官不選，城堡不加規畫，臣等惟恐今年深入，明年深入，今年得利而回，明年得利而回，「漸不可長，大起於細」，邊人塗炭，不足言也。數年之後，敵且生心矣。臣等竊見各處大邊如宣府延綏等處，敵皆不得肆然而入，何也？一則兵力強盛，一則關山險隘，一則百戰之餘豪傑彙生。皆未有如老營堡之空虛爲可乘者也。敵若狃於常勝，妄興異謀，圖入中國，惟此途爲甚便。臣等嘗詳察晉地之界，自大河以東由石、隰、岢嵐、靜樂、寧武至鴈門，歷紫荊、居庸，直抵山海關一帶界山，崇岡峻岅，固天所以限封疆而保障生民者也。中古以來，類皆守於險外以爲重險之固，紫荊、居庸之外，則有宣府一鎮，鎮城既設重兵，復設五路叅將，大小城堡各設守備操守把總等官，原額旗軍一十二萬。鴈門之外，則有大同一鎮，鎮城既有重兵，復設三路叅將，九州縣大小城堡各設守備等官，原額旗軍八萬餘名。其城之堅，必不可攻也，其池之深，必不可越也。馭邊設險之道，誠莫有加焉。寧武以西，其險則在興、嵐、石、隰等處，古人皆以此地建節，國家亦守於險，外置偏頭、老營諸城堡，然止設一副總兵、一遊擊。並近日巡撫奏，設止有四守備，騎兵惟九千餘名，而興、嵐等處則又棄而不守，其城數日之間可攻而破也，其池頃刻之際可負土而平也。且宣大既有巨鎮重兵，而內猶守居庸、紫荊、鴈門之險，今偏頭等處既已兵孤將寡，而興、嵐等處乃又棄而不守，敵騎長驅而下，更何所恃以爲藩屏哉？我國家設險馭邊，自遼東以至甘肅，經理周密，獨偏頭等處乃一大空缺，故臣等以爲，敵若妄興他志，圖入中國，必由此地而入也。夫善動者因其時，先機者通其變。當今之時，變而宜通之時也。以臣計之，岢嵐州實彼此之界，有險可據，宜設一叅將，益兵三千，神池堡要害之地，宜拓一城、設一守備，益兵五百；八角之東，寧武之西，八角之西，偏頭之東，適中之地，亦各爲一堡，各設一守備，或於五寨前後設立據險以便截殺，亦各益兵五百；所益之兵，聽臣等召募，或於民壯中戶大者僉取。副總兵宜陞爲總兵，推選謀勇都督領之，駐紮寧武。其偏關仍一守備，益兵八百可也。提督都御史不必兼理巡撫山西一省，止巡撫沿邊一帶地方忻、代、保、嵐、石五州所屬，及鴈門、石隰二兵備並都司布政司管糧官，按察司管屯官，並守巡冀寧道。及參遊守備俱聽節制。其餘山西布按二司府州縣官員賢否，軍民詞訟，歲辦差役，俱不必管理，庶得專意經略邊事。老營堡宜設一所，以管常備新軍。夫不一勞者不久逸，不暫費者不永寧，是不過給馬七千匹，發銀十萬兩，工程可計日而定也。其山西汾州等衛所，防禦大同官軍，仍掣回山西三關防守，遇有警急，與大同互相應援。如此則不惟三關之兵威可振，而大同之勢亦遙爲之壯矣。如蒙勅下該部再加議處，仍行總督宣大偏關等處地方軍務，都察院右都御史兼兵部左侍郎周某博訪羣議覆題，如果臣之所言少切時務，伏惟聖明俯賜採擇焉。臣等不勝隕越待罪之至。緣係欽遵勅諭，因時察勢，益兵據險，以防敵患，以衛中華事理，臣等未敢擅便，爲此具本專差親齎，謹題請旨。嘉靖十六年九月十二日

愼重邊疆以保安地方事

謹題：爲愼重邊疆，以保安地方事。

據山西布政司等衙門右參政等官趙錦會呈：「蒙巡撫山西右副都御史韓某批，據本司等衙門左布政使等官衛道等會呈，據各經歷司呈抄，蒙巡按山西監察御史案驗，奉都察院巡按山西九千六百五十九號勘合，准兵部咨，該太師兼太子太師武定侯郭勛奏陳，前事計開一欵。「山西三關地方廣闊，先年因在腹裏，經畧未備。近年官軍十分數少，鎮堡倉塲糧草在在空虛，遇有警報，束手無策，任其搶掠，若不思患預防，抑恐將來爲害匪細。乞勅兵部會同戶部，不必專按舊日繩墨虛應故事，必須著實舉行。如某關可以添兵馬若干，在某衛食糧，某處可以添糧料草束若干，可彀主客兵馬幾時之用，務要計出萬

全，永保無虞，方免將來之患矣」等因，具題。該本部議擬，覆題：「奉欽依准議，欽此。」欽遵。

移咨備劄，轉行三司會同議處，回報施行，抄呈各司會議，間續抄。蒙巡撫山西右副都御史韓某案驗，准兵部咨。前事案行各司即行掌印官會同鴈門兵備道從長議處，要見某關衝要該多添人馬若干，某關偏僻該量添人馬若干，編入行伍，應與某衛食糧，務要計慮周詳，會議停當，具由呈來，以憑會奏施行。蒙此。依蒙該布政司左布政使衛道會同按察司按察使丁汝夔、都司署都指揮僉事鄭東、鴈門等關兵備副使呂阼議照，山西地方大同三關一帶，皆畿輔藩籬，防敵重地；大同逼近北敵，故當時經略亦備，城堡聯絡，軍馬浩大，敵雖有勇，可保無虞。三關稍近腹裏，以大同爲之遮罩，故當時經略未詳。職等查得鴈門關之東，自大安口迤西至本關及寧武、偏頭關向南至河曲縣等處地方，延袤一千三百餘里，代州守備所統官軍不過一千七百餘員名，有馬者不過五百餘員名，寧武關及神池、土棚、陽方口、王也兒梁等處及西八隘口，乃敵人出沒要路，守備所統官軍不過二千餘員名，有馬者不過一千餘員名，至於偏頭關盡在西北，尤爲孤懸，夏秋之間，尚隔一河，冰結之後，彼此同地。總兵守備兩營所統官軍不過二千三百餘員名，有馬者亦止二千餘員名，老營堡雖設有遊擊一員，統領官軍三千餘員名，此外雖有守城步卒，中半老弱，不堪調用。夫以不滿萬之兵守千餘里之地而當數十萬之強敵，實是衆寡不敵。近年以來，敵志張甚，知我虛實，每扣三關，深入腹裏，萬騎星馳，飄忽如風雨，東奔則忻、代受毒，西下則興、嵐被擾。況各衛軍旗逃亡數多，營伍空虛，兵力寡弱，沿邊備禦十分疎略，而敵勢日強，誠可爲之寒心也。今照偏頭關去鴈門甚遠，寧武關居三關之中。爲今之計，合無將副總兵官移鎮寧武適中之地，令其往來調度，隨機戰守，地方有警，易於策應。偏頭關改設參將一員，益兵三千，於岢嵐州添設守備一員，益兵五百。神池堡拓築一城，設守備一員，益兵五百。八角堡之東寧武關之西、八角堡之西偏頭關之東適中之地，亦各築一堡，各設守備一員，或於五寨前後設立據險以便截殺，亦各益兵五百，俱與三關遊守相爲犄角，彼此應援。其所益之兵，或召募土著強勇，或僉於民壯中大戶，盔甲弓箭取於本省所屬衛所歲造，馬匹請給太僕寺寄養馬七千匹，或馬價銀二三萬兩，於本處收買撥付騎。徵各營應用把總管隊等官，於各衛所指揮千百戶內熟於邊務者選擇推用，召僉新軍。近寧武如神池八角之東者，附隸寧武所，八角之西者，附隸偏頭所，各收籍食糧，終身開除，子孫願繼者，聽仍。照近日兵部題，准召募土軍事例，每軍各賞銀三兩，以資置辦軍裝什物，庶乎人心樂從。又查得，大同備禦山西平陽、汾、潞等衛所官軍七千餘員名，原非舊規。向以正統「土木之變」暫留戍守，遂成定例。每年輪班遠戍異鎮，月糧猶在山西支給。且訪各軍到彼不過買閑私門徒充廝役而已。方今敵人勢大，住邊未退，且聞敵中走回人口往往傳說，不久集衆，大舉深入搶掠，譎詐之言，固難盡信，防禦之策，不可不嚴。合無將前備禦大同官軍七千員名掣回，撥派三關，仍照舊規，分爲春秋兩班，更番戍守。如有不足，召募新軍以充其數，掣回官軍，除在衛應有月糧外，在邊仍每軍日支行糧一升五合，新募軍人止給月米，如徵調遠出，亦各照例支給行糧芻糧，如有不足，行布政司照數派徵支用。再照：將者，三軍司命，地方安危繫焉。三關地方止設副總兵一員，每於都指揮内推用，責重任輕，無以鎮壓人心，懾服外敵，似宜改陞總兵官職銜，推選謀勇都督充之。如此則軍威壯而邊防增重，將勢強而地方改觀，三關一帶可以永保無虞。借或大同有警，亦可尅期調用矣。呈乞照詳蒙批，議處固已詳的。但事體重大，及原額歲支歲入錢糧總數及應增之數尚未入議，將官之宜參宜守，兵馬之宜減宜增，城堡之宜廣宜狹，仰再會議回報，繳蒙。此案，照先爲前事已經會議呈奪去後，今蒙前因，該布政司署印右參政趙錦會同按察司署印副使章僑、都司署都指揮僉事茂鎮、鴈門等關兵備副使呂阼覆議，得除原議，掣取大同備禦，平陽等衛官軍改戍三關，事體利便，無容別議外，今照偏頭關副總兵改設總兵官，推選謀勇都督充之，移住寧武，道里適中，揆以時勢，似爲相應。但本官原係副總兵所治，仍須添設參將一員，益兵三千名，馬二千匹。及查得岢嵐州乃古來秦漢中外之界，尤戎馬出沒之衝，長城基址猶存。又查神池堡接壤溫嶺，爲平敵之衝，亦敵馬侵淩要害重地。先議於岢嵐州及神池等堡各添設守備一員，益兵五百。抑恐兵微將寡，終不能以防遏敵患。職等愚計，合無於岢嵐州添設參將一員，增置官軍三千員名，馬二千五百匹。神池相地拓築一城，設守備一員，益兵八百員名，馬五百匹。八角所之東、寧武關之西，偏頭關之東適中之地，各立一堡，各設守備一員，或於五寨前後設立據險以便截殺，亦各益兵八百員名，馬各五百匹。庶幾外實而内亦不虛。新募軍人，仍照近日兵部題，准募軍事例，各賞銀三兩，募軍附隸鎮西衛並偏寧二所，收籍食糧通計所益召募土兵以八千四百名爲率，每名月支米一石，每歲共計該糧一十萬八百石。掣回平陽等衛官軍，仍舊分爲春秋兩班，更番戍守。每班以三千員名爲率，兩班六千員名，每員名月支行糧四斗五升，每歲共計該糧三萬二千四百石，二項共該糧一十三萬三千二百石，每石折支銀六錢，共該銀七萬九千九百二十兩。馬六千匹爲率，每匹月支草三十束，料九斗，每歲止支六個月。計草一百八萬束，每束折支銀一分五釐，共該銀一萬六千二百兩；料三萬二千四百石，每石折支銀五錢，共計該銀一萬六千二百兩。通前共計該銀一十一萬二千三百二十兩。查得布政司會計内坐派三關夏秋稅糧馬草起存本折全拋共徵銀三十三萬八千五十二兩有零，屯田子粒大約徵銀一萬二千餘兩，三關實在兵馬大約每歲支用銀二十八九萬兩。計數雖若有餘，然中間遇災蠲免拖欠等項，勢亦難免。每年合於河東、淮浙等鹽内請發八九萬兩，庶足前項增益兵馬支用。其修建城池公舘工料及召募新軍給賞，該部量發銀數萬兩，應用如此，則兵食足而邊防有備，守禦嚴而敵患潛消矣。惟復別有定奪，爲此今將前項緣由理合會呈，伏乞照詳施行等因會呈到臣。

會同巡按山西監察御史，看得布政等司署印右參政等官趙錦等會議呈稱：「掣取大同備禦平陽等衛官軍，改戍三關。副總兵改設總兵官，推選謀勇都督充之，移住寧武。本關添設參將一員，益兵三千名，馬二千匹。」及稱：「岢嵐州宜添設參將一員，增置官軍三千員名，馬二千五百匹。神池堡拓築一城，設守備一員，益兵八百員名，馬五百匹。八角之東寧武之西、八角之西偏頭之東適中之地，各立一堡，各設守備一員。或於五寨前後設立據險以便截殺，亦各益兵八百員名，馬各五百匹。召募新軍各賞銀三兩，募軍附隸鎮西衛並偏寧二所，收籍食糧通計所議。召募土軍掣回平陽等衛，官軍更番戍守，增馬六千匹，糧草共該折支銀一十一萬二千三百二十兩。」又稱：「查得布政司會計坐派三關夏秋糧草每歲徵銀三十三萬八千五十二兩有零，屯田子粒大約徵銀一萬二千餘兩，三關實在兵馬大約每歲支用銀二十八九萬兩，計數雖若有餘，然中間遇災蠲免拖欠等項，勢亦難免。每年合於淮浙、河東等鹽内請發八九萬兩，庶足前項增益兵馬之用。其修建城池公舘工料及召募新軍給賞，該部量發銀數萬兩應用」一節。

臣等議照，事無定體，惟變是趨。治有先機，因時而動。山西三關比之他邊原額軍馬寡弱，錢糧數少，近來敵人形勢異常，氣勢日甚，習知中國險易虛實，往往糾合羣衆大舉深入，捨隘就易，避實擊虛，將來爲患殆不可測。所據添設將官、增益軍馬、建拓城堡、處置錢糧、相機防禦、乘時經略，正在今日。此太師兼太子太師武定侯郭勛所以有前項論列，而參政等官趙錦等所以因有此議呈也。如蒙勅下該部再加查議，如果臣等所言少裨邊務，伏望皇上俯賜，採擇施行，則邊方幸甚，臣等幸甚！緣係慎重邊疆以保安地方事理，臣等未敢擅便，爲此具本專差親齎，謹題請旨。嘉靖十六年十二月二十八日

舉薦文學官員以備擢用事

謹題：爲舉薦文學官員以備擢用事。

臣惟天下之治係教化，而教化之原在賢才。今之提學，實主教之官也。苟得其人則賢才成而教化立，治豈有不成者乎！臣訪得山西等處提刑按察司僉事趙廷松，操履嚴肅，氣節著聞，既有立教之本；詩文典雅，舉業精純，又有立教之具，誠一時難得之才也。如蒙勅下該部再加訪察，果如臣言，將本官遇有提學員缺推補，則庶乎教化可裨，而人才有造矣。緣係舉薦文學官員以備擢用事理，未敢擅便，爲此具本專差親齎，謹題請旨。嘉靖十七年正月日

舉賢才以裨治道事

謹題：爲舉賢才以裨治道事。

臣惟我國家以科目取士，天下賢才盡在網羅之中。登其選者，莫非俊乂之士，高下相去，實爲不遠，惟在習與不習耳。夫人才固爲難得，而造就尤爲難成。習之於累年而棄之於一旦，誠爲可惜。臣謹以所屬地方聲名著聞、年力未衰者四人，各因所長具實上陳。臣訪得原任兵部左侍郎兼都察院右副都御史劉源清，忠義之性，實本於天成；經略之才，有驗于施設。退閒已久，增益良深，此其文武皆通，堪任提兵之官者也。原任國子監祭酒王道，識遠而志高，心純而學正，式觀造詣，

無負斯文。原任河南按察司副使王崇慶，簡冊日隨，文章爲侶，甘窮約以終身，樂恬退而無悶。此二臣者，清修篤志，堪任文學之官者也。原任山西布政司使右參政胡松，深遠之見，明敏之才，修職無負於言，退身益勵其志。此則浚明亮采之器，隨事而能効者也。伏望聖明俯念人才之難，勑下吏部再加訪察，如果臣言不妄，將各官隨才起用，其於治道不無少補矣。緣係舉賢才以裨治道事理，爲此具本專差親齎，謹題請旨。嘉靖二十四年三月日

遵勅諭專職務舉薦所屬賢能官員事

謹題：爲遵勅諭，專職務舉薦所屬賢能官員事。

臣奉命總理河道，所屬直隸、南直隸、山東、河南地方，甚爲廣濶，中間賢能官員甚多，然臣所奉勅書，止是掌印管河兵備官員，其他佐貳官員，雖有賢能，臣固不敢濫舉；其雖係掌印官，而於河道無干者，臣亦不敢濫舉；其雖於河道著有賢勞，然任淺如整飭曹州等處兵備兼管河道山東等處提刑按察司副使王傅、整飭沂州等處兵備山東等處提刑按察司僉事徐鶴齡、濟寧州知州張崇德、陞任管河兼管水利河南等處提刑按察司副使呉惺，臣亦不敢並舉外，臣訪得山東等處承宣布政司使左布政使葉照，施設詳明，器識宏遠，愼端嚴之操，足表率乎一方，抱經畧之才，克撫馭乎大鎮。整飭大名等處兵備兼管河道河南等處提刑按察司副使喬瑞，明達之才，端廉之操，督兵而武事修舉，兼訟獄之公平，管河而水道疏通，更吏民之畏服。直隸大名府知府張謙，寬嚴得體，端潔自持，約戒精詳，諸邑較若畫一，差徭酌審，歲省幾至萬金。山東東昌府知府歐思誠，通敏之才，練達之器，勤恤民隱而澤及於困窮，剗剔弊端而事振於廢墮。兖州府知府曹亨，操持廉謹，才器老成，善撫來乎流移而人多稱頌，克釐正乎積弊而政報循良。直隸河間府管河通判牛恒，溫雅之質，明敏之才，官謫而志不隳，政舉而人不擾。大名府管河通判張文明，勤於管河，明於斷獄，孝友著聞於鄉國，操守無玷於官箴。直隸大名府長垣縣知縣郝良臣，官久而守益堅，宦成而事愈振，開舊河以通水利，節浮費以省民財。以上各官，皆其克修職務，有裨河道者也。乞勅

吏部再加訪察，果如臣言，將各官量其資才擢用，則賢能者進而人知所勸矣。緣係遵勅諭，專職務舉薦所屬賢能官員事理，未敢擅便，爲此具本專差親齎，謹題請旨。嘉靖二十四年三月日

謝恩事

刑部右侍郎臣韓邦奇謹奏：爲謝恩事。

本月初七日，臣以衰病不能供職，具本乞恩休致。十五日，准吏部咨內閣奉聖旨：「韓邦奇不准辭。吏部知道。欽此。」欽遵。備咨到臣，感戴聖明洪恩，天高地厚，罔極難名。謹伏枕流涕，叩頭奏謝。爲此具本專差親齎，謹具奏聞。嘉靖二十四年十月十七日

陳愚慮以奠江防以固重地事

參贊機務南京兵部尚書臣韓邦奇謹題：爲陳愚慮，以奠江防，以固重地事。

職方清吏司案呈：「奉本部送准兵部咨該本部題，職方清吏司案呈，奉本部送吏科抄出，南京戶科給事中李萬實奏前事，內稱南京城外新江、浦子二口，並據南北之衝，犄角相資，長城天塹。王公設險，此其要圖。然新江近在附郭，向屬操江，浦子遠隔一江，全無統攝。雖屢經先任都御史簡霄及南京兵科給事中萬虞愷奏行南京兵部等衙門覆議，當時堂屬等官，各懷胸臆之見，不推體國之誠，謂五衛久屬本部，一旦分轄操巡，顧體面則嫌於損威，惜成規則嫌於作俑。止錄常行奏覆，遂至沮格不行。不知事當興革則遇變而通，苟利國家則同心共濟。但去藩籬爾汝之私，自無彼此異同之礙。查得浦子口、應天等五衛並作一營，原額逃亡十去其六，其指揮千百戶等官，坐擁重資，荒淫驕蹇，軍之富者安享於家，貧者商販於

外，每遇守備操練，臨時顧覓應名。兵部點操，有官期年僅一再至，將皆紈袴，卒盡浮游，目不辨旌旗之位，耳不嫺金鼓之音，折箭敗戈，韜囊倚壁，習懶成癖，安所用之？甚者御貨乘機，坐窩爲盜，根連窮詰，掩覆多方，皆因統馭無人，以致驕玩太甚。況二口事體既分，臨轄各異，譬之秦越，原不同心，設有緩急憂虞，安肯互相應援？是平時在浦子既坐享其安而有警，則新江獨受其敝，若得備查簡霄、萬虞愷原奏，著實議處，將浦口五衛仍屬兵部衙門，但江防事宜兼聽操巡，約束閑暇，則照舊營操，以備不虞。有事則調遣策應，以爲聲援。其應否量撥操船，悉聽該部酌處。應輔車相倚而勢不孤，號令一新而兵自足。況職方原屬，不改其舊，部院節制，無害其同。似亦事之可行者也。」等因，奏奉聖旨：「該部知道。欽此。」欽遵。抄出送司。

卷查，先爲再陳愚見，以裨江防等事。該操江都御史簡霄、南京兵科等科給事中萬虞愷等題，本部覆：「奉欽依行。准南京兵部等衙門會議，得浦子口五衛本爲拱護京城，與南京各營事體相同。自來不係操江管轄，是以器無戰船，軍非水卒，會典亦無開載。遵行年久，且無江操器具，而徒屬操江管轄，恐於事體無益」等因，照舊不必更改。今該前因，通查案呈到部。

看得南京戶科給事中李萬實奏稱：「新江、浦子二口，並據南北之衝，然新江口向屬操江，而浦子口全無統攝。以致官軍驕玩，緩急不肯應援。要照簡霄、萬虞愷原奏，將浦子口五衛仍屬兵部，江防事宜兼聽操巡約束調遣爲照。江洋一帶，南有新江，北有浦子，二口邊臨大江，水陸咽喉，極其要害。新江口屬之操江，有戰船水軍以防江寇；浦子口屬之兵部，聽守備操練以禦陸衝設備之策，無不盡善。但二口瀕江，俱當衝要。江面廣濶，鹽盜爲多。先年雖有小警，隨即撲滅，無足爲患。近年盜賊出沒無時，屢肆猖獗，官軍不能追勦，往往失事以故。嘉靖十八年，操江都御史簡霄具奏於先，二十三年兵科給事中萬虞愷復奏於後，俱各酌量地方，身親目擊，要將浦口五衛亦屬操江管轄，操習水戰，以備應援，深爲有見。但先年查議，拘定成規，惜割分轄，事成掣肘，不便施行，以致本官復有此奏。要將五衛仍屬兵部江防，事宜兼聽操巡約束。既不失舊屬之成規，又不失部院之節制，甚於江防有益。事體相宜，但事干南京守備參贊等衙門，未經覆議，遽難准允。合候命下，仍咨南京兵部，會同都察院及科道各掌印官，將所奏浦子口五衛仍屬兵部衙門，江防事宜兼聽操巡約束。閑暇照舊營操，以備不虞；有事調遣策應，以爲聲援。及應否量撥操船演習水戰等項，逐一虛心會議，務使弭盗安民，江防可障。作速具奏，以憑覆議上請定奪施行。如此則通變得宜而江防有備矣」等因，題奉欽，依移咨到部，送司通行。欽遵。

查照外卷，查嘉靖十二年巡江御史宋宜題爲「陳愚見以安地方事」，内稱：「浦子口與龍江關對峙，南至江浦縣，北至六合縣，江浦則屬乎上江，六合則屬乎下江。而浦口獨處其中，兩無所屬。雖築有城堡，設有守禦，及應天等衛所，然守禦官臣不得而督責，巡捕官臣不得而委用，合無行令守禦等官，聽臣委用。」等因，該兵部議，擬移咨南京兵部會同操江都御史查勘，浦子口地方巡捕守禦官員從長議處，應否聽巡江御史督責委用，中間有無違礙，議處明白，具奏施行。該本部尚書劉龍等會議，得浦子口號爲京營，本爲拱護南京而設，然器無戰船，軍非水卒，不與操江之事者，正以雄據江岸，備江北鳳陽一路之警，以遏其過江。設立以來，止聽南京内外守備參贊衙門節制。正德年間，該操江都御史范鏞奏請：「本浦守禦官員應否聽其節制？」該兵部題：「奉欽依南京操江都御史，設立已久，事有定規，不可增損。合無本部移咨南京兵部查勘，浦子口五衛果係沿江要害地方，未設守禦之先，俱係操江管轄，就將守禦指揮，聽受都御史節制。若自來不係操江管轄。宜從照舊，不必更改」等因，具題：「又該兵部覆議。題奉聖旨，准議咨部通行。」遵照。

嘉靖二十三年，又該南京兵科等科給事中萬虞愷等奏「爲陳愚見重操江以固祖宗根本重地事」，奏内開稱：「新江口近在城外則屬操江，而浦子口遠在江北反屬兵部。操江節制但行於新江營而不行於浦口營，形勢相依，事權不屬，萬一江上有事，則新江口有孤立無援之勢，而浦子口得坐觀推避之安。若得隸操江聽其節制，與新江口相爲應援，此誠歸一，事體頗切江防」等因，奏奉聖旨：「兵部知道，欽此。」欽遵。該部議擬題：「奉欽依，備咨前來。」

又該本部尚書宋景等會議，得應天等五衛官軍設立浦子口營，操備防守，與京城各營事體相同。且南京據有江險，而守險當不止於江洋。是以南有新江口水操，以備上下二江之警；北有浦子口營五，以遏淮鳳陸路之衝，水陸操備不同，均爲拱護南京，而設各有專責，不無深意。設立以來，止聽南京内外守備參贊衙門節制，續又聽科道及本部委官點察，控制之司不爲不多，糾察之法不爲不詳，且無江操器具而徒屬操江管轄，恐於事體無益，適使衛所多事。況先經覆議照舊，不必更改。奉有欽依，遵行年久。

臣等似難别議題，覆通行遵照外，今該前因，通查案呈到部。臣會同南京都察院署院事右副都御史王守、南京吏科署科事南京户科給事中李萬實、南京禮科給事中鄭維誠、南京兵科給事中甄成德、南京刑科署科事南京禮科給事中鄭維誠、南京工科給事中林懋舉、南京浙江道試監察御史張鑑、南京廣西道試監察御史朱木、南京四川道署道事南京江西道試監察御史趙錦、南京福建道試監察御史李九功、南京山西道試監察御史王民、南京江西道試監察御史趙錦、南京湖廣道試監察御史歐陽震、南京廣東道試監察御史金豪、南京雲南道署道事南京福建道監察御史楊順、南京貴州道試監察御史陳澤、南京山東道試監察御史李尚智、南京河南道署道事南京福建道監察御史楊順、南京陝西道署道事南京湖廣道試監察御史歐陽震，看得户科給事中李萬實所奏：「要將浦子口守禦應天五衛官軍俱屬操江節制，及浦子口指揮千百户荒淫驕蹇，軍之富者安享於家，貧者商販於外，每遇操練顧覔應名，甚者御貨，乘機坐窩爲盗，二口事體既分，安肯互相應援，其應否量撥操船，悉聽該部酌處」一節，無非振揚武備，輯寧地方之意。臣等議照，我國家以南京都城根本重地，據長江天險，分京城各衛官軍爲五營：在城三營：神機營、大教場、小教場；京城之外二營，江南設新江口水軍，以禦水寇，江北設浦子口陸軍，以禦陸寇。水陸二軍，南北犄角，互爲聲勢。使水寇不得以登岸，陸寇不得以渡江。雖二軍不同，皆以拱衛都城，五營通屬内外守備參贊尚書節制。設立以來，永爲遵守。若以浦子口之軍撥船習水，則水軍獨增而陸軍全無，水戰未習而陸營已廢，北來之寇，何以禦之？浦子口之軍既不可改爲水軍，則雖屬之操江亦爲無益。且操江官之職止以操演，新江口水軍以拱衛都城爲務，其軍亦不得調遣他出。本官欽奉勑諭，操習水戰，整理戰船，振揚威武，壯固根本是也。故自設新江口水軍以來，江海之寇，衆寡不一，未嘗一經調遣。其操江兼管巡江擒捕盗賊，自有沿江一帶衛所、有司、巡捕官軍火甲人等。賊勢重大，又得通調沿江一帶衛所有司軍夫，所屬不下數萬，又何仰於浦子口之軍哉！況係祖宗累朝舊制，先後部院科道各官會題照舊，累次奉有欽依，難再别議。其指揮等官荒淫驕蹇等弊，誠或有之，則申明先年題准，比照京營事例，科道官及本部委官不時點查，嚴加禁約。各官如有縱放軍士安享、商販顧覔應名者，具實叅問，其有乘機坐窩分贓者，犯出依律重治。本管官員受財故縱者，一體治罪。再照新江、浦子二口，皆係京營。今新江口之軍，每年春秋操期守備參贊諸臣各一次閱操，嚴行賞罰，則浦子口之軍當春秋操期，內外守備參贊官亦合各一閱視，嚴行賞罰。如此則舊制不至於更改，而戎務亦不至於廢弛矣。伏乞勅下該部再加詳議，上請定奪。緣係陳愚慮以奠江防，以固重地，及奉欽依內事理，未敢擅便，爲此專差親齎，謹題請旨。嘉靖二十八年六月二十五日

苑洛集　卷十七

乞恩休致事

山東等處承宣布政使司右叅議臣謹奏：　爲乞恩休致事。奉聖旨：「吏部知道。吏部行山東布政司留疏遺。」巡撫都御史陳公鳳梧奏薦，略曰：「臣伏見右叅議韓邦奇秉恬退之節，抱經濟之才，偶因脾疾之攻，遂起思親之念。既上疏以乞休，即促裝而就道。伏望皇上軫念人才難得，將本官暫令致仕，以遂其恬退之節。病痊起用，以盡其經濟之才。」吏部覆題：「奉聖旨，韓邦奇暫准致仕。病痊之日，有司奏來起用。」

乞恩休致事

山東等處承宣布政使司右叅議臣謹奏：　爲乞恩休致事。奉聖旨：「吏部知道。疏遺。」

再乞天恩休致事

謹奏：爲再乞天恩休致事。

奉聖旨：「吏部知道。疏遺。」致仕間陞副使。

懇乞天恩休致事

山西等處提刑按察司副使臣謹奏：爲懇乞天恩休致事。

吏部覆題：「奉聖旨，韓邦奇准致仕。疏遺。」

乞恩休致事

南京太僕寺丞臣謹奏：爲乞恩休致事。

奉聖旨：「吏部知道。吏部行南京太僕寺留，疏遺。」

十分病危再乞天恩休致事

謹奏：爲十分病危再乞天恩休致事。

奉聖旨：「吏部知道。吏部行南京吏部留。疏遺。」

乞恩休致事

大理寺左少卿臣謹奏：爲乞恩休致事。

吏部覆題：「奉聖旨，韓邦奇不准致仕。疏遺。」

久病不時舉發再乞天恩休致事

謹奏：爲久病不時舉發，再乞天恩休致事。

臣見年五十五歲，陜西西安府同州朝邑縣人。由進士歷任今職，臣先因感患勞瘵之疾，已於去年十月十七日具奏乞休。吏部題：「奉欽依，不准致仕。」臣復用藥調理，未曾全愈。感恩思奮，扶疾而出。自後不時舉發，入春以來，遂加沉劇。臣疾留連困苦，前奏備陳，其狀不敢再瀆天聽。伏念臣才質凡庸，自入仕以來，五蒙罷免，自分終身里舍，幸而遭際聖明，三起臣於廢病之餘，歷擢臣以華要之職。臣雖粉骨碎身，無以仰答恩遇，而臣福緣淺薄，驅策不前，無可効涓埃之地。伏望聖慈，矜臣病篤，容臣休致，使臣得送骸骨於鄉土，則臣不勝感戴天恩之至。爲此具本專差親齎，謹具奏聞。嘉靖十二年二月（闕）日

聖旨：「韓邦奇不准致仕。」

舊疾大作乞恩休致事

吏部：爲舊疾大作，乞恩休致事。

考功清吏司案呈：「奉本部送吏科抄出欽差提督鴈門等關兼巡撫山西地方右副都御史韓奏：『臣見年五十七歲，陝西西安府同州朝邑縣人。由進士歷任今職。臣素有痰濕之疾，不時舉發。入秋以來，遂加沉劇。晝則頭眩困臥，夜則發熱盜汗。兩目腫赤，精神短少，飲食日減，形體日削。察其病勢，終不能愈。況臣身任巡撫，責寄民兵，任大責重，豈衰病之人可臥治哉！伏念臣一介書生，荷蒙眷遇，秩至三品，官至都御史，感恩圖報，際時宣力，臣之本心。而臣才微命薄，福過生災，遂至如此。雖犬馬之心無已，而蒲柳之資早彫。苟爲勉強就列，必取尸素之罪矣。伏望聖恩，容臣休致。則臣此後一日餘年，皆聖恩之所賜。是臣之一身進與退，均荷大造之仁也。臣不勝感戴天恩之至』等因，奏奉。」聖旨：「吏部知道。欽此。」欽遵。抄出送司案呈到部。看得本官才望素隆，地方倚重，暫爾有疾，難擬休致。合咨貴職，煩爲查照施行。須至咨者。嘉靖十四年九月十七日

舊病大作再乞天恩休致事

謹奏：爲舊病大作，再乞天恩休致事。

臣疾危迫，前疏已具，不敢再陳，煩瀆聖聽。伏念臣迂腐拘儒，遭際聖明，三起臣於廢病之餘，歷擢臣以華要之職。負此海嶽之恩，未有涓埃之報。匪躬委命，臣子之分也。況當羣賢彙徵之時，臣雖愚下，豈無奮庸之念！但臣疾委實日加沉劇，不能驅策，而在外巡撫之官，責任重大。居則綜理政務，出則巡歷地方，豈衰病之人所能勉強哉！伏望聖明，矜臣久

疾，察臣愚誠，容臣休致。則臣不勝感戴天恩之至。爲此具本，謹具奏聞。

嘉靖十四年九月三十日　奉聖旨：「韓邦奇不准致仕。」

久病不痊懇乞天恩休致事

謹奏：　爲久病不痊，懇乞天恩休致事。

臣素有痰濕之疾，不時舉發，已於去年八月十二月内二次乞休，伏蒙聖恩不准致仕。臣感恩思奮，強起視事，乃自今年交春以來，日加沉劇。即今腰膝酸痛，兩目赤腫，夜則盗汗不眠，晝則昏沉困欝，飲食減損，形體消弱，蓋臣疾起於火熱，入春木旺，遂至如此。交夏火盛，難保生全矣。伏念臣入仕以來，仰荷聖恩優沃，天高地厚，嶽重海深，正當少竭犬馬之勞，用伸芹曝之願，而臣福緣淺薄，遂至如此，雖瞻天戀闕，須臾未忘，而氣乏力憊，驅策難進。故敢復陳血誠，懇瀆天聽，伏望陛下矜臣久疾，容臣休致。使臣得遂首丘之願，則臣不勝感戴天恩之至。爲此具本，謹具奏聞。嘉靖十五年二月（闕）日吏部移咨，以大義責之。

久病纏綿調治不痊懇乞天恩休致事

謹奏：　爲久病纏綿調治不痊，懇乞天恩休致事。

臣於去年八月間舊疾復作，具疏乞休。十月間再疏乞休。伏蒙聖恩不准致仕。臣扶疾辦事，殊不能支。於今年三月二十五日三疏乞休，至今未蒙該部題覆。顧臣病委係沉劇留連，調理已經改歲，藥餌全未即功。伏念臣遭際明時，荷皇上覆載之恩，瞻天戀聖，感恩圖報之心，臣前疏已備，披瀝血誠，不敢復陳，以瀆天聽。但臣病日深一日，無望生全。況臣身後無述事之子，出門乏資旅之人，誠恐自此不起，遂至遺櫬他鄉，良可哀也。伏望皇上矜臣久病，察臣愚誠，容臣休致，使臣得遂首丘之願，則臣不勝感戴天恩之至。爲此具本專差親齎，謹具奏聞。嘉靖十五年四月二十七日

久病危篤調理不痊乞恩休致事

謹奏：爲久病危篤調理不痊，乞恩休致事。

臣素有痰濕之疾，不時舉發，近於去年八月間，赴邊隨帶綿衣數少，比至十一月間，夜趨寧武關，偶遇大雪，衣薄感寒，用藥調理，留連至三月初旬，方得少愈。因旱少雨，臣勉強赴城隍廟祈禱，遂致勞復。即今晝則畏風戰慄，夜則盜汗發熱，且兩耳聾閉，百事健忘。至於目流冷淚，鼻引清涕，則又人所共見也。蓋以衰暮之年，當此大病，又不得專意靜養生全，且難保矣。況望其精神復舊，而可居官理事乎？伏念臣一介儒生，叨蒙恩遇，官至九卿三品，雖効死於職，分所當然。但臣身爲巡撫，責寄民兵，既已衰病昏憒，久則事廢法弛，遺患地方，所係非輕也。伏望聖明憫臣衰病，察臣愚誠，容臣致仕，臣不勝感戴天恩之至。爲此具本專差親齎，謹具奏聞。嘉靖十七年三月三十日

久病不痊再乞天恩休致事

吏部：爲久病不痊，再乞天恩休致事。

該本部題考功清吏司案呈：「奉本部送吏科抄出提督鴈門等關兼巡撫山西地方都察院右副都御史韓邦奇奏：『臣以舊病大作，於本年三月三十日具奏乞休，未准。該部查覆。臣疾危迫之狀，衰弱之態，不得已之情，前疏悉具，不敢重覆煩瀆聖聽。伏念臣一介書生，遭遇聖明，官至九卿三品，雖粉骨碎身，不能圖報聖恩之萬一。但臣疾委實留連，日久不愈，

始以醫藥，繼以灸火，皆不見效。即今昏沉困臥，晝夜呻吟，且又心牽官事，憂懼不寧，愈加沉劇。一旦遺櫬異鄉，情實可哀。臣幸身際明時，當賢智奮庸之際，而臣福緣淺薄，遂至於此。伏望皇上矜臣衰病，察臣愚誠，容臣休致，使臣得遂首丘之願，則臣不勝感戴天恩之至』等因，奏奉。」聖旨：「吏部知道。欽此。」欽遵。抄出送司案呈到部，看得提督鴈門等關巡撫山西地方右副都御史韓邦奇奏稱「有疾乞要休致」一節，爲照本官人品豪邁，強學且文，遭際聖明，陟官中外，卓有令聞。方當精力未衰之年，正期奮庸一面之寄，但感患前疾，日久不痊，以故屢奏乞休，詞意懇切，況本官兼理軍機邊務，委非臥病所宜，相應議處，合無候命下，准令本官回籍致仕調理，員缺另行推補。待病痊之日，有司具奏起用。庶有用之才，不致終棄可惜。但係巡撫重臣去留，恩典出自朝廷，臣等未敢擅擬，伏乞聖裁。緣係久病不痊，再乞天恩休致及節奉聖旨吏部知道事理，嘉靖十七年六月二十五日，太子太保吏部尚書許等具題。本月二十七日，奉聖旨：「韓邦奇既有病，著致仕。欽此。」欽遵。擬合就行，爲此合咨貴職，查照本部題：「奉明旨內事」理，欽遵。施行須至咨者。嘉靖十七年六月三十日

衰病不能供職懇乞天恩休致事

吏部：　爲衰病不能供職，懇乞天恩休致事。

考功清吏司案呈：「奉本部送吏科抄出刑部右侍郎韓奏：『臣見年六十七歲，歷任今職。臣稟賦素弱，疾病時常舉發。乃於今年六月內因中濕熱，兩耳出膿，用藥調理，膿止而耳遂重聽。聲稍低微，即不能辨。臨事接物，有如癡呆，深爲未便。況又痰火上攻，頭腹生瘡，發熱盜汗，食減不寐，時當金水之交，尚且如此。春來木火旺相，難保生全矣。伏念臣一介書生，累蒙聖恩，擢臣至六卿之佐，雖粉骨碎身，不能圖報於萬一。而臣福緣淺薄，不遂犬馬微誠。伏望聖慈，俯憐臣疾，容臣休致，使臣得遂首丘之願，臣不勝感戴天恩之至』等因，奏奉。聖旨：「韓邦奇不准辭。吏部知道。欽此。」欽遵。抄出送司案呈到部，擬合就行，爲此移咨貴職，煩爲查照，欽依內事理，欽遵。施行須至咨者。嘉靖二十四年十月初七日

七十多病乞恩休致事

吏部：爲七十多病，乞恩休致事。

該本部題考功清吏司案呈，奉本部送吏科抄出參贊機務南京兵部尚書韓奏：「臣見年七十歲，係陝西西安府同州朝邑縣民籍。由進士歷任今職。臣伏覩大明會典一欵：『内外大小官員，年七十者聽令致仕，欽此。』欽遵。今臣年已七十，於例相應致仕。况臣素有痰濕之疾，不時舉發，每發則潮熱盜汗，頭眩神昏，臥床動經一二月。即今暮年，尤甚伏念臣一介書生，遭際聖明，登仕四十二年，歷官二十六任，位至尚書，海嶽洪恩，未有涓埃之報，竭力效勞，是臣本心。而臣年既如此，病復如此，驅策不前，徒懷感戀。且南京實根本重地，而尚書有參贊之責，誠非七十多病之人所能堪也。伏望聖明容臣休致，則臣既得逭尸素之罪，復得遂首丘之願矣。臣不勝感戴天恩之至」等因，奉聖旨：「吏部知道。欽此。」欽遵。抄出送司案呈到部，看得參贊機務南京兵部尚書韓遵例奏稱：「七十多病，乞要休致」一節，爲照本官敭歷中外，才望素隆，年雖七十，精力未衰，尚堪供職，遽難准理。但係南京堂上二品官員，去留出自朝廷，非臣等所敢定擬，伏乞聖裁。緣係七十多病乞恩休致及吏部知道事理，未敢擅便，嘉靖二十七年二月二十六日太子太保本部尚書聞等具題：「本月二十九日，奉聖旨『韓邦奇不准致仕，著照舊供職，欽此。』欽遵。」擬合就行，爲此合咨貴職，煩照本部題：「奉欽，依内事理。」欽遵。施行須至咨者。嘉靖二十七年三月初四日

衰病不能供職懇乞天恩休致事

吏部：爲衰病不能供職，懇乞天恩休致事。

該本部題考功清吏司案呈，奉本部送吏科抄出參贊機務南京兵部尚書韓奏：「臣見年七十歲，由進士歷任今職。臣自幼氣體虛弱，疾病時常舉發，動輒臥床數月。今衰暮之年，每疾雖愈，精神不能復舊，亦自然之理也。今年三月感瀉痢之疾，一月有餘方愈，即出供職。六月間，面目皆腫。至八月間，復感瘧疾留連，二十八日未得全愈。臣心不安，勉強復出供職，至今瘧疾復作，飲食日減，寒熱往來，徹夜不寐。盡日呻吟，藥不即功。況臣年七十，耳暗不能聽微聲，目昏不能視細字，神短不能憶往事。夫神者，一身之主，耳目者，聰明之用。今既如此，復加之病，日久事廢，勢所必至也。況留都本兵重任而又加之參贊大責，豈衰病之人所宜居哉！伏念臣以一介草茅，荷蒙聖恩，官至尚書，雖粉骨碎身，尚不足爲涓埃之報，竭力思効，本臣素心。而臣衰病至此，誠不足以勝重而負大也。伏望聖恩，俯察臣誠，容臣休致，使得遂首丘之願，則臣不勝感戴天恩之至」等因。奉聖旨：「吏部知道，欽此。」欽遵。

抄出送司案查，嘉靖二十七年二月内，該本官奏「爲七十多病，乞恩休致」事，該本部議，「照本官歇歷中外，才望素隆，年雖七十，精力未衰」等因。題奉聖旨：「韓邦奇不准致仕，著照舊供職，欽此。」已行，本官欽遵，照舊供職去後。今該前因，通查案呈到部。看得參贊機務南京兵部尚書韓奏稱：「衰病不能供職，乞恩休致」一節。爲照：「本官歷有年勞，素負才望，雖稱有疾，尚堪調治。況奉旨留用未久，遽難准理。但係南京堂上二品官員，去留出自朝廷，非臣等所敢定擬，伏乞聖裁。」緣係衰病不能供職，懇乞天恩休致，及奉欽依吏部知道事理，未敢擅便。嘉靖二十七年十一月二十二日太子太保本部尚書聞等具題：「本月二十五日，奉聖旨『韓邦奇准留用。欽此。』欽遵。擬合就行，爲此合咨貴職，煩照本部題，奉欽依内事理，欽遵。」施行須至咨者。嘉靖二十七年十一月二十五日

衰弱不能供職懇乞天恩休致事

吏部爲衰弱不能供職，懇乞天恩休致事。

該本部題考功清吏司案呈，奉本部送吏科抄出參贊機務南京兵部尚書韓奏：「臣見年七十一歲，由進士歷任今職。緣臣稟氣素弱，自幼多疾，年踰七十，衰殘特甚。先於嘉靖二十七年正月内七十循例具奏乞休，該吏部題覆『伏蒙聖旨，韓邦奇不准致仕，著照舊供職，欽此。』欽遵。臣即扶病任事，至本年十月内，疾復大作，臣再具奏乞休，亦該吏部題覆『伏蒙聖旨，韓邦奇准留用，欽此。』欽遵。臣感激屏營，望闕叩頭，恭謝天恩，勉強供職外。但臣兩耳重聽，兩目欠明，於心實爲不安，於力實亦難支，臣衰殘之狀，前奏已具，不敢復陳，上瀆聖聽。伏念臣疾時作時止，或有愈時，至於耳暗目昏力弱，則臣衰暮之年，當日甚一日，無復回少之時矣。且臣官爲尚書，四司屬官每日升堂稟事，不但一時一事而已，臣聽欠聰，應答一或有差，誤事不小。況臣又兼叅贊之責，儻或有機密重事，若高聲大言，豈不宣洩。而衙門時有奏本，字畫謹細，臣必映對日光，方能看視，一入暗室，即不能見矣。臣遭際聖明，官至尚書，感恩圖報，是臣本心。而臣福緣淺薄，衰殘至此，臣亦不勝其自傷矣。伏望聖明俯察臣誠，憫臣衰殘，容臣休致，不勝感戴天恩之至」等因。奏奉聖旨：「吏部知道。欽此。」欽遵。

抄出送司案呈到部，看得參贊機務南京兵部尚書韓奏稱：「衰弱不能供職，乞要休致」一節。爲照：「本官歷中外，才望素優，況精力未衰，雖稱有疾，尚堪調理，遽令休致，似爲可惜。但係南京二品堂上官員，去留出自朝廷，非臣等所敢定擬，伏乞聖裁。」緣係衰弱不能供職，懇乞天恩休致，及奉欽依吏部知道事理，未敢擅便。嘉靖二十八年五月初六日，太子太保本部尚書聞等具題：「本月初八日，奉聖旨：『韓邦奇既精力未衰，著照舊供職，欽此。』欽遵。」擬合就行，爲此合咨貴職，煩照本部題，奉欽依内事理，欽遵查照施行，須至咨者。嘉靖二十八年五月初九日

衰年耳暗目昏不能供職懇乞天恩休致事

吏部：爲衰年耳暗目昏不能供職，懇乞天恩休致事。

該本部題考功清吏司案呈：「奉本部送吏科抄出參贊機務南京兵部尚書韓奏：臣見年七十一歲，陜西西安府同州朝邑縣人，由進士歷任今職。伏念臣一介書生，遭逢聖主，官至尚書，雖粉骨碎身，無以酬洪恩於萬一，竭力圖報，臣之本心。但臣禀氣素弱，年過七十，衰殘特甚，痰瘧時發，困乏護牀，耳目視聽皆失其思。臣爲尚書之官，各司屬官每日每事，公堂禀説，臣既重聽應答，一或有差，誤事不小。然此高聲尚可聽聞。至於臣之兩目，本年四月間右目忽然失明，精有白點，瞳人不照，已成殘疾。今於十月初，左目昏花，初則不能辨細字，既而雖常行文移，字面亦不能辨。用藥點服幾一月，皆不見效。居官而視聽如此，其職隳事廢必然矣。臣入仕四十餘年，歷官二十餘任，雖懷犬馬之心，未有涓埃之報。而臣福緣淺薄，遂至廢疾，臣瞻天戀闕，伏枕流泣，不勝其自傷矣。伏望聖明俯察臣誠，憐臣衰病，容臣休致，使得遂首丘之願，則臣不勝感戴天恩之至」等因，奏奉。聖旨：「吏部知道，欽此」，欽遵。抄出送司案，查嘉靖二十七年二月內，該本官奏爲七十多病乞恩休致事，該本部覆題：「奉聖旨，韓邦奇不准致仕。著照舊供職，欽此。」本年十一月，續該本官奏爲衰病不能供職，懇乞天恩休致事，該本部覆題：「奉聖旨，韓邦奇准留用，欽此。」嘉靖二十八年五月內，又該本官奏爲衰弱不能供職，懇乞天恩休致事，該本部覆題：「奉聖旨，韓邦奇既精力未衰，著照舊供職，欽此。」已經咨行，本官欽遵。去後，今該前因，通查案呈到部，看得參贊機務南京兵部尚書韓奏，稱：「衰年耳暗目昏，不能供職，乞要容令休致」一節爲照，本官敭歷中外，才望素優，近因衰病，節次具奏休致，累奉明旨留用，今復奏稱前因，情詞懇切，似非得已。合無准令致仕，惟復別有定奪。但係南京二品堂上官員，去留出自朝廷，非臣等所敢定擬，伏乞聖裁。緣係衰年耳暗目昏不能供職，懇乞天恩休致及奉欽依吏部知道事理，未敢擅便。嘉靖二十八年十二月十三日本部尚書夏等具題：「本月十五日奉聖旨：『韓邦奇既屢奏衰病，情詞懇切，准致仕，欽此。』欽遵。」擬合就行，爲此合咨貴職，煩照本部題奉欽，依内事理，欽遵施行，須至咨者。嘉靖二十八年十二月十七日

苑洛集　卷十八

○見聞考隨録(一)

漢、唐、宋三代,與我國家防邊之法不同。漢、唐、宋防之之法密,我國家防之之法疎。其故何也?漢高帝嘗匈奴,冒頓蓋振古豪傑,平東北諸國,獨霸塞外,控弦四十萬,高帝憚之。天下既定,乘百戰之威,自將至平城被圍。非陳平之計,幾至敗亡,故其防之也極其詳。四百年間,君臣上下,日夕講求,非戰鬭則和親,未嘗一日忘。唐太宗嘗匈奴、突厥之強,至於稱臣請兵以取天下,故其防之之法亦甚詳。宋則嘗遼、金、元之強,自朝廷以及閭閻所事者,歲幣戍兵也。我國家嘗元之甚弱,蓋元自太祖入中華、世祖一統宇内一百五十年來,元人化爲中國人,視中國人爲尤弱,而兵之一事爲尤弱。蓋中國腹裏,武事雖弛,猶有備邊之兵。元則中外一統,雖邊備,亦無矣。況當時凡百苦役,皆漢人力辦,元人驕惰尤甚。是以我太祖既平羣盜,命徐達北定中原,元人即北遁,未嘗向南發一矢。我兵復窮追,至不敢相見。又值我文皇之英武,三犁其庭,敵人破膽遠遁。蓋以平日屋居穀食之人,一旦身無居,腹無食,救死之不暇,雖尋常之兵臨之,亦不能支,況我百戰之兵乎?是以防邊之兵,較前代爲疎,蓋前代當敵之強,我國家當敵之弱。今我承平二百年,人不知兵;而彼生養教習亦二百年,復其故性若之何?而守株以待乎?可憂也。

今之邊事不大改革,軍威必不能振。所謂改革者,無他,修復祖宗之故,酌以漢、唐之法而行之耳。今議者皆曰:「任將考其説,皆壞將之道也。古之任將者,築壇推轂,君命不受,故將得以行其志。今豈無將,特不用耳。」所謂用者,非與之官也,盡其用也。今將之在軍,叱喝而奴隸視者十餘輩,奴顏婢氣,一人欠謹而譏斥至矣。漢、唐以來,邊將非一人,上下幾千年，考之載籍，何曾遣一使至軍查勘哉！此明白而易見者，我祖宗朝亦罕有之。近者每一交鋒，即遣一使，而使者又不曉國體軍機，務在羅織其罪，必去之以自尊崇，安有才難之惜？使爲將者惴惴焉，手足無措，避罪之不暇，安能自奮揚哉！至於人才剥落，臨時無措，則出之囹圄之中，譬之傷弓之鳥，見矢而驚，寧能飲啄於洲渚之中哉！即使子牙遇此時，彼惟卒釣於渭濱耳。强而付之，將亦莫如之何也已。

建元二年，衛青至龍城，斬敵首數百，將軍敖亦亡七千騎。

元朔元年，衛青出鴈門，斬敵首數千。明年，匈奴殺太守，虜漢二千餘人。

元朔二年，衛青出雲中，斬敵數千，獲畜數十萬匹，青封侯。明年，匈奴殺代郡太守，掠鴈門千餘人。又明年，匈奴入定襄，殺掠數千人。

元朔五年，衛青出高闕，圍匈奴右賢王。王夜獨與愛妾壯騎百餘夜潰圍遁，獲右賢裨王十餘人，擒殺萬五千餘人，獲畜數千百萬。是年秋，匈奴入代，殺都尉朱央。

元朔六年，衛青出定襄，擊匈奴，斬敵萬餘。匈奴殺裨將趙信軍三千，信敗，匈奴誘之，遂將其餘騎可八百俱降匈奴。裨將蘇建全軍敗没，單身遁歸衛青，青送武帝，赦建罪，免爲庶人。

元狩二年，霍去病出塞，過支山千餘里，執匈奴渾邪王子及相國都尉，斬首八千餘級。去病復踰居延，斬首三萬二百級，獲五王及王母單于閼氏、王子千五十九人、相國將軍都尉六十六人。明年，匈奴入右北平、定襄，殺掠千餘人。

元狩四年，衛青、霍去病出塞，擊匈奴。青度幕出塞千餘里，斬萬餘級，至趙信城，得匈奴積粟食軍，悉燒其餘粟。去病封狼居胥，東臨瀚海，斬萬四百餘級。自是漢與匈奴相持，各拘留其使。

太初三年，匈奴入酒泉、張掖，殺掠數千人。

奇謀勝算不在高遠，切於時務即是奇勝。蓋事切於時務，即有益於國家，有益於生民。如諸葛孔明高臥南陽之時，熟觀天下之勢，曹操據有中原，挾天子以令諸侯；孫權據有江東，任賢使能，基業已固，俱不可圖。獨蜀漢之地未得，豪傑據守，可以立基。故一見昭烈，即以爲言而終身事業。雖志決身殲，以圖興復，不過若此而已矣。以高遠言之，誅曹、孫篡弑竊據之罪，克復漢家天下，豈不光明俊偉？然勢決不可行也。故司馬徽云：「識時務者呼爲俊傑。」且目以爲「臥龍」，蓋爲此也。今天下大計，禦敵之策，雖募百萬之師，費億萬之財，亦無益於當時，其切務惟在於修邊。然今之言修邊者，每以宣、大爲説，則失策甚矣。蓋宣、大之邊，不惟不能修，而亦不必修。何謂不能修？宣、大大邊廣千餘里，力豈易辦？縱修之，亦不能遍守。然決不必修也。何謂不必修？蓋中外之界限，本在甯武至山海關一帶界山，宣、大在險之外，而鎮城又在外之邊，與敵共處一地，不守險而守之險外，以鎮城而置之極邊，此古今英豪之深意。且宣、大之設，以天下之錢糧，選天下之兵將守之者，非爲宣、大之地計，爲遮罩天下也。今宣府彈丸之地，總兵有正兵、副總兵，有奇兵、遊擊，有遊兵。五路有叅將，四十二城堡皆設兵將。大同總兵、副將、遊擊，同三路有三叅將、十七城堡。若望以屏蔽天下，次擇名將而畀之。若只保守宣、大地方，中人可以守之，半其兵將可以當之，又何必以修邊爲哉？所謂不必修也。今邊之宜修者，山西、真定、順天也。力既易成，險亦可守，樞機在此。山西之邊，自鴈門以東，其險可恃。此惟有一二步卒牽引，竊入敵騎決不可長驅。但有人守之，即不可越，所謂「一人當關，千夫莫敵」者也。惟鴈門以西則夷險不一，其地雖二百餘里，然不須修者多。其山險處不必修，平漫接修之十不二三，其土山平漫者，可斬削。當自偏關、宣武舊牆接修之。其真定、順天一帶，山口可塞者塞，可築者築，居庸最險，潮河以隨時修整，不甚費力，則天下之事畢矣。宣、大二鎮各城，既有高城深池、堅甲利兵，其餘民間私建小堡，一一歸併，敵入則堅壁清野，又重兵以拒之，彼無所掠，五日則自遁矣。候其歸乏，則邀而擊之，且可獲功，何必修邊爲哉？此修邊之説也。

用兵之要，「攻」與「守」二者而已。守則如前，攻則我當先發。若彼既入侵，是簡其精兵而來，不可以與之爭鋒，惟當固守。如前我邊防備，乃選將練兵，候彼數十萬駐牧我邊近地，牛羊老小帳房俱在，彼必以我兵素不出攻，不爲之備，吾乃帥師攻之。然必爲萬全不可敗之勢，方可言攻。吾察各陣爲兵火一營，且攻且守，雖彼百萬之衆，四面攻圍，亦不礙吾之進退，可取必勝。攻吾前則吾前衝之，攻吾後則吾後衝之，前後左右，無不如意，進退攻守，皆由於我。雖圍吾十匝，則吾益得志。兵火營大略以大車廂後爲陽門板，三孔安炮，仍以牌遮其口，畫爲虎頭形，廂兩頭橫安二炮，廂後者紮營用之，廂兩頭者，行則用之，但用多帶火藥糧草，每用火藥手五人，挽車者十人。如東面兵至，中軍扯起青單號，帶第一炮，放雙號，帶第二炮，放三號，帶第三炮，放三炮既畢，一炮可裝起矣。西南北各如其制，若四面齊來，則四面炮齊放。此紮駐時制也。若吾欲回軍，則徐徐行之，既圍之固，則攻其前。若彼圍其左右，則用横廂炮，後則如常制，且行且攻，彼必遠遁，豈敢近吾。彼敗則出，吾營中軍以擊斬之。此乃決不敗之陣也，都城四面平曠，最宜用此陣。若於潮河川、盧溝橋左近爲此營，則敵必不敢近，而吾可得志，大抵用兵之法，要知地。故曰：「地生量，量生數，數生稱，稱生勝。」每營止可用三千，多則五千，然多多益善，攻守之具，無事之時不可不講，不可不備，臨渴掘井，卒然未善，此攻邊之説也。

當今禦邊之法，較之前代爲踈，爲不專。昔漢時，高帝當匈奴強盛之時，又以冒頓之梟雄，是以備之者甚詳。雲中、上谷、北地、朔方、遼東西、北平、漁陽、金城、上郡，皆止各一太守，專兵專錢穀，專刑專舉辟，且久任。但責以地方不失，中小勝小負俱不計，賞罰亦不加，是以邊臣得盡力盡謀。今一總兵而不與之賞罰之權，監之以巡撫、巡按、守巡郎中，一有勝負，則府通判、衛經歷皆得監制之。唐朝以一監軍而軍功不成，況監軍數輩者乎？今之巡撫甚爲無謂，既無調兵之權，又無臨陣之責，凡一切戰伐進退，俱不干預，若何而受彼之賞、受彼之罪哉？唐之初興，有資於敵，稱臣突厥，亦當敵強盛之時。宋則不須言矣。是以當時朝廷之上，日夕所圖惟者，惟邊計耳。我朝當敵之極衰，當我太祖之聖神，又值我成祖之英武，中國強盛未有如今日者，夫強則畏，弱則忽，陟羊腸者不蹶，而或仆于平原；臨深淵者不陷，而或傾於行潦。畏與忽，使之然也。況今我當承平日久，彼當教習之餘，我弱而彼強矣。是豈可以尋常視之哉？今當仿漢唐制而行之，各邊巡撫皆去之，其巡按不必預邊事。管糧官聽總兵官節制，府州縣官俱聽總兵節制，如巡撫之體。小小勝負不必行勘，但令地方無事耳。國家之制，止是來則備之，去則守境而不追，所以監之巡撫，察之巡按，錢糧刑名皆不得預，舉辟潛移於巡撫，止是防邊將之肆也。在今時，則當變而通之，況此各官之設，起自近代，亦非太祖、成祖之法也。天下之事，必知之明，論之定，而後可經理以守之。若貿貿然隨事設論，日見其煩擾，而終無分寸之益。今日之定論，修邊是也，山西、真定、順天是也。邊兵不可常調，一則錢糧供給不敷，一則以勞待逸。此猶較可仍恐有意外之虞。古人所謂「不戢則自焚」矣。

今儒生談兵，動曰賞罰。今提兵者，手無一破錢，賞何所施？

西北之大邊六，宣府最爲緊要，額兵十二萬。其次大同，額兵八萬。其餘各鎮，其兵俱少。於是臨邊一帶界山，自山海至居庸、紫荊、鴈門、寧武、寧化，自岢嵐、保德、偏關，直抵黄河岸，自北南視，如千仞崇垣，拔地而起，固天所以限中外也。中古始守以險，外以爲藩蘺，居庸、紫荊之外，有宣府、鴈門；寧武之外，有大同。我國家又設老營堡，居庸、紫荊、鴈門、寧武皆設兵將，寧化以西乃略而不備。秦時城址猶在，若考其地而設兵，如鴈門等處，敵必不能長驅而入矣。若止從老營堡修至寧武，亦不爲甚費。今敵入中國，惟老營堡地方乃一大空闕。異時，敵妄興異志，以侵內地，惟此塗爲便。既過老營地方，而寧化、岢嵐等處無守，則天門、忻口、玄崗、陽方之險，不足恃矣。偏關之城，昔在山麓下，若敵乘山而攻，旦夕可破。移於城西，築以甬道，長不過二里，即至山顛上。闊二丈、高三丈，兩面環以女牆，設數舖房，敵至以兵守之，金湯之固矣。

人於念慮未發、未應事接物之時，檢點日用所爲有無違理，即是戒謹恐懼之一端。

善人當好也，過於厚，非平也；惡人當惡也，過於法，非平也。中者，有權之道焉。

京氏易傳至百餘卷，必其於四千九十六卦俱有所附，五星、衆星之經留、順逆、遲速、守犯，自開物以至閉物，俱有定局。若太乙數之式者，惜無所考也，姑億識之。

京氏易若今星士之五星。子平但二書論一人之休咎，京易論一世之休咎。

樂記：「感於物故形於聲，聲相應故生變，變成方謂之音。」本于虞書言志數句來，但變其文耳，變是清濁高下，樂記一篇好文字。古今有兩篇好文字，易大傳、樂記是也，萬世莫及。其次則孫武子十三篇、郭景純葬經。

「發於聲音，形於動靜」，只此二句，盡乎樂矣，聲容備矣。

天地間止一陽氣之流行。自冬至至夏至則日昇，自夏至至冬至則日降。昇於上，則爲溫、爲熱；降於下，則爲涼、爲寒。陰是靜的物，本寒共體也，隨陽之昇降爲寒熱耳。冬寒矣，而地下則暖；夏熱矣，而地下則寒。夏至後氣降，若何飛灰，觀今風匣可知。進而吹固生風，退而縮亦生風。

李文察謂：「律生五聲，不如言『律和五聲』。」此説良是。人之聲自有五，但以律正之而可調。然作「和」字，又不如孟子言「正」字尤好。

琴七弦内備變宫、變徵，正調入散音，十一調爲宫，則各其徵爲十二宫聲，商角徵羽皆然，爲管各用其孔也。

焦氏四千九十六變，孔氏之正傳也。

京氏直爻，則以己意衍之也。

聲七、律十二。每律聲，鐘聲各十二，準十二律。今止用一均七，而以五爲啞，古鐘磬每架十二張。文收掘地，得大樂古鐘十二是也。愚意作七架，或九變、或八、或六、或七、或五、各取用之。

鐘十二，磬十二。今止用七，餘五不用。七者，黄鐘一均之，備宫、商、角、徵、羽、變宫、變徵也。是止七聲，何八十四聲之有？是且不成一調，何六十調之有？

琴徽十三，置一爲黄鐘，半清聲在首，其餘十二徽自尾起，黄鐘一、黄鐘二、大吕以至應鐘，各按其徽。則每一弦皆爲十二律，是七聲役過十二律，各有七聲，所以旋宫有八十四，聲調有六十，瑟則隨柱取聲，如今之箏。

黄帝命伶倫鑄十二鐘。單穆公曰：「十二辰之鐘也。」周十二鎛，隨月用律。編鐘十二，長短隨其律，口闊則同。特磬十二，有長短，有厚薄，長而薄則聲濁，短而厚則聲清。

九奏在琴，散音一，下徽二，中二，上二，泛音上一、下一，此心最難持，非昏昧則外馳。

人於匆冗忙迫之時，即自省其心，使勿隨事俱忙。亦處事持心之一法也。

人於靜坐時，必點檢己行之事，則當否可考，悔心愧心生，庶可補過矣。

孔子大聖，且每事問。凡臨事勿憚數問，若恐人以己爲不知而恥問，非克己好善者之存心也。

人于不得意處，不必自銷沮，當審其是非已。果是，固當坦然；縱是差失，只當速改，亦不必過於悔愧，徒銷沮何益！

有聖人之學，有大賢之學，有賢人之學。方念慮未萌時，即戒謹恐懼，自無惡念之發，聖人之學也。湯武反之，是也。蓋無事於慎獨矣，戒謹恐懼矣，而資未極粹，忽然非心萌焉。即遏止之不使見之於行，大賢之學也。過止在心，無行過也。資又下也，遏之未能，遂見於行，然後悔而改之，此賢人之學也。故學有三等，若堯舜則不待學也。念慮未萌，此天理渾全無虧損時，人於此時便能存養，雖有非念之發，遏之較易。若未發時不用工夫，非心之發如湍水之決，六馬之馳，其遏難矣。日用體驗自見。

主一無適，存心處事之至要。事至，若能主一事，自不得錯。惟方理此事，卻思別事，便有錯。

天人之際，鬼神之理，非深造君子未易言也。學者惟篤信孔子之言與行及五經之旨，可也。

古今學者顧惜名節，亦害事。一有顧惜名節之心，所爲便有曲意畏忌之心，安得光明俊偉？必並其名節而忘之，惟義是從，天下非之而不顧，可也。流俗不知之，有識之士必知之；有識之士不知之，天地鬼神必照之；天地鬼神不照之，吾心不自知之乎！必如是，方爲大丈夫。

學者於此心能戒慎省察，則日用之間，縱使把持不定，小過不及則有之。至於逆天拂經、損人利己之事，必無矣。不肯損人利己，況肯損國以利己乎？〔一〕苟施者必苟取，因忿而損身者，必不能取義以捨生，見義而攘臂。爭先者必見害而潛爲自脫之計，〔二〕人忘富貴貧賤，不足爲大丈夫，必忘其死生。忘死生不足爲大丈夫，必忘名節。有顧名節之意，便是私心。

氣失其平而爲疾，雖孔子亦不能免，甚而昏憒亦有之。豈惟聖人，雖天地亦不能免。當寒而溫，當暑而涼，風雨晦暝，

〔一〕苑洛先生語録此句下有「況肯作亂者乎」一句。
〔二〕苑洛先生語録此句下有「見義攘臂，有好名使氣之意」一句。

旱潦爲災，星辰失度，日月薄蝕之類，皆天地之氣失其平者也。

學者動静起居，雖暗室屋漏之際、寢臥之時，亦矜持禮節。然後接物時，從容自得。若隱顯不一，在人前雖勉強矜持，終不自然，必有脚忙手亂時。

見善勇爲，惟恐人知；退焉有慚色，此誠於爲善者也。

一部易經，當以「一」「正」字爲主。當看「時」字、「才」字。坤時若不可爲。若有直、方、大之才，亦可爲，若六四，則「括囊」而已。

周子「無極而太極」，即老子「無生有」。周子重「無」字，以「無」爲本，觀下文云「無極之真」，不言「太極」可見。況原本云：「自無極而爲太極。」而朱子削去「自」「爲」二字，乃以吾儒正理釋之，則亦回護之過矣。

先儒謂：「老氏以有無爲二，周子以有無爲一。」非也。周子亦以有無爲二。有無爲一，朱子之正論也。

余以「至無而至有」釋「無極而太極」，亦回護也。

天地間惟水爲最先生。自子運至午，日長；自未漸消短。東南始皆水涯。水漸落而地出，故西北之地先出。地脈拔盡，故人物漸衰，東南地脈方盛，故人物漸長。天地之開也，自西北始，故天地之閉，亦自西北始。

斗指日躔爲六合。

人能爲善事，恥在人先，則爲己之真者也。若揚揚然，爭先倡首，恐亦非盡善。

儒行篇讀之生愧，恐非孔子之言也。

他書只懸空說個道理，惟易則日用之間，事事物物皆有個處分，學者不可不讀。

學者養心之法，固不可令其放逸，亦不可太拘，反爲心害。正如仙家導氣，佛家入禪，孟子所言「勿忘勿助」最好。試於日用之間，驗之自見。

「夜氣」一節，惟孟子有之，他儒皆無。觀程朱「夜氣」之説，〔一〕即可見其原無此氣。蓋〔二〕其得於天者未甚粹，不如孟子多矣。〔三〕余二十以前，未食之前此欲淡然全無，及食後則欲心萌矣。到明日早時回思昨日之欲，此身寒吝，〔四〕真如在穢溺中，惡惡臭尚不足方也。自悔死迷乎何以至此，到飯後時欲心又萌。明早卻又悔惡，懼夫梏之反復也。以此知程朱原無此氣。〔五〕

易「比」不追其去，求其比也。而反不追其去，何也？蓋求士之道，不惟招之可以來士，雖其去不留，亦可以來士。若士既入其國，不聽其去，則士皆謂去就不得，自遂入其國不合而不得去，士皆懼而不來矣。中庸「治國平天下」曰：「嘉善而矜不能。」正欲致善者而用之也。

養心之法，無問動靜。應接推行之際，即省察之，必合道義。而後發無事之時，預防此心，勿使非念之萌。然此心難制，一有非念之萌，即遏之，勿使達之事，爲之著，便是養心之法。世儒不曾留心窮理博學切問，妄意忖度，乃令學者閉目盤坐，名曰「收心」。如此必遺棄倫理生事，如釋氏可也，哀哉！夫人自少至老，無一時無職事焉，有工夫終日靜坐，一日靜坐即一日失學，是人自人，學自學，人與學判無相干矣。哀哉！

遇大事不動心，大賢以上事，甚難。然本無難，義未至，故爲難。或爲毀譽，其次爲利害，又其下則爲得失矣。若疑惑，

〔一〕苑洛先生語録此句作「觀程朱以『早起清明之氣爲夜氣』」。
〔二〕苑洛先生語録無「蓋」字。
〔三〕苑洛先生語録此句下有「蓋清明之氣，人皆有之，非夜氣也」。
〔四〕「吝」，苑洛先生語録作「凜」。
〔五〕此句下苑洛先生語録有「術家忌煙火食，有由然也」。

則又係天資，學不至，[一]不疑惑，更說[二]恐懼不得。子路之死，雖不恐懼，乃恐懼之最甚者，未至不疑惑故也。

與楊椒山書曰：「心之當養，無間動靜。里居之日，供耒耜，遠服賈，亦養心之時也。臨政之時，詰訟獄，裁檄牒，亦養心之時也。於凡應對賓客，盤桓樽俎，莫非養心之時。孔子曰：『出門如見大賓，使民如承大祭。』此之謂也。若夫凝然正坐，卻除世事，則佛氏之養心也。吐納導引，使不內耗，則仙家之養心也。三代之士，最爲精粹，秦漢及唐，質美暗合。下此類多禪學矣。考之經史，亦自可見。」

「意」是「心」之發，「誠意」即中庸之「謹獨」。「心」是其本體，「正心」即中庸之戒慎。修身則是端九容，各有工夫。如燕居之申申夭夭，入朝之色勃足躩，臨下之莊敬，享禮之容色之類，皆是也。傳者釋「正修」，或指其用，或推其原，非正解也。子思之功，自靜而動；曾子之功，由動而靜；皆說個大綱。孟子之「有事勿正、勿助、勿忘」，則其中之節次也。人能敬以持心，雖盛暑正午之時，衣冠而坐，亦不覺熱。雖熟睡時，其體亦自不放。

君子當以三代學者爲法程，庶大節大本不至顛覆。

此心運而不息，有如江河，汪洋浩蕩，流而不息；養心之道，如禹之治水，去其壅塞耳。若夫閉目靜坐，使此心如槁木死灰，是池沼之澄清耳。

此心之大，與造化同。造化運而不息，此心亦運而不息，惟有動靜耳。有冬有夏，晝有爲，夜有寢，是也。[三]此心應事接物時，及念慮萌動時，此時省察斟酌，使必合乎理，便是「養心」。事物未來，念慮未萌，敬以持之，亦「養心之道」也。古之聖人，於靜坐之時，經綸酬度，周遊天下，亦所以養心也。

[一] 苑洛先生語録「不疑」上有「未至」二字。
[二] 苑洛先生語録「恐懼」上有「不」字。
[三] 苑洛先生語録此句下有「故至誠無息」一句。

易曰：「君子以慎言語，節飲食。」朱子釋之曰：「養德養身之切務，言語也。」何謂「養德」？孔子曰：「先行其言而後從之。」只此一句，便是躬行之實，自是無過言，無虚言，無狂言，無戲言，無俗言，言慎則德成。日用之間體驗之自見。中庸戒慎謹獨，一日行之，則一日聖賢；一月行之，則一月聖賢；終身行之，則終身聖賢。雖顔子之賢，不能不違於三月之後，是豈易能哉！此段功夫不惟可以養心，亦可以卻疾。若把持太過，反有以傷其心，亦能致疾。孟子曰：「必有事焉，而勿正心，勿忘，勿助長也。」此其法也。

夜氣梏於飲食，以此知仙家忌煙火食。但吾儒從容[一]而進，仙家欲躐等而成，飲食豈可廢哉！

孔子曰：「一陰一陽之謂道，化育流行是也。」「道」字解作「路」字，指流行發見者而言。春秋之時，世道衰微，天道人道，人皆不知，而以窈冥昏默者當之。故孔子明天道，曰「一陰一陽之謂道」；子思明人道，曰「率性之謂道」，皆指流行發見者而言。

學不足以合天人，一萬物，非學也。萬物者，天地之子，天下未有子不似父者。人之子必似人，牛之子必似牛，馬之子必似馬，杏之子必似杏，桃之子必似桃，天人萬物豈有二哉！

性、道，一物也。存之於心，謂之「性」，寂然不動者是也；發之於外，謂之「道」，感而遂通者是也。人有人之性，人率人之性而行，發而見諸行事，爲「道」，子思所謂「率性之謂道」是也。天有天之性，天率天之性而行，發而見諸化育流行，爲「道」，孔子所謂「一陰一陽之謂道」是也。至於凡物，卵爲性，發而爲雛，知覺運動，是道也；核爲性，發而爲樹，榮瘁開落，是道也。孔子「逝者如斯」，子思「鳶飛魚躍」，皆謂是也。

宋儒于中庸解人道則是，于易大傳解天道，乃謂「陰陽迭運者，氣；其理則謂之道。」則非孔子本旨矣。若然，是以寂然不動者爲道矣。宋儒又謂「道爲太極」，「太極」是寂然不動時物，「道」是動而生陽以後物，安得以「道」爲「太極」哉！

[一] 苑洛先生語録「而進」上有「集義」二字。

宋儒于中庸解天道，以「四時日月，錯行代明」爲天道亦是，而獨于解易則非者，蓋於「形而上謂之道」一句未分曉耳。易謂「形而上」「」非謂「氣而上」也。

且凡「之謂」字，是直指，且有曉示羣非之義。若曰衆論非道，一陰一陽之謂道也，豈可解作二義？正蒙「所謂」字，不如孔子「之謂」字爲的確，此又聖賢之別。

一元未闢，渾渾沌沌，太極之未形也，是天之性也，如堯舜之心，至静未感，萬理咸具，即太極也，是堯舜之性也。一元既動，二氣五行，化生萬物，無一息之間，河嶽奠，動植遂，無一物之欠，此天之事業也，是天之道也；堯舜之心感物而動，發而爲言語應接，敦敘九族，平章百姓，協和萬邦，做出許多事業，是堯舜之道也。

天地萬物，本同一氣，其成也，皆小而大，未有陡然而大者。天開一萬八百年，而後天始成；地闢一萬八百年，而後地始成；又萬八百年，而後萬物始成。子思於中庸著論曰：「今夫天，斯昭昭之多，及其無窮也，萬物覆焉。今夫地，一撮土之多，及其廣厚，萬物載焉。」正見天道流行不息之意。宋儒乃謂「天地非由積累而後大」，誤矣。如此則是木之一出，便有枝葉花果矣。且天地亦有老時，自子至午則漸長，自未至亥則漸消，天地渾沌，亦以漸而沒。若陡然如今世界，就一時渾沌了，亦可傷矣。萬物有死時，天地有渾沌時，即今已到未字上，以後漸漸一代不如一代。天地將老，乃欲挽而爲唐、虞、三代正午之治，難矣。

由渾沌至於開闢，由開闢至於渾沌，一消一息，未嘗一刻之停，開闢了就渾沌，渾沌了就開闢，由渾沌至始開闢，三會；由始閉物至渾沌，三會。則渾沌者，六會；開闢者，六會。

「逝者如斯」、「鳶飛魚躍」，聖賢指其顯著者而言。其餘如雞鳴犬吠，蛙鳴蟬噪，皆化育之流行，皆道也。其小至於蠅飛蟻走，皆化育之流行，皆道也。

「知太虚即氣，則無無。」此張子灼見，道體之本然，他人所不能道。太虚無極，本非空寂，只有形不形之異耳。三五是十五，五三亦十五，三五雖不同，不過皆十五，但變易不同也。形不形雖不同，一氣也。但聚散不同也，一動一静，一聚一散，是謂「參五變易」。「愛惡之情，同出於太虛」，此横渠灼見，性命之真，故敢爲此言。自孟子言性善之後，諸儒不敢爲此言。孟子言性善，非謂性全無欲，只以當時人皆說人性無善，故孟子言人性固有欲，然萬善皆備於性，非謂全無欲也。孟子嘗曰：「孩提之童，無不知愛其親也，及其長也，無不敬其兄也。」以爲性善之驗。若果如此，則愛親猶待孩提，敬兄猶待長，若一生下時便要食乳，臥一汙濕則啼，雖母就汙濕，不能顧。然則人之生，欲在先乎？善在先乎？只爲時人謂性中無善，故孟子曰：「孩提知愛親長，知敬兄，皆自然之良，無待於習。」可見人性中本也有善。此孟子立言之旨也。若謂止有善，全無欲，則以告子之辯，豈不能以前理欲先後折？孟子遽肯默然而服哉！

「未嘗無之謂體。」「所謂氣坱然太虛」，自漢、唐、宋以來，儒者未有見到此者。是以不惟不能爲此言，亦不敢爲此言也。

「上智下愚」與「性相遠」，孔子之言，平正的實，萬世無弊。宋儒謂「下愚可移」，直自誣耳。人之生，欲與善、氣與理同受，但曉悟則欲在先，而善在後，雖孔子、堯、舜亦然，但不假修習耳。宋儒看不透孟子之意，故多強釋。于文義似矣，驗之人其實非然也。

「太極，未嘗無也。」所謂「無」者，萬有之未發也；所謂「有」者，有是體而無形也。「未嘗無之謂體。」「太極」也。如此則諸子之陋，不待言而自見矣。

「前知其變，有道術以通之。」[一]「變」「通」二字，此君子立身撫世之大權，濟事成功之妙用。事雖可爲，卜不可爲，亦不爲；事雖不可爲，卜可爲，則爲之。[二]如復國讎、討強逆，此事之可爲者，時力不能則宜止。越之於吳，其讎恥豈可忘之？勾踐既已返國，事吳甚謹，進西施、獻巨木，十年來無或怠，豈忘吳哉？俟時力既可，而吳亡矣。如高貴鄉公忿司馬昭之

[一] 苑洛先生語録此句上有「張子曰」三字。
[二] 苑洛先生語録此句中之「卜」字爲「時」字，以苑洛先生語録爲是。

逆，奮然率衆討之，昭豈不當討，時力不可也，遂至身亡國滅。弟之殺兄，事之不可爲路人知之，周公誅管叔，蓋不如此，管叔亦且死而周之社稷滅矣。使殺周公而周可安，周公寧死而管叔不可誅也。不獨如此大事。雖日用之間，固有可爲而不可爲、不可爲而可爲者，君子當精于義，處事每如此，安有敗事！是以可以措諸民也。他書惟以義行之，而成敗非所計。易則圖萬全。何以能之？幾在事前也。如殺身成仁，此大好事。而「過涉滅頂」，以凶字與之。凶者，不順理也。如文天祥之死宋，可謂殺身成仁，不順理在何處？非死之時不順理。度宗以前，是何時也，天祥不爲儉德之避，乃出而顯名，此時已不順理矣。到那爲相時，只得死。此而不死，愛身負國，揚雄之徒耳。使天祥于理宗之末，知禍亂之必至，埋名而處，如荷蓧耦耕之徒，宋室既亡，豈無十畝種瓜田哉！而萬全可保矣。故曰：「有道術以通之。」「道術」二字，下得極好。

坤至柔而動也剛，乃積大勢成而然也。先至柔而後動可剛。若直以剛動如何？何必先柔？皆爲坤也，力有所不足。若五伯之盛，直以乾道臨之，何必先柔？當玩二「坤」字。漢高可以當之，時未可也，力未能也。鴻門之謝，漢中之往，垂首而行；及其可爲也，定三秦、平燕齊、滅楚於垓下，何剛如之？用易君子，幸勿輕率以禍人之家國也哉！故曰：「積大勢成。」

坤先迷不知所從，故失道。後能聽順，則得其常矣。坤亦不是小物，上配乎天。坤以陰柔而握乾符，故先迷而失道，後能聽言納諫，信任元臣，乃得其常。此節商之太甲可以當之。

坤之五，幼沖之主，有柔中之德。如漢之昭帝、周之成王，可以當之。然得二之輔，周公、霍光是也，故元吉。

隋承南北朝之亂，至隋季則坤陰已極，時當來復，險難甚矣！唐太宗有黄裳之德，振而起之，成太平一統之業。李密、王世充輩何人？而紛紛若此，徒自殺其身而已。然則當如之何？不有六四乎？「括囊」如四皓，可也。學者察此，則于易也，思過半矣。

外雖積險，苟處之心亨不疑，則雖難必濟。人處險中，方寸先自亂，處之無道，難何以濟？心亨不動，無所疑懼，則所以謀脱其難者，周悉萬全，有不濟乎！〔二〕又有義命當吉、當凶、當否、當亨者，〔三〕聖人不使避凶趨吉，一以貞勝而不顧。如「大人否，亨。有隕自天。過涉滅頂，凶，无咎。」「損：益龜不克，違及其命，亂也」之類，三者情異，不可不察。此節非易之本旨。夫易者，見幾趨時，審力合道，以求萬全，乃聖人之妙用，義命不足言也。横渠以「吉」「凶」二字，恐學者既不見幾矣。及當其時，乃爲偷生脱死、趨利避害之謀，故示之以此，以爲未盡易者之防。易近老子，稍走作了，便是奸邪，「過涉滅頂，凶。」此殺身成仁之事，凶，不順理也。漢之龔勝、宋之文天祥，足以當之。方王氏、賈似道擅權之時，成、哀、理、度衰亂之際，便當見幾審力，斂其德操，以見堅冰，使人視之如傭夫僕類，如此莽又安能以禄位加之？宋之傾危，亦無與於己也。既不能，然勝之聲名已著，天祥名位俱隆，及莽徵宋亡，此時而不死，豈儒者哉！天祥當時不屢圖興，復隱處林泉，如何不可也。位登宰輔，國滅而全身，無是理也。爲二子者，當如熏膏之翁，可也。庶僚百官，國滅而全身，可乎？不當爲興復之圖乎？若有昭烈孔明之才，不斂其德，可也，圖興復亦可也，執一而論，又非易矣。

「蓼蕭裳華」，「有譽處方」，皆謂君接己溫厚，而下情可伸。人主之尊，如天威嚴之下，誰敢盡其情？惟人主降辭色以誘之，則下情始得伸。上下之情既通，則讒毁不敢入。彼奸人雖好傾擠讒譖，然交情密篤，彼亦不敢進其邪。惟其情意遠絶，誣不能明，彼方得乘機而入。故下情通則讒毁不得入，讒毁不行，君臣孚信，上下交而德業成，令聞廣譽，施及萬世矣。

狼跋，美周公不失其聖。君臣之際，其可畏哉！大臣之責，危疑之際，其難處哉！夫以周公之聖，遭讒而退，召公、太公，身居宰輔，責寄安危，又與周公皆開國功臣，所遭如此，二年之間，曾無一言爲之營救伸明，必待成王自悟而後迎周公歸，有若權位相軋，危而不扶者，何也？此其所以爲召公、太公，此周公所以得迎歸，此周家所以八百年之靈長也。當成王之疑未釋，苟輕率言之，言未必從，王若疑其朋比，則周公之身，或不可保，並二公不安其位矣。二公豈爲己位之不安哉？

〔二〕苑洛先生語録此句作「豈有不濟乎！」
〔三〕苑洛先生語録此句「又有義命」上有「横渠曰」三字。

二公又去，則周之社稷何倚焉？況以成王之賢，得二公之佐，天下亦可安寧，故持久以需之。易「需於穴，出於血。」此之謂也。若淺識狹度，一有爲名潔己避嫌之意，國家之事去矣。

周公之居東，亦二公之志也。使周公不去而周可安，公亦不避擅權貪位之嫌。苟爲肥遯之謀，惟其不去也。内既主疑臣危，外則流言易入，不終朝而禍亂作矣。此周公所以引而去也。蔡子曰：「公豈自爲身計哉！亦盡其忠誠而已矣。」得周公之心矣。〔一〕

衍忒未分，有悔吝之防。尚書洪範衍曰：「卜五：曰雨，曰霽，曰蒙，曰驛，曰克。占用二：曰貞，曰悔。」自夫子贊易之後，卜書不傳占法。「貞」「悔」，乃四千九十六卦之凡例，六爻無動，内卦爲「貞」，外卦爲「悔」，六爻有動，遇卦爲「貞」，之卦爲「悔」，詳見啟蒙。

五年一禘，王者追祭太祖之所自出於太廟，而以太祖配之也。三年太祫，合七廟祧廟之主于太祖之廟而祀之。四時各祭，合七廟之主于太祖之廟而祀之，四時各祭於七廟，而各祀之，皆天子之制也。

庶子不祭祖，明其宗也。不祭禰，明其宗也。禮書經秦火之後，漢儒集成已未可盡信。況三代之時，與今時異，宜三代之禮，嫡庶之分甚嚴者。當時諸侯、卿大夫皆世官，不得不嚴，正如今之武職，豈敢分毫違越。若通天下而論，庶子不祭祖、不祭禰，設使禰無嫡子，又無叔伯，則二世皆絶不祭，仁人孝子何以自處？仁人君子之爲政，亦何忍？如此安可泥古而不酌之今哉！

七廟之禮，決不可行。止以尚書七世之廟，可以觀德之文。所謂「七世之廟」，非七座廟也。禮經諸侯去其籍，又遭秦火之焚，漢儒附會而成。至宋儒既不以身體，又不以理察，又不以時日計度，遂議定以爲不刊之典。今大祭之禮，一行須一

〔一〕苑洛先生語録此句下有「此豈小丈夫之所見哉！」一句。

二時。若七廟畢，一廟而復一廟，出一廟而入一廟，一日之間亦不能周。是君臣上下，終日不食，則奔走登拜之勞，腹又無食，精神疲倦，豈能堪乎！若祭一二廟而食，亦無是理也。況古禮繁多，今禮簡少，不過十之二，一日之間，安能周乎？若分日而祭古，又無是禮也。

「鋪筵設同几，疑左右」。「几」，一云交鬼神，異於人。故夫婦而同几，求之或於室、或於祊也。此二段事，「同几」言神位，「室祊」言祀神之所。書：「成王歿，設五席，兼設平生之坐。」先儒謂：「知神之在此乎，在彼乎？」故兼設。亦或「室」或「祊」之意也。

天子因「生」以賜姓，諸侯以「字」爲謚。蓋以「尊統上，卑統下」之義。天子尊，故統乎上者；諸侯卑，故統乎下者。上謂諸侯，下謂大夫，生是一方，謚是一人。

凡祭，割烹爲要。詩書稱「馨香之氣」，蓋鬼神無形，惟氣而已。聞馨香之氣，即是享之。禮失求之於野。今天下之人，皆言鬼神爲聞其氣而已，是也。古禮割烹於廟門之外，取其近于神位而馨香之氣未散，今徒有體薦而不饋食，神何所享乎？古禮有饋食而無體薦者，未有有體薦而無饋食者。

祭祀用尸，其義精深。尸不能行也，而易以土木之像，像又不能行也，而易之畫影。二者猶有用尸之義。至宋儒謂「影像與祖考無干」，專用木主，不知數寸之木與祖考有何相干也？古人木主之設，蓋以古人用尸，皆以子弟爲之。高曾祖考無以分別，故用主以識之。今不用尸而獨用主，正如今之鄉飲，主介賓僎之帖，獨有帖而無人也。

古祭禮無所考，其節奏之詳，惟士虞禮、少牢饋食諸章。今禮之所無者，迎尸、送尸、九飯，告飽獻賓、獻衆賓、獻兄弟、獻衆兄弟、獻祝、獻佐。食數節，諸章亦不載。旅酬之禮，豈旅酬天子之禮歟！

古之坐，即今之跪。儀禮所載，凡祭主至神位贊者，曰「坐」是也。

「氣之性本虛而神。」「虛」字爲「無極」字，「神」字爲「太極」字。「虛而神」正是「無極而太極」，氣是陰陽五行。

指遊魂爲變，爲輪回。釋氏亦窺見些子造化。夫造化，氣聚於形則生，氣離於形則復歸於造化。釋氏乃謂：「今散之氣有善惡，則復聚之氣爲人物。」故有輪回之説。釋氏亦豈不知無是理哉！彼見聖人謂「爲善得福、爲惡得禍」，然有不盡然者，故人率怠于爲善。釋氏乃謂：「生雖不得報，死後亦須報。」將驅天下之人使之爲善，然欺之也。聖人之教以誠，釋氏之教以僞。夫感人以誠，猶懼人之不從，况僞乎？古今之人，忠臣、孝子、義士、烈女，比比皆然，或得其一肢，得其一事，或得其全體，皆入聖人之教者也。遵釋氏之教者，不過誦經、食素、削髮、捨施，以求免於禍，甚者殺人爲盜，乃修齋誦經以求免。有一人慈悲遺累，如釋氏者哉！古今未見講學會友者之爲亂，假白蓮之教聚而爲巨盜，以亂天下、賊生民者，古今多矣。何也？釋氏以僞立教，故其徒亦以僞應之也。其學之是非，又烏足辯哉！

釋氏語實際，乃知「道」者，所謂「誠」也，「天德」也。其語到實際，則以人生爲幻妄。佛氏以死爲歸真、生爲幻妄，亦只是主客之意。但「幻妄」字便有個「無用」的意思，須是不用此形骸、氣性方無累，所以彼必絶男女之配。絶男女，不百年人消物盡，方是真誠的道理。殊不知天所以爲天，以其用之不息也。若只混沌一塊氣，要他何用？然此亦自然之理，天與聖人非有意安排，張子所謂「是皆不得已而然者也。」豈佛氏所能挽而回之？今天下之人，比比趨於佛氏而遵佛氏之教者，天下無一人也。借使人之靈，佛氏可以誘而教之，盡絶夫婦之交至於物之雌雄牝牡，佛氏亦無若之何？此真終不可歸也，佛氏之教亦窮矣。

「形聚爲物，形潰反原。」此意張子屢發之。曰「潰」曰「聚」，指氣之附形者言。古人謂：「減一尺地，則有一尺氣。」非也，地中亦有氣。天地間，惟氣爲交密。雖山川河海，草木人物，皆氣之充塞，無毫髮無者。張子此説，先儒多議之，是乃在冊子中窺造化，不曾回首看眼前造化之實。故邵子有「觀物」之説，而大易仰觀俯察，以得造化之實。

詩言：「駿奔走在廟」，書言：「駿奔走執豆籩」，所謂速如奔馬也。禮之嚴如此，故有子曰：「還從容些爲貴。」若太從容則慢矣。

在伍則抗而立，在朝則俯而立。

「長裕不設」，正如孟子所謂「心勿忘、勿助長也」。言自益益人，固貴不已其功，然須優柔有漸。間斷固不可，急迫亦不可。此爲學之要法。

孔子刪詩、書，于詩録商頌、魯頌，於書録魯費誓、秦誓。兩録侯國之事，係於帝王之後者，見周之天下成之于周公。録商頌者，見周之天下得之于商。録秦誓者，見周之天下失之于秦。始終其辭云耳。

江西律呂一策，所論皆正。但謂「黄鐘無十」，非也。黄鐘，萬事根本。樂之黄鐘無十，如分寸尺丈引龠合升斗斛銖兩斤鈞石，豈無十哉！新書十數，總論黄鐘，非止樂之黄鐘也。策謂新書不當言體數，新書何嘗言體數？直解言之耳。以此知其學得之于直解。

中庸「發育萬物，峻極於天」，言道之極於至大而無外。正易所謂「一陰一陽之謂道。」萬物皆陰陽二氣之發育，即道之發育也。天無涯，陰陽二氣亦無涯，即道之峻極於天也。

中立而不倚，最難。非義精仁熟者，不能。凡事有所依憑則不倚，無所倚憑則易至於倚。蓋時措之妙也。如不違乎親意，人子依此而行，何難之有乎？卻有以違親之意爲中者，大舜不告而娶是也。有可其不可者，亦有不可其可者，豈易能哉？「中」是無過不及，「倚」是過不及也。日用之間，酬酢萬變，初無定體，皆欲合中，非得時措之宜者，非過則不及矣。

人來請謁者，由威福作於己也。若隨物應之，則請謁自不至矣。有人居官終身，而人無一字相通者，是其驗也。爲治之道，無過於一誠。此心之誠，可潛通于夷狄。通之者，非接其人，而感化之也。非施以德，而懷柔之也。誠立於中國，自是不來侵犯。莫知其所以然而然也，學者無以爲迂。

上行下效，有如桴鼓。聖賢之言，的然無疑。余接人常帶笑容，每陞堂見吏人以下及屬官叅謁，皆帶笑容。余自愧：「何人之慢我如此？」一日，忽自悟，曰：「知其由於余也。」且思聖人有言：「臨之以莊則敬。」明日陞堂，正色而坐，吏人以下，勃然變色，端肅而立；屬官叅謁者，亦勃然變色，凜然而退。使其以言教之，雖數十日亦不能成，且不能齊。自是不待行禁而肅清。韓尹廷學曰：「不知近日每入道，何故如臨淵冰？」

易曰：「分陰分陽，迭用柔剛。」只此二句，撫世酬物之大權，經綸勘定之妙用，盡之矣。雖黄石經，亦有所遺。分陽者，以大臨小，五霸是也；分陰者，以小事大，勾踐事吴是也。迭用柔剛者，隨時消詳，乘勢發機之用也。君子握此，安有敗事！

爲治之道，在於平。不用刑而人畏，不施德而人愛，則平矣。

形而上之謂「道」，氣而上之謂「性」。

苑洛集　卷十九

○見聞考隨録(二)

當今所最急者，宗室禄米不足也，邊軍糧料不足也。以宗室言之：國初宗室少，即今宗室多，蓋有百倍於昔者而糧額如故，謂之曰「少」，誠無所處矣。以邊軍言之：國初軍馬多，即今軍馬少，不過十之六七。國初糧料於正額外猶有餘數，即今正額之外無所減，若之何而不足也？弘治以前，倉廩露積，未聞告乏。今乃往往告饑，若謂水旱災傷，及小民之逋欠。國初以來，豈無水旱災傷及逋欠者乎？況邊稅又不在捐免之例，是必有其故矣。

各處巡撫，初以侍郎爲之，其權甚重。某侍郎初至坊方考察二司官，提學官亦在論劾中。衆曰：「提學官無大過。」巡撫曰：「既無大過，吏負之。責五板，姑留供職。」

官不久任，雖欲言治，皆苟而已。百弊皆生於不久任，百利皆生於久任，非可以言説盡也。不必上考古制，我高皇之法：三年一考，六年二考，九年三考。然後考功司付文選司，因其考語之高下，或平除、或陞一級、或陞二級。間有緊急用人，功業顯著，六年以後亦得超陞。若不再考而陞者，考功必詰之文選，何所憑據而知其賢乎？弘治以前，皆遵行之。舊事：按察司官，惟按察使陞布政副僉，鮮有陞布政司者。惟風力不著之人，間以陞之副使。李隆陞叅政，見邸報，泣曰：「我何負於其職而陞此官乎？」遂致仕去。布政司官亦鮮陞按察司者。至正德中，止因躁進無恥之士干求權幸而圖速化，吏部以其年資尚淺，無可奈何，或以僉事陞叅議，或以叅議陞副使，而祖宗之成法壞矣。嘉靖初，凡正德中弊政，小大皆釐正之，此係政之最大者，不循其舊，是祖宗百年之成法顧不能守，而正德中一時之弊，乃守之而不失。以耳目之所見聞者，朝邑知縣劉道立，成化十八年以進士除授，中間兩次考滿並緣事之日。至弘治五年，十年餘方行取爲御史。繼道立者蘇盤，弘治五年以舉人除授，至弘治十五年，一十年餘考滿去，盤又循良吏也。當是時，上下相安，盜賊不生，地方無擾，果園菜圃不設牆垣，不設防守，倉庫充盈，閭閻殷殖，猶可想見其氣象也。自弘治十五年至今四十餘年，知縣十五餘人，即今環數百邑，庫無百金之積，村落之中，在在室如懸磬，催科之人晝夜號叫，雞犬亦不得寧也。

陝西防邊之法，考唐：三城守之於河外，上策也。蓋守之於河外，則險在我而易爲力；守之于河南，則險在虜而難爲功也。修夾道之牆，時出精兵以搜套，中策也。其下策，來則浪戰，去則坐守而已。

蘇秦亦識天下之勢，不幸而不遇，急於富貴而爲合從，非其本見也。初學既成，知周室易興，説周顯王，顯王不能用。次知天下惟秦強，可輔之霸，而説秦惠王，惠王不能用。然後説六國使合從，非其本心也，卒之殺身。使顯王用之，則周之威令可復振；秦惠用之，則秦可霸而身可全。

人才可惜，造就之難，點汙之易。易之鼎以「金鉉」「玉鉉」象之。「金鉉」「玉鉉」，人所寶愛而珍護之。人能愛才如愛鉉，其愛國之忠深矣。古人九載黜陟幽明，今制三年考察，其法已密。在外撫按，事竣復有旌劾，是又不時考察矣。其所劾固有貪殘之輩，中間或小過、或詿誤、或譖謗、或語言不合、趨承未至，以致黜退。我國家以科目取士，中其選者，皆俊乂之器，才識不大相遠，但習與不習耳。習之於累年，棄之於一旦，以壯年有用之才，終身閑廢，深可惜也。夫旌異之典，以待茂才異等，論劾者，以處元兇巨惡，不可待考察之期者。今所劾者，果不可待考察之期乎？聖人制刑，多加寬恤，惟鼎爻「覆公餗，其刑剭」，以其蔽九二之賢也。「剭」，族刑也，不少假借聖人之意，深矣。〔一〕

天下之安危，在斯民；斯民之利病，在縣令。最要，官也。當今之縣令，與前代不同。漢、唐、宋之縣令，一體視之，惟以賢否爲高下，今則分爲二途。進士除者，雖横行逆施，上之人必曲爲回護。舉貢除者，一有過失，即斥去。至於接見稱謂

〔一〕苑洛先生語録「深矣」上有「亦」字。

之間，亦大不同。進士官但能舉職，即得大典；舉貢官雖竭盡心力，亦不能得，間有得之者，亦是通變趨時之士，豈惟上人，雖下民視之，必有輕重。進士官自少至老，官至公卿；舉貢官鮮有十年者，至方面官者絶少。自非有志之士，獨立不懼，自知日暮途遠，必爲私家之計矣。此雖非祖宗立法之意，其勢堅不可破，決不能一。即使二途並用，年歲亦不可齊，進士中式年未二十即授官，舉人雖二十中式，坐監歷事聽選，三十以後方得選官；歲貢雖二十補廩，五十方得貢出，六十以上方得選官。前程能有幾何？不有以變通之，如天下斯民何？莫若多取進士，每科千名，鄉試量其地方加之，或三之一或四之一或五之一，庶乎無偏無黨，而治可成矣。

正德三年六月中，早朝拜伏既起，御階上有無名揭帖一本，皆言劉瑾事，上命錦衣衛查。既而，瑾傳旨令百官至奉天門下，跪候發落。辰刻，命堂上官起出。巳刻，瑾出立門東。翰林院官就東跪，訴「内監待翰林院官素厚，豈肯如此」，瑾令起出。御史甯杲訴於瑾曰：「御史等官素知法度，豈敢如此？此乃新進士所爲。」瑾曰：「新進士與他有何相干？你每把朝廷事件件壞了。略加處置，就都怨恨太祖法度。你每不曾見，豈不聞知？」瑾令百官皆起，照舊站立，看有揭帖處是何官。太監黄公偉曰：「凡朝四品以上，各照班次；五品以下，皆雜立。丢帖之人豈肯復立於此虧了人？」瑾令復跪，又點武士令各官家搜稿。黄公曰：「他幹此事，雖妻子亦不得知。豈肯留稿？」瑾已之。此事若非黄公，不惟擾害，不知搜出何等無端事件，爲禍不淺。時天暑日烈，通無寸雲微風，僵者數人，命拽出。黄公忿曰：「你帖子說的都是爲國爲民事，挺身出來死了，也是好男子，枉累别人。」瑾怒曰：「在外匿名帖子，尚該死罪，御前如此，是何爲國爲民好男子，如何不明白？」具奏皆入，留太監李公榮監之。李曰：「你們倒一倒。」衆内使擲下冰瓜甚多。李曰：「你們取食之。」瑾出，李曰：「你們都跪著。來了，來了。」瑾見甚怒，復入。既而，傳出李公私宅閑住、黄公南京閑住。申刻，旨出，都拏送錦衣衛追究。進士盧伸昏迷，抬至錦衣衛監中，不能容，丢放院内，是夜不知何時身死。都人洶洶，皆罷市。初，各官拏送錦衣時，途中賣飯者皆爭以飯遞送各官，不索價。明日，瑾微聞帖子乃内人所爲，命軍官丢下，乃命各堂上將各官領出辦事。

成化中，萬妃寵冠後宮。弟萬二權傾中外，京師呼爲「萬舅門達，素貧不能自立」。萬二微時，通達妻官，至錦衣衛指揮學士萬安，附爲同族，入内閣，權寵異尋常吏。李自省、僧計曉皆以藥術，自省官至禮部侍郎，曉稱爲「法王」，佛子皆謁見。無時，曉以黄絨縧絡左手於項，揖公卿内臣，止以右手，曰「左手有所用也」。萬妃酷愛寶石，京師富家多進寶石得寵倖，賞賜累巨萬，内帑幾爲之空。京師呼曰「某寶石家」，某寶石家畏之也。孝皇初，自省等皆得罪，寶石則追其原價入官，各家破産不能償。

正德中，每免朝後，司禮監諸璫至左順門西面，立各衙門，說事如御門，禮如吏部，引復堂官北面跪。說畢，司禮監首璫云：「聖旨著復職。」鴻臚寺官贊云：「叩頭起揖。」諸璫答：「揖如。」都察院引巡按說畢，首璫云：「聖旨著東邊的去。」禮如引復。尚書楊公一清當謝恩，至掖門，顧隨行主事曰：「既叩頭便是朝廷之上，不可揖，司禮監不當答揖。既相揖，便不可叩頭，須如何處？」主事曰：「叩頭禮不可不行，不揖可也。」公曰：「正然。」

都督韓公觀提督兩廣。初入境，生員來迎，觀素不識生員，見其巾衫異常人，命刀手縛斬之。左右曰：「此生員也。」觀曰：「生員亦賊耳。」盡斬之。朝廷聞之，喜曰：「韓觀善應變，使其聞生員而止，則軍令出而不行矣。豈不損威！」

提督韓公觀殺人甚多，御史欲劾之。一日，觀召御史飲，以人皮爲坐褥，耳目口鼻顯然。發散垂褥，首披椅後。殽上中一人首，觀以筯取二目食之。曰：「他禽獸目皆不可食，惟人目甚美。」觀前席坐，每拏人至，觀命斬之，不回首視，已而血流滿庭。觀曰：「此輩與禽獸無異，斬之如殺虎豹耳。」御史竟不能劾。

都御史韓公雍，才高有智略。提督兩廣，令布、按二司官皆行跪禮。提學某曰：「提學官與軍門無干，請勿跪。」公曰：「提學既不行跪禮，明日另見。」明早，取應死罪人置之廂房，命劊手曰：「待我言：『殺了汝等。』大聲應之。」及提學來見，既至堂，甫揖下。公大聲曰：「拏下殺了！」衆應之如雷，提學以爲殺己，也不覺跪下。二司官笑之曰：「不如昨日同跪，無形跡也。」此可以警悻悻無實守者。

又，公巡撫江西，每對生員稱說詩、書。時江西科目方盛，生員私相謂曰：「巡撫，『千字文秀才』耳。安得稱說詩、書！」，公聞之，命提學送諸生來考，以「律呂調陽」爲論，以「閏餘成歲」爲策。諸生皆不能詳。公曰：「我們做秀才時，讀了百家姓，便讀千字文。諸生如何連千字文也不知？」聞者絶倒。此可以警浮薄之習。

于忠湣、石國公各集，紀載者皆實録，但文之抑揚，殊有未當。二公皆有功於社稷，非忠湣則天下之治亂未可必，而分爲南北則必然矣。非國公之宣威，敵未必遽退也，其罪則皆有可言者。當英廟北狩，李實、楊善出使奉迎，不持一御衣，不持一珠玉，其意何如也？此衆情之所深憤，英廟之所痛恨者。遣使敵庭，正兵部事，忠湣委之，不知可乎？回鑾之日，入於南城，此理義之至公，無可言者。憲廟已立太子而廢之，此國家之大事，忠湣雖爲兵部篁墩，謂其以大司馬兼行六卿之事，隱然拜相之制，當時何無一言及之乎？當景皇帝病篤之時，已出駕帖，取楚世子繼統。王長史勸世子無行，而止取藩王入嗣。極大之事，豈有内閣兵部不與聞乎？而雙溪乃謂「景皇帝賓天之後，廷臣必推戴英廟。」何謂也？復辟之事，當與天下共，豈國公所當專爲者哉？忠湣之得罪，得罪于英廟；國公之有功，有功于英廟。至於廢儲取世子一節，則其得罪非特英廟而已。大司寇彭公作名臣録，人以不録忠湣問。彭公曰：「功之首也，蓋謂罪之魁。」此至當之論。而國公之罪，則恃寵驕縱，知進而不知退，知存而不知亡耳。今忠湣祠於杭州。嘉靖初，南都言官謂「當復國公之爵而祠之」，顧未施行。此論于、石者之所當識也。

雪川頻洲云：「當今相業，當以端毅王公爲首稱。」或問：「李西涯如何？」曰：「文學亦可觀，相業則槩乎未之聞也。」

御史張公芹奏牘云：「李榮、陳寬、劉瑾、張永、魏彬數人，性行不同，而東陽皆得其歡心，其結納神奸，誠不可測矣。」

五泉子李西涯琢碑行云：「平生一字值千金，忍使全篇俱椎鑿。」

雙溪雜記云：「正德初，韓忠定率九卿伏闕，請劉瑾等八人下獄。内則太監王公岳、外則大學士劉公健合謀，已得旨。但是日天晚，候明早即宣旨送出瑾等，而瑾等不知也。大學士李公東陽洩其謀於瑾，瑾等始大驚。時上御豹房，二鼓，環泣叩頭於上側。且云：「待明日，臣等不得見爺爺矣。」是夜，以瑾爲司禮監，傳旨云：「已發落矣。」遂成正德中之禍。孝皇十八年，不輕下詔獄錦衣。乙丑，主事李夢陽劾張鶴齡疏有云：「陛下待張氏者厚矣。」上震怒，下夢陽錦衣獄，中外洶洶莫敢言。越數日，上召大學士劉公健議事畢，健從容請曰：「李夢陽不知胡大罪，皇上怒之甚也？」上曰：「他無禮，直呼皇后爲『張氏』。」健頓首曰：「張氏指鶴齡，非謂皇后也。」上曰：「人謂婦人爲氏。」健曰：「此則不同。昔漢人曰『爲劉氏者左袒』，宋人曰『趙氏安而苗氏危』，蓋謂劉家、趙家也，若曰張家。」天顏大悦，即命出夢陽，復其官。屈西溪云

弘治中，孝皇中人命一巡按以公錯棰一縣丞，後丞病死。丞者，中貴戚也。丞子奏巡按棰死伊父下之都院。當巡按不應上讞。上怒甚，召大學士劉公健曰：「巡按故勘丞死，而法司當以杖罪，何也？」劉頓首曰：「凡上司棰死人，有三因。公事如法責之，邂逅致死，謂之『因公』。止應杖罪復職，非法用刑致死，謂之『酷刑』。問罪爲民，因讎挾私致死，始謂之『故勘』，應抵命。」天顏怡悦，謂劉曰：「朕看律未精，幾乎誤人。今後遇此等事，卿須盡言。」孝皇從善如流，且又導之使言，雖堯舜莫加焉，何聖如之！屈西溪云

崆峒密集云：「尚書韓忠定率九卿伏闕，請劉瑾等下獄。太監李榮密傳：「旨已得，允候明日即施行，公等且退。」忠定公云：「恐未的。」李公云：「此朝廷大事，我此膞項是鐵葉裹著，敢虚説。」次日復傳旨，已各打十五發落矣。

崆峒記云：「正德初，劉瑾等八人擅權，忠定韓公具疏，率六卿請下八人獄。」伏闕不肯起。太監李公榮諭意而忠定出。明日召六卿入，衆懼叵測，襄毅許公進同行至掖門里，謂忠定曰：「不知汝疏中如何説？」忠定不答，故拽履而後。

正德初，劉瑾擅權，肆虐流毒，縉紳大則籍沒其家，小則殺其身。公卿而下，竦息戰慄，視之若雷電鬼神，求希其意而不能測，況敢與之講議乎？吏部尚書張公綵入朝，始敢進言。凡事於順門講議，虐政多所中止，然後六部效之，中外之情始通。僉事吴廷舉劾瑾，瑾諱其疏，中以他事，必欲致之死。綵申救得免。他如御史劉寓生等，皆得生還復起。御史劉毅以示前日枷號之爲公，凡此皆以術勸説之。

江西京官外調，命已下矣。綵勸止之。

辦事官某以訐告授都察院司務，已到任矣。綵勸罷其官。

大學士焦芳導瑾爲惡，劉宇首阿附瑾，與瑾交厚甚密，未易離間也。綵皆勸退之。

郎中高選戍宣府，綵勸瑾復其官，曰：「就令宣府管糧。」以動人之視聽。

初，劉瑾納賄皆萬金以上。一日，瑾召尚書張公綵飲。情既洽，綵從容言曰：「凡各官饋送，非取之官庫，則科之小民，下招民怨，上損國儲。凡貨財，足用可也，多亦無益。」瑾喜，納之。時有太監侍郎、錦衣衛、指揮勘事回饋白金二萬兩。瑾怒，奏發其事。銀入官庫，三人皆罷官。

瑾不用東廠錦衣衛校尉，訪事自命門下人，名曰「内行」。出外訪事，甚爲衣冠之禍。大臣至有抄沒其家者，張公綵言之瑾，瑾遂罷之不遣。

張公綵自恃其才足以轉移一世，然乏忠靖之誠，且有驕矜之意。逢時不理，欲倚權宦，以就事功。雖謙抑敬慎，且懼不免，而況驕矜以促之。易曰：「比之匪人，不亦傷乎」，綵之謂也。

大學士李公東陽約二僚置酒天寧寺，請尚書張公綵，以接殷懃之歡。是日早，東陽偕二僚親至綵第邀之，綵尚未起，命曰：「請坐喫茶。」既而復命曰：「請先行。」東陽等出笑曰：「張西麓直以辦事官待吾輩耳。」内閣係宰輔而相待如此，綵之驕可知矣。

尚書張公綵查大倉所積。國初來歲積若干，自正德元年，冗食者多，歲支過原額若干。計數年後，大倉空矣。言之瑾。稿已具，郎中以稿示韓主事，主事曰：「爲我謝堂尊，此事未可舉也。昔韓琦、富弼同心爲相，又值仁宗之明，磨勘蔭子之法，一行幾乎殺身。初，琦不肯行。至是，弼中夜不寐，繞床而行，歎曰：『韓琦真聖人。』今乃欲依權宦以行此事乎？當暌隔之時，不過小小救正而已。」郎中笑曰：「事已成，無多言，割了舌頭。」命既下，内而永、彬大用，永、成諸權貴家眾所革尤多，外而文武大臣幸蔭者革之亦多，且令其各還鄉里。法令既嚴，行之無漸，由是内外皆怨，而綵之禍基於此矣。

瑾既就擒，翼日，張公綵收繫廷鞫，當之結交近侍斬罪。綵乃以十六事自辯，皆歸之東陽。謂：「某事某事部中如何處，東陽皆票旨不依，有原稿可察。」疏已下刑科，時文選諸君適有事於科，給事中出疏共觀，未竟，内閣命官將疏收入留中不出，明日有旨再問，綵遂坐以謀反。

初，張永自寧夏還，瑾以旨止之良鄉，令無進城。明日，將又以旨發永南京。策士勸永無奉命，徑當入朝。翼日早，瑾暨諸僚至順門。故事：謝恩見辭既畢，當六卿議事。諸僚自瑾背後遂去，瑾獨留。是日，諸僚欲退，瑾以臂止之曰：「今日之事，當衆共議之。諸君何往？」乃宣吏部尚書張公綵上。語久，復曰：「宣兵部。」綵退止數步，俯首若沉思狀。尚書王公上，瑾頓足甚恨，論説移時。王公面色如土。復宣刑部。未上，忽中使直至，曰：「有旨宣瑾。」瑾曰：「有何事？」中使曰：「張公公進東華門矣。」瑾曰：「如何不待聖旨？」急促去，明日，瑾就擒矣。

今獻彙言所論，頗有未當者。如韓忠定一代偉人，豈可少訾。正德初，忠定匪躬竭節，伏闕抗疏，忠貫日月，心獻神明，不幸爲奸人洩其謀，其事不成，豈可以成敗論哉！湖州沈公蘋洲集所載甚公，而彙言不録，何也？

名臣録作者數家，惟彭司寇去取甚真。自序論于忠滑，尤爲切當。

當國家豫泰，事非臺諫進危言而死及幾死，耳目所覩記者。在洪熙時，學士李時勉論宫掖事，已打折肋三支，押赴市曹行刑。幸監斬官路走來遲，天威少霽，命錦衣衛監候。在正統時，學士劉球論時政，得罪王振，下錦衣獄餓死，衛官函球首送振觀。在成化時，主事林俊論計曉事，下錦衣獄。弘治中，主事李夢陽論張鶴齡，下錦衣獄。在正德時，有僉事吴廷舉論劉瑾，下錦衣獄。

當今文臣堪將帥之寄者，惟太傅王公鉞耳。塞外威寧海子，水草肥美，林木茂盛，北敵珍倚之，羣聚於此，數爲大同患。公巡撫大同，提兵征之，壯者或殺或遁，老弱婦女皆俘之。歸捷，奏公封威寧伯。後大同缺總兵官，公以都督掛印充總兵官，鎮守大同，北敵畏之，不敢侵入。至今敵人每過海子，望之而泣然，以其地凶不再居。公高才有宏畧，作爲詩詞，新奇雄放，出人意表。

吐魯番逐忠順王，據哈密城。甘肅鎮守都督劉公寗偕巡撫都御史許公進提兵征之。克其城，復立忠順王而還。時塞外乏水，軍馬困渴，吐魯番率兵追之，不及三十里而我軍入關，魯兵引去。

正德中，河南鎮守廖太監侄愷入河南鄉試，監臨以下皆取之。監試僉事張公璡執不肯，監臨與二司計出張僉事於外，愷遂中式。及宴，張令徹出愷席，不容愷與宴，二司固勸之，張知不可爭，拂衣出，不與宴。

權寵之人，若行好事，如薦賢去惡、益國利民之類，便當獎與行之。若以其出於權寵，阻而不行，則妨賢長惡，病國殃民在我矣。天順中，石國公薦儒者吴與弼。吴，一時之賢人，君子也。大學士李文達公，因而用之，未爲不可。彙言指此以文達爲國公之黨，且云爲國公草薦疏。草疏之事，有無不可知，國公欲薦賢，不能自爲疏，而大臣代之，亦可也。假使魯欲誅顔子，季氏力能救之而不能草疏，託之孔子，孔子辭而拒之，可乎？英廟委任文達有罔，兼罔知之，誠文達始終持廉秉公，未嘗行一賀臆，入一苞苴。自後來觀之，可謂「富貴不能淫」之大丈夫矣，豈可輕誣之哉！

大學士劉公珝，不拘拘于曲謹而有大節。成化中，欲易儲，召内閣諸輔臣議，他莫敢言。公執不可。上命出，公立不退，必欲得命。上悟，從之聞。史册不載此事。

弘治中，國戚張鶴齡時入禁宫，侍宴太監何文鼎戒鶴齡曰：「祖宗有法，非内官入此門者，許諸人斬之。國舅再無入。」鶴齡不悛。一日復入侍，文鼎仗劍立門外，曰：「今日必誅鶴齡。」内使密報，上命收縛文鼎，鶴齡既出，上面訊文鼎曰：「汝内臣安能如此，是誰主使？」文鼎曰：「主使者二人，皇上亦無如之何。」上曰：「彼爲何人，而我無如之何？」文鼎曰：「孔子、孟子。」上曰：「孔孟，古之聖賢，如何主使？」文鼎曰：「孔、孟著書，教人爲忠爲孝，臣自幼讀孔、孟之書，乃敢盡忠。」上怒，命武士瓜擊之，文鼎病瘡死。

大學論「新民」曰：「平天下。」吾儒當國致治，惟在於平。否則爲偏黨，爲惡不小矣。書曰：「無黨無偏，王道平平。」武定侯郭勳恃寵驕恣，固爲有罪，何曾謀反？無此而加之，是誣陷之也。名曰扶公道，其實害公道；名曰惡惡，而反自爲惡，厥罪均矣。當時刑部尚書吴公山執而不肯，衆議紛紛，臺諫交論，吴公不動，爲民去。識者謂：「吴爲真刑部尚書，可謂天下非之而不顧矣」。

都御史胡守中拜郭勳夫婦爲父母。勳敗，守中劾之。後守中以罪下獄，勳面罵曰：「我雖不曾生下汝，汝夫婦也曾叫爺叫娘。乃効我耶，可謂萬世士者之羞矣！」，胡守中之死，於律亦欠合。今之所論，非以守中曾爲都御史也，非以守中曾中進士也，直以盜論守中耳。守中乃當死之盜耶？不當死之盜耶？强盜得財者斬，不得財者徒，監守自盜得財者准徒，不得財者不應耳。守中雖聽許銀八千兩，銀尚在庫，未到守中之手，乃監守自盜不得財者也。豈可坐以死罪？誅一守中如芟一腐草耳，何足惜哉！明明之法可惜也。

孝皇賓天。中使持其白綾血衣慟哭，曰：「古今有幾個這等聖人！」，因言孝皇方御膳，金夫人泣訴主事李夢陽。事曰：「皇上在，夢陽尚敢如此，他日我家無遺育矣！」固請罪夢陽，孝皇怒，揮膳而起，終不罪夢陽。

左都御史戴公珊屢以疾辭。孝皇不得已，使中使諭曰：「既不肯留，君臣之情可不一面辭乎？」珊扶病入辭，孝皇見其羸弱，曰：「卿真病也。」賜茶。珊叩頭辭，上泣下曰：「與卿長别矣！」珊復叩頭，曰：「臣不去也。」上揮淚曰：「卻不好。」數月，珊卒於京山，忠亮不阿，始終以道自持。

弘治中，周公經爲戶部尚書。孝皇欲起一别宫，患缺用。左右曰：「何不取之戶部？」上曰：「周經得無不可乎？」左右曰：「皇上取之，經豈不與命下？」經曰：「此軍儲也，不可動。」奏上，上欲已之。左右曰：「命既下，豈可中止？」復下之。部左侍郎韓公文復上奏，上亦欲已之，左右曰：「不准尚書奏，豈可准侍郎？」復下之。部右侍郎許公進復上奏。上顧謂左右，曰：「朕謂不可，果然。若不已之，明日科道又言矣。」遂報罷。英皇既退大學士李公賢，命吏部推簡，久不上。英皇召尚書王公翺問故。翺曰：「皇上既退賢，必求一人勝於賢或與賢等者，方可。」英皇曰：「李賢果何如？」，翺曰：「本分人也。廷臣無有過於賢者。」英皇復召賢入内閣。

吏部久任尚書王公翺十餘年。初，尚書王公直掌印，翺副之。然事皆决於翺。後直去位，翺專爲尚書。尹公旻侍郎尚書亦十餘年，當其時也，吏稱其職，民安其業。

初，大學士萬公安素鮮文學，圖爲祭酒，而時不與。適祭酒缺，吏部推安爲首，邢公讓次之。安、讓私第相連，侍郎與讓厚者書一小帖，曰：「萬首邢次，意在其次。」丸之過讓第，適安之子戲讓第門。侍郎以爲讓之子也，投其帖於子。安見之，甚恨，既而果黜讓爲祭酒。後安認萬妃爲同宗，入內閣，誣收繫讓枷於監門前，奪其官，後並逐尚書尹公旻。

孝皇重人命。陝西巡按御史李興恃才舞智，任刑執法，人多死杖下。巡撫都御史列其棰死之人，奏興曰：「養犬所以防盜，今不吠盜而吠主；養貓所以捕鼠，今不捕鼠而捕雞；設官所以安民，今不安民而殺民。」孝皇以其棰死人命數多，震怒收興，廷訊當斬。吏部尚書王公恕，陝西三原人也。初，興巡歷至三原，搜索王家無所得，黜其儒學生員太半，至是王公上疏論救。謂興「執法不撓，克盡憲職。」孝皇素重恕，興免死，打一百，邊遠充軍。

宮人鄭金蓮，其兄火者鄭某。鄭金蓮與宮人王女兒同宮，爲火者言：「皇儲爲王女兒所出。」火者告之。王女兒家人共趨之，稱爲皇親。王女兒父兄王某等，一時炫赫。緝事衙門奏聞，孝皇以事干宮闈，親御玄武門鞫之。鄭金蓮棰死，火者斬于市，王女兒收入宮，王某等問罪發之里。

成化中，給事中鄒某左遷蕭山知縣。蕭山人御史王某以事充軍，潛回里。二人皆恃才放縱，不拘禮法，初交甚歡，後不相下，久構爲讎。鄒惟以逃軍解王，預寫文書。僉定解人路費馬匹，俱已預備，久不得見。一日，王飲於三十里之外，鄒命解人即席縛之行，王家知之，已遲。鄒又使人截於途，追不能及。至廣信，王以病死，王之子欲報之，鄒防之謹。後鄒陞按察司僉事，飲於餞家，還。王子率家衆縛鄒，剜其兩目，實目孔以灰，置之糞舟中。鄒乃不死，告之官。王子當絞。後大學士蘇州王公鏊悉其故，因是釋之。文士撰爲戲文，今扮演盛行。扮鄒者，以銅爲二目，納之以灰，備諸醜態。

○見聞考隨録(三)

出主、降神、參神、初、亞、終獻、飲福、徹饌、送神，爲「九獻」。

樂書云：「鐘以相生擊之。」擊宮則及徵，次商，次羽，次角。應宮者，爲徵。初不拘於定位也。

奏黄鐘，一均之備。至蕤賓，七聲下生大呂。故大呂起一均，則黄鐘爲商矣，此左旋也。又，歌大呂五生爲仲呂，一均之備。雖右轉，然左轉隔五而爲太蔟。起調皆天然也，豈人爲之私哉！聲所以有二變，只爲黄鐘之角，不能接下調大呂之宮，故有二變。夾鐘以黄鐘爲羽，又用黄鐘之羽，故曰「羽之羽」。周樂起調終調，零星補湊可疑，然其節奏亦合，倡和亦妙，周變九六，八甚牽合，難通。

聲之有七，自然之數，非聖人以理推排也。先儒或謂當用二變，或謂不當用二變，皆臆説也。

凡聲至七生則過。律一，自其長短之序，無一毫之紊。如黄鐘至七聲，盡爲蕤賓，蕤賓實生大呂，少一不得，多一不得，十二律皆然。

律呂之「全」，與「正」不同。「全」是十二律長短之數，「正」是十二律三分損益，隔八相生之正數。如黄鐘九寸，正也；三分損一，隔八下生林鐘，六寸爲正；林鐘三分益一，隔八上生太蔟，八寸爲正；太蔟三分損一，隔八下生南呂，五寸三分爲正；南呂三分益一，隔八上生姑洗，七寸一分爲正；姑洗三分損一，隔八下生應鐘，四寸六分有奇爲正；應鐘三分益一，隔八上生蕤賓，六寸二分有奇爲正；皆全也。蕤賓三分損一，隔八下生大呂，四寸一分有奇爲正，非全也；大呂三分益一，隔八上生夷則，五寸五分有奇爲正；　夷則三分損一，隔八下生夾鐘，三寸六分有奇爲正，非全也。夾鍾三分益一，隔八上生無射，四寸八分有奇爲正；　無射三分損一，隔八下生仲呂，三寸二分有奇爲正，非全也。「正」若何而非「全」？大呂爲黃鐘之次，十二月之管，若止用正數，其管短甚何以爲用？必倍其正數，方可爲黃鐘之次，此亦非聖人以意倍之也，自然之數也。蓋黃鐘七音既畢，爲蕤賓，蕤賓生大呂以起宮，自然之妙。如此必倍之而後謂之「全」，夾鐘、仲呂仿此。所謂「在陽倍之」是也。

惟黃鐘一均皆用正，不用半。七聲回宮亦用正。十二律回宮亦用正。

中聲者，固爲難曉，然必自下學，始器數是也。真積力久，豈終不可得哉！蓋久則精，精則神，凡事皆然。先儒類慕中聲之妙，馳心高遠，謂不必屑屑於器數之末，既不從事於下學，安能上達哉！正猶孟子之論「聖神」，然必自善信始也。夫能撫琴，然後可以得琴之妙；能鼓瑟，然後可以得瑟之妙。然撫琴難，鼓瑟易，而近古反不達瑟者，以不傳也，以易也，故不傳。必能吹排簫，然後得排簫之妙；必能吹笙笛，然後得笙笛之妙。然笙笛難而排簫易，近古反不達排簫者，以不傳也，以易也，故不傳。鐘磬則惟製造之難耳。

管聲有不恊者。或二孔取一聲，或三孔取一聲，或四孔取一聲，此樂家之用變也。

瑟隔十二弦應。備樂須用五十弦。此製瑟之初，所以五十弦也。今以六陰律，折馬後二十七弦足矣。今以六弦應者，後世簡便之法也。排簫亦以十二管應，今隔八應者，以相生之次也。徵無定，在應宮者爲徵，短者倡而長者和，以長律爲準。

瑟弦隔六應自然之序，不可易也。古人以中弦不用，前十二弦爲十二律之正聲，後十二弦爲十二律之應聲，當作兩架調。第十三弦之聲，即第六弦之聲也。瑟馬自不能齊一。

瑟，古人常用。琴，則用之者少。如由之瑟、曾點鼓瑟，孔子取瑟而歌，三見於論語。

宮動而徵應，商動而羽應，角動而變宮應，變徵動而七聲盡，復回宮。天然之數也。

宮徵各當其位，惟琴之九徽爲然。三弦跌半徽者，待變徵也。七弦爲大呂，天然之妙，已著於桑梓之上，不待伶倫而後成也。

若七聲回宮，第一弦、中弦不用，至二十七弦折馬後爲變宮，十二律足矣。備樂須用三十七弦，除頭三弦、中弦不用。宋時蜀人撅得三十六管玉笙，上之正於此瑟合。古人重樂器，得美玉皆爲笙磬簫笛。

嘉靖甲申，大同之變，都御史張文錦巡撫地方。初，宸濠之變，文錦守安慶。濠兵至城下，百計攻之，文錦仗忠義，誓士民，竭力拒守。濠氣大沮，賊黨皆怠，有散去者。及濠敗，文錦以功超遷至巡撫。文錦思圖報稱，性本急功喜事，好剛忽衆，而又嗇於用財，故激成此變。

大同鎮城孤懸極邊，與胡虜共處一地，無寸山尺水之隔。堅城深池，設以重兵，治以總兵、巡撫、副總兵、兩遊擊、都司、守巡、郎中、府縣。城以裏立衛所、州縣、城堡。大城臨邊以禦外侮，使小得以安；內附小城聯絡於內，以爲大城之拱衛。此我祖宗神謀聖算經略之宏規也。文錦顧以鎮城之重反在極邊，欲作五堡以爲藩蔽。幸而其事不成，文錦以一身當之。使其事成，後來將爲國家之患矣。

初，文錦將營五堡，衆皆以爲不可而莫敢言。事下前左參議，參議以三十萬計報，並報總制臧公鳳，鳳笑曰：「五堡修不成矣。」左參議曰：「何以知之？」鳳曰：「張巡撫視國之財如家之財，安能捐三十萬金以成此堡乎？」左參議亦笑。文錦果已之。繼前左參議者，右參議者以三萬計上，文錦決意行之，即具奏上聞。營造間財用甚少，成命業已下，乃撥軍入山，伐材木，燒灰瓦。參將賈鑒督工嚴急，軍心已怨。堡既成，苟率太甚，每軍營房一間。及撥戍軍，皆憚行。文錦示以公，撥麾下官軍往，於是總兵、太監皆撥其麾下，不充其數，以伐木軍足之。三堂麾下官軍素驕逸，固已不堪矣。諸軍告，願單身分番而往，文錦必欲帶妻子常駐。諸軍相謀曰：「人各有妻子或女，又有馬匹，一間營房何以能容？且莫說敵人來，只秋深一陣大風雨，一家死矣。等死也，不如殺了賈參將，投入北中。」遂殺鑒。文錦使人招諸軍回城，而虎狼入室矣。

諸軍見文錦，文錦曰：「汝輩來了，我的賈參將何在？」不即爲處分。居數日，奸桀者倡曰：「張都堂潛行出城，赴京具奏。」諸軍相聚，至都察院，奪門而入。文錦懼，逾垣匿宗室第。諸軍遂搶檢家財，勢不能已矣。執家人，欲殺之。問文錦所往，告以匿宗室。諸軍環噪宗室第，宗室出文錦，眾爭殺之。總兵、知府出走，兩遊擊、郎中匿民間。爲首者號於眾曰：「眾人莫懼，但同心共事，他日問罪，不過將我輩有惡十數人與之而已。」廷臣以文錦激變，請詔宥。旨既至，開讀，諸軍跪聽。諸軍相顧曰：「此安我也。豈有殺巡撫、遊擊而不問者乎？」有起而伏匿者。既畢，詔使倉皇而回，眾心洶洶，以兵守四門。朝廷簡都督桂公勇爲總兵官，太監武公忠爲鎮守，起復左參議於家，分守大同。既到任，請入，大同御史儲良材曰：「大同城中如血海，公此行如以肉投虎口，何益之有？如是公手中事，死生以之可也，今他人壞事而公往死之，非義也。」左參曰：「諸公終日言大同事，參議大同官在此，于心何安？且作亂者大同一城耳，冀北十七衛所州縣豈皆作亂乎？參議出雁門，量可而進，且以係屬冀北人心。」儲公曰：「如此可也。」

八月，左參既出雁門，自度己與大同之人素無讐嫌，朝廷既有恩赦，而軍士猶不靖者，無主耳。乃直抵西安驛。西安去大同城才六十里耳。大同城中大驚，探事者二人故恐左參，露刃而上，言大同不可入。左參曰：「汝回報大同城，我明日決進。」是夜，又故放火燒參將宅，以恐左參。明日，左參竟入，大同亂軍嚴兵露刃城門内外，然不敢失迎接之禮，大同人心由是少安。時城中無一文職出政者，獨左參一人耳。乃約法兩條以禁軍士之暴，餘皆以無事處之。下令於邊關曰：「一切人等非有本道關防不得放過，有應行者皆便宜行之。」初不以條格拘左右。或以爲僭，左參曰：「以此得罪亦所不恤。」甫兩月，地方大安，而巡撫都御史蔡公天佑始至。

十月，蔡公至代州，左參插四大營於雁門關下，親帥四守備，令盛裝戎服，謁蔡公于代邸。蔡公驚曰：「公何爲如此？」左參曰：「參議豈過爲奉上者？大同變後，巡撫之威甚削，大同人止知有參議耳。不身先降禮，何以帥眾？」且言插營。蔡公固欲散營軍，曰：「公既出大同，又盛陳武備，大同人必疑吾與公圖彼，豈不生變？」左參曰：「參議已有處，謁公後即先入大同。參議既入大同，則人心安矣。」蔡公曰：「善。」左參即晝夜馳入大同。時有譏左參過於奉上者，左參以李愬迎裴論試應州諸生。蔡公既至大同，左參約法地方便宜二十六條上之，蔡公曰：「善，就作我巡撫條約。」令大同推官馬隆榜示所屬，人心大悦。左參治大同獨尚嚴，武忠素不悦左參，於會中大言，曰：「我輩安心樂飲，地方或再有變，自有頂綱之人。」蓋謂左參也。

十一月，蔡公會同桂公及左參、僉事因捕盜。桂公率遊兵擒逆軍八十人，杖殺之。遼陽某參將帥所部軍趨甘肅，過大同，地方人閉堡，不容止宿。參將軍罵曰：「會與延綏軍殺此反賊。」戶部遣李主事賫接濟銀兩來，或曰，此賞征大同軍之銀。以此三事，奸人乘機互相恐動。初七日夜二鼓，變作，炮喊之聲震天。諸軍先趨左參分司，叩門呼曰：「書吏出來。」書吏出，左參亦出，軍士曰：「參議老爹天心，地方恩府，速報左參老爹安心，還來回話。若驚動左參老爹，寸斬不饒。」書吏曰：「左參老爹在此。」左參問以作變之由，軍士言：「朝廷赦小的，眾老爹必欲殺之。」左參告以原無相害之意，再三諭止之。諸軍曰：「遼陽兵已至城下，奸細以遼陽鞍子爲號，已拿得矣。老爹去睡，三堂今夜一個不留。」揮其兵進，且分兵至李主事分司，要出賫銀文書，看爲何事。又分兵至鎮守府，武公極其困辱。分兵至總兵府，桂公不屈。諸軍諠噪，杜公曰：「殺便殺，何用諠噪？」眾曰：「既無殺我罪之心，如何將家小暗送出城？」乃要桂公妻女出見。至都察院，要巡撫出，再三論說。軍士曰：「此與左參之説同，且止之。」

初八日黎明，左參陞堂如平時，出謁巡撫。時亂軍填塞道路，見左參出，皆分道立旁。時巡撫門尚未啟，扣門而入。巡撫迎左參，笑曰：「紀綱何在？地方想無事矣，不然公何以得至此？今計將安出？」左參曰：「彼未曾殺人、犯上、搶掠，尚可招來面諭。」左參回司，治酒召郎中、主事、分巡共飲。諸公曰：「地方有事，宜早散。」左參曰：「彼豈草竊者乎？殺人豈問昏明？徒示弱耳。」二鼓方散。

初九日，總兵遣我軍按伏。時大風雪，出西門外，眾曰：「五堡軍殺都堂、參將且無事，我輩且按伏邪？」吶喊而散。是夜更初，炮喊者三，四面俱起，不但五堡亂軍而已。圍桂總兵宅。左參自書告示一通，備陳禍福利害，話言曉之，令書手關路持往招之。左參自出，立於道中。已而見西南火起，問過軍曰：「火何也？」答曰：「殺桂總兵，焚其宅耳。」左參令關路還，曰：「彼既爲逆，招來何用？」左參乃回司，閉門。時月正午，左參召書吏人等誓曰：「彼既殺三堂，必迫我爲主，或令討赦，二者皆不可。待彼攻破司門，則我已自處矣。事後定，朝廷必遣京官來勘，汝輩詳記我二夜所行所言以告之。」然實非殺桂總兵，乃大同縣火起，知縣死焉。巡撫遣人諭之。初十日，左參謁巡撫，以所書告示示巡撫，巡撫曰：「善。」命書數十張，榜諭通衢。巡撫曰：「何以處之？」左參曰：「必須面諭。」乃約總兵、鎮守太監、郎中參將、副總兵、遊擊會都司。路經代府，代王梯牆而語，至午不了。時五步之外兵戈林立。左參恐變生，大言曰：「各官諸軍尚未早飯，王請回宫。」既至都司，無一人言者。總兵乃言欲致仕歸，衆亦不應。左參曰：「君掛斗大金印，是我分守關防邪？今日請公安諭地方，何言致仕？」總兵怒，起而出。諸公知諸軍怒總兵，無敢留者，左參隨之而出。時諸軍皆在二門外，左參自度可因此發言，乃謂諸軍曰：「汝桂老爹欲去，汝輩捨得邪？」諸軍皆跪曰：「好總兵，不要錢，不欠糧草，只是心狠耳。」總兵曰：「我與左參老爹不同，左參老爹是汝父母，問汝飢寒者；我是汝師長，鞭汝皮膚者。今日倒持太阿，倉庫城池汝輩據之，旗牌兵器汝輩搶之，留我何用？且軍法，遣之不行，輕則杖之一百，重則斫頭，汝輩能依我乎？」諸軍曰：「小的每日食朝廷之糧，如何不受總兵之命？」左參笑曰：「諸軍說你心狠，真個心狠。諸軍捨不得你去，你如何捨得諸軍去也？」拉總兵入，命諸軍隨之而入。左參及總兵坐定，諸軍皆跪於堂下。諸公無一人發言者，左參以天將暮，諸軍久跪，不見處分，恐又生變，問曰：「朝廷已赦汝輩，乃又如此，何也？」諸軍曰：「朝廷雖赦小的，老爹們不肯赦小的。」左參曰：「何以言之？」諸軍曰：「捕盜止是指揮耳，遊擊將軍非邊患不調。今乃以遊擊兵巡捕，是欲殺小的也。」左參曰：「汝輩固未見遊擊兵巡捕，吾亦未見明盔明甲白日打劫王府者。如此爲盜，則如此捕盜耳。」諸軍曰：「小的每其實驚慌，望老爹撤去遊擊兵，今後再有爲盜者，小的每自相擒來，好便待秋後處決。否則，就便打死。」左參曰：「你們若如此守法，即便撤了遊兵，纔省我行糧耳。」諸軍請各巷口立栅門，左參曰：「門外也有你們，門裏也有你們，立栅門何用？你們自編火甲，禁防盜賊可也。」諸軍又曰：「屯糧實納不起。」太監武公知此糧決不可免，欲激怒諸軍，謂左參曰：「此事亦先生處分。」左參曰：「屯糧之納，王府食乎？各官食乎？汝諸軍自食耳，奈何不納？」諸軍曰：「正經屯糧如何不納？張老爹將無影荒糧每軍派與三斗，如何納得？」左參曰：「此糧不但今日，我初到大同時便已行查，尚未回報。屯糧照舊徵納，荒糧查明蠲免。」衆應曰諾，其聲如雷。左參笑謂武公曰：「亦處分矣。」諸公曰：「可以具奏矣，奏草亦煩左參爲之。」就對衆公堂一揮筆可也。」稿成，諸公傳覽稱善。三堂各令軍本人寫就，各用印實封，即時差人出城。奏聞地方稍安，奏下兵部。

朝廷以大同逆軍再犯不悛，簡侍郎胡公瓚爲文提督，都督魯公綱爲武提督，出師問罪，勅內開寫首惡郭疤子等十三人的名，仍勅瓚等「若大同送出首惡，即便班師；如不送出，進兵征勦。」瓚等駐師天城，密行總兵巡撫取首惡郭疤子十三人。逆軍羣噪於帥府曰：「進本討赦，却請的兵來。」時逆軍知取首惡而不知有的名，蔡公諭曰：「朝廷止取首惡，餘皆受賞。前日擒殺八十人，可作首惡，你們都該受賞矣，替你奏本班師。」奏既上，衆心稍安。諸首惡皆係三堂頭領，在三堂肘掖之下，每三堂有行必參其議。於是桂公獨定密謀，伏兵於宅後，烹羊覔酒，召郭疤子等議賞格。議畢，令入後飲酒，至則當頭一銅瓜打倒，拉入堂後斬首。如此者，殺十一人。最後者二人同至，議畢，令入飲酒。二人者覺其形色異常，奪門而走。上營房大叫曰：「總兵拏首惡俚。」桂公親提兵，捕獲斬其首，送赴提督軍門，即以提督印信告示，明告諸軍曰：「首惡皆有的名，今已擒獲，餘皆當賞矣。」人無譁者。偉哉桂公此功！身墜滄海之中，而能擒斬鯨鯢於藩落，顧始壞於人之輕動，終掩於人之沮抑，紀事者又不宣之，惜哉！捷至軍門，胡公宴諸參佐，諸公稱頌功德不已。左參曰：「明公功德，非言所能盡。參議觀桂勇之功，出於計取，而非力勝也。若明公止照勅旨，首惡既得，即便明出告示，散賞班師；倘明公忿諸軍之逆，必欲進征，則非參議所宜言。」胡公不語。少頃，左參曰：「日將暮矣！明公宜早決，遲恐生變。」胡公曰：「少參飲酒。我有軍法，以違令者斬。」木牌置左參之前，諸將佐皆散出。胡公召大同聽事者，夜不收入，加以刑，令再報首惡數十人，以鈞牌付千户馬勇。胡公素愛勇，恐其有言，告勇曰：「汝毋多言，言則斬首矣。」勇知其不可，而不敢言，領牌而出。然聽事者已逃回，報大同城軍矣。復以鈞牌大書：「副總兵時陳左參議領所部軍，圍大同城東、西、南三面城門。子時起身，違誤泄漏者，斬！露布而下，起鼓。」時馬勇倉皇至左參，道告左參以再取首惡之故，且曰：「老爹們千言萬語，如金如玉，大同人皆不信。逆軍之言，大同人信之如蓍龜。何也？上人失信故耳。朝廷勅旨：送出首惡，班師給賞。今首惡既得，已出告示，給賞班師。今又取首惡，禍變不淺矣。使君不言，誰再敢言？」左參取圍城牌示勇，曰：「其牌如此，我豈可再入！」勇咨嗟而去。二鼓時，時陳呼門不得，越墻而入，至左參臥所，曰：「大同城中，精兵五萬。我與公部下三千，安能爲敵？且時陳圍南門，公圍東門，誰則圍西門？我寧爲違令之將，死於軍門，豈肯爲敗將，死於城下！胡桃大字史書上要寫時陳姓名。」左參曰：「恐胡公有別謀。若違誤，其罪在我輩。且牌有吾輩起身時刻而無到城下時刻，第徐徐而行，令人稟魯提督轉達胡公。」陳曰：「既露布而出，何言泄漏？有何他謀，直漫爲耳。」既而果報曰：「且駐兵聚落堡。」時城中已得再取首惡之報，逆軍號衆軍曰：「我説殺了首惡，便殺五堡軍；殺了五堡軍，便屠城。你們不信，如今如何？又取首惡！」於是衆軍哄然而起，收勇家衆男女一十九人，皆殺之。仍活剖四人腹，去其腸胃，着以衣冠，柱之以杖。二死人把勇宅門，二死人把帥府門，餘皆懸首。通衢擁勇出於市，欲殺之，靳副總兵隨之。蔡公出救，諭衆曰：「殺了桂總兵家衆也，無查考；殺了總兵，如何回報朝廷？」靳曰：「蔡老爹説的是。」一軍斫靳首，血流被面；復以刀斫蔡公轎，蔡公曰：「我替你們做好事，你們思量。」衆曰：「也罷，葉總兵家眷最多，着葉總兵寫個領狀，領了桂總兵去。若走了桂總兵，葉家一家寸斬不饒。」諸軍於獄中取出舊總兵朱振，立爲總兵。馬勇不得入城，回以變告。胡公取牌引燭焚之，謂勇曰：「無令人知。」遂班師而歸。乃隱其別情，奏言如初。敕旨既得首惡，因以班師。至於囚桂勇、立朱振則不可聞。乃奏言桂勇宜回府辦事，又薦朱振堪爲總兵。兵部亦朦朧復奏從之。茲事也，首惡既得，若即便班師而不再妄動，則朝廷恩威兩著，紀綱肅然振舉。及其激成禍變，正宜赫然揮戈，進兵征剿，卻乃狼狽而歸，於是乎大同紀綱廢墜，不可收拾矣。殺戮之慘不足言也。後半年，桂公猶在囚中。蔡公再三開諭，始放之歸。大同諸志無一字實者，因著其大略而未及詳也。

黃鍾爲宫，天下之君也。十一律爲宫，列國之君也。故黃鍾不爲他律役。人之聲，有得黃鍾者，有得應鍾者，於中皆有宫商角徵羽，人聲高下不外乎十二律。

徵律接商律，反宮律而用之，以應律爲準。如琴九徽一弦爲宮，四弦爲徵，若以徵接商，則以五弦爲徵，不敢以下陵上也。

造化人心，不過動靜兩端而已。纔離於動，便屬靜；纔離於靜，便屬動。古之聖賢，只說動靜，於中捻出一「幾」字，已屬之動矣。

冬至，一歲正氣之首，子之始也。曆家截其中而用之，子之前半尚屬去歲。然復卦中無坤，泰卦中無臨，子月帶亥月之半，寅月帶丑月之半。天心安得無改移哉！

動有二，靜惟一。有大動，有小動。無小靜、大靜也。陽常有餘，陰常不足故也。

「經世數」，始終天地十二萬九千餘年。「太乙數」，至今已十五萬餘年，二家之論不同。經世，康節獨得之學，後人用之多不驗。太乙是與天地算命，先立下個八字，然後推算，中間頭緒頗多，既排諸星，又論三元，又論七十二候，又論卦運，又論陽九百六，又論得地失地，得失之濟，吉凶所關，不以常例拘。又論算數和與不和，又論八門中間細目，又有掩迫關囚之類，學者一有不詳，誤人多矣。

晝夜者，開闢渾沌之小象也；開闢之極，即漸渾沌，渾沌之極，即漸開闢，無一息之停。

「乾，元、亨、利、貞。」「乾」字是伏羲的卦，「元、亨、利、貞」是文王繫的辭。乾卦中有個大通至正的道理，故文王繫以「元、亨、利、貞」之辭。有四樣解說，各不相關。其一，以卜筮言，上古所傳，朱子之本義是也；其二，「大哉乾元」「雲行雨施」「乾道變化」三節，是說「乾」字是天，「元」「亨」是春夏生長物，「利」「貞」是秋冬收藏物。如曰「乾，元、亨、利、貞」者，天以春夏秋冬生長收藏萬物之謂也。此以造化解也。其三，「大明終始」「首出庶物」二節，是說「乾」字是聖人之德，「元」「亨」是聖人得位，「利」「貞」是成天下之治。如曰「乾，元、亨、利、貞」者，以聖人之德，在天子之位，成天下之治之謂也，此以聖人功業解也；其四，「元者，善之長也」「君子體仁長人」「君子行此四德」三節，是說乾是健，元亨利貞是仁義禮智，如曰「乾，元、亨、利、貞」者，君子以健而行仁義禮智之謂也，此又以君子之學解也。其他仿此。

「龍德而隱」，是有聖人之德而隱，若伊、呂之徒，聖人樂則行之。是他本欲見是之人今不見，是而「無悶」，如巢、許之徒，彼自忘世矣，不必言「無悶」也。若林和靖、四皓，隱士耳，非「龍德而隱」也。

剛、健、中、正，都在「龍德」上。「正」「中」以時位言也。「庸言」四句，是龍德意；「德博」一句，是正、中意。向非出潛離隱，何以能化哉！「庸言」「庸行」之信謹，正見德之盛處。蓋凡於朝廷宗廟及衆所觀聽之際，信之謹之，但有德者皆能，至於尋常小小言行，非德之至純者，鮮所不忽！「邪」字指外物，或指心之私，以言行言之亦可。「邪」乃誠之害也，故閑邪所以存其誠。「善」字、「德」字，皆指上三句言。「博」是及人之博，指化而言。

「忠信」是進德之本，「修辭」是居業之本。朱子小字所謂「有此心，方會進德」是也。「知至至之」，就是進德；「知終終之」，就是居業。蓋惟有此「忠信」之心，而後能「知至至之」；有此「修辭」之誠，而後能「知終終之」。上「至」字是理之極處，下「至」字是求，要到去那地位。「終」是已到此修辭立誠地位。下「終」字是守之悠久，「至」是指理之極處言，「終」是就理之歸宿言，其實一也。但自理之至而言謂之「至」，自吾已到謂之「終」。能知至而求至，則知之已真，故能於念慮萌動處，審其善惡而能存之；能知終終之，則行之已熟，故能泛應曲當，從心所欲，皆合理節，是能權而化也。

大抵此爻重「進」字上。蓋進退無恒，便見欲進。上下不常，便見欲上。退不是自上而退，是原所處本等之位。進便是進，不進只在原處地位上，便是退。蓋欲進而不能進，便是進退無常也，上下亦然。

上即物類之同，明聖人與人同類作而人覩。下又即物類以見聖人之所以作，而人覩者，以其同類相從故也。無位無民尚可，至於貴而無位，高而無民，尤爲危道也。如宋孝宗既禪光宗，漢獻受制于強諸侯是也。楚霸王可謂賢不輔，如子房、陳平、韓信、英、彭俱去而從漢，無民從。出乎人位之外，亦可。

「順健」者，非是順而又健，順而健也。蓋順而無一息之不順方爲順，而健固守其順者也。若有一毫健焉，則非健矣。所以謂之「坤有一毫之健，即復卦也」。乾曰「元亨利貞」，坤曰「元亨，利牝馬之貞」，乾之時，君子以正自持便了；坤之時，正固不可離，然須和柔委曲，方能行之。此君子處治亂之道也。

「坤厚載物，德合無疆。」「厚」字指坤之德，是化機之亨氣，「載物」是物之亨也。此「無疆」是乾之亨，品物流形者也。「含弘光大」，即厚德，亦指化機說。「含弘」言無處無之，其含甚弘也。「光大」是昭著於兩間，其光甚大也。如夏氣一動，無處無之，是含弘。「含」字是「容」字，不是「含藏」之「含」，夏氣之熱是其光明著見而大也。未說到物上，到咸亨始到物矣。

易道固當因時，也要論自家材器。坤之時，本不可爲也，有「直、方、大」之德，亦可爲也。「商山四皓」，是「六四」之材，只可隱處。若不自量而出，如酈生之徒，殺身必矣。蕭何、張良，有「直、方、大」之用也。

上六，龍戰陽，雖衰猶龍也。陰雖非龍，盛則亦龍矣。故稱「龍戰」。或以「龍」只指陽言，陰與陽戰也，未見正義。如臣之於君，夷狄之於中國是也。

「餘慶餘殃」，起於一念之善不善；「弑君弑父」，由於一念之僭逆。若堅冰之由於履霜也，當臣子初萌僭逆、背逆之時，就曲處之則可免禍。若其勢已成而方辨之，則禍立至。如王莽、司馬氏，方其匿情求名，及初握兵柄時處之何難，直至平帝、高貴鄉公時，乃以晨星之從方欲奮于一戈，其能免賈充鴆酒之禍哉！辨之不早辨也，不早辨尤不若不辨也。

當屯之時，既有濟屯之才，如何又不遽進？理勢當如此也。彼秦、隋之亂，極矣。陳勝、李密之徒，既無亨屯之才，又不知未可遽進之義，時未可而攸往，適足以殺身，爲真主之驅除。漢高祖、唐太宗，負濟屯之才，知其未可攸往也，方且潛龍於芒碭、晉陽之間，待時而動，天下一矣。時乎！時乎！讀易君子尚其玩之，此興亡之幾也。

建侯而不寧，楚項王既分列諸侯，自都彭城而驕，得非建侯而寧者？楚之亡也忽焉，聖人之言可謂必應者矣。可畏哉！

君子經綸雲雷，要見草昧意。方見是屯，又要見未通意。經是總其綱，綸是分其目，綱目備舉，大小不遺，方成濟屯之功，漢萬目不舉，經而未綸也。

「屯如，邅如。」「屯」是爲其所難，「邅」是遲回不進。是蓋人有濟屯之才，上亦有可爲之君，而爲權幸所羈也。然權幸初非有害我之意，蓋欲以勢利籠絡納交於我耳。但君子守正，不爲所籠絡，至於久而必通，權幸之妄求者去而九五之明君合矣。「女子貞，不字。」馬融之就梁冀，班固之從竇憲，可謂不守女子之貞者矣。

「屯其膏。」陽剛中正，居尊有應，本可爲者，但爲坎體，身居陰中，已既難爲，六二才弱，不足以濟。既無人宣其化，初九得民於下，又有人阻其化，此其所以終不能爲也。如晉時簡、文雖賢，王、謝之才本弱，桓溫又擅其權，於下禮樂征伐，其能以號天下乎？

「蒙，亨。」斷作「明者，發蒙」一邊說爲是。本義乃占法也。如比卦云：「若欲比人，則亦以是而反觀之耳。」此證最明。「童蒙求我」，重明者自重，不爲童蒙求教之切也。筮者明則人當求我，而暗者固有亨道也。筮者暗則我當求人，而暗者亦有亨道也。利貞亦是，筮者明則明者教暗，當以正筮者。暗亦是明者，教暗當以正也。

「利用刑人」，是立法要嚴。「用說桎梏」，是把那用的刑罰寬些子。蓋發蒙之道，當嚴以督之，然不可強其必能。若有未通時，徐徐待他自省，若不管淺深逼著他時，則反無益于蒙，而我遂失了發蒙之道，非吝而何！「吝」是發蒙者之吝，「刑人」是刑杖之人，「用」是人以治人也。

治蒙過剛，正是我擊蒙，爲蒙寇害也。取必太過，攻治太深，是害了蒙者，故不當過嚴。外誘是害乎蒙者，則當過嚴。利不利，只當不當耳。

「孚」以心言，蓋人於當需之事，雖勉以需之，而心或有欲速者，非需也。故以「孚」爲言，言實心以需之也。「光亨」，亦是心中如此。蓋人於事之當待者，稍有外慕，則急躁煩擾，便不光明通達矣。「貞」以事言，若心能待，凡諸所行又要俱合理，不可非理，是從言所行也。不是爲僥倖求進之事。以進仕一事言，此心待命，畧無求仕之心。然不可謂無求仕之心，而所爲全不致謹，又於凡事都要守理，不是不爲求進之事也。此卦于人之居常遇變，安于知命居易，盡性處說得委曲詳盡。學者苟留心，則平生無不足之事矣。

「入於穴」，「敬之」以上是象，「終吉」是占。三陽，有援人之力者，本欲害已，因以敬而反救已。昔文天祥囚於元，元使人監之，天祥朝夕誠意待之，久而反親指示南歸之途，天祥遂脱難，正合此爻也。

「利用恒」是本象，以著占。「需於郊」而可能久耐也。故曰「恒」。「利」是險可濟。

九三居坎體之下，去險愈近，則是將陷於險而需之也。然能用恒於需，猶之可也。況又過剛不中，輕進妄動以趨之，則致外侮之至，而爲害大矣。其象如此，占者之凶，不言可知。

此與象傳對。「貞」即「需於酒食」，此處「需於酒食」是象，象傳爲有孚得正之象，則「需於酒食」「包孚」，正二意。此處「貞」是占，即象傳「有孚，貞之」占辭。

「窒」，還是不遇聽訟之好人。或曰：「五中正，大人若何而又爲不正耶？」，主二而言，則非正應矣。易隨爻取象，正不可如此拘。「吉」字只是窒有通。「終凶」者，以訟不可成故也。蓋終其訟，不惟曲者凶，而直者亦凶。

天與水違行，天勢下行，水勢上行。故曰：「違行不是天在上，水在下也。」

剛爲險主，正是險而健。本欲訟，然一則以有柔中之德，一則以勢不可敵，故不克訟。彼非純德者，但有柔中耳。使其勢可敵，彼亦敵之矣。若更無這些德時，雖遇不可敵之人，彼亦不量力，而與之抗矣。

「或錫之鞶帶」，本義「終」字、「勝」字俱工，皆從「剛」字來。因恃其剛，故終其訟又取勝。「或」字當玩，蓋無理，訟本不能取勝，而或有勝焉，非定理也。

此彖辭全以理言之。卦中原無此意，又一例也。

爻中本無「律」與「否臧」之意。只據初爻爲出師之始，遂以理言：「出師之始，當如此也。」與卦辭同。

「不寧方來，後夫凶。」愚意一串觀本義中「將」字「又」字，可見「將」者，欲歸未歸也。蓋未歸，亦不安，思欲歸之。即歸之，則可矣。中間又有疑豫，而不歸則凶，後夫即不寧者也。如後漢隗囂幾欲歸光武，所謂不寧方來者，何乃又遲疑而不往？故終誅死。竇融不寧即來矣，封侯永世，不亦宜乎！

「比之匪人，不亦傷乎！」士君子寧孤立無助，不失身於可賤之人。古之人，如班固之於竇憲，蔡邕之于董卓，柳子厚之于王叔文，是可傷也。若夫卑卑小輩，何足以爲傷乎？近時如張西麓欲依劉瑾，以行其志，遂至殺身亡家，可傷之甚也。若夫楊遇、石文義之徒，何足以爲傷乎！

「畜」，未極而施未行，下指陰說。是言所畜者小之義，别在人事上取一象，蓋言君子當羣小見沮之時，雖可亨，然終不能大有所爲。如李綱見沮于汪黄，雖未能便退。以李綱終爲他打攪，終亦不成大事。紂雖不能殺文王，是文王尚可亨。然終不能施德於天下，到後來畜極，則三分有二可遠施矣。

陽本是在上的，今欲復進而上，然其進而上也，由乎正道而進自由也。道者，進之具也，復不是復於道，是復其上位，由道而復也。「无咎」，是進得好，「吉」是進而無阻。

「輿說輻，夫妻反目。」説盡小人之情狀。古人所謂：「其暫爲朋者，僞也。」蓋本諸此。

「有孚血去，惕出，无咎。」此不以小人畜君子言，亦不是才弱的，又只在勢弱位卑耳。「有孚」是柔順得正。虛巽者，誠實而無虛假也。二陽助之，孚之所感也。「體」字是外對中而言，皆爻義。占在外，柔順得正，虛中巽體，二陽助之，是有孚之象。陰本不能畜陽，是「血惕」之象，然柔順得正，虛中巽體，二陽助之，而能畜陽，是「血去惕出」之象，「无咎」宜矣。

還是小人極盛，朋黨固結，分佈天下，勢成事就之時。「尚德載」，正是非一朝一夕之故，此爻如曹操、武后之流，荀彧、周、來之輩，所謂徵凶者也。陰陽和只是爲雨而言，非是君子與小人和也。「月幾望」是象，以陰勝爲貞，然加於陽則不可，故厲。君子，陽也，故往則凶，俱指占者。「既雨既處」是盛，「尚德載」是畜極，正與上畜未極而施未行對。

蓋「履」有所躡而進之義也，伏羲以此卦以柔履剛，是能盡履危之道而可不見傷，爲可進有躡而進之之義，故名其爲「履」。文王繫辭，亦只就伏羲名卦之義，即卦德以著其象言，以和悅而躡剛強之後，則雖履危而不見傷，爲可進。故本義不別解卦名，只於和悅以躡剛強之後，有履虎尾而不見傷之象，故名卦爲「履」，以見卦爲履者以其和悅以躡剛強，雖履危而不見傷之象之義也。如訟卦，伏羲名卦之義，以「上剛下險」「内險外健」「已險彼健」，而文王繫辭即取是象「窒惕」之義，是名卦與繫辭之義不同。故本義別解之，先解卦所以爲訟，而後繫辭之意。此是伏羲名卦與文王繫辭只一義，故總解之。至其占，亦只是此義，故云而占如是也。

「眇能視」至「咥人」一串說，是不以和悅履剛強，取象雖不一，然皆本於不中不正、才柔而志剛來也。柔而志剛，貼武夫爲大君，是帶說柔而志剛，爲大君必定肆暴，非是爲武者便。才弱而志剛，是才弱志剛的，喚作武人。若才剛志剛，則爲名將矣。

「无平不陂」，泰將極而去也。「无往不復」，否去久而來也。「艱貞」，「艱」是思慮，「貞」是施爲，「食」是亨意，如「食舊德」之食。「无往不復」以上，是天運不能無，「艱貞」以下，是人事所當盡，此是保泰而得其效也。

「否之匪人」，是爻義，下二句方是占。「貞正」是泰之九二爻，中行之道也。君不君，臣不臣，便非人道。「大往小來」，是言「不利君子貞」之故。

「榮」字，是加字。此非君子輕禄，人不能用也。蓋君子斂其德，人不知爲君子，自不得以禄加之，如漢龔勝，非斂德者，爲王莽逼迫而死。

「否傾」，固天運如此，還因君子有陽剛之德，所謂天下大亂，非高光之才，不能定也。

曠遠無私，只是這裏也同，那裏也同，不偏厚在一邊。於人無彼此，是所同者，無私非所同之事，無私也。未可說到天下一家、中國一人上。「亨」與「利涉」，俱從「於野」上來。「利涉」上又添以健而行的意。「利涉」是遇難而亨，「君子貞」是發明於野之意。「利」字只是復說「亨」「利涉」之意。象則所謂「未有大同，於物不正」者，「不正」則自不能大同。

「同人」之初，未有私主，言其時無私。蓋數十人來相與，初見之時，未有厚薄，不但人之公者能然，雖私之人初見人時，何厚薄之分！至於處之既久，公者則但無厚薄，私者則漸有厚薄不同矣。以剛在下，則其德無私也，上無係應，又無邪人在彼來誘我也。「同人於門」，只是同人無私之象，然此止說無私意，未說到曠遠也。

陽爲大，有五陽，故爲「大有」。健明是德，居尊是位，時行是治，治即德之發用處。「大有」只是天下皆在照臨之中，而乾健離明，居尊應天，以得元亨者，則治天下之道與其效也。

「无交害，匪咎」，是爻義，「艱則无咎」是戒占。初九本爲五之大有，在此則亦爲當大有之人，大有者也。「交害」只是富則易驕，多有而害生。凡事久則有失而害生，事之初未有失也，故未涉害。

「大車」，是剛中之象，「載」是應上之占，有才德爲上信任也。有「大車」而不以「載」，則大車徒空耳。未說到勝重上。「載」字重，有物得用上，不重勝重，細詳自見。「有所往」而如是，兼剛中得應上，「无咎」則勝任而免責矣。

「内」，止是其心抑止而無發揚之意，猶厭住其有不外見也。「亨」是行得去，人不阻抑拂亂。「有終」是那所有始雖晦而不彰，終自著聞不可掩，非是亨又有終也。「亨」是眼前，「終」是後面。事内無驕心，外無驕行，在上能謙。從六五來「不富」，從六字來。「鄰」，從五陽來。「不富」，不是在上能謙，在上能謙，在「不富」之上一層。惟其在上能謙，所以能「不富以其鄰」。利用侵伐，雖是所當伐者，亦本於謙而得衆來。惟謙而得衆，所以侵伐能勝。不然雖有所當伐，亦不能勝。是不但征伐也，凡事皆利。「德」字從「不富」之象來，「利用」二句則占也。

和樂應上，是「豫」之正義。順以動，是所以致豫之由也。卦辭中以順動含和應，蓋能順動，則自然和應矣。俱在「利」字上。

「盍」，合也。「簪」，聚也，速也。聚而合之義，速也。「由」字上已有潤澤的意。蓋因有澤及人，故人悦樂。然又必盡誠，以來天下之賢爲之輔助，斯可保此和樂於無窮也。「朋來」一句，順動之意。但上之順動所以致和樂也，此之順動所以保和樂也。順動一也，用有不同耳。天下皆和樂，故爲大有得。

此重物來隨己，上剛柔，以柔爲己而剛爲物，「彼此」以此爲己而彼爲物，言固有主賓也。「己能隨物」二句，不平。因己能隨物，故物來隨己，然何以見其能隨物？處陰自能感陽，動自能獲應，「元亨」，推開去指所爲無礙也。大凡人輔者多則事易行，然有無咎之亨，有有咎之亨，如亂臣十人之在周，故凡制禮作樂、刑罰討罪，沛然施行，無不隨意。宋朝王安石引用蔡、章之徒，充塞朝廷，當時一時所爲，誰敢阻滯，然罪大惡極矣。

「隨有獲」，此爻郭子儀可以當之。「貞」字是得民之正，自是盡臣職耳。非如田常厚施於國，暗邀人心者也，然亦凶。上之所甚忌，莫過於大臣之得人心，謂其附彼而離我也。昔宋太宗于真宗之立不喜，曰：「人心遽屬太子，置朕何地？」

父子之間，猶然凶危可畏哉！

艮巽非蠱，乃所以致成蠱也。

「陽剛」字要玩，是有用世之才德者也。若止「不事王侯」，而不「高尚其事」，倡狂於天下，如竹林七賢之徒，亦不足貴也。

此卦之意，蓋言當陽長之時，固大通利正，然恃其長盛，一或不謹，自此以往，亨者不亨，而正者不得遂矣。唐之五王、宋元祐諸賢似之。「八月」是自子十一月至未六月也。剛長中亦有「貞」意。剛非「貞」，而何體德中，亦有「元亨」義。其善如此，自可大通。

知何以爲「大君之宜」？蓋以一事自爲之猶之可也。大君以一人之身總萬幾之衆，是可不任人乎？中庸曰：「舜之所以爲大智者，以其不自用而取諸人也。」與此同。

九五居上，言有「觀」之位；内順外巽，言有「觀」之德。夫有位而無德，則固無以觀天下；有德而無位，則亦不能以觀天下，此「觀」之意。順巽就是中正，「致其潔清」四句，是不敢輕易舉動，凡有所爲，熟思審處也。「孚」是示天下之孚，「顒若」是爲人所仰。總是一個「觀」字。「有孚顒若」，是君身可爲人仰，非人已仰之也。「示者」「仰者」，皆中正也。

「觀我生，進退。」如漆雕開「吾斯之未能信，則不仕」是也。此謂可進可退之時，若決不可進之時，雖通，亦不進矣。此時不是時世之時，乃所遇之時。如孔子當大亂之世，可以進則進，是也。

「觀國之光」，主二、四言。「用賓主」，占者言。

「生」字，本陽剛中正。蔡氏曰：「『六三：觀我生，進退。』能含象九五，乃占何也？曰：六三居下之上，可進可退，便有自審之意。九五陽剛中正，以居尊位，其下四陰仰而觀之，君子之象也。原無觀之意。」曰：「觀我生者，戒占者而已。」「如是」「是」字，指爻中君子。

「上九」處「賓師」之位，人之所仰也。謂之主賓者，以「我」字直指自家。「其」字，自他人説我。「觀」，猶人云那上九自觀他所爲，故云「主賓也」，就字意有如此分別。以爻義，觀皆是自觀也。

「亨」字泛説，不指折獄。言既「亨」又「利於折獄」也。正如「謙之六五：利用侵伐」，又無不利也。噬嗑，伏羲本意只是去其阻塞，則合文王以大通明之折獄。是文王卦中又指出一事而言。後周公六爻皆以折獄言之，非伏羲名卦，即以獄爲主也，非如訟卦本爲訟也。「亨」字斷不可用折獄説，是非未辯而有爭，物之間也，是非既明則合矣。

「得黄金」，「黄」字亦從五來。「厲」是操心危己，當還恐未當。惟恐其或差也，作危殆者，非是。

「賁」，亨。通則通矣，而所通者小，何也？有文可通無本，故「小攸往」，亨亦在賁道發揮，陽本能行，而内又離明，故亨。陰本不能行，又艮止於外，以得剛文，故「小利有攸往」，不能行於外也。

「敦本尚質」，從柔中來。得賁之道，從爲賁之主來。賁，文也。如何本實爲得賁之道？本實，乃賁之主也。「束帛戔戔」，即形容那丘園之狀也。敦本爲質，自其陰性吝嗇言。「束帛戔戔」，雖是得賁之道，然卻薄小，蓋因其性之吝嗇，做出本實薄小之事。然是賁之主，但分兩下耳。「戔戔」又狀那束帛也。「此丘園之象」，正論語所謂「先進於禮樂，野人也」。

以宮人寵無不利，利是有貴人以爲之主。故凡事順遂，或以其行己也恭，其事上也敬，其爲己也順，其爲人也忠，此是講「无咎」，非「利」字意。

「得輿」「剥廬」是象，占具其中。「得輿」在五陰在下，承一陽取象。「剥」在一陽在上，五陰欲覆取象。「剥廬者」，小人本頼君子以安也，今衆小人把君子都剥落了，到那禍亂既成，小人自家亦不能保，是自剥其廬矣。自古如漢、唐宦官，把那君子都殺盡，到了袁紹、朱溫來時，盡行誅族，豈非自剥其廬乎！狄仁傑在武后時，正似碩果。

此「復」字全從「剥」來。至坤則陽氣已萌，特未成耳。亦足以見天地消息之機，聖人知幾之神也。方剥之時，陰方盛而尚隔純坤，然復之陽已根於此矣。正與剥之上九本義所謂「剥未盡，陽復生」相表裏。

「不復」本於六來，「終迷」本於上來。「復」終則爲「姤」矣。其能復乎？「災」指天說，如星辰晝見，水旱不時之類。「眚」指人說，如盗賊弑奪之類，在一人則如獄訟之類。此爻義是以一人說。「行師」非真用師，是言在一人則如疾病之類。「十年不克征」，則又終凶矣。其凶之大也。

「无妄」九五遠人，稍有不恭，便欲近攻遠討，非勿藥也。必如周公之于殷民，夏禹之于有苗，然後爲勿藥也。或以上下相交言，言其相信之深，或有讒譖之至勿辨，蓋相信之深，讒譖之言必不入。若辨之，則反多事矣。或以嫌疑小生不必辨，則大非。既相信，又何足嫌疑？有嫌疑又何以爲无妄之至耶？

健極則難畜，畜極則當變而不畜。故「畜極而通」一句，總承上二句來。譬以堤障水，到那水滿時，堤固不能障水，亦自溢。是所以畜之者，與爲所畜者皆極矣，故通。二陽同類，豈相畜，俱進重三，三隨上而進，「良馬」只指三說，「艱貞輿衛」，四字平說，然艱貞乃所以行輿衛之道也。「輿」是致用之具，治平之法是也。「衛」是自防之術，如左右近幸，指吾爲非，及奸人緣法作弊，險小之人求吾之失而致譖，皆思所以防之者如何。輿，乃治之法；衛，乃法之防。須有了如此本事，方可居官。如「良馬之逐」也。「利有攸往」，即「良馬之逐」也。所以艱貞習閑者，只是爲三。過剛進鋭來，非爲九不可防也。

「觀頤」二句，不是正之實，是考其正與不正也。「求」字解作「考」字。「慎言語，節飲食」，只是養德養身之急務。觀頤口實所包者，闊不止二者而已。節飲食，可取鄉黨夫子飲食之節。此是人初能自守，而終遂改節者。如漢之紀唐，始以清修著名，後仕王莽，及光武起，而得罪矣。爾指初九，我指四。「朵頤」亦指初，謂初見四而「朵頤」也。

「大過」不是剛過，亦不是中強之弊，本末之弱。只是有非常之變，而大異于常之時。「棟撓」是當事變之時，無非常之才，事必敗。如漢之竇武、何進之去宦官，子之之讓國，趙括之爲將，皆是剛過。只是去其過而就中，是其才可以濟大過。如周公、伊尹、霍光之處幼主，湯武之征伐，皆能濟事而成功。蓋謂行權者言也。

大抵此爻言剛柔得中，剛可濟過，偏於柔則不可濟。「遇」，兩意也。「得中」由爻以陽居陰，「來至於柔」以爻以陽居陰，已中了，又應之於陰，則過於陰矣。大抵當有變之時，過於柔、過於剛俱不可。只要得中，「隆」，是其才只可當大事，「吉」是事成了。

水最是能陷而險者。陽陷於陰，如物沉于水，險可知矣。人最是外焉若無事，内藏禍心爲險。陷，若外面有些機緘發露，猶可測度。故内實外虛，爲陷險之義也。

初六以陰柔居重險之下，陰柔既非濟險之才，又居重陰之下，則其勢又難於自免。其象則爲習坎，而入於坎窞矣。自習坎而入於坎窞也。以六三言之，入於坎窞，不言習坎，例之可見。窞者，坎中之小穴，乃險中之險，可見是險中又險，無可出之理矣。凡言坎者，猶有可濟之理，入於坎窞，終無可出之理矣。

此只是附麗之麗，無明義。其象爲火，體陰用陽，正是說附。蓋火是陰體，附是陽爲用，不說是火明，何也？下彖辭無明之義也。或曰：「麗」字兼附與明，陰麗於陽，是附之義。其象爲火，是明之義。下彖亦有「重明」字眼。

「缶」是常用之物，「大耋之嗟」是取象言，當將衰之際，愁悶不能自遣也。不止爲嗟耋，且將死。言人于盛極而衰之際，不能自處則凶。如霍氏既收兵權之後，乃不達缶樂之理，兄弟相對而泣，所謂大耋之嗟也，遂滅其族。又常見當世之貴人，一被淪棄，不勝其憂，多至亡身，或不勝其戚戚之心，寄情于神仙杯酒之間，往往敗名破業，皆所謂凶也。嗟夫！士君子當其未遇之時，固嘗困窮拂逆矣。及其既陟華要，而被罷遣，是固吾偶得之常耳。乃往往不能自安，名爲達人大觀者，亦不能不動於中矣。夫惟孟子貧賤不移，難矣哉！吾知免夫是矣。

○見聞考隨録(四)

「取女」，是卦中取出最大一事别言之。蓋所感之不正，在夫婦尤爲甚重。苟合淫奔者，其能爲終身之託而成其家乎？故特指而言之。「取女」要本於正來，如「得其時，待其求」之類。「亨」，始之正，得亨又要「利貞」以保之。朱子云：「然不以貞，則失其亨。」可見必正而亨，非正者，無亨也。

二在那卦之第二爻，正似腓之在膝下足上。此是那性躁急不常之人，而卻知道義無虐毒，的然感人之道。己之於人，固不可以是而自處。人之於我，與其得口蜜腹劍之人，不若得是人，而緩急猶可恃也。

「咸股」是「執隨」之象，「執隨」是「咸股」之正義。往不是隨，是以此隨道而往，以利勢感人也。如衆人好利，即亦從而好，與人相交，皆以利，不以義，是也。「股」之取象有兩義。「三」當其處又隨足而動，如三隨二、初而動也。「執其隨」只是於三在二初上取義。「九」字上亦有些意思。言是能静，爲陰所移。九三宜静，而動爲可羞。如王莽時，羣臣爭獻符瑞者。此不足怪，揚雄爲世名儒，乃亦「美新」，其爲莽大夫，乃爲可恥。

此「恒」字卻以尋常言，非以常久言也。「尋常」對異而言，「常久」對暫而言。然未有不尋常而能常久者也。震上巽下，便是理之常，若陽下陰上，便是陰陽易位，大變也。有雷便有風，是常理，二體以震巽剛柔相應言。六爻以三陰、三陽相應言，剛柔相應是天下之常，不應則變莫大焉。「浚」是深求，「恒」是常理，古之人如京房之進諫，孔融之納交，卒之身家俱敗是也。勢分懸隔，不但名位也，雖情不洽亦然。如荀彧之於曹操，一則己未可求，一則人不可求，一則己不度力，一則己好求，四者湊合則凶矣。如盡心諫君責友，豈不是正道，然時未可也。

「田无禽」，此只是人之所爲不得其要道，所以雖久無功。如人主治天下，其道在任賢，卻乃自親政事，一身之小，雖日夜不休，亦不能給，雖百年何益，古人如王安石之爲相是也。此只是個不會幹事的，非奸邪也。

「退」「避」二字要分明，是陽退而避陰也。蓋惟六月夏至之後，陰漸來，陽漸去，便是陽退避陰也。

「後」尾從初來。初以上下言之，則在一卦之下，故曰「後」。或以陰柔，故不能早退，未免於厲。「晦處」是儉德韜光意。「靜俟」如伯夷居海濱，待天下之清也。「遯尾」是在位者退之，「不早勿用」是占者當其時，「當不可進也」，指未仕者言。

陽剛，則操介嚴持守確。卦外則本事外之人，未曾出仕，無係無應，則非外物所能動者，故有「肥遯」之象。自由自在，何不利之有？「嘉遯」在己，處之雖好，然還有尋著，時如龔勝之屬。「嘉遯」是在位者，張子房似之，「肥遯」是原不曾在位，四皓似之。

是於卦體上取了「羊」之象，六五上取了「喪」之象。蓋卦體爲壯，如羊也。六五不能壯，是喪羊也。柔則退縮不敢進，中則自守不欲進，此正如漢之石慶當夫東方朔、張湯諸人爭名劾進之時，而能醇謹自守，雖失了爲相之道，然卻得善終。

「明出地上」言萬邦皆文明之化也。「文明」是「明」字意，「萬邦」是「地」之意。「順而麗乎大明」，重「順」字，「大明」字輕，是言有如此德以附乎君。「順」是恭順，守王度，遵侯職，而僭越之無有也。「柔進而上行」只是說以謙恭禮下之德居乎尊位，「柔」是謙恭溫和，無剛強驕亢之意，「安國」指天子之國。

「吉」只是進，「福」就是吉也。「王母」占中假像，「亨先妣」是說占法，非以此爲祭祀說也。不可以「錫馬三接」爲福，蓋彼是功臣受此褒寵，此是仕之初耳。只是居天位而食天禄也。

「艱貞」只是晦明，蓋人於患難之時，盡將那些忠貞之氣晦而不露，若愚人相似而中之忠貞蓋未嘗泯沒，重在不用其明上。上是明夷之時，下是處明夷之道。

初遠於五，是君子見傷去而志不得伸。「去」字象飛，志不得伸象，見傷垂翼。初九象君子，君子如鳥見傷，從卦來要見因明，而見傷如弼正建明之類，因明見傷也。「主」字作活字看，主於人有言，非主人也。如孔子在陳絶糧，孟子去梁適齊，而齊王又託疾召孟子，所如不合是也。於行主去此國，言「攸往」。主往彼國，言「飛」。而垂翼，正如孟子去齊不豫也。

「利女貞」，正是刑于寡妻之意。蓋必能刑于寡妻，而後可爲父子兄弟之法也，是必然之理。「家人」指男女，男女闊，凡一家之中爲夫者，父兄弟子侄之屬，皆男也。爲女者，母妻兄弟子婦，皆女也。故曰「一家之人」。

此正是男正乎外，重九五上，蓋以九五有是德而得賢妃之助，「王假有家」，是家齊矣，由是不必憂而天下平，正是外正也。然正外必本於正内，「王假有家」是内正，「吉」是外無不正，俱是占。「假」字只是齊之意，指中正而言。此是家齊國治天下平的道理。

天之所命爲性，心之所懷爲志。「性」字、「志」字當分曉，「歸」是「之子於歸」之歸，指女子之嫁而言也。「中女」「少女」歸至夫家，各不同愛。

「遇主於巷」與「納約自牖」不同。「牖」是就其所明而通之，「巷」是君臣之情不通，不聽其言，正道不得行，由他道而往，期欲君心改悟而已。如張良招「四皓」以安惠帝是也。

此爻象、占通不在本爻取，只在承乘有應之爻取義。因處於二陽之間，故有「曳掣」之象。又從睽上取上九猜狠之象。「睽」字從卦來，「天劓」即猜狠之假像，非猜狠之外，又有髡劓也。「髡劓」皆刑，「髡」是割其髮，「劓」是割其鼻，因上九陽剛爲正應，故有有終之占，使非陽剛正應，則終不得合矣。

不言吉者，蓋有可濟之理尚未濟也。本義「居尊」貼大蹇，「剛健中正」貼「朋」來。

「大人」據九五爻，當兼德位。「來碩」是爻義，「利見」是曉占者，二句一意。上六只是説天下大亂，無所之正，所謂「茫茫四海皆魚鱉，何處堪容魯仲連」，滔滔者，天下皆是也。鄧仲華杖策以見光武，曰：「願攀鱗附翼，効尺寸之功，垂芳名於竹簡耳。」「來碩」之意也。當時天下皆亂，赤眉、銅馬、王郎、公孫之輩，紛紛寇攘，何所之乎？只得從光武也。

言天下之難既解，若果盡平也，則安靜之；若猶有未平也，則早爲之。不早往則患將萌，民被其害，不早來則擾民不休。

「負且乘」不是正義，是假像。「吝」是不勝其位，尸位可羞，正所謂「不稱其位而有愧於心」是也，非指夫位爲羞。「致寇至」中已有失位之意。「貞」是位之得，雖不是自己攀附權幸，諂佞人主，營求而得，乃出於公朝之薦，人君之命，然不勝其位，自可羞。古之人如殷浩、楊管、王安石之流，皆是滿朝薦舉，人君屢聘而起。然皆負乘矣。或以鄧通爲言，通還是不正。

「損」「益」二卦，以主賓看來，以君爲主，則損之爲義損乎君也，益之爲義益乎君也。以下與内爲民，上與外爲君。朱子云：「剥民奉君，所以爲損。」此言當玩味。蓋以損指君也。「有孚」還是損下，是出於不得已。有征伐工役之興，于常制之外取之，然是實不得已，非假之爲剥削計也。

「酌損之」是盡言，當論其淺深。損是盡己之忠，陳東、歐陽徹忠則忠矣，酌損之義則未盡也。

細看來卦體有二意。損上初畫，益下初畫，是就二體兩爻，一益一損對待言。自上卦下。下卦是以二體上下之位，自上而下一直言之。前則是損己益民，後則言惠自己及民也。諸家通作「惠自上而及下」，失損益之本旨矣。

初九元是所爲之事合理，吉是事，功成無咎蓋以位卑言高，宜有咎。然大善而吉，有以報乎君恩，故無咎。非以盡職爲無咎，此見臣子職分爲難盡，又不可不爲大事，爲大事卻又有出位之失。必「元吉」可免也。此正如陸贄之于德宗，雖不在相位，眷遇則厚矣。

朱子云：「決之而已。」言易也。如以鍬去物，一決而已。「揚于王庭」，使小人之罪明，「孚號其類」，使君子之朋合。「尚有危厲」，知其奸深術巧，不可以其勢衰而忽之也。「告自邑」，以理勝也。「不利即戎」，不以力爭也。「戎」即是不可恃其同類之多，還當以理勝之。「告自邑」二句，又言正去邪之本，非是因危而防彼，投隙也，言不可專恃其力，又當以理爲本也。

「壯於前趾，往不勝。」于初字上取。「趾」，下位之義也，於九字上取。「壯於前」，勇於決陰之義也。決義從卦上來，雖是君子衆，九之位則在下，又失其決之之道。故陰雖弱，亦不能勝。不勝者，一則在下位，一則壯故也。

「姤，遇也。」好個「遇」字！聖人下的如此有意，蓋是那方盛之時，忽一個敗衰之事萌動，乃心之所甚不意料而至者，人所深不願見者也。故曰「遇」。其慨恨不願見之意，溢於言表。聖人多少扶陽抑陰之意。「壯」字不是言陰漸盛，只是不正遇而偶合。固已非正，已壯矣。一陰五陽，則壯之甚者也。「壯」字在「遇」字與一陰五陽上取出，非以其漸盛也。爲陽之害，只是淫亂，使爲夫家之禍。

「九五，以杞包瓜。」此正如唐文宗時候，宦官盈朝，若於此時生出個剛健中正之君來，倘不量其淺深，就欲誅戮，鮮有不致敗者。必靜以制之，則彼之首惡若有死亡或有可乘之隙，然後乘之則可勝矣。「自天」而降，言忽然而來也，如當時逆瑾權勢熏灼，人皆以爲無可奈何，於八月十三日忽然就擒，誠如天降也。唐憲宗、漢質帝只爲不含章，俱不保身。唐宣宗隱德於潛龍之際，後爲天子，閉目搖手，不敢一問宦官，豈其心一日有忘哉？知其無可奈何，姑俟之耳，但未能成「有隕」之功也。謂之「靜以制之」，則亦非拱手聽其自來，然中間自修於己時，觀其隙以圖其機者，未嘗頃刻有忘，但不露洩耳。「木包瓜」，瓜爛而木存，正如「含章，有隕自天」也。

坤順兑說，九五剛中而二應之，是乃萬物萃聚之象也。蓋卦德中有彼此之聚，卦體中有上下之聚，澤地中有草木鱗甲之聚，總爲萬物萃聚之象。

「六二，引吉。」「觀」，本義「雜」字還以二陰爲小人。小人其可引而用之乎？則牽引是二附五也。蓋爲二陰所隔，不得即萃，必牽引而後萃也。「虛中」「誠實」，皆是「孚」。虛則無物，無他詐僞者，是實性理。諸儒有明說「孚」字指卜祭者，言虛中誠實俱在爻上，孚之形也。禴祭是薄的，非是就用。禴祭只象薄物，亦可祭。

「升」字全重自下卦進至上卦，又要見時之義，見得在下卦之上當進也。巽順是有可進之具，有應是有可進之機。故進而大通，不然進不得通矣。「見大人」「南征」一意，但自見天子言爲「見大人」，自從下而欲上進，則爲「南征」。「勿恤」是得了禄位，有慶意。「吉」，是其道大行，志行意俱，是「元亨」之實。

陰則惟務升而不顧理，升極則一。惟升是務而不止者也。不息不止，正是人之用功。蔡氏云：「『冥』字是據上六才質言也」。利於不息之貞，是爲占者設一變化之道也，是變易以從道也。書曰：「惟狂克念，作聖君子。」爲善惟日不足，小人爲不善亦惟日不足。「冥升」與「不息之貞」之謂也。「冥升」汲汲於外者也，「不息」者，汲汲於内者也。知利於「不息之貞」，則知「冥升」之不利矣。

全從升與巽來，當升之時，是固可升也。巽於二陽，又有人助之以升也。故「允升，大吉。」「允升，大吉」通作占說，初以陰柔居下，只就居巽下說，非全卦之下也。

「无咎」只指「孚」字。蓋不誠是咎，故能誠則無咎，非謂諂瀆求媚也。

自坤上取升有阻義，自升陽剛上取可升義。

「酒食」指禄，「朱紱」指恩寵，俱是取象。當困之時，當此大位重責，憂危不安，是爲富貴所困也。惟「困于石，據於蒺藜。」則有「不見其妻」之禍。「不見其妻」，是名辱身危死至家敗之象。「凶」字就是上文言占者當困之時，困于石、據於蒺藜，則有「不見其妻」之凶困。「據」亦本陰柔不中正來，上本三之應也。故有「不見其妻」之象，「困于石」就不可爲之事。言如李訓、鄭注之去宦官是也。

此辭於卦德、卦體、卦變、卦象俱無所取，只從井之理推說。「往來井井」，不重能及物上，只說隨他汲水者不同，而井固只是此井也。不必以首句爲井之體，下二句爲井之用。大抵只是說人事仍舊而不紛更，則無所損益，而事自若不能守舊而中途都又紛更，便是幾成而敗凶可知矣。上一條井之事，下一條汲井之事。「改邑」，正見井不可改。

以「六」字取井泥、舊井之義。于「初」字取「不食无禽」之義。蓋井泥則人不汲，不汲則人不食，人不食則禽亦不顧矣。此蓋行之汙下爲時所棄者，「无禽」甚言其爲時所棄也。因人「不食」，故井上無水而禽亦不食。

「大人」「虎變」是兩様，「變」一是自新，使民皆變自新。處常之大人，堯、舜是也。一是順天應人，把天命變了，處變之大人，湯、武是也。虎方夏之時毛希，到秋來變的毨好，此於「五」上取「大人」之象，「九五」上取「虎變」之象。愚意只作革命言，自新新民之極了，遂順天應人，天命由諸侯而爲天子、自百里而有天下爲是。

「元吉」就人主上說，當闊說。或只指凝命，或只指善，皆太狹。「鼎」亦有善之意，須火上木下，方爲鼎。試看灶中之火，皆木下而火上，木上火下，非鼎也。烹只是煮飪，有調和之意。論語解「飪」字爲烹調，生熟之節也。

「九四」象大臣，任重如鼎之重也，應「初六」，象大臣任小人。鼎之折足也，必誤國害民，如鼎實之覆也。亦由鼎折足，「四」應「初」取象也。「刑渥」於鼎，上無所取，亦因上爻義而來。不勝任，只指用小人，蓋大臣之職正在用人，因此致「覆餗」，本義自明。

「耳」象君，從「五」居尊來。「黃」象君有中德，從「五」居中來。耳虛能受鉉之貫，又象君能虛己下賢，從「六」字來。「六」陰，故虛也。於應爻「九二」上取賢者有德之意，「鉉」指賢者，「金」則有德也。「耳」之「黃」，君之有德，能虛己下賢者也。

震之爲動，重一「始」字。蓋忽然一陽生，是非常之變，忽然而來爲可驚也。「亨」亦是占辭，下四句是震所以亨之實。震有亨道者，以震來能恐懼故也。「笑言啞啞」，是致福假像，非真笑，乃占中之象。「不喪匕鬯」，愚意以爲只是象不失其常。如「坎之心亨」，言當大變之來，而此心之主不爲之搖，所謂「威武不能屈」也。言由平日能常如震時恐懼，故於震來也不失其常。

此乃見人而自省者。正如秦攻韓，而趙、魏自爲之備，不能救韓。言是鄰怨蓋上之力量救不得人，非坐視也。未及身不是全無震，震未及身耳。二「震」字亦本卦來，皆指事變。

「艮其背」是個頭腦處。然「艮其背」則「不獲其身」，「艮其背，不獲其身」，則「行其庭，不見其人」矣。一層一層迭下來，身動，背乃止而不隨身動，此「不有其身」之義。人之一於理而不顧其身，正猶背之止不隨身而動也。以身爲靜，以人爲動，動靜主靜，止於理，亦靜之義也。動靜皆主於理之所止而不動於欲，故爲「主靜」。此文王借伏羲卦名爲義，如「履虎尾者」也。蔡子曰：「人必止於所當止之地，則於身之利害得喪不暇恤矣，是『艮其背，不獲其身』也。夫既能止於所當止而不獲其身，則於人之是非予奪不暇恤矣，是雖『行其庭，而不見其人』也。」蓋「庭」乃往來所由，正有人之地也。

此爻主君說。「列其夤」，象中之象，「熏心」是其病勢日深將攻心矣，所謂病入膏肓是也。於三在上卦下卦之間取。「限」，象其義則上下之間也，於過剛不中取「艮其限」，象其義則上下之情不通也。如此敗亡之禍，將及身，如人之病勢攻心將死矣。

「止」則不妄進，人惟不能少止也，故進之急，不以漸止。自能漸進巽，自能循序止。巽中俱有漸進之義。其進以漸，亦指「六二」，謂由初而二也。「盤」不是位，安而可保是居。是位而心安不當得而得之，便居到大位上也不安。與「飲食衎衎」同。「飲食」指「鴻」，取象者非二也。「吉」只從禄位可永上說。「盤」「衎」有二意，一則本於得君而有功，從爻之柔順中正，應「九五」來。一則由於漸進非躐居要地者，從爻漸進來。

「歸妹」二字，就合不正之義。長少相從，非以年配，年固不正，以說動相從，非以德配。德亦不正，故曰：「皆不正」。「往」指女之初嫁之時，「无攸利」則歸以後事也。重女而男從之，則皆凶而不利也，以卦名，「歸妹」故重女，不正從女起端而男從之，則亦非正矣。位不當，柔乘剛還分貼。

「明以動」，致豐之道，「宜中者」，保豐之道。蓋王者當豐大之時，易至於不中，而恃其承平之盛，多至於有所興作。改其常度，或征伐之舉，或土木之功，此常情也。皆不能守常而爲過盛之爲者也。故戒曰「宜日中」。

「无咎」，只就明動相資上說。明動皆無偏而有用，就是「无咎」，只指「初」言。「四」之動有所用，雖指「四」，亦「初」之「无咎」也。以「初」爲主，此是同僚事，非君臣也。不必用上下字入講。正如漢相丙、魏，丙以寬濟魏之嚴；唐相房、杜，房善謀，杜善斷，以此相濟是也。

火在山上，是火去其所止矣。火往上行，便是去其止，爲「旅」。「旅」之「亨」，與「吉」大抵相似。「貞」字細玩，故自有其正。還是旅時正道，即中外順剛退止，離明是也。

「始亡一矢，終得譽命」，正「射雉」之意。此爻雖曰「有柔順」「得中」「文明」三意，大抵重「文明」字。蓋爲離之主，曰「柔順」，曰「得中」，皆文明柔順。文明得中，只體貼個「射雉」「譽命」耳。蓋人之爲旅，雖有大德，一時人皆不知，不加敬重，至於久之則人皆知之矣。豈不有譽命乎！正如射雉者雖亡一矢而可得雉也。射雉爲際亨嘉文明之運，一矢亡爲立功者未免勞心經綸，得譽命爲能建功立事。

「小亨」從以陰爲主說，「利有攸往」以初四從二三五上說。「利見大人」以初四從九五說。各有所主。「獲三品」是說反得陽之助，不徒助而多助。如「田獲三品」也是假像，與「史巫紛若」同。「六四」陰柔無應，承乘皆剛，是以柔弱之人遇剛強之人。木爲難處，有悔者也。然以柔則用柔，居上之下則能謙，是以能處而悔可亡。又不但悔可亡也，反得陽之助，其助也，不特一事之助，而事事之皆助，不特一時之助，而時時之皆助。有如「田者獲三品」之禽獸，可以實乾豆，可以奉賓客，可以充庖廚也。占田者得之，則吉矣。

誠信，「說」而「亨」。「說」字在我上說，不指人之說。蓋以誠信爲說之道，則人說矣。故「亨」大抵人之和說者，易至於詭隨而無特立之操，故又戒以「利貞」。剛在中，故曰「中柔」，在上，故曰「外」。

爻中原無「孚」「剥」之意。爻本是不信讒邪之人，但因爻設戒耳。五雖不信邪，而不可不戒。如舜豈傲虐者，而益戒之是也。蔡子云：「剥謂陰能剥陽者也。」蓋陰柔小人，內則蠱惑人之心志，外則虧喪人之德業，何剥如之。「剥」之一字旨哉。

「亨」「假廟」「利涉」三句，平看剛來而得中，「六」往居「三」，得「九」之位而同「四」，固不假於「假廟」「利涉」也。「亨」是濟天下之渙，「假廟」是濟祖考之渙，「利涉」是濟一己之渙，「大川」是至危難險危之際，非指濟民之難也。「利貞」總承于「初」字。上取「渙」之始，「六」則非濟渙之才，上承「九二」則能用壯馬，壯馬只是拯速而著力，當渙之初，即拯而拯之，又「力拯」字、「壯馬」字，俱從「九二」來。

澤是水之止者，其容有限，江河則流通，故納百川而不溢。言有限，正見多則溢。「亨」是節可行，言「二五」即知其得中矣。節有兩義，有數度之節，減省撙節之謂。有德行之節、節義之節，所謂「清風高節者」也。且如用度，固有節度。然減省大甚，則有宴享軍需之興。將何以備？所謂大貉小貉者，人之行己，固當以節義爲重。然太甚，如仲子、申屠，豈可爲常法也。故曰「不可貞」。

「初」是時不可出，陽剛得正則能因時而自守不出矣。使非陽剛得正，則雖時未可出亦出，如楊時出於靖康之間是也。

「中孚」自其欲之不擾言，中實自其理之無間言，一也。誠感「豚魚」，則人無不感，故曰「吉」。「吉」字與「利」字對「貞」，是言所感所濟又要貞，蓋世固有不正而感人，如男女之相說，至死而甘心者；亦有不貞而濟難，如人之賄賂勢要以脫禍者，所謂「行險以僥倖」是也。

大意本爻應爻俱不善，故有此象。「上九」位之窮則反無位，不能常。三陰柔不中，既無獨斷之才，又居說之極。性好順從乎人，故上九無常也。「六三」亦從之，而「或鼓或罷，或泣或歌」之無常，正如俗所謂無主張之人，隨人言、隨人語、隨人笑、隨人哭之謂。「上九」本是無常的，「六三」從之，亦無常。

「亨」是陰亨。陰本無致亨之理，但以其朋比衆多，凡有事扶持輔翼者多，故可亨。如那司馬懿、王莽之徒，豈不亦能亨者，但未正耳。夫陰多固可亨，然不可恃其朋比而交合以害正，則亨可保。如那程異之不敢知印押班是也。下皆是「利貞」之實。二事字指小者而言，蓋是小者當小過之時，當如此。然則此爲小人謀矣。夫聖人於此有正不得已者，當此之時，既沒奈何，不成教小人害君子哉！只得教其如此，則吉，不如此則凶。如郭璞之戒王敦之類，爲小人謀，正爲君子謀也。

夫陰柔固是個好進之人。又上面有人援引他，又得遂其進之之心。又當過時，則其躁進，又皆過。乃是上而不下者，正與飛鳥之聲下而不上相反，故凶。

上二句，正義在象外。下二句，正義在象中，又一格也。大抵此爻言，爲臣者不爲強梁跋扈之事，而爲恭順忠靖之行，則不逼僭其君而得爲臣之道矣。於「三」「四」上取祖，於「五」上取妣，又於「五」上取君，「二」上取臣，又於卦上取「過」意，所以能如此者，以「二」能柔順中正也。

「初吉終亂」，是推「利貞」之由。「既濟」之時，大事如建侯行師，都亨過了。今雖一政一令之小事，亦有亨之道矣。火下水上，便是君臣相得。六爻各安其位，便是君臣上下各安其分事。安有不濟乎？蔡氏云：「只緣『既』字不好，好事已亨過了，所謂飲酒酩酊，花開離披時。」紥義曰：「水居上受火之熱，火居下則能熱乎水。水火相爲用也。彼此相爲用，事之必濟者也。六爻之位，各得其正，『初』陽、『二』陰、『三』陽、『四』陰、『五』陽、『上』陰，位各得正，所處無有不正者，亦事之所以濟也。」

「喪茀」全在五爻。當「既濟」上來，「七日得」全本二來。古人有言：「天下有道則仕。」今既濟之時，賢者反不得行其道，必待過時方可行，如何？蓋人主於治安之時，天下無事，不知賢者之不可無也，常有慢賢之意。當夫國家多難之時，則寤寐思賢矣，所謂「高鳥盡，良弓藏」，「家貧思賢妻」者是也。「七日得」，指「茀」，是得行其志之象。

「小狐汔濟，濡其尾」，是象，「无攸利」是占。不當位則「未濟」，剛柔應則可亨。「未濟」非「不濟」也，「未」字當玩。正如漢高起自豐、沛之初，那時那里見得濟處，到後來得良、平、信、布而遂得天下，所謂「亨」也。又如苻堅始焉，削平燕、趙，幾于成矣，然其黷武窮兵，不能敬懼，遂至於亡，豈「汔濟而濡尾」歟！

以「九二」應「六五」，居柔得中，則是以才高任重之臣遇柔順之君，且當艱難之際，有淩逼之嫌者也。然以其靖恭忠順，能安乎爲臣，自止於下，殆猶車之曳輪而不行焉。如是則得爲臣之道，而功名禄位可保于悠久矣，何吉如之。唐之郭子儀、漢之孔明，足以當之矣。

六三以陰柔居下體之上，不中也。以陰柔居三陽之上，不正也。當「未濟」之時，若不度德量才，而有所往焉，吾見事不克濟而大禍即發矣，其凶爲何如哉！然三以柔而乘九二之剛，將出乎坎，則是跋扈强梁之輩未易圖也，而用柔以圖之，乘機而發，待時而動，則功成而險濟矣。其利爲何如哉！

只作變化氣質。説「吉」，只是愚者明，柔者强。「伐鬼方」二句只是勉强之功，所謂百倍之功也。「受賞」是克了欲帶在功内語，非言其效也。夫始焉未正，未濟也，終焉以正，則濟矣。

要緊一個好「義」字！有命有義，命者，天運之自然，義者，人事之當然也。自養非真飲酒，只是快活。過日不勞思費力，求夫人之休咎。有命有義，命者一定，義者當然。人之休咎固有一定之命，不必勞心以妄求，然又盡人事以待之。苟恃其天有一定之命，而放肆怠緩則命固不移，而義則失之矣。諸家未到。趙太祖微行云：「有天命者任自爲之，可謂信命矣。」然「微行」豈人主之道乎？失其義矣。

苑洛集　卷二十二

○見聞考隨録（五）

關中好個風水。山自西而東，河自西而北，自北而東，自東而南，山河相會之處，水口纔丈餘耳。中間明堂秦川八百里。所以漢唐以前，人才最勝也，好個形勝！

地氣自西北昆侖發脈，漸漸東南去了。此理勢之自然，但分得破碎耳。

江淮之間，風水最大。

天下大水如江漢皆出於關中。長河亦圜繞關中而東下，淮濟流乎其中。餘皆小水耳。

江南所受之全氣，自岷峩循江而南，自南而北，自北而東矣。

天下山明水秀，無有過寧紹者。所受皆是自家的氣脈。洛陽不見有大風水，山水又背，乃在天之中，蓋所得者天氣耳。

數生於五行，萬物不能逃也。

朱子得易之一枝，程傳得易之餘藴，京氏得其門矣，而未見堂室之大。

黑水爲梁雍二州之西界。據其文勢，當自雍之北境，直抵梁之南境，乃一大水，横過二州西界。今四川止迭溪千戶所有黑水，合汶江入成都府。經茂州而安縣，亦有黑水。安縣本汶江縣地，蓋黑水合汶江入茂州、安縣入于羅江漢地。志云：「黑水出犍爲郡南廣縣汾關山符」，即今之敘州府慶符縣。以志「山符」二字，故縣以慶符名。今慶符有黑水與蔡傳、漢志同，然蔡傳少一「符」字，而「其水乃自西夷中來，北流入江漢」。志亦謂：「黑水至僰道入江」，且安縣黑水在成都北，而敘州在成都之南。一入羅江，一入大江，兩入江又不同，於經文至於三危，入於南海者不合。雍之黑水五，亦各異源。一在平涼府開城縣，入黄河。一在寧夏衛東，亦入黄河。一出文縣守禦千戶所素嶺山，入於白水。一出鎮夷千戶所城西，經行都司城西北，入居延海，與經文、漢志、蔡傳皆不合。今獨肅州衛城西一十五里黑水，所出與漢志顔師古注相近。而水經引之志云：「黑水出張掖郡雞山，南至燉煌，過三危山。」燉煌，今肅州西沙州東南即其地也。志又云：「南流入於南海，則當遂入于梁。梁全無考，豈梁、雍西界各自有黑水，爲界不同歟？與「導黑水」之黑水，各爲黑水，不相涉歟？程氏又謂：「葉榆澤爲黑水之源。葉榆即西珥海，其地有黑水祠。西珥海出今雲南大理府鄧川州點蒼山，匯爲巨湖，週三百里。去雍之三危南北數千里，又不經流梁境，又不出於張掖。顔師古亦謂：「滇池西北有黑水祠。豈黑水既入西域，故人莫得而知，又南至西珥海，復入中國，又流入於南海歟？然不可考矣。」」。若牽合以爲相屬，則張掖在極北，西珥在極南，安得以相屬哉？燉煌在陝西肅州衛西，今屬外番，是國家極北境。葉榆在雲南大理府，是國家極南境，梁境黑水是迭溪黑水，斷非「導黑水」之黑水也。至謂「水黑爲榆葉之積」，尤爲不通。源頭之黑或可通，若流而數千里其色尚不變，有是理哉？且梁、雍爲黑水者凡七，而漢中亦有黑水，未聞皆有榆葉落其下也。

洪範占法事類，以碁子定。碁子全爲事類，而設詳見下。先將事類寫定，或一陽、或二陽、或三陽，或一陰、或二陰、或三陰，雜陰雜陽。或水、或火、或金、木、土。

先看斷詞。

或大數、或小數。

次蓍數。

次看筮得之畫。或一陽、或二陽、或三陽，或一陰、或二陰、或三陰，或水、或火、或金、木、土，與事類合不合。再看純陰、純陽、雜陰雜陽。

次甲子。

後看當時年月日時。或一陽、或二陽、或三陽，或一二三陰、或水火金木土，與事類合不合，再看純陰、純陽、雜陰雜陽。

蓍定三陰、三陽、雜陰雜陽。

綱奇，目一爲一陽，目二爲二陽，目三爲三陽。綱偶，目一二三俱爲陰主綱。綱奇偶合目數，一爲七爲陽，二爲八爲陰，三爲九爲陽。雖多一陽數，然所合亦多，所對亦多，吉凶無偏陽，固有餘理也。九固多，一陽也。一三爲雜陽，二爲雜陰主目。

棊定三陽、三陰、雜陰雜陽。

如陽畫，一一爲一陽，二二爲二陽，三三爲三陽。如一二、一三、二一、二三、三一、三二，爲陽者九。

如陰畫，一一爲一陰，二二爲二陰，三三爲三陰。如一二爲二陰，一三爲三陰，二一爲一陰，二三爲三陰，三一爲一陰，三二爲二陰，爲陰者九。

如陰陽二畫：一之一、一之二、一之三、二之一、二之二、二之三、三之一、三之二、三之三，謂之雜陰雜陽，或綱陽而目陰，或綱陰而目陽。凡爲純陰純陽者九，雜陰雜陽者九。綱陽目陰爲雜陽，綱陰目陽爲雜陰。

甲子定三陰三陽。

本極有圖。

蓍定五行。

一綱一目，其揲下數一六爲水，二七爲火，三八爲木，四九爲金，中五爲土。

事類定五行。

一綱一目，其棊子排下。數一六爲水，二七爲火，三八爲木，四九爲金。中五爲土。

甲子定五行。

本極有圖。

定事類。

如筮者欲年上占，排定棊子年是三陽，則此事即屬三陽，餘仿此。看年上數是一或六，即爲水。餘仿此。月日時隨人。

五行上下，取陰陽之數，首目取數東西取。

定吉凶。

一以揲下畫占大數小數。

一以棊子擲下，雜取其八，自上而下者二，自西而東者四。筮者北面，故自西而東，其畫上下皆陽爲純陽，上下皆陰爲純陰，上陽下陰、上陰下陽爲雜陰雜陽。上分陰陽，下主一二三數。如一一陽畫是一陽，一二陽畫是二陽，一三陽畫是三陽，如三一陰畫是一陰，三二陰畫是二陰，三三陰畫是三陰，餘仿此。如上一陽畫下一陰畫、上一陰畫下一陽畫爲雜陰雜陽。此事類，分陰陽也。棊畫上下爲一六爲水，四九爲火，二七爲金，三八爲木，五爲土，此事類，分五行也。

一以揲下數，與事類棊畫看。如事類是一陽，數亦一陽，大吉。二陽、三陽，次吉。事類是一陽，數是一陰，大凶。二陰、三陰，次凶。如事類雜陰雜陽，數亦雜陰雜陽或純陰純陽，皆不相對、不相合。通爲雜論，吉凶叅半。如事類是火，數是木，爲生，大吉。土爲相，次吉。水爲克，大凶。金爲賊，次凶。水生木，木生火，火生土，土生金，金生水；水克火，火克金，金克木，木克土，土克水。我生者爲相，我克者爲賊。

一以甲子陰陽五行與事類看。陰陽看合與不合，五行看生相克賊。

一看大數。各以所占事定吉凶，曰「正吉，不正則凶矣」，曰「靜吉，動則凶矣」，無吉凶並行者在人消詳。

一斷法有三，名爲三，其實七。古人占卜皆用三。二吉一凶斷以吉，二凶一吉斷以凶。三吉，大吉。三凶、大凶詞一也。數分陰陽五行，一也。甲子分陰陽，五行一也。共三。數分陰陽五行純雜者三，甲子分陰陽五行純雜者三。

正數者，天地之正氣也，其吉凶也確。間數者，天地之間氣也，其吉凶也雜。

純陰純陽爲正，雜陰雜陽爲間。如事類三陽，數亦三陽，大吉。數三陰，大凶之類。故曰：「確如事類，雜陰雜陽，數亦雜陰雜陽，或純陰純陽，不相合。未見吉。不相對，未見凶。縱使事類相對相合，而本數陰陽已差參矣。吉凶未定，故曰雜。」

象以偶爲用者也，有應則吉，數以奇爲用者也，有對則凶。

易卦陰與陽正應，則吉。範數陰與陽相對，則凶。相對即是正應，甲子陽干陽支爲純陽，陰干陰支爲純陰，陽干陰支、陰干陽支爲雜。此以純雜合與不合爲吉凶，非以陰陽論。

事類甲子數純陰純陽、雜陰雜陽，在三陽三陰數裏。如數基一一陽畫是純陽，就是一陽。甲子如甲爲一陽，就是純陽。乙巳爲三陽就是雜陽。大抵此占主蓍與基子二事合，事類即是合基子。

北平郡驪城縣即平州，[一]今直隸永平府撫寧縣。其西南即本府昌黎縣也。有山，遠望穹窿似冢，山頂有石特起如柱，此「碣石」也，離海三十里。

東海至永平府南，發出一洋，東西百餘里，河從此洋之西自北注之。此洋正逆河也。碣石在右，轉屈之間，碣石在海洋北。洋闊五百餘里，自洋南遠看，如在海中，實未淪入於海也。

江水自四川成都府茂州岷山發源，西南至威州，過汶川，轉而東南至灌縣，過金口至新津縣，合皂江水入敘州府宜賓縣，與馬湖江合。東北入瀘州合江縣，至瀘州東北入重慶府巴縣，經涪州、合州、黔江、忠州，入夔州府萬縣、雲安、奉節，經瞿塘硤入湖廣荊州府歸州，出硤歷夷陵、宜都、枝江、公安、石首，入沔陽州。過雲夢澤入武昌府嘉魚縣，經江夏縣東會漢水，南過武昌縣入岳州府巴陵縣，過洞庭湖東，至武昌府咸寧縣東，入江西九江府德化縣，入南康府星子縣，過鄱陽湖入南

[一] 苑洛先生語録此句上有「碣石，傳謂『今淪入海五百里』，非也。在」數字。

直隸安慶府懷寧縣，入池州府東流縣，北流又折而東，歷李陽河口、梅根口、銅陵縣東，入太平府當塗縣，入和州爲横江，入應天府上元、江寧，入揚州府，經儀真縣歷江都，經常州府江陰縣、江南江陰、江北泰州，經蘇州府常熟縣，至揚州府通州入海，江南常熟，江北通州。

天體至圓，天本無涯，何體之可測度？謂天體者，二十八宿之環列者，以次相挨，左旋地外，此天盤之内，地平之外，可測度者也。

周圍：三百六十五度四分度之一。九百四十分爲一度。四分度之一者，將九百四十分分爲四分去聲，每分去聲該二百三十五分。則天體周圓，共該三百六十五度零二百三十五分。

角十二度、亢九度、氐十六度、房六度、心六度、尾十九度、箕十一度、斗二十五度、牛七度、女十一度、虚九度、危十六度、室十七度、壁九度、奎十六度、婁十二度、胃十五度、昴十一度、畢十七度、觜二百三十五分、參十一度、井三十四度、鬼三度、柳十四度、星七度、張十七度、翼十九度、軫十七度。

繞地左旋常一日，繞地一周而過一度。冬至初一日角起子字位，到第二日時則過子位一度，稍東矣。二十八宿天盤一定之次，如二十八宿釘在車輪，輪轉則釘轉，角行則二十七宿皆行，角易一度，則二十七星皆易一度，到那三百六十五日零三個時辰時，恰好天多行了一遭。

日麗天而少遲，故日行一日，亦繞地一周，而在天爲不及一度，積三百六十五日九百四十分日之二百三十五，而與天會，是一歲日行之數也。

此九百四十分是説日，二百三十五分是四分日之一。天以九百四十分爲一度，日以九百四十分爲一日，二百三十五分是三個時。把十二時分作四分也。九百四十分日之二百三十五者，是説九百四十分中的二百三十五分。蓋三百六十五日零那九百四十分中的二百三十五分，若只説三百六十五日零二百三十五分爲尤明，渠卻帶其母而言之。

天與日，冬至初一日子時同在子一度上起，到初二日時，日只到舊位，天則過子位一度上了。

一日過一度，十日過十度，一百日過一百度，三百日過三百度，又五十五日則過三百五十五度，還有一百三十五分又三個時辰，時又過二百三十五分，則與日到寅字上會。日與天會是一年，已畢又起第二年矣。歲之有三百六十五日零四分日之一者，以天體有三百六十五度四分度之一也。

月麗天而尤遲。一日常不及天十三度十九分度之七，積二十九日，九百四十分日之四百九十九而與日會。凡月與日會，自朔至晦，凡二十九日零六個時辰有奇，十九分度之七難算，若照常數以十計之，雖微秒，不盡其餘。今釐以下通變其法，以四奇爲一釐，十九息爲一奇，則乘除始無奇。零以九百四十分分爲十九分，每分該四十九分四釐二奇十八息，内取七分，該三百四十六分三釐十二息。

十二會得全日三百四十八，此十二個二十九日，餘分之積，又五千九百八十八，此十二個四百九十九分。如日法，九百四十而一，得六不盡，三百四十八，日法九百四十分爲一日，以九百四十分爲一日，約之前五千九百八十八，該六日零三百四十八分而一者，一日也。得六者，得六日也。

通計得日三百五十四。九百四十分日之三百四十八，以全日三百四十八及餘積六日，並不盡之數。通共三百五十四日零三百四十八分，是一歲月行之數也。

歲有十二月，月有三十日，三百六十者，一歲之常數也。故日與天會而多五日九百四十分日之二百三十五者，爲氣盈。月與日會而少五日九百四十分日之五百九十二者，爲朔虚，合氣盈朔虚而閏生焉。天運有常，何嘗有有餘不足之數？其不能齊者，曆不能齊也。所以置閏者，只爲月氣不能與節氣相同，故反以節氣就朔氣。若不論朔只一節一中排定，則節氣又正曆，亦省便。但初一月不與日會，十五月不圓耳。然不用朔氣，似與天時無害。夫有陽必有陰，月之氣亦自與萬物相關，豈可不論。

三百六十者，一歲之常，由前面所注日與天會爲三百六十五日零三時多五日強，月與日會三百五十四日零七時強，爲少五日。日五日多，月五日少，相合來十日然，皆是月之不足者。

故一歲閏率，則十日九百四十分日之八百二十七，將及十一日。

三歲一閏，則三十二日九百四十分日之六百單一。五歲再閏，則五十四日九百四十分日之三百七十五十有九。歲七閏則氣朔分齊，是爲一章也。十有九年餘一百九十日一萬五千七百十三分，以日法除之，得二百六日六百七十三分，爲七閏之數，氣朔之分齊矣。

三百六十爲一歲之常者，甲子六十日，甲寅六十日，甲辰六十日，甲午六十日，甲申六十日，甲戌六十日，六六三十六也。

大餘是月，不及天之數。小餘是日，不及天之數。

武都，漢時爲郡，所治甚遠。西北自陝西鞏昌府成縣，東南至漢中府沔縣，千八百餘里。沔縣有天池，故曰「都」，此武都之得名也。武當，今湖廣均縣。郢州，今安陸州京山縣。二州縣地，三澨在京山縣西八十里，汊澨、漳澨、薳澨，故曰「三澨」。靜海縣，今省入通州，屬南直揚州府。

漢水之源，論者不一，或以爲出於鞏昌。漢志曰：「東漢受氐道水，或以爲出於漢中，大抵鞏昌爲是。蓋嶓塚山在可證也。」漢中無嶓塚山，常氏謂：「鞏昌之漢爲東源，三泉之漢爲西源。」又曰：「西縣爲東源，是以西縣爲鞏昌矣。」是不知鞏昌非西縣，去西縣千八百里。鞏昌在西，三泉在西縣之東，豈可以鞏漢爲東源？」(闕)通州等處至此，則爲中江。至今土人猶有「上江」「下江」之稱。漢言「北江」，則江爲「南江」可知。此因漢以見江，江言「中江」，則漢亦爲「中江」可知。此因江以見漢，互言之也，曰「東匯」。曰「東」爲者，謂漢自西東流，而匯爲彭蠡，又東流而爲「北江」，非謂漢之東邊也。何足疑哉！

漢中沔水，源出金牛山，人以爲漢水。既誤以爲漢水，以漢水出於嶓塚山也，遂以金牛山爲嶓塚。後人不知金牛山爲漢水之誤爲嶓塚，反以嶓塚之名爲漢水之證。謂：「既非漢水，緣何出於嶓塚山？」

四時驗日影。春分于卯，夏至于午，秋分於酉，冬至於子，子不可考，止言平在朔易。

渾天儀不難造，難於激水之法。其遲速之節，正如銅壺滴漏。

用「乾」「坤」不若用「既濟」「未濟」。仙家有見於此，取爲長生之道。「乾卦」治中有亂，「坤卦」亂中有治，「既濟」常治而不亂，生而不死者也。「未濟」常亂而不治，死而不生者也，況又從水火相交而來。

革除中，張公紞殺身成仁，可謂「王臣蹇蹇」。方公孝孺、高公翔，殺身而仁未盡，所謂「過涉滅頂」者。方、高二公，其忠至矣。夫惟君子，中庸難矣哉。知道君子，爲之傷痛。

漆水止據蔡傳云：「自同官縣來。」他更無證，而鳳翔有漆，鞏昌有沮，皆自本境入渭，源派甚明。但其地在灃水入渭之上，與經文不合。惟考有洛水，源遠流長而派明通。洛水出慶陽府環縣，即古洛源縣也。經延安府甘泉縣即古雕陰縣也，經鄜州宜君縣子午嶺，至中部縣，入西安府界。經耀州及同官縣，至富平縣合沮水。歷蒲城、同州，至朝邑縣東南入渭，沿河三府之人，至今皆呼爲洛河，漆沮之名，亦不知也。古今郡縣，慶陽有洛源縣，延安有洛川縣及三川，洛其一也。朝邑有洛苑鄉。水經言：「延安形勝。」云洛水之交。漢志亦云：「雍州其浸渭、洛，左馮翊」。注云：「洛水經北條荊山而東南入渭。」此尤爲明證。漢志又曰：「洛都曰襄洛，皆延安近洛之地。」畧無一字及漆者，獨漢上郡志有曰：「漆垣者，又不知何所指也。」而顏師古曰：「洛水即漆沮也。」此後世指洛爲漆、沮之由，豈洛亦名漆歟？作記者不知鳳、鞏自有漆、沮二水，以二漆爲一水而莫究其源，但云自同官縣界來，而不知自同官來者，洛也。一統志遂言：「同官之漆出自鳳翔。」而不知漆水爲涇、汭所間，其能飛度涇、汭而來同官耶？秦士往往疑此，故詳考而著之焉。

沮水出宜君縣，至子午嶺合子午水，歷中部縣東南，流入西安府界，至富平縣合漆水，即洛也。子午嶺乃子午山一支，其山歷延安、慶陽、西安三府，綿亙八百里。蔡傳合榆谷川，非也。予嘗至同官縣，見一大潭，水湧出，三面皆青石，山如壁立，水流出東壑。問其居人，父老曰：「漆潭。」正所謂自同官縣界來者。然至富平不百里即入洛，豈洛自洛，漆、沮二水皆入洛歟？但其水甚小，禹何故捨洛而取漆，豈無施勞者雖大亦畧歟？顔師古曰：「漆沮，即馮翊之洛水也。」，不知蔡傳何以不引此。

或者：漆、沮，實鳳、鞏之水，詩人詠之亦名川也。而經文有錯簡，漆、沮既從，當在澧水攸同之前歟？如此則洛與沮會，禹未嘗書。而漆潭一溝水耳，故古志不載。

漆水出鳳翔府隴州，東入渭。漢志：「右扶風有漆，在正西。」指此也，亦名川。

沮水出鞏昌府階州角弩谷，東南入渭。蔡傳謂：「延安沮水合榆谷水。」榆谷在臨洮，去渭源近，正謂此沮水。延安沮水何由西行數百里至臨洮，既至臨洮，又何由至西安之耀州？

其他文字皆可著作，惟醫藥之書不可輕爲一字，苟一字不當，殺人多矣。其罪與殺一家非死罪三人者等，學者可不慎哉！

造化不如人。聖人能全其性，造化不能全其性，修齊治平，聖人之功業也。聖人無虐民之政，生物者，造化之功業也。虺蛇射工鯨鯢，造化不能自克也。

堯冬至日在虛昏、中昴，今冬至日在斗昏、中壁中。星不同者，蓋天有三百六十五度四分度之一，歲有三百六十五日四分日之一，天度四分之一而有餘，歲日四分之一而不足，故天度常平運而舒，日道常內轉而縮，天漸差而西，歲漸差而東。斗二十五度、牛七度、女十一度、虛九度，共五十二度。壁九度、奎十六度、婁十二度、胃十五度、昴十一度，共六十三度，昏中多十一度者，蓋日在斗之末，昏中在壁昴之中歟？大較若此。

晉虞喜始以天爲天，以歲爲歲，乃立差以追其變。約以五十年退一度。何承天以爲太過，乃倍其年而又反不及。至隋劉焯取二家中數七十五年爲近之，以七十五年乘九百四十分，每年該十二分半，強自唐堯甲子至宋甯宗己未，以七十五約之。則五十二度雖未齊一，亦不甚遠矣。天運微秒，雖巧曆不能齊。曆家那前趲後以步之，如閏法耳。二十八宿安次則由右，運行則由左。

九河故道，今永平府撫寧縣西有碣石山，去海三十里。遠望穹窿如塚，中有石特起如柱，在海東南之灣，與諸家所載碣石之狀甚相合，則九河之地，在滄、平之間無疑。九河非有他水，止將一河分而爲九派，以殺黄河之勢。今河身既徙而南，則九河已爲平地，又何形跡之可求？且今河入海之處，去古河入海之處將二千里，豈惟九河之地，雖河身故處，今皆爲田廬、爲城市，已不可辨，況九河乎？河之故道，自鞏縣歷懷衛、彰順、名真數郡，今止長垣、開州、清豐，畧見其跡，然亦非禹時故道也。觀此則九河在其界中矣。海之灣，永平謂之南海，此洋東西長而南北狹，如江河之狀，此或逆河，則河從此入海，今河徙而洋存。

山東通志：「馬頰在商河，覆鬴在海豐，鉤盤在德平，鬲津在樂陵，徒駭在齊河，皆濟南府所屬。今真定府三百里，方是濟南之北境。真定去濟南東西又六百餘里，古河自洚水直趨而北，至於大陸則皆真定之地，又北播爲九河，則固永平、河間地也。不應河至大陸折而東反，回流而南，以至濟南之境。當時河自南而北道，西經冀東，經兗，冀高兗下，水直溢於兗，故禹治之。於兗北疏殺其勢，以洩其水，不應反自西導九渠，而東以灌兗。經上言「播爲九河」，下言「同爲逆河」，則既分而復合爲一，今乃散渙不一，紆曲旋繞八九百里，方合而入海。恐無此理。

附録

一、苑洛先生語録拾遺　魏冬拾遺

題記：苑洛先生語録，四庫提要曰：「是書皆平日論學之語及所紀録時事，輯爲一編，本名見聞考隨録，已編入所著苑洛集中。惟集本五卷，此本作六卷。所載雖稍有出入，而大畧皆同。蓋此本乃邦奇門人山西參議白壁所刊，前有壁序，稱『刻而題之曰苑洛先生語録』，疑又爲壁所重編矣。」由是知苑洛先生語録內容多與苑洛集中第十八至二十二卷見聞考隨録相合，故不復録。然兩相對照，見得其中數語仍爲苑洛集以及邦奇其他著作或未見，或表述不同，故輯之曰「苑洛先生語録拾遺」。

□□□□爲省力故曰「易」。坤道猶有孕育之勞，但自然而然，無所造作，簡而已矣。

若必待養心已成而後行事，則孔子七十從心以前，皆閉門靜坐時也。

示恩以縱盜，非仁也。捐財以給奸，非義也。設機以顧賢，非智也；足恭以媚上，非禮也。

凡處大事，不可視之以易，不可憚其爲難。未就不可沮，已成不可驕。於人當謙，於己當虛，於機當決，於圖當密。慎此八者，必有事焉，勿助長也。

凡議大事，雜之以萬人之譁，壓之以萬鈞之重，定見定力，不搖如山。辭不可過激，色不可少厲，氣當平舒，切戒冷笑。如此則事可行而人不嫉矣。

孔子樂在其中，顔子不改其樂。程子言：「所樂何事？」樂乃四情之一，更有何事？不亦樂乎！朋來而樂也；樂以忘憂，理得而樂也。于「樂」字上無所增益，若爲貧而憂，是改其樂也。

先正謂：「光風霽月，不足於形容有道者氣象。必如孟子所謂『睟面盎背』，然後可以形容有道者之氣象。」然猶不如子貢所謂「夫子溫良恭儉讓。」。

海中有國有山，非海也，地之卑者淪於水也。至潦落則真海矣。

古人重樂器，得美玉皆爲笙磬簫笛。

康節之數，蓋以一年之候而得之。因一年而悟一元，因十二月悟十二會，因三十日悟三十運，因十二時悟十二世。以此以知天地之間，一元十二會，每會三十運，一運十二世，每世三十年，共十二萬九千六百年。又以天地之始，而推之至於分齊，又以釐毫絲忽而考之，猶未也。至於微秒塵息，通爲齊一。五星連珠，日月合璧，而天地一終矣。因小以悟大，自始以要終，而其年有如此之數，夫豈億說者哉！

大乙數，一會三萬六千年，始終天地四十三萬二千年。每會之始，七曜雖未齊元，而所餘無幾者，皆可起數，蓋三萬六千年始積一歲。

石曼卿詩曰：「樂意相關禽對語，幽香不斷樹交花。」於浩然之氣，似無干涉。如「天心水面，雲淡風輕」之類，不過閑適自然耳。究其極，亦只曾點舞雩之氣。象顏子之「欲罷不能」、孟子之「配義與道」，其清虛切實之分自見。此等言語，正如釋氏之偈言，術家之隱語，如曰「草上露華偏在尾，花中香氣總宜心」、曰「不用時時掃，何處有塵埃」之類，孔、孟及三代以上儒者，必不肯爲此說。

書：「岐山」，傳謂：「即狐岐山。在汾州介休縣。」今介休無狐岐山，孝義縣有狐岐山。孝義縣與介休接壤，豈古介休實兼二縣之地歟？然狐岐之山，滕水所出，河不經流，其下介休，去河尚遠，或臨河別有岐山，今不可考，闕之可也。

汾水出於太原，經於太岳。傳謂太原爲太原府，謂岳陽爲彘縣。太原府，今山西太原府。彘縣，今山西平陽府霍州。岳陽，今平陽府岳陽縣也。汾水出於太原府靜樂縣管涔山，經太原縣、清源、交城、文水、祁縣，汾州平遙縣、介休縣，入平陽府靈石縣，經霍州趙城、洪洞、臨汾、襄陵、太平，絳州稷山、河津、滎河縣入于河。太岳之南，即趙城縣。汾水不經岳陽縣。今註以岳陽爲岳陽縣，今岳陽與趙城相鄰，豈宋時岳陽或兼趙城之地歟？

「大陸既作。」邢州，今直隸順德府邢臺、巨鹿縣地。皆信都縣地。趙州，今直隸真定府趙州。深州，今直隸真定府深州，即大陸之地也。洚水，今枯。今在直隸真定府冀州。經曰：「北過洚水，至於大陸。」則洚水在南，大陸在北。今趙、深二州，在洚水之北是矣。邢臺、巨鹿，則在洚水之南，似未相應。考之，真定亦爲巨鹿郡。巨鹿即邢州。豈今真定以北，皆可稱邢州云？又深州亦稱信都，然那巨鹿、信都之地廣矣。然此所謂「邢」者，即今晉州以南之地也。晉州，漢屬巨鹿。如此則與經文相合矣。

二、軼文

刊虎谷王先生墓誌序

奇嘗聞之先正曰：「當朝真儒，惟薛文清一人。」奇亦謂：「文清之後，亦惟先生一人。」先生秉正嫉邪，道高寡與，流俗憎忌，遂遭黯黯。此澤野獷所以爲先生志也。奇嘗謂涇野子曰：「此志當刊之萬本，流布於世，庶後之正史君子有考焉。」茲故刊之晉陽。嘉靖十四年九月二十四日門生苑洛韓邦奇書。

見虎谷集王公行實録

書可泉詩集後

詩以調也，匪意也，匪辭也。芣苢之辭淡，狡童之意近，而文王之化彰，鄭國之淫見矣。草蛇灰線，聞其聲不見其形，睹其跡不見其實，其於言意之表者乎？是故得意者忘言，得調者忘意。其次尚意，其下焉者尚辭。尚辭而詩亡矣。由漢、魏而下，可徵焉。可泉詩，其調卓矣，鏗乎宫商之間，後世其必傳也夫！明嘉靖戊戌苑洛韓邦奇書

见胡缵宗鳥鼠山人集

三、相關序跋

刻苑洛先生文集敘

孔天胤

大司馬韓公苑洛先生文集二十二卷，其一卷、二卷爲敘，三卷爲記，四卷、五卷、六卷爲志銘，七卷爲表，八卷爲列傳，九卷爲策問，十卷爲五言，十一卷爲七言及聯句，十二卷爲填詞，十三、十四、十五、十六、十七卷爲奏議，十八、十九、二十、二十一、二十二卷爲語録。巡撫大中丞樵村賈公取付省中刻之，以表憲一方。若曰：「文獻爲可傳耳。」於是外史胤推敘其略。

昔孔子學夏、商之禮，歎文獻之不足徵，至於周禮，則曰：「學之、用之、從之焉。」是有周之文獻，昭然可考而據也。然文托獻、獻紀文。苟非其人，道不虚行矣。苑洛先生，當代之儒賢也，蚤植學於庭闈，崛董英於館閣，皺歷恭踐，保釐弼承，議制敘物，聰明純固。所謂亨於天人，嫻於大體，位著之表儀，典刑之舊德。故其爲文，類非丹艧斧藻之事。蓋帝王統治之猷，聖賢傳心之學，人物之汙隆，風俗之上下，性情之所感，宣聞見之所著録，其辭不一，其陳理析義，卓然一出於正，其揚教樹聲，翕然一矢乎！聖代之彝，即大夫考政事，士考學聞，鄉國之人考孝友睦婣之俗，雖不必别求載籍，其經法攸寓，可按集而省焉。然則謂公爲當代之文獻，不亦信乎？故刻斯集也，允矣，其垂表憲也。

時嘉靖三十一年冬十月，河汾孔天胤謹敘

刻苑洛先生文集跋

張文龍

先生少時鋭意于詩文，既而當弘治之盛，自慶身際升平，復留心於禮樂，比登仕，則正德矣，乃皤然于性命道德之學。凡詩文則隨意應答，稿多不存。又先生撫宣時，以其稿付侄生員仲諮，會造火災，蓋盡焚之。文龍侍先生最晚，始集先生製作，爲卷二十有二，不可考者過半矣。文章如江神、河伯諸賦，篇皆萬餘言，今亦遺失。奏議在南都，如擁護孝陵，會内外文武重臣，議履刻石朝陽門外，山西宗室禮部覆有成命，命先生送發高牆。先生以宗室越赴南都，止因貧難，别無他意，宜伴送本處，經該衙門查究收管，此其最大且進者，稿皆不存，他可知矣。斯集也，文龍爲門下士，安敢贊一辭？止述其集之始末存失，識歲月云。

嘉靖辛亥十二月二十四日，門人潼關張文龍頓首識

重鐫苑洛文集序

成邦彦

前明一代，理學首稱龍門薛文清公，關中密邇親炙，放名儒蔚起，而苑洛韓先生，尤其超然出群者也。余幼時披閲明史，因熟識先生之名，然史書所載頗略，常以未得詳述其文行爲憾。乾隆戊辰，余承乏先生梓里，又遇先生于賢祀，因索獲所著苑洛文集二十二卷。案牘之暇，三復留連，意會心折，雖未足以窺先生之虚裏，然明體達用，所謂恬退之節、經濟之才，略可紡繹：其餘體裁不一，要皆根極理要，有稗世道。則孔序所謂「卓然一出於正者」，得之矣。但木板既久，不無梨棗之缺，豕永之舛，幸際聖天子雅意表章，旁求文獻，格遵憲命，再事搜輯，仝閤邑紳士，共謀重鐫補綴而訂正之。迄功告竣僉，屬余弁首。余惟文者，載道之器，非苐騁木摛藻，剪綵爲花，遂可云藏名山而傳其人也。如先生者，德器深醇，氣質剛毅，文章之發，似其爲人。浚兹者，睹斯文而興起，接苑洛之薪傳，斯不亦一代名儒也哉！

時乾隆十六年季秋，大淩成邦彦直侯氏序

補刊苑洛文集暨性理三解易占經緯序

朱儀軾

予治朝之明年，聖廟既修，百廢漸舉，時貞侯謝公既以朝邑前後三志校讎補刊而問序於予。予樂爲序其大凡矣。既而朝之士大夫相率謂予曰：「明三百年，賢士大夫多矣。顧其著作，或不傳，或傳矣，仍就湮沒。惟韓恭簡弟兄，並以名父之子，早掇巍科，官部曹。先後忤權貴，下請室，人望益歸焉。五泉年未四十遽作古，生平著述多散佚，惟縣志一卷稱完好。若苑洛早年，出處與五泉同，五泉没後，苑洛優遊外吏，所至具有治績。晚歲膺節鉞長六卿，視五泉爲顯矣。然今所傳，只有文集及性理、易占諸書，亦皆爲河水湮没，殘缺不全矣。若乘此修而明之，亦良有司之責也。」予曰：「唯，唯。」爰取恭簡諸書，伏而讀之，而後歎都人士之不我欺也。考恭簡與五泉，同登正德初年甲科，其時逆瑾進，諸賢退矣。然朝政猶未盡壞，賢才猶未盡去，分門别類，以漸復休明之治，非難也。既乃逆瑾誅，群邪進，廟堂之上，虛如無人，而吏治日以頽廢而不可問。於是弟兄先後發憤，罹刑憲廁編氓而不辭。及世宗嗣位，搜羅人才，幾於野無遺賢矣。時則大臣以矯激爲名高，小臣以愈直爲利器，議禮獄懲處多人而其風不衰。君子謂「新法之行，吾輩有以激成之矣」。恭簡有道之士，志不屑爲。惟仰屋樑著書，冀傳於後。雖當時禮貌敦促，歲無虛日，然難進易退，未滿考輒去，海内高之。後雖撫山西，陟南司馬，亦不久輒退。山頽木壞，哲人其萎，殆有數存焉，而公之生平，亦自此不朽矣。歷考公生平立朝，璁、萼、言、嵩相繼柄用，殆與公相終始，其時老宿稍不自檢，致損清譽者多矣，獨公始終一節，與五泉先後比美。雖廟堂之上，一時未究其用，而不磷不淄，朝野欽仰如山斗，此非有道之士而能之乎？後人慨遇合之維艱，感委用之未竟，撫今追昔，久宜感慨是之。若不諒立朝行己之始終，毛舉細故，率加警議，豈惟都人士所不宜，亦守土者所不敢出也。己吏事稍簡，以此意質之朝士大夫，咸以爲當。於是貞侯復取恭簡文集、性理、易占三種，校補殘闕，問序於予。予嘉貞侯之表章先賢，嘉惠後學，孳孳不倦如此，他日出身加民，必有大過人者。而余以風塵俗吏，得窺前賢著作，沐津逮而廣師資，則尤余之幸也。夫文集，經術湛深，自奏疏、經史、序記，下及諸文雜著，皆原原本本，不懈而及于古。性理解先儒之遺，易占系經緯之辭，有志者自能心慕而神追焉，兹不贊述。

時嘉慶七年歲次壬戌冬十有一月戊辰朔，知朝邑縣事江寧朱儀軾謹序

補鐫苑洛文集序

謝正原

韓苑洛先生文集，凡二十二卷，其中所載詩、詞、語録及策、表、奏議各種。文雖不同，要皆先生心性之學與經濟之猷，所見端也。乾隆十六年，邑令大淩成公慕而重鐫之。越今五十餘年，而梨棗剥落者，十之四五。原竊思：「文者，載道之器。」不求善本而補刻之，來茲何取法焉？因重付開雕，證訛補闕，庶先生之文復還舊觀，而先生心性之學與經濟之猷，亦並垂不朽云。

時嘉慶七年歲次壬戌冬十有一月癸未朔旦，謝正原貞侯氏書於東山草堂

重刻韓苑洛集序

謝正原

韓苑洛、五泉兄弟，人品、著述，爲一代文獻，即爲百世師法，不獨吾邑光寵也。苑洛所存遺書，據原序及跋，始刻于明嘉靖時，分二十二卷，其中已多散佚。國朝乾隆十六年，邑紳重刊之，板藏西河書院，亡何，剥蝕又復不少。嘉慶七年，原既補刻邑志，因取苑洛二十二卷，並得性理三解、易占經緯及五泉遺書，同鐫補而印之，不下五百餘部，一時索散俱盡。既宦京師，士大夫復多問者，且無以應之，足見人于兩先生景仰之不啻如昌黎，兼慕之不啻蘇文忠昆仲也。比自京師歸，板乃盡壞。數年之間，人無定跡，物遂不免存亡。仲尼歎杞、宋無徵，傷心遠矣，豈獨茲集哉？於邑者久之，即思復刻，未暇也。道光戊子，王子葵圃赴家弟仰山成縣幕署，臨別懇懇以爲言。因取舊本，乞鄉先生張翔九翰淩、楊永懷孝陸、李時齋元春、張子範飾，各就其家分校之。校迄付梓，既成，仍於西河書院藏焉。夫表章前賢，原何敢言？此惟是前賢所留于後人者，使後人不得時睹，則觀感無由。區區之忱，竊有私歉，況苑洛、五泉非若他賢者之疇哉！刻兼苑洛、五泉，以苑洛言統於一

也，仍前明賈刻以存原式，不敢有異也。

道光八年秋，同里謝正原貞侯謹題

韓苑洛集跋

李元春

苑洛、五泉列明史名臣傳中，勳業聞望，昭如日星。苑洛此集二十二卷，載本朝四庫書目，推譽亦無異議。予參校之下，幾欲闡颺，履思之則覺贅矣。故刊本悉從原式，惟原書志表諸題俱書「大明」，此鐫石例，非當時刊，書體輯者不審，故有此，今皆去之。前有總目，各卷之首無總題閱者，易眯，酌於卷次下加細字。雖加，仍舊額耳。見聞考隨録類大淆亂，未知當時隨録即如此耶，抑後之輯者不免錯鑄耶？且其中多與性理三解復者，何以不去耶？馮少墟刻關中四先生要語與四庫書目俱未言此，逞獨華亭吳鷺塘謂予於此。當足正憶其言，稍加訂次，又以三解並刻，復者概刪，爲學苑洛，未必苑洛意也。予蓋亦竊比于松磐侯氏之編讀書録矣。

道光八年冬，同里後學李元春時齋謹題

苑洛先生語録序

白璧

夫學，何爲者也？所以學爲人也。爲人之理，日用事物，非一端也，貴得其當而已。或巨或細，積微積彰，當與不當之間，而此生之事畢，爲人之實判矣。事固自有恰當之理，而人之聰明或未及，智慮或未至，力量或未逮，心志或未一，則處之有所不當，而人理有所不慊，夫孰無爲人之念哉！其所以爲人之理，須學也。學明乎人理，則凡所當知者，皆不可不講也；學盡乎人理，則凡所當行者，皆不可不習也；此雖統之在心，然而學之不可不熟也。前言往行之蓄，非務博也；草木鳥獸之識，非探奇也；究性命之本原，非鉤玄也；察世情之委曲，非逐俗也。功力至而後爲人之理，瞭然心目之間，沛然身世之用，此雖大賢，亦復如是，而學之所以爲貴也。若徒取科第、攻詩文者，亦學也，亦人之事也。人之所以爲人之理，則不在是，而身不自爲，好醜茫然，何貴此學乎？是以人之爲學，學乎人理而已。予自弱冠考尋昔賢之學，頗以此義自信。其後試於禮部，策問理學名臣，即以此義對曰。當理學既明之後，而不務修潔之行，躬行之學者，自棄焉者也。當諸公講道之餘，而標立門戶，高爲議論者，自戾焉者也。涵詠聖訓而體驗於日用事物之間以求自盡乎？所以爲人之理，則先達言行，誠不可不講也。及授官關中，素仰苑洛韓先生。先生時方家居，即往拜求教，是爲人之理平易而切實者也。又數年，先生爲少宰，予爲其屬官，受教日親，愈見先生事君處友，上下進退之間，無非平易切實之事，而爲人之良範在是矣。所恨別離日久，茅塞予心也。又數年，得録先生之説爲一書者，讀之恍然，如先生之對臨也。蓋所以學爲人之理，如前所云者，具在此書。先生平生精力，雖用之甚博，而所求之於要，此亦足得之矣。先生固未嘗以言語文字教人也，刻而題之曰苑洛先生語録，以時開我心。世之同志，必欲觀焉。

大明嘉靖三十四年秋九月，賜同進士出身山西布政司左參議門人白璧頓首謹序

讀苑洛先生語録

白　璧

苑洛先生天稟高明，學問精到，明於數學。胸次灑落，大類邵堯夫，而論道體，乃獨取張横渠。少負氣節，既乃不欲爲奇節一行，而識度汪然，涵養宏深，持守堅定，躬行心得，中正明達，則又一薛敬軒也。其推述理數、律呂、天地之密，未易言也。其剖析事理，可以服習日用者，誠於鄙心有戚戚焉。是所以每讀而三復，不能自已者也。

門人白璧謹記于末簡

四、相關提要

四庫全書總目　苑洛集提要

苑洛集　二十二卷　副都御史黄登賢家藏本

明韓邦奇撰。邦奇有易學啟蒙意見，已著録。是集凡序二卷、記一卷、志銘三卷、表一卷、傳一卷、策問一卷、詩二卷、詞一卷、奏議五卷、見聞考隨録五卷。乃嘉靖末所刊，汾陽孔天允爲之序。當正、嘉之際，北地、信陽方用其學，提唱海内。邦奇獨不相附和，以著書餘事，發爲文章。不必沾沾求合於古人，而記問淹通，凡天官、地理、律吕、數術、兵法之屬無不博覽精思，得其要領。故其徵引之富，議論之核，一一具有根柢，不同綴拾浮華。至見聞考隨録所紀朝廷典故，頗爲詳備。其間如譏于謙不能匡正之失，及辨張綵阿附劉瑾之事，雖不免小有偏駁，而序次明晰，可資考據。其他辨論經義，闡發易數，更多精確可傳。蓋有本之學，雖瑣聞雜記，亦與空談者異也。

四庫全書總目集部别集类

四庫全書總目　見聞考隨録提要

見聞考隨録　無卷數　浙江范懋柱家天一閣藏本

明韓邦奇撰。邦奇有易學啟蒙意見，已著録。是書已載入所著苑洛集中，此乃明人鈔出别本，中多朱筆標識，上闌又間加評語。如「胡守中結交郭勛」一條，則云「傳聞之過」。「甲申大同之變」一條，則云「視各書所記爲詳確」。「藩臬陞遷」一條，則云：「銓法變自楊邃菴，蓋別有說，所論亦頗有見，特不知出誰手也。」

四庫全書總目子部小說家類存目

四庫全書總目　苑洛語録提要

苑洛語録　六卷　副都御史黄登賢家藏本

明韓邦奇撰。邦奇有易學啟蒙意見，已著録。是書皆平日論學之語及所紀録時事，輯爲一編，本名見聞考隨録，已編入所著苑洛集中。惟集本五卷，此本作六卷。所載雖稍有出入，而大畧皆同。蓋此本乃邦奇門人山西參議白壁所刊，前有壁序，稱刻而題之曰苑洛先生語録，疑又爲壁所重編矣。

四庫全書總目子部儒家類存目

年譜·傳記軼事輯要

韓邦奇年譜

魏冬編訂

題記：

韓邦奇（一四七九—一五五五），字汝節，號苑洛，明陝西西安府朝邑縣（今陝西省大荔縣）人，明代「關學」重要代表人物，當時著名的思想家、音樂家和文學家。正德三年（一五〇八）中進士，歷任吏部考功司主事、浙江按察司僉事、山西左參政、四川提學副使、南京太僕寺丞、南京兵部尚書等職。嘉靖三十四年冬（一五五五），遭難於關中大地震而卒。其一生學問淹博，著作頗多，今有禹貢詳略、性理三解（正蒙拾遺、啓蒙意見、洪範圖解）、易占經緯、苑洛志樂、苑洛集等傳世。

韓邦奇之行年事略，原當有編年事狀。明許宗魯謂：「魯讀苑洛先生編年事狀，乃知公學具體用，非世所謂道學者比也。究心於理而不立異，臨事以道而不苟同，進無所跆，退無所疚，古之所謂儒者，殆庶幾焉。」（王學謨續朝邑縣志卷六人物志。）由此知韓邦奇原當有編年事狀，但今已不傳。值得一提的是，金甯芬先生近著明代中葉北曲家年譜（中國大百科全書出版社，二〇一二年九月第一版）中編有韓邦奇年譜。其考述甚爲詳細完備，可資參考。然其所重，在於詩文詞曲，邦奇之著述、生平以及其他事項，亦不免簡略缺漏。茲以該年譜爲主要參考，並結合韓邦奇著作以及相關文獻史料，對其生平行年重新予以補訂編排，並向金甯芬先生致以謝意。

家世概略

其先爲陝西慶陽府安化縣人。宋、元以來，世爲武官，元末以金牌萬戶鎮浦關（今大荔縣東境）。洪武初，至髯翁始罷武階爲齊民，遂爲朝邑人。自平輔後，皆豪於財，而邦奇之祖父顯，尤能見義勇爲。

韓邦奇叔祖考樸菴府君暨叔祖妣陳孺人合葬墓誌銘（苑洛集卷六）：「惟我韓氏，世揚武烈，肇基有宋，邁跡先元，鎮于蒲關，封茲朝邑。至於髯祖，志違膚敏，守東陵之節，樂首陽之薇，始罷武階，齊於編戶。」

韓邦奇韓邦靖傳（苑洛集卷八）：「其先爲慶陽府安化縣人。宋、元以來，世以武官，元末以金牌萬戶鎮蒲關，蒲關，即今朝邑東境也。洪武初，至髯翁始罷武階，爲齊民，遂爲朝邑人。髯翁者，韓氏朝邑始祖，多髯，家史失其名，故子孫相傳爲「髯翁」云。髯翁生平輔，平輔生得春，得春生恭，恭生整，整生顯，贈奉政大夫刑部山東司郎中。顯配張氏，封太宜人，旌表節婦。生紹宗，字裕後，號蓮峰，鄉學士以蓮峰長者，呼爲蓮峰先生云。蓮峰先生起家進士，累官按察副使，加封中憲大夫。蓮峰先生配閻恭人。」

按：綜此兩段，可見韓氏祖籍原爲慶陽府安化縣，宋、元以來，以武職爲宦，鎮于蒲關，今大荔縣朝邑東境也。至始祖髯翁之時，始罷武階，爲齊民，遂爲朝邑人。髯翁，韓氏朝邑始祖，失其名，因多髯故，子孫相傳爲髯翁、髯祖。髯翁生平輔，平輔生得春，得春生恭，恭生整，整生顯，顯配張氏，生紹宗，紹宗配閻氏，生邦奇。自髯翁至邦奇，已嗣傳八代矣。

又：呂柟福建按察司副使封中憲大夫蓮峰先生韓公墓誌銘（涇野先生文集卷二三）：「初，公遠祖多髭髯，生宋季，譜失其名，世稱髯翁。髯翁生三子，遭金之亂，乃使仲子避居慶陽安化之白合，季子避居洛南之恒山，曰：『幸有來日，無忘朝邑也。』朝邑則先人域在焉，又當潼、蒲二關之衝，士馬所必爭，故命伯子不避去。厥後仲、季之嗣皆繁碩。而伯子幾世孫仕元，爲萬戶矣，然亦失其名，獨其塚在南陽洪之馬坊頭，里人猶呼爲「金牌韓萬戶塚」云。萬戶幾世孫名平輔，生得春，得春配孟氏，生恭，配不詳，生整。整字子肅，以字行，配白氏，生五子。其第二子曰顯，贈奉政大夫刑部郎中，配張氏，封太宜人，是生公而以獲貴者也。韓氏自平輔來，皆豪於財，而贈君少輒奉義克斷，有兄弟析箸，不能決一缶，贈君時才八齡，即笑而克之，各付之半，父老大驚其非常……正統間，嘗輸粟五百以賑饑……然年僅二十九歲歿。時張太宜人生珏方八歲，而公且未晬，撫以自立，乃更獲表其宅曰『貞節』云。……」

按：據此，则知髯翁子三，因遭金乱，分避三处：仲子避居慶陽安化之白合，季子避居洛南之恒山，伯子则守先人之域朝邑而不避。又可知得春配孟氏，其孫整字子肅，配白氏，生五子。其第二子即顯，邦奇祖考也。

韓邦奇叔祖考樸菴府君暨叔祖妣陈孺人合葬墓誌銘：「我先祖平辅府君，不違光德；得春府君，乃構肯堂。惟我高祖府君恭，克類惟肖，不隕厥問；惟我曾祖府君整，聿將厥家，用宏兹賁。曾祖生五子：長，我伯祖考府君希孟；次，我祖考奉政大夫府君顯；次，我叔祖考武清令府君倫；次，即我叔祖考樸菴府君；次，我叔祖考府君俞。」

按：由是亦可知韓氏自邦奇曾祖整以來，分爲五系：長，希孟；仲，顯；季，倫；次，英，即文中樸菴府君也，配陈孺人；末，俞。邦奇父紹宗，顯所出也。

又，韓邦奇堂弟縣學生韓汝聰墓表：「我韓氏本慶陽府安化縣人，宋、元以來，世以武貴。至元中葉，以金牌萬户鎮蒲關，關今隸朝邑。又數世，卜壟於邑南馬坊頭，……洪武初，髯祖者，始罷武階，爲齊民，亡入洛南縣。家史失其名，但相傳『髯祖』云。後念朝邑壟在焉，携長子平輔祖歸朝邑，留餘子於洛南，今其族亦甚繁盛云。又四世，至祖顯，奉政大夫、刑部郎中，贈通議大夫、都察院右副都御史。配張淑人，初封太安人，繼封太宜人，贈淑人，旌表節婦。生伯父珏，義官。伯母白孺人生汝聰，少穎敏，美姿容。」

按：此記「洪武初，髯祖者，始罷武階，爲齊民……」可見，朝邑韓氏先祖髯翁，當爲元末明初人，而吕柟所作墓誌銘曰「公遠祖多髭髯，生宋季」，其間或有未確。其「亡入洛南縣……後念朝邑壟在焉，携長子平輔祖歸朝邑，留餘子於洛南，今其族亦甚繁盛云」一語，亦與吕柟所云因遭金亂、分避三處時間不合，待考。然顯之子名珏者，爲紹宗兄長、邦奇伯父可知也。

父韓紹宗（一四五二—一五一九），字裕後，號蓮峰。朝邑南陽洪人。成化十四年戊戌（一四七八）進士，授刑部山

東司主事，歷官員外郎、郎中，終福建按察副使。居官剛廉有爲，任中聽斷平反者甚多，以得罪多人，讒言劾罷。

韓邦奇韓邦靖傳（苑洛集卷八）：「顯配張氏，封太宜人，旌表節婦。生紹宗，字裕後，號蓮峰，鄉學士以蓮峰長者，呼爲蓮峰先生云。蓮峰先生起家進士，累官按察副使，加封中憲大夫。」

呂柟福建按察司副使封中憲大夫蓮峰先生韓公墓誌銘（涇野先生文集卷二三）：「公生於景泰壬申閏九月十八日，卒於正德己卯四月二十日，壽六十有八歲。」並見王九思大明中順大夫福建等處提刑按察司副使封中憲大夫蓮峰韓先生墓碑（渼陂集卷一一）。

馮從吾關學編苑洛韓先生曰：「父紹宗，號蓮峰，成化戊戌進士，仕至福建按察副使，學識才品，當世推重。」

續朝邑縣志卷六人物志：「韓紹宗，字裕後。溥濟裏。戊辰進士，刑部主事，歷郎中、福建按察司副使。故志稱居官有爲，執法平恕，閩人思之。……」

母閻氏，始封安人，後封宜人、恭人。

韓邦奇韓邦靖傳（苑洛集卷八）：「蓮峰先生配閻恭人。」

呂柟福建按察司副使封中憲大夫蓮峰先生韓公墓誌銘（涇野先生文集卷廿三）：「所配閻恭人者，始封安人、再封宜人，其恭人亦文選（按：指邦奇爲文選時）封也。」

邦奇配張氏。兄邦彥，弟邦靖、邦翊。姊妹三，長早死，名不詳。一妹，名春桂，適李德源。另一妹適王鋭者，名不詳。

朝邑縣志載：「（韓紹宗）四子，長邦彥，次苑洛先生邦奇，次五泉先生邦靖，季邦翊。邦彥，字汝哲，正德丁卯舉人，官至鄭州知州。苑洛、五泉詳前志。邦翊，太學生，固始縣丞。」

呂柟福建按察司副使封中憲大夫蓮峰先生韓公墓誌銘（涇野先生文集卷廿三）：「三子者，今儀封知縣邦彥、浙江僉事邦奇、工部員外邦靖也。……子四人：儀封，丁卯舉人，娶劉訓導女；僉事，初受考功主事，改文選，陞員外郎，調平陽府通判，陞僉事，以忤權宦去，娶張教諭女，封安人；工部，初受虞衡司主事，陞都水司員外郎，以諫言去，娶屈氏，即都御史公女也，封安人；其第四子曰邦翊，國子監生，娶仇教諭女，再娶史氏。三女：長蚤死，次適國子生李德元，次適王銳。孫男三：仲議，仲讓，仲詳。孫女三。」

按：由此可知，韓邦奇於家中排行第二，有兄弟三人：兄邦彦、弟邦靖、邦翊。兄邦彦字汝哲，正德丁卯舉人，官至鄭州知州。弟邦靖，韓邦奇苑洛集卷八有韓邦靖傳。邦翊，太學生，固始縣丞。姐妹三人，長早死，名不詳。次見韓邦奇光禄寺良醞署署丞李公暨配東孺人合葬墓誌銘（苑洛集卷六）。據墓誌，李公長子德源娶邦奇之妹韓春桂，此處「德源」當是呂柟文中之「德元」也。故知妹名春桂。適王銳者，名不詳。

邦奇另有堂兄弟六人：邦憲、邦忠、邦樹、邦召、邦望、邦本。子，仲撰。女一，名不詳，適朝邑南陽張騰蛟，生外孫張士榮，從邦奇學。另有堂侄：仲讓、仲謙、仲講、仲誦；堂侄女：采蘋、采蘩、采蓮，采芃。

韓邦奇叔祖考樸菴府君暨叔祖妣陳孺人合葬墓誌銘載：「（韓英）子男一：纘宗，娶仇氏，繼孟氏。女四：長適謝誾，次適仇便，次適白儒，次適賈宗學。孫男六：邦憲，縣學生，娶許氏。邦忠，國子生，娶王氏。邦樹，承差，娶趙氏，仇所出。邦召，生員。邦望、邦本，尚幼，孟所出。曾孫：邦憲男一，仲讓，生員，聘李氏。女二，采蘋，字生員樊藻。采蘩。邦忠男仲謙，聘樊氏。仲講，聘程氏。仲誦，聘孟氏。女二，采蓮，采芃。樸菴府君生於正統庚申正月二十日，卒於嘉靖二年九月二十一日，壽八十有四。陳叔祖妣生於正統己未四月二十五日，卒於嘉靖四年七月二十五日，壽八十有七。

按：由此可知韓邦奇另有堂兄弟六人：邦憲、邦忠、邦樹、邦召、邦望、邦本，均系其叔祖韓英之子。另有堂侄：仲讓、仲謙、仲講、仲誦；堂侄女：采蘋、采蘩、采蓮，采芃。另據韓邦奇韓氏三世貞節傳云：「……弟婦許氏又繼之……許氏年二十四，夫韓邦仁卒』，知韓邦奇有堂弟名韓邦仁。其餘名雖不可考，然其家族之繁盛，由是亦可見也。

至於邦奇之子女，文獻多載之不詳。惟其文外孫廩膳生南陽張士榮墓誌銘：「（張士榮）父騰蛟，累應秋試，充歲貢。母吾女，外祖吾，叅贊機務尚書。」可知韓邦奇有一女，適同邑南陽張騰蛟。又續朝邑縣志曰：「韓仲撰，尚書恭簡子，入監讀書」，可知邦奇有子名仲撰，然生卒事蹟不詳。又黄瓚贈韓公邦奇七十壽序（雪洲集卷七）言：「予友太學生陳君克載者以易授諸生里中，而韓公邦奇與其子希魯實館之。希魯請於克載，曰：『吾父明年壽且七十，宜得敘如黄君其可？』克載曰：『然。』邁與俱來致前意焉。」由此可知邦奇有子名「希魯」者，此或仲禮之字，或他子，待考。

另據韓邦奇嘉議大夫總督漕運兼巡撫淮揚等處地方都察院左副都御史西溪屈公傳（苑洛集卷八）：「公諱直，字道伸，姓屈氏，號西溪。女曰淑，適山西布政司叅議朝邑韓邦靖。』及呂柟福建按察司副使封中憲大夫蓮峰先生韓公墓誌銘：「公（韓紹宗）自幼時即爲提學江西伍公福所器重，呼爲小友。既舉成化甲午鄉試，遂開講于華陰雲臺觀，弟子數十人，後皆大顯貴，都御史屈公直，固其一也。」可知韓邦奇之父韓紹宗有弟子名屈直者，其女爲邦奇弟韓邦靖之妻也。因邦奇早年即與屈直有交，且與其弟邦靖感情甚篤，先後爲之作傳，故志之。

又韓邦奇韓氏三世貞節傳載其先嬸雷氏，爲韓續宗之妻，大名府同知雷爵之妹。韓邦奇曾作朝邑三廉吏傳（苑洛集卷八），贊稱雷爵。且于韓氏三世貞節傳（苑洛集卷八）稱雷氏與其兄「清修苦節，老而彌篤，可謂難兄難妹矣。」故志之。

行年考述

憲宗成化十五年(己亥　一四七九)　一歲

生於是年秋八月十二日。

韩邦奇久病不時舉發再乞天恩休致事(苑洛集卷十七):「臣見年五十五歲」,末署「嘉靖十二年二月」。舊疾大作乞恩休致事(苑洛集卷十七)又曰:「臣見年五十七歲」,末署「嘉靖十四年九月十七日」。

冯从吾苑洛韓先生(馮恭定公全書卷二二):「乙卯,會地震,卒,年七十七。」

楊繼盛壽大司馬苑洛韓公七十序(代龍湖公作)(楊忠愍公文集卷二):「嘉靖二十有七年,大司馬苑洛公年七十矣,辰在秋八月十有二日。」

按:據上,可推知韓邦奇生於憲宗成化十五年(己亥,一四七九)秋八月十二日。

憲宗成化十九年(癸卯　一四八三)五歲

是年,父韓紹宗由刑部山東司主事陞刑部四川司員外郎、郎中。後復山東司……終始刑部,凡九年。

王九思大明中順大夫福建等處提刑按察司副使封中憲大夫蓮峰韓先生墓碑(渼陂集卷一一):「……蓋二十七而舉進士云。進士授刑部山東司主事,主事五年而遷四川司員外郎。其年再遷郎中,復山東司,而雲南、廣東二司者事劇甚,部尚書特委攝焉,然又或攝他司而終始刑部,凡九年。」

孝宗弘治元年（戊申　一四八八）　十歲

弟邦靖生於是年閏正月初一日子時。

韓邦奇韓邦靖傳（苑洛集卷八）：「蓮峰先生配閻恭人，弘治元年閏正月初一日子時生靖。是夜，閻恭人夢聞五色雲中奏異樂，玉女十餘人持蓋擁一美童子入寢室，覺而生靖。」

馮從吾關學編之苑洛韓先生（弟邦靖附）曰：「弟邦靖，字汝慶，號五泉。幼稱『奇童』。」

孝宗弘治五年（壬子　一四九二）　十四歲

是年，父遷福建按察司副使，闔家隨父赴閩。在閩七年。

王九思大明中順大夫福建等處提刑按察司副使封中憲大夫蓮峰韓先生墓碑（渼陂集卷一一）：「……凡九年。……其後遷爲福建按察副使……其在福建凡七年。」

呂柟福建按察司副使封中憲大夫蓮峰先生韓公墓誌銘（涇野先生文集卷二三）：「未久，竟陞公福建按察司副使，爲弘治壬子也。……公在福建七年。」

唐龍五泉韓子墓表（唐漁石集卷三）：「蓮峰爲福建按察司副使，攜家往。」

學醫術。

見韓邦奇贈張乾溝序（苑洛集卷二）。文中曰：「予年十四學醫。」

孝宗弘治七年（甲寅　一四九四）　十六歲

睹物思人，作木軒墨蹟記（弘治甲寅）。

韓邦奇木軒墨蹟記（弘治甲寅）（苑洛集卷三）曰：「木軒，余友也。其締交也，志合陳雷，情投膠漆之好。墨蹟者，木軒漫筆也。及其别也，白樓滄海，不勝雲樹之思，偶檢篋笥，中得墨蹟焉。展而玩之，明珠拱璧，猶照顔色，乃裝潢成軸而懸之，且爲之記。木軒，浙東天台人也，秀稱人傑，粹稟清資。余，關内長春人也，志在四方，情篤友誼，乃於弘治中，歲維壬子，月應黄鐘，相遇于福州南臺之上。……斯時也，余與木軒年各二七，髫未纓冠，問道登蕭、朱之門，論文分王、楊之席，晝倚芸窗，夜燒薰篆，未嘗頃刻之相違也。而梅亭風雨之宵，時酬麗句，芋原鶯花之候，每倒芳樽，蓋五年於兹焉。一旦碧簫吹月，聲斷陽關，錦瑟華年，歌殘南浦。煙帆畫舫，木軒之北下也，夢繞荊門；雨蓋雕鞍，眇末之西歸也，魂銷灞水。物存人遠，睹物思人，愛其人而亦愛其烏，見其物而如見其人，墨蹟之記也如此。」

按：據記，木軒，浙東天台人。孝宗弘治五年（壬子，一四九二），二人相遇于福州，志趣相投而成膠漆之交，别後以木軒之墨蹟裝潢成軸，懸掛室中。

侍父按察副使入覲，駐通州。

韓邦奇嘉議大夫總督漕運兼巡撫淮揚等處地方都察院左副都御史西溪屈公傳（苑洛集卷八）：「甲寅，朝邑韓邦奇侍父福建按察副使蓮峰先生入覲，駐通州邸，命邦奇訊公。時邦奇來自閩七千里，又蓮峰先生與公新結男女之好也。公留食，出生韭一品、湯粟數盂，邦奇飽食之。公曰：『子飢甚也。』邦奇曰：『尊公以古人自處，亦以古人待邦奇，不敢不飽也。』明日，邦奇反命，蓮峰先生方與同覲者參政陳公奕，邦奇言：『陝西有人。屈秋官不負門牆。』蓋公，蓮峰先生授經生也，因言留食事。邦奇時年十七，陳公以手執棋，熟視邦奇，謂蓮峰先生曰：『恠哉此子！顔子之志也，若他兒，必恨其簡矣。』」

按：據傳中言：「又蓮峰先生與公新結男女之好也」，可知其弟韓邦靖與屈直之女此前已定媒妁之好。

孝宗弘治八年(乙卯　一四九五)　十七歲

在閩，作雁兒落聯得勝令閩中秋邀楊喬夫飲弘治乙卯。

見韓邦奇苑洛集卷一二。曲詞爲：「斫霜螯，紫蟹鮮，傾秋露，芳樽滿。小園中，綠橘垂，疏籬下，黄花綻。碧亭亭，窗外兩峰寒；卻不覺，身在瘴江邊。金陡潼關道(予家也)，天台玉瀑泉(喬夫家也)，望鄉園，萬里雲山遠。且追歡，醉如泥，錦瑟前。」

按：據注，楊喬夫家天台，木軒墨蹟記所記木軒亦天台人，或木軒者，即楊喬夫歟？

正蒙解結約作於是年前後。

是書爲韓邦奇早年研習張載正蒙之作。見韓邦奇正蒙會稿序(苑洛集卷一)，又見劉璣正蒙會稿卷首(明正德十五年刻本)。文中曰：「弘治中，余嘗爲正蒙解結。」

孝宗弘治十年(丁巳　一四九七)　十九歲

是年，完成禹貢詳略，闡明尚書禹貢篇地理之學。蔡傳發明亦作於是年前後。

見韓邦奇禹貢詳略序(禹貢詳略卷首)：「略者，爲吾家初學子弟也。復講説者，舉業也。詳釋之者，俟其進而有所考也。弘治丁巳苑洛子書。」

朱彝尊經義考卷九十四曰：「禹貢詳略，二卷，存。邦奇自序曰：『略者，爲吾家初學子弟也。復講説者，舉業也。詳釋之者，俟其進而有所考也。弘治丁巳。」

馮從吾關學編之苑洛韓先生(弟邦靖附)曰：「先生幼靈俊異常，承訓過庭，即有志聖學。爲諸生治尚書時，即著蔡傳發明、禹貢詳略、律吕直解，見者驚服。」

按：蔡傳發明、禹貢詳略二書，爲邦奇早年研治尚書之作。邦奇早年研治尚書，以南宋蔡沈之尚書學爲主。蔡沈（一一六七—一二三〇），字仲默，學者稱九峰先生。福建建陽人。蔡元定次子。少承家學，受業于朱熹。慶元間（一一九五—一二〇〇），道學禁起，隨父謫道州。父死，徒步護喪以歸。年僅三十，摒去舉業，歸隱九峰山，名公巨卿薦之不出。受朱熹命，疏注尚書十餘年，成書集傳六卷。邦奇之蔡傳發明、禹貢詳略，當據蔡沈書集傳而爲疏解。蔡傳發明今已不存，禹貢詳略見存。四庫全書總目提要之禹貢詳略提要云：「明韓邦奇撰。邦奇有易學啟蒙意見，已著録。邦奇學有原本，著作甚富。而此書訓釋淺近，惟言擬題揣摩之法，所附歌訣圖考，亦極鄙陋，乃類「兎園冊子」。前有邦奇自爲小引，云：『略者，爲吾家初學弟子也，復講説者，舉業也。詳釋之者，使之進而有所考也。』後有薊門歐思誠跋，述邦奇之言，亦曰：『特以教吾子弟，非敢傳之人人。』則是書本鄉塾私課之本。思誠無識而刻之，轉爲邦奇累矣。至於每州之下各加某州之域四字，參於經文之中，尤乖體例，邦奇必不如是之謬。殆亦思誠校刊之時，移其行欵也。朱彝尊經義考載：『邦奇書説一卷。注曰未見。』而不載此書。其卷數則相同，或即因此書而傳訛歟？」邦奇所著書説，或指蔡傳發明歟？待考。

孝宗弘治十一年（戊午　一四九八）　二十歲

是年，應試於長安。

韓邦奇中順大夫夔州府知府韓公墓誌銘（苑洛集卷五）曰：「……弘治戊午，予與公應試長安，會旅邸。蓋蒲多士冠也，見其方直樂、易，心愛重之。……」

是年先後，留心於禮樂。

張文龍刻苑洛先生文集跋（苑洛集卷二十二）曰：「先生少時鋭意于詩文，既而當弘治之盛，自慶身際升平，復留心於禮樂。」

孝宗弘治十二年（己未　一四九九）　二十一歲

祖母去世，隨父歸里。

王九思大明中順大夫福建等處提刑按察司副使封中憲大夫蓮峰韓先生墓碑（渼陂集卷一一）：「在福建七年……尋以母喪去歸。」

孝宗弘治十三年（庚申　一五〇〇）　二十二歲

病重，邑無良醫，弟邦靖侍藥以誠，疾愈。

樊得仁韓五泉孝弟記：「弘治中，苑洛疾甚，五泉時年十三，吾邑素僻，無名醫，命醫者，山人也。五泉計無從出，持藥泣告於天……藥進而苑洛蘇，人咸奇異之。」

孝宗弘治十四年（辛酉　一五〇一）　二十三歲

與呂柟、兄邦彥、弟邦靖同試于長安，居於一寺。

呂柟福建按察司副使封中憲大夫蓮峰先生韓公墓誌銘（涇野先生文集卷二三）：「弘治辛酉，柟與公之三子同試長安，邸一寺，朝夕遊。三子者，今儀封知縣邦彥，浙江僉事邦奇，工部員外邦靖也。」

是年，弟韓邦靖舉鄉試。

馮從吾關學編之苑洛韓先生（弟邦靖附）曰：「（韓邦靖）年十四，舉於鄉。」

韓邦奇韓邦靖傳（苑洛集卷八）曰：「（韓邦靖）十四，舉弘治辛酉鄉試。」

孝宗弘治十六年（癸亥　一五〇三）　二十五歲

是年春，完成啟蒙意見，闡明朱子易學啟蒙之說。

韓邦奇啟蒙意見序（見性理三解之啟蒙意見卷首）曰：「夫易，理數辭象而已矣：理者，主乎此者也；數者，計乎此者也；辭者，述乎此者也；象者，狀乎此者也。圖書者，理之輿也，辭之方也，數之備也，象之顯也，是故聖人觀象以畫卦，因數以命爻，修辭以達義，極深以窮理，易以立焉。自夫子稱相蕩而先天之義微，微之者，後儒失之也。夫相蕩者，自八而六十四者也。先天者，加一倍者也。其本同其末異，其生異其成同。而漢以下莫能一焉。宋邵康節氏自八而十六，自十六而三十二，自三十二而六十四。朱晦菴氏爲之本圖書，爲之原卦畫，爲之明蓍策，爲之考占變，於是乎，易之先後始有其序，而理數辭象之功懋矣。奇也，魯而善忘，誦而習之，有所得焉，則識之於冊，將以備溫故焉。奇也，愚而少達，思而辨之，有弗悟焉，則自爲之說，將以就有道焉。是故爲之備其象、盡其數、增釋其辭矣，理則吾莫如之何也。弘治十六年仲春，苑洛人韓邦奇書。」

按：是書爲韓邦奇早年研易之作。四庫全書總目提要之易學啟蒙意見提要云：「是編因朱子易學啟蒙而闡明其說。一卷曰本圖書；二卷曰原卦畫；皆推演邵氏之學，詳爲圖解。三卷曰明蓍策，亦發明古法，而附論近世後二變不掛之誤。四卷曰考占變，述六爻不變及六爻遞變之舊例。五卷曰七占，凡六爻不變、六爻俱變及一爻變者皆仍其舊，其二爻、三爻、四爻、五爻變者，則別立新法以占之。所列卦圖，皆以一卦變六十四卦，與焦延壽易林同。然其宗旨則宋儒之易，非漢儒之易也。」結合邦奇之自序，則知邦奇是作非特以明邵雍、朱熹之易，亦於漢焦贛之易有所取而自成其說也。

孝宗弘治十七年（甲子　一五〇四）　二十六歲

作七律甲子夢中弘治十七年。

見苑洛集卷一一。詩曰：「自入雲宣兩月程，風光漸異獨傷情。戍樓月落城門閉，野塞風寒戰馬行。幕府神兵傳號令，沙場鬼火乍鮮明。玉關人老真堪笑，誰息狼煙致太平。」此可見邦奇邊關立功之意。

是年春，完成律呂直解，以便初學者。

韓邦奇律呂直解序（苑洛志樂卷首）曰：「直解之何？不文之也。何以不文？便初學也。蔡氏之新書，固已極備而大明矣。然其爲書也，理雖顯而文隱，數雖著而意深，初學難焉。此直解之所以作也。弘治十七年三月中旬苑洛子韓邦奇識。」

按：是書爲韓邦奇早年律呂之作。其內容，蓋本之宋蔡元定之律呂新書，而爲之直解。關於此書著作之由，邦奇門人楊繼盛之苑洛先生志樂序（楊忠愍公文集卷二）云：「先生自做秀才時，便抱古樂散亡之憂。當其歲試藩司，聞諸督學虎谷王公云：『律呂之學，今雖失傳，然作之者既出於古人，則在人亦無不可知之理，特未有好古者究其心焉。』先生於是惕然首悟，退而博極群書，凡涉於樂者，無不參考。其好之之專，雖發疽尋愈，不知也。既而得其說矣，於是有直解之作。」由此可知，邦奇早年即有研治律呂之心，而是書之作，則受「虎谷王公」鼓勵。虎谷王公，即王雲鳳（一四六五—一五一七），字應韶，號虎谷，山西和順人。成化二十年進士。於弘治十一年冬，爲陝西按察司僉事，提督學校，後陞副使，改提學。正德二年陞山東按察使，離陝。詳見呂柟明僉都御使前國子監祭酒虎谷先生王公墓誌銘（涇野先生文集卷二四）。

又按：律呂直解成書後，曾多次刊刻。苑洛集卷一所收四十餘年後所作律呂直解序云：「弘治間，余爲舉子時，爲之直解。正德己巳，僉憲西蜀王公刻之濮州，尚書昆山周公爲御史時刻之平陽，都憲蒲田方公爲布政時刻之杭州，州幕洪洞岳君溥刻之同州。至今四十餘年，律學諸君子……」由此可見其當時傳刻情況。嘉靖十九年（一五四〇），韓邦奇門人樊得仁刊刻性理三解時，始將此書收録其中，而後在嘉靖二十七年（一五四八），韓邦奇所著苑洛志樂刊刻時，是書亦作爲卷一、卷二收録其中。

又按：王學謨續朝邑縣志卷六人物志云：「……乃以書舉第二人。會試不第，歸著律呂直解，見志。」此說誤。是年秋邦奇中舉，會試應在明年，而邦奇自序爲是年三月，則當於中舉前完成。

秋，以尚書中舉。

馮從吾苑洛韓先生（馮恭定公全書卷二二）：「弘治甲子，以書舉第二人。」

王學謨續朝邑縣志卷六人物志：「韓邦奇……弘治甲子，乃以書舉第二人。」

劉贊義修，清沈青崖纂陝西通志卷三十一載：「弘治十七年甲子科：胡謐，同州人；韓邦奇，朝邑人。」

孝宗弘治十八年（乙丑　一五〇五）二十七歲

時在關中。作駐馬聽餞堯甫舉人時在關中　弘治乙丑。

見苑洛集卷一二。曲詞爲：「夜色蒼蒼，酒滿芳樽恨轉長。那堪聲沉玉漏，香盡金鑪，燭冷銀缸。離情才說兩三行，簷前卻早雞三唱。休題起行裝。卻早把殘魂銷盡，不須到，霸陵橋上。」

武宗正德元年（丙寅　一五〇六）二十八歲

是年，韓邦奇在關中，謫州大夫。

韓邦奇同州重修州廨記（苑洛集卷三）曰：「正德初，予謫州大夫……。」

武宗正德二年（丁卯　一五〇七）二十九歲

送別提學副使王雲鳳，王作黃河西岸別胡鎰牛斗韓邦奇邦靖。

見王雲鳳虎谷集卷九。詩云：「曉看太華半山雨，晚步黃河兩岸風。七載宦遊無可述，一時佳士遠相從。談經訓詁詞章外，論道精粗巨細中。此地不堪重回首，沙雲初起夕陽紅。」王雲鳳，見本譜孝宗弘治十七年（甲子，一五〇四）。

重病，眾名醫無策，得形容樸野之張乾溝而愈。

韓邦奇贈張乾溝序（苑洛集卷二）：「正德丁卯，予病甚，百計迎楊來，並蒲之名醫數人，環視嗟歎弗能治。有張乾溝者，自言能愈疾。張形容樸野，眾皆笑之。楊問曰：『汝能究病源、察脈理乎？』曰：『不能。』『汝能識藥性、審天時乎？』曰：『不能。』楊曰：『汝皆不能，來何爲者？』張曰：『但能愈疾耳。』乃出藥十餘丸。楊曰：『此丸之後，更何藥乎？』張曰：『無。』楊曰：『此疾愈後，調理尚須百貼。』張不答。諸醫知予疾難治也，托張而散。予弟五泉大夫計無所出，持藥告諸天曰：『吾兄之病篤矣，而命醫者又山人也，惟神其佑之。』藥進而予蘇。明日，煩懣不能寐，張以竹葉糯米麥門冬煎湯，與之而安，問餘藥，曰：『米粥少加白煑肉耳。』遂辭去。」

兄韓邦彦中舉。

王學謨續朝邑縣志：「正德二年，丁卯科四人：韓邦彦，字汝哲。紹宗長子。高陽知縣，鄭州知州。」

武宗正德三年（戊辰　一五〇八）　三十歲

是年，韓邦奇二甲五十七名，[一]與呂柟、弟邦靖同中進士，授吏部考功司主事。

呂柟福建按察司副使封中憲大夫蓮峰先生韓公墓誌銘（涇野先生文集卷二三）：「比正德戊辰，同三子試禮部，而僉事、工部皆又同柟舉進士，仕京師。」

王學謨續朝邑縣志卷六人物志：「正德戊辰成進士，授吏部考功司主事。」

馮從吾關學編之苑洛韓先生曰：「正德戊辰，成進士，拜吏部考功主事，尋轉員外郎。」

韓邦奇韓邦靖傳（苑洛集卷八）曰：「（按：韓邦靖）二十一登正德戊辰進士。」

[一] 朱保炯、谢沛霖主编明清进士题名碑录索引頁二四九六，上海：上海古籍出版社，一九七九年。

馮從吾關學編之苑洛韓先生（弟邦靖附）曰：「（韓邦靖）二十一，與先生同第進士，爲工部主事，榷稅武林。」

武宗正德四年（己巳　一五〇九）　三十一歲

在京師，不禮擅權宦官，時人重之。轉選部員外郎，幡然於性命道德之學。

陝西通志卷五五人物聖賢名臣：「劉瑾亂政，朝士多往謁，邦奇卒不往。時人重之。」

苑洛集卷五之中順大夫四川夔州府知府劉公德征墓誌銘曰：「正德丁卯……明年……時朝邑韓邦奇爲選部員外郎……」

張文龍刻苑洛先生文集跋（苑洛集卷二十二）曰：「比登仕，則正德矣，乃幡然於性命道德之學，凡詩文則隨意應答，稿多不存。」

律呂直解得以重刻。王廷相偶得此書，謂「讀之皎然。啟發來學，蓋不徒作者也」，並請教其未明之處。

韓邦奇律呂直解序（苑洛志樂卷首）曰：「弘治間，余爲舉子時爲之直解。正德己巳，僉憲西蜀王公刻之濮州，尚書昆山周公爲御史時刻之平陽，都憲蒲田方公爲布政時刻之杭州，州幕洪洞岳君溥刻之同州。」

王廷相與韓汝節書（王氏家藏集卷二九）云：「蜀中偶得執事律呂直解，讀之皎然，啟發來學，蓋不徒作者也，甚善！中有一、二未能融達，敢因請教，何如？且律之爲管，何以作聲如篳篥乎，如洞簫乎？其一律一聲乎？將數聲乎？律非笛，作孔或者止一聲爾。一聲爲主，以餘聲爲役，要不過十二調爾。說者謂六十調，何也？或曰：『各有子律，率以相因成之。』然細推聲理，亦不能足數。執事應有灼見也。候氣之說，尤所未喻。天地之氣，升則上升，降則下降，若如鄒衍之說，氣皆上升，無復下降，然乎？若曰：『陽氣升自仲呂而止。』陰氣即乘之，不知陽氣既至半途，當歸何所？使日漸上升，不幾于動陰律之灰乎？此事理之決不通者，吾實未喻焉。嗟夫！樂經亡而雅音絕，聲律之學，不傳也久矣。秦、漢之儒，述其粗梗，義舛而寡合，言繁而蔑實，聽則美矣，行則無聞，是故由今之鐘律考擊無證，未免有疑爾。惟執事教之！大抵聲音之道，濁者常有餘，清者常不足，故宮商遍於四聲，徵羽寡於入韻，何也？爲聲之地，有淺深故也。以是而求調，思過半矣。發于宮，達於徵，返于商，極於羽，而收於角，故角者，氣平之聲，聲之終事也。以是而合律，亦思過半矣。夫聲氣者，自然之神，理非人力之強和。苟不達於是而言律呂者，不過畫古人之葫蘆爾，安能窺夔、曠之妙奧也哉！執事精察律數，必有默會神理之術，望有以教之。」

作詞踏莎行夜餞良謀進士入函谷　己巳、散曲滿庭芳送宗周舉人　己巳京師。

俱見苑洛集卷一二。詞曰：「畫閣東頭，荼蘼架底。一輪明月天如洗。潘安年少更多才，馬卿抱病春尤劇。愁溢朱醅，情添綠綺。天涯易落驪歌淚。說明朝。人渡灞陵橋，夢魂隨繞函關去。」曲詞爲：「陽關柳新，玉河波暖，燕閣春深。斜陽滿目增愁悶，別酒重斟。北邙阪，英雄休問，霸陵橋，芳勝休尋，越兜起，離人恨。似這等浮名絆引，只待長臥華山雲。」

弟韓邦靖除工部虞衡主事，陞都水員外郎。

韓邦奇韓邦靖傳（苑洛集卷八）曰：「（韓邦靖）己巳二十二，除工部虞衡主事，陞都水員外郎。」

武宗正德五年（庚午　一五一〇）　三十二歲

是年，劉瑾就擒。

苑洛集卷十九曰：「初，張永自寧夏還，瑾以旨止之良鄉，令無進城。明日，將又以旨發永南京，策士勸永無奉命，徑當入朝。翌日早，瑾暨諸僚至順門。故事：謝恩見辭既畢，當六卿議事。諸僚自瑾背後遂去，瑾獨留。是日，諸僚欲退，瑾以臂止之曰：『今日之事，當眾共議之，諸君何往？』乃宣吏部尚書張公綵上，語久。復曰：『宣兵部。』綵退止數步，俯首若沉思狀。尚書王公上，瑾頓足甚恨。論說移時，王公面色如土。復宣刑部，未上，忽中使直至曰：『有旨宣瑾。』瑾曰：『有何事？』中使曰：『張公公進東華門矣。』瑾曰：『如何不待聖旨？』急促去。明日，瑾就擒矣。」

弟邦靖在浙，作寄苑洛兄。

見韓邦靖韓五泉詩卷二。詩云：「兄弟江南北，時違悵望深。共爲糊口計，常有畏人心。但可開家釀，無勞問遠岑。團圓歸計是，早晚與同尋。」

長詩劉中鎮萃美當作於是年或正德十一年前後，諷刺宦官爲虎作倀。

見苑洛集卷一一。詩云：「杭州佳麗天下強，中鎮才名動聖皇。近侍班中親簡陟，玉符金篆雙龍敕。號令一出神鬼驚，兩浙六月寒風生。叱咤指顧雷電走，智士勇夫皆俯首。我有忠勤結主知，御書時復來丹墀。我行我止誰敢戮，一或攖予天子怒。上方四時充珍鮮，長江大海飛黃船。三十二宮被龍鳳，匪我玄纁誰許貢。湖山奇處起生祠，飛碧流丹百尺危。穹碑高碣鑿瑤石，雄文大字論功績。復有錢塘百萬民，黃童白叟傳俱真。湖山高，湖水深，恩光蕩漾君王心。湖水深，湖山高，燁燁聲華中鎮勞。」

按：是年，邦奇弟邦靖榷木浙江，據唐龍五泉韓子墓表（唐漁石集卷三）云，邦奇弟五泉督課浙江時，「太監劉璟怙勢張威，觸者輒糜爛」。則此詩所刺「劉中鎮」，當即太監劉璟。韓邦奇韓邦靖傳（苑洛集卷八）：「鎮守劉太監者，谷大用黨也，多權術，榮辱生於造次，浙之百司皆倚事之。」此詩或作於正德十一年前後，邦奇在浙江按察僉事任上時。據明史卷二○一載，時爲浙江左布政使的方良永曾上疏揭發幸臣強尼在浙不法事，中有「鎮守太監王堂、劉璟畏寧威，受役使」句，則是時劉璟仍爲鎮守。方良永，參見本譜正德十一年。

焦芳致仕，邦奇作送焦少師閣老致仕，稱其「事業存青史」。

見苑洛集卷一〇。詩云：「聖主咨元老，封章遽乞歸。黃麻心尚壯，白髮願何違。事業存青史，勳階冠紫薇。泌陽富花鳥，相對好忘機。」

按：焦芳，字孟陽，號守靜。河南泌陽人。天順八年進士，授編修，歷官至吏部尚書兼文淵閣大學士，累加少師華蓋殿大學士。性陰毒，附逆瑾，貽毒天下。是年五月，致仕。明史列於閹黨列傳之首。國榷云：「正德十二年三月丁酉，焦芳卒，泌陽人。至入相，兇險寡學，有媚骨。始比尹旻，後附逆瑾。貽毒天下，無不切齒。」韓邦奇不禮劉瑾，卻作詩送瑾之黨羽焦芳，是官場應酬之作，還是憐其最後失寵而乞歸？待考。

是年八月，朝廷諭祭因不禮、不賄劉瑾而被誣而憤死的曹鳳，韓邦奇爲撰嘉議大夫都察院右副都御史西野曹公墓誌銘。

見苑洛集卷四。

按：曹鳳，字鳴岐，號西野。河南汝寧人。墓誌中敘：「丙寅以來，八黨擅權，而瑾尤肆毒中外，稱爲内相。凡藩郡入爲京官，必重賄方免禍。」曹公即因不禮、不賄，遭瑾怒而被誣。正德四年五月二十一日，曹公憂憤煎熬，端坐不疾而卒。

武宗正德六年（辛未　一五一一）　三十三歲

弟邦靖是年在浙得代歸，作聞舍弟至，關切、擔憂之情溢於言表。

見苑洛集卷一一。詩詞爲：「去年送汝下杭州，吳水燕山萬里愁。青草忽驚靈運夢，白河即報李膺舟。艱危蓬役經年别，飄泊萍蹤此世浮。已辦新醅期共醉，征驂急策莫淹留。」

考察都御史，不留情面。調文選司主事，又因秉公辦事，忤太宰意。

馮從吾苑洛韓先生（馮恭定公全書卷二一）：「辛未考察，都御史袖私帖視之，先生奪去。曰：『考核公事，有公籍在。』乃奪其帖，封貯不檢，都御史爲遜謝，衆皆失色。調文選，太宰托意爲官擇人，欲發視缺封，先生執不可，太宰銜之。」

王學謨續朝邑縣志卷六人物志：「辛未考察，都御史私袖小帖竊視，邦奇曰：『考覈公事，有公籍在，何以私帖爲？』乃掣其帖封貯不檢，都御史爲遜謝。同曹郎皆縮項失色。尋調文選司。太宰托意爲官擇人，欲發視缺封，邦奇執不可，曰：『發則有私。』諸曹咸依阿，邦奇執愈厲，卒不更。太宰銜之。」

父受贈封中憲大夫，母、妻皆受封贈。

呂柟福建按察司副使封中憲大夫蓮峰先生韓公墓誌銘（涇野先生文集卷二三）：「以僉事爲文選時，又受副使封所謂中憲大夫也。所配閻恭人者始封安人，再封宜人，其恭人亦文選封也。」

十一月戊午，京師地震。上疏極論時政闕失，謫平陽府通判。

明史武宗本紀：「十一月……戊午，京師地震。辛酉，敕修省。乙亥，瘞暴骨。」

明史韓邦奇傳：「六年冬，京師地震，上疏陳時政闕失。忤旨，不報。會給事中孫禎等劾臣僚不職者，並及邦奇。吏部已議留，帝竟以前疏故，黜爲平陽通判。」

馮從吾關學編之苑洛韓先生曰：「辛未……會京師地震，上疏極論時政闕失，謫平陽通判。」

黃宗羲明儒學案之三原學案：「調文選。京師地震，上疏論時政闕失，謫平陽通判。」

弟邦靖與何大復、孟望之、劉子靜爲邦奇送行。

韓邦靖送二兄赴平陽席上同何仲默孟望之劉子靜分韻（韓五泉詩卷二）、苑洛兄以語言得罪孟無涯夜語（韓五泉詩卷三）當作於是時。前詩云：「白髮雙親待，青春故里過。豈能忘弟妹，況復有干戈。歲序冰霜劇，關河涕淚多。無因同去住，那爾雁行何。兄到平陽府，離家祇數程。總緣歸思重，轉覺宦情輕。塞雁行行去，山雲故故横。心知明日別，且共一樽清。」後詩云：「白髮悲生事，青燈照歲寒。心經霜雪苦，路通虎豺難。聖主重推轂，三軍未解鞍。經綸懷草芥，長夜歎漫漫。」

按：何大復，即何景明（一四八三—一五二一）字仲默，號白坡，又號大復山人，信陽（今屬河南省）人。明代文人，終年僅三十九歲。弘治十五年（一五〇二）進士，授中書舍人。正德初，宦官劉瑾擅權，何景明謝病歸。劉瑾誅，官復原職。官至陝西提學副使。「前七子」之一，與李夢陽並稱文壇領袖。其詩取法漢、唐，一些詩作頗有現實内容。有大復集。孟望之，即孟洋（一四八三—一五三四），字望之，號無涯，後更字有涯，河南信陽人。弘治十八年進士，歷行人、御史，官至南京大理寺卿。著孟有涯集十七卷。劉子靜，名澄甫，字子靜。山東壽光人。正德三年進士，授行人，擢御史，官至山西參議，以謗歸。著有山泉集。

孟洋作七律送韓汝節左遷平陽别駕。

見孟洋孟有涯集卷一〇。詩曰：「伶君謫官向平陽，汾水襄陵隔太行。日暮煙塵關樹迥，春風鴻雁塞天長。時違去國重回首，世難逢人幾斷腸。後會不知何處所，清宵聊盡此壺觴。」五律送韓汝節（孟有涯集卷五）當亦作於此時。詩曰：「春月高城上，酣歌此宴同。旅愁鞞鼓外，心事酒杯中。雨雪辭燕甸，鶯花過晉宮。休將萬里志，今日歎飄蓬。」

武宗正德七年（壬申　一五一二）　三十四歲

在平陽，決滯獄，倡理學，號一時卓異。

王學謨續朝邑縣志卷六人物志：「謫平陽府通判。決滯獄，倡理學，號一時卓異。」

作七絕平陽四首　時予以吏部謫判平陽。

見苑洛集卷一一。詩云：「（其一）汾水春深落晚霞，沿堤十里盡桃花。畫船簫鼓遊人醉，謾説風流是杜家。（其二）薰風緑沼碧荷香，玳宴歌兒舞袖長。一醉襄陵傾百盞，不知風景是平陽。（其三）姑射泉邊萬竹稠，來青樓外四山秋。重陽醉後歸來晚，黄菊紛紛插滿頭。（其四）清曉寒霜候早朝，小童羸馬禁天遥。平陽判府催征出，棨戟重羅過豫橋。」

呂柟撰七律贈韓平陽汝節，批評時事，贊許邦奇。

見涇野先生别集卷一二。詩云：「翰苑銓曹俱近臣，渭河漆水復相鄰。幾年妖變遭污染，千里睽違負素心。翠柏蒼松看歲晏，青蠅貝錦付輿論。夷吾誰識葵丘事，蕞爾高奚是所真。」

作駐馬聽寄答世甯進士　壬申。

見苑洛集卷一二。曲詞爲：「别意悠悠，又是西風萬里秋。那堪雲迷白鴈，露冷黄花，月滿朱樓。柳條折斷水東流。思君一夜，把潘腰瘦。多少離愁，輕塵弱草，人非如舊。」

弟韓邦靖征剿南北直隸諸盜，陞員外郎，檄往直隸、陝西、山西查徵歷年匠班值。

韓邦奇韓邦靖傳（苑洛集卷八）曰：「壬申，南北直隸諸路盜起，朝廷命將征剿，例工部官一人前除……決次不當靖。尚書知靖素勇敢可使，數目靖，靖毅然請行，道數值警而未遇害，然亦危矣。已而陞員外郎，檄往直隸、陝西、山西查徵歷年匠班值，既見其民貧甚，乃建言宜罷徵。是時急於用財，不許。後以乾清宮災，竟罷之，而天子於是方以災異下詔求直言者。」

武宗正德八年（癸酉　一五一三）　三十五歲

是年，韓邦奇參與山西鄉試命題。撰山西鄉試策問、山西鄉試第二問、山西鄉試第三問、山西鄉試第四問、山西鄉試第五問，均爲公所出。

見苑洛集卷九正德八年山西鄉試四題，主要內容是：（一）律呂：元聲與器數；（二）時政：用人（進賢退不肖，惟有道而已）；（三）時政：法與人（馬政的問題不在法，而在人）；（四）時政：食貨、戎兵。

周伯明刻啟蒙意見於河東，韓文爲之撰啟蒙意見序。

見性理三解本啟蒙意見卷首。序云：「予郡韓君在弘治間，著易學本原一編，藏於家。邇者，侍御昆山周公伯明按臨河東，見而奇之，如獲珙璧。乃命貳守李君鋟梓，推守東君校正，仍囑予序諸篇端，以傳不朽……君名邦奇，字汝節，別號苑洛子，關輔朝邑人。由進士先任銓部員外郎，今改前職云。若夫老成之行，冰蘗之操，該博之學，明敏之才，循良之治，皆君素所優爲者耳，茲不贅。正德八年歲次癸酉季冬之吉。」

按：周公即周倫（一四六三—一五四二），字伯明，號貞菴，昆山人。弘治十二年進士，知新安，累擢大理寺少卿，官至南京刑部尚書。嘉靖二十一年卒，年八十，謚康僖。有貞翁淨稿、奏議、西臺紀聞、醫略等。韓邦奇苑洛集卷二有贈大司寇貞菴周公考績歸南都序。韓文（一四四一—一五二六），字貫道，號質菴，山西洪洞人，韓琦後。生時父夢紫衣人抱送文彥博至其家，故名曰文。成化二年進士，除工科給事中。弘治中累官至戶部尚書。武宗立，馬永成、劉瑾等八人用事，韓文率同官疏論之，瑾等恨之甚，伺隙坐以罪，降級致仕，復構他罪罰米，至家業蕩然。瑾誅，復官致仕，嘉靖五年卒，年八十六，贈太傅，謚忠定，有忠定集傳於世。

武宗正德九年（甲戌　一五一四）　三十六歲

遷浙江按察僉事。巡兩浙。

韓邦奇明提督操江南京後軍都督府都督僉事陳公墓表（苑洛集卷七）：「正德甲戌，余以按察僉事巡兩浙……」

張廷玉明史之韓邦奇傳：「遷浙江僉事，轄杭、嚴二府。」

馮從吾關學編之苑洛韓先生曰：「甲戌，遷浙江按察僉事。時逆廝強尼以鈔數萬符浙易銀，當事者斂饋恐後，先生檄知縣吉棠散其斂，卒不饋。宸濠將舉逆，先命內豎假飯僧數千人于杭天竺寺，先生立爲散遣。濠又以儀賓託名進貢，假道衢州，先生召儀賓詰曰：『進貢自當沿江而下，奚自假道？歸語爾王，韓僉事在此，不可誑也！』後三年，濠果通鎮守欲襲浙江，賴前事發，奸不竟逞。先生謂鎮守爲浙蠹，諸不少假。鎮守銜甚，誣奏擅革進貢，誹謗朝廷，逮下詔獄，爲民。」

黃宗羲明儒學案：「甲戌，遷浙江按察僉事。」

折桂令金陵當作于赴浙時，歎古代繁華「都做了一場話柄」。

見苑洛集卷一二。曲詞爲：「上高城，嘆息金陵。望不盡，萬樹楸梧。何處是，六代宮庭？陳宋繁華，齊梁文藻，王謝流風。都做了，一場話柄。還落不得，半個虛名。只有那，江漢多情，依舊朝宗。寂寞殺，夜半石頭，潮打空城。」

越海之上，遇被逐之友，作送邃谷子詩序，並自作或與邃谷子、慧岩、友竹聯句詩多首，感慨係之。

見苑洛集卷二十。序曰：「邃谷子謫嶺南，與余遇於越海之上。萍會他鄉，相看若夢……昔送邃谷子赴北山之役，謂歸期當三月也。比邃谷子還，余已得罪，出判平陽。白樓滄海，動隔關河。又三年，余來按兩浙，邃谷子則蕭蕭江上，身爲逐客矣。于時潮平江闊，日白天青。傷歲序之易流，慨升沉之靡定。舉目山河之異，回首故里之思。感時追昔，悵然興懷。

且悲余生事茫茫，後會知何地耶！詩以送之。」

苑洛集卷十、十一有浙上送邃谷無涯白石入廣，五泉明農今復見子，傷哉！獨爲四子耶？、送邃谷子、偕邃谷子登映江樓、再過邃谷子、邃谷將行話別、再會邃谷關潮閣、會邃谷子天然閣、留邃谷子、九日約邃谷子飲　邃谷子遊勝果寺，余二人不能從、登保椒寺、邃谷將行餞之等詩皆作於是年秋，其中多邦奇與邃谷子、慧岩、友竹的聯句。

按：邃谷子即戴冠，字仲鶡，別號邃谷。正德三年進士，任户部廣東司主事，歷員外郎，憤時事之非，上疏忤旨落職，謫居數年。官至提學副使。爲何景明門人。著有戴氏集，集中卷十西湖聯句收邦奇文及聯句多首。慧岩，據戴冠戴氏集卷十二與大參顧慧岩諱可學，今尚書，知即明史卷三〇七佞幸傳中之顧可學。其號慧岩，無錫人。弘治十八年進士，正德九年以膳部侍郎中擢浙江參議，言官劾其在部時盜官帑，斥歸，家居二十餘年。瞷世宗好長生，乃厚賄嚴嵩，自言能煉服延年之「秋石」，嵩爲言於嘉靖帝，遂命爲右通政。嘉靖二十四年超拜工部尚書，尋改禮部，再加至太子太保。卒，賜祭葬，謚榮僖。

五律麗水道中答慧岩、懷慧岩，七律蘭溪夜坐呈慧岩等多首詩，當皆作於巡按兩浙時。

詩見苑洛集卷一〇、卷一一。

按：時慧岩在浙江參議任上。參見前條。

作桐廬舟中，厭倦宦途奔波，歸鄉心切。

見苑洛集卷一一。詩曰：「海天時候乍陰晴，歲晏孤帆逐水程。兩岸蒼山寒霧合，一江暝雨暮潮生。幾年漂泊歸心切，萬里奔忙宦況輕。深夜茫茫風浪起，推蓬卻見月華明。」

滿江紅吳中秋、滿江紅客思、玉樓春客中春、踏莎行秋江，當作於赴浙或在浙時，皆敘遊子盼歸之愁。

俱見苑洛集卷一二。如滿江紅吳中秋詞云：「時序驚心，庭皋下，梧桐一葉。才回首，春光幾許，早來秋色。遙憶去年燕市酒，忽看今夕吳中月。最飄零，無定似浮萍，功名客。　江千折，山萬疊。壯士寒，歸心切。算人間業帳，何時了絕。百歲奔忙愁裏過，楚臺漢塚君知得。若待黄粱夢醒，始知休，真癡惑。」滿江紅客思：「雪浪連天，還幾陣，陰風怒作。正此際，潮生越海，吳江楓落。萬里孤舟漁火對，滿山溟雨灘聲惡。縱瓶中，有酒冽如泉，那堪酌。愁似海，心如爍。多病體，難支閣。說海棠開了，便酬初約。七夕重陽都已過，楚臺空負朝雲合。望長安，雲樹阻歸程，成蕭索。」玉樓春客中春：「……樓上玉簫聲斷絕，江上琵琶還慘切。夜深風送海潮來，回首秦關腸欲結。」踏莎行秋江：「……笑瓜洲壩下利名人，向夜來還逐風波去。」

按：「吳中秋」「潮生越海」「夜深風送海潮來」「笑瓜洲壩下利名人」等句，知皆此時之作。

啟蒙意見付梓，李滄爲作跋，認爲是書「發朱子之未發」。

李滄跋啟蒙意見後（性理三解之啟蒙意見卷末）曰：「夫易，廣大悉備者也。朱子易學啟蒙，發前人之未發者多矣。今觀苑洛子之所著，亦有以發朱子之未發者。是書也，命梓行之者，大巡周公；序之者，大司徒韓公；校正之者，節推東公；而梓之者，滄也。……正德甲戌孟春既望，平陽府同知古檀李滄書。」

弟邦靖於是年以上疏言罷征、時弊，天子震怒，先繫錦衣獄，後奪官爲民，從此居家八年。作五律聞舍弟下獄。

韓邦奇韓邦靖傳（苑洛集卷八）曰：「（韓邦靖）甲戌二十七，以諫罷歸。」又曰：「……天子於是方以災異下詔求直言者。靖歸，上疏。……疏上，天子震怒，繫錦衣獄，給事中李君鐸率衆論救之，乃得奪官爲民。家居八年餘……」。

詩見苑洛集卷一〇。云：「邸報封章事，敷陳與世違。怪來明主怒，原是小臣非。事業千年遠，存亡一葉微。高堂雙白髮，如我只宜歸。」

武宗正德十年（乙亥　一五一五）　三十七歲

仍在浙。

是年，韓邦奇任浙江按察僉事，約於此時完成洪範圖解一書。

韓邦奇洪範圖解序（見性理三解之洪範圖解序卷首）曰：「昔者上天式教，出書於洛，神禹因書以第疇，箕子因疇以衍義，九以綱之，五十以紀之，治天下之大經大法，燦然明備，古今所謂洪範者也。有宋蔡九峰氏，因律呂之變，悟洛書之旨，乃推數而贊之辭，由占以致其用，始于一，參于三，究於九，成於八十一，而六千五百六十一之數備矣。然禹、箕分九疇而稽疑自爲一事，蔡子統八籌而並用之稽疑，何也？昔者，文王、周公繫卦爻之辭，孔子作兩傳以翼之，雖未逐卦逐爻以釋其義，其所以定天下之業，先天下之用，蓋與文、周而同功。是謂『孔子非明八卦』，不可也；謂『蔡氏非明九章』，亦不可也。同者，理也；不同者，用也。君子豈可語用而遺理哉！正德乙亥六月中旬苑洛子韓邦奇書。」

按：是書爲韓邦奇繼承早年經學思想，闡明洪範之學之重要著作。然是書並非直接本之尚書洪範而爲疏解，乃是以蔡沈之洪範皇極爲本，專闡其「演範之法」。蔡沈，見本譜弘治十年（丁巳　一四九七）。蔡沈洪範皇極以理學思想闡述「數」的理論意義及價值，建立起一套以「九九之數」解釋宇宙萬物的模式，開出「演範一派」，是宋代象數學的一大發展。四庫全書總目提要之洪範圖解提要云：「洪範圖解，二卷。浙江吴玉墀家藏本，明韓邦奇撰。邦奇有易學啟蒙意見，已著録。是編因蔡沈洪範皇極内外篇復爲圖解，於每疇所分之九字係以斷語，俾占者易明其揲蓍之法，與易之蓍卦相同。所言休咎，皆本於洪範，亦與易象相表裏。蓋萬物不離乎數，而數不離乎奇偶，故隨意牽合，無不相通云。」由是可知，是書乃邦奇貫通洪範與周易之作，是韓邦奇早期易學、尚書學思想的繼承發展。

武宗正德十一年（丙子　一五一六）　三十八歲

在浙，力持風紀。上疏蘇民困以保安地方事，揭發鎮守太監王堂、市舶太監崔瑤、織造太監晁進、督造太監張玉及其參隨人等，以進貢爲名，勒索貪贓，以致民不聊生，相聚爲亂，故請停貢。

奏疏見苑洛集卷一三。中云：「浙江等處提刑按察司僉事臣韓邦奇謹奏：爲蘇民困以保安地方事。臣巡歷至嚴州府建德等縣、杭州府富陽等縣地方，據軍民人等稟稱：『本處地方雖出魚鰾茶綾等物，人民艱苦。肆府太監差人催督，擾害地方，雞犬不得安生，要行禁約。』等因到臣。爲照前項魚茶綾鰾係供用之物，未敢擅專。又訪得鎮守太監王堂、市舶太監崔琂、織造太監晁進、督造太監張玉，各差衆隨人等在於杭、嚴二府地方催攢前項進貢，固已勒要收頭銀兩，而不才有司官吏及糧里人等倚是貢物，無敢稽察，任意科斂，地方被害，人不聊生。而肆太監伴貢之物，動以萬計。是陛下所得者壹，而太監即所得者十，衆隨人等所得者百，有司官吏所得者千，糧里人等所得者萬。利歸於私家，怨歸於朝廷。上供者一而下取者萬。況此等之物品不甚奇，味不甚美，何足以供陛下之用哉？及照建、富等縣地方，地瘠民貧，山枯乏樵獵之饒，江清鮮魚鰕之利。兼以近年以來，水旱相仍，徵科肆出，軍民困瘁已極，故前歲流民相聚爲亂，一呼千百，幾生大變，幸賴無捕而安，今尚洶洶未靖。往事在鑑，實可寒心。伏望陛下勅下該部，將前項貢物特從停止，仍行巡按御史並按察司及該道分巡官揭榜戒諭，今後敢有指稱進貢名色，在於各地方需索財物，騷擾爲害，應衆奏者奏請究治，應拏問者徑自拏問，庶民困可蘇，而地方可保無虞矣。爲此專差，謹具奏聞。正德十一年四月日（戶、禮二部覆題：准免。後鎮守等太監奏以阻絕進貢、誹謗等事，詔獄爲民，復進貢。）」

陝西通志卷五五人物聖賢名臣：「爲浙江僉事，力持風紀。凡鎮守、織造中官有所求，率裁抑之。」

作富陽民謠，揭示當地民間疾苦。

見苑洛集卷一〇。詩云：「富陽江之魚，富陽山之茶。魚肥賣我子，茶香破我家。採茶婦，捕魚夫，官府拷掠無完膚。昊天胡不仁，此地亦何辜！魚胡不生別縣，茶胡不生別都！富陽山，何日摧？富陽江，何日枯？山摧茶亦死，江枯魚始無。山難摧，江難枯，我民不可蘇！」

陝西通志卷五五人物聖賢名臣：「富陽貢茶及鰣魚，民不勝擾，邦奇作歌憫之。」

贈大方伯松崖方公致仕序當作於是年，序中贊其大節、美行。

見苑洛集卷二。序中敘及：乙亥冬，浙江守臣「假和賣以媚貴近」事，方公具疏上聞，諫行後，三疏辭歸。

按：方公，名良永（一四六一——一五二七），字壽卿，號松崖，莆田人。弘治三年進士。歷官刑部主事、員外郎，廣西按察使，山東、浙江布政使等職，世宗朝拜右副都御史。嘉靖六年卒，卒後有南京刑部尚書之命。諡簡肅。著有方簡肅文集。國朝獻徵録卷四八有彭澤撰南京刑部尚書諡簡肅方公良永墓誌銘。方公致仕一事，詳見明史紀事本末卷四九江彬奸佞。

是年十月，太監王堂等陷邦奇以「沮格上供，作歌怨謗」之罪，先下詔獄，後除職爲民。

明史韓邦奇傳：「遷浙江僉事，轄杭、嚴二府。……時中官在浙者凡四人，王堂爲鎮守，晁進督織造，崔瑤主市舶，張玉管營造。爪牙四出，民不聊生。邦奇疏請禁止，又數裁抑堂。邦奇閔中官采富陽茶魚爲民害，作歌哀之。堂遂奏邦奇沮格上供，作歌怨謗。帝怒，逮至京，下詔獄。廷臣論救，皆不聽，斥爲民。」

陝西通志卷五五人物聖賢名臣：「遷浙江按察僉事……邦奇謂鎮守爲浙蠹，鎮守銜甚，誣奏誹謗，下獄爲民。」「鎮守以怨謗奏，被逮。府縣爭贈官校金，祈勿械，邦奇斥之曰：『死則死耳，何以金爲？』」

明儒學案：「尋爲鎮守中官誣奏，逮繫奪官。」

馮從吾苑洛韓先生（馮恭定公全書卷二二）：「甲戌，遷浙江按察僉事……鎮守銜甚，誣奏擅革進貢、誹謗朝廷，逮下詔獄爲民。既歸，謝客講學。」

國榷：「正德十一年十月，浙江按察僉事韓……削籍。乞停採辦……逮下錦衣獄，除名。」

韓邦奇蘇民困以保安地方事（苑洛集卷一三）附記：「戶、禮二部覆題：准免。後鎮守等太監奏以阻絕進貢、誹謗等事，詔獄爲民。復進貢。」

作五律獄成坐獄誹謗。

見苑洛集卷一〇。詩云：「獄吏傳招下，文羅亦大深。青蠅聞點璧，黄口果銷金。欲效燕人哭，應悲楚澤吟。神靈存九廟，堪獻小臣心。」

百姓感恩，爲邦奇被誣，哀動城市，邦奇亦惆悵不忍去。

蔣一葵堯山堂外紀卷九〇載：「正德末，韓汝節爲浙江按察僉事，廉勁自持。時鎮守太監王堂怙勢害人，如茶筍鮮魚，種種勒辦，民不聊生。汝節數裁抑。堂遂以阻遏進貢誣之，詔錦衣械治。百姓感泣，哀動城市，汝節爲詩云：『匪才尸素聖恩深，士庶何勞淚滿襟。明主昌言神禹度，斯民直道葛天心。還看匣有平津劍，更喜囊無暮夜金。惆悵此時不忍去，且維輕舸越江潯。』」

许相卿作送韓僉事序。

見許相卿雲村集卷七。文曰：「浙江按察僉事苑洛韓公，執法不便於用事者，狀聞移江西按察僉事，三司之寮，列郡之守，若令於大夫士暨於吏民其志同於公者，與恃公以行其志者，與諸隱詘之以公直者，與以義直公者，與偉公壯節而大望於其終者，所在相與語曰：『韓公行矣，韓公行矣！嗟！何浙之民之不若江西之民之幸也。』公惟不私便其身圖，而圖吾民以有此行，江流如虹，我懷於東，惟公之榮，伊民之窮，皆歎有泣者。又曰：『公知法不知時，以疏遠抗貴近，遭天子明聖護全之。吳越、豫章等，善地耳。寵任舊秩，加令名焉，公幸多矣。』抑天下事猶浙也，彼前知公之不我容而爲地以後公，公則奇貨之在羿彀中耳。前事彀率曷其少，更疇能欲公憂心如醒。又曰：『公官以執法。』名安民而衛之爲法，奉法而行之爲利，利以及民爲仁。仁，德之懿也，道之大也。公幼學於父師者，能或加於此乎？出當一面，寄紀綱方嶽之政，夫豈芥蔕區區旋踵而易其平日之所操者哉？使公進而司天下之法，法又有大於是，不便者又將多於是，利害又將不可涯於是，無寧與時上下。委舊學壯節於弁髦，使吾黨之士氣奪語塞，而異論藉之爲口實，公必不爾爲也。夫固持之以矜不以爭，應之以理不以氣，動之以誠不以術焉爾矣。不然，卷舒機軸，公自司之，誰則知之？海寧尹曹廷獻，恃公以行其志者，方戚於去公而樂聞斯言也。曰：『孰能文以贈公，俾取衷焉。』於是某序之諸，爲詩歌者繼之。」

按：許相卿（一四七九—一五五七），字伯台。海寧靈泉里人。正德十二年（一五一七）進士。嘉靖時授兵科給事中。時宦官專權，帝極寵信。相卿諫之，言皆切要。所言世宗皆不從，遂稱病歸里。謝客隱居三十餘年，自號雲村老人。課耕力食之餘，時以騎黃犢戴笠披蓑行山間覓句爲樂。其後屢拒出仕，清名益高。觀其文意，當作於此時。

押解京師途中，過浙江崇德縣，謝卻縣尹洪異贈金。

見苑洛集卷一一謝卻洪尹贈金。其詩前小序云：「至崇德，洪尹異以白金爲贈，且曰：『此某之俸金，非取之民者。』余曰：『感君高義，但司縣之際，恐終非法也。』異曰：『患難中非平時比。』余曰：『君不讀論語乎，顛沛必於是。』異乃持去，且遍以予言告諸士民。異平素喜節好義。昔宿戶部得罪，且將死，親朋不敢近，異時爲舉子，爲之侍湯藥四十日，宿得生還。固非密令比也。」詩曰：「洪尹高情太古音，艱危昏夜贈行金。爲仁君子存顛沛，不是當年伯起心。」

過慧岩里，作詔獄過慧岩里。

苑洛集卷一一。詩云：「去年送子越江西，幾度相思夢轉迷。此日械舟雙棹急，夜深風雨過梁溪。」

按：慧岩，參見本譜正德九年。梁溪，源出惠山，經無錫，入太湖。則是年慧岩已由浙江參議罷歸無錫。

械繫途中，作詔獄自浙至京未嘗頃刻釋三刑、醉翁亭。

苑洛集卷一〇、一一。前詩云：「五品監司貴，朝廷法不私。一封瀆明主，十口累相知。黃卷春扉靜，青燈夜榻遲。舊聞胡憲使，此日慰相思。（胡先在錦衣獄）」後詩云：「滁陽天外數峰青，暮帶雲霞似畫屏。每向離騷悲楚客，何心更上醉翁亭。」

解差魯橋謁猿仙神後，善待邦奇。

苑洛集卷一一魯橋神。其小序曰：「魯橋猿仙神者，時傳其能預言人禍福。官校孫百戶等謁神且佈施，神一見，即曰：『汝輩非拿韓僉事者乎？』衆曰：『諾。』神曰：『韓公大好官，好人！浙江民以青天呼之。王鎮守無天理，我近日來自京，科道部寺無一人不惜其枉。世界如翻餅，時當不久。此人異日當大用，爾輩當小心待之。』衆應曰：『不敢。』神怒曰：『張某狡猾無狀，不念爾六歲鱉膊子兒乎？』張股慄叩頭。蓋張實遇余少禮，年六十餘，始得是兒，項短，故神言之。官校既回，皆詣予。賀自是待余愈恭，而张某尤謹。」詩曰：「尸素何曾有寸勞，虛名空使萬民謠。聖朝法度山難轉，不似仙神在魯橋。」

按：魯橋鎮，在山東濟寧縣。

至京師，下獄，獄中作詩下獄（余既自浙繫至南司，聞詔下，送北司，天威赫怒。故事：下錦衣獄者，不過四十，乃杖之八十，且命人監視之）、獄中有感、獄中對棊、獄中憶五泉舍弟（時五泉先以諫下獄罷歸），又集李、杜之詩，以成獄中集古東巖同扉。在獄中，與同監徐東巖聯句成詩，以表心志，相得甚歡。所成聯句有獄中（徐東巖御史）、獄中、獄中懷程以道、獄中懷呂道夫、獄中懷曾東石、言別等。

以上詩俱見苑洛集卷一〇、一一。其詩中有「欲將忠孝酬明世，敢爲艱危惜此身」「萬死自甘明主棄，一官多與世情違」「平生方寸心，嫉惡懷剛腸」「丈夫誓許國，志士懷感傷」「志士淚如水，忠臣氣不平」「蹭蹬遭讒毁，空懷戀主情」「空名適自誤，寡識冒天刑」「松柏本孤直，虬龍盤古根。瑤草寒不死，猶懷明主恩」等句，以見其拳拳之心與剛直氣節。又苑洛集卷一北司獄中聯句序曰：「余既爲守臣狀論，徵詣京師，下錦衣北司獄。越二十餘日，東巖以言禮並繫。又二十餘日，於是各出所懷，相得甚歡，或物感必爲詩，詩必聯，聯止盡意，不求工也。故雖拷掠禁錮，不覺有愁苦狀。余與東巖相聞已久，今日則動静飲食，須臾不違，語所謂造次顛沛之時，於是相知始真矣。東巖曰：『斯及也，又何幸也。乃得東北之朋，可以世講矣。』顧余夷坦疎逸，雖弗若東巖之沉毅淵默，然昔則同年也，平生則同心也。今又同守坎血之需，而不違明夷之道，以達其變也。況余之得罪，不在於守臣之狀；東巖之得罪，不專於言禮之章，天下容有詳之者，其事復偶有相同矣。君子以同道爲朋，誠若東巖之云哉！夫古之人不輕於定交，亦不輕於絶交，惟其終之，不可以輕絶，故其始不輕定交於可絶之人。若其本同而末異，違忠孝之節，觸貪殘之禁，懷讒諂之奸。『友』，以義合者也，請終絶之，何恤朱穆之貞孤！其一言一行，出入小德之中，將由涓涓以成江海，雖在千里，勿忘箴規，亦不得爲蘇章之矯激，『友』之時義大矣哉。昔管、華並學，齊名國内，夫何未幾，一則秉服道德，爲天下高士；一則躬親惡逆，爲千古罪人，一念之萌遠矣。又嘗見古今豪傑之士，一爲時所棄斥，遂荒唐曠達，寄情于神仙麯蘖之間，自以爲迥出風塵之外，而不知已落風塵之下矣，此尤今日責善之切務也。余與東巖其懋敕之別矣，各録其詩一通以志意，而復爲前說云。」由此亦可見邦奇當時之心跡。

按：徐東巖，北司獄中聯句序中云爲同年，詩題中稱「徐東巖御史」，當即明史卷一九一所記徐文華，字用光，嘉定人。正德三年進士，授大理評事，擢監察御史。數進直言，帝及諸近幸皆銜之。正德十一年十月，以言禮下詔獄，黜爲民。嘉靖初起用，屢遷大理少卿，大禮議起，倡廷臣哭諫，忤權要意，遷戍遼陽，遇赦，卒於道。程以道，即程启充（？—一五三七），明「嘉定四諫」之一。字以道、初亭，别號南溪。樂山人。正德三年（一五〇八）進士，任三原縣知縣，入爲御史。武宗朝时，數諫政事，斥责濫冒軍功、冗官、冗兵、冗費之弊。世宗朝直言宦官之害。後得罪奸臣，先後充軍遼陽、蒲河、錦州。嘉靖十六年（一五三七）赦免還鄉。贈光禄少卿。有初亭文集。與劉琦、徐文華修編遼東志。呂道夫，即呂經（一四七五—一五四四），字道夫，號九川，寧州（今甘肅慶陽市寧縣）人。正德三年（一五〇八）進士，授禮科給事中。乾清宫灾，上疏極論義子番道邊帥之害，遷吏科都給事中。復極論馬昇女弟入宮事，又劾方面最貪暴者四人，群小厭惡。謫爲蒲州同知。世宗时，累官右副都御史，巡撫遼東，嘉靖十四年（一五三五）三月二十八日，以苛虐激起遼東兵變，調戍茂州。嘉靖二十三年卒，年六十九。韓邦奇苑洛集卷七有前嘉議大夫都察院右副都御史九川呂公墓表。曾東石，即曾璵（一四八〇—一五五八），字東石，號少岷山人，瀘州人。正德三年進士，官至建昌知府。宸濠之叛，率屬從王守仁破賊，復南康。致仕歸，購茅齋數楹，藏書萬卷，以著述自娱，卒年七十九。著有少岷拾存稿。以上四人，均爲韓邦奇同年。

出獄，何景明五言律詩送韓仲子並訊其弟季子二首，當作於送邦奇歸里時。

見大復集卷一八。其詩一：「昔别留談數，今行出餞遲。萬人皆涕淚，四海一瘡痍。花映投簪日，風流攬轡時。西雲暮不斷，遥起漢關思。」二：「令弟先君往，伊予實歎嗟。竄身還故里，避世入山家。斜日秦城柳，繁煙渭曲花。豈知燕地客，騎馬日風沙。」

按：其弟邦靖于正德九年以諫言下獄，黜爲民，故詩中云「令弟先君往」、「竄身還故里」。何景明是年在京。

歸家，途作滿江紅廣武道中、出獄至蒲。

前見苑洛集卷一二。詞曰：「漠漠霜天，孤城下，九秋時節。飄零處，寒燈獨照，荒山幾疊。渺渺長空哀雁叫，淒淒野成悲笳咽。望秦川，今夜到明朝，頭應白。　來時候，柳可折。才回首，流芳歇。歎玉關人老，歲光奔迫。代馬踏殘青海草，塞風吹落雲中月。愧浮沉，今已負平生，應悲切。」後見苑洛集卷一〇。詩云：「驅車下蒲阪，雲樹見吾家。覆苑堤堤柳，沿河曲曲花。生還仍故國，客去幾天涯。不寐今宵月，雞鳴問渡槎。」

既歸，謝客講學，四方學者負笈日衆。

馮從吾馮恭定公全書卷二二之苑洛韓先生：「既歸，謝客講學，四方學者負笈日衆。」

陝西通志卷五五人物聖賢名臣：「既歸，謝客講學。負笈者甚衆。」

著本義詳説二十六卷，授門生趙芳。

見苑洛集卷五鄉進士趙子春墓誌銘：「正德丙子，苑洛子之家食也。子春執羲經而問焉。苑洛子授以否、泰二卦，子春曰：『乾與坤，消長之間，欲整頓耶？　芳也，何德以堪之？』問坎、離，而苑洛子弗答。子春曰：『未濟、既濟之相交，其後乎？　非芳也之急。』苑洛子奇之，曰：『是可以言進退存亡之道矣。』遂手著本義詳説二十六卷以授之，俾誦習焉。」

按：據墓誌，趙芳，字子春，號左輔。朝邑人。嘉靖四年領省薦，累試春官弗第，卒於嘉靖十八年。

宸濠門客宗元和尚請見，不許。作梅　答宗元、竹題宗元畫軸，以見勁節貞心。

見苑洛集卷一一。前詩小序曰：「正德丙子，宗元和尚自謂通文武學，宿於村廟，請見，六日不許。會五泉弟他出過廟，宗元邀入廟講論，至夜深，指天曰：『一天新星象。』五泉歸告予。明日，宗元再請見，亦不許。宗元以畫梅一軸請詩。宗元見詩曰：『不可致矣。』明日去。」其詩云：「凌霜傲雪不凡才，直到嚴冬爛熳開。不爲春光便改色，鶯鶯燕燕莫相猜。」後詩云：「勁節虛心本自奇，四時常見緑猗猗。笑他江上羅浮樹，只放寒花三兩枝。」當亦作於此時。

按：蔣一葵堯山堂外紀卷九〇載：「宸濠令一士詐爲羽客，往説韓副使邦奇，假以所繪松請題。韓爲詩曰：『勁節貞心本自奇，四時常見綠猗猗。笑他江上桃花樹，爲放春光三兩枝。』士喻意，不敢言而退。」內所録詩，即竹，云「以所繪松請題」，誤。若此記有據，則此事當發生在是年邦奇于浙江任上，後詩亦當作於是年尚在任時。

武宗正德十二年（丁丑　一五一七）　三十九歲

是年八月，武宗微行至宣府，自稱總督軍務威武大將軍總兵官。邦奇作聞車駕幸北邊，有微詞。

见苑洛集卷一〇。詩云：「聖主思弘業，揚兵出紫宸。天威淩瀚海，殺氣薄秋旻。鏖戰有邊將，奇勳多近臣。傳聞奏凱日，還欲下三秦。」

平陽府處士尚公令子尚道從遊，邦奇作蔡沈尚書傳義二十卷授其誦習。

见苑洛集卷六之處士一菴尚公暨配郭孺人王孺人合葬墓誌銘：「正德丁丑（尚公）謂道曰：『……吾聞苑洛子者，授生徒於河西，爾往從之。』苑洛子爲蔡沈尚書傳義二十卷，俾道誦習焉。」

作河中書院記。

见苑洛集卷四。

爲里人郭子法作西河散人墓誌銘，形象地解釋「散」之義、記敍散人之行。

见苑洛集卷六。

按：據墓誌，郭子法（一四三五—一五一七），字守道，自號西河散人。朝邑大慶關人。墓誌曰：「散人者，散散之人，八極之表，漈落之淵，舉萬物莫得而拘焉。乾坤不得覆載我，日月不得照燭我，雨露不得沾濡我，四時不得寒燠我，陰陽五行不得化育我。究其本真，歸諸大源，莫容莫破，莫得而名焉。又其次，爵禄不能維縶我，貨利不能引誘我，功名不能羈絆我，寵遇横逆不能感激我。若千仞之鳳，萬里之鵬，飛翔扶搖於天衢之外，人孰得而攀之？散之義大矣。」

撰盧氏縣訓導張公傳。

见苑洛集卷八。

按：據傳，張公諱瑤（一四四五—一五一七），字獲珍，號席軒。朝邑嚴王社人。屢試秋場不遇，正德三年應貢入國學，謁選吏部，授河南盧氏縣訓導，五年教成化洽，而公卒矣。子鳳翼、鳳翔。

武宗正德十三年（戊寅　一五一八）　四十歲

是年，韓邦奇家食，謝客講學。正蒙拾遺編成。

劉世綸讀正蒙拾遺篇曰：「是編也，先生謂『三代之下，獨橫渠識天道之實』，此千古卓越之見。今即造化，以正蒙對觀之，了然矣。至於『周公狼跋之説』、『佛氏歸真之論』、『有道術以通』『過涉滅頂』諸篇，不過千言，而因時達變，撫世御物，易之妙用，在盈縮之中，先儒未之及也。學者詳玩熟察而有得焉，則知世綸非阿私已爾。正德戊寅賜進士承德郎戶部主事門人岷山劉世綸拜書。」

按：是書乃邦奇由朱、蔡之學返歸張載關學之重要著述，乃邦奇哲學思想之重要結集。邦奇研習張子正蒙，有一個長期的過程。其正蒙會稿序（苑洛集卷一）曰：「正德中，吾友何子仲默以近山劉先生正蒙會稿見遺。初，弘治中，余嘗爲正蒙解結，大抵先其難者。繼見蘭江張子廷式正蒙發微，詳盡及于易者。顧於予之解略焉，嘗欲合二書而刻之。今見會稿，則難易兼備矣。乃取解結焚之，使廷式見之，亦將焚其發微乎？」又正蒙拾遺（性理三解本）篇首曰：「橫渠正蒙多先後相互發明，熟讀詳玩，其義自見，不煩解説。且近來大全、三注及會稿注釋者頗多，但張子大旨似未全得，中間二三策，尚欠詳明。故著此苑洛韓邦奇拾遺。」由此可見，邦奇在早年研治尚書、周易時，即研讀張載之正蒙，並有正蒙解結之作，此見前孝宗弘治八年（乙卯，一四九五）。此爲第一階段。而後見張憲（字廷式）之正蒙發微詳盡及于易者，於是欲以二書合之。此爲第二階段。再後則在正德八九年之間，從友人何大復處得劉璣（字近山）之正蒙會稿，見其難易兼備，於是取解結而焚之，此爲第三階段。此後則再讀正蒙之大全、三注及會稿等注釋，但以爲其於「張子大旨似未全得，中間二三策，尚欠詳明」，於是作正蒙拾遺。此爲邦奇研習正蒙之第四階段，亦其正蒙思想成熟之作也。

應縣學生婁西之請，爲其父撰太行逸人墓誌銘。

見苑洛集卷四。婁西，山西陵川人。

秋旅作於是年前後。

見苑洛集卷一一。詩中有「十年宦跡雙蓬鬢，萬里浮蹤一破琴」句。邦奇自正德三年入仕，至今十年矣。

武宗正德十四年(己卯　一五一九)　四十一歲

善人張鳳卒於是年四月三日，爲撰張雲霄墓誌銘。

見苑洛集卷六。

按：據墓誌，張鳳(一四六九—一五一九)，字雲霄，朝邑大慶關人。

是年四月二十一日，父韓紹宗病逝。王九思作大明中順大夫福建等處提刑按察司副使封中憲大夫蓮峰韓先生墓碑，呂柟作福建按察司副使封中憲大夫蓮峰先生韓公墓誌銘，又作祭蓮峰韓先生文。

王九思大明中順大夫福建等處提刑按察司副使封中憲大夫蓮峰韓先生墓碑(渼陂集卷一一)：「正德己卯四月二十一日以疾卒……其葬則是年七月十八日，蓋壽六十八歲。」

呂柟福建按察司副使封中憲大夫蓮峰先生韓公墓誌銘，見涇野先生文集卷二三。祭蓮峰韓先生文，見涇野先生文集卷三五。祭文曰：「惟靈天授英哲，政成剛明，覺我後學，既有典刑，柟於先生，不啻前輩鄉曲之情也。矧伊諸郎，立德明道，並鳴熙時，聲聞海岳。伊昔弱冠，義氣相召，柟於諸郎，不啻同年兄弟之好也。今公已矣，奚勝悲悼，絜酒束辭，用申虔告。尚享！」由此可見呂柟與邦奇父子兄弟之交往。

撰王安人傳，頌其「事翁姑以孝，處妯娌以讓，待童僕以恩」之賢。

見苑洛集卷八。

按：據傳，王安人姓周，爲邦奇友人王尚絅(字錦夫，別號蒼谷)之妻。生於成化十五年，卒於是年十二月二十二日。

王尚絅，参見本譜嘉靖五年。

武宗正德十五年（庚辰　一五二〇）　四十二歲

以父逝哀毁成疾，幾一年。弟邦靖親嘗湯藥，精心侍疾。

唐龍五泉韓子墓表（唐漁石集卷六）：「蓮峰既没……苑洛子以哀致疾幾一年。」

明史韓邦靖傳：「邦奇嘗廬居，病歲餘，不能起。邦靖藥必分嘗，食飲皆手進。後邦靖病亟，邦奇日夜持弟泣，不解衣者三月。及殁，衰絰蔬食，終喪弗懈。鄉人爲立孝弟碑。」

樊得仁韓五泉孝弟記：「庚辰，苑洛哀毁成疾，厲虐百變幾一載。」

被稱爲「韓門二楊」之一的楊爵，是年始遊于門下。

孫丕揚楊御史傳（楊忠介集附録卷一）：「斛山楊先生，余富平人也。名爵，字伯修。官御史時，以直諫顯……時苑洛韓大司馬方以理學倡明關陜，先生獨師事之。韓觀其貌行樸如也，已而叩其衷，避席斂衽。同時學者皆自以爲不及云。」

吳時來楊御史傳（楊忠介集附録卷一）：「年二十八，聞朝邑韓先生講性理學，躬輦米往拜其門。」

李禎墓表（楊忠介集附録卷四）：「二十八歲，聞朝邑汝節韓先生講性理學，躬輦米往拜其門。韓先生睇先生貌行，行壯也，欲卻束脩禮。父蓮峰老人謂曰：『意若非凡人。』數日叩其學，詫曰：『縱宿學老儒莫是過，吾幾失人矣。』既省語言踐履，錚錚多古人節，歎曰『畏友也！』同門傳習者，皆自以爲不及。」

馮從吾斛山楊先生（馮少墟集卷二二）：「（楊爵）年二十八，聞朝邑韓恭簡公講理學，躬輦米往拜其門。公睇先生貌行，行壯也，欲卻之，父蓮峰老人謂曰：『意若非凡人。』數日，叩其學，詫曰：『縱宿學老儒莫是過，吾幾失人矣！』既省語言踐履，錚錚多古人節，歎曰：『畏友也！』同門學者，皆自以爲不及。後與楊椒山稱『韓門二楊』云。」

富平縣志卷七人物：「字伯修，號斛山……既從朝邑韓恭簡公學，躬行實踐，以聖賢自期許。與椒山公稱『韓門二楊』。」

按：楊爵（一四九三—一五四九），字伯修，號斛山。陝西富平人。嘉靖八年進士，授行人司行人，十一年，授山東道監察御史，時權臣擅柄，義所不可，乃移疾歸。十九年，詔起河南道監察御史。廿年春，上疏言天下大計，指陳五弊，世宗大怒，命鎮撫司窮治其詞，拷訊備至。幽囹圄八年。廿六年冬放歸。歸後，教授里中，五十七歲卒。隆慶元年，追贈光禄寺少卿。明史有傳（列傳卷九七）。墓表等皆言楊爵二十八歲從邦奇遊，卻又云邦奇欲卻之，其父蓮峰先生促成之。而邦奇父已于去年去世，或楊爵從遊應在去年之前？

武宗正德十六年（辛巳　一五二一）　四十三歲

是年三月十四日，武宗崩。四月二十二日，世宗即位。五月，録廢籍，爲山東布政司參議。

明儒學案：「世宗即位，起山東參議。」

王學謨續朝邑縣志卷六人物志：「辛巳，世廟詔起爲山東布政司參議。」

國榷：「（正德十六年五月，）再録廢籍：右副都御史李昆、員外郎韓邦靖、僉事韓邦奇等……韓邦奇爲山東布政司參議。」

起用才兩月，自乞致仕歸，作詩山東參議致仕歸（時年四十三）。

韓邦奇慎刑獄以光新政事（苑洛集卷一三）：「山東等處承宣布政使司右叅議臣韓邦奇謹奏：爲慎刑獄，以光新政事。臣聞：『刑者，人主治天下之大防，而天下治忽所由係。』書稱：『堯舜之治至於四方風動，其究歸於皋陶象刑之功。』故刑者，人主之所當重慎而不可忽者也。國家法古制刑，內則緫之三法司，外則緫之提刑按察司。後又特差監察御史審録、都御史巡撫，且皆付以糾察之寄，其法詳且盡矣。至於錦衣衛之設，蓋以待夫隱罪極惡，天子非時震怒特遣下之，非以爲常者也。然其制列聖相承，止行於畿內。至正德二年以來，權姦相繼用事，假此報復私讐，中傷善類，用張淫威，迫脅海內，官校紛紛而出，所在有如豺虎。破家亡身者，郡邑相望，天下洶洶，幾至大亂。使非聖明繼世中興，革而正之，天下未可知也。近者聖母駕過山東，高唐州同知金波供應有缺，陛下詔錦衣衛官校拏至京師，天下諤然驚疑，謂：『聖明在上，亦復有此！』夫金波小官，何足以動天下之聽聞，而錦衣官校出京拏人，則固天下聽聞之所係也。伏望陛下特宥金波之罪，自後在外府州縣官有犯，付之按察司；三司官有犯，付之撫按官；撫按官有犯，付之三法司。如此則內外相承，體統不紊，罪皆閲實，孰可逃刑哉！臣以外服之臣，乃敢塵穢聖聽，罪誠難逭。但臣山東方面官；高唐，臣山東屬州；金波，臣山東屬官。陛下差錦衣衛官校拏人自臣山東始，故敢輒肆狂瞽，以獻芹曝，惟聖明采擇焉。爲此專差，謹具奏聞。正德十六年十一月日。」（都察院覆題：「先是撫按、三司皆認罪，時出巡在外不知也。」奏下，撫按三司皆不悅，遂自陳致仕。）

按：據此，十一月，爲「聖母駕過山東，高唐州同知金波供應有缺，陛下詔錦衣衛官校拿至京師」事，上疏慎刑獄，撫按三司不悅。起用才兩月，乃自陳致仕歸。明史紀事本末卷五〇大禮議：「是年四月，世宗朱厚熜即位。丙午，遣官往迎帝母興獻妃。」「九月，興獻王妃至通州。」奏疏中稱「聖母」者，即世宗生母興獻王妃。

苑洛集卷十七之乞恩休致事曰：「山東等處承宣布政使司右參議臣謹奏：爲乞恩休致事。奉聖旨：吏部知道。疏遺。」

苑洛集卷十七乞恩休致事：「山東等處承宣布政使司右叅議臣謹奏：爲乞恩休致事。奉聖旨：『吏部知道。』吏部行山東布政司留疏遺。』巡撫都御史陳公鳳梧奏薦，略曰：『臣伏見右參議韓邦奇秉恬退之節，抱經濟之才，偶因脾疾之攻，遂起思親之念。既上疏以乞休，即促裝而就道。伏望皇上軫念人才難得，將本官暫令致仕，以遂其恬退之節。病痊起用，以盡其經濟之才。』吏部覆題：『奉聖旨，韓邦奇暫准致仕。病痊之日，有司奏來起用。』」

馮從吾關學編之苑洛韓先生曰：「世廟即位，改元嘉靖，詔起山東參議，尋乞休。」

明史卷二百一：「嘉靖初，（韓邦奇）起山東參議，乞休去。」

詩見苑洛集卷一一。云：「鄉國清幽萬景奇，年來每動古人思。首陽月照夷齊墓（在吾家東三十里，一奇也），渭野風飄尚父絲（在吾家南二十里，一奇也）。纔捧綸音膺帝命（奉詔起用纔兩月），卻將迂論起人疑（時差官校拿高唐州官，以供應缺失也。撫按三司皆認罪，予在省外不知，上疏諫止之。聖明不較，而同時者以爲立異）。歸來家有書千卷，獨取羲經日玩辭。」

是年，弟韓邦靖也奉詔起用。

韓邦奇韓邦靖傳（苑洛集卷八）：「（韓邦靖）辛巳三十四，奉詔起用。」

朝邑知縣王道爲刻洪範圖解。

王道洪範圖解後序（性理三解之洪範圖解卷末）：「予既刻苑洛先生洪範圖解，乃序曰：夫天下之事，理與數二者而已。稱者謂『漢儒精數，宋儒明理』，然天下未有外理以爲數者，明理，斯數在其中矣。故宋儒之言曰：『本朝學問，漢氏以還未之及也。』是誠然矣。然宋之數學，如二蔡之律呂、洪範，皆其邃者，而朱子之易，則又有漢、宋諸儒所未及。吾苑洛先生，於律呂、洪範，皆有圖解，於易，則有啟蒙意見，無不闡明三先生之奧，而推論極至，是誠命世奇作也。士苟餘明理而習數，烏可不宗苑洛先生哉！啟蒙意見，大卿周先生伯明刻之於平陽；律呂直解，方伯方先生壽卿刻之於杭州，然則斯集也，道烏可以不任其事哉！正德辛巳夏六月之吉，知朝邑縣事陵川王道序」

按：是書完成於韓邦奇三十七歲時。參見本譜武宗正德十年（乙亥，一五一五）。王道，韓邦奇曾爲之作河南府通判王公墓誌銘，參見本譜世宗嘉靖八年（己丑，一五二九）。

作新水令帶過折桂令（別仲華進士辛巳）。

見苑洛集卷一二。曲詞曰：「曉亭三疊奏陽關，共離情，春愁黯黯。鶯聲遙入座，花氣細侵簾。梅雨無端，把韶光一夜換。　休怪我懶上雕鞍，量這些過隙浮蹤，消幾度千里關山。柳折金絲，酒斟玉斝，詩滿雲箋。魏俊逸才高子建，晉風流年少潘安。苑草芊芊，渭水川川。二句佳景也。也知到，後會多期。再來時，只怕我兩鬢斑斑。」

世宗嘉靖元年（壬午　一五二二）　四十四歲

是年里居。王廷相稱呂柟、馬理、韓邦奇等人爲「當世迪德蹈道之士」。

王廷相答仇世茂（王氏家藏集卷二七）：「……如北地李獻吉、信陽何仲默……其爲詩……皆傳世無疑者。仲默已矣，余子尚康強無恙……觀仇氏雄山集所載，如喬白岩、王虎谷、何粹夫、崔子鍾、呂仲木、呂道夫、馬伯循、王錦夫、韓汝節諸公皆當世迪德蹈道之士……」

按：由「仲默已矣」句，知此書作于何大復去世之後。參見本譜武宗正德六年（辛未，一五一一）。

是年，弟韓邦靖擢山西布政司左參議。

韓邦奇韓邦靖傳（苑洛集卷八）：「（韓邦靖）嘉靖壬午，三十五，擢山西布政司左參議。」

馮從吾關學編之苑洛韓先生（弟邦靖附）：「嘉靖改元，（韓邦靖）起山西左參議，以病免。」

世宗嘉靖二年（癸未　一五二三）　四十五歲

是年二月，弟邦靖拂袖歸，病重。邦奇日夜侍疾，不解衣者三月。四月二十日，邦靖去世，邦奇衰絰蔬食，終喪弗懈。鄉人爲立孝弟碑。受邦靖臨終之托，邦奇墨淚爲作韓邦靖傳。王九思作明故朝列大夫山西等處承宣布政使司左參議五泉韓子墓誌銘，康海來吊。

韓邦奇韓邦靖傳（苑洛集卷八）：「嘉靖二年春二月十日，靖歸自大同，謁孔廟，揖邑宰，拜先壟，牲見於祠堂，與諸兄弟登堂稱觴於母氏，歡宴終日。乃是月十八日病，損食不豫。其兄邦奇爲之遠近迎名醫，皆不即功，乃愈益病。四月十日，衣冠如平生，呼邦奇曰：『吾將逝矣，十九日必大雷雨，即爲我戒衣衾。』又曰：『先君之歸在是月二十一日，吾強待之，使兄好作忌辰也。』十九日昧爽，天色晦冥，家人恐靖覺雷雨遂逝，令二人力掩其耳，問曰：『掩耳者何也？』邦奇紿之曰：『醫謂掩耳息氣也。』已而果大雷雨，如在寢室，門牖皆震動，而靖不語矣。邦奇爲之正冠，乃搖首。邦奇泣曰：『待二十一日乎？』乃首之。二十日，邦奇問曰：『歸期明日乎？』靖不應。邦奇痛哭曰：『吾弟力不能支矣。』乃又首之，俄而遂卒。卒之一月，武功康對山來吊曰：『往年秦山崩，吾謂三秦豪傑必有當之者。既而何仲默卒，吾謂仲默，陝西官山之崩在是矣。今乃知非也，乃應吾五泉子！』」

明史韓邦靖傳：「邦靖病亟，邦奇日夜持弟泣，不解衣者三月。衰絰蔬食，終喪弗懈。鄉人爲立孝弟碑。」

馮從吾關學編之苑洛韓先生（弟邦靖附）：「嘉靖改元，（韓邦靖）起山西左參議，以病免。尋卒，年僅三十有六。……所著有五泉集、朝邑志若干卷。」

按：王九思明故朝列大夫山西等處承宣布政使司左參議五泉韓子墓誌銘見渼陂集卷一三。

世宗嘉靖三年（甲申　一五二四）　四十六歲

是年六月初八日，外孫張士榮出生。

韓邦奇外孫廩膳生南陽張士榮墓誌銘（苑洛集卷六）：「吾孫生於嘉靖甲申六月初八日……」

是年，大同兵變，薦起山西左參政，分守大同。入晉陽，出雁門，作七律入晉陽、詞金菊對芙蓉閱兵雁門登城。

王學謨續朝邑縣志卷六人物志：「甲申，復用言官薦，起山西左參議。」

明儒學案：「甲申，大同兵變，起山西左參政，分守大同。」

入晉陽見苑洛集卷一一。詩云：「又策征車入晉陽，青山無數晚蒼蒼。秋深畦黍經霜熟，雨後林花見日香。幾逐孤蓬淹歲月，漫看流水嘆年光。遙思故國東籬下，三逕無人蔓草長。」

金菊對芙蓉閱兵雁門登城見苑洛集卷一二。詞曰：「樓起層城，城蟠絶岫，旌旄上拂雲天。看龍蛇陣繞，虎豹關嚴。班聲一喏桑乾沸，青霄外，震裂恒山。有英雄驍將，黃金繡鎧，白玉雕鞍。　北望殺氣騰騰，更飛霜漠漠，萬里行遙。把壯心引動，鼙鼓填然。（君子聞鼙鼓之聲則思戰伐。）合當痛飲黃龍府，縱兵十日蒐畋好。生擒开罕，招徠冒頓，約束樓蘭。」

按：據苑洛集卷二〇「記甲申大同之變」，邦奇於是年八月出雁門。

至大同，單車入城，首惡就戮，人心少安。

馮從吾苑洛韓先生（馮恭定公全書卷二二）：「甲申，大同巡撫張文錦階亂遇害，時事孔棘，復以薦起山西左參議，分守大同。人皆危之，先生聞命即行。將入城，去二舍許，逆者使二人露刃迎，且故燬參將宅以懾之。先生奮然單車入，時諸司無官，鎮人聞先生入，皆感激泣下，人心少安。既而巡撫蔡公天佑至代州，先生親率將領令盛裝戎服謁蔡於代。蔡驚曰：『公何爲如此？』先生曰：『某豈過於奉上者。大同變後，巡撫之威削甚，大同人只知有某耳。不身先降禮，何以率眾？』蔡爲歎服。」

按：王學謨續朝邑縣志卷六人物志、陝西通志卷五五人物、明儒學案所記大略相同。

鷓鴣天鎮虜臺宴諸將、西江月同前，亦當作於是年。

俱見苑洛集卷一二。前詞曰：「戈戟叢中玳宴開，正同諸將捉生回。十年高臥希夷峽，此日還登鎮虜臺。長劍舞，巨觥催，帳前金鼓震風雷。李陵碑外天驕遁，遙見旌旗報捷來。」後詞曰：「臺下縱橫鐵騎，筵前錯落金巵。風煙不警太平時，正是賞心樂事。流水落花片片，小橋垂柳絲絲。韶光那覺是邊陲，此日須拋一醉。」

按：词中有「十年高卧希夷峽，此日还登鎮虜臺」句。希夷峽在陝西，邦奇自正德十一年詔獄爲民歸陝西，里居近十年。

五律雲中道作於是年或十餘年後巡撫山西地方時。

見苑洛集卷一〇。詩云：「景物邊城異，多愁旅更增。風高聞晝柝（白日擊柝），日薄結秋冰（八月有冰）。渡水愁沙陷（桑乾河沙忽然陷，人馬陷下俱無蹤跡），登山畏石崩（度陵山踈土嵌石，大石忽崩下，人不能避）。晚來孤館宿，燃木即爲燈。」

按：雲中，古縣名，治所在今山西大同。

至同州，謁侯唐相，作同州重修州府記，表彰唐侯之賢。

見苑洛集卷三。記曰：「正德初，予謁州大夫，見廨宇傾圮……正德末，余再謁州大夫，其傾圮視昔加甚……嘉靖三年，予復詣州謁侯，見其渙然更新。」

按：據記，唐相，字舜夫，平谷縣人。

十一月，朝廷復遣胡瓚以總督出師，討大同叛卒。公諫侍郎胡瓚善待兵變將士，胡不聽，以殘酷手段鎮壓之，終留後患。

明史世宗本紀：「（嘉靖三年）冬十一月己卯，戶部侍郎胡瓚提督宣、大軍務，都督魯綱充總兵官，討大同叛卒。」

馮從吾關學編之苑洛韓先生：「甲申，大同巡撫張文錦階亂遇害，時勢孔棘，復以薦起山西左參議，分守大同……會上遣戶部侍郎胡公瓚提兵問罪，鎮人聞之復大噪。先生迓侍郎于天城，以處分事宜馳白巡撫。諸軍聞言出於先生，信之，始解。翌日，首惡就戮，先生謂侍郎曰：『首惡既獲，宜速給賞以示信，庶亂可弭寧。不然，人心疑懼，將有他變。』侍郎不聽，先生遂致仕歸。後果如其言。」

世宗嘉靖四年（乙酉　一五二五）　四十七歲

散曲寄生草晉陽懷歸當作於是年或略前。

見苑洛集卷一二。共六首。曲詞爲：「晚霜遙，玉壘寒；晚雲多，金臺迴。想蓴鱸，禁不得西風動。對鶯兒，彈不出南薰弄。望煙霞，丟不下東山景。急歸來，卻早是白頭人。到此時，看破了黄粱夢。」「又不是貪山水，又不是愛神仙，人家筵席也，終須散。諕殺人，鶴唳華亭嘆。愁殺人，鳥盡淮陰怨。聰明人，須早過是非關。英雄漢，挑不起功名擔。」「肯排山，山能撼。肯倒海，海可翻。只是我意兒裏不要緊，心兒裏懶。沒來頭，無限閑拘管。不中用，多少閑文案。黄石橋收了子房編，玉門關掛起班侯劍。」「我本是釣鼇人，做不得攀龍客。協上千萬般，怕負了皇恩大。二十年，償不盡經綸債。兩三翻，空惹得青山怪。歸來一嘯海天空。醉時節，還覺得乾坤窄。協上」「洛陽橋，春柳新。岳陽樓，陰風動。蔓草長，休迷了淵明逕。華峯高，還尋著希夷洞。五湖深，繫不住陶朱艇。養閒身，猿鶴伴。丹霄鑄衰顏，龍虎蟠金鼎。」「你看那三傑忙，你看那四皓閑。漢家青史，都把名兒顯。白樓緑柳，是吾家苑。渭濱河曲，與漁樵伴。對知音，還取古琴彈。散幽情，細把羲經點。」。

按：邦奇雖自信有排山倒海的能力，但功名路上是非多，讓人難堪。到此時已看破功名利禄，心存歸里之意。如詞中云：「到此時看破了黄粱夢。」「誆殺人，鶴唳華亭嘆，愁殺人，鳥盡淮陰怨。聰明人，須早過是非關，英雄漢，挑不起功名擔。」「肯排山，山能撼，肯倒海，海可翻。只是我意兒裏不要緊，心兒裏懶。」「我本是釣鼇人，做不起攀龍客。千萬般怕負了皇恩大。二十年，償不盡經綸債。兩三翻，空惹得青山怪。歸來一嘯海天空，醉時節，還覺得乾坤窄。」只盼「渭濱河曲與漁樵伴。對知音，還取古琴彈，散幽情，細把羲經點」。

入汾陽，謁永和王。

韓邦奇永和孝行圖序（苑洛集卷一）：「嘉靖乙酉，苑洛子守冀南，聞王仁而克愛也，入汾謁王。」

是年七月，因與總督胡瓚意見不合，致仕歸。

國榷：嘉靖四年七月辛巳，山西按察副使韓邦奇致仕。

韓邦奇懇乞天恩休致事（苑洛集卷一七）：「山西等處提刑按察司副使臣謹奏，爲懇乞天恩體致事。吏部覆題：奉聖旨韓邦奇准致仕，疏遺。」

王學謨續朝邑縣志卷六人物志：「（去歲，邦奇平山西之亂）幾兩月，城鎮雖稍安，人不自堅。因事屢變，邦奇率以誠信感格，不至成亂。十一月，上遣戸部侍郎胡公瓚提兵問罪，疏其姓曰：『罪人得獲，即日班師。』鎮人聞之大噪，復謀殘虐。邦奇迓侍郎于天城，以處分事宜，馳白都御史……侍郎不聽，復生他變……乙酉，竟致其事而歸。」

按：韓邦奇苑洛集卷二〇「記甲申大同之變」，詳細記載了邦奇親歷之大同兵變始末。

作七律晉陽致仕時年四十五。

見苑洛集卷一一。詩云：「封章七上許歸田，深感皇恩自九天。衰病豈緣三黜直（一謫一爲民，兩致仕），迂庸敢謂二疏賢。山園赤棗堪釀酒（邑人以棗爲酒），家沼金鱗不用錢。更有雲霄南去雁，相隨同到華峰前。注：『時家兄亦致仕。』」

按：邦奇晉陽致仕在是年。邦奇撫平大同兵變後，户部侍郎胡瓚復提督宣、大軍務，討大同叛卒。邦奇與其意見不合，請歸。據明史世宗本紀載，胡瓚爲嘉靖三年十一月奉旨赴大同，則邦奇七上封章得歸，應在是年。王學謨續朝邑縣志卷六人物志亦曰其「乙酉，竟致其事而歸」。題記「時年四十五」，當誤記。

復函同年友張文魁，強調進或退，「潔其身而已矣」！

韓邦奇通議大夫都察院右副都御史張公墓誌銘（苑洛集卷五）：「余時致仕將歸，公憮然抵余書曰：『君茲歸矣！文魁退且未能，進則弗達，將若之何哉？』余復公曰：『或去或不去，歸潔其身而已矣。』」

按：據墓誌，張文魁（一四七九—一五四二），字元甫，號宇川。開封人。正德三年進士，授刑部陝西司主事，官至正二品副都御史。曾與邦奇同官晉陽。

九月抵家，後撰山西副使致仕。

見苑洛集卷一一。詩云：「偶因衰病乞閑身，敢向明時學隱淪。十度拜官多棄斥（下獄二，爲民一，致仕二），七年竊禄半風塵（官雖十任止歷俸七年）。但能知足皆爲樂，幸得歸來豈患貧。遥憶到家正重九，黄花無數滿籬新。」

撰高先生祠堂記，表彰建文時殉難的高翔之「忠」。

苑洛集卷三高先生祠堂記云：「嘉靖元年冬，部侯來尹吾邑，樂節慕古，諮詢文獻，惟日孜孜。邦奇乃以先生語侯。……乃建祠，肖像於五衢之地，俾過者、居者咸有式焉。事竣，乃屬邦奇爲文。」

按：明史高翔傳曰：「高翔，朝邑人。洪武中，以明經爲監察御史。建文時，戮力兵事。成祖聞其名，與閏同召，欲用之。翔喪服入見，語不遜，族之。發其先塚，親黨悉戍邊。諸給高氏産者皆加税，曰：『令世世罵翔也。』此文雖以高翔與練子甯、方孝儒等並稱，對成祖朱棣仍稱「聖人」。

按：郜侯，據續朝邑縣志卷五官氏志：名相，字立之，澤州人。以舉人嘉靖三年至。爲人廉謹自將，號爲平易。官至雲南左使。卷三秩祀志載：「表忠祠，嘉靖乙酉，知縣相爲高御史翔建，兵部尚書恭簡公記曰：……」據此，則郜相尹朝邑爲嘉靖三年，建祠在四年。或邦奇記中云「嘉靖元年冬，郜侯來尹吾邑」有誤？待考。

撰贈張乾溝序。

見苑洛集卷二。序中以博學能言之名醫治病不愈，而形容樸野、不善言說之張卻能醫好頑症，感歎「爲治不在多言，顧力行如何耳。萬石君家不言而躬行，此之謂也。然後知天下之事自有真，豈惟醫哉……予自晉陽謝事歸，張老矣，因書以贈之」。

按：張乾溝，參見本譜正德二年。

應畦公子之請，作馮翊畦公墓誌銘。

見苑洛集卷四。

按：據墓誌，畦公諱敖，字大有，以農商爲業，好施，樂成人之美。卒於弘治三年，嘉靖四年移葬。

叔祖韓英卒於前年，其妻卒於是年，爲撰叔祖考樸菴府君暨叔祖妣陳孺人合葬墓誌銘，敘及韓氏世系。

見苑洛集卷六。

按：據墓誌，韓英（一四四〇—一五二三），字世傑。邦奇曾祖有五子：仲子爲邦奇之祖父，早逝；第四子即韓英，奉父命經商。邦奇父紹宗，生未及周歲，父逝，賴眾叔教養成才。

世宗嘉靖五年（丙戌　一五二六）　四十八歲

是年正月初七，友人王尚絅之母卒，爲撰王太安人傳，贊其女德。

見苑洛集卷八。

按：據傳，王安人爲平山先生王璿之配，蒼谷王子之母。王璿，字天器，號平山先生。康海對山集卷三八有平山先生墓誌銘。蒼谷王子，據傳及薛應旂蒼谷先生傳：王尚絅，字錦夫，别號蒼谷。河南郟縣人。弘治壬戌（十五年）進士，授兵部職方主事。歷吏部稽勳主事、驗封員外郎、稽勳郎中、山西參政等職，終浙江右布政使。嘉靖十年病卒。參見本譜正德十四年。

世宗嘉靖六年（丁亥　一五二七）　四十九歲

王侯「以功獲罪」罷歸，作送王侯東歸序。

見苑洛集卷二。

按：據續朝邑縣志卷五官氏志知縣：「王思賢，字夢説。樂平人。以舉人嘉靖五年至。」其後爲「王大節，字汝操。大名人。以舉人嘉靖七年至。」則此王侯當即王思賢。樂平，古縣名，今屬山西。

十月，起四川提學副使。

國榷：「嘉靖六年十月辛亥，起韓邦奇四川提學副使。選提學官：四川韓邦奇，湖廣許宗魯，廣東蕭鳴鳳。」

世宗嘉靖七年（戊子　一五二八）　五十歲

改右春坊右庶子兼翰林修撰。

明儒學案：「戊子，起四川提學副使，改右春坊右庶子，兼翰林修撰。」

王學謨續朝邑縣志卷六人物志：「戊子，起爲四川提學副使，尋改右春坊右庶子兼翰林院修撰。經筵啟沃，關係重大。」

作送介溪宗伯承天祀陵，望其于祀陵時，能「問俗周郊甸，觀風駐駱駰。民情與吏治，還望達楓宸」。

見苑洛集卷一〇。

按：介溪，嚴嵩之號。明史嚴嵩傳：「嘉靖七年，歷禮部右侍郎，奉世宗命，祭告顯陵。」顯陵，世宗父興獻皇帝陵，在湖北鍾祥縣東。

八月，主試順天。九月，以命題爲執政不悦，謫南京太僕寺丞。

韓邦奇順天府鄉試録序（苑洛集卷一）：「嘉靖戊子，當鄉試之期，順天府府尹臣黎奭以考試官請，上命右庶子臣韓邦奇、臣方鵬主其事。」

馮從吾苑洛韓先生（馮恭定公全書卷二二）：「戊子，起四川提學副使，尋改右春坊右庶子兼翰林院修撰。其秋，主試順天，因命題爲執政所不悦，嗾言者謫南京太僕寺丞。」

明史卷二百一：「七年，（韓邦奇）偕同官方鵬主應天鄉試，坐試録謬誤，謫南京太僕丞，復乞歸。」

王學謨續朝邑縣志卷六人物志：「……主順天鄉試，命題斥當時權力。柄事不悦，言者承風旨，謫南京太僕寺丞。」

國榷：「嘉靖七年八月丁未，右春坊右諭德兼翰林修撰韓邦奇、方鵬主試順天。嘉靖七年九月，右春坊右庶子韓邦奇謫南京太僕寺丞，以進試録錯誤也（用經文錯亂一三語，截除數字）。

按：焦竑玉堂叢語載此事甚詳。其曰：「时戊子順天鄉試，韓邦奇汝節、方鵬時舉俱以按察司副使改春坊庶子，兼修撰，主試事。韓前序引經『元首起哉，股肱喜哉』，又曰『帝光天之下，萬邦黎獻，共惟帝臣』。倒節其語。提學御史周易因劾韓，經語本『股肱喜哉，元首起哉』，『帝光天下』，至於『海宇蒼生』，而韓引云云，亦誤書『海隅』爲『海宇』。内批摺其失，兩謫之，四方相傳爲笑。然周劾雖當，實因韓序不載其名而發。」審讀苑洛集卷一順天府鄉試録序，果如焦竑言。其策問見苑洛集卷九嘉靖七年順天府鄉試。

歐陽德作七律送韓苑洛庶子謫南京太僕寺丞。

見歐陽南野文集卷二九。詩云：「秋日蒼茫去國遲，聖明恩重遠人知。泉涵庶子兼天淨，山擁琅琊入座奇。驛路風枝吹嫋嫋，誰家露菊湛垂垂。醉翁亭下春回早，采采芳蓀慰所思。」

按：歐陽德（一四九六——一五五四），字崇一，號南野。泰和人。嘉靖二年進士，官至禮部尚書。嘗從王守仁學，其學務真知實踐。

友人劉文煥卒於是年，爲撰中順大夫四川夔州府知府劉公德征墓誌銘。

見苑洛集卷五。

按：據墓誌，劉文煥（一四八二——一五二八），字德征、子緯，號蘭村，定州人。正德三年進士，「授駕部主事……時朝邑韓邦奇爲選部員外郎，長安劉公璣爲大司徒，蓋皆善大冢宰，相與推薦之曰：『主事當吏部。』德征聞之，亟抵員外郎曰：『天下豈少才，文煥何以得此？』員外郎曰：『主事賢。』德征曰：『員外郎以主事賢，竊恐天下以爲員外郎私也。員外郎，文煥友；大司徒，文煥戚。主事苟賢，奈何天下無知者？獨其友與戚知之何也。』乃推他。主事其後又有辭御史事」。因母老辭。守制、服闋，補客部、儀部員外郎郎中，東昌府知府，以得罪大將軍調夔州，夔州稱治，又以得罪貴人、直忤上司，被指有病罷官。

世宗嘉靖八年（己丑　一五二九）　五十一歲

門生楊爵北上應試，邦奇教以處世之道。

楊忠介集附録卷四「祭文」收楊繼盛文曰：「方公之北上也，我韓師翁嘗以大畜、睽卦教之矣，既而公用大畜，棄睽卦而不用，豈非忠貞剛直之氣，積於中而不可忍，故于師訓有所不暇顧耶？……方師翁歸致，與盛相別也，亦嘗以教公者教之矣，既而亦違背師訓，棄睽卦不用，已致於此。豈韓門之頑徒，乃國家之直臣耶！盛責宰相書內云……豈公之所爲所見，乃先得我心之同然耶？要亦同得師翁，不負天子，不負所學之教，而不敢忘也。嗚呼，世有曠百世而相感者，每歔欷而不可禁，況與公同韓氏之門又同此愚直之心。憂懷如海，孰爲知音……時人有稱『韓門二楊』者，顧淺陋，何敢一與公並稱……公之完名高節，已不負師翁之教，而盛尚留此僥倖不死之身若宇宙贅疣，於公深有愧焉……行將納此再生之身於朝廷，從公於九泉之下……」

按：大畜、睽卦，皆易卦名。楊爵，參見本譜正德十五年。

再疏請歸，里居。

馮從吾苑洛韓先生（馮恭定公全書卷二二）：「己丑，再疏歸。」

王學謨續朝邑縣志卷六人物志：「己丑，再疏而歸。」

韓邦奇北畿鄉試同年敘齒録序（苑洛集卷一）：「戊子，余及矯亭方公被命主考順天鄉試。明年，中式諸君子以其齒録而刻之，時余已里居。」

撰河南府通判王公墓誌銘。

見苑洛集卷四。

按：據墓誌，王公諱道，字純甫，號倥侗、六泉。陵川人。正德十二年爲朝邑令，陟臨洮府判，起復河南府（嘉靖五年）。多善政，著賢聲，卻因得罪藩司服刑，棄官歸，飲恨而沒。續朝邑縣志言其「以舉人正德十六年任」，誤。王道朝邑縣志跋署「時正德己卯九月吉旦，知朝邑縣事山西陵川王道跋」。知邦奇之記爲是。王道任朝邑時，曾爲邦奇刻洪範圖解，參見本譜武宗正德十六年（辛巳一五二一）。

撰大梁驛驛丞張君墓誌銘。

見苑洛集卷六。

按：據墓誌，張君名繼宗（一四五五—一五二九），字述之。華陰大員里人。

撰純齋處士楊公墓誌銘。

見苑洛集卷六。

按：據墓誌，楊公名錦（一四五八—一五二九），字尚絅，號純齋，朝邑人。

世宗嘉靖九年（庚寅　一五三〇）　五十二歲

是年，韓邦奇里居，或已起山東按察副使，待考。

馮從吾苑洛韓先生（馮恭定公全書卷二二）：「尋起山東按察副使，大理左少卿，以左僉都御史巡撫宣府。時大同再變，王師出討，百凡軍需倚辦，宣府悉力經理，有備無乏。」

按：根據此材料和前後年份材料，「起山東按察副使，大理左少卿」應該是嘉靖九年或十年的事。

撰一峰屈先生墓誌銘。

見苑洛集卷四。

按：據墓誌，屈先生名弘智，字鑒之，號一峰。正德十五年庚辰，年七十。卒年八十，知爲是年。屈先生雖博學多才，名聞鄉里，但十一次應鄉試，均不第。

世宗嘉靖十年（辛卯　一五三一）　五十三歲

應郃陽士民之請，作郃陽張侯救荒之記，表彰張侯救荒之功，以爲「災厄，天數也；救災，人事也。天弗可逃，人定則勝」。

見苑洛集卷三。記云：「歲辛卯，當陽九之餘，占之維旱。雖多方受之，而郃陽爲甚……」據記，張侯名道，山西洪洞人，與邦奇爲門牆友。

邦靖岳父屈直卒於是年六月二十日，爲撰嘉議大夫總督漕運兼巡撫淮揚等處地方都察院左副都御史西溪屈公傳。

見苑洛集卷八。

按：據傳，屈公名直，字道伸，號西溪，華陰人。成化二十年進士。女屈淑，適弟邦靖。

送判府歐公北歸序作於是年或明年，讚美忠孝。

見苑洛集卷二。

按：據序，歐公爲邑侯之父。邑侯歐於是年春涖邑，「甫及六月，庶事浚明」，於是迎父就養。邑儀歐，據續朝邑縣志卷五官氏志知縣：「歐思誠，字純甫，薊州人。以進士嘉靖十年任，才堪治劇……官至知府。」是爲邦奇刻禹貢詳略者。歐思誠刻禹貢詳略之年無考，或在其任朝邑侯之間歟？待考。參看本譜孝宗弘治十年（丁巳，一四九七）。

撰嵩嵐州判官周公墓誌銘。

見苑洛集卷四。

按：據墓誌，周公諱文盛，字時中，别號中立。潼關人。卒于嘉靖辛卯正月十八日。

世宗嘉靖十一年（壬辰　一五三二）　五十四歲

四月，由河南、山東按察副使，遷大理寺左少卿。

國榷：「（嘉靖十一年四月戊戌），河南按察副使韓邦奇爲大理寺左少卿。」

國榷：「（嘉靖三十四年十二月壬寅）己丑，乞歸。起山東副使、大理左少卿，以左僉都御史巡撫宣府。」

國朝列卿紀卷九四大理寺左右少卿年表：「嘉靖十一年，任左少卿。」

佚名南京兵部尚書韓邦奇傳：「……歷山東、河南副使，徵入爲大理寺丞。」

按：河南通志卷三一職官、山東通志卷二五職官，均載韓邦奇曾爲河南、山東按察副使，惜未記時間。據傳，任河南副使當在山東之前。

復至京師，因順天鄉試中式諸君之請，撰北畿鄉試同年敘齒録序。

苑洛集卷一北畿鄉試同年敘齒録序：「戊子，余及矯亭方公被命主考順天鄉試。明年，中式諸君子以其齒録而刻之，時余已里居。壬辰，余復至京師，諸君子請余序。」

撰贈大司寇貞菴周公考績歸南都序，歷敘周公政績，贊其「弼亮三世」，有「宰相器也」。

見苑洛集卷二。

按：序中自稱爲「門下士」。周公即周倫（一四六三—一五四二），字伯明，號貞菴。昆山人。弘治十二年進士，授新安知縣，歷監察御史、副都御史、南京工部侍郎，終南京刑部尚書。見無名氏南京刑部尚書周倫傳（國朝獻徵録卷四八）、雷禮國朝列卿紀卷五七南京刑部尚書年表：「周倫……嘉靖七年任。」則其三年考績當在嘉靖十年。考績歸，而邦奇在京，當在是年。

是年八月，借慧星之變，自請罷黜。不准。

韓邦奇自陳不職乞賜罷黜以消天變事（苑洛集卷十三）：「大理寺左少卿臣韓邦奇謹奏：爲自陳不職，乞賜罷黜，以消天變事。邇者彗星見於井、宿之間，陛下既躬盡克謹之誠，又命羣臣痛加修省。臣惟以人動天，惟刑爲甚速，天下典刑之官，惟大理寺爲甚要。昔之人，所以一婦啣寃遂致大旱，而廷尉稱爲天下之平也，稱斯職者，必得仁明平正之人而後可。如臣之凡庸愚昧，豈能堪此要任！曠官尸位，上干天和，彗星之變，臣有其咎。伏望皇上將臣速賜罷黜，以消天變之一端也。臣不勝戴罪，恐懼之至，爲此親齎，謹具奏聞。嘉靖十一年八月。」

十月十七日，再次具奏乞休，仍不准。

韓邦奇久病不時舉發再乞天恩休致事（苑洛集卷一七）：「臣見年五十五歲……因感患勞瘵之疾，已於去年十月十七日具奏乞休。吏部題：奉欽依，不准致仕。」

按：此奏作于次年。

是年十月，作正蒙會稿序。

韓邦奇正蒙會稿序（劉璣正蒙會稿叢書集成初編本）曰：「正德中，吾友何子仲默以近山先生正蒙會稿寄示。弘治中，余嘗著正蒙解結，大抵先其難者。繼見蘭江章式之之發微，大抵詳于易者。及見先生會稿，則難易兼舉，詳而不遺矣。於是取解結而焚之……嘉靖十一年十月。」

按：韓邦奇苑洛集卷一之正蒙會稿序曰：「正德中……繼見蘭江張子廷式正蒙發微」，此言「蘭江張子廷式」與劉璣正蒙會稿本正蒙會稿序所言之「蘭江章式之」略有不同。難以確定，待考。

蔡靉從遊，約在是年或略後。

胡向御史蔡公傳（洨濱蔡先生文集卷首）：「登己丑進士。初任行人，從韓苑洛、湛甘泉二先生講學。」

按：據傳及洨濱蔡先生文集卷一一所收時人之文，蔡靉，字天章，別號洨濱。河北寧晉人。嘉靖八年進士，授行人司行人，先後任浙江道、河南道監察御史，爲官剛正，因論事，兩次下獄、革職爲民。歸里後杜門著述，教授後學，從學者三百餘人；又置膳日，設義舉，周恤困窮。被稱爲『有道之士』。傳言其爲行人時，嘗從邦奇遊，則當於邦奇在京時。

作大理左寺題名記，強調刑官應做到：清、公、明、勤、仁。

見苑洛集卷三。曰：「……大理，古廷尉刑官也。昔周書訓刑，大要有五：曰清、曰公、曰明、曰勤、曰仁。此五者，刑之則而名由以成者也。是故奉祿而訖富，清也，則有清名；循法而弗撓，公也，則有公名；微曖情僞之必燭，明也，則有明名；剖斷無滯以由慝，勤也，則有勤名；匪削以入弗縱以出，仁也，則有仁名。否則獲貪名焉，否則獲私名焉，否則獲昏名焉，否則獲怠名焉，否則獲慘刻之名焉。善哉名之題乎！懼哉名之題乎！諸君子于名也，宜無所苟矣。是故忘名而名者，名之上者也；爲名而名者，名之次者也，僞於中而餙名於外焉，名亦未，如之何已。諸君子于名也，宜有所擇矣……」

光禄寺良醞署署丞李公暨配東孺人合葬墓誌銘撰於是年或略後。

見苑洛集卷六。

按：據墓誌，李公（一四六六—一五二九），名宗禮，字天節。朝邑縣嚴伯村人。東孺人（一四六九—一五三二），卒於是年。長子德源援例授府照磨，娶邦奇之妹韓春桂，皆卒於東孺人之前。

世宗嘉靖十二年（癸巳　一五三三）　五十五歲

任左僉都御史。

雷禮國朝列卿紀卷七九都察院左右僉都御史年表：「韓邦奇……嘉靖十二年任左。」

以左僉都御史巡撫宣府。時大同再變，王師出討，百凡軍需倚辦，宣府悉力經理，有備無乏。

馮從吾苑洛韓先生（馮恭定公全書卷二二）：「尋起山東按察副使、大理左少卿，以左僉都御史巡撫宣府。時大同再變，王師出討，百凡軍需倚辦，宣府悉力經理，有備無乏。」

明史韓邦奇傳：「以右僉都御史巡撫宣府。」

雷禮國朝列卿紀卷一二四巡撫宣府左右副都御史年表：「嘉靖十二年，以左僉都御史任。木年回都察院。」

二月，兩致疏，以駑駘之品、衰病之體，不堪宣府重鎮之任，自請罷轉黜、致仕，未准。

韓邦奇自陳不職乞賜罷黜以公考察事（苑洛集卷一三）：「今臣待罪都御史之官，誤膺巡撫之任，受兵民之寄，假便宜之權，況宣府一鎮擁衛京師，當二敵之衝，制五路之將，使非有達機應變之才，其何以勝重而致遠也！伏念臣駑駘之品，驅策固已不前；而蒲柳之姿，衰病又加日迫。知足之念每懷於平時，而揣分之誠尤切於今日，顧惟車非其馭則輻脫而載傾，鼎非其器則足折而餗覆，如臣之凡庸綿薄而叨此重大之任，豈不遺地方之患，負恩遇之隆哉！伏望皇上俯賜宸斷，將臣黜罷，則大明之典協成周之公，而熙績之功邁有虞之盛矣。爲此親齎，謹具奏聞。嘉靖十二年二月。」

韓邦奇久病不時舉發再乞天恩休致事（苑洛集卷一七）：「臣見年五十五歲……因感患勞瘵之疾，已於去年十月十七日具奏乞休。吏部題：「奉欽依不准致仕……入春以來，遂加沉劇。臣疾留連困苦，前奏備陳其狀，不敢再瀆天聽。伏念臣才質凡庸，自入仕以來，五蒙罷免，自分終身里舍，幸而遭際聖明，三起臣於廢病之餘，歷擢臣以華要之職，臣雖粉骨碎身無以仰答恩遇，而臣福緣淺薄，驅策不前，無可效埃之地。伏望聖慈矜臣病篤，容臣休致，使臣得送骸骨於鄉土，則臣不勝感戴天恩之至……嘉靖十二年二月日。聖旨：韓邦奇不准致仕。」

三月，爲防邊禦敵，具疏上奏乞給馬匹以實營務事、預處邊儲以濟缺乏以備急用事。

俱見苑洛集卷一三。前疏末署「嘉靖十二年三月初三日」，注曰「給馬三千匹」。後疏末署「嘉靖十二年三月」，注曰「發銀八萬兩」。

七月，上疏舉將才以裨邊務事、分守官員兼理道事以裨地方事。

俱見苑洛集卷一三。前疏舉將才王鎮、梁桓、郭梁、趙鏜等，以及復用李彬、劉環等。末署「嘉靖十二年七月十二日」。後疏末署「嘉靖十二年七月二十七日」。

八月，奏報墩軍大缺盔甲器械不便瞭報防守事。

見苑洛集卷一三。末署「嘉靖十二年八月二十六日」。

十月，因大同官軍聚衆殺死總兵官，燒毁公廨，奏稟鄰境官員殺死總兵官員事。又上奏怯懦將官燒荒遇敵奔敗事，請旨下法司依律從重究治；又因大同兵變而逃至鎮城的親王欲親詣赴闕，邦奇等未敢擅便，具疏親王至鎮欲要赴闕事請旨。

俱見苑洛集卷一三。第一疏末署「嘉靖十二年十月初九日」。第二疏末署「嘉靖十二年十月十一日」。第三疏末署「嘉靖十二年十月日」。

十一月，因大同兵變，調走大量兵力，本鎮兵馬嚴重不足，爲預防北敵乘虛而來，疏奏實邊鎮以振兵威以防敵患事。

見苑洛集卷一三。末署「嘉靖十二年十一月日」。

散曲綿答絮邊城春到遲、綿答絮邊城秋來早、朱履曲邊城夜雨當作於此兩年間，皆弔古思鄉之曲。

俱見苑洛集卷一二。前曲：「昏昏漠日下荒臺。望遙天，極目淒淒，春盡邊山花未開。對寒盃，百感興懷。家鄉萬里，白髮還催。何處是渭水秦城？雪滿紅崖鴈不來。」二曲：「邊沙慘慘逐人來。見西風，纔報新秋，赤葉蕭蕭霜已催。上高臺，百感興懷。你看那，燕關趙塞，都做了，古往今來。當不得弔古思鄉，野戍悽悽，卻又畫角哀。」後曲：「對寒燈，邊城今夜。望長安，家山在那些。鴈南歸，人沒個去時節。風瑟瑟，催殘漏，雨瀟瀟，打紅葉。多管是，替愁人、來添悶也。」

因馬理之請，爲其祖父撰贈中大夫光禄寺卿馬公墓表。

見苑洛集卷七。

按：馬理（一四七四—一五五五），字伯循，號谿田，三原（今陝西三原縣）人。明弘治十年舉人，正德甲戌年（一五一四）進士。曾任吏部稽勳主事、稽勳員外郎、南京通政司右通政、稽考功郎中、光禄卿等職。弘治年間就學三原宏道書院，其學識和文章聞名全國，當時學者都將他與宋代著名哲學家、關中學派代表人物張載相提並論。所著送康太史奉母還關中序一文，被傳抄國外，朝鮮國將此文作範文傳誦。一五五五年，卒於陝西大地震，時年八十二歲。著作有四書注疏、周易贊義、尚書疏義、詩經删義、周禮注解、春秋修義、陝西通志等。

應戶部主事間仲宇之請，爲其母撰間太安人墓誌銘，頌其女德。

見苑洛集卷五。

按：據墓誌，間母卒於嘉靖十一年，「葬之期，嘉靖十一年十月初十日也」。

縣學生屈徵請文表父墓，撰四川瀘州吏目屈君墓表。

見苑洛集卷七。

按：據墓表，屈徵父屈泰，字道隆。華陰人。生於成化二年十一月初四日，卒於嘉靖十三年五月二十九日。

世宗嘉靖十三年（甲午　一五三四）　五十六歲

是年，韓邦奇爲左僉都御史巡撫宣府。

正月，上奏選軍給馬暫團營伍以實邊鎮事。又因大同逆軍引誘北敵五萬餘圍困大同，且分兵南搶應州等處，勢逼宣府。而宣府空虛，若宣府失利，則京師危矣。乃急上疏逆軍引誘北敵大舉入侵鄰境預防邊患事，請求調兵，以保邊境無虞。

俱見苑洛集卷一三。前疏末署「嘉靖十三年正月二十二日」。後疏末署「嘉靖十三年正月二十四日」。

二月，因南路、中路參將劉江、李彬調去西征，二路爲極邊要地，擋敵要衝，參將不可久缺。乃上疏久缺極邊要路參將官員事，請選素有謀勇之人，前來管理二路兵馬。

見苑洛集卷一三。奏疏末署「嘉靖十三年二月日」。

閏二月，上奏選軍給馬暫團營伍以實邊鎮事。

見苑洛集卷一三。奏疏末署「嘉靖十三年閏二月日」。

四月，連疏上奏地方疲憊乞處稅糧以蘇民困事、議處年久浥爛預備倉糧以濟時艱事。

俱見苑洛集卷一三。前疏末署「嘉靖十三年四月日」，後疏末署「嘉靖十三年四月二十九日」。

七月，奉命還都察院。

國榷：「嘉靖十三年七月，巡撫宣府右僉都御史韓邦奇還臺。」

按：明洪武時，改前代所設御史臺爲都察院，設左、右都御史各一人，下設左、右副都御史各一人、左、右僉都御史各二人。

十月，上疏安設兵馬防禦敵騎以明烽堠以固地方事。

見苑洛集卷一三。奏疏末署「嘉靖十三年十月十七日」。

啟蒙意見再刻于上谷，蘇祐爲撰序。

蘇祐刻啟蒙意見序（性理三解本之啟蒙意見卷首）云：「明興教洽，苑洛先生早承家學，茂惇素履，極研易道，乃著是編。首本圖書，以遡其源；次原卦畫，以崇其象；次明蓍策，以極其數；次考變占，以達其用。蓋循引姬周之軌轍，而造設觀玩之梯航也，易之用廣矣。昔者孔子作十翼以贊易，韋編三絶。是書也，非翼之翼耶？屢加更定，勞與勤至，匪徒憂焉爾矣，是繼志之大者也。舊嘗刻諸河東，原卦畫缺焉，他多初定。茲獲授讀今本，始終條理大備矣，乃遂刻諸上谷，尚克博流遜布，與同志者共焉，無使季札聘魯，始興易象之嘆。非先生之志乎？嘉靖十三年歲次甲午冬十月辰日。」

按：蘇祐（一四九二—一五七一），字允吉，又字舜澤，號谷原。山東濮州人。嘉靖五年進士，知吳縣，改束鹿，曾按宣、大，授計平大同亂軍。官至兵部尚書。著有谷原集。

世宗嘉靖十四年（乙未　一五三五）　五十七歲

入都察院，佐尚書王廷相振肅臺綱。四月，陞右副都御史，巡撫遼東，改巡撫山西。

馮從吾苑洛韓先生（馮恭定公全書卷二二）：「乙未，入佐院事，尋改巡撫山西。時羽檄交馳，先生躬歷塞外，增飭戰守之具，拓老營堡城垣，募軍常守以代分番，諸邊屹然可恃。」

王學謨續朝邑縣志卷六人物志：「乙未，入左院事，與掌院尚書王公廷相同寅協恭臺綱振肅。尋改巡撫山西。」

國榷：「嘉靖十四年四月，左僉都御史韓邦奇爲右副都御史，巡撫遼東。改韓邦奇巡撫山西。」

明史韓邦奇傳：「入佐院事，進右副都御史，巡撫遼東。時遼東兵變，侍郎黃宗明言邦奇素有威望，請假以便宜，速初定亂。帝方事姑息，不從。命與山西巡撫任洛換官。至山西，爲政嚴肅，有司供具悉不納，間日出俸米易肉一斤。」

雷禮國朝列卿紀卷七九都察院左右僉都御史年表：「韓邦奇……嘉靖四年出撫遼東。」卷一一九巡撫遼東附敕使左右副僉都御史年表：「嘉靖十四年以右副都御史任。」卷一二二敕使山西侍郎都御史年表：「嘉靖十四年以右副都御史任。」

五律再過霍州當作於是年秋，已倦行役。

見苑洛集卷一〇。詩云：「此地吾嘗治，風塵幾度遊。道隨汾水折，雲擁霍山浮。昔往黃梅雨，今來白雁秋。萍蹤倦行役，何處是滄洲。」

按：霍州，即今山西霍縣。

是年入秋後，因痰濕之疾加劇，九月十七、九月三十日又先後上舊疾大作乞恩休致事、舊病大作再乞天恩休致事懇請休致，未准。

疏見苑洛集卷一七。前疏：「……欽差提督雁門等關兼巡撫山西地方右副都御史韓奏……伏念臣一介書生，荷蒙眷遇，秩至三品，官至都御史……吏部知道，欽此。欽遵。抄出送司案呈到部。看得本官，才望素隆，地方倚重，暫爾有疾，難擬休致……嘉靖十四年九月十七日。」後疏：「臣疾委實日加沉劇，不能驅策。而在外巡撫之官責任重大，居則綜理政務，出則巡歷地方，豈衰病之人所能勉強哉……嘉靖十四年九月三十日。奉聖旨，韓邦奇不准致仕。」

爲王雲鳳刊印虎谷集，作刊虎谷王先生墓誌序。

見虎谷集王公行實録。序曰：「奇嘗聞之先正曰：『當朝真儒，惟薛文清一人。』奇亦謂：『文清之後，亦惟先生一人。』先生秉正嫉邪，道高寡與，流俗憎忌，遂遭黯黯。此澤野獷所以爲先生志也。奇嘗謂涇野子曰：『此志當刊之萬本，流布於世，庶後之正史君子有考焉。』茲故刊之晉陽。嘉靖十四年九月二十四日門生苑洛韓邦奇書。」

按：王雲鳳，參見本譜孝宗弘治十七年（甲子，一五〇四）、武宗正德二年（丁卯　一五〇七）。

世宗嘉靖十五年（丙申　一五三六）　五十八歲

春，以提督雁門等關兼巡撫山西地方都察院右副都御史巡視邊關。爲富民強兵以遏敵患，先後上議處通敵要堡以遏

敵患以衛地方事、添擇緊要縣分官員以備地方事兩疏，建議擇選堪任守備及知縣等職之官員。

二疏俱見苑洛集卷一四。前疏末署「嘉靖十五年正月十一日」，後疏末署「嘉靖十五年三月日」。兩奏疏中自稱「欽差提督雁門等關兼巡撫山西地方都察院右副都御史」。

撰長篇奏疏惡逆攢害尊長搆賊殺死多命賄官枉法故勘肆獄淹禁生靈乞恩差官急救以伸大冤以決久訟等事，詳敘慶王府久懸未決之訟，乞差官急救，以伸大冤。

見苑洛集卷一四。末署「嘉靖十五年三月日」。

五律晚至沁州書懷當作於是年春。

見苑洛集卷一〇。詩云：「昔歲蒲關度，淹留直至今。病來改蓬鬢，春到益鄉心。萬壑迷寒雨，孤城隔遠林。須臾悲角起，悵望一沾襟。」

按：明代沁州，今山西沁縣。

四月，體恤窮民，上下情急切懇乞天恩願辭料價早賜夫匠修理府第以全母子居處事，爲修理王府的夫匠請命。

見苑洛集卷一四。末署「嘉靖十五年四月十六日」。

二月至四月又先後上疏久病不痊懇乞天恩休致事、久病纏綿調治不痊懇乞天恩休致事，以病乞歸，皆未獲允。

俱見苑洛集卷一七。前疏末署「嘉靖十五年二月(闕)日」，下注「吏部移咨，以大義責之」。後疏末署「嘉靖十五年四月二十七日」。

六七月間，山西數遭暴雨、大水、冰雹、蝗蟲之災，田苗淹沒，房屋倒塌，百姓傷亡。除死者賞給埋葬、傷者給予醫藥等救災之舉外，**邦奇上地方災異自陳不職嚴究庶官以圖消弭事，自劾不職，奏請罷黜。同日，因太原府糧倉積存年深之糧陳朽不堪，上疏倉糧事，奏陳處理意見，請旨。**

俱見苑洛集卷一四。二疏末署俱爲「嘉靖十五年七月二十九日」。

十月，因多路敵軍八九月間大舉入境，故於初一日上奏傳報大舉聲息事，請敕下兵部早加議處，並行文大同、延綏援兵，如遇敵人深入三關地方，隨即應援，以保邊地安全，遏制敵人深入之舉。初七日，據來降人口傳資訊，敵可能正復謀入邊，再奏來降人口傳報聲息事。初十日，爲革奸弊，禁豪強，使邊兵不缺錢糧，上請官專管庫藏以便收放防革奸弊事，請派官員專管庫藏。當月二十、二十三日，以北敵累次深入而援兵不至，連續上奏大舉聲息事、十分緊急重大敵人累次深入攻圍城堡事以告邊關之急。

俱見苑洛集卷一四。第一疏末署「嘉靖十五年十月初一日」。第二疏末署「嘉靖十五年十月初七日」。第三疏末署「嘉靖十五年十月初十日」。第四疏末署「嘉靖十五年十月二十日」。第五疏末署「嘉靖十五年十月二十三日」。

十一月，因監察御史沈鐸病重，不能經理鹽政，於初六日上疏風憲官員患病危迫事，請允沈鐸回籍調理，另派御史接管鹽政；二十五日，上薦舉地方賢才事，薦舉起用原都察院右副都御史張潤、原巡撫遼東都察院右副都御史成文、原通政使司右通政党承志。二十七日，上疏北敵大舉深入官軍奮勇追殺斬獲隊長徒衆首級奪獲戰馬軍器等事，奏請陞賞有功官軍鎮守山西副總兵傅鐸、遊擊祝雄等人。

第一疏見苑洛集卷一四。後二疏見苑洛集卷一五。第一疏末署「嘉靖十五年十一月初六日」。第二疏末署「嘉靖十五年十一月二十五日」。第三疏末署「嘉靖十五年十一月二十七日」。

十二月，發現所舉將官傅鐸、祝雄等有不能遏敵、以致殘傷地方之過，初二日上自劾不職乞恩罷黜舉劾將官不能遏敵以致殘傷地方事，自劾不職，乞恩罷黜。二十五日，聞皇長子誕生，上大慶事，吉服望闕叩頭拜疏稱賀。

見苑洛集卷一五。第一疏末署「嘉靖十五年十二月初二日」。第二疏末署「嘉靖十五年十二月二十五日」。

閏十二月，復勘宗室謀害父叔、放火燒毀官民房屋、殺傷軍民之事，斬除首惡，酌情處理倡亂人等，人心稱快。於二十五日具疏擒斬賊徒地方已寧事，細述經過，請獎有功官吏。同日，又上教職親老懇乞調任以全祿養事，爲教諭宋剛求近職，以便祿養年已八十之老母。

見苑洛集卷一五。兩疏末署俱爲「嘉靖十五年閏十二月二十五日」。

撫晉陽，再入汾謁王，爲王孝行圖作永和孝行圖序，贊王之仁義。

見苑洛集卷一永和孝行圖序：「丙申，苑洛子撫晉陽，再入汾謁王。」參見本譜世宗嘉靖四年（乙酉，一五二五）。

同舍友雷復亨卒於是年正月，爲撰登仕郎臨汾縣主簿幽齋雷君暨配劉氏合葬墓誌銘，贊其賢。

見苑洛集卷六。

按：據墓誌，雷復亨（一四七八—一五三六），字自仲，號幽齋。朝邑西關人。正德中，援例入國學，嘉靖四年授山西臨汾縣主簿，佐縣事。三四年間，民安之。因不媚上官，罷歸。

世宗嘉靖十六年（丁酉　一五三七）　五十九歲

是年，繼續以提督雁門等關兼巡撫山西地方右副都御史巡視邊關。

正月，因所屬三關地方，大敵深入殺掠人畜，朝廷命科部官員查勘，上疏乞恩回避事，乞恩還原籍以回避。

見苑洛集卷一五。疏末署「嘉靖十六年正月初三日」。

二月，奏恤災固本事。

見苑洛集卷一五。疏末署「嘉靖十六年二月二十日」。

按：前疏未獲批准，仍在理事。

六月，舉薦充軍爲民、罷官致仕等有用之才，以備任用。初八日，上公薦舉以備任用事，除舉薦去年提過的張潤、成文、党承志外，又舉薦原南京兵部尚書劉龍、原都察院右副都御使陳璘、閑住江西按察司僉事賈世強等人。同日，得情報，小王子圖與黃毛敵人烏梁海合兵來搶，上軍情敵中走回男子傳報軍情乞討火器以防侵掠事，奏陳所聞，乞討火器千副，以防敵至。

見苑洛集卷一五。二疏末署俱爲「嘉靖十六年六月初八日」。

八月，上疏大舉聲息事、大舉敵人出邊事，報告北敵大舉入侵之軍情。

見苑洛集卷一六。前疏末署「嘉靖十六年八月二十一日」。後疏末署「嘉靖十六年八月二十五日」。

九月，上疏大勢敵人擁衆深入急調鄰兵會合迎敵官軍奮勇斬獲首級奪獲戰馬軍器人口等事，報告官軍奮勇抵敵、敵軍終於退遁之軍情。又上欽遵敕諭因時察勢益兵據險以防敵患以衛中華事，爲防邊患，保衛地方，連上奏疏，陳述意見。

見苑洛集卷一六。前疏末署「嘉靖十六年九月初六日」。後疏末署「嘉靖十六年九月十二日」。

十二月，爲防邊患，保衛地方，又上慎重邊疆以保安地方事。

見苑洛集卷一六。疏末署「嘉靖十六年十二月二十八日」。

撰通議大夫大理寺卿龍湫王公墓誌銘。

見苑洛集卷五。

按：據墓誌，王公名綎（一四七七—一五三七），字邃伯，號龍湫。開州人。弘治十八年進士，授户部主事、員外郎、郎中，歷河南衛輝知府、湖廣副使、山西右參政、四川左布政使、都察院右副都御史、大理卿等職。卒於官。

世宗嘉靖十七年（戊戌　一五三八）　六十歲

正月，上疏舉薦文學官員以備擢用事，舉薦山西等處提刑按察司僉事趙廷松。

見苑洛集卷一六。末署「嘉靖十七年正月日」。

三月，上疏久病危篤調理不痊乞恩休致事乞休。

見苑洛集卷一七。末署「嘉靖十七年三月三十日」。

四月，因欠發代王府俸祿，被奪月俸。

國榷：「嘉靖十七年四月甲辰朔，乙巳，代府逋禄，山西都御史韓邦奇奪月俸。」

門生趙芳過晉陽拜謁。

見苑洛集卷五鄉進士趙子春墓誌銘：「戊戌，又弗第，過晉陽謁苑洛子。」

按：趙子春，參見本譜武宗正德十一年（丙子，一五一六）。

六月，因前疏未准，又上久病危篤調理不痊乞恩休致事、久病不痊再乞天恩休致事，當月獲准。

見苑洛集卷一七。後疏中有「本月二十七日奉聖旨：『韓邦奇既有病，著致仕』。」末記「嘉靖十七年六月三十一日」。

陝西通志卷五五人物聖賢名臣：「尋起大理少卿，巡撫宣府，改巡山西。時羽檄交馳，邦奇躬歷塞外，增飭戰守工具，拓老營堡城垣，募軍常守以代分番，諸邊屹然可恃。四疏乞休致仕。」

王學謨續朝邑縣志卷六人物志：「戊戌，四疏乞休，乃復致仕。」

明史韓邦奇傳：「至山西，爲政嚴肅，有司供具悉不納，間日出俸米易肉一斤。居四年，引疾歸。」

國榷：「嘉靖十七年六月戊辰，巡撫山西右僉都御史韓邦奇致仕。」

晉陽歸後，年十五之趙天秩，請從遊。授趙天秩春秋。

見苑洛集卷六茂才趙生仲禮墓誌銘：「年十五，余歸自晉陽，仲禮請從遊。世榮以其幼，恐無受教之地，乃涕泣，固請來學。時于周易已精且熟。余以春秋以來論式示之。」

按：趙天秩，參見本譜世宗嘉靖十九年（庚子，一五四〇）、世宗嘉靖二十二年（癸卯，一五四三）。

楷書王朝雍所撰亡妻馬氏墓誌銘，刻于石。

據中國國家圖書館碑帖菁華：「拓片題名：王朝雍妻馬氏墓誌。客觀題名：亡妻馬氏墓誌銘。責任者：明王朝雍撰；明韓邦奇正書；明邵升題蓋；明王三省書跋。年代：明嘉靖十七年二月十六日。地點：陝西省大荔縣出土。」

按：王朝雍，韓邦奇朝邑三廉吏傳（苑洛集卷八）有所提及：「我朝邑之多賢也。如寺丞楊翁圭、知府劉翁幸、僉事王君朝雍、左叅議韓子邦靖，茹冰齧蘗……」

交往十餘年的陳璘卒於是年，其子持狀請銘，爲撰通議大夫都察院右副都御史進階正奉大夫陳公墓誌銘，贊其慷慨任事，爲「真都御史」。

見苑洛集卷五。

按：據墓誌，陳璘（一四六七—一五三八），字邦瑞，號一石。山西太原人。弘治六年同進士出身第一，授太常博士，歷官至都御史。

撰書可泉詩集後。

見胡纘宗鳥鼠山人集。其文曰：詩以調也，匪意也，匪辭也。芣苢之辭淡，狡童之意近，而文王之化彰、鄭國之淫見矣。草蛇灰線，聞其聲不見其形，睹其跡不見其實，其於言意之表者乎？是故得意者忘言，得調者忘意。其次尚意，其下焉者尚辭。尚辭而詩亡矣，由漢、魏而下可徵焉。可泉詩其調卓矣，鏗乎宮商之間，後世其必傳也夫！明嘉靖戊戌苑洛韓邦奇書。」

按：胡纘宗（一四八〇—一五六〇），初字孝思，更字世甫，號可泉，自號鳥鼠山人。秦安人。正德三年進士，授翰林檢討。正德五年被誣「瑾黨」，貶爲嘉州（今四川樂山）判官，在四川五年，正德十年至南京户部。後歷安慶知府、蘇州知府，山東、浙江、山西左參政，山西、河南布政使，官至都察院右副都御史。嘉靖十八年免官歸里。二十九年被污奏其迎駕詩爲咒詛，杖四十，削籍爲民。嘉靖三十九年卒，年八十一。

是年，王承裕卒，韓邦奇撰王公行實序。

見苑洛集卷一。文曰：「王公既沒，於是丹徒靳宗伯爲王公墓表，杜鄠王選部爲王公志銘，高陵呂太史爲王公傳，秦安胡太史爲王公狀。而王西歷履，始末詳矣。王公亢爽不羈，所爲皆大度，事喜直言，故立朝多所論列。王公能面可否人，人或有過枉輒被詰，人以是謹避王公，王公以是重得罪於人，而王公蓋囂囂不戚也。今觀四家之所稱述，大率皆類此，可爲王公行實矣。」

按：王承裕（一四六五—一五三八），明經師。字天宇，號平川。三原（今屬陝西）人。王恕季子。弘治進士。授兵科給事中，遷吏掌科。歷官太僕少卿、正卿，南京太常卿、户部右侍郎、南京户部尚書。其學受之家庭，曾侍父恕歸鄉，講學於弘道書院，弟子至不能容。冠婚喪祭之禮必率禮而行，三原士風民俗爲之一變。著有太極動静圖說、進修筆録、論語近說、論語蒙讀、談録漫語、星軺集、辛巳集、考經堂集、庚寅集、諫垣奏草、草堂語録、三泉堂漫録、厚鄉録、童子吟稿、婚禮用中等書，所述有横渠遺書、太師端毅公遺事等書行世，爲明代關學的重要人物之一。

世宗嘉靖十八年（己亥　一五三九）　六十一歲

是年，韓邦奇里居講學。授王賜紱易。

王賜紱易占經緯序（易占經緯卷首）「……嘉靖己亥春，先生自撫晉歸，紱以易往就學焉。」

張思静從邦奇遊。

張思静卦爻三變序（易占經緯附録卦爻三變圖卷首）：「思静年十三時，以朱子詩廩於州庠。應秋試，累科不第。己亥，苑洛先生復里居，思静受學焉。」

作贈邑侯王君獎勵序。

見苑洛集卷二〇。

門生趙芳卒，爲撰鄉進士趙子春墓誌銘。

見苑洛集卷五。

按：趙芳，參見本譜武宗正德十一年（丙子，一五一六）、世宗嘉靖十七年（戊戌，一五三八）。

應門生紀道之請，爲其曾祖撰清軒處士富平紀公墓表。

見苑洛集卷七。

按：富平縣志卷七人物：「紀道，嘉靖間以明經任阿迷州州同，有惠政。初，道與楊忠介公同爲朝邑韓恭簡公門牆士，博學能文章，有冰雪操，乃恭簡所深器者。」

世宗嘉靖十九年（庚子　一五四〇）　六十二歲

是年，里居講學。授趙天秩尚書。

見苑洛集卷六茂才趙生仲禮墓誌銘：「年十五，余歸自晉陽，仲禮請從遊……庚子，治尚書，才五十日，而亦精且熟。余乃言之太守兄及紫陽諸弟，召令誦說，終始不訛一字。試以義，若老于尚書者，共驚以爲神，乃謀以族孫女妻之。」

按：趙天秩，參見本譜世宗嘉靖十七年（戊戌，一五三八）、世宗嘉靖二十二年（癸卯，一五四三）。

樊得仁合啟蒙意見、律呂直解、洪範圖解，總之爲性理三解而刊刻之。

按：性理三解之啟蒙意見、律呂直解、洪範圖解合刊本最早版本爲明嘉靖十九年（一五四〇）本。是本七卷，福建道監察御史韓邦奇門人渭野樊得仁刊刻。翁連溪中國古籍善本總目載：「性理三解七卷，明韓邦奇撰，明嘉靖十九年樊得仁刻本，十行二十字，白口左右雙邊有刻工。包括：啟蒙意見五卷、律呂直解一卷、洪範圖解一卷」。是書現存於國家圖書館、故宮博物院圖書館、山東省圖書館。另中國古籍善本總目載有「性理三解七卷，明韓邦奇撰，明刻本，十一行二十字，白口左右雙邊。包括：啟蒙意見五卷、律呂直解一卷、洪範圖解一卷」。是本與明嘉靖十九年本內容一致而刻板不同，當是其傳本。現存於故宮博物院圖書館。

撰南京刑科給事中首山史公墓誌銘，贊其忠直、安貧樂道。

見苑洛集卷六。

按：據墓誌，史公名魯（一四七三—一五三九），字宗道，號首山子。山西平陽人。正德三年進士，授鎮江府推官，三年政成，擢給事中，以諫議爲己任，彈劾皆當世貴人，正德中罷歸。歸後，安貧樂道。著有首山集。史公卒於去年，葬於今年，其子問銘。

撰奉政大夫承天府同知許公墓表。

見苑洛集卷七。

按：據墓表，許公名世昌（一四七八—一五四〇），字順德，號東崖。陝西澄城人。弘治十七年舉人。父許英，與邦奇之父同登成化十四年進士，官至刑部郎中。許世昌與邦奇爲省試同年。兩家世好。

世宗嘉靖二十年（辛丑　一五四一）　六十三歲

授張思靜蔡沈書。

張思靜卦爻三變序（易占經緯附録卦爻三變圖卷首）：「庚子，復不第。明年，先生曰：『子之詩亦既成章矣，何進諸？』乃以蔡子書授之。」

作資善大夫都察院右都御史贈工部尚書陳公傳，盛讚其爲國任怨之忠，忘一身利害之節。不畏權貴，敢於諫疏，執法無私，勤於職守。爲政以人才教化爲先。

見苑洛集卷八。

按：據傳，陳公名鳳梧（一四七五—一五四一），字文鳴，號靜齋。弘治九年進士，選入翰林讀中秘書。十一年，授刑部廣西司主事。歷浙江司員外郎、湖廣按察司提學僉事、山西副使、湖廣右參政、山西按察使、山東左布政使、右副都御史等職，終南京都察院攝院事。罷歸。二十年四月一日卒，享年六十七歲。

世宗嘉靖二十一年（壬寅　一五四二）　六十四歲

是年，里居講學。門人樊得仁將原性理三解中之律呂新書替換爲正蒙拾遺而重刻之。此後性理三解固定爲正蒙拾遺、啟蒙意見、洪範圖解。

樊得仁性理三解序（清嘉慶七年刻本）曰：「三解者，苑洛先生所著正蒙拾遺、啟蒙意見、洪範圖解也……拾遺刻之于山東，意見刻之于宣府平陽，圖解刻之於朝邑。得仁合三書而刻之於真定。易林附爻則別爲一書。先是，有律呂新書一卷，今纂之樂書云。嘉靖壬寅肆月吉日。」

按：據樊得仁謂「先是，有律呂新書一卷，今纂之樂書云」，則韓邦奇於此時正作苑洛志樂或已完成？

作贈昭勇將軍潼關衛指揮使姚公暨配封太淑人劉氏遷葬墓誌銘。

見苑洛集卷四。

按：據墓誌，姚公卒于成化十四年，蒲州人。劉氏卒於正德九年。是年，子諫、諭等遷墓關東。

邦奇之同年、同官友人張文魁卒於是年，爲之撰通議大夫都察院右副都御史張公墓誌銘。

見苑洛集卷五。

按：張文魁，參見本譜世宗嘉靖三年（甲申，一五二四）。

撰席君墓誌銘，贊百口同居。

見苑洛集卷六。

按：據墓誌，席君諱銘（一四八一——一五四二），字克新，一號玉臺。山西平陽人。

撰故蒲城雷公墓表，表其仁義，爲貪利而不思害者鑒。

見苑洛集卷七。

按：雷公諱太初（一四四一—一五三四），字本仁。西安蒲城人。子雷雨，字介一，正德九年進士，爲行人司副，以縣令致仕。孫，縣學生洵、溥，爲邦奇門牆友。是年，雷雨卒，將葬，二孫請文以表祖墓。

世宗嘉靖二十二年（癸卯　一五四三）　六十五歲

馬理上疏薦賢，其中薦及邦奇，稱其「明敏有爲、文武俱優」。

見馬理谿田文集卷一謝恩疏。

按：馬理，參見本譜世宗嘉靖十二年（癸巳，一五三三）。

作七律雜興　癸卯九月也八首，雖里居，仍牽掛國事。

見苑洛集卷一一。詩曰：「（其一）面拜龍章下玉墀，虎頭關上督邊師。幾年沙漠無消息，萬里河山足護持。雪滿紅崖春寂寂，秋高紫塞草離離。即今多病成衰謝，卻學書生日課詩。（其二）西風瑟瑟雨踈踈，木落沙寒嘆索居。無奈琴樽聊共汝，卻看花鳥轉愁予。年年九日移食枕，處處三關報羽書。獨卧青山秋欲暮，兩河戎馬幾時除。（其三）蕭蕭華髮已桑榆，五十年來一病軀。三度草廬天詔下，兩番圜土聖恩殊。棲遲歲月慙明世，俯仰乾坤笑腐儒。匡濟曽無纖芥力，空教三逕屢荒蕪。（其四）四海風塵多戰伐，十年蹤跡漫林丘。尋山問水成頭白，絮柳飛花過眼愁。見說長河是天險，坐看敵騎亦安流。休將白眼輕班衞，金印空懸萬戶侯。（其五）形勝杭州天下先，曾持憲節共群賢。江分吳越連滄海，雲擁金衢入楚天。文獻彬彬三道議，（杭、嚴有碑，金、衢有奏詞，寧、紹有記。）忠邪歷歷萬人傳。他年青史誰收拾，莫使浮名負簡編。（其六）虛名誤入蓬瀛選，侍講常依日月邊。雲拂翠華開寶扇，香飄御几展緗編。昌期景運逢千載，周誥虞謨達九天。遙憶秋來炎暑退，定開春殿御經筵。（其七）幾上封章學治安，迂踈無補卻懸冠。秦川秋晚花仍發，晉野春深血未乾。聖主幾年勞側席，將軍何日獨登壇。病來深愧雙函劍，日日扶藜看藥闌。（所務如此，可愧也。）（其八）數年戎馬滿關河，晉督提兵夜又過。塞外生俘今幾萬，雲中甲士近如何？曾聞漢將旌旗遠，謾說邊庭戰騎多。咫尺太原接畿輔，莫教戎馬渡滹沱。」

撰中順大夫夔州府知府韓公墓誌銘，贊其方直不隨俗，因忤當道意而解印歸。

見苑洛集卷五。

按：據墓誌，韓公名坤（一四七三—一五四三），字子厚，號上原。蒲城人。正德九年進士，授嘉興知縣，官至夔州府知府。弘治十一年，邦奇應試長安，曾與其會于旅邸，見其方直樂易，心愛重之。嘉靖七年，再會京師，時韓坤已歷官至戶部郎中。

門生趙天秩卒於是年，爲撰茂才趙生仲禮墓誌銘，痛其大志未酬而早逝。又作滿江紅哀仲禮及踏莎行詞。

墓誌銘見苑洛集卷十二。詞見苑洛集卷十二。滿江紅哀仲禮曰：「四野停雲，哀猿哭，瀟瀟渭水。傷心處，青山雨歇，白楊風起。十二樓中誰是主，（昔宋儒不忍倍其師，云：『主家十二樓，妾身當三千。忍姸主衣裳，爲人作春著。』）三千門下空珠履。想當時，雪夜渡冰舟，成何濟！（仲禮每同諸友雪夜趨講席者，三冬渡洛水，每三鼓始歸。）五經義，十九史，班馬才，關閩志。但萋萋荒塚，寒莎遍地。長夜沉沉何日曉，綿綿此恨何時已。看穹碑，歷歷寫衷腸，千行涕。」踏莎行云：「綠柳沙迷，（宇文泰所植千株在沙苑。）白樓煙裊。（白樂天同州懷友。皆二子原所。）莎青花落鵑聲杳。紫龍兩兩沒遙天，雙雙玄鶴歸華表。子建才高，甘羅年少，論經綸那有君懷抱？竟一抔黃土掩英賢，想九原，痛恨乾坤老。」詞此題下注：「趙氏二子仲典、仲禮，皆以奇童稱。仲典十七秋試歸，病於途死。仲禮十九秋試歸，病於途死。二子生時，其母夢紫龍入室即飛去。人見二子奇特，謂必大成，皆夭歿，異矣！」邦奇愛徒之切，失徒之痛，於斯可見。

按：據墓誌，趙生名天秩（一五二四—一五四三），字仲禮。朝邑泊子村人。其父世榮，亦嘗從邦奇遊。參見本譜世宗嘉靖十七年（戊戌，一五三八）、世宗嘉靖十九年（庚子，一五四〇）。

世宗嘉靖二十三年（甲辰　一五四四）　六十六歲

薦起總理河道。

明儒學案：「甲辰，薦起總理河道。」

馮從吾苑洛韓先生（馮恭定公全書卷二二）：「甲辰，復用薦起總理河道。」

王學謨續朝邑縣志卷六人物志所記同。

雷禮國朝列卿紀卷一〇二總理河道尚書侍郎都御史年表：「嘉靖二十三年，以右副都任。」

河南通志卷三一職官：「韓邦奇，陝西朝邑人，進士。都察院右副都御史，總理河道。」

劉儲秀撰五言排律寄贈大中丞苑洛復起巡視河道。

劉儲秀劉西陂集卷四。詩云：「奕世昔稱賢，濟川今借力。白首尚傳經，丹心元許國。風帆攢鷁舟，露冕憑熊軾。糧道已通南，楓宸猶望北。運海抱餘謀，立朝看正色。更憐京賦外，邊餉何乃亟。」卷三有七言律詩秋夜昌平寺與同年少司寇苑洛話舊、送昆渚吉侍御之留都兼訊苑洛中丞二首。

按：劉儲秀，字士奇，別號西陂。陝西咸寧人。正德九年進士，授刑部主事，官至兵部尚書。嘉靖二十八年，因「復套」事與陶仲文交構，奉旨爲民，優遊田里十一年卒，年七十六。事詳見馮少墟集卷一七尚書劉公、孔天胤西陂先生集序。

陞刑部右侍郎。

馮從吾苑洛韓先生（馮恭定公全書卷二二）：「甲辰，復用薦起總理河道，陞刑部右侍郎。」

雷禮國朝列卿紀卷五九刑部左右侍郎年表：「韓邦奇……嘉靖二十四年任右。」

應郃陽縣尹李豸之請，作賀太守吴公初辰序。

見苑洛集卷二。文中有「公之治吾西安也甫三載」句。

按：吴公，王九思渼陂續集卷下書喜雨歌謠帙後云：「今歲甲辰，甯陽六泉吴公治我西安者三閲歲矣。」六泉吴公，名孟棋，曾爲康海刻對山集，其對山集後序署「嘉靖二十四年秋七月朔日東郡六泉吴孟棋識」。

爲澄城縣學撰澄城縣重修文廟記，批評梵宇宏偉而學宮頹敗，表彰侍御鄭公謫尹是邑，重修文廟，爲「孔氏之徒」。

見苑洛集卷三。

陝西通志卷二七學校「同州： 澄城縣學： 弘治七年知縣楊泰繼修，中書舍人吉人有記。嘉靖二十三年知縣鄭光溥修，尚書韓邦奇有記。」

摯友呂經飲恨而卒，邦奇「痛哭流涕長太息表其墓」，爲之撰前嘉議大夫都察院副都御史九川呂公墓表。

見苑洛集卷七。

按： 呂經，見本譜武宗正德十一年（丙子，一五一六）。明史有傳。

門生任代伯持狀問銘，爲其父撰處士任君墓誌銘。

見苑洛集卷六。

按： 據墓誌，任君名傑（一四七八—一五四三），字漢臣，華州人。邦奇爲諸生時，任君亦華陰學生，二人相識於庠舍。後任君遣其子代伯就學邦奇，曰：「昔嘗聽朝邑韓先生說易，明且盡，令人恍然有悟，我心慕之。汝往從遊焉。」代伯于嘉靖十一年中舉。

撰堂弟縣學生韓汝聰墓表，歎其「多才而位弗偶，資秀而嗣弗續」。

見苑洛集卷七。

按： 據墓表，韓邦達（一四九〇—一五四四），字汝聰，朝邑南陽人。邦奇伯父珏（義官）之子，邦奇父紹宗愛之，取爲子。以蔡沈書補縣學生、廩膳生，後伯父見邦奇四兄弟俱登名仕版，伯父八子獨汝聰，乃取回子之。

世宗嘉靖二十四年（乙巳 一五四五） 六十七歲

仍任欽差總理河道都察院右副都御史。

三月，上疏舉賢才以裨治道事、遵敕諭專職務舉薦所屬賢能官員事，舉賢才劉源清、王道、王崇慶、胡松、王傅、徐鶴齡

等多人。

見苑洛集卷十六。末皆署「嘉靖二十四年三月日」。此時仍自稱「欽差總理河道都察院右副都御史」。

三月，外孫張士榮、门人王賜紱奉邦奇之命，編成易占經緯，並撰序。

王賜紱易占經緯序（易占經緯卷首）：「先生自入仕歷四十年，罷免里居者四，故士多從之遊。嘉靖己亥春，先生自撫晉歸，紱以易往就學焉。甲辰，先生起總河道，紱南宮不第，歸，卒業門下。先生以占變語紱，且命以三百八十四變爲經，四千九十六變爲緯。經者，易爻辭；緯取易林以附之，占則一以孔子占變爲主。且曰：『易用變爻皆九六，不變則七八也。易無七八之爻，何自而占？且與孔子之旨違焉。』紱乃與窗友張子士榮次第成編。士榮者，先生外孫，隨侍先生，且以蔡沈書卒業云。嘉靖乙巳春三月朔旦，門人王賜紱頓首拜書。」

張士榮易占經緯後序（易占經緯卷末）：「孔子曰：『動則觀其變而玩其占。』斯易之大用乎！夫周易，爲卜筮而作也，是故尚其占焉。易之數，老變而少不變，是故觀變焉。易之爻惟九六，無七八之爻也，是故占變焉。『占不變爻』者，於易莫歸；『三爻占象』者，於理無取，是故于易窒矣。三百八十四爻，四千九十六變，易之變，盡於是也。是故國語之附會，後儒之議擬，吾不得而知也。用易林之變而不用易林之辭，吾亦不得而知也。吾之所知，經緯而已矣。嘉靖乙巳春三月朔旦，士榮百拜書。」

按：易占經緯乃邦奇以孔子占變爲主，貫通易經與焦氏易林，闡述卜筮占變之書。是其早年易學啟蒙意見卦變思想的發展和深化。四庫全書總目提要該書提要曰：「茲編專闡卜筮之法，以三百八十四變爲經，四千九十六變爲緯。經者，易之爻辭，緯取焦氏易林附之。占則以孔子占變爲主，蓋言數而流於藝術者也。」

四月，爲徐階所作疏鑿呂梁洪記書寫篆字。

按：據「美術中國網——展覽資訊」載文文徵明疏鑿呂梁洪記碑拓現身上海春季藝術沙龍云，此碑今仍完好保存著，碑文末署「嘉靖二十四年歲次乙巳四月吉旦，賜進士及第通議大夫吏部右侍郎前國子監祭酒經筵講官華亭徐階記，賜進士出身通議大夫刑部右侍郎前奉敕總理河道都察院右副都御史朝邑韓邦奇篆，前翰林院待詔將仕佐郎兼修國史長洲文徵明書」。

十月，於刑部右侍郎任上，上疏衰病不能供職懇乞大恩休致事、謝恩事，以衰病請歸，未准。

前疏見苑洛集卷一七、後疏見苑洛集卷一六。俱署「嘉靖二十四年十月十七日」。

冬，改吏部右侍郎。

雷禮國朝列卿紀卷二九吏部左右侍郎年表：「韓邦奇……嘉靖二十四年右，二十五年陞右都，歷南京兵部尚書。」

馮從吾苑洛韓先生（馮恭定公全書卷二二）：「甲辰，復用薦起，總理河道，陞刑部右侍郎，改吏部右侍郎，太宰周公用喜得佐理，翕然委重。」

明儒學案：「甲辰，薦起總理河道，陞刑部右侍郎，改吏部。」

國榷謂：「進禮部右侍郎，改吏部。」誤。

送大司徒松泉夏公之南都序約撰於是年前後。

見苑洛集卷二。

按：松泉夏公，即夏邦謨（一四八四—一五六四），字舜俞，號松泉。四川涪州人。正德三年進士，累官至户部尚書，改吏部。文中稱其「敭歷中外幾四十年」，而邦奇尚在京都，則當於是年前後。

爲户部右侍郎兼都察院右僉都御史趙廷瑞之母撰趙太淑人墓誌銘。

見苑洛集卷五。

歎淳風日漓，作郭宜人貞節傳。

見苑洛集卷八。

按：據傳，郭宜人未及三十而寡，拒宦而富者之媒，力作田績，撫九歲之孤成才。是年獲贈。孤即郭汝能，正德十一年舉人，歷州郡，今爲户部江西司郎中。

慶源堂（松臯閣老）約作於是年或略後。

見苑洛集卷一〇。

按：松臯閣老即許贊（一四七三—一五四八），字廷美，號松臯。河南靈寶人。弘治九年進士，歷刑部、户部、吏部三部尚書。嘉靖二十七年卒，贈少師，謚文簡。明史載其歸三年卒，則此詩或作於其歸後三年間。

卦爻三變圖説完成於此年或之前，授之張思靜。

張思靜卦爻三變序（易占經緯附録卦爻三變圖卷首）：「甲辰會試，南宫不第。先生已起總理河道，思靜往卒業焉。又明年，思靜請進于易。先生曰：『孔子，大聖也，加數年可以學易，易豈易言哉！然欲學易，先以卦爻始。』取卦爻三變圖説授思靜。思靜拜手曰：『卦爻之變，盡於是矣。』伏羲之卦自一而二，二而三，三而四，四而五，五而六，成六十四矣。孔子三而三之，則亦六十四矣。先生畫二圖而合之。夫生卦之序，士子之常談也，至於伏羲一加之，孔子三加之，生序先後，無不吻合，則發自先生也，此一變也。夫子三而三之，相蕩爲六十四，士子之常談也，以八卦三爻各三變，各爲八卦，爲六十四，則發自先生也，此第二變也。一卦盡六爻之變，爲四千九十六卦，此士子之常談也，以六畫之上再加六畫，即與四千九十六變合且以制用者，則發自先生也，此第三變也。嗚呼！盡之矣！先生曰：『義理無窮，安知此外更無變乎？姑藏之以俟精深君子焉，可也。』」

按：卦爻三變圖説乃韓邦奇早年易學著作易學啓蒙意見中之卦變思想的進一步深化和拓展。其卦爻之變，要有三變：一變是伏羲一一相加「加一倍法」與孔子三畫而三畫「相蕩」的生成先後順序相吻合；二變是八卦三爻各三變，終成六十四卦；三變是「相蕩」模式之推演，即六畫之上再加上六畫而成四千九十六卦。

世宗嘉靖二十五年(丙午　一五四六)　六十八歲

任南京右都御史，掌院事。

雷禮國朝列卿紀卷七四南京都察院左右都御史年表：「韓邦奇……嘉靖二十五年任右都御史，掌院事。」按：一說嘉靖二十六年陞南京右都御史。參見本譜世宗嘉靖二十六年。

世芳樓襄毅少保當作於是年前後，詩中讚頌襄毅少保之功德。

見苑洛集卷一一。

按：襄毅少保即許贊之父許進(一四三七—一五一〇)，字季陞，號東崖。成化年進士，官至兵部尚書。正德五年去世，贈太子太保，謚襄毅。詩中在讚美許進功德之後，繼云：「松皋閣老際聖明，三部尚書進阿衡。揚歷中外五十年，巍巍勳業真光前。」松皋閣老許贊於弘治九年入仕，至今五十年。

張淑人病，卒於是年。

見苑洛集卷六外孫廪膳生南陽張士榮墓誌銘：「丙午，吾淑人病。孫朝夕侍湯藥。吾命應秋試，不肯行。屢促之，不從……及淑人卒，孫哀毀踰禮。既殯，始應秋試，不第，回，扶柩歸。京師至吾家三千里，冬寒，孫露臥柩旁，既葬，虞祔祥禫，考古禮行義服三年……(孫)卒于嘉靖辛亥正月十一日。」

按：據墓誌所記推算：張淑人病於是年，「既殯」，外孫張士榮得應是年秋試，不第後扶柩歸陝西，義服三年，而後於嘉靖三十一年正月去世，則張淑人當病卒於是年。

同鄉友武庫大夫傅學禮之母卒，往吊，應學禮之請，爲撰傅太宜人墓誌銘。

見苑洛集卷六。

按：傅學禮，字立之，號竹溪。陝西安化人。嘉靖五年進士，由行人選刑科給事中，降直隸滑縣縣丞，官至湖廣按察使。三十三年免官。見掖垣人鑒。

府庠生楊吉爲父求銘，撰監察御史楊公墓誌銘。

見苑洛集卷六。

按：據墓誌，楊公名本深（一四八七—一五四六），字季淵，號西村。延安膚施縣人。

世宗嘉靖二十六年（丁未　一五四七）　六十九歲

九月，陞南京都察院右都御史，復進南京兵部尚書，參贊機務。

國榷：「（嘉靖二十六年九月）丙子，南京右副都御史韓邦奇爲南京兵部尚書。」

馮從吾苑洛韓先生（馮恭定公全書卷二二）：「丁未，陞南京都察院右都御史，復進南京兵部尚書，參贊機務。」

明儒學案：「丁未，掌留堂，進南京兵部尚書，參贊機務。」

王學謨續朝邑縣志卷六人物志：「丁未，陞南京都察院右都御史，復進南京兵部尚書，參贊機務。」

雷禮國朝列卿紀卷四九南京兵部尚書年表：「韓邦奇……嘉靖二十六年任。」

苑洛志樂付梓於是年或略後。

王宏志樂序：「……歲丁未，先生自少宰總憲留臺，宏以屬吏，嘗侍記室。偶語律呂新書，以所聞問難。先生迺出茲編以示宏。隨請鋟梓。既而先生晉今秩，其屬王君學吾、陶君大年、谷君鍾秀、李君遷、林君冕、茅君坤、龍君翔霄、王君嘉孝、李君庶、余君文獻、張君洽，相與以繼有終，先生以宏齒稍長，命識之。宏謂茲刻也，先生及何大復氏序諸首簡，復何言哉！方今稱『藝窮書圃，振古述作』，關中其選也。先生獨紹孔繼軻，潛心經術，如易占經緯、禹貢詳略、正蒙註解諸書，具可爲時作範，此特其一耳。若先生者，又詎直關中人物也哉！时嘉靖戊申冬十一月望，南京都察院經歷門人王宏頓首謹識。」

明史樂志：「明自太祖、世宗，樂章屢易。然鐘律爲制作之要，未能有所講明。呂懷、劉濂、韓邦奇、黃佐、王邦直之徒，著書甚備，職不與典樂，托之空言而已。」

按：是書爲韓邦奇樂律之作集大成者。凡二十卷，書首二卷即邦奇早年律呂學著作律呂直解，第三卷以下乃爲邦奇所自著。如其卷九所云，該書「取樂之切要者考證刪定」，對古代樂律、樂器、樂曲、樂舞、樂史，皆予以詳盡的歸納、解說、注解、圖釋，四庫全書總目提要該書提要評之曰：「雖其説多本前人，然決擇頗允，又若考定度量、權衡、樂器、樂舞、樂曲之類，皆能本經據史，具見學術，與不知而妄作者究有徑庭。」更爲難得的是，韓邦奇在該書中繼承傳統「樂生於心」的觀點，提出音樂應該「取諸造化之自然」「順其自然，發乎人心」的觀點，這是其「天人合一」思想在「制禮作樂」上的具體體現。

應南京刑部右侍郎秋山之請，爲其父母撰廬州府同知贈通議大夫都察院右副都御史顧公暨配周太淑人合葬墓誌銘。

見苑洛集卷四。

按：據墓誌，顧公卒於嘉靖十一年，其配周氏卒於嘉靖二十六年。顧遂（一四八八—一五五三），字德伸，號秋山。正德十二年進士，授刑部主事。諫武宗南巡，廷杖幾死。官至南京刑部右侍郎。

應銀臺大夫景山公之請，爲其父作賀封考功郎中思竹錢公七十序。

見苑洛集卷二。文曰：嘉靖丁未，公壽七十。

按：景山公即錢邦彥，字治征，號景山。吳縣人。嘉靖十四年進士，授高安令，官至南京刑部尚書。

胡纘宗有同鄉同時六君子韓司馬汝節苑洛當作於是年或略後。

見胡纘宗鳥鼠山人後集卷一。詩云：「建牙司馬奠岐豐，前有介翁今有公。日出鐘山鶴初唳，秦淮花鳥颭東風。」

按：韓邦奇於是年進南京兵部尚書，故詩中如是云。其中劉司馬士奇西陂詩云「春日司徒醉碧桃，秋空司馬立青霄。如何投劾亦歸去，豈謂夔龍今滿朝。」查，劉士奇即劉儲秀，字士奇，別號西陂，咸寧人。據馮少墟集卷一七尚書劉公載，其投劾歸在嘉靖二十六年。由是知此六首詩皆作於是年或略後。詩中所懷六君子，另四篇爲王敬夫太史渼陂、段太史德光河濱、管中丞汝濟平田、馬太史伯循谿田，知其所懷六君子爲韓邦奇、劉儲秀、王九思、段炅、管楫、馬理。

黃瓚撰贈韓公邦奇七十壽序。

見黃瓚雪洲集卷七。序中言：「予友太學生陳君克載者以易授諸生里中，而韓公邦奇與其子希魯實館之。希魯請於克載，曰：『吾父明年壽且七十，宜得敘如黃君其可？』克載曰：『然』。邁與俱來致前意焉。」

按：黃瓚，字公獻，號雪洲。儀真人。成化甲辰進士，歷廊署，登藩臬，陟京兆，進中丞，官至南京兵部侍郎。

與王維禎多有往來，王著中存答韓苑洛司馬書多封。

見王維禎王槐野先生存笥稿卷二〇、二一。

按：王維禎（一五〇七—一五五五），字允寧，別號槐野，陝西華州人。嘉靖十四年進士，選翰林院庶吉士，授檢討，官至南京國子監祭酒。事詳見萬曆存笥稿附録：瞿景淳南京國子監祭酒槐野王公行狀。

世宗嘉靖二十七年（戊申　一五四八）　七十歲

二月、十一月，因病先後上疏七十多病乞恩休致事、衰病不能供職懇乞天恩休致事，請歸，未准。

兩疏均見苑洛集卷一七。

四月，金城爲之刻易占經緯並撰序。易林推用完成於此前。

金城刻易占經緯敘（易占經緯卷首）曰：「余讀左氏春秋，喜其占筮其驗，疑其辭之不出於易也。及玩朱子啟蒙，卦畫變占，悉有源委，與易符合，乃知夫理之無二致矣。既得焦贛易林，讀之其辭沖雅，絕類左氏，作用亦同。豈古有其法而朱子祖述之耶？按漢去古未遠，而贛之學，出於商瞿，其殆有所本耶？聖遠言湮，連山、歸藏已不並存矣，尚奚從考之？苑洛先生作意見，以發啟蒙，殆無餘蘊。茲復取焦語與易彖爻，錯綜而經緯之，其意之未盡者，爲圖爲說，淵乎邃矣。夫辭也者，所以明象數也；象數也者，所以明理也。得夫理，象數不足言矣；得象數，辭亦不足言矣。滯糟粕而遺性真，此斷輪所以興歎也。噫！是書也，獨筮云乎哉？刻之閩庠，用示來學。嘉靖戊申夏四月丙午，後學濟南金城書。」

按：易占經緯明嘉靖二十七年金城刻本今存。其内容除易占經緯外，還後附邦奇卦爻三變圖說和易林推用二著。卦爻三變圖說著述時間見本譜世宗嘉靖二十四年（乙巳，一五四五），易林推用爲邦奇貫通卦爻與曆法之書，其取漢儒卦氣說，以周易六十卦三百六十爻配一年二十四節氣三百六十日，以期易卦與曆法相與吻合。本書具體完成時間無考，然據此當知完成於此年之前。

撰賀沈母太宜人八十序。

見苑洛集卷二。序曰：「宜人，鳳崗廷尉沈公母……今年二月七日年八十矣……初，鳳崗爲給舍時，歲在戊戌，太宜人壽七十……」

按：鳳崗名良才（一五〇六—一五六七），字德夫，又字鳳崗。泰州人。嘉靖十四年進士，歷兵科給事中、南京大理寺丞，累官兵部侍郎。有沈鳳崗集。

撰七律別端溪尚書。

見苑洛集卷一一。詩云：「四十年前春進士，交情今見舊陳雷。青襟綠鬢游燕閣，皓首蒼顏上鳳臺。新句每裁秋夜月，素心同看歲寒梅。衰余已上求歸疏，如子還酬濟世才。」

按：王崇慶（一四八四—一五六五），字德征，號端溪。開州人。正德三年進士，官至南京禮、吏二部尚書。著有海樵子等。

同年友于鏊卒於是年，爲撰嘉議大夫貴州按察使雲心于公墓誌銘，贊其爲官一廉自持。

見苑洛集卷五。

按：據墓誌，于公名鏊（一四七〇—一五四八），字器之，號雲心，晚號泉莊老農。滁人。正德三年進士，授户部主事，歷廣西道監察御史、浙江按察司副使、山東按察使，終貴州按察使。嘉靖四年入覲，倦遊，致仕。二十七年卒。

楊繼盛撰壽大司馬苑洛韓公七十序（代龍湖公作），其中以邦奇比之周公。

見楊繼盛楊忠愍集卷二。文中云：「嘉靖二十有七年，大司馬苑洛公年七十矣。生辰在秋八月十有二日。公之德澤在人心，聲名在天下，凡知其壽辰者，孰不有壽之之心，而拘於分焉，則雖有是心而未敢㞫。魏國公某、永康侯某，相與從事南都者也，於是協謀所以壽公者而請於予，曰：『自苑洛公來掌留機也，凡政之重且大者，皆惟公是決。春正月，表請引年，其歸志確也，深貽我二人憂。賴帝心簡在，不許其請，而推任益專，俾我二人無征咎於上下，深幸有所依賴。今當七十之辰，思無足以爲公壽者，而重有於先生之文有望焉。』予乃颺言曰：『大臣之壽，國家之氣運攸關。然必德以基之，天以畀之，二者備而後享年可以有永。公之壽，其德以爲之基者，夫人之所共知，固無俟於言也。而天下之所以畀之者，豈偶然哉？佑我皇祖，眷我皇上，福我天下蒼生之至，意存乎其間也。是故金陵，我高皇帝創業之邦，天下之根本攸繫，我文帝雖坐鎮幽、薊，尤以之爲控制南紀之樞，其爲地至重矣。非有隆德重望者而操持紀綱以鎮撫百姓，其何能治？則夫居守保綏，以揚宅中國大之烈，以培宗社靈長之運，以備不虞不軌之患，實於公有望焉。皇祖之所以賴公者，何如也！我皇上雖垂拱燕京，其心未嘗一日忘南都者，而重寄其托於公之身，蓋以坐鎮留臺，非公不可。自其在今日，宣德意之美，嚴封守之防，弛南顧之憂，以保大定。候於公身之壽，可一日無公哉！是故爲之繕乃城垣，練乃甲兵，振乃威武，勤乃撫字，齊乃法制而祛其不臧，翦除其惡而綏輯其眾，俾留都之民，復國初之舊，而四方亦因之寧焉。則天之所以賴公者，又何如也！由是觀之，天欲寧我皇祖之烈，不得不壽公以宏其化；天欲相我皇上之治，不得不壽公以久其施；天欲置我天下蒼生於治且安，不得不壽公以長其澤，而大其所至。始而以公之身繫天下之重，故爲天下而壽公之身；終而以天下之壽繫於公之一身，故必壽公而藉以壽天下國家之大。於此見天之所以畀之者，誠不偶然也。昔者成王命相周公置諸左右，而資輔理成化者，甚切也。及定鼎洛邑，乃出王朝而命之留後者，無乃非專任也乎？蓋鎬之與洛，厥重惟均。其在鎬也，成王得而治之，而洛邑之重，則非周公莫可與寄。故至今論成周享國之永，而稱周公培養洛邑之功不衰。今日之金陵，不異於周之洛邑也？而其所以推任乎公者，亦不殊於成王付托周公之意？則公之壽我國家於億萬年也，將不如周公之壽成周也哉！周公之居洛也，繫易研精，有益壽道學於不墜。而公於勤政之暇，稽禮審樂，索數衍圖，凡聖賢之所未發，後學之所共疑者，悉闡明之，其所以壽道學之功，又不在周公之下矣。至是則天之所以畀公者，非止爲天下計，抑將爲斯道計也。二公知之乎？』於是魏國、永康拜手稽首，曰：『始而知苑洛公之壽有益於我二人，而不知有益於天下之大；繼而知苑洛公之壽有益於天下，而不知斯道之命脈亦繫之。而今而後，始知苑洛公之壽，其所關者，誠甚大也。請書之以贈。』」

按：楊繼盛（一五一六—一五五五），字仲芳，號椒山，河北容城人，嘉靖二十六年進士，授南京吏部主事，改兵部員外郎。因諫咸寧侯仇鸞媾和俺答有「十不可、五謬」而下詔獄，貶爲狄道（今甘肅臨洮）典史。後歷諸城知縣、南京户部主事，官至兵部員外郎。又因彈劾嚴嵩十罪、五奸，於嘉靖三十四年十月被害，時年四十。臨刑賦詩曰：「浩氣還太虚，丹心照千古。生平未報恩，留作忠魂補。」天下相與涕泣傳頌之。穆宗立，恤直諫諸臣，贈太常少卿，謚忠愍，建祠保定，名旌忠。著有楊忠愍文集。龍湖公，參看本譜世宗嘉靖二十八年（己酉，一五四九）。

世宗嘉靖二十八年（己酉　一五四九）　七十一歲

楊繼盛師從邦奇。

見楊繼盛楊忠愍集卷三自著年譜：「己酉年，三十四歲……是時關西韓公苑洛，諱邦奇，爲南京兵部尚書。此翁善律呂、皇極、河洛、天文、地理、兵陣之學，而律呂爲精。予師之。先攻律呂之學……」

明史楊繼盛傳：「……嘉靖二十六年登進士。授南京吏部主事。從尚書韓邦奇遊，覃思律呂之學，手制十二律，吹之聲畢和。邦奇大喜，盡以所學授之。」

楊繼盛撰壽韓苑翁尊師老先生七十一序，稱天下之治、道學之興，恒必賴之。

見楊繼盛楊忠愍集卷二。文中云：「惟我苑翁老先生之壽，天下之治，斯道之興，恒必賴之，謂天以全壽畀之也，非歟？蓋君子所貴乎壽者，非徒自壽已也，爲其能壽天下也，能壽斯道也。苟無補於治與道，將焉用壽？……先生天地忠誠渾厚之氣悉萃之矣。其以天下爲己任也，越在內服，弼亮率下；越在外服，綏民迪功；越在翰苑，文章範俗；越在邊鎮，強藩恬服，勍敵懾威。斯固載在史冊，昭人耳目，天下之所賴以爲治者。其在今日，撫守南都，又能操持其紀綱而鎮撫其百姓。天下之根本以固，宗社之靈運以培，南服以靖，四方亦因之以寧矣。行將經綸燮理之任屬之，則所以繫天下之重者，何如也？我國家道學之統，自薛文清諸大儒出，講明正學，先後相望，斯道之興也久矣。自是而明道學者，或日談性命之言而身冒貪污之行，或外飾溫厚嚴肅之貌而中藏毒忌暗濁之心，或始而卓越峻潔凜不可犯、終而喪其所守流於汙下而不羞者，則其所學不過欺世之機械、釣名之筌蹄耳，不知有得於道焉者否也。先生以純篤之資，果確之志，蓋自弱冠時即有志性理之學。其學之原，則以精一爲宗，其學之要，則以培養夜氣爲本，其學之實，則見於拾遺、意見、經緯、志樂、六經說諸書。當其晚年，天又假之以南都清逸之地，使得優遊暇豫，沉潛道真，平生事業至此盡收拾而大成之。一時論得道學之真脈者，皆以先生爲首稱，則所以繫斯道之重者何如也。是蓋天欲永天下之治於不替，故不得不壽先生以久其施；天欲啟斯道之傳於不絕，故不得不壽先生以要其成而大其所至。始而以先生繫天下斯道之重，故爲天下斯道而壽先生之身，終而以天下斯道繫于先生之身。故必壽先生，而藉以壽天下斯道之大，則所以畀之者固爲不偶。然先生之致治而其道行，則有以壽天下之命脈，闡學而其道明，則有以壽斯道之命脈。其所以仰答上天畀壽之心者，又豈小補云乎哉！士大夫之壽先生者，舉忻忻然曰：『苑翁年雖七十有一，然精神凝固，丰采爍然，步履強健，視少年無以異也，期頤之域，可必至矣。』夫以是而壽焉，未足以盡之也。先生之壽可以年數拘哉？天下之治，垂之千萬年而無教，則先生之壽與治俱矣；斯道之統，傳之千萬世而無窮，則先生之壽與道俱矣。故謂先生之壽爲天下之壽可也，爲斯道之壽一可也，謂天下斯道之壽即先生之壽亦可也，不將與天地同乎！故曰：『天以全壽畀先生』。盛叨門下，既幸先生及天下斯道之壽，又幸其將來自壽之有地也，於是拜手稽首、忻躍謹書。」

應府學生陳應龍之請和墓主生前之命，撰明提督操江南京後軍都督府都督僉事陳公墓表。

見苑洛集卷七。文中有：「……別公二十年而公卒，又十五年，余參贊南京機務，公孫府學生應龍來問表。」

按：據墓表，陳公諱璠，字汝玉，號思古，浙江湖州人。成化二十三年，年十七，父逝，襲指揮同知掌衛事。正德八年，爲浙江都司軍政掌印。十二年，實授都指揮僉事。官至南京後府僉書。嘉靖十三年春三月卒，賜葬永嘉。墓表中言「正德甲戌（九年），余以按察僉事巡兩浙，公正位浙閫，蓋始識公」。陳公卒於嘉靖十三年甲午，則卒後十五年，爲是年。

撰壽特進少師大學士嚴公七十序。

見苑洛集卷二。序曰：「嘉靖己酉春正月二十有二日，少師大學士介谿嚴公壽登七十，百僚群辟，罔不忻慶，皆爲文以賀，而南都諸君子共圖爲公祝。」

按：嚴公即嚴嵩（一四八〇—一五六五）字惟中，號介谿，分宜。江西分宜人。弘治十八年進士，選翰林院庶吉士，授編修，官至內閣首輔，加太子太師、華蓋殿大學士等。嚴嵩善於媚上，深受世宗寵倖，他權傾天下，獨攬朝政二十年，結黨營私，誣殺忠臣，害國害民，是明朝著名的權臣。晚年失寵，抄家去職，不久病亡。著有鈐山堂集。韓邦奇歷官表奏序（苑洛集卷一）亦稱頌嚴嵩。邦奇對權相嚴嵩的態度，莫非如楊繼盛所言（參看本譜世宗嘉靖八年），遵循易睽卦之道？

撰贈龍湖張公簡命禮部尚書兼文淵閣大學士序。

見苑洛集卷二。序曰：「歲戊申，元輔以員缺聞……今年春，元輔再請上報……上親首簡公，俾與元輔協恭。命下之日，朝野歡騰。」

按：張公名治（一四八八—一五五〇），字文邦，號龍湖。茶陵人。正德十六年會試第一，累官南京禮部尚書，是年入爲禮部尚書兼文淵閣大學士，進太子太保。卒於嘉靖二十九年，謚文毅。有龍湖文集。詳見雷禮太子太保禮部尚書兼文淵閣大學士贈少保謚文毅張公治傳（收于國朝獻徵録卷一六）

贈南考功正郎沱村史子考績序當作於是年。

見苑洛集卷二。

按：序中提及「初，嘉靖丙午，史子爲主事時，大冢宰奏薦，主事可吏部；近大冢宰又薦，郎中可行省參知政事」。以史子於嘉靖二十五年丙午由主事陞吏部郎中，三年考績，應在是年。史子名褒善，字文直，號沱村。大名人。嘉靖十一年進士，爲監察御史，巡按湖廣，正法度，忤權貴。宦遊所至，風裁昭聞。官至南京吏部郎中。有沱村集。

五月，上疏衰弱不能供職懇乞天恩休致事，未准。

見苑洛集卷一七。末署「嘉靖二十八年五月初九日。」

六月，針對南京兵備之弊，奏陳愚慮以奠江防以固重地事，陳述己見。

見苑洛集卷一六。末署「嘉靖二十八年六月二十五日」。

十二月，再上疏衰年耳暗目昏不能供職懇乞天恩休致事請歸，獲准致仕。

見苑洛集卷一七。前疏未准。疏中聖旨批「既屢奏衰病，情詞懇切，准致仕。」文署「二十八年十二月十七日」。

馮從吾苑洛韓先生（馮恭定公全書卷二二）：「五疏乞歸，是在己酉。益修舊業，宣導來學。」

雷禮國朝列卿紀卷四九南京兵部尚書年表：「韓邦奇……嘉靖二十六年任，二十八年致仕。」

因逝者遺言，爲撰中順大夫四川等處提刑按察司整飭松潘兵備副使前山邵公墓誌銘。

見苑洛集卷四。

按：據墓誌，邵公名鏞，字伯倫，號前山。長陵人。正德三年進士，授户部四川司主事，陞郎中，蒙謗出知雲南，多善政。嘉靖二年，陞四川按察司副使。五年入覲，被疑罷官，家居廿餘年卒。

撰通議大夫兵部左侍郎贈都察院右都御史潘公墓誌銘，頌潘公勳績、忠誠。

見苑洛集卷五。

按：據墓誌，潘公名珍（一四七七—一五四八），字玉卿，號樸菴氏、峨峰氏、碧峰氏、兩峰氏、拙叟等。婺源人。弘治十五年進士，授浙江諸暨知縣，歷大理寺左評事、山東按察使司僉事、福建提刑按察使司副使、湖廣左布政使、右副都御史、兵都左侍郎等職。

楊繼盛作苑洛先生志樂序，細析其言前人之所未言，稱道其功不在程、朱數子之下。見楊繼盛楊忠愍集卷二。序中云：「世之談經學者，必稱六經，然五經各有司業，而樂則絕滅無傳。論治法者必對舉禮、樂，然議禮者於天秩不易之外，猶深求立異可喜之説，至於樂，則廢棄不講。全德之微，風俗之敝，恒必由之，良可悲矣。然律呂與天地相爲終始，方其隱而未彰也，天既生哲人以作之，則其晦也，天忍任其湮没已乎？闡明之責，蓋必有所寄者。先生自做秀才時，便抱古樂散亡之憂。當其歲試藩司，諸督學虎谷王公云：『律呂之學，今雖失傳，然作之者既出於古人，則在人亦無不可知之理，特未有好古者究其心焉。』自先生於是惕然首悟，退而博極群書，凡涉於樂者，無不參考。其好之之專，雖發疽尋愈，不知也。既而得其説矣，於是有直解之作。然作用之實，未之悉也。自是苦心精思，或脱悟於載籍之舊，或神會於心得之精，或見是於群非之中，若天有以啟其衷者，終而觀其深矣，於是有志樂之作。曰『志』云者，先生自謙之辭也，非徒志而已也。是故律生聲、鐘生律，馬遷著之矣；而律經聲緯之遞變，體十用九之明示，則未之及也。圍九分、積八十一分，班固著之矣，而管員分方、旋宮環轉、乘除規圓之圖，則未之及也。六十調、八十四聲，蔡子著之矣，而起調則例及正變全半子倍之交用，調均首末長短相生之互見，則又未及之也。六變、八變、九變之用，周禮載之矣，而以黄鐘祀天神、以蕤賓祭地祇、以太蔟享人鬼，一造化之自然，以黄鐘一均之備，布之於朝廷宮闈，實古今之絕唱，則又有出於制禮之外者也。宏綱細目，一節萬變，信手拈來，觸處皆合，樂之爲道，盡於是矣。志云乎哉！其於先儒、世儒之圖論，備録不遺者，是固先生與善之心然？亦欲學者考見得失焉。自方其始刻之日，九鶴飛舞先生之庭者，以爲是書感通所致。觀仰秣出聽之説，則鶴之來舞也，固實而其得之正也。此非其明驗矣乎！昔人謂黄帝制律呂與伏羲畫卦、大禹敘疇同功，然卦疇得程朱數子而始著，律呂得先生是書而始明，則其功當不在數子下。豈曰『小補』云乎？嗚呼！太和在成化宇宙間，故先生所由生；太和在弘治宇宙間，故是書所由始；太和在嘉靖宇宙間，故是書所由成。則其作，誠不偶然也。後之有志於樂者，苟能講求而舉行之，則太和將在萬世之宇宙，而先生之功，至是爲益大矣。然不苦心以求之，何以知是書之正？

不得其說而精之，又何以知盛之言不爲阿私也哉？噫！盛不敏，雖學之而未能也。講求之責，深有望於同志君子云。」

四庫全書總目提要該書提要曰：「……末有嘉靖二十八年其門人楊繼盛序，據繼盛自作年譜，蓋嘗學樂於邦奇，所云夜夢虞舜擊鐘定律之事，頗爲荒渺，然繼盛非妄語者，亦足見其師弟覃精，是事寤寐不忘矣。」

世宗嘉靖二十九年（庚戌　一五五〇）　七十二歲

是年里居。歸里前，指導楊繼盛當肆力於濟世之學，至於樂，可待退閑後再整理。

楊繼盛楊忠愍集卷三自著年譜：「庚戌年，三十五歲。春，韓師致政歸，謂予曰：『子之樂已八九，子之才不止于樂，可旁通濟世之學。至於樂，俟子退閒時一整頓足矣。』予遂大肆力于天文、地理、太乙、壬奇、兵陣之學。」

王維禎答韓苑洛司馬書作於邦奇歸里之後。文中感歎：「自嘉靖來，所登進大臣幾何人，能如翁歸幾何人，則可知達人之稀有，末路之難圖也。故禎每見翁乞歸疏至，輒以爲宜者，此也。」

王維禎王槐野先生存笥稿卷二二。

按：時王維禎在京，爲翰林院修撰。由書中有「今翁釋柄歸里也」句，知其作於邦奇歸里之後。參見本譜嘉靖二十六年。

爲楊一清關中奏議全集撰刻關西奏議序。

見苑洛集卷一、楊一清集附録二。

按：苑洛集卷二題作刻關西奏議序，楊一清集附録二題作關西奏議全集序，然觀其文，當知爲一。據序言：關西奏議爲楊一清先後四次蒞關西經略之疏，共十八卷。序中云：「先已版行，然各爲一帙。侍御劉公裒而爲一，復刊之，蓋期遡流遐布，風斯世也；以序屬奇。」關西奏議即關中奏議。苑洛集卷二刻關西奏議序不題時間，楊一清集附録二關西奏議全集序則題「嘉靖二十九年夏五月，賜進士出身、資善大夫、參贊機務南京兵部尚書，前吏部右侍郎、右春坊太子右庶子兼翰林院國史編修、經筵講官苑洛韓邦奇序」。由是知此序作於嘉靖二十九年五月。杨一清（一四五四—一五三〇）字應寧，號邃菴，别號石淙，生於雲南安寧，長於湖南巴陵，老於江南鎮江，因此晚年自號三南居士。楊一清是明代重臣，明史有傳。其歷侍成化、弘治、正德、嘉靖四朝，官至兵部、户部、吏部尚書，武英殿、謹身殿、華蓋殿大學士，左柱國，太子太傅，太子太師，兩次入閣預機務，後爲首輔，官居一品，位極人臣。他一生歷官五十餘年，政績頗豐，當時就有人稱其爲「四朝元老，三邊總戎，出將入相，文德武功」。明史稱其「博學善權變，尤曉暢邊事，羽書旁午，一夕占十疏，悉中機宜」。著述有關中奏議、督府奏議、綸扉奏議、吏部獻納稿、吏部題稿、文襄石淙集、通家雜述、石淙詩稿等。

應時爲安慶太守的王崇古之請，爲其父撰封刑部河南司主事王公墓誌銘。

見苑洛集卷五。

按：據墓誌，王公諱瑤（一四七四—一五五〇），字文允，號索菴。山西蒲州人。業賈而有儒行者。子王崇古（一五一五—一五八八），字學甫，號鑒川。嘉靖二十年進士，授刑部主事，官至兵部尚書。謚襄毅。爲邦奇「貳司寇時友也」。

應按察司僉事劉尚義之請，爲其母作劉太孺人墓誌銘。

見苑洛集卷四。

按：據墓誌，太孺人卒於是年十一月。劉尚義，山西汾州人。嘉靖十四年進士，拜監察御史、泰州判、按察司僉事分巡遼陽。曾爲朝邑令。祖父曾爲朝邑縣丞。另據續朝邑縣志：劉尚義，字伯正，汾州人，進士，以御史謫朝邑，自二十年至。爲人淳樸簡淡，官至河南副使。

因門生尚道之請，爲其父作處士一菴尚公暨配郭孺人王孺人合葬墓誌銘。

見苑洛集卷六。

按：據墓誌，尚公名秉彝（一四五八—一五四九），字天性，號一菴，山西平陽人。子尚道，從邦奇遊，參見本譜武宗正德十二年（丁丑，一五一七）。

應門牆友權朝卿之請，爲其父母撰處士權公暨配党孺人合葬墓誌銘。

見苑洛集卷六。

按：據墓誌，權公名景魁（一四七二—一五五〇），字時仰，號質菴。朝邑人。

撰文林郎四川道監察御史嚴君墓表。

見苑洛集卷七。

按：據墓表，嚴君名天祥（一五一四—一五四九），字叔善，號雙洲。朝邑望仙觀人。嘉靖二十三年進士，觀政刑部，授絳縣知縣，不以刑法爲威而以廉，不以賑賚爲惠而以靖，不以戒令爲期而以信，故絳縣治行第一。二十七年，拜四川道試監察御史，明年實授，病卒。

世宗嘉靖三十年（辛亥　一五五一）　七十三歲

外孫張士榮卒於是年正月十一日，邦奇「一字千涕且萬涕」，痛作外孫庠膳生南陽張士榮墓誌銘。

見苑洛集卷六。

按：據墓誌，張士榮（一五二四—一五五一），字仁亨，號南陽。其父張騰蛟，朝邑人，累應秋試充歲貢；母爲邦奇之女。士榮生於南陽外祖家，長、學、置莊皆在南陽，直至卒前五十日病重，才歸父家。自幼好學有才，孝而有道，年二十八病逝。有子一，名可賢；女一，字生員許三畏子爾立。陝西通志卷六二孝義：「張士榮，字仁亨，朝邑人。母韓氏，苑洛子女也。幼以孫育于韓，有至性。……既冠，補弟子員，仍侍苑洛宦京邸。歲丙午，祖母病。士榮晝夜侍湯藥，命歸應秋試，不行。苑洛怒，治裝嚴遣之，士榮跽請曰：『祖母病而欲從事功名，可乎？』……及病亟，士榮割股肉進，又嘗糞甜苦以驗瘥否，卒不起。士榮扶柩抵家，登涉三千里，暮露宿柩旁。既葬，考古禮，行義服三年。士榮歷覽群書，尤精書、易，凡律曆、度數、樂器、龜卜、方藥之屬，悉出苑洛指授，年二十有八卒。」

郃陽增修城學記作於是年或略後。

見苑洛集卷三。

門人張文龍匯成苑洛集二十二卷，並撰刻苑洛先生文集跋。

跋見苑洛集卷末。云：「先生少時鋭意于詩文，既而當弘治之盛，自慶身際升平，復留心於禮樂，比登仕，則正德矣，乃幡然于性命道德之學。凡詩文則隨意應答，稿多不存。又先生撫宣時，以其稿付侄生員仲諧，會造火災，蓋盡焚之。文龍侍先生最晚，始集先生製作，爲卷二十有二，不可考者過半矣。文章如江神、河伯諸賦，篇皆萬餘言，今亦遺失。奏議在南都，如擁護孝陵，會内外文武重臣，議履刻石朝陽門外，山西宗室禮部覆有成命，命先生送發高牆。先生以宗室越赴南都，止因貧難，別無他意，宜伴送本處，經該衙門查究收管，此其最大且進者，稿皆不存，他可知矣。斯集也，文龍爲門下士，安敢贊一辭？止述其集之始末存失，識歲月云。嘉靖辛亥十二月二十四日，門人潼關張文龍頓首識。」

按：苑洛集爲韓邦奇一生最重要之詩文論述結集。是書總二十二卷，分別爲：序二卷，記一卷，志銘三卷，表一卷，傳一卷，策問一卷，詩二卷，詞一卷，題奏五卷，見聞考隨録五卷。收集韓邦奇關於軍事、樂律、天文、地理、史論、政論、修養以及諸經各種散論，内容龐雜，涉及面廣。四庫全書總目提要此集提要評價曰：「而記問淹通，凡天官、地理、律吕、數術、兵法之屬無不博覽精思，得其要領。故其徵引之富，議論之核，一一具有根柢，不同綴拾浮華。……其它辨論經義，闡發易數，更多精確可傳。蓋有本之學，雖瑣聞雜記，亦與空談者異也。」

作王安人墓誌銘，盛讚其賢。

見苑洛集卷六。

按：據墓誌，王安人爲素菴王公之妻，刑部主事王崇古之母，卒於嘉靖六年。今年，其子啟父墓合葬。參見本譜世宗嘉靖二十九年（庚戌，一五五〇）。

撰湖廣高嶺巡檢司巡檢贈文林郎山西襄陵縣知縣尚公墓表。

見苑洛集卷七。

按：據墓表，尚公諱達，字伯通。西安武功人。卒於正德十一年。嘉靖三十年，其子主事君尚薰等遷葬于祖塋，邦奇爲撰墓表。其子薰，嘉靖二十三年進士；芳，以鄉舉爲縣令。

世宗嘉靖三十一年（壬子　一五五二）　七十四歲

孔天胤爲作刻苑洛先生文集敘，稱韓邦奇爲「當代之儒賢」。

見苑洛集卷末及孔文谷集卷四。序曰：「大司馬韓公苑洛先生文集二十二卷，其一卷、二卷爲敘，三卷爲記，四卷、五卷、六卷爲志銘，七卷爲表，八卷爲列傳，九卷爲策問，十卷爲五言，十一卷爲七言及聯句，十二卷爲填詞，十三、十四、十五、十六、十七卷爲奏議，十八、十九、二十、二十一、二十二卷爲語録。巡撫大中丞樵村賈公取付省中刻之，以表憲一方。若曰：『文獻爲可傳耳。』於是外史胤推敘其略。昔孔子學夏、商之禮，歎文獻之不足徵，至於周禮，則曰：『學之、用之、從之焉。』是有周之文獻，昭然可考而據也。然文托獻、獻紀文。苟非其人，道不虚行矣。苑洛先生，當代之儒賢也，蚤植學於庭閑，崛蜚英於館閣，駸歷恭踐，保釐弼承，議制敘物，聰明純固。所謂亨於天人，嫻於大體，位著之表儀，典刑之舊德。故其爲文，類非丹雘斧藻之事。蓋帝王統治之猷，聖賢傳心之學，人物之汙隆，風俗之上下，性情之所感，宣聞見之所著録，其辭不一，其陳理析義，卓然一出於正，其揚教樹聲，翕然一矢乎！聖代之棄，即大夫考政事，士考學聞，鄉國之人考孝友睦姻之俗，雖不必別求載籍，其經法攸寓，可按集而省焉。然則謂公爲當代之文獻，不亦信乎？故刻斯集也，允矣，其乘表憲也。時嘉靖三十一年冬十月，河汾孔天胤謹敘。」

按：孔天胤，字汝錫，號文谷，又號管涔山人。汾州人。嘉靖十一年進士，以藩外外補陝西提學僉事，官至浙江參政。有孔文谷詩文集、霞海編。

撰文林郎長壽縣知縣贈承德郎工部虞衡清吏司主事趙先生墓表。

見苑洛集卷七。

按：據墓表，趙先生諱龍，字虞臣，卒已三十餘年。其子趙儒請文。儒，字席珍，號渭北。時爲永州太守。

世宗嘉靖三十二年(癸丑　一五五三)　七十五歲

作畢尹祈雨有應。

見苑洛集卷一〇。

按：據續朝邑縣志卷五官秩志知縣：「畢仕和，石首人，舉人。嘉靖三十一年至。潛心理學。」其後爲「呼爲卿，字相之，遼東人。進士，三十三年至」，則畢尹祈雨，當在是年前後。

世宗嘉靖三十四年(乙卯　一五五五)　七十七歲

散曲駐馬聽過北邙當作於是年或略前。

見苑洛集卷一二。曲詞爲：「落日荒荒，羸馬西風度北邙。但見寒鴉古木，衰草平原，殘柳長岗，纍纍高塜臥斜陽。知他是，何朝何代何卿相！展轉思量，榮華富貴，古爲今樣。」「終歲奔忙，十度驅車過北邙。當時朱顔緑鬢，如今短髮蕭蕭，古貌蒼蒼。五十年，一枕夢黄粱。到醒來，回首堪惆悵，世路茫茫。山河如舊，人情新樣。」

按：詞中有「五十年，一枕夢黄粱。到醒來，回首堪惆悵」句，邦奇三十歲入仕，至今近五十年矣。

門人白璧刊苑洛先生語録於是年九月，並作苑洛先生語録序和讀苑洛先生語録，認爲其要在示人以爲人之理，並以之比於德高望重的明初理學大師薛瑄。

四庫全書總目提要之苑洛語録提要曰：「苑洛語録，六卷。……是書皆平日論學之語及所紀録時事，輯爲一編，本名見聞考隨録，已編入所著苑洛集中。惟集本五卷，此本作六卷。所載雖稍有出入，而大畧皆同。蓋此本乃邦奇門人山西參議白璧所刊，前有璧序，稱刻而題之，曰『苑洛先生語録』，疑又爲璧所重編矣。」

白璧苑洛先生語録序（苑洛先生語録卷首）云：「夫學，何爲者也？所以學爲人也。爲人之理，日用事物，非一端也，貴得其當而已。或巨或細，積微積彰，當與不當之間，而此生之事畢，爲人之實判矣。事固自有恰當之理，而人之聰明或未及，智慮或未至，力量或未逮，心志或未一，則處之有所不當，而人理有所不慊，夫孰無爲人之念哉！其所以爲人之理，須學也。學明乎人理，則凡所當知者，皆不可不講也；學盡乎人理，則凡所當行者，皆不可不習也；此雖統之在心，然而學之不可不熟也。前言往行之蓄，非務博也；草木鳥獸之識，非探奇也；究性命之本原，非鉤玄也；察世情之委曲，非逐俗也。功力至而後爲人之理，瞭然心目之間，沛然身世之用，此雖大賢，亦復如是，而學之所以爲貴也。若徒取科第、攻詩文者，亦學也，亦人之事也。人之所以爲人之理，則不在是，而身不自爲，好醜茫然，何貴此學乎？是以人之爲學，學乎人理而已。予自弱冠考尋昔賢之學，頗以此義自信。其後試於禮部，策問理學名臣，即以此義對曰。當理學既明之後，而不務修潔之行，躬行之學者，自棄焉者也。當諸公講道之餘，而標立門戶，高爲議論者，自戾焉者也。涵泳聖訓而體驗於日用事物之間以求自盡乎？所以爲人之理，則先達言行，誠不可不講也。及授官關中，素仰苑洛韓先生。先生時方家居，即往拜求教，是爲人之理而切實者也。又數年，先生爲少宰，予爲其屬官，受教日親，愈見先生事君處友、上下進退之間，無非平易切實之事，而爲人之良範在是矣。所恨別離日久，茅塞予心也。又數年，得録先生之説爲一書者，讀之恍然，如先生之對臨也。蓋所以學爲人之理，如前所云者，具在此書。先生平生精力，雖用之甚博，而所求之於要，此亦足得之矣。先生固未嘗以言語文字教人也，刻而題之曰苑洛先生語録，以時開我心。世之同志，必欲觀焉。大明嘉靖三十四年秋九月，賜同進士出身山西布政司左參議門人白璧頓首謹序。」

白璧讀苑洛先生語録（苑洛先生語録卷末）云：「苑洛先生天稟高明，學問精到，明於數學。胸次灑落，大類邵堯夫，而論道體，乃獨取張橫渠。少負氣節，既乃不欲爲奇節一行，而識度汪然，涵養宏深，持守堅定，躬行心得，中正明達，則又一薛敬軒也。其推述理數律呂，天地之密，未易言也。其剖析事理，可以服習日用者，誠於鄙心有戚戚焉。是所以每讀而三復，不能自已者也。」

十二月十二日夜半，關中大地震而卒。

朱國禎涌幢小品卷二十七：「嘉靖三十四年乙卯，十二月十二日壬寅，山西、河南、山陝同日地大震，聲如雷，鷄犬鳴吠。陝西華州、朝邑、三原等處，山西蒲州等處尤甚。或地裂泉涌，中有魚物，或城郭房屋，陷入地中，或平地突成山阜，或一日連震數次，或累日震不止。河、渭泛漲，華岳、終南山鳴，河壅數日，壓死官吏軍民，奏有名者八十三萬有奇。致仕南京兵部尚書韓邦奇、南光禄馬理、南祭酒王維禎同日死焉。……其不知名未經奏報者，復不可數計。」

明史韓邦奇傳：「三十四年，陝西大地震，邦奇隕焉。贈太子少保，謚恭簡。邦奇性嗜學，自諸經、子、史及天文、地理、樂律、術數、兵法之書，無不通究。著述甚富。所撰志樂，尤爲世所稱。」

佚名南京兵部尚書韓邦奇傳（國朝獻徵録卷四二）：「……嘉靖三十六年正月，賜祭葬，贈太子少保，謚恭簡。」

馮從吾苑洛韓先生（馮恭定公全書卷二二）：「居七年，乙卯，地震卒。年七十七。贈少保，謚恭簡。」

王學謨續朝邑縣志卷六人物志：「乙卯，會地震即逝……訃聞，贈少保，賜諭祭，謚恭簡云。」

李思继等修、蔣湘南等纂同州府志卷二十三：「韩恭简邦奇墓，在朝邑縣西華原南，嘉靖中敕葬。」

大清一统志卷一百九十：「韩邦奇墓在朝邑縣西華原南。」

蔡靉撰祭苑洛韓先生雅章。

蔡靉汶濱蔡先生文集卷十：「于惟我師，道述孔姬。忠孝大儒，道範明時。云胡不思，俎豆斯宜。亦既慕只，亦既戒只，惟其饗像只。」

李攀龍撰祭韓公邦奇。

李攀龍滄溟先生集卷二三。文中稱：「維公既持丰采，亦崇經術。大節屹然，高名茂實。蚤除銓曹，讒殄是塈。陟明於朝，黜幽於室，地震陳言，極時得失。乃謫平陽，才浮於秩。大獄既訊，藩王迪吉。擢僉大臬，愈多異政。鉏彊洗冤，浙風用競。奏罷四府，宦豎斂手。亡何詔繫，不理者口。顛沛必仁，皇乎盈擊。既歸杜門，彌興孝友。大同之變，畔者什九。公參冀北，叱馭而走。談笑賊庭，元兇授首。反側以安，驅此群醜。是時冀北，便宜可否。萬夫一身，彼其何有？雖才應猝，氣亦足徵。帝嘉武功，再陟中丞，總憲上谷，戎狄是膺。利用禦虜，則莫敢承。改督三晉，愈嚴邊備。圖上要害，于深於堅。兩移亞卿，執德罔愆。惟允敕法，惟明薦賢。尋以高第，召主南臺。掌大司馬，軍國是材。屢建大議，稱是良哉！既乞骸骨，著述益精。胡天不吊，失此老成！某仰止匪今，懿厥前修，撫填西郊，文獻是求。徒論出處之大較，而景餘烈以爲休。何斯人殄瘁，逝者如流也！」

胡松撰祭苑洛韓公墓文。

胡松胡莊肅公文集卷六。文中曰：「始余事先生於南，冏見先生侃侃愕愕，謂先生賢者，心師之，然未始以爲不可及也。比釋褐從政，仕學□外以至於今，乃知公誠邦之司直，古所謂正人君子，豈今之人所可幾及耶？往先生治河任城，論薦當世人物，若武城王公順渠，澶淵王公海樵，而猥及余小子，謂爲海内豪傑。嗟乎，余小子豈其人耶！然業蒙獎，予則亦不敢不重自勖，以求無負於公已，而志弱氣卑，瞠乎諸公之後，加以世途跼蹐，時格拘攣，益不能有所建明表見。豈不重負先生於泉臺之耶？茲蒙恩起參藩政，則先生墓上之草宿久矣。望裏式□□途指墓，爰修薄酌，用寫微忱，惟先生欣欣焉，歡如平生，鑒茲涓滴，重啟余小子之不逮，俾有聞於後，□□庶幾先生之萬一也，於乎格哉，尚享！」

馮從吾撰關中四先生詠苑洛韓先生。

馮從吾馮少墟集卷一七。詩云：「偉矣韓司馬，造物鍾奇異。讀書探理窟，著作人難企。生平精樂律，書成雙鶴至。立朝著偉節，居鄉譚道義。繫有五泉子，孝弟稱昆季。嗟余生也晚，景行竊自愧。」

傳記軼事輯要

魏冬選輯

編者按：關於韓邦奇生平之史料，主要分爲傳記和軼事兩類。傳記之相關史料，主要見於明實録之世宗實録卷四四三、明馮從吾之關學編、王學謨之續朝邑縣志卷六、清黄宗羲明儒學案卷三、張廷玉明史卷二百一(列傳第八十九)以及民國初期張驥關學宗傳等。而其軼事史料，則散見於明、清之文集、筆記、方志等，如明田汝成西湖遊覽志餘卷七、蔣一葵堯山堂外紀卷九〇、朱國禎湧幢小品卷二十七、清沈佳明儒言行録卷四，以及清代大清一統志卷一百九十一、陝西通志卷四十七、浙江通志卷一百四十八、同州府志卷二十三等。通過比較可發現，其内容多陳襲相因，大同小異。今以其早出者爲正，略爲輯録並加以按語，以備研究檢索資考。其文獻完整見載於前韓邦奇年譜者，不録。

一、傳記類

(一)世宗實録　卷四百四十三

嘉靖三十六年正月……己卯　……賜故南京兵部尚書韓邦奇祭葬，贈太子少保，謚恭簡。邦奇，陝西朝邑人。正德戊辰進士，授吏部主事，陞員外郎。以地震上疏極論時政，忤旨謫平陽通判。已遷浙江僉事，爲鎮守中官所誣奏，逮繫奪官爲民。上即位，起山東參議、四川提學副使，召爲右春坊右庶子，典戊子順天鄉試，以録序引用經語差誤，左遷南太僕丞。歷山東、河南副使，徵入爲大理寺丞，進少卿，累遷南京右都御史，遂晉今官。參贊機務，居二年致仕。以地震卒。邦奇博學多聞，自律曆、天文、地理、太乙、兵陣之書，靡不精究，所著有易説、書説、毛詩末喻、禮記斷章、正蒙拾遺、新書直解、洪範圖解、志樂諸書，篤於行誼，學務踐實，不爲空言，一時學者咸宗之。

按：明焦竑國朝獻徵録卷四十二佚名撰南京兵部尚書韓邦奇傳與之大抵類同，不録。

（二）明馮從吾關學編卷四（四庫全書集部别集類少墟集卷二十）

苑洛韓先生（弟邦靖附）

先生名邦奇，字汝節，號苑洛，朝邑人。父紹宗，號蓮峰，成化戊戌進士，仕至福建按察副使，學識才品，當世推重。先生幼靈俊異常，承訓過庭，即有志聖學。爲諸生治尚書時，即著蔡傳發明、禹貢詳略、律吕直解，見者驚服。弘治甲子，以書舉第二人。正德戊辰，成進士，拜吏部考功主事，尋轉員外郎。辛未，考察都御史，某私袖小帙竊視，先生曰：「考核公事，有公籍在，何以私帙爲？」乃奪其帙，封貯不檢，都御史爲遜謝，衆皆失色。調文選，太宰托意爲官擇人，欲發視缺封，先生執不可，太宰銜之。

會京師地震，上疏極論時政闕失，謫平陽通判。甲戌，遷浙江按察僉事，時逆廝錢寧以鈔數萬符浙易銀，當事者斂饋恐後，先生檄知縣吉棠散其斂，卒不饋。宸濠將舉逆，先命内豎假飯僧數千人于杭天竺寺，先生立爲散遣。濠又以儀賓託名進貢，假道衢州，先生召儀賓詰曰：「進貢自當沿江而下，奚自假道？歸語爾王，韓僉事在此，不可誑也！」後三年，濠果通鎮守欲襲浙江，賴前事發，奸不竟逞。先生謂鎮守爲浙蠹，諸不少假。鎮守銜甚，誣奏擅革進貢，誹謗朝廷，逮下詔獄，爲民。既歸，謝客講學，四方學者負笈日衆。世廟即位，改元嘉靖，詔起山東參議，尋乞休。

甲申，大同巡撫張文錦階亂遇害，時勢孔棘，復以薦起山西左參議，分守大同。人皆危之，先生聞命即行，將入城，去二舍許，逆者使二人露刃迎，且故毁參將宅以懾之，先生奮然單車入，時諸司無官，鎮人聞先生入，皆感激泣下，人心少安。既而巡撫蔡公天佑至代州，先生親率將領，令盛裝戎服，謁蔡於代。蔡驚曰：「公何爲如此？」先生曰：「某豈過於奉上者！大同變後，巡撫之威削甚，大同人止知有某耳，不身先降禮，何以帥衆？」蔡爲歎服。

會上遣戶部侍郎胡公瓚提兵問罪，鎮人聞之復大噪。先生迓侍郎于天城，以處分事宜馳白巡撫。諸軍聞言出於先生，信之，始解。翌日，首惡就戮，先生謂侍郎曰：「首惡既獲，宜速給賞以示信，庶亂可弭寧。不然，人心疑懼，將有他變。」侍郎不聽，先生遂致仕歸。後果如其言。

戊子，起四川提學副使。尋改右春坊右庶子，兼翰林院修撰。其秋，主試順天，因命題爲執政所不悦，嗾言者謫南太僕寺丞。己丑，再疏歸。尋起山東按察副使，大理左少卿，以左僉都御史巡撫宣府。時大同再變，王師出討，百凡軍需倚辦，宣府悉力經理，有備無乏。乙未，入佐院事，尋改巡撫山西。時羽檄交馳，先生躬歷塞外，增飭戰守之具，拓老營堡城垣，募軍常守以代分番，諸邊屹然可恃。四疏乞休，復致仕。甲辰，復用薦起總理河道，陞刑部右侍郎，改吏部右侍郎，太宰周公用喜得佐理，翕然委重。丁未，陞南京都察院右都御史，復進南京兵部尚書，參贊機務。五疏乞歸，是在己酉。益修舊業，倡導來學。居七年，乙卯，會地震，卒，年七十七。贈少保，謚恭簡。

門人白璧曰：「先生天稟高明，學問精到，明於數學，胸次灑落，大類邵堯夫，而論道體乃獨取張横渠。少負氣節，既乃不欲爲奇節一行，而識度汪然，涵養宏深，持守堅定，躬行心得，中正明達，則又一薛敬軒也。」所著有苑洛語録、苑洛集、苑洛志樂、性理三解、易占經緯、易說、書說、毛詩末喻諸書傳世。

弟邦靖，字汝慶，號五泉，幼稱奇童，年十四舉於鄉，二十一與先生同第進士，爲工部主事，榷稅武林。比及瓜，有同年趙司李以屈安人病，無子，買女婢遺之。拒不受。趙曰：「此越女，有色者。」笑曰：「正恐若此耳。」既遷郎中，以建言逮獄爲民。嘉靖改元，起山西左叅議，以病免，尋卒。年僅三十有六。汝慶父子兄弟，以學問相爲師友，太史王敬夫銘其墓，稱爲「曠世之英，全德之士」，所著有五泉集、朝邑志若干卷。

按：民國初期張驥編關學宗傳，其中韓邦奇傳與之大抵類同，不録。

(二)清黄宗羲明儒學案卷九三原學案

恭簡韓苑洛先生邦奇

韓邦奇，字汝節，號苑洛，陝之朝邑人。正德戊辰進士，授吏部考功主事，轉員外郎。辛未考察，都御史袖私帙視之。先生奪去，曰：「考覈公事，有公籍在。」都御史爲之遜謝，調文選。京師地震，上疏論時政闕失，謫平陽通判。甲戌，遷浙江按察僉事。宸濠將謀反，遣内豎飯僧於天竺寺，聚者數千人。先生防其不測，立散遣之。又以儀賓進貢，假道衢州，先生不可。曰：「貢使自當沿江而下，奚俟假道於是？」襲浙之計窮，尋爲鎮守中官誣奏，逮繫奪官。世宗即位，起山東參議，乞休。甲申，大同兵變，起山西左參政，分守大同。先生單車入城，人心始安。巡撫蔡天祐至代州，先生戎服謁之。天祐驚曰：「公何爲如此？」曰：「大同變後，巡撫之威削甚，今大同但知有某。某降禮從事者，使人知巡撫之不可輕也。」朝廷復遣胡瓚以總督，出師時，首惡業已正法，而瓚再索不已。先生止之不聽，城中復變，久之乃定，先生亦致仕去。戊子，起四川提學副使，改右春坊右庶子兼翰林修撰。其秋，主試順天，以録序引用經語差誤，左遷南太僕寺丞，再疏歸。尋起山東副使，大理左少卿。以左僉都御史巡撫宣府，入佐院事。又出巡撫山西，再致仕。甲辰，薦起總理河道，陞刑部右侍郎，改吏部。丁未，掌留堂，進南京兵部尚書，參贊機務。歸七年，乙卯地震而卒。年七十七，贈少保，謚恭簡。門人白璧曰：「先生天稟高明，學問精到，明於數學，胸次灑落，大類堯夫，而論道體乃獨取横渠。少負氣節，既乃不欲爲奇節一行，涵養宏深，持守堅定，則又一薛敬軒也。」

某按：先生著述，其大者爲志樂一書。方其始刻之日，九鶴飛舞於庭，傳其術者爲楊椒山。手製十二律管，吹之而其聲合，今不可得其詳。然聲氣之元，在黄鐘之長短空圍，而又不能無疑者。先生依律呂新書註中算法，黄鐘長九寸，空圍九分，積八百一十分，用圓田術三分益一，得一十二。以開方法除之，得三分四釐六毫，强爲實徑之數，不盡二毫八絲四忽。以徑求積，自相乘，得十一分九釐七毫一絲六忽。加入開方不盡之數，得一十二分。以管長九十分乘之，得一千八十分，爲方積之數。四分取三，爲圓積八百一十分。蓋蔡季通以管長九十爲九十分，故以面積九分乘管長，得八百一十分，其實用九，無用十之理。凡度長短之言，十者皆分九，爲十以便算也。今三吳程路尚以九計，可知矣。則黃鐘長九寸者，八十一分。以面積九分乘之，黃鐘之積七百二十九分也。

（四）清張廷玉明史卷二百一（列傳第八十九）

韓邦奇，字汝節，朝邑人。父紹宗，福建副使。邦奇登正德三年進士，除吏部主事，進員外郎。六年冬，京師地震，上疏陳時政闕失。忤旨，不報。會給事中孫禎等劾臣僚不職者，並及邦奇。吏部已議留，帝竟以前疏故，黜爲平陽通判。遷浙江僉事，轄杭、嚴二府。宸濠令內豎假飯僧，聚千人於杭州天竺寺，邦奇立散遣之。其儀賓托進貢假道衢州，邦奇詰之曰：「入貢當沿江下，奚自假道？歸語王，韓僉事不可誑也。」

時中官在浙者凡四人，王堂爲鎮守，晁進督織造，崔珤主市舶，張玉管營造。爪牙四出，民不聊生。邦奇疏請禁止，又數裁抑堂。邦奇閔中官采富陽茶魚爲民害，作歌哀之。堂遂奏邦奇沮格上供，作歌怨謗。帝怒，逮至京，下詔獄。廷臣論救，皆不聽，斥爲民。

嘉靖初，起山東參議。乞休去。尋用薦，以故官蒞山西。再乞休去。起四川提學副使，入爲春坊右庶子。七年偕同官方鵬主應天鄉試，坐試録謬誤，謫南京太僕丞。復乞歸。起山東副使，遷大理丞，進少卿，以右僉都御史巡撫宣府。入佐院事，進右副都御史，巡撫遼東。時遼陽兵變，侍郎黃宗明言邦奇素有威望，請假以便宜，速往定亂。帝方事姑息，不從，命與山西巡撫任洛換官。至山西，爲政嚴肅，有司供具悉不納，間日出俸米易肉一斤。居四年，引疾歸。

中外交薦，以故官起督河道。遷刑部右侍郎，改吏部。拜南京右都御史，進兵部尚書，參贊機務。致仕歸。三十四年，陝西地大震，邦奇隕焉。贈太子少保，謚恭簡。

邦奇性嗜學。自諸經、子、史及天文、地理、樂律、術數、兵法之書，無不通究。著述甚富。所撰志樂，尤爲世所稱。

弟邦靖，字汝慶。年十四舉於鄉。與邦奇同登進士，授工部主事。榷木浙江，額不充，被劾，以守官廉得免。進員外郎。乾清宮災，指斥時政甚切。武宗大怒，下之詔獄。給事中李鐸等以爲言，乃奪職爲民。世宗即位，起山西左參議，分守大同。歲饑，人相食，奏請發帑，不許。復抗疏千餘言，不報。乞歸，不待命輒行。軍民遮道泣留。抵家病卒，年三十六。未幾，邦奇亦以參議莅大同。父老因邦靖故，前迎，皆泣下。邦奇亦泣。

邦奇嘗廬居，病歲餘不能起。邦靖藥必分嘗，食飲皆手進。後邦靖病亟，邦奇日夜持弟泣，不解衣者三月。及歿，衰絰蔬食，終喪弗懈。鄉人爲立「孝弟碑」。

二、軼事類

(一)明田汝成西湖遊覽志餘卷七

韩邦奇，字汝節，朝邑人。正德末，爲浙江按察僉事，廉勁自持。時鎮守太監王堂，怙勢害人，如茶筍鰣魚種種勒辦，民不聊生。汝節數裁抑，堂遂以阻遏進貢誣之，詔錦衣械治。百姓感泣，哀動城市，汝節爲詩云：「非才尸素聖恩深，士庶何勞淚滿襟。明主昌言神禹度，斯民直道葛天心。還看匣有平津劍，更喜囊無暮夜金。惆悵此時不忍去，且維輕舸越江潯。」

按：明蔣一葵堯山堂外紀卷九〇載與之大抵類同，不録。

(二)清沈佳明儒言行録卷四

韓邦奇苑洛先生恭簡公

字汝節，陝西朝邑人，正德戊辰進士。仕至南兵部尚書。

公性剛直尚節，概初舉進士，值劉瑾亂政，朝士奪氣。同年多往謁，有約公者，卒不往。爲時所重。

授吏部考功主事，轉員外郎。辛未考察，都御史袖私帖視之。先生奪去，曰：「考覈公事，有公籍在。」都御史爲之遜謝，調文選。京師地震，上疏論時政闕失，謫平陽通判。甲戌，遷浙江僉事，分巡杭、嚴，獨持風裁。凡鎮守并織造中官有所求，率裁抑之。宸濠將謀反，遣内豎飯僧於天竺寺，聚者數千人，先生防其不測，立散遣之。又以儀賓進貢假道衢州，先生不可，曰：「貢使自當沿江而下，奚俟假道於是？」襲浙之計窮，尋因富陽縣産茶與鰣魚，進貢採取，時民不勝其擾。公目擊其患，作歌以諷。鎮守中官誣奏公怨謗，阻絶進貢，逮至京，下錦衣獄。褫其官。（陳敬亭杭州府志）

公初被逮時，杭府縣贈錦衣官校金，祈途中寬梃。公斥之，曰：「死則死耳，何以金爲？」及府縣贈公路費，公揮却之。（沂陽日記）

世宗即位，起山東參議，乞休。甲申，大同兵變，起山西左參政，分守大同。先生單車入城，人心始安。巡撫蔡天祐至代州，先生戎服謁見。天祐驚曰：「公何爲如此？」曰：「大同變後，巡撫之威削甚。今大同但知有某，某降禮從事者，使人知巡撫之不可輕也。」朝廷復遣胡瓚以總督。出師時，首惡業已正法，而瓚再索不已，先生止之不聽，城中復變，久之乃定。先生亦致仕去。先是，公弟邦靖亦以是官威行惠懷，甚得士民心。公既下，雁門士民父老圜告曰：「先使君之治誠善，願使君守而勿失！」感慕咨嗟，有泣下者。後公所行一，無改於舊，民甚安之。（王九思撰傳）

戊子，起四川學副，改右春坊右庶子兼翰林院修撰。其秋主試順天，以録序引用經語差誤，左遷南太僕寺丞。再疏歸，尋起山東副使、大理左少卿。以左僉都御史巡撫宣府，入佐院事。又出巡撫山西，政益嚴肅，守益儉樸。間日以廩米易肉一觔，有司供餽，悉拒不受。廳事惟二小青衣侍立，三司官入揖議事，數語而決。公庭如水，不聞履聲。諸王府總兵官，俱相戒不敢犯。

再致仕。甲辰，薦起總理河道，陞刑右侍，改吏部。丁未，掌留堂，進南京兵部尚書，參贊機務。

在南京兵部，廉簡鎮静，寡交接。雖六卿同列，亦罕往返。每拜表聖誕令節赴禮部。禮畢，孑然獨行，内外守備議事外，一不他及，威望聳然。致仕歸七年，乙卯地震而卒。年七十七，贈太子少保，謚恭簡。

性好學，老不釋卷。尤精於律數，所著有律吕直解并苑洛志樂書十卷。其學以精一爲宗，以培養夜氣爲本，以修明禮、樂爲要。旁通天文、地理、太乙、六壬、奇門、兵陣諸家。

公性極孝友，事父蓮峰先生及閤恭人，終身不違顔色。與弟邦靖同舉進士，交相砥礪。愛靖切，至公疾，於廬幾一載。靖侍側，未嘗少離，飲食必親奉，湯藥必分飲。鄉人爲立孝弟碑。後靖病亟，公日慟，不解衣、不滋味者二月餘，形且瘁。靖譬曉之，公泣曰：「吾弟憶東坡詩乎？来生之因，尚當同兄弟也。」及靖卒，公廢寢食，哭絶衰絰蔬食，祥而勿懈。樊恕夫曰：「自有兄弟以来，中間道德之高，功業相映亦多矣。至相愛之深，相信之篤，所見之同，如公兄弟，可謂曠世少有。」

公門人楊爵、楊繼盛，並以忠諫顯海内，稱「二楊先生」，而椒山傳公樂學。

偉矣韓司馬！造物鍾奇異，讀書探理窟，著作人難企。生平精樂律，書成雙鶴至。立朝著偉績，居鄉談道義。緊有五泉子，孝弟稱昆季。嗟余生也晚，景行竊自愧。（馮少墟關中四先生詠）

宸濠令一士詐爲羽客往説云。假以所繪松，請題。公爲詩曰：「勁節貞心本自奇，四時常見緑猗猗。笑他江上桃花樹，爲放春光三兩枝。」士喻意不敢言而退。（稗史彙編）

門人白璧曰：「先生天稟高明，學問精到，明於數學，胸次灑落，大類堯夫，而論道體乃獨取横渠。少負氣節，既乃不欲爲奇節異行，涵養宏深，持守堅定，則又一薛敬軒也。」

按：沈佳明儒言行録韓邦奇苑洛先生恭簡公末録有黄宗羲明儒学案卷三恭簡韓苑洛先生邦奇篇末之按語，見前，不録。

圖書在版編目(CIP)數據

韓邦奇集：全3册/［明］韓邦奇著；魏　冬點校整理.—西安：西北大學出版社，2014.12

（關學文庫/劉學智，方光華主編）

ISBN 978-7-5604-3547-3

Ⅰ.①韓…　Ⅱ.①韓…②魏…　Ⅲ.①韓邦奇（1479～1555）—文集　Ⅳ.①B248.99－53

中國版本圖書館 CIP 數據核字(2014)第 312449 號

出品人　徐　曄　馬　來

篆　刻　路毓賢

出版統籌　張　萍　何惠昂

韓邦奇集　［明］韓邦奇 著　魏　冬 點校整理

審定專家　駱守中　　**責任編輯**　馬　平

裝幀設計　澤　海　　**版式統籌**　曹勁剛

出版發行　西北大學出版社

地　址　西安市太白北路 229 號　　**郵　編**　710069

網　址　http://nwupress.nwu.edu.cn　　**E－mail**　xdpress@nwu.edu.cn

電　話　029-88303593　88302590

經　銷　全國新華書店

印　裝　陝西博文印務有限責任公司

開　本　720 毫米×1020 毫米　1/16

印　張　122

字　數　1897 千字

版　次　2015 年 1 月第 1 版　2015 年 1 月第 1 次印刷

書　號　ISBN 978-7-5604-3547-3

定　價　428.00 圓